Rivers of Gold

黄金之河

The Rise of
the Spanish Empire,
from Columbus
to Magellan

•–•–•

西班牙帝国的崛起,
从哥伦布到麦哲伦

Hugh Thomas

[英] 休·托马斯——著　李崇华 梁辰——译

上海教育出版社
SHANGHAI EDUCATIONAL
PUBLISHING HOUSE

目　录

黄金之河：西班牙帝国的崛起，从哥伦布到麦哲伦

引 言

　　1513 年，巴斯科·努涅斯·德·巴尔沃亚（Vasco Núñez de Balboa）在写给西班牙国王斐迪南二世的一封信中说，在乌拉巴湾（Gulf of Urabá）的居民点达连（Darien，位于今哥伦比亚），流淌着许多黄金之河。信中还说，当地人拥有更多黄金，但健康不足；居民点确实更缺食物，不缺黄金。信中所言在卡斯蒂利亚流传开来，掀起一波淘金热，人们竞相涌往中美洲。但在当地和美洲的各个定居点，这已不仅仅是为了找到黄金，更是去追寻基督教*的精神和灵魂，去探索新世界，去渴求荣誉。

　　本书讲述了前两代探险家、殖民者、总督和传教士的事迹，他们在美洲为西班牙开辟了广阔的殖民帝国。西班牙的美洲帝国维持了 300 多年，统治时间远远超过英、法、荷、俄等国的帝国时期。后来许多国家也陆续迎来殖民活动的巅峰，包括 18 世纪的法国、19 世纪的英国、20 世纪初的德国及 20 世纪末的美国。15 世纪末和 16

---

* 欧洲宗教改革之前，基督教主要有两大分支：天主教和正教。在本书的时空背景下，西班牙以及其他与其关系密切的欧洲国家信奉的是天主教。因此，虽然作者混用基督教和天主教两种说法，但它们都是指天主教。——编者注

世纪初是西班牙的巅峰时期（这一时期里，意大利和葡萄牙也颇为活跃）。

《黄金之河》的每个章节均关联着一个划时代的历史事件：格拉纳达（Granada）陷落，西班牙统一，驱逐西班牙境内的犹太人，哥伦布发现新大陆，西班牙征服加勒比海主要岛屿，以达连为居民点，开始殖民南美大陆，多明我（Dominicans）会对虐待印第安人的早期抗议，巴托洛梅·德·拉斯·卡萨斯（Bartolomé de Las Casas）神父孜孜不倦地为原住民呼吁，黑奴贸易，查理五世当选神圣罗马帝国皇帝，迭戈·贝拉斯克斯·德·奎利亚尔（Diego Velázquez de Cuéllar）征服古巴，埃尔南·科尔特斯（Hernán Cortés）征服墨西哥，以及麦哲伦环球航行等。

书中提到的许多地方，我都亲自去过。我到过伊莎贝拉女王出生的马德里加尔-德拉斯-阿尔塔斯-托雷斯（Madrigal de las Altas Torres），也去过塞戈维亚（Segovia）的圣米格尔（San Miguel）教堂，那是宣告她为女王的地方。我曾在塞维利亚（Seville）和桑卢卡尔-德巴拉梅达（Sanlúcar de Barrameda）度过愉快的时光，绝大多数开往帝国的船只由此出发。我从莫格尔（Moguer）走到帕洛斯（Palos），哥伦布第一次从这里出海。我去过拉维达（La Rábida）的修道院，那是给哥伦布接风的地方。我到过索斯（Sos），天主教徒斐迪南二世在这里出生；我也去过马德里加莱霍（Madrigalejo），他在这里离世。我去过莫林斯-德雷伊（Molins de Rey），巴托洛梅·德·拉斯·卡萨斯曾在那里对查理五世慷慨陈词。我认得出1492年1月哥伦布被王室使者追及的那座桥，那时哥伦布正在离开格拉纳达的途中。我去过圣菲（Santa Fe），哥伦布与天主教双王在那里签订合约。我在库埃利亚尔（Cuéllar）见过迭戈·贝拉斯克斯出生的房子，也去过他在古巴圣地亚哥（Santiago de Cuba）举行正式晚宴的旧址。我去过胡安·庞塞·德·莱昂（Juan Ponce de Léon）住过的房子，它在如今的多米尼加共和国境内；我也去过他首次来到波多黎各（Puerto Rico）时登岸的海湾。我熟悉科苏梅尔岛（Cozumel）、穆赫雷斯岛（Isla Mujeres）和韦拉克鲁斯（Vera Cruz），科尔特斯和他的前辈曾在那里登岸，从那里我踏上通往墨西哥 / 特诺奇蒂特兰城的故道，科尔特斯和他的手下 1519 年走的正是这条路。我去过南美北部沿海的珍珠海岸（Pearl Coast）、西印度群岛的卡塔赫纳（Cartagena de indias，位于今哥伦比亚北部）。我去过格拉西亚斯 – 阿迪奥斯角（Cabo Gracias a Dios），哥伦布 1502 年在那里遇到了玛雅商人。我熟悉牙买加的圣安斯贝（St. Ann's Bay，新塞维利亚），哥伦布在牙买加度过了难熬的 1503 年。不过，有一个地方我尚未涉足，本书中也提到了此地，那就是达连——西班牙的第一个大陆殖民地。达连位于乌拉巴湾，在哥伦比亚北部，邻近巴拿马边境。这片地区被游击队占据，他们似乎无意给来访的历史学家行个方便。为了弥补这一缺憾，我从大英图书馆获取了首版《高卢的阿玛迪斯》（*Amadís de Gaula*，萨拉戈萨，1508 年）。

有关书中的插图，我还需要说明一下。每卷开头的线稿，都是当时年代绘制的，插图一般也是这样，不过有几幅插图的绘制时间晚于该部分主题，例如，佛罗伦萨雕塑家多梅尼科·范切利（Domenico Fancelli）制作的胡安亲王墓上的塑像，其实是后来的复制品。维兹（Weiditz）所作的两幅科尔特斯肖像画（绘于 1528 年前后）的年代也晚些，但都是根据真人所画，因为那年科尔特斯正好在西班牙，与画家成了朋友。书中还有一张很著名但年代较晚些的巴托洛梅·德·拉斯·卡萨斯神父的肖像。

书写第三十三、三十四和三十五章十分不易，因为我已经写过一本关于征服墨西哥历史的书了。我希望这三章可以更凝练些，于是努力做了总结，避免重复。

在写作这本书的过程中，我得到了众多朋友的慷慨相助，在此表示感谢：奥梅罗和贝蒂·阿尔吉斯（墨西哥）、拉法埃尔·阿蒂恩萨（塞维利亚）、吉列尔莫·巴拉特（波多黎各）、马里卢斯·巴雷罗斯（特内里费）、尼科·卡波尼（佛罗伦萨档案馆）、安东尼·切瑟姆、爱德华·库珀教授（有关15世纪的西班牙家族）、乔纳森·多利亚（罗马）、约翰·埃利奥特、大卫·琼斯（上议院图书管理员）、费利佩·费尔南德斯·阿姆斯托、安东尼亚·弗雷泽（宗教问题）、卡洛斯和西尔维娅·丰特斯（墨西哥）、曼努埃尔·安东尼奥·加西·阿雷瓦洛（圣多明各）、伊恩·吉布森（格拉纳达）、胡安·吉尔（塞维利亚）、毛里西奥·冈萨雷斯（赫雷斯）、约翰和苏琪·赫明（巴西）、戴维·亨尼基（人口问题）、尤塞比奥·里尔（古巴）、文森特·里奥（塞维利亚）、卡门·梅纳（塞维利亚）、弗朗西斯科·莫拉莱斯·帕德龙（塞维利亚）、内坦亚胡（宗教裁判所）、已故的毛里西奥·奥布雷贡（加勒比海地区）、杰拉尔达·德·奥尔良（桑卢卡尔-德巴拉梅达）、胡安·佩雷斯·德·图德拉（马德里）、理查德和艾琳·派普斯（维尔京群岛）、玛丽塔·马丁内斯·德尔·里奥·德·雷多（墨西哥）、奥斯卡（圣多明各）、阿瑟·罗斯（牙买加）、维森特·鲁维奥斯修士（圣多明各）、伊格纳西奥和玛丽亚·格洛里亚·塞戈尔（塞维利

　　　　黄金之河：西班牙帝国的崛起，从哥伦布到麦哲伦

亚）、圣地亚哥和伊莎贝拉·塔玛龙、吉娜·托马斯（德语文本）、苏埃洛·瓦雷拉（塞维利亚）和恩里克塔·维拉·比利亚尔（塞维利亚）。

我要感谢伦敦大英图书馆、伦敦图书馆、巴黎国家图书馆、马德里国家图书馆、西曼卡斯国家历史档案馆、塞维利亚西印度档案总馆、塞维利亚文书原件档案馆以及马德里国家历史档案馆。

我也非常感谢巴赛尔斯社的格洛丽亚·古铁雷，以及我在纽约的经纪人安德鲁·怀利。我要特别感谢纽约兰登书屋的前员工斯科特·莫耶斯对本书早期版本的细心帮助，也感谢接替他工作的戴维·埃伯肖夫给予的支持。我的妻子凡妮莎细心审阅并校对了本书手稿。我亲爱的朋友安东尼·格里格也做了很多校对工作。非常感谢特蕾莎·贝拉斯科细致录入了本书手稿。感谢道格拉斯·马修斯快速完成本书的索引。

我要感谢两位前辈的研究工作，他们的成果给我诸多裨益：其一是恩斯特·谢弗，他继承了德国学者的优秀传统，他的索引带我找到了藏于塞维利亚西印度档案总馆、整整两个系列未公布的官方文件（参见参考书目中的 *CDI* 和 *CDIU*）；其二是安东尼奥·穆罗·奥里昂，他的索引让我找到了藏于塞维利亚文书原件档案馆的美洲文件目录（参见参考书目）。

休·托马斯

2003 年 3 月 17 日

第一卷

旧西班牙

16 世纪最受欢迎的小说《高卢的阿玛迪斯》扉页图

第一章

"城市是妻子，山丘是丈夫"

驻足阿尔罕布拉宫殿露台，极目远望。

城市是妻子，山丘是丈夫。

她颈上佩着流水和鲜花编织成的项链

闪闪发亮，

清流映带左右；又有茂林簇拥，来此宴饮，

曲水是美酒。

阿尔罕布拉宫就像格拉纳达额上的花冠，

群星也在此连缀，

阿尔罕布拉宫（愿真主护佑它！）

好似镶在花冠上的红宝石。

格拉纳达是新娘，阿尔罕布拉宫就是新娘的头饰

满山鲜花，是这头饰上的珠玉。

——伊本·扎姆拉克（Ibn Zamrak），约 1450 年[1]

西班牙军队和王室埋伏在安达卢西亚（Andalusia）的圣菲，这是座崭新的城镇，城内建筑多漆成白色。当年，斐迪南国王和伊莎

贝拉女王在此建城，只为攻打格拉纳达——那是西班牙境内最后一座抵抗基督徒进攻的伊斯兰城市。时值1491年秋，每逢秋季，熟悉这片肥沃平原的格拉纳达居民，就会回想起当年围城之时那微冷的清晨、正午的蓝天，还有高山上常年不化的积雪向南反射的微光。

士兵们只花八十天就建成了圣菲。这座城呈环状，400步长，300步宽。不巧的是，国王斐迪南刚决定建城，一场大火就烧毁了附近的一座西班牙旧军营。[2]女王差点被烧死在帐篷里，脱险后不得不借朋友的衣服穿。士兵们洗劫了几个村落，才勉强集齐建城的材料。后来圣菲迎来一位镇长，是一位名叫弗朗西斯科·德·博瓦迪利亚（Francisco de Bobadilla）[3]的廷臣，在格拉纳达攻城战早期颇有战功。他也是卡拉特拉瓦骑士团（Order of Calatrava）的指挥官，这个半宗教性质的兄弟会，在收复失地运动中厥功至伟。此外，他还兼任双王的私人管家，又是女王闺密贝亚特丽斯·德·博瓦迪利亚（Beatriz de Bobadilla）的亲弟弟。圣菲城内马厩众多，足以容纳1 000匹马。这座城暗示着西班牙长期围城的决心，加上其落成速度如此之快，给穆斯林们造成了巨大的心理压力。[4]

时至今日，圣菲仍是一座小巧的、闪光的白色城镇。城中的圣玛丽亚教堂建于16世纪，站在教堂前的广场上四下望去，都是纯白色调的街道。礼拜堂的大门，立于四面古老外墙的中央，大门映衬在白色墙面的反光下，显得崭新而恒久。教堂的入口处，有个长矛轻骑兵雕塑，雕塑上有"万福马利亚"字样，这是为了纪念基督教骑士埃尔南·佩雷斯·德·普尔加（Hernán Pérez de Pulgar），"纪念他的英勇事迹"。[5]围城前一年某冬夜，这个骑士经由秘密隧道潜入格拉纳达，用匕首把一张羊皮纸钉在格拉纳达主清真寺门口，纸上写的正是"万福马利亚"这几个字。[6]

普尔加的行动使人想起,基督徒参与的这场反对伊斯兰势力的战争,对许多想要被视为勇士的人而言是高尚之战。大多数西班牙贵族竞相参战,既是为了征服伊斯兰城市,也是为了争夺荣誉。

格拉纳达海拔 2 500 英尺,位于圣菲以东 6 英里处。从西班牙营地看过去,格拉纳达就像宫殿和小房子的聚集地。发源于附近内华达山脉(Sierra Nevada)的赫尼尔河(Xenil)与达罗河(Darro)为城市提供水源,两河相互交汇(按当地说法是"结婚"),横贯整座城市。一位穆斯林诗人曾问道:"开罗坐拥尼罗河,有什么可吹嘘的?格拉纳达自有 1 000 条尼罗河。"清真寺旁边高耸的宣礼塔上是宣礼员召集穆斯林做祷告的地方;而基督徒相信,这些清真寺很快就会变成教堂。早在 8 年前,宽容的热那亚教皇英诺森八世就已经应许,在被征服的领土上,西班牙国王将有权赞助所有教堂和修道院。[7]西班牙侦察兵可以望见这座被围之城的每个角落:耳状拱门、阿雷纳尔广场(Plaza del Arenal)、工匠区兰布拉(Bibarrambla)广场,还有密集住宅区阿尔拜辛区(El Albayzín)。

格拉纳达洋溢着北非伊斯兰风情,与西班牙的基督教城市截然不同,个把有经验的西班牙老兵兴许可以回忆得起来。城中建筑上的蓝瓦美轮美奂,从远处看则不甚清晰。至于建筑上的阿拉伯语格言,如"不可懒惰""真主是唯一征服者",亦非基督徒目力能及,更别提这行字了:"感谢真主赐予伊玛目穆罕默德此间宅邸,这是世间最美的宅邸。"然而,基督教军中却传开流言,说格拉纳达城中遍地财富。一些卡斯蒂利亚人认为达罗河流淌着黄金,而刚愎自用的西班牙将军则知道,格拉纳达主要的产物是丝织品,生丝有时从意大利进口，多数时候则来自内华达山南部的阿尔普哈拉斯（Alpujarras）山谷，此处生长着许多桑树。他们还知道，这里生产的丝绸五颜六色，在生丝市场有售。

地势高处是摩尔国王精致错落的阿尔罕布拉宫。宫殿建于13、14世纪，建设工作主要由基督徒奴隶完成。从西班牙军营望过去，看不到连接宏伟房间的众多拱门，仅能依稀辨认出坚固的塔楼及塔楼之间的木质走廊。地势更高处，番樱桃和小水湾环绕着通道，通道尽头就是赫内拉利费宫（Generalife）美丽的花园。花园里，树木果实累累，豪华喷泉涌动不息——至少探子是这样描述的。[8]

在圣菲城内，围城士兵也可以望见穆斯林男女各式各样的奇装异服，不过女人总是穿着阿拉伯长袍。罩衫不仅遮住身体，还掩盖面孔，只露出眼睛。天黑以后看过去，这些女人就像幽灵似的。[9]在之前的战斗中，不少其他城市的难民从基督徒手中逃脱，来到格拉纳达；此外，还有拒绝以臣服的穆斯林身份生活在受基督教和平条约约束的城市的穆迪札尔人（mudéjares）也来到格拉纳达，他们分别来自韦斯卡尔（Huéscar）、萨阿拉（Zahara）、马拉盖（Malaga）、加苏莱斯堡（Alcalá de los Gazules）和安特克拉（Antequera）等地。[10]

当时，格拉纳达城内仅有为数不多的基督徒，在几代穆罕默德的统治中幸存下来，他们是莫扎拉布人（*mozárabes*）；居住于格拉纳达的绝大多数莫扎拉布人早已被驱逐出城，伊斯兰统治者认为他们构成了潜在的军事威胁。格拉纳达城内也有犹太人，不过他们的风俗习惯、饮食和语言都已经和穆斯林相差无几。他们能比基督徒更好地适应这座城市的生活。

13世纪，科尔多瓦（Córdoba）、巴伦西亚（Valencia）、哈恩

（Jaén）和塞维利亚的伊斯兰君主国相继陷落，由此，格拉纳达开始成为埃米尔王国的首都。这些埃米尔来自同一个家族，即奈斯尔家族（the Nasrids）。奈斯尔家族兴起于 13 世纪 40 年代。当时在安杜哈尔（Andújar）以南 7 英里，即安达卢西亚中部，有个叫阿尔霍纳（Arjona）的小镇，某位才智过人的将军在此称王，自称穆罕默德一世。他和基督徒讲和，派出 500 勇士援助斐迪南国王攻取塞维利亚，并向卡斯蒂利亚缴纳贡金。双方长期维持着这一关系：格拉纳达每年向卡斯蒂利亚缴纳黄金，以换取自身的独立地位。这种状况一直到 1480 年。不过，这是否构成基督徒所谓的"附庸"？人们一直以来对此都有争议。

1491 年遭到围城的格拉纳达，是伊斯兰世界的最后据点。伊斯兰世界的疆域曾到达比利牛斯山及其以北地区，包括北部的加利西亚，甚至一度到达阿斯图里亚（Asturias）。当时的伊斯兰文明是那样繁荣、博大、精深。就像其他基督徒一样，卡斯蒂利亚人也从穆斯林身上学到了很多。但此时，欧洲文明已不再从伊斯兰世界中寻求启迪。另一方面，奈斯尔家族将格拉纳达视为宗教和军事双重意义上的最后堡垒。尽管奈斯尔家族政治丑闻不断，背叛和暗杀早已司空见惯，但毛拉们却仍克己奉公。[11] 他们责令外地来的穆斯林离开格拉纳达："以真主之名，哦，穆斯林们，格拉纳达已没有公正，不如去前线厮杀吧……安达卢斯……据先知所言，是生者幸福，死者光荣的乐土，只要城池还在，异教徒们就只能做阶下囚。"[12]

尽管听到这样的建议，许多穆斯林还是生活在基督教西班牙城市里的摩尔人居住区中。阿拉贡的穆斯林人数达 3 万，集中在埃布罗河（Ebro）河谷；巴伦西亚可能有 7.5 万穆斯林；卡斯蒂利亚有

1.5 万—2.5 万穆斯林。[13] 他们的境况大同小异，有的是最近征服运动的受害者，有的先辈早在 13 世纪甚至之前就已向基督教西班牙臣服。如果基督徒以武力征服了某伊斯兰城镇，就会将城中居民驱逐殆尽；如果某城不战而降，城中穆斯林居民往往可继续在此定居，成为"穆迪札尔人"。[14] 后者常会被伊斯兰世界忌惮。一位穆斯林律师曾写道："人们必须提防他们（基督徒）的生活方式、他们的语言、他们的穿着、他们令人反感的习惯。长期与他们接触的人会受到影响。看看阿维拉（Ávila）之类地方的穆斯林，他们已经丧失了自己的母语阿拉伯语。阿拉伯语消失了，对阿拉伯的忠诚也就消亡了。"[15] 然而，伊斯兰城邦向基督教国王纳贡，本身就已经违反了伊斯兰教法，而格拉纳达建城后，几乎一直在延续这样的惯例。

基督教西班牙各地对待伊斯兰教的方式各不相同。纳瓦拉（Navarre）是北部的独立王国，横跨比利牛斯山，对伊斯兰教特别宽容；西班牙南部地区则不然。巴伦西亚是允许使用阿拉伯语时间最长的地区。卡斯蒂利亚大多数基督教当局都允许穆斯林保有自己的习俗。阿方索十世在法典《七章律》（*Las Siete Partidas*）中规定："摩尔人应该和犹太人一样，生活在基督徒之中，遵守自己的法律，也不触犯基督教法律……他们的财产同样受到法律的保护。"[16]

圣菲的西班牙军中有不少基督徒军官都很了解阿拉伯世界，不少人有着相互抵触的忠诚，既想忠诚于基督教世界，又想忠诚于伊斯兰教世界。基督教军队里有些骑士是穆斯林后裔，改变信仰的人和叛徒自战事以来一直存在。上一世代的冲突加强了双方的联系，双方对于彼此的信仰也都是半信半疑；经常在民谣中出现的伊斯兰教大家族阿文塞拉赫斯家族（the Abencerrajes）在 15 世纪 60 年代时，曾寻求梅迪纳－西多尼亚公爵（Duke of Medina Sidonia）的庇护。[17]

在格拉纳达，有位君主叫阿布·哈桑（Abú el-Hassan），他娶了个漂亮的基督徒俘虏，名叫伊莎贝拉·德·索利斯（Isabel de Solís），后来伊莎贝拉改名扎拉雅（Zoraya），成了他最喜欢的新娘。因此，阿布·哈桑的两个妻子所属的家族彼此仇视，倒也不奇怪了。

有时，格拉纳达交战双方似乎势均力敌；西班牙人也吃过一些败仗。但现在回过头来看，埃米尔似乎很快就会屈服。最后，战争以基督徒的胜利告终。时隔近 800 年，整个伊比利亚半岛将会再次从伊斯兰势力统治下解脱出来。这场胜利的原因不一而足：1482 年后，西班牙人从新征服的阿尔阿马（Alhama）出发，一次次劫掠穆斯林的农场，摧毁小麦和橄榄。卡斯蒂利亚也向穆斯林施压：一座又一座城市被攻陷，连号称固若金汤、有着高高城墙的龙达（Ronda）也未能幸免；1487 年，马拉盖港（port of Malaga）向卡斯蒂利亚投降，战争终于尘埃落定。数千穆斯林被俘，数百人被奴役。[18]

在格拉纳达城外南部山区还有一个出海口，穿过阿德拉（Adra）渔村，理论上可以从北非获得增援。然而，援军并未现身。马格里布的伊斯兰埃米尔王国与奈斯尔家族交好，但无力助战。只剩下格拉纳达城外距韦托尔山（Sierra de Huétor）东坡 4 英里远的阿尔法卡尔（Alfacar）村为其提供果蔬。摇摆不定的埃米尔布阿卜迪勒·穆罕默德十二世（Boabdil）曾沦为基督徒的阶下囚。尽管他不止一次地打破了自己的家族与西班牙人订下的条约，但现在他对自己民族的忠诚受到了质疑。格拉纳达内部也出现了分歧，给了基督徒可乘之机。尤其是 1485 年后，西班牙军队把埃米尔王国一分为二时，穆斯林已失去了抵抗的意志。

黄金之河：西班牙帝国的崛起，从哥伦布到麦哲伦

15 世纪 80 年代早期，基督徒就已着手计划攻打格拉纳达，背后的原因在当时看来还不甚明显。格拉纳达住着 50 多万穆斯林，他们的统治者可能是迫于形势又恢复了 250 年来向基督徒纳贡的惯例。1481 年，格拉纳达国王布阿卜迪勒的叔叔穆雷·哈桑（Mullay Hassan）攻下并屠戮了基督教城市萨阿拉［市长贡萨洛·萨阿韦德拉（Gonzalo Saavedra）此时还在塞维利亚纵酒］。基督徒可能需要将 1481 年屠城的记忆抹去，因此他们在攻取阿尔阿马、卢塞纳（Lucena）和龙达等地后，也以大肆屠城作为报复。

无论如何，可以确定的是，将格拉纳达并入卡斯蒂利亚的决议是 1480 年在托莱多议会（Cortes）上通过的。编年史家阿隆索·德·帕伦西亚（Alonso de Palencia）熟悉伊莎贝拉女王。他确信，斐迪南国王夫妇自当政之日起，就决心结束格拉纳达的独立状态。15 世纪 70 年代，为了平息国内纷乱，伊莎贝拉女王和丈夫不得不同格拉纳达休战，待内部问题解决后，便马上向塞维利亚官员迭戈·梅洛（Diego Merlo）下令，进攻格拉纳达。[19]

事实上，整个 13 和 14 世纪的大部分时间里，格拉纳达的埃米尔都被基督徒视为卡斯蒂利亚境内统治穆斯林的领主。格拉纳达统治者有时还会派兵为卡斯蒂利亚国王作战。然而，格拉纳达最近似乎打算从卡斯蒂利亚内战中渔利，在伊莎贝拉平定国内战乱时，甚至打破了旧盟。是时候采取措施，防止此类事情再次发生了［斐迪南对埃及的马穆鲁克王朝（Mamelukes）这样解释道］。[20] 格拉纳达的财富虽然被高估，却仍吸引着基督徒。不过，这些财富大部分是热那亚商人如森特雷恩家族（the Centurioni）、帕拉维奇尼家族（the Palavicini）、维瓦尔迪家族（the Vivaldi）以及来自意大利普拉托的达迪尼（Datini of Prato）带来的。他们的贸易活动将西班牙穆斯林与北非、意大利联结在一起。奈斯尔王朝兵败后，这些热那亚商人多半离开了格拉纳达。当然，热那亚人也是基督徒，只是在这些企业家心中，信仰可不如生意重要。

斐迪南和伊莎贝拉当然渴望取悦教皇西斯笃四世（Sixtus Ⅳ）。15世纪70年代，教廷使节尼科洛·佛朗哥（Niccoló Franco）也曾经提到，西班牙境内的穆斯林聚居区是心腹大患；当时，他也极不友好地提到了卡斯蒂利亚的犹太人问题。1479年，教皇发布谕旨，要求对格拉纳达开战；1482年，他又在另一份谕旨《正统信仰》（Orthodoxae Fidei）中重申了这一点。由清真寺转化而来的教堂，被饰以奢华的十字架和鸣钟，成为基督徒攻取城镇的标志。基督教在卡斯蒂利亚军中举足轻重。教皇西斯笃四世赐予的银十字架，在阵前引领着出战的士兵。行军队伍的前方打着主保圣人圣雅各伯（Santiago）的旗帜。圣费尔南多（San Fernando）*的佩剑也随军同行，13世纪，正是这位国王征服了塞维利亚。此外，还有圣依西多禄（San Isidore）的旗帜。圣依西多禄是塞维利亚7世纪时一位博学的大主教。神父随时准备着为军队唱赞美诗，大主教和主教也常常在前线督战。

当时，教皇和枢机主教希望自己的教会军队能在战斗中取胜。主教身边环绕着一群全副武装的家臣。主教们彼此攀比，看谁的军队更加威武。情况紧迫时，神职人员也会亲自作战，后来他们的确参战了。这些教会军队有时还会吸纳雇佣兵，以图增强兵力。教会军队中有不少政坛人物：路易·奥特加（Luis Ortega）是哈恩主

---

* 即斐迪南三世（卡斯蒂利亚），1217—1252年在位，在位期间将莱昂王国与卡斯蒂利亚王国合并为卡斯蒂利亚王国。——编者注

教，1482 年阿尔阿马被征服后，一直担任阿尔阿马的行政长官，政绩卓然；卡里略大主教（Archbishop Carrillo）1475 年在托罗战役（Battle of Toro）中带过兵对抗国王斐迪南。帕伦西亚、阿维拉和萨拉曼卡的主教也分别领导着 200、150、120 名长矛轻骑兵，他们都是教会在之前的内战中招募的。[21]

对格拉纳达的战争或许还有一个战略目的：土耳其人是个可怕的、侵略性十足的国际威胁，[22] 而格拉纳达的伊斯兰政权与土耳其人联系紧密，因此必须把西班牙的东南海岸从穆斯林手中夺过来，否则后患无穷。之前纳瓦拉国王至少两次曾寻求与格拉纳达结盟；这个盟约一旦订立，卡斯蒂利亚就会腹背受敌，两面作战。[23] 在这种情况下，如教廷特使佛朗哥所说，绝不能容忍西班牙内部有个伊斯兰王国。未来的某一天，马格里布的穆斯林可能会恢复信心，帮助格拉纳达。此外，14 世纪，基督教世界与伊斯兰世界的边界也多次爆发冲突。大肆劫掠充斥着每一次休战，也威胁着商业发展。不过，这些劫掠也衍生出不少歌颂双方英勇指挥官的精美歌谣，他们意气风发，骑着漂亮的马匹（摩尔风格的"轻骑兵"），为美女效劳，一旦出手，至少能劫来一群牛。在各自的歌谣中，基督徒和穆斯林都有同样的高尚人格，通篇居然找不到一个恶人角色。

那种不受约束的边境生活方式，在重视效率的君主眼里，危险十足。贵族们在王权控制不及的战事中为自己立名，这是国王无论如何不想看到的。而且，政治风险总是存在。小规模的劫掠可能会在偶然的机遇下演化为大规模战争，如果战争来得不合时宜，王权的统治地位难免动摇。

在前些年的战争中，斐迪南国王已经证明自己是位成功的战略家和指挥官。也许斐迪南也在担心，基督徒因炮兵占得的军事优势，将来可能会被穆斯林的某一新发明追平。[24]

斐迪南国王在佛罗伦萨拥有一位仰慕者，就是马基雅维利（Machiavelli）。关于开战的原因，马基雅维利有个更为有趣的解释，25 年后他在《君主论》中特别提到了斐迪南国王："提升君主威望的最佳途径，莫过于宏大的战役和君主个人能力的出色展现。"由此，征战格拉纳达可能是解决国内问题的终极途径。通过树立外敌，让彼此不和的贵族们忠诚团结在自己麾下。马基雅维利认为，斐迪南借征战格拉纳达，"吸引卡斯蒂利亚贵族的精力，让他们把心思投入外战，从而无心在国内制造麻烦。这样一来，在贵族未能察觉的情况下，君主成功巩固了自己的地位，也加强了对贵族的控制"。[25]

古斯曼家族的领袖梅迪纳－西多尼亚公爵（Duke of Medina Sidonia）由此与宿敌庞塞·德·莱昂家族的领袖阿科斯伯爵（Count of Arcos）和解。因为在阿尔阿马城下，正是西多尼亚公爵带领援军把阿科斯伯爵营救出来。这些贵族团结一致，为同一个国家、同一项事业而战，这是他们在和平年代从未设想过的情形。比列纳侯爵（Marquis of Villena）胡安·洛佩斯·德·帕切科（Juan López de Pacheco）是女王旧日的敌人，他在格拉纳达南面的阿尔普哈拉斯山上积极投身于对抗穆斯林的战斗。卡拉特拉瓦骑士团大团长罗德里格·特莱斯·吉龙（Rodrígo Téllez Girón）在 15 世纪 70 年代的内战中，也是伊莎贝拉的敌人。1482 年，他在征战洛哈（Loja）时战死，民族国家意义上的贵族——忠诚的爱国者自此诞生。

第二章

"唯一的乐土"

> 西班牙是唯一的乐土……
>
> **——彼得·马蒂尔 1490 年在信中如是说**

　　对格拉纳达宣战的西班牙王庭并没有固定居所。好几代以来，王庭每年都往返迁徙，就像当地的美利奴羊群一样，依季节变换迁往不同的牧场。最近几年，由于战事需要，王庭总在东南部停留。但在开战之前，西班牙的权力、法律和行政中心一直在巡回迁徙。[1]某一年中，君主曾到访过 20 个不同的城市，往返于城镇之间，经常在穷乡僻壤过夜，一行人难免感到劳顿。他们到过南部和西部的谷物产区，也去过埃布罗河流域，当然也去过加利西亚和巴斯克等土壤贫瘠地区。他们曾前往塞维利亚周围富饶的酿酒区，也曾抵达杜罗河谷中部和加利西亚南部。因此，他们对贵族、教会和王室的财产都颇为了解——这正是当时的三大所有制。

　　1488 年 1 月，王庭停留在历史悠久的古城萨拉戈萨（Saragossa）。4 月底，王庭南下穿越阿拉贡，来到巴伦西亚，一个深受文艺复兴影响的港口。5 月，王庭继续向南，来到穆尔西亚（Murcia），这是一座城墙雄伟却并不富庶的城池。国王和女王在此分道，国王去了临海的维拉，那里有座军营，女王则留在穆尔西亚。到了 8 月，国王和女王一起回到卡斯蒂利亚，在托莱多附近的奥卡尼亚台地（Mesa de Ocaña）停留了几日。此处河流密集，是女王最喜爱的度假胜地。9 月，王庭到达欠发达的巴利亚多利德（Valladolid），伊莎贝拉女王在这里一直待到年末，而斐迪南国王则去了普拉森西亚（Plasencia）和托德西利亚斯（Tordesillas），这两座富裕的教会城镇坐落于杜罗河畔。[2]

国王和女王当政的 15 年中，这样的旅程从未间断。西班牙以前的国王也是这样统治国家的。[3]君主治国，就要在马背上度过几千小时：马鞍才是西班牙真正的王座。[4]装着档案和登记册的橱柜和箱子、装满佛兰德斯挂毯和图片的箱子、来自低地国家的豪华礼服和夹克，还有文件和蜡封，都用骡子驮着。王庭在何处停留，骡子背上的箱子就在何处打开。[5]每个星期五，无论在塞维利亚还是塞戈维亚，穆尔西亚还是马德里，君主们都会安排出一段时间，听取民众的诉求，并为他们主持公道。[6]

王庭落脚的宫殿、修道院或城堡都非常相似：通常围绕开放庭院而建，外部设计重视军事防御而非装饰，防御原则是从入口上方的城墙上可以阻绝任何进攻。从外观看去，这些高大建筑并不起眼，然而其内部却有很多楼层。大多数建筑的角落都建有圆形塔楼，角落用方形石砖砌成，直角三角形的外观与圆形塔楼形成了鲜明对比。历代西班牙君主就在多次路过的贵族居所里见证了这些粗糙的建筑。

在当时的卡斯蒂利亚，巴利亚多利德是仅次于塞维利亚的第二大城市，王庭在这里停留的时间最多。实际上，这里几乎成了首都，这座城市也因此受益良多：1480 年后，卡斯蒂利亚大法官新官署，或者说最高法院（supreme court）在此建成。城内还有个圣格雷戈里奥学院（College of San Gregorio），是当时建筑的瑰宝。这座学院是由女王以前的告解神父创立的，后来他成为帕伦西亚主教，人称"博学的阿隆索·德·布尔戈斯"（Alonso de Burgos）。然而，这座学院当时尚在建造中，它的隔壁还有一座更加精巧的建筑，那就是圣克鲁斯学院（College of Santa Cruz），是枢机主教门多萨委托西班牙建筑师恩里克·德·埃加斯（Enrique de Egas）建造的，不过当时尚未建成。这些新学院或将成为新生代主教和学者们求知的关键场所。当时，西班牙国王并不知道，葡萄牙、法国和英格兰，甚至格拉纳达，都早已有了固定的首都。当年罗马皇帝不也巡回执政吗？[7]巡回执政对王庭、大臣和君主（特别是患有痛风的君主）而言都是个苦差事。在小说《塞莱斯蒂娜》（La Celestina）中，作者费尔南多·德·罗哈斯（Fernando de Rojas）借智慧的老鸨塞莱斯蒂娜之口说："四海为家的人无家可归。"又引用了塞涅卡（Seneca）[*]的名言："流浪者不缺落脚地，只缺朋友。"

1478年，怀有身孕的伊莎贝拉女王一直停留在塞维利亚，她的丈夫斐迪南国王则奔赴巴塞罗那和萨拉戈萨，处理来自伊斯兰国家和法国的威胁。有时，国王也会在某地停歇几日，尽情打猎玩乐。此外，国王和女王还常去圣哲罗姆隐修会（Jeronymites）的修道院；[8]比如梅迪纳-德尔坎波（Medina del Campo）附近的梅霍拉达（La Mejorada）修道院，这座修道院农业发达，靠出售农产品运营，颇为富足；还有巴利亚多利德附近的方济各会（Franciscans）

---

[*] 古罗马斯多葛主义哲学家、剧作家、政治家。——编者注

所在地埃尔阿夫罗霍（El Abrojo）。在这些修道院里，他们得以暂避俗世纷扰。[9]

王庭在全国范围内的巡游大有裨益：斐迪南和伊莎贝拉几乎访问了西班牙每个角落，为平民带去公平与正义。英国君主很少离开本郡，法国君主鲜少走出法兰西岛（Île-de-France）*，相比之下，西班牙君主更为了解自己的领土。当西班牙君主试图平衡各方要求获得领地的矛盾时，他们明白自己的决定会产生哪些实际影响。他们还会见了地方官员，知道哪些官员是好公仆。[10] 当时王国并不统一，王庭的旅行因此更加重要。斐迪南和伊莎贝拉已经在必要之时会见了西班牙境内的四大议会：巴伦西亚议会、卡斯蒂利亚议会、加泰罗尼亚议会和阿拉贡议会。1486年，为了镇压雷莫斯（Lemos）某伯爵的暴乱，他们甚至来到偏远的加利西亚地区。他们在那里亲自督战，夷平了20座有谋反嫌疑的贵族城堡。他们还拜访了圣地亚哥，在圣詹姆斯墓前祈祷，并委托伟大的埃加斯建造救济院，选址于已故主教迭戈·吉米雷斯（Diego Gemírez）的大教堂附近。他们期望这个救济院能成为一所医学院，兼作朝圣者的避难所。[11]

两位君主也去过毕尔巴鄂（Bilbao）两次。1476年，斐迪南去了格尔尼卡（Guernica），他在那里宣誓尊重比斯开省（Vizcaya）的权利。整个西班牙，他们没去过的地方只有阿斯图里亚斯（Asturias），尽管那里是西班牙王国的摇篮。古都奥维耶多（Oviedo）仍然被高山隔绝。阿斯图里亚斯有位国王，名叫加西亚，

---

* 法兰西岛是法国本土13个大区之一，也是法国首都巴黎的首都圈。其以巴黎为中心，包括巴黎省、上塞纳省、塞纳-圣但尼省、马恩河谷省、塞纳-马恩省、伊夫林省、埃松省和瓦兹河谷省，共计1276个市镇。法兰西岛也称"巴黎大区"。——编者注

算起来还是斐迪南和伊莎贝拉的祖辈。912 年，他曾尝试翻越高山前往奥维耶多，却再也没能回来。[12]

西班牙的一些大贵族也经常迁徙，不过他们并不像国王那样常年处在旅途中。这些大贵族的领地分散在王国的不同地方，他们不得不定期往返于各领地之间。[13]

从佛兰德斯画家安东·凡登·韦恩戈尔德（Anton van den Wyngaerde）的画中，可以看到西班牙君主居留的城市的面貌。不过，这位画家生活的年代要比斐迪南晚两个世代。画家笔下的城市在这两个世代中迅速增长，这种增长也带来了问题。16 世纪中叶，修士伊格纳西奥·布恩迪亚（Ignacio de Buendía）写了一部离奇的戏剧《利亚内萨的胜利》（*El Triunfo de Llaneza*），抗议农民涌向城市淘金的现象。1512 年，据说巴塞罗那约有 2.5 万人；到了韦恩戈尔德生活的年代，这里的人口甚至超过 4 万。[14] 等到布恩迪亚的年代，农村人口开始减少。此时，一些城市的面貌也发生了变化：1492 年，格拉纳达的教堂落成；1506 年，塞维利亚新的大教堂完工。没有一本游览手册能够像这位佛兰德斯画家那样描绘得如此细致，1490 年的许多塔楼、宫殿、街道和城墙必定十分近似于他那栩栩如生的画笔所展现的模样。

德意志斯特拉斯堡（Strasbourg）画家克里斯托夫·维兹（Christoph Weiditz）曾记录过当时西班牙人的长相。后来，他把这些记录整理绘制成一册精细的"服饰图谱"。那时候时尚风潮发展缓慢，维兹 1528 年描绘的骑士、女士、海军上将、黑奴和穆斯林奴隶，与 1490 年游历全国的双王见到的相差并不多。这个图谱就像漫画一样鲜明：大笑着的商人，高个儿的伯爵夫人，沉思的海军上将，辛勤的仆人和奴隶，还有骄傲的骑兵。[15]《塞莱斯蒂娜》是那个时代的西班牙经典通俗文学，完整表现了当时的时代风情，至今读来仍津津有味，就算是泛泛翻阅这本书也能看出，1490 年西班牙的男女老少和维兹画中的面貌十分相像。

王庭是女王和国王的象征。女王在前，因为伊莎贝拉女王较斐迪南国王更有权势。当时，她与斐迪南国王的共治被认为是奇迹。两个自治政权通过联姻成功实现共治，除此以外别无他例——英国的威廉和玛丽共治算不算？当然不算，威廉的权力远远大于玛丽。在古代，斯巴达曾有两位国王，罗马也曾有两位执政官；但这种先例毕竟十分稀少。纵观历史，这样的联姻共治从未出现过第二次，实在令人啧啧称奇。

1491 年，女王和国王总是骑着马，出没于圣菲附近。从伊莎贝拉的雕像中，可以窥见她意志坚定。这座雕像出自费利佩·德·比加尔尼（Felipe de Bigarny）之手，立在格拉纳达大教堂的王宫附属教堂中，表现女王祈祷时的样子。[16]从存世的许多肖像中可以看出，和特拉斯塔马拉家族（the Trastámara）的大部分成员一样，伊莎贝拉也是金发蓝眼，皮肤白皙。[17]

1491 年时，伊莎贝拉已到中年。她生于 1451 年，父亲是卡斯蒂利亚国王胡安二世（Juan Ⅱ）。她出生在父亲的一所宫殿里，宫殿位于小镇马德里加尔-德拉斯-阿尔塔斯-托雷斯。小镇不大，塔楼却很多，从贸易城市梅迪纳-德尔坎波向南，骑马走一天就能到。这座宫殿并不宏伟，只是王室旅行途中临时的歇脚地。1454年，胡安国王驾崩，伊莎贝拉的异母兄长恩里克四世（Enrique Ⅳ）

　　　　　　　黄金之河：西班牙帝国的崛起，从哥伦布到麦哲伦

继位。伊莎贝拉就迁往小镇以东 20 英里的阿雷瓦洛（Arévalo），与年迈的母亲一起住了 7 年。基督徒征服了阿雷瓦洛，那里有许多穆迪札尔人建筑，以及聚居在此的穆迪札尔人。在阿雷瓦洛，这些穆斯林和犹太人都属于被容忍的少数族群。犹太教拉比和他的儿子能说会道，因而远近闻名。自幼时起，伊莎贝拉就经常去镇外的方济各会修道院，据说这个修道院是由圣方济各本人亲自建立的。她开始笃信该修会，甚至要求自己死后以方济各会礼仪下葬。造就伊莎贝拉性格的，正是这段卡斯蒂利亚的童年生活：炎热的夏季、寒冷的冬季、呼啸的狂风、偏僻的城镇。

最开始，伊莎贝拉和弟弟阿方索（Alfonso）的教育由多明我会修士洛佩·德·巴里恩托斯（Lope de Barrientos）负责，他后来担任塞戈维亚主教，主张宗教宽容政策。之后，姐弟二人的学校教育由博学多识的帕伦西亚主教罗德里戈·桑切斯·德·阿雷瓦洛（Rodrigo Sánchez de Arévalo）接手，此前，他是国王在罗马的代表。他是一名理论家，曾详细阐述过卡斯蒂利亚君主在欧洲的至高地位；他在《西班牙史》（*Historia Hispánica*）中曾说，古典时代，卡斯蒂利亚不仅比葡萄牙、纳瓦拉和格拉纳达强大，甚至比法国和英格兰还要强大。他对卡斯蒂利亚及其王权的夸张断言，深远地影响了他的学生伊莎贝拉。

据伊莎贝拉上述两位老师中的一位说，伊莎贝拉很欣赏圣女贞德的事迹。她结婚时，一位不知名的诗人送给她一部编年史，讲的就是这位奥尔良巾帼英雄的事迹。圣女贞德的故事激励了她，伊莎贝拉也梦想着有朝一日能够复兴先祖失落的王国——对此，她能做的就是收复格拉纳达。

不久，她和弟弟阿方索迁往塞戈维亚的宫廷，住在王后胡安娜的院落中（伊莎贝拉的母亲、王太后伊莎贝拉当时已经神志不清，留在阿雷瓦洛度过了余下的 40 年）。[18] 当时，塞戈维亚已由王室资助翻修重建，它是座美丽的城市，但伊莎贝拉在宫廷却是度日如年，因为美丽的伊莎贝拉王太后难以控制自己的行为，性情善变。国王恩里克遵从摩尔人的习俗，讥讽基督教，对于向伊斯兰国家开战并不重视。[19] 这样荒唐的王庭，让伊莎贝拉后来坚持虔信苦行。贵族们纷纷来提亲，所有的婚约都带有政治目的：法国国王的弟弟吉耶讷公爵（Duke of Guyenne），与之联姻可拉拢纳瓦拉；葡萄牙的阿方索国王，与之联姻可确保西面边境无战事；约克公爵（Duke of York）理查，就是后来莎士比亚笔下的"驼背暴君"理查三世（Richard Ⅲ）；比列纳侯爵的弟弟佩德罗·吉龙（Pedro Girón），大权在握，有权号召多数有地领主归顺卡斯蒂利亚王室。伊莎贝拉的二堂弟斐迪南，本身是阿拉贡王位的继承人，对卡斯蒂利亚的王位也有宣称权。如果伊莎贝拉与斐迪南联姻，或许能促成西班牙的统一呢？

与此同时，伊莎贝拉同父异母的哥哥恩里克国王的政敌正在宣称她理应继承王位。卡斯蒂利亚贵族内部的两组党派发动了内战，小规模冲突不断。1468 年，伊莎贝拉的亲弟弟阿方索在阿维拉附近的卡尔德尼奥萨（Cardeñosa）去世，国王的敌人主张由伊莎贝拉履行继承权。这些人觉得伊莎贝拉是个容易操控的傀儡，因而选择了她。另一方面，伊莎贝拉本人似乎也下定决心，要不惜一切代价赢得卡斯蒂利亚王位继承权，为此，她愿做出必要的妥协，以确保王位到手。

接下来的几年，没人知道伊莎贝拉是怎么度过的。只有某些家族谱系研究员、文书或饶舌者对此略有了解。然而，我们必须努力查清那几年发生的事情，它们对于了解伊莎贝拉的余生至关重要。这些事情发生在旧卡斯蒂利亚的各处：塞戈维亚、马德里加尔－德拉斯－阿尔塔斯－托雷斯等城镇，以及寒风大作的阿雷瓦洛、奥卡尼亚，以及未来的马德里城。

恩里克国王孤家寡人一个，或许是个同性恋，而且周期性性无能（他的第一段婚姻是同纳瓦拉的布兰卡结合，因性无能而宣告婚姻无效）。他冲动，有拖延症，偶尔突发奇想，却经常懒惰怠慢，但他并不愚蠢[20]，至少贵族们认为他能当个傀儡国王。王国内杰出的教会人士、托莱多大主教阿方索·卡里略·德·阿库尼亚（Alfonso Carrillo de Acuña）希望伊莎贝拉立即加冕为女王，而恩里克国王的发小、当时最有权势的贵族、王室总管（majordomo）比列纳侯爵胡安·帕切科意图仅确认伊莎贝拉的继承权，就此了事。大主教卡里略希望伊莎贝拉嫁给阿拉贡的斐迪南，王室总管帕切科则希望她嫁给葡萄牙的阿方索，而且，帕切科和恩里克还为这门婚事精心布局。[21] 最后，伊莎贝拉接受了作为女继承人的条件，暂缓加冕；她的婚事也悬而未决——毕竟那时她刚满17岁。

几经游说，恩里克国王同意确认伊莎贝拉为他的女继承人。虽然伊莎贝拉还年轻，但恩里克的女儿胡安娜当时才5岁，相比之下，伊莎贝拉作为继承人更能服众。胡安娜小名叫"贝尔特伦之女"，呼应阿尔武克凯尔公爵（Duke of Alburquerque）贝尔特伦（Beltrán）的名字。这位贝尔特伦，人称"好骑士"（*el buen caballero*），据传闻，贝尔特伦才是胡安娜的生父。[22] 随后，和解仪式在吉桑多

（Guisando）山脚下的圣哲罗姆隐修会修道院举行。伊莎贝拉正式成为阿斯图里亚斯公主，前往托莱多附近的奥卡尼亚温泉居住。奥卡尼亚水质宜人，是帕切科的要塞，国王也长居于此。

这位公主已经拥有了政治权力的必要机构，即一个精心挑选的内廷。她侍女的丈夫贡萨洛·查孔（Gonzalo Chacón）负责管理这个机构，他当过阿尔瓦罗·德·卢纳（Álvaro de Luna）的管家，曾长期担任胡安一世的首席大臣。查孔的表弟古铁雷·德·卡德纳斯（Gutierre de Cárdenas）也为伊莎贝拉效力[23]，他是王庭总管（court majordomo），从大主教卡里略家族里崛起，并开始崭露头角。卡德纳斯在奥卡尼亚的府邸柱子上装饰着贝壳和徽章，直到今天还保存完好。伊莎贝拉也住在奥卡尼亚。1469年的卡德纳斯和查孔还都是年轻人，雄心勃勃，注定要在公务生涯里大展身手。

伊莎贝拉的秘书是博学的阿隆索·德·帕伦西亚（Alonso de Palencia）[24]，他是编年史家、人文主义者、杰出的拉丁语学者，时年50岁。他写过很多军事论著，在有志于投身军旅的人群中颇为流行。他曾效力于同样博学的布尔戈斯主教、改信基督者阿隆索·德·卡塔赫纳（Alonso de Cartagena）。在意大利的那段时间，他与当时最聪明、最优秀者朝夕相处。某历史学家曾称他为"当时西班牙孕育出的最接近意大利人文主义者的人"。[25]伊莎贝拉手下的优秀顾问，是她成就女王霸业最为得力的助手。后来的莫亚侯爵夫人（Marquesa of Moya）贝亚特丽斯·德·博瓦迪利亚，以及门西亚·德拉·托雷（Mencía de la Torre），都是她的知心女友。

恩里克国王把贸易城市梅迪纳-德尔坎波交给伊莎贝拉，这块封地成为她的收入来源；还授予她掌管阿维拉铸币厂的权力。[26]

伊莎贝拉决定和阿拉贡的斐迪南结婚。斐迪南是特拉斯塔马拉王室唯一的男性成员，而伊莎贝拉也出身于该王室。在绝大多数人看来，斐迪南是伊莎贝拉的合法继承人。斐迪南勇敢又帅气，伊莎贝拉虽没见过他，但她非常明白，和斐迪南结婚会给卡斯蒂利亚带来诸多利益。至少，与斐迪南的婚姻能确保她控制自己的王国。如果当初伊莎贝拉嫁给葡萄牙国王，卡斯蒂利亚与阿拉贡－加泰罗尼亚结合也会加强卡斯蒂利亚的实力，但这样一来，伊莎贝拉就不会支持探索大西洋的冒险了。

阿拉贡王室为伊莎贝拉和斐迪南订婚铺平了道路。实际上，两人成功的订婚是王室的胜利，尽管联姻的合法性来自教皇在西班牙的代理人安东尼奥·威尼利斯（Antonio Veneris）草拟的文件。这份文件允许斐迪南与第三代堂亲结婚。1469 年 1 月，早在两人婚前，这份秘密文件已签署通过。此时，伊莎贝拉还未满 18 岁，斐迪南只有 16 岁。[27]

阿拉贡不仅仅指的是阿拉贡内陆地区。加泰罗尼亚、巴伦西亚、巴利阿里群岛（Balearic Islands）、西西里岛和撒丁岛，都在阿拉贡的管辖范围内。阿拉贡的宪法体系十分出色地平衡了社会秩序和自由，商人为完善宪法体系发挥了一定的作用。巴塞罗那的邮政服务便利，也建立了几个重要的行会。阿拉贡地区的议会权力很大，大法官（chief justice）地位独立，在维护法律方面发挥了重要作用。加泰罗尼亚议员十分关注政治自由。宽宏大量的阿方索国王是斐迪南的叔父，是斐迪南父亲的前一任国王。阿方索国王确保了阿拉贡人对意大利南部的控制，不过由于长年不在西班牙，他在西班牙的声望有所减损。[28]

乍一看，阿拉贡王国似乎比卡斯蒂利亚更具活力，更加多元化，但当时加泰罗尼亚的经济正在衰退。虽然巴伦西亚的商业仍在发展，部分弥补了整体经济衰退造成的损失，但加泰罗尼亚在东地中海的主导地位已经丧失，那些繁荣的时日业已结束。此外，卡斯蒂利亚出口的羊毛在佛兰德斯和英格兰等欧洲北部的市场畅销，为坎塔布里亚（Cantabrian）海岸，尤其是科鲁尼亚（Corunna）、桑坦德（Santander）、拉雷多（Laredo）和圣塞巴斯蒂安（San Sebastián）等港口带来了繁荣。13 世纪后期，这些港口城市的商人创造性地结成社团"沼泽兄弟会"（Brotherhood of the Marshes），[29] 以此保护自身的利益。梅迪纳-德尔坎波的商品展销会、布尔戈斯的商人以及塞维利亚的船长和贸易商在海外的知名度一年胜过一年。卡斯蒂利亚议会自然不如阿拉贡议会那般强势，卡斯蒂利亚王室也不像阿拉贡王室那样依赖议会，因为前者可以从议会之外的地方获得资金来源。[31] 尽管卡斯蒂利亚日益富有起来，但作为立法机构的卡斯蒂利亚议会仍不能充分行使权力。

听闻同父异母妹妹的联姻计划，恩里克国王扬言，如果伊莎贝拉在婚事上不听从他的安排，他就囚禁伊莎贝拉。恩里克国王的反应还算合理，但伊莎贝拉自有对策。她安排卡里略大主教出兵，护送她到巴利亚多利德，她知道自己在胡安·德·比韦罗（Juan de Vivero）的宫殿里是安全的。胡安·德·比韦罗的妻子是斐迪南的表亲，他自己则是大主教的侄子，曾当过王室司库。在巴利亚多利德，她派遣阿隆索·德·帕伦西亚（Alonso de Palencia）修士和古铁雷·德·卡德纳斯（Gutierre de Cárdenas）前往阿拉贡，向斐迪南求助。王子斐迪南得到消息后立即随他们返回卡斯蒂利亚。他在没有侍卫随行的情况下上演了一出英雄救美的浪漫故事，哪怕在布尔戈德奥斯马（Burgo de Osma）被掷向他的石头砸中受了轻伤，也没有停下他的脚步。[32]

　　杜埃尼亚斯（Dueñas）是座小镇，属于本迪亚伯爵（Count of Buendía）佩德罗·德·阿库尼亚（Pedro de Acuña）的领地，位于巴利亚多利德和帕伦西亚之间，新旧卡斯蒂利亚的交界处。这位本迪亚伯爵是卡里略大主教的哥哥。1469 年 10 月 14 日，卡德纳斯带斐迪南面见伊莎贝拉时对她说："这就是他，这就是他（Ese es, ese es）。"后来，卡德纳斯的徽章上，有两个相连的 S 形图案，其含义就是他介绍斐迪南时说的这句话。斐迪南和伊莎贝拉彼此印象良好，一位公证人＊见证了他们的宣誓。然后，伊莎贝拉给她的哥哥恩里克国王写信："谨借这封信和我的信使告知陛下，我的婚姻由我做主。"从此，伊莎贝拉对斐迪南一心一意，也怨恨斐迪南的风流行径。[33]斐迪南似乎也热情满满："希望尊贵的小姐能多给我写信，因为我总感到您的信姗姗来迟。"[34]于是，在巴利亚多利德·比韦罗的府邸，大主教为二人主持了婚礼。除了斐迪南的叔叔、卡斯蒂利亚海军上将法德里克·恩里克斯（Fadrique Enríquez）以外，这场婚礼没什么大人物出席，斐迪南的私生子阿隆索和私生女胡安娜也出席了婚礼。[35]佩德罗·洛佩兹·德·阿尔卡拉（Pero López de Alcalá）修士宣读了一封存疑的教皇庇护二世（Pius II）谕旨，赦免了这桩婚姻在血缘方面的罪恶；不过，另一份由教皇签署的真正谕旨最终

＊　公证人，是指经政府执行机构认可并授权，而执行确认、宣誓或保证、见证签名，及核准文件等特定职能的公职人员。——译者注

也从罗马抵达了卡斯蒂利亚。

当时，卡斯蒂利亚有大约 400 万人，而阿拉贡可能还不到 100 万，因此，与斐迪南相处时，伊莎贝拉占有显著优势。[36] 尽管如此，阿拉贡国王胡安二世和他的贵族朋友、教士朋友都强烈支持这门婚事。[37]

斐迪南生于 1452 年，比伊莎贝拉小一岁。他出生在萨达家族（family of Sada）位于索斯的一所房子里，房子就坐落在阿拉贡境内高高的比利牛斯山上。他的母亲是胡安娜·恩里克斯（Juana Enríquez），父亲的第二任妻子。因为山中空气清爽，所以胡安娜选择在山中生子。当时阿拉贡的贵族夏季经常去山谷避暑，避暑宫殿的遗迹留存至今。编年史家埃尔南多·德尔·普尔加（Hernando del Pulgar）这样评价年轻的斐迪南："他如此非凡优雅，每个与他谈过话的人，都想为他效劳。"[38] 一位当代历史学家写道，他是"文艺复兴时期最有亲和力的统治者"[39]。斐迪南面相和蔼可亲，机敏而勇敢。不过，斐迪南有个座右铭："因时代之故，我要像铁砧一样保持沉默。"与他父亲相比，斐迪南更加节俭，有人甚至认为他很吝啬。他爱打猎、爱赌博、爱马上长矛比武，不过最爱的还是各式各样的女人。[40]

和伊莎贝拉一样，我们可以从多幅肖像画中看到他的形象：在布尔戈斯沃地王室大修道院，画像中的他肤色相当暗沉。在普拉多（Prado），有一幅天主教双王圣母像，我们看到画中的他正在祈祷。在达罗卡（Daroca）的圣玛丽亚大教堂，有一幅他与儿子在一起的画像，画中斐迪南的儿子胡安亲王（Infante Juan）显得少年老成。[41]

斐迪南是伊莎贝拉曾祖父系的堂弟，亲缘关系密切，因为卡斯蒂利亚的特拉斯塔玛拉王室曾统治阿拉贡近 100 年，而斐迪南及其家族在卡斯蒂利亚也拥有不少领地。斐迪南一生都处于权力中心。他 9 岁就开始担任他父亲在加泰罗尼亚的代表；到了 16 岁时，他已成为父亲的得力助手。那些年内战连绵不断。斐迪南的母亲胡安娜·恩里克斯是卡斯蒂利亚海军上将的姐姐[42]，她意志坚定，斐迪南渐渐习惯了和母亲协力做出决策。后来，胡安娜死于癌症，年轻的王子曾流着眼泪对巴伦西亚政要说："先生们，如你们所知，我母亲在战时经历了多少困苦，才把加泰罗尼亚留在阿拉贡版图内。我父亲已经老去，而我还年轻。因此，我把自己托付给你们，请把我当成你们的儿子，尽力辅佐我。"

这位王子知道，与伊莎贝拉结婚，阿拉贡（连带巴伦西亚和加泰罗尼亚）可能与卡斯蒂利亚合并，他也乐意如此。他的爷爷斐迪南曾被称为"安特克拉的斐迪南"，因为他在安特克拉战胜了摩尔人。这位斐迪南一世，曾预言并期待过两个王国的合并。

斐迪南一直反复思量在卡斯蒂利亚境内推行阿拉贡和加泰罗尼亚行之有效的革新。鉴于他在卡斯蒂利亚所能行使的权力，他决定尊重卡斯蒂利亚的传统，并与伊莎贝拉联名签署一切文件。

成婚之后，伊莎贝拉向她哥哥恩里克国王派出亲善使者，以表达自己和斐迪南的忠心。然而，夫妇二人还是受到了怀疑，他们不得不撤离巴利亚多利德，这座城市很快被效忠国王的贝纳文特伯爵（Count of Benavente）围攻。1470 年，伊莎贝拉夫妇只拥有梅迪纳 - 德尔坎波和阿维拉，就算身处领地以内，他们的安全也得不到保障。恩里克剥夺了伊莎贝拉的继承权，把他的女儿胡安娜重新立为继承人，他还撕毁了《吉桑多条约》（Treaty of the Bulls of Guisando）。

1471 年 3 月，伊莎贝拉来到恩里克家族的所在地梅迪纳 - 德尔 - 里奥 - 塞科城（Medina del Río Seco），书面谴责恩里克。许多城市都发生了暴乱，贵族叛军并起，双方差点失去对各自领地的控制。

1473 年，经过会谈，这些纷争暂时告一段落。据说在此次会谈中，伊莎贝拉的代表、任劳任怨的财政大臣阿隆索·德·金塔尼利亚（Alonso de Quintanilla），[43] 曾 36 次拜访恩里克国王位于阿尔卡拉（Alcalá）的王宫。伊莎贝拉的另一些代表也在会谈中谨慎行事，表现活跃。比如，塞戈维亚城堡的指挥官安德烈斯·德·卡夫雷拉（Andrés de Cabrera），[44] 后来成为伊莎贝拉的朋友贝亚特丽斯·德·博瓦迪利亚的丈夫。另一位和平使者是年轻的卡拉奥拉（Calahorra）枢机主教佩德罗·冈萨雷斯·德·门多萨（Pedro González de Mendoza），他迫于教皇的压力，与整个门多萨家族一起转变立场，转而为伊莎贝拉效忠了 20 年。[45]1474 年，纷争过后，恩里克国王和异母妹妹伊莎贝拉在塞戈维亚附近重建的阿尔卡拉一起度过了主显节。恩里克唱歌，伊莎贝拉伴舞。[46] 然而，这是兄妹二人最后一次一起庆祝节日，同年 12 月，在当时的小镇马德里，恩里克国王猝然驾崩。

伊莎贝拉得知恩里克的死讯时，仍身在塞戈维亚，她穿上白色丧服，毅然前往圣马丁教堂参加弥撒，然后动身前往阿尔卡拉，第二天早上抵达规模较小、距离较近的圣米格尔教堂。这一次，她穿着耀眼的金色华服，在一座高台上加冕为卡斯蒂利亚女王。[47] 她宣誓登基；她的小宫廷（安德烈斯·德·卡夫雷拉、贡萨洛·查孔、古铁雷·德·卡德纳斯和阿隆索·德·帕伦西亚）与塞戈维亚市政议会一同跪下，这成为伊莎贝拉掌握国家权力的唯一保障。游行队伍前排，卡德纳斯高举着一把出鞘的利剑，提醒人们王室有权惩治恶人。[48]

　　年轻的编年史家埃尔南多·普尔加曾在王室大臣学校学习，此时的他列举了自8世纪以来卡斯蒂利亚的所有女王（不过阿拉贡从未有女王登基过，因为《萨利克法》剥夺了女性的一切统治权）。对女王来说，另一个好消息是王室府库仍位于塞戈维亚的阿尔卡拉，由她的亲密朋友卡夫雷拉家族掌管。恩里克去世时，身在阿拉贡的斐迪南赶到塞戈维亚，二人在财产分割的问题上明显意见不合，不过，在1475年1月15日，二人各自的顾问达成共识，双方签署了一份协议。

　　由此，卡斯蒂利亚王位归于伊莎贝拉女王，但双方达成一致，由斐迪南和伊莎贝拉共同颁布法令、发行货币和签署文件。在国家文件中，斐迪南的署名居前，但伊莎贝拉的徽章居前。人们须向女王宣誓，城堡也听从女王的命令，女王自己就可以任命卡斯蒂利亚的官员。虽然斐迪南也可以像伊莎贝拉一样分配税收，但只有伊莎贝拉可以同意捐赠款项的分配。一方面，女王有权任命城堡的指挥官；另一方面，斐迪南骁勇善战，他有权任命军事指挥官。斐迪南发布的所有战事方面的命令都会立即生效，其他方面则不然。两人在一起时会共同主持正义，两人分处各自的王国时则自行主持。不过，他们都需要顾及王国枢密院（Council of the Realm）的意见，王国枢密院由贵族、神职人员和一些受过教育的平信徒和律师组成，具有强大的影响力。两人共同被视为卡斯蒂利亚、莱昂、西西里的国王和阿拉贡的继承人。如果斐迪南先去世，伊莎贝拉将继承阿拉贡王位，打破阿拉贡从未由女性统治的先例。如果伊莎贝拉先去世，她的长子（或长女）将继承王位，斐迪南无权继承。

斐迪南接受了这些安排，伊莎贝拉的顾问说服他做出了一些让步，尽管他内心并不认同。由此，他打算离开塞戈维亚。卡里略大主教暴跳如雷，关于此事，竟无人征求他的意见，他痛斥了伊莎贝拉和斐迪南，扬言要离开。伊莎贝拉无视大主教的抗议，却请求斐迪南留下。斐迪南也确实留了下来，为此，伊莎贝拉略微改动了之前达成一致的宣言。例如，夫妇二人将使用同一个纹章、同一枚印章，二人的肖像都会出现在硬币上。他们也会分享同一座宫殿。[49] 虽然卡斯蒂利亚是联盟的主体，但这些安排仍作为一项制度持久延续下去。

此后，伊莎贝拉又得到了另外两人的辅佐（狡猾的斐迪南自然也是她的得力助手）：枢机主教门多萨，现在是塞维利亚大主教；其次是埃尔南多·德·塔拉韦拉（Hernando de Talavera），他是巴利亚多利德－普拉多圣哲罗姆圣母院的院长，自 1475 年起一直担任伊莎贝拉的告解神父。

西班牙教会的贵族，能干、机智又英俊的枢机主教佩德罗·冈萨雷斯·德·门多萨，人称"西班牙的第三位国王"，时常头戴红帽，身穿红斗篷，很快将会声名鹊起。他主持王国枢密院，在战斗中骑马追随于女王身侧。1491 年，他已经 62 岁了。他是桑蒂利亚纳侯爵（Marquis of Santillana）伊尼戈·乌尔塔多·德·门多萨（Íñigo Hurtado de Mendoza）最小的儿子，兄弟中排行第九。侯爵是个诗人，是个仁慈的贵族，他的教养足以和意大利任何一位王储相媲美。拉斯·卡萨斯在他的历史著述里曾提及这位枢机主教，说起他那"伟大的美德、审慎的为人和对双王的忠诚"，以及"他高贵的精神和血统"。[50] 很少有人会去细想他个人的美德，其实他的其他品质也是无与伦比的。门多萨家族是卡斯蒂利亚最有权势的家族，其成员遍布各地，颇有影响力。这位枢机主教的兄弟姐妹、侄子侄女们，在教会和国家机构中身居要职，势力强大。

门多萨小时候寄居在托莱多的表亲家，这位表亲就是古铁雷·戈麦斯·德·托莱多（Gutierre Gómez de Toledo），此人虽然身为帕伦西亚主教，却常住托莱多。门多萨毕业于萨拉曼卡大学，主修法学。毕业后，他先在瓜达拉哈拉（Guadalajara）以北 15 英里的伊塔（Hita）教区做神父，随后成为领班神父。他的希腊文和拉丁文功底深厚，乃至他那博学多识的父亲委托他翻译《伊利亚特》《埃涅阿斯记》以及奥维德的几首诗。1454 年，门多萨成为卡拉奥拉主教，这里实际上是一个家族主教教区。后来他进入宫廷，在门多萨家族与国王之间斡旋，以便双方达成共识，因为他去世的父亲曾有一次反叛王室；并为不幸的胡安娜施行洗礼，据推测，胡安娜很可能是恩里克国王的女儿。

门多萨在贵族与恩里克的争端中斡旋。他说，即便国王是昏君，贵族也必须服从，否则就是阴谋家。1472 年，从罗马教廷来的枢机主教罗德里戈·博尔贾（Rodrigo Borgia）到访卡斯蒂利亚，他虽放浪形骸却颇为聪敏。在博尔贾这位朋友的帮助下，门多萨在卡斯蒂利亚成为"西班牙枢机主教"。从 1474 年起，门多萨成为女王的得力助手。作为一名大臣，他甚至比令人敬畏的卡里略大主教更具现代性。在 10 年前，卡里略曾为伊莎贝拉助益良多。后来，门多萨在托罗参战并光荣负伤。1485 年，他荣升为托莱多大主教、全西班牙首席主教（Primate of All Spain）。

门多萨全力为自己的门生在政府里谋求职务，不过他的门生通常也都是相关岗位的最佳人选。他积极参与格拉纳达战争，曾一度赴前线督战；瓜迪斯（Guadix）和阿尔梅里亚（Almería）投降之后，他命人在托莱多大教堂内的高坛上雕刻54座摩尔人的城池投降的情景。有不少人参与了雕刻工作，但大部分雕刻由想象力丰富的罗德里戈·阿莱曼（Rodrigo Alemán）完成；到1491年，雕刻尚未完成，对格拉纳达的征伐也尚未结束。在费利佩·德·博尔戈尼亚（Felipe de Borgoña）的浮雕中，可以看到枢机主教门多萨的形象，他骑马追随在女王和国王左右，法衣外面套着甲胄，俨然最坚定的战士和主教。格拉纳达高坛前的石雕也描绘了他的形貌。他身骑骡子，戴着手套，如理查德·福特（Richard Ford）所说，"脸型消瘦，鹰钩鼻"，与两位君主丰满的面貌大相径庭。[51] 在他捐赠建立的巴利亚多利德圣克鲁斯学院的天花板上，也挂着他的画像。这幅画像中的门多萨显得更加勇猛好战。[52]

门多萨有选择地遵从教义。他的餐桌上总是供应着西班牙最鲜美的食物。他担任锡古恩萨主教（Bishop of Sigüenza）时，还和门西亚·德·莱莫斯（Mencía de Lemos）育有两个私生子。门西亚是胡安娜王后身边的侍女，行为放荡，胡安娜本人也以放浪不羁出名。就连对自己要求极为严苛的伊莎贝拉女王也有一次曾对告解神父说："枢机主教的罪孽并不怎么光彩。"[53] 门多萨为他的私生子安排了合法身份，最年长的私生子罗德里戈后来成为熙德伯爵（Count of Cid）和塞内特侯爵（Marquis of Cenete）。

那段时间，伊莎贝拉女王的告解神父埃尔南多·德·塔拉韦拉和门多萨时常来往，关系密切。门多萨像绝大多数王室告解神父一样，不着痕迹地影响着君主。塔拉韦拉有一部分犹太血统，他将因此在未来的某一天吃点苦头。

他是门多萨的门生，早些时候曾写过一篇布道文，题目是"基督降临时，虔诚的教徒们应如何自新"，呈送给伊莎贝拉，作为"统治者之鉴"。这篇文章将王权与德行联系起来，文中写道：

> 身为女王，陛下应成为臣民的表率和启迪者……升华，升华到空中，冥想王权的荣耀……这样一来，陛下就能保持年轻时的力量和活力，恰如鹰隼一般（布道者圣约翰的象征，伊莎贝拉以他来激励自己）。与神交流，让高贵的灵魂重获新生，获得至善，因为您是女霸主，是人格完美的女人，充满美德和善良，好比鹰隼卓然于百鸟。[54]

凭借门多萨的举荐，塔拉韦拉参加了王国枢密院，他在长达25年的时间里，深刻影响了王国枢密院和女王的决策。他尽力为女王效忠，甚至为女王制订日程表，优化她的时间安排。一般而言，告解神父要跪着聆听王室成员的忏悔。然而，实际上却是伊莎贝拉跪着忏悔，塔拉韦拉则站着聆听。1475年，塔拉韦拉写了一本指导修士精神生活的指南。有一次，伊莎贝拉请他为自己讲解这本书，塔拉韦拉提出了异议，他说宗教人士使用的准则不适用于世俗世界。然而，伊莎贝拉还是坚持让塔拉韦拉为她撰写了九章指南，专门指导自己的精神生活。[55]

伊莎贝拉为人一丝不苟，富有决断力，百折不挠，而且处事坦率，不苟言笑，却深谙讽刺之道。她热爱学习，能看懂拉丁文。喜欢音乐，旅行的时候常带着至少 25 人的合唱团。她常听比尤埃拉琴曲和老式吉他曲，也听胡安·德尔·恩西纳（Juan del Encina）唱的《王宫歌曲集》(*Cancionero del palacio*)*，恩西纳的大部分歌曲和诗歌都由六弦提琴或鲁特琴伴奏。其中一首歌的歌词这样写道：

> 不惧痛苦，
>
> 不畏伤悲
>
> 唯愿爱情常相随。[56]

伊莎贝拉认为，礼乐有助于行政，因此王室的生活方式越发奢侈。她花大把金钱在服饰上，不过围攻格拉纳达时，她总是身着朴素的黑衣。[57] 据说，她也喜欢盛装舞会。她欣赏佛兰德斯的画家，买过至少一幅梅姆林（Memling）的作品（现藏于格拉纳达王室教堂）。她喜欢狗和鹦鹉，还养了几只麝香猫，带在身旁。她善妒，报复心很强，却又很虔诚。她比斐迪南更富学识，她的图书馆里有 400 册藏书，这在当时算是不小的藏书量了。她还鼓励采用新式印刷技术。据意大利宫廷神父卢西奥·马里内奥·西库洛（Lucio Marineo Sículo）说，15 世纪 90 年代，伊莎贝拉每天都参加弥撒，经常祈祷，像个修女一样。她始终铭记一句格言："不敬畏上帝的君主，必畏惧臣民。"她甚至极有可能成为巴利亚多利德的圣胡安 - 巴勃罗修道院的一名第三修道会方济各会会员。意大利的彼得·马特尔·德·安吉拉（Peter Martyr de Anglería）写道："全世界对女王

---

* 15 世纪 70 年代到 16 世纪初，有关文艺复兴音乐的西班牙手稿，其中包含了恩西纳的 63 首歌曲。——编者注

黄金之河：西班牙帝国的崛起，从哥伦布到麦哲伦

又敬又怕，但如果深入了解她本人，就会发现，她将自己封闭在悲伤之中。"他猜测，或许是因为她的许多至亲都已去世（她目睹了自己的三个孩子去世），她怀疑自己遭到神的遗弃。[58]

伊莎贝拉执政的前 10 年，她既是（阿拉贡的）继承人，又是卡斯蒂利亚女王，不论就何种身份而言，她表现得十分出色。她成就斐然，堪称史上最杰出的女政治家。

当时的歌谣唱道：

> 阿拉贡之花，阿拉贡之花，
> 在卡斯蒂利亚盛开。
> 阿拉贡之花
> 在茁壮成长。

斐迪南成为勃艮第金羊毛骑士时，以轭和箭作为自己的徽记。其中，轭代表联合王国，F 代表斐迪南，Y 代表伊莎贝拉。

两位君主以共治的形式，建立起他们的王国，其过程不乏波折，但两个王国都获益良多。然而，伊莎贝拉掌权并不意味着西班牙境内的纷争告一段落。诚然，西班牙北部大部分地区都在欢庆女王登基，以此表示对女王的支持，但南部大多数地区的态度却让人捉摸不透。比列纳的新侯爵、帕切科的儿子，控制了先王恩里克 12 岁的女儿胡安娜，坚持扶持她继承王位。伊莎贝拉的人提起胡安娜时，则会模糊地称其为"女王的女儿"。帕切科的领地在南部和东部，有相当数量的军队。支持帕切科的还有：心怀不满的卡里略大主教，在卡斯蒂利亚西北部颇有势力的贝纳文特伯爵，塞维利亚的罗德里戈·庞塞·德·莱昂（Rodrigo Ponce de León），以及埃斯特雷马杜拉（Extremadura）的贝哈尔公爵（Duke of Béjar）阿尔瓦罗·德·斯图尼加（Álvaro de Stúñiga）。葡萄牙的阿方索国王宣布，他将迎娶胡安娜。随后战争爆发，许多城镇支持胡安娜一方，一支葡萄牙军队开入卡斯蒂利亚西北部。有些人认为这场战争爆发得太过轻率。[59]不过，倘若是葡萄牙人和拉·贝尔特拉内加（*La Beltraneja*，即胡安娜）获胜，那么西班牙半岛的未来将会大不相同：葡萄牙－斯蒂利亚联盟将会取代阿拉贡－卡斯蒂利亚联盟。自然，胡安娜和阿方索国王的第一次婚姻也不会变得毫无价值。这一切如果成真的话，历史将因之改变。

双方多次产生冲突和交锋，卡斯蒂利亚数次袭击葡萄牙本土，伊莎贝拉和斐迪南为促成和谈努力奔走。1476 年 3 月，阿方索在托罗外围的佩莱亚贡萨洛（Peleagonzalo）遭遇斐迪南，双方在此交战。佩莱亚贡萨洛城墙高耸，是一座位于杜罗河旁的边境城市。斐迪南的军队人困马乏，火炮支援未能及时到位，但斐迪南却取得了压倒性的胜利。后来，主战线发展到非洲沿海一带，双方在埃斯特雷马杜拉陷入僵局。至此，胡安娜的目的以失败告终。[60]此时，阿方索已经将葡萄牙王位交到儿子手里，并尽力说服法国援助葡萄牙，最终未果。

过了一年，斐迪南继承父亲的阿拉贡王位。他孜孜经营着自己的阿拉贡王国，也同样勤恳经营着妻子的卡斯蒂利亚王国，为两个王国积极谋取利益。

斐迪南有着卡斯蒂利亚血统，却在阿拉贡长大，因而是扮演多重角色的理想人选。他将阿拉贡和加泰罗尼亚成功践行的惯例引入卡斯蒂利亚。他比女王更随和，但也更冷酷，更精于算计，更愤世嫉俗。正如某些神父预言的，他将为基督教世界收复圣地。[61] 他勤勉高效，很有幽默感，不像伊莎贝拉那么拘谨。他有着敏锐的直觉，温和地解决问题，着眼于长久有效地解决问题之道。[62]

必要时，斐迪南也会迸发警句。"治国时，我着眼于公共利益，而非私利"，在给爱将"大将军"（Gran Capitán）贡萨洛·费尔南德斯·德·科尔多瓦（Gonzalo Fernández de Córdoba）的信中，他如是说。这话的起因是贡萨洛请求特许经营西西里的小麦。[63] 尽管他对妻子不乏甜言蜜语，但他本质上是一个老谋深算、从不感情用事的国王。据德意志旅行家蒙策尔（Munzer）回忆，斐迪南总是在"沉重与欢笑间"徘徊。[64] 在他和伊莎贝拉执政期间，西班牙开始放眼外部，不再局限于阿拉贡世代代活跃的地中海，而是着眼于大西洋。征服加那利群岛似乎只是前奏。冬季的阳光昭示着春天临近，西班牙征服加那利群岛，则预示着西班牙将要逐鹿世界。意大利廷臣彼得·马特尔认为，西班牙在两位君主卓越的治理下，成了"唯一的乐土"。[65]

第三章

"安宁与秩序"

> 彼时，天主教双王为此前最动荡不安的地区带来了安宁和
> 秩序，得子民拥戴，他们的智慧广为称颂。
>
> ——圭恰迪尼（Guicciardini），《意大利史》(History of Italy)

在多年的共治中，斐迪南和伊莎贝拉的政绩非凡。在重要事项上，他们很少意见相左，他们的座右铭"伊莎贝拉和斐迪南合而为一，一就是他们"(Tanto monta, manta tanto, Isabel como Fernando)表明二人地位、权力平等，每位君主都可以统治自己的王国，也可以统治对方的王国。不过，座右铭从一开始就是斐迪南自己想出的一个策略，以防情况复杂时，采取非常规手段解决，像亚历山大大帝从中劈开戈耳狄俄斯之结一样。[1]

和他们的先祖一样，伊莎贝拉和斐迪南都相信王室正义的目的是力求保护弱者，陟罚臧否，公私分明。他们具有强烈的荣誉感和责任感。尽管臣民处境困苦，他们还是能够成功地激励臣民的斗志。他们结束了连年的内战，在贵族中树立起威信。当时的每一位编年史家都可以证实旧日的暴行，即便有时为了取悦新政权，不得不使

用曲笔。[2] 历史学家将伊莎贝拉和斐迪南与同时期的英法君主做了比较。彼时的英法也在经历过多年内战后恢复了社会秩序，但英法两国都没能像卡斯蒂利亚和阿拉贡一样，在内战之后实现新的联合。

两位君主不断地巡回旅行，严厉镇压叛乱，明智封赏、合理分配头衔，由此渐渐削弱了王国内贵族的势力，他们此前曾与王室相抗衡。卡斯蒂利亚贵族仍然主导着地方政治事务，却再也不能对国家事务指手画脚。例如，贵族过去在王国枢密院中占多数，但自1480 年托莱多议会之后，王国枢密院的院长开始由高级神职人员担任（首任院长是枢机主教门多萨），成员由八九名博学的公职人员（letrados）和三名骑士组成。贵族和高级教士可以继续出席会议，但不享有投票权。王国枢密院在此之前一直是司法性质的委员会，现在径直转变为行政机构的一部分。[3] 与此同时，最高法院（audiencia real）开始承担更多的诉讼职能，法官（oidores）集中在巴利亚多利德审理案件。

王室给多数大城市任命了市长（corregidor）[4]，加强了王权。市长通常出身于小贵族，作为王室的代表，负责主持市政务委员会。举个典型的例子来说，托莱多的一位市长是诗人戈麦斯·曼里克（Gómez Manrique），他的哥哥是圣地亚哥骑士团（Order of Santiago）大团长。[5]1490 年，王国境内大约有 50 位市长，他们是中央集权的代言人，往往是着重加强不太被看好的贵族领地内的中央集权，比列纳侯爵的领地就是其中之一。

1512 年，佛罗伦萨历史学家弗朗切斯科·圭恰迪尼出使西班牙。他写道，彼时，西班牙的两位君主"为此前最动荡不安的地区带来了安宁和秩序，得到子民的拥戴，他们的智慧广为称颂"。[6]

直至斐迪南和伊莎贝拉时代，王室大部分收入来自商业税（*alcabala*）和进出口税（*almojarifazgo*）。尽管双王并没有放弃旧收入来源，但他们还是推出了筹措资金的新税种，名义上是为了与伊斯兰世界开战而征收，但在战争结束后，该税种（称作 *cruzada*，即十字军税，从什一税和教会会众提供的补贴金里抽成，并直接对主教和城镇征税）也没有停征。王室还与梅斯塔委员会（Council of the Mesta，绵羊牧场主组成的协会）达成了有利可图的协定，该委员会控制着卡斯蒂利亚 250 万只美利奴羊。[7]1488 年，王室尝试规范五花八门的度量衡，规定所有度量衡必须与新出台的国家标准相符。[8]斐迪南还谋求成为三大骑士团［圣地亚哥骑士团、阿尔坎塔拉骑士团（Order of Alcántara）和卡拉特拉瓦骑士团］的大团长（Grand Master），这能给他带来财富和权力。这些骑士团拥有许多领地，一直是大贵族的权力根基，阿尔瓦罗·德·卢纳和胡安·帕切科就是背靠骑士团壮大起来的。

　　因此，卡斯蒂利亚王室能够长期摒弃议会，与阿拉贡相比，卡斯蒂利亚王室在资金上对议会的依赖更小。1480 年到 1498 年间，王室从未召开卡斯蒂利亚议会。如前文所言，卡斯蒂利亚议会不如阿拉贡议会有影响力，神职人员和贵族不必出席议会，因而他们也极少参加。只有 17 座城市派遣代表出席议会[9]，在 15 世纪的大部分时间里，每个城市只限派遣 2 名议员。因此，当女王召集议会筹措资金时，她只须面对并说服 34 名代表，其中一些还是她的朋友，这样一来，剩下的人也很容易被说服。

　　从国际关系看，葡萄牙国王继 15 世纪 70 年代战败后一蹶不振，因此，不再对卡斯蒂利亚和加那利群岛构成威胁。彼时，西班牙已

　　　　　　　　黄金之河：西班牙帝国的崛起，从哥伦布到麦哲伦

基本控制了加那利群岛（包括半岛对岸的非洲沿海部分地区）——不过，群岛中的特内里费岛（Tenerife）和拉帕尔马岛（La Palma）仍有待征服。尽管 15 世纪 60 年代法国征服了佩皮尼昂（Perpignan）和鲁西永（Roussillon），两地的未来尚不明朗，但是，西班牙和法国毕竟暂时维持了和平。1489 年，在梅迪纳-德尔坎波，英格兰与卡斯蒂利亚签署了对法国的共同防御条约。斐迪南向欧洲五国首府派遣长期驻外大使的举措，使得他比别国君主更能知晓外情，消息更加灵通；虽然卡斯蒂利亚和阿拉贡在内政上分而治之，但它们早已作为单一的政治实体出现在国际舞台上。这两方面因素让天主教双王在外交上取得了成功。

1476 年，伊莎贝拉的顾问金塔尼利亚在马德里加尔议会上提议，将地方上的武装兄弟会（*hermandades*）发展为国家层面的警察组织，负责维护治安。也可以说，兄弟会就是卡斯蒂利亚的治安官组织，具有司法职能：每个城镇必须为每一百个兄弟会成员配备一名骑士。首任民团指挥官是斐迪南的哥哥（私生子身份）比利亚埃尔莫萨公爵（Duke of Villahermosa）阿方索·德·阿拉贡（Alfonso de Aragón）。[10]

人们通常认为是双王带来了巨大的变化，而另一些人则认为，在他们统治之前就已有了变化的迹象。例如，历史学家塔西西奥·德·阿斯科纳（Tarsicio de Azcona）曾谈到特拉斯塔马拉家族及其支持者都是改革家。[11] 而该家族最后两名成员伊莎贝拉和斐迪南的改革，堪称非凡的壮举。

1491 年，为了与西班牙境内的伊斯兰势力决战，有多少士兵在圣菲集结? 确切的数字很难统计, 也许有 6 000—1 万名骑士和 1 万—1.6 万名步兵。此时, 军队的总人数约达 8 万人。[12]

在率兵与葡萄牙军队作战时, 以及在平定卡斯蒂利亚叛乱时, 斐迪南都充分展现出作为一名稳健的总指挥官的素质。他一路凯歌, 攻陷塔加拉 (Tájara), 围困马拉盖, 夺取坚不可摧的龙达, 还占领了一些小城镇, 包括塞特尼尔 (Setenil, 斐迪南的祖父与斐迪南同名, 当年在此处战败) 和阿洛拉 (Alora, "你的城墙高耸, 溪流从你中间穿过"); 他在逆境中学会了随机应变。[13]

1484 年, 女王在科尔多瓦备战, 就像围攻布尔戈斯之时一样, 她展现出作为一名老练的军需官的素质。她建立战地医院, 高效地为前线供应火炮、食品、马匹和人力, 并召集工程师、筑路工和铁匠来到前线, 为军队提供足数的公牛。军队给养的协调可是一项艰巨的任务: 卡斯蒂利亚军队每天需要 3 万磅小麦和大麦。[14]

西班牙杰出指挥官中最引人注目的要数爱冲动的罗德里戈·庞塞·德·莱昂。他是阿科斯伯爵, 一头红发, 身形魁梧。当时的编年史家安德烈斯·德·贝纳尔德斯修士 (Fray Andrés de Bernáldez) 和 19 世纪美国历史学家威廉·普雷斯科特 (William Prescott) 都将他奉为笔下的英雄。罗德里戈身上流露出他对骑士精神的钟爱: 他崇尚荣誉、气概、忠君、谦恭和慷慨。苏格兰哲学家大卫·休谟精辟地评论道: "在 15 世纪的西班牙, 洋溢着充沛想象力的人们将骑士精神和侠义精神提升为一股风潮。"[15] 庞塞·德·莱昂最鲜明地诠释了此时的风尚。

罗德里戈曾支持胡安娜 ("贝尔特伦之女") 和葡萄牙。1477 年, 他打破王室与格拉纳达的休战协定, 于次年攫取了两座伊斯兰城镇，他也曾在战争中救过斐迪南的命。[16] 作为指挥官，他战功赫赫：1482 年，他在马切纳（Marchena）集中了 2 500 名骑兵和 3 000 名步兵，暗度陈仓，出其不意地攻占了富饶的阿尔阿马城——这是整场战争中打得最漂亮的一仗。1487 年，为了配合马拉盖城外的围城军队，他别出心裁地建了一座木质堡垒，可容纳 1.4 万名步兵和 2 500 名骑兵。

军队中更加见多识广的骑士是伊尼戈·洛佩斯·德·门多萨（Íñigo López de Mendoza），他讲求奢华的生活，享有滕迪利亚伯爵（Count of Tendilla）的头衔，是阿尔阿马城首任统治者枢机主教门多萨的侄子。伊尼戈当时是驻罗马大使，就连罗马教廷都惊讶于他的奢靡行径。[17] 别忘了还有世袭的卡斯蒂利亚总治安官（Constable of Castile）佩德罗·费尔南德斯·德·贝拉斯科（Pedro Fernández de Velasco）*，他是哈罗伯爵（Count of Haro），在洛哈之战中面部受伤。当然还有塞维利亚的无冕君主——梅迪纳－西多尼亚公爵，他为王室提供了 100 艘补给充足的大帆船，用于围攻马拉盖。

上述骑士同其他贵族一起骑马奔赴沙场。他们似乎都至少浏览过女王秘书阿隆索·德·帕伦西亚写的《完美的军事胜利》（*Tratado de la Perfección del Triunfo Militar*），兴许也粗略翻过已故布尔戈斯主教阿隆索·德·卡塔赫纳所著的《骑士教义问答书》（*Doctrinal de los Caballeros*）。

好战的王室在战场之间不断巡回，历史学家曾一度热衷于研究王室和廷臣的着装——那个年代，贵族男女都很重视穿着打扮。英

---

* 1472 年，他的家族已被授予卡斯蒂利亚世袭治安官职位，正如卡斯蒂利亚海军上将的职位由恩里克斯家族世袭一样。授予世袭职位，是确保忠诚的手段。——译者注

国骑士爱德华·伍德维尔（Sir Edward Woodville）身穿"黑色丝绸锦缎的法国外衣"，其上罩着厚厚一层铠甲。马匹也多饰以丝绸，就连女王的侍女们也骑着"俊俏"的骡子。女王偶尔身穿锦缎长裙，她的朋友费莉帕·德·波图加尔（Felipa de Portugal）在女王的裙子上缀满了沉重繁复的配饰。在马拉盖，一名刺客向女王投掷匕首，试图行刺，但裙子上沉重的配饰偏转了匕首的方向，女王毫发无伤。[18]正如战争总是伴随着技术革新，战争也激发着各类贸易活动。卡斯蒂利亚的军官正身处不同的文化圈之间。

这些军官手下的士兵来自西班牙各地，他们大致可以分为八类。其一是市政部队，以骑兵为主，步兵为辅。西班牙的所有地区，包括偏远的加利西亚和比斯开地区，都派出了士兵。其二是三大骑士团：圣地亚哥、阿尔坎塔拉和卡拉特拉瓦。这些骑士团早先曾参加对伊斯兰势力的作战，如今，在这场对格拉纳达的最后决战中，他们再次出动。圣地亚哥骑士团提供了大约 1 500 名骑士和 5 000 名步兵，另外两大骑士团提供的兵源则相对少一些。[19]骑士团并非不败之师：1483 年，圣地亚哥骑士团指挥官阿隆索·德·卡德纳斯从安特克拉开拔，袭击马拉盖，但在特赫达山区（Sierra de Ajarquía）迷失了方向，遭遇重创，阿隆索·德·卡德纳斯侥幸逃脱。

其三，双王还拥有一支 1 000 名枪骑兵组成的王家护卫团。从1490 年起，贡萨洛·费尔南德斯·德·科尔多瓦任护卫团指挥官。科尔多瓦家族是科尔多瓦市的大族之一，而贡萨洛在家族中较为年轻。他青年时是卡里略大主教的随从，从阿尔阿马战役起参加了旷日持久的格拉纳达战争，他曾在战斗中负伤，特别擅长高效破坏格拉纳达平原的农业。他"见什么人说什么话"：和领主相处时，像个领主；和士兵相处时，又像个士兵；在宫殿中与廷臣相处时，也举止得体。无论身处何种情境，他都波澜不惊，战斗期间更是如此。他会说阿拉伯语，能和穆斯林谈判，也可以上战场厮杀。费尔南德斯·德·科尔多瓦最令敌人闻风丧胆，堪称西班牙的阿喀琉斯，只不过他少了阿喀琉斯那无聊的虚荣心，更没有被阿波罗射中脚踵。[20]

卡斯蒂利亚的两位君主各自拥有大约 50 名贴身护卫，又称"卡斯蒂利亚的值夜卫士"（*monteros de Espinosa*）。这些护卫每人配备若干十字弓，来自风景如画的埃斯皮诺萨城，该城坐落在坎塔布里亚山脉南部山麓一个美丽的溪谷。护卫的任务是要昼夜保卫君主的人身安全。[21]

其四，是兄弟会派出的军队。兄弟会是 1476 年在全国范围内建立起来的治安部队，约有 1 500 名长矛轻骑兵和 50 名手枪兵被派去参战。这支部队一般由贵族担任指挥官，驻扎在占领区，负责卫戍。

千万不要忘记，两位君主和重要的廷臣、教士身边随行带着许多仆从和奴隶，总共约有 1 000 人。[22] 这些奴隶有的是加那利群岛居民，有的是早期战争中被俘的穆斯林，也有非洲黑人。

西班牙王庭成员、西班牙贵族和商人、神职人员和面包师，通常每人拥有一到两名奴隶，大人物拥有的奴隶数量会更多。例如，1492 年，梅迪纳–西多尼亚公爵拥有 95 名奴隶，其中多数是穆斯林，另外 40 名为黑人。[23]1490 年，西班牙境内约有 10 万名奴隶，以塞维利亚的奴隶人数为最。有的奴隶是中世纪时被贩卖到西欧的东欧奴隶后裔，人们不再使用旧日的拉丁语词 *servus* 来称呼他们，而称其为 slav。

中世纪时，西班牙奴隶的民族成分及其复杂，来源也五花八门：有切尔克斯人、波斯尼亚人、波兰人和俄罗斯人；有些奴隶是格拉纳达之战的俘虏，他们本身可能是穆斯林；其余的则来自西地中海繁荣的奴隶市场，如巴塞罗那、巴伦西亚、热那亚（Genoa）和那不勒斯（Naples）。一些奴隶是从加那利群岛抓来的岛民，也有的来自尚未被征服的特内里费岛，或已经臣服的拉帕尔马岛和戈梅拉岛（Gomera）。还有一些奴隶主要是来自西北非撒哈拉的柏柏尔人，撒哈拉是西班牙的小前哨，由此可以望见加那利群岛的兰萨罗特岛（Lanzarote）。此外，还有的是从里斯本商人手中购得的黑奴，此时的葡萄牙人在非洲西海岸，即塞内加尔、刚果和几内亚一带，从事黑奴贸易已有六七十年之久。这些奴隶由佛罗伦萨商人和热那亚商人在葡萄牙出售，或由代理人在塞维利亚出售。

西班牙的奴隶如此之多并不令人奇怪，究其原因，是奴隶制在地中海一带自古就有，如果说此时与古代有什么不同的话，那就是西班牙基督徒与穆斯林之间的战争推动了奴隶制的发展。基督徒和穆斯林经常将彼此的战俘没收为奴。有时，穆斯林会把基督徒奴隶带到北非，充作公共建设的劳工。当然，基督徒也驱使穆斯林奴隶建造公用建筑。许多奴隶被雇用为家仆，其他奴隶则在大西洋诸岛（亚速尔群岛、马德拉或加那利群岛）的制糖作坊劳作。有些奴隶被奴隶主派遣出去，替他们赚取工钱。基督教法律，如中世纪国王阿方索的《七章律》，还有《古兰经》奉为神圣的伊斯兰律法，都详细规定了奴隶的社会地位。有时奴隶可以拥有财产，有时也可以为自己赎身，有时主人待奴隶可能比仆人还要好。奴隶主可以全权支配奴隶，但不得杀死或残害奴隶；在基督教王国，犹太人和穆斯林不得奴役基督徒。人们认为奴隶制的存在理所当然，未曾提出任何抗议。主人有义务人道地对待奴隶，但无人想过应当废除奴隶制。

在北欧，奴隶制逐渐变得不够经济，事实上也的确如此。英国人、北方的法兰克人和佛兰德斯人已经发现，当封建契约关系衰退时，雇用劳动力更划算。不过，在伊斯兰世界，尤其是奥斯曼帝国，仍完全依靠奴隶制来平稳运行。彼时，横跨撒哈拉沙漠的奴隶贸易在规模和贸易额上远远超过了葡萄牙人经营的沿海奴隶贸易。[24]

卡斯蒂利亚王朝也有自己的封建制度。在紧邻格拉纳达战场周围的参战人员中，有的是封臣，王室授予他们领地或给予收益，作为回报，他们为王室冲锋陷阵。另有约 1 000 名参战人员是从王室管辖的城镇征募的骑兵和步兵，王室按日付给他们报酬。

许多贵族也贡献了大量军队，但领主不希望将自己的军队纳入国家统一指挥的系统里。双王依然授予他们特定的军衔，鼓励他们提供兵源。比如，授予阿尔巴公爵的军衔为上将（captain-general）。卡斯蒂利亚贵族并不热衷于这场战争，而安达卢西亚的贵族则更加忠诚，经常一马当先，率数百兵士前来参战。

王室也给予一小撮罪犯洗清罪恶的机会，只要他们到军中服役，就可以赦免他们的罪行。

士兵已形成某种民族精神。意大利廷臣彼得·马特尔·德安吉拉（Peter Martyr de Anglería）致信米兰大主教，信中问道："阿斯图里亚斯人、加利西亚人、巴斯克人和坎塔布里亚山民，这些人生性残暴，在家里哪怕因最微不足道的事情也能大吵大闹。这些人居然聚到一起，他们之间不仅能够相安无事，还和托莱多人、和奸猾善妒的安达卢西亚人友善共处，你能相信这种事吗？他们居然能够心悦诚服地服从一个权威，像一家人一样，说着同样的语言，遵守共同的纪律，他们居然做到了。"[25] 大约 30 年后，历史学家贡萨洛·费尔南德斯·德·奥维多（Gonzalo Fernández de Oviedo）在巴拿马也发出了类似感慨。[26] 西班牙人同仇敌忾，组成了统一战线。早在 13 世纪时，加泰罗尼亚人也曾在卡斯蒂利亚国王指挥下与穆斯林在拉斯纳瓦斯·德·托洛萨（Las Navas de Tolosa）会战。

最后，西班牙军队中还有很多外国人。这简直就像十字军东征。葡萄牙军官弗朗西斯科·德·阿尔梅达（Francisco de Almeida）也曾参战。15 年后，他成为葡萄牙的首位印度殖民地总督。伊莎贝拉的叔祖父、航海家亨利在开始赞助西非探险之前，就想参加征服格拉纳达的战争。枢机主教罗德里戈·波吉亚的儿子甘迪亚公爵（Duke of Gandia），15 世纪 80 年代曾参战。加斯帕·德·弗雷（Gaspar de Frey）率领的少数瑞士雇佣兵也曾参战。战争早期，洛哈之围期间，英格兰王后的弟弟爱德华·伍德维尔爵士（Sir Edward Woodville）带来 300 名士兵，其中有的人来自英格兰北部，[27] 其他人来自苏格兰、爱尔兰、布列塔尼（Brittany）和勃艮第，他们的武器是战斧和长弓。还有一些士兵来自布鲁日——有个叫作皮埃尔·阿利马内（Pierre Alimané）的布鲁日士兵，被穆斯林俘虏，但一位穆斯林公主爱上了他，并和他私奔，逃离了菲斯。朱利亚诺·格里马尔迪（Giuliano Grimaldi）和帕斯夸尔·罗梅里尼（Pascual Lomellini）的热那亚战船也曾为卡斯蒂利亚服役，负责守卫直布罗陀海峡。

部队按照"战团"编制组建，根据惯例，先锋队由圣地亚哥骑士团的大团长领队，后卫由卡斯蒂利亚总治安官（佩德罗·费尔南德斯·德·贝拉斯科）或迭戈·费尔南德斯·德·科尔多瓦（大将军贡萨洛的哥哥），王室卫队的元帅统领。行军时，斐迪南国王骑马行进在后卫前面，塞维利亚和科尔多瓦当局招募的两队士兵随行左右，还有约 1 000 辆炮车跟在国王身后。[28]

提到大炮，不得不说，在这场战争中，参战的基督徒们好像来自不同的时代。骑士团的基督徒们，心怀宗教信仰与战友情谊，完全使用中世纪的武器，有骑士枪、长矛、戟、长弓和弩。卡斯蒂利亚基督徒使用中世纪的攻城武器，比如云梯，攻城方可以借此爬上城墙；利用"王室云梯"，可用滑轮将步兵运到守城方的城垛上；利用革质帐篷，攻城方可借此阻挡箭矢，接近城墙；还有大型石弩。阿斯图里亚斯的人们多以采矿为业，于是指挥官命令他们在城墙下面挖地道，尝试土遁攻城。

炮车是新时代的产物。1470 年前后发明的火绳枪，是第一种单兵火药武器。[29]隆巴德（迫击炮）[30]更具创新性，它长 12 英尺，用铁或青铜铸成，炮管厚 2 英寸，接合处以铁环固定。这种炮发射石质圆弹，炮弹直径长达 1 英尺，重 175 磅，每天可发射 140 发。隆巴德也能发射混有火药等易燃成分的圆弹。没有迫击炮的话，龙达和阿尔卡拉就不会陷落。可以说，这场战争是一场火器战争，是大炮攻陷了围城。依靠大炮，卡斯蒂利亚军队连战连胜，城池像"石榴"一样被接连攻陷（在西班牙语中，"格拉纳达"就是"石榴"的意思）。[31]

在这些新武器中，有 200 门火炮是在埃西哈（Écija）制造的，此地位于科尔多瓦和塞维利亚之间。开动火炮，不仅需要爆炸性火药，还需要报酬高昂的勃艮第、德意志或法国炮兵。尽管如此，一名来自马德里的优秀炮兵弗朗西斯科·拉米雷斯（Francisco Ramírez），在攻打马拉盖时炸毁了城墙。此外，火炮的炮弹来自莫雷纳山区（Sierra Morena），多产自康斯坦提那镇（Constantina）。[32]

卡斯蒂利亚－阿拉贡军的领袖比较新潮：王庭中的许多人都读书，其中一些人甚至自己出过书。随着"金色物件"（印刷机）的推广，1450 年前后德意志古登堡首次印刷书籍，1470 年前后西班牙也开始印刷书籍，印刷厂主要设在塞维利亚、巴伦西亚和塞戈维亚（首家印刷厂似乎设立在塞戈维亚，于 1471 年由海德堡的约翰·帕里斯创立）。多数印刷商都是德意志人——因为此时，卡斯蒂利亚与德意志，尤其是纽伦堡的贸易不断增长，卡斯蒂利亚还进口德意志的金属制品、亚麻和绒织品。

不过，当时的书籍很少涉及娱乐，都是学术出版物，后来才有了版画，有了经典读物。再后来是西塞罗（Cicero）的《致友人书》，奥维德（Ovid）和普林尼（Pliny）的作品也开始发售，之后还有托勒密（Ptolemy）的《地理》（*Geography*）、圣奥古斯丁的《上帝之城》（*City of God*），以及一些小说。不过，最畅销的书是祖亚诺·马托雷利（Joanot Martorell）的《骑士蒂朗》（*Tirant lo Blanc*）。1490 年，《骑士蒂朗》在巴伦西亚发行了 700 多册。塞万提斯认为它是"世界上最好的书"，因为"里面的人物是人，而不是傀儡"。这本书有些淫秽，尤其是最后几章。[33] 它反映了当时战争中融合的野蛮与骑士精神。这本书包罗万象，书中有个人物叫艾斯卡拉·洛普达先生，他的原型是安东尼·伍德维尔爵士（Sir Anthony Woodville，爱德华的一个哥哥）。在这本书的第一部中，穆斯林入侵英格兰，后被沃里克伯爵（Earl of Warwick）击退了。

《骑士蒂朗》是许多骑士小说中的鼻祖，畅销长达一个世纪。阅读开始成为生活习惯，而非学术仪式。不过，人们的观念上仍然认为，读书就是要出声朗读。长期以来，骑士英雄在陌生的土地上挥剑战斗，成为一种理想，其中勇气、美德、力量和激情，都是这种理想的一部分。[34]伊莎贝拉女王的藏书中，有《梅林传奇》（*The Ballad of Merlin*）和《寻找圣杯》（*The Quest for the Holy Grail*）。所有这些都是一种预兆，西班牙将在新世界中开始探险。

在骑士小说虚构的世界中，国家边界松散，冒险故事引领读者走遍了"不列颠"或君士坦丁堡。实际上，西班牙国王或贵族的宫廷中有不少的外国人。比如说，来自佛兰德斯的建筑师胡安·德·瓜斯（Juan de Guas），他设计了托莱多的圣胡安皇家修道院（San Juan de los Reyes），这是一座方济各会修道院，代表了当时最高的艺术成就。他还设计了因凡塔多公爵（Duke of Infantado）的豪宅，就在瓜达拉哈拉。还有一位西班牙宫廷画家迈克尔·利托（Michael Littow），他是爱沙尼亚人。还有意大利作家彼得·马特尔和马里诺·西库洛（Marineo Siculo），负责给贵族们上课。后来，佛罗伦萨雕塑家多梅尼科·范切利也来为王庭服务，负责修建陵墓。[35]民谣和传奇故事也忽略了国家的界限。因此，西班牙大多数骑士认为"圣骑士罗兰"和法兰西国王都是本民族的英雄。不过他们毫无地理概念，在他们的想象中，法国首都在西班牙某河岸上：

看看法兰西，看看巴黎城，

看看杜罗河，一路向海流。

1491 年，王室顾问团成员都在圣菲，这里既是王庭，也是内阁。伊莎贝拉的资深顾问都在那里，如查孔父子、阿隆索·德·金塔尼利亚、古铁雷·德·卡德纳斯、安德烈·卡夫雷拉、贝亚特丽斯·德·博瓦迪利亚。斐迪南的顾问也跟在他身边，有阿拉贡财政大臣阿隆索·德拉·卡瓦列里亚（Alonso de la Caballería），还有大约16名"斐迪南"大臣。[36]外交大臣米格尔·佩雷斯·德·阿尔马桑（Miguel Pérez de Almazán）最为重要，其次是国王的管家和得力助手胡安·卡夫雷罗（Juan Cabrero），卡夫雷罗和国王同睡一屋，是国王最亲近的亲信。然后是国王的私人财务主管加布里埃尔·桑切斯（Gabriel Sánchez），他和卡瓦列里亚都是犹太改宗者。还有胡安·德·科洛马（Juan de Coloma），他颇有才干，是国王的私人秘书。从1469年起，他一直为斐迪南工作。他出身乡下，娶了阿拉贡首席法官（chief magistrate）马丁·迪亚斯·德·奥克斯（Martín Díaz de Aux）的孙女。路易斯·桑坦格尔（Luís Santangel）也在圣菲，他掌管兄弟会的财政，是个精明的商人，和桑切斯、卡瓦列里亚同族，也是犹太改宗者。

除了这些知名政客外，宫廷中还有不少年轻人。其中一些只在王室文件底部署过名，而另一些人则是未来的骨干。他们认真工作，为自己累积声誉，一步一步爬向权力中心。所有这些人，每天一起用餐，食物是鹰嘴豆、饼干、炖菜和勾兑葡萄酒，葡萄酒产自莫雷纳山区的卡萨利亚－德拉谢拉（Cazalla de la Sierra）。在共同进餐的时日里，他们建立起了同僚情谊。

这些公务人员，有的做过教士，有的当过主教，有的曾是修士乃至高级修士。他们大多为男性，受过良好教育。十几二十年前，他们在萨拉曼卡大学学习法律。其中几人当过法官。有位年轻的公务员名叫洛伦索·加林德斯·德·卡瓦哈尔（Lorenzo Galíndez de Carvajal），他迅速崭露头角，一路晋升，跻身君主的御前会议。尽管这里房间很小，位置偏僻，得睡在硬地板上，忍受高温天气，但这些公务员们还是喜爱圣菲的固定王庭。他们终于得以休息，免受无尽的旅途劳顿之苦。

一百年前的 14 世纪晚期，这些公务员的祖先经历了一场残酷的大屠杀，此后，他们放弃犹太教，改信基督教。到 1490 年，许多犹太人，包括旅行的犹太商人，都已经成为基督徒。不过，由于家庭传统，或者说是懒得改变，少数人还保留着一些犹太教习俗。比如，下葬前清洗尸体，吃油炸大蒜，还有死时要面向墙壁。还有一小撮真正的犹太人，隐瞒了自己的信仰，偷偷信守安息日，在星期五偷偷吃肉，并仍然坚信弥赛亚很快就会出现，也许就在塞维利亚。1478 年，在塞维利亚居留时，女王已经注意到，一些人怠于遵守基督教礼。[37] 多明我会修道院的长老阿隆索·德·奥赫达（Alonso de Hojeda）修士告诉她，塞维利亚的许多犹太改宗者正在复辟犹太教信仰，这会威胁基督教的地位。随后，他下令发起反犹太改宗者的宣传运动。

由此，1478 年，西班牙君主请求教皇西斯笃四世设立宗教法庭，或称宗教裁判所，以消除异教的威胁。这种有组织的裁判在中世纪历史悠久。实际上，在伊莎贝拉的哥哥恩里克国王统治时期，就建立过类似机构，目的相同，但毫无成效。于是，西班牙接受了这个无意义且不公正的组织，任何激进的创新都被压制下来。

罗马时代以后，在西班牙，犹太人已成为重要的少数民族。到 14 世纪，许多犹太人还在行政中扮演重要角色。1391 年，大城市中频频发生针对犹太人的大规模袭击。与此同时，为了避免进一步的迫害，成千上万的犹太人接受了基督教洗礼，人数约占总数的三分之二。王室鼓励这种洗礼。许多接受洗礼的犹太改宗者进入政府或教会，但多数犹太人仍从事商业。卡斯蒂利亚的犹太教拉比，博学的哈列维（ha–Levi），甚至以阿隆索·德·圣玛丽亚（Alonso de Santa María）的名义当上了布尔戈斯主教。

犹太改宗者不断繁衍生息，积极活动，将意大利人文主义引入西班牙。不过，在社会内部和教会内部，他们仍维系着犹太人小圈子，因而引起了注意、嫉妒和敌意。1449年后，托莱多掀起反"新基督徒"的骚乱，老基督徒和犹太改宗者之间爆发激烈争斗。[38]在其他地方，民族仇恨与家族仇恨混合在一起，愈演愈烈。一个特别激烈的事件发生在1473年，科尔多瓦爆发大屠杀，许多犹太改宗者死于非命。[39]尽管如此，犹太改宗者仍然任职主教、王室大臣、银行家、货币兑换商和修道院长老，并且与贵族通婚。

这个新的宗教裁判所的目的是什么？从犹太人中揪出假冒的基督徒吗？[40]并非如此，很明显，只要有犹太人被指控为异端，君主和民众都会不加辨别地完全相信。[41]那么，宗教裁判所的目的，是"摧毁犹太人社群"？亦非如此，两位君主向来保护犹太人的权益，当然也保护那些改信基督教的犹太人。有这样一种说法："两位君主意识到，继续保护犹太人，得不偿失，因为主体民族反感犹太人。虽然犹太人给国家带来了财富，但抵不上管理他们所消耗的成本。"[42]这个说法是历史学家略伦特提出的，他是首位研究宗教裁判所的历史学家。虽然他生在马克思之前，其观点却和马克思主义异曲同工。他认为，财政问题才是设立宗教裁判所的主要动机。不过，伟大的德意志历史学家冯·兰克（von Ranke）则认为，设立宗教裁判所是为了确保君主的绝对权威。西班牙的梅嫩德斯·佩拉约（Menéndez Pelayo）是研究中世纪史的学者，他认为，宗教裁判所的宗旨是彻底铲除基督教异端。阿梅里科·卡斯特罗（Américo Castro）甚至认为，设立宗教裁判所是犹太人自己提出来的，那些改信基督教的犹太人，企图用这种办法保护自己。但这一观点根本不符合西班牙的传统！

反过来想，王室设立宗教裁判所，有没有可能就是意欲平息民间愈演愈烈的反犹太运动呢？许多老基督徒认为，大多数甚至所有改信基督教的犹太人，连带着他们的后代，还在偷偷信仰犹太教；或者说，因为教会过度宽容，犹太人在渐渐恢复犹太教的生活方式。诚然，14世纪晚期，犹太人遭受了迫害，有些犹太人已经因恐惧而改信，但老基督徒认为还有漏网之鱼。犹太教拉比就认为，所有被迫改信基督教的犹太人，还有他们的后代，仍然算是犹太教信徒。

王室的动机如何暂且不论，教皇西斯笃四世确乎颁布诏令（《虔诚奉献令》），建立了宗教裁判所。1480年，在塞维利亚，两名多明我会修士被任命为审判官。他们参照中世纪判例办案，这套规则曾用于铲除清洁派异端。他们克精克勤，在特里亚纳（Triana）的圣乔治城堡建立起总部和监狱，与塞维利亚隔着一条瓜达尔基维尔河（Guadalquivir）。调查活动都是秘密进行的，被告人可能被关押数月，甚至数年。毕竟，无中生有欲加之罪，需要时间来捏造。虽然被告有权得到律师辩护，但律师由宗教裁判所选定。定了罪的犹太人，先是游街示众，再处以火刑（当时采用的说法是"回归世俗的怀抱"）。游街时，民众会"信仰审判"*被定罪的犹太人，这是一场庆典般的唾骂。有些犹太人及时逃走了，裁判所就会焚烧逃犯的画像作为替代性惩罚。没判火刑的犹太人，会被罚款，还要身穿一种类似十字褡的圣宾尼陀服†，头戴尖帽，赤脚游街。此外还有各种各样的惩罚，比如软禁，或者强迫参加弥撒。

许多改宗者逃离塞维利亚，一些人逃往罗马。在罗马，西斯笃四世庇护了他们。1482 年，教皇给斐迪南和伊莎贝拉写信，阐述了审判官的过分行为。教皇还为一些受到不公正审判的犹太人平反，撤销了对他们的判决。

尽管如此，几乎所有卡斯蒂利亚的大城市都建立起宗教裁判所。在阿拉贡建立宗教裁判所时遇到了困难，因为得先关停阿拉贡现有的宗教审判机构，而且阿拉贡人对卡斯蒂利亚审判官抱有十足的敌意。传统主义者和"新基督徒"都强烈抗议，反对卡斯蒂利亚审判官在阿拉贡审判。1485 年，在萨拉戈萨大教堂，审判官佩德罗·阿布斯（Pedro Arbués）惨遭谋杀，酿成阿拉贡天主教会的丑闻。阿拉贡人认为，这都是卡斯蒂利亚的错。

那些谴责宗教裁判所的人，遭到了秘密审判和监禁，然后被定罪，并处以火刑。到格拉纳达之围那一年，死者已超过 2 000 人。[43]大多数设法脱罪的被告人，也未能收回被没收的财产。宗教裁判所一直在针对犹太改宗者而非犹太人，但这两者常常是重合的。

---

* 信仰审判是一种使人公开忏悔的仪式，主要发生在中世纪西班牙宗教裁判所或葡萄牙宗教裁判所决定对异教徒实施刑罚后。实际上忏悔之后犯人多被世俗当局处决，最严厉的刑罚当数火刑。——编者注

† 圣宾尼陀服是一种刑罚用途的衣服，西班牙宗教裁判所判决异端者时常让犯人穿着。实际上与修道士的肩衣类似，常见的一种是黄底配大红交叉十字，另一种则是黑底配上修道士、龙、火焰和恶魔的形象。——编者注

圣菲的许多大人物都是犹太人，也是改宗者。例如，红顶金融家亚伯拉罕·塞内奥（Abraham Señor）；还有著名的税务官艾萨克·阿布拉瓦内尔（Isaac Abravanel），1485 年，他遭到陷害，逃到葡萄牙；[44] 还有女王的医生洛伦索·巴多斯（Lorenzo Badoz）；国王的医生戴维·阿拜纳卡亚（David Abenacaya）。[45]

彼时，据说西班牙教会有 48 位主教[46]，大部分主教都在圣菲的王庭中。其他在野的主教则掌管着巨额财产，尤其是托莱多大主教；这些财产都无须纳税。卡斯蒂利亚有 10 座大教堂，包括托莱多大主教教区内的教堂，管辖着 30 多个城镇和 2 300 多名封臣。[47] 所有主教统一由门多萨领导，他既是大主教，又是枢机主教。这些主教都和门多萨一样好战、一样狂热，但不如门多萨富有。此前，惯例规定，如果某位主教在罗马去世，他的教区将由教皇接管；如果该主教在其他地方去世，则由大教堂所在区的市政厅任命新主教，任命新主教时，市政厅必须参考君主的建议。渐渐地，主教的人选越来越取决于君主的意见。

格拉纳达城墙之外还存在许多基督教派，包括本笃会（Benedictine）、圣哲罗姆会，还有多明我会和方济各会这样活跃的兄弟会。方济各会中，还有个被称为"守规派"的宗派，其成员推行改革，以寻求一种精神层面的生活。在这些教派中，圣哲罗姆会只有百年历史，却在瓜达卢佩有个气派的总部，这个教派，在女王心中有着特别的意义。[48]

年轻的王室成员也在圣菲，包括王室继承人，13 岁的胡安亲王，他是王室的骄傲和未来。许多人围着他转——他有顾问、玩伴以及一起学习写作、算术、几何和拉丁语的同学。胡安亲王的宫廷选址在阿拉贡和卡斯蒂利亚交界处的阿尔马桑。若干年后，阿尔马桑的这些英杰们［尼古拉斯·德·奥万多（Nicolás de Ovando）、克里斯托瓦尔·德·奎利亚尔（Cristóbal de Cuéllar）、贡萨洛·费尔南德斯·德·奥维多］将活跃在历史舞台上，成为西班牙帝国的基石。[49]

围攻格拉纳达以前，卡斯蒂利亚的贵族们也在行伍之中。军队中大多是富有的公爵和伯爵，这些贵族的家世不过几代。由于多年内战，几乎所有中世纪占统治地位的大家族都衰落了，当时英格兰也是如此。[50]1420—1453年，胡安二世的首席大臣阿尔瓦罗·德·卢纳权倾朝野，他实质上统治着西班牙，建立了新的贵族阶层。1438年，阿尔巴·德·托尔梅斯（Alba de Tormes）获封伯爵，阿尔巴家族就此发迹。这些新爵位可以世袭，可以授予非王室成员的男性，授爵时会加上这样的声明："给你和你的后裔，千秋万世。"这样一来，贵族获得了可世袭的领地，领地的名字就是贵族的姓氏。由此，随着第一个世袭侯爵的产生（1445年，桑蒂利亚纳侯爵），门多萨家族在坎塔布里亚和桑蒂利亚纳获得了领地和城市。在圣菲，这些贵族十分惹眼，因为他们总是戴着金银质的马刺，身穿闪闪发亮的胸甲。

近代某历史学家写道，15世纪末，在国王领导下，西班牙贵族已联合成一个大家族。[51]这个大家族可分为约20个支系家族，以门多萨家族为首，因凡塔多公爵就是门多萨家族的重量级成员。不过，因凡塔多公爵的爵位也只有不到20年的历史，相比之下，梅迪纳－西多尼亚公爵的爵位始于1444年，阿尔巴（公爵）始于

1472 年，纳赫拉公爵（Duke of Nájera）则始于 1482 年。梅迪纳塞利公爵（Duke of Medinaceli）有王室血统，但他的公爵爵位始于 1479 年，历史较短。

这些人来格拉纳达助阵，就是因为他们的爵位。君主有难，领主必须参战，古老传统使然。中世纪国王授予领主封地，领主战时为国王出兵，小领主需要本人亲自上阵。1491 年，大贵族们仍然得为国王的战争出力——兵员、军费以及勇气。贵族也期望从战事中获益，特别是新的封地。贵族家庭有自己的土地，王室维护继承秩序（嫡长子继承制），以保证他们的领地不减少。但正是由于实行嫡长子继承制，嫡长子必须安排好自己的弟弟和后裔，还得为姐妹们准备嫁妆。这些家庭经常配有私人官邸，官邸内可能有诗人和学者，还可能有图书管理员和乐师。

除了大贵族外，骑士也属于贵族。一些骑士拥有领地，领地提升了骑士的地位，却不足以维持生计。因此，事业心较强的骑士可能会在宫廷工作。最开始是当廷臣，王庭内的廷臣常常不下百人，报酬只有几千马拉维第（maravedí）*；如果任职于某贵族的官邸，收入还会更少。战争中，这些骑士常被编入 150—350 人的队伍，成为武装骑士，或者侍从。

附属于贵族官邸的另外一类贵族，就是下等贵族，或称绅士——这些人很是贫穷，但擅长格斗，为自己的领主和国王效忠，其中一些人也参与管理事务。大众印象中，这些人很有创造力，英勇逼人。有一种说法是，下等贵族"是一种阶级划分、一种思想框

---

* 马拉维第是 11~14 世纪各种伊比利亚金币的名称，后来变成银币的名称。——编者注

架，他们不仅要有勇气，还必须能自我表现"[52]。格拉纳达清真寺前，埃尔南·德·普尔加鲁莽而英勇的举动，就是典型的下等贵族所为。

当时，西班牙人追求名誉的思想还不像意大利人那么狂热。没几个西班牙人读过普鲁塔克（Plutarch）、苏埃托尼乌斯（Suetonius）或彼特拉克（Petrarch）。不过，百年之前，卡斯蒂利亚就流传着许多民谣，讲述恺撒、亚历山大和查理曼（Charlemagne）这些历史悠久的英雄故事，好像那些英雄就活在当代。有教养的男子说话时，常常引经据典。

不过，战场相见，就没人顾得上名誉了：穆斯林经常在箭头上涂抹毒药，这种毒药用乌头或附子草制成，产自内华达山脉。马拉盖围城时，有位来自突尼斯的伊斯兰先知易卜拉欣·贾布里（Ibrahim al–Jarbi），他把阿尔瓦罗·德·波图加尔（Álvaro de Portugal）及其妻子误认成斐迪南和伊莎贝拉，尝试刺杀未果，被撕成碎片。基督徒把他的尸块装在投石机上，投回围城内部。穆斯林见状，用丝绸把先知的尸体缝合起来，举办了盛大的葬礼，并让一名基督徒死囚观看。然后，这名基督徒被处决，穆斯林把尸体拴在马背上，送回基督徒营地。[53]

此外，这场战争代价不菲。总军费大概有 8 亿马拉维第，来自各种渠道，光是西班牙犹太人就缴了 5 000 万马拉维第的特别税。[54]

在基督教西班牙的王庭，许多廷臣簇拥着斐迪南和伊莎贝拉，不论王庭落脚何处，圣菲或是圣地亚哥，渴望赏识的人们都会前来觐见，其中有渊博的学者，也不乏乞丐一般的人，他们希求着某位

黄金之河：西班牙帝国的崛起，从哥伦布到麦哲伦

大臣的赞许，或者一个微笑也行。有人前来演唱，抑或演奏比尤埃拉琴，他们只求赚些钱，来买一盘鹰嘴豆。

圣菲的廷臣之中，有个身材高大、目光坚定的男子，他年纪不大，一头红发却已两鬓斑白。他蓝眼睛、鹰钩鼻，长长的马脸呈红色。只要有人对地理知识好奇，他都会津津乐道。他在王庭待了大约五年，却没人听取他的意见。战争结束后，情况是否会有所改变呢？他似乎既没判断力，又没幽默感，也很少自嘲。他很虔诚，每逢星期天，他就什么都不做，只是祈祷。在斋戒、祈祷和谴责亵渎这些宗教事务上，他简直是个修士。他很友善、热诚，常说的誓词是"以圣费尔南多之名"，他唯一的谴责用词是"愿上帝宽恕你"。他的西班牙语很流利，但口音很重。他从未提及自己从哪里来，不过普遍认为他来自热那亚。他去过几内亚和佛得角群岛（Cape Verde Islands），也知道自航海家亨利以来里斯本船长们对非洲西海岸的探索历程。人们还说，这人当过佛罗伦萨商人的代理，曾在加那利群岛售糖。他的朋友颇有权势：梅迪纳塞利公爵喜欢他，就连伟大的门多萨枢机主教也不时与他相谈甚欢。他充满了异国情调。在当时的王庭，对于所有的外国盟友和联姻，人们的态度都若即若离的（1488 年，彼得·马特尔曾写道，在世界大厦中，意大利是沙龙客厅，西班牙则是广厦中最后的阁楼）。[55] 王庭中的人都熟悉这位陌生男子，因为他一直等待着，等待王室的认可和肯定。人们越发熟悉他，也越发尊重他。他希望得到王室的赞助，组织船队，向西航行，穿越那片"无际大洋"（Ocean Sea）。他就是哥伦布。[56]

第二卷

哥伦布

哥伦布登陆, 印第安人逃离。
取自哥伦布第一封信的插图, 发表于 1493 年,
信中描述了他的地理发现

第四章

"唯有君主能为"

此等事业,唯有君主能为。

——1491 年,伊莎贝拉女王对梅迪纳塞利公爵如是说[1]

哥伦布是热那亚人,彼时,热那亚港几乎就是世界中心:

这么多热那亚人,

他们脚踏实地,

行走世间,

走到哪里,就在哪里建起他们的城市。[2]

热那亚商人主宰着地中海商业。教皇英诺森八世就是热那亚人,他本名乔瓦尼·巴蒂斯塔·奇博(Giovanni Battista Cibo),奇博家族世代从商,把谷物从突尼斯贩往欧洲,商誉良好。14 世纪,奇博家族还出过一个希俄斯(Chios)总督。一开始,乔瓦尼·巴蒂斯塔·奇博曾是枢机主教卡兰迪里尼(Calandrini)的门徒。卡兰迪里尼不苟言笑,是教皇尼古拉五世的异母兄弟。而教皇尼古拉五世来自热那亚边境一座风光秀美的小镇萨尔扎纳（Sarzana），他创办了梵蒂冈图书馆。后来，弗朗切斯科·德拉·罗韦雷（Francesco della Rovere）当选教皇，是为西斯笃四世。西斯笃四世也是热那亚人，借由这层关系，1484 年，奇博毫不费力地当选新教皇，登上了圣彼得王座。然而，身居王座之上的他并不成功：历史学家圭恰迪尼评述道，在发展公益事业方面，他一无所成。对所有基督徒、国王、劳动者、大主教、神父和修士而言，教会首脑的地位极其重要。[3] 可惜，作为神权代表，奇博并不称职。不过，值得一提的是，他在圣彼得广场建造了一对漂亮的喷泉，还为圣矛修建了一座神殿；而且，和他聊过的人，都说自己的心灵得到了慰藉。[4]

罗马贵族称教皇英诺森为"热那亚水手"。在梵蒂冈城内，这一蔑称尽人皆知，但在其他地方则没人这么说。这位热那亚人可能不受欢迎，可备受尊重。在小说《骑士蒂朗》中，主人公被要求"打败那些热那亚恶棍，他们死得越惨，你的名气就越大"[5]。当时备受追捧的彼得拉克认为，热那亚是"豪华大都市"。[6]

在塞维利亚，圣费尔南多曾给热那亚人划出一片特别区域，建起专用的小教堂、码头和公共浴场。基督徒征服马拉盖之前和之后，热那亚的森图里翁家族（family of Centurione）一直是马拉盖最大的商户；而马拉盖则一直是北部的非洲黄金贸易中心。森图里翁家族成员还在马德拉经营蔗糖，在格拉纳达经营丝绸。此外，多利亚家族经营瓜达尔基维尔山谷的橄榄油，而热那亚的弗朗切斯科·皮内利（Francesco Pinelli）则资助了征服加那利群岛的战事，此前，他在加那利群岛建立了第一家糖厂。他还与路易斯·桑坦格尔共同出任"神圣兄弟会"（Santa Hermandad，即前文提及的武装兄弟会）

的财务主管，兄弟会就是卡斯蒂利亚早期的警察机构。弗朗切斯科·索普拉尼斯·里帕罗勒（Francesco Sopranís Ripparolo）在加那利群岛做印染生意，主要经营红苔；此后，他在塞维利亚卖肥皂，并获得了宝贵的垄断专营权。

热那亚的格里马尔迪家族经营小麦，卡斯蒂廖家族（Castiglione family）经营羊毛，二者关系密切。热那亚的比瓦尔迪（Vivaldi）家族在西班牙也颇有影响。1291年，比瓦尔迪两兄弟试图乘船横渡大西洋，寻找"通向印度的海路"（结果连人带船杳无音讯）。还有福尔纳里家族（Fornari family），一直在希俄斯从事奴隶贸易。1330年前后，热那亚人拉泽罗塔·马罗塞洛（Lanzarotto Malocello）发现了（或者说，重新发现）加那利群岛，并在兰萨罗特岛上插下一面卡斯蒂利亚国旗。据此，卡斯蒂利亚宣称加那利群岛国有，而非马罗塞洛私有。热那亚人安东尼奥·乌索迪马尔（Antonio Usodimare）与葡萄牙政府来往密切，他是第一个在塞内加尔河和冈比亚河上航行的欧洲人。此外，另一个热那亚人安东尼奥·诺利（Antonio Noli）代表葡萄牙首先在佛得角群岛建立了殖民地。葡萄牙海军也是由热那亚人建立起来的，世代受热那亚人指挥，不少葡萄牙海军上将都是热那亚人。

热那亚企业家最先开始在阿尔加维（Algarve）种植甘蔗。洛美利尼（Lomellini）家族控制着葡萄牙的黄金贸易，此外还控制了撒丁岛的盐、银贸易，以及希俄斯的橡胶贸易。[7]1415年葡萄牙占领休达后，热那亚人主导了休达的商业；当时，许多从非洲来的黄金被装在篷车里，运到休达贩卖。[8]大西洋诸岛的主权，由卡斯蒂利亚和葡萄牙国王订约瓜分，马德拉岛、亚速尔群岛和佛得角群岛归葡萄牙，加那利群岛归西班牙。不过，无论主权归于哪国，岛上都有热那亚人。

与葡萄牙人不同，热那亚人是奴隶贸易的行家。通常，葡萄牙船长只交易战俘，但热那亚人没这些讲究。无论奴隶来自克里米亚、希俄斯、突尼斯、休达、格拉纳达还是马拉盖，无论奴隶是什么肤色、什么种族，也无论男女老少，热那亚人都会奴役并出售他们，切尔克斯人、埃塞俄比亚人、斯拉夫人、波斯尼亚人、柏柏尔人、非洲黑人、加那利人和希腊人，都在奴隶市场上出现过。[9]

这些热那亚商业家族通常会在家乡城市设立总部，甚至豪宅——有的总部，比如多利亚的某些总部，仍屹立于20世纪的建筑废墟之上；而其他家族如森图里翁的总部，则隐没在港口附近腐朽的建筑群中，毫不起眼。这些总部曾点缀着各种西班牙探险带来的宝藏，一度极尽奢华。当年，热那亚人在探险中超越了其他竞争对手，比如曾经辉煌的加泰罗尼亚人。不过，不像威尼斯，热那亚本身并没什么帝国主义思潮，因为热那亚商人总是独立经营，不怎么考虑国家利益。诚然，在欧洲的大西洋探险活动中，热那亚人十分活跃，但这既非集体决定，也非国家意志，而是源于约50个家族或商会的精心筹谋。[10]

活跃在西班牙和葡萄牙南部的意大利商人并非都来自热那亚。比如，巴尔托洛梅奥·马尔基奥尼（Bartoloméo Marchionni）是里斯本最大的奴隶贩子，来自佛罗伦萨，他的黑奴生意极为成功，几乎被认为是葡萄牙荣誉公民；胡安诺托·贝拉迪（Juanotto Berardi）和阿梅里戈·韦斯普奇（Amerigo Vespucci）是他在塞维利亚的合作伙伴，这二人也来自佛罗伦萨，他们不仅在里斯本购买非洲奴隶，还在加那利群岛购买战俘奴隶；阿尔维塞·卡达莫斯托（Alvise Ca'da Mosto）来自威尼斯，15 世纪 50 年代，他为葡萄牙国王发现了佛得角群岛。

彼时，罗马教会尚未在西班牙设立常任教廷大使，但有许多教士来往于罗马和西班牙。此外，意大利人也代劳了部分教廷大使的工作。围攻格拉纳达时，圣菲的西班牙营地也有意大利人来访，其中就有彼得·马特尔·德·安吉拉。他是一位出色的学者，出生于马焦雷湖畔的某个村庄。之前，他与前驻罗马大使滕迪利亚伯爵一起来到西班牙。后来，彼得·马特尔做了西班牙贵族公子们的教师。他用拉丁语写了许多绘声绘色的信件，寄给他的资助人们，包括米兰公爵卢多维科·伊莫罗（Ludovico il Moro）的兄弟、枢机主教阿斯坎尼奥·斯福尔扎（Ascanio Sforza），还有继任的教皇。他将见证卡斯蒂利亚随后 20 年的历史。卢西奥·马里诺·西库罗（Lucius Marineo Sículo）来自西西里岛，既是神父，又是语言学家，颇受人文主义思潮影响。他受卡斯蒂利亚海军上将的儿子法德里克·恩里克斯的影响来到西班牙，当时也效力于西班牙宫廷。[11] 此时，尼古拉斯·皮萨诺（Nicolás Pisano）和其他来自意大利的艺术家们身在塞维利亚，忙于为瓷砖设计花纹、描绘色彩。

这种交流是双向的：在博洛尼亚大学以及意大利其他大学中，都有卡斯蒂利亚的学生；加泰罗尼亚的领事馆也在那不勒斯、威尼斯、佛罗伦萨、比萨和热那亚等国建立起来。塞戈维亚的洛伦索·巴斯克斯（Lorenzo Vázquez of Segovia），号称"西班牙的布鲁内莱斯基*"，曾在意大利罗马和博洛尼亚接受过建筑师培训。15

---

* 菲利波·布鲁内莱斯基，意大利文艺复兴早期颇负盛名的建筑师与工程师，他的主要建筑作品都位于意大利佛罗伦萨。——编者注

世纪 90 年代，他设计改建了巴利亚多利德的圣克鲁斯大教堂。他还建造了梅迪纳塞利公爵的豪宅，位于瓜达拉哈拉附近的科戈柳多（Cogolludo）。门多萨枢机主教的新宅邸也是由他建造的，位于科戈柳多城内。[12]

依靠上述人物牵头，西班牙频繁接触着欧洲的文化中心。佛罗伦萨的彼特拉克在当时备受推崇，后来，随着印刷术的推广，彼特拉克的风格影响了西班牙大多数诗歌的韵律乃至主题。15 世纪 90 年代，踌躇满志的西班牙作家纷纷前往意大利居住，就像 18 世纪受到启蒙的英国人一样。后来，斐迪南和伊莎贝拉派军前往那不勒斯，主张王位继承权。这支军队的将领，就是"大将军"贡萨洛·费尔南德斯·德·科尔多瓦。或许他脑海中浮现出这样的诗句：西班牙，刀剑！意大利，羽毛笔！[13]

除了文学以外，西班牙对意大利的其他事物也颇为欣赏：伊莎贝拉女王在塞维利亚时，有人想送她一件豪华斗篷，披在她最喜欢的圣母像身上。于是，伊莎贝拉选了一件弗朗切斯科·德尔·尼禄（Francesco del Nero）设计的锦缎斗篷。这个威尼斯人就是伊莎贝拉最欣赏的设计师。

威尼斯、佛罗伦萨和罗马，对于斐迪南和伊莎贝拉治下的西班牙举足轻重，当时的教皇也是纯正的热那亚人。白发水手克里斯托弗·哥伦布也为自己取了个西班牙语的名字，叫作克里斯托瓦尔·科隆（Cristóbal Colón），他常驻王庭之中，也来自热那亚。

众所周知，哥伦布家族也是热那亚大商人，但他似乎并不怎么和家人在一起。而且，他不在任何圈子中久留。因此，也有人提出他是加利西亚人、犹太人或马霍里卡人。[15]一位作家认为，1391 年后，他与"一半犹太血统的家庭"（作者这样认为）从加利西亚移民到热那亚，自此，他们一家人都只说卡斯蒂利亚语。但热那亚不甚欢迎犹太人，因此这个故事并不可信。在谈话和信件中，哥伦布经常对犹太人和犹太改宗者表现出敌意，[16] 然而这并不能证明什么，因为犹太改宗者也对闪米特族抱有恶意。可以肯定的是，哥伦布是个虔诚的基督徒，他星期天从不工作。[17]

1497 年，哥伦布曾想在西班牙为家族置办一块世袭封地（由嫡长子继承），但他想起，自己终究是热那亚人，所以他一直想在热那亚买所房子。[18]1506 年，在他去世前，遗言中提到的除了热那亚的朋友，只有"里斯本犹太区大门的犹太卫兵"。[19]

哥伦布为何闭口不提自己的出身？可能因为他引以为耻。他父亲名叫多梅尼科·哥伦布（Domenico Colombo），母亲名叫苏珊娜·方塔那罗萨（Susanna Fontanarossa），两人似乎都是纺织工人，来自莫科内西，位于热那亚的方塔那博纳（Fontanabuona）山谷。后来，多梅尼科似乎成为萨沃纳（Savona）某旅馆的老板。萨沃纳位于热那亚以西 35 英里处，是教皇西斯笃四世的出生地。但旅馆老板并不能助哥伦布一家实现阶级跨越。哥伦布之后再也没提起过父母。实际上，他还有个姐姐，名叫比安琪奈塔（Binachinetta），她似乎嫁给了一位奶酪商人或奶酪商人的兄弟乔瓦尼·佩莱格里诺（Giovanni Pelegrino），乔瓦尼好像总是留守家中。不过，哥伦布有两个兄弟，巴尔托洛梅奥和迭戈，哥伦布本人在西班牙和新大陆时，他的兄弟伴他左右，后来，他的两个侄子也加入了船队。哥伦布曾经说过，他"不是家族中的首位海军上将"，不过，他这里所说的家族或许是指妻子的家族，因为他妻子的祖先在各领域都颇为活跃。

如前文所述，哥伦布的口音和言语十分惹眼。拉斯·卡萨斯很熟悉哥伦布，他认为哥伦布的母语并非卡斯蒂利亚语。哥伦布经常使用葡萄牙语词汇。有迹象表明，1474 年到 1485 年间，他曾在里斯本学习西班牙语。他从不用意大利语写信。可能是因为他只会说热那亚方言，而热那亚方言很少用于书写。

哥伦布本人的言谈以及哥伦布之子费尔南多所著的传记中，都提到哥伦布的早年生活。其中，费尔南多所著的传记可圈可点。1501 年，哥伦布告诉西班牙国王和女王，他早年出过海。[21]费尔南多·哥伦布（哥伦布之子的西班牙名字，他后来完全西班牙化了）说，哥伦布曾就读于帕维亚大学。[22]拉斯·卡萨斯也说过，哥伦布曾在帕维亚学过一点文学，主要学语法和拉丁语。[23]然而，历史学家安德烈斯·贝纳尔德斯神父有不同意见，他曾与哥伦布一起住在塞维利亚城外的家中。他说，哥伦布"智力超群，但没怎么接受过教育"。[24]哥伦布在帕维亚的学习经历可信度并不高。

1472 年，哥伦布首次出海。当时他 21 岁，还是个普通船员，在保罗·迪内格罗（Paolo di Negro）和尼克罗索·斯皮诺拉（Nicoloso Spinola）共有的船上工作。两位船主都隶属于热那亚知名商业家族。这艘船去了突尼斯，那是阿拉贡属地，在奇博家族势力范围内，此行他们还劫掠了一艘巴塞罗那商船。后来，哥伦布在罗克萨纳的某船上当水手，船主也是保罗·迪内格罗。哥伦布乘这艘船来到热那亚殖民地，那里在爱琴海的士麦那岛附近。这个港口不仅贩卖奴隶，也出售大西洋蔗糖和乳胶，这种乳胶可用于制作清漆。1476 年前后，哥伦布第一次来到里斯本，当时，这艘船和某卡斯蒂利亚船只发生了海战。船被击沉，哥伦布落水，被另一个热那亚人卢多维科·森图里翁（Ludovico Centurión）的"巴切拉号"（Bechalla）救起。然后，1477 年，哥伦布在保罗·迪内格罗和斯皮诺拉的船上当水手，来往于爱尔兰或冰岛。[25]

一年后，森图里翁招揽哥伦布为他工作，在马德拉经营蔗糖生意。1460 年前后的马德拉，按威尼斯人阿尔维塞·卡达莫斯托的说法，是个"手杖盛行的地方"。哥伦布似乎接受了邀约，来到马德拉，用手杖驱赶奴隶；从这份工作中他了解到，奴役非洲黑人和加那利岛民的殖民地种植园是如何运营的（马德拉首家甘蔗种植园建于 1452 年）。哥伦布也许还见识到用砂浆和石块砌成的灌溉系统，它由精巧的水渠和隧道组成，将水运送到梯田中。哥伦布售出的蔗糖，大部分销往低地国家，交换奢华的服饰。不过，他在何地以何种方法出售蔗糖，却不得而知，因为没有这方面的记录。

可能是在 1477 年，哥伦布去马德拉前，娶了费莉帕·巴拉斯特雷利（Felipa Palastrelli，葡萄牙语称佩雷斯特雷洛）为妻。费莉帕是圣港岛世袭总督的妹妹。马德拉群岛两个岛屿中，圣港岛面积较小，但较早被殖民。

费莉帕的父亲叫巴尔托洛梅奥，是圣港岛的前任总督，他来自意大利北部的皮亚琴察，当时已经去世了。费莉帕的母亲伊莎贝拉·穆尼斯（Isabel Muñiz）的某先祖是一位船长。1147 年，这位船长曾参与过从摩尔人手中夺取圣乔治城堡的战役。此后，里斯本的某区被命名为普尔塔德马蒂姆穆尼斯（Puerta de Martím Muñiz），以纪念穆尼斯船长。伊莎贝拉·穆尼斯的父亲希尔·埃阿尼什·穆尼斯（Gil Ayres Muñiz）在阿尔加维有一处很不错的领地。1420 年时，希尔加入葡萄牙远征军，攻陷休达。可以说，这桩联姻对哥伦布的事业颇有助益。

攻陷休达后，葡萄牙展开了轰轰烈烈的航海运动，持续半个世纪。哥伦布是热那亚人，他去往里斯本之前，就体会到了葡萄牙的航海风潮。航海家亨利王子引领了航海风潮，他是若昂国王的哥哥，休达的海军指挥官。[26]1425 年，他首次出海，占领无人居住的马德拉群岛（这里有大片原木森林，"马德拉"是葡萄牙语，意为"木材"）。1431 年前后，他占领了亚速尔群岛（葡萄牙语意为"鹰"）。葡萄牙在两片群岛殖民，但佛兰德斯人和意大利人也在岛上定居。这两片群岛盛产蜡、蜂蜜和染料。这里的染料是用龙树的"龙血"树脂和红苔制成的，可以将布料染成紫罗兰色，因而备受喜爱。两片群岛分别距里斯本 1 000 英里和 600 英里，哥伦布由此见识到海洋的辽阔。圣港岛距马德拉主岛 28 英里，是马德拉群岛中最肥沃的岛屿：地形平坦、树木稀少、附近海域渔业资源丰富，因而最易于殖民。相比之下，马德拉主岛地形崎岖，树木繁茂，后来，一场大火烧秃了大片森林。

接着，亨利往西非海岸派遣了远征队。他想找到通往尼日尔河、沃尔特河流域的海路，那里是非洲的黄金产地。1434 年，希尔·埃阿尼什在博哈多尔角（Cape Bojador）海域航行，这处岬角一度被视为无法通行（早些时候，法国的加那利殖民者也许成功驶过了博哈多尔角）。此处不可通行的说法，也许是穆斯林散布的谣言，谣言称，驶过博哈多尔角的水手会变成黑人，船只会被高温熔化。

随后几年，葡萄牙船长们造访了西非大部分地区：毛里塔尼亚、塞内加尔河、冈比亚河、佛得角群岛（1455 年）、胡椒海岸、象牙海岸、黄金海岸，还有奴隶海岸。哥伦布抵达里斯本之前，葡萄牙人已经去过贝宁王国（kingdom of Benin）、尼日尔河口以及喀麦隆。

这些非洲探险活动还有出于战略和宗教考虑的动机：作为十字军的先锋，葡萄牙王室试图找到背袭伊斯兰势力的路径。

到了1470年，掠夺黑奴已成为探险的重要目的，在地中海地区，里斯本成为基督徒和穆斯林共同的奴隶贸易中心。许多意大利人开始重操旧业，比如，热那亚人卢卡·卡萨诺（Luca Cassano）在亚速尔群岛的特塞拉岛上从事奴隶贸易，威尼斯人阿尔维塞·卡达莫斯托也在冈比亚河俘获奴隶。洛美利尼家族继续在里斯本广泛开展银行业务。佛罗伦萨的马尔基奥尼来自热那亚的克里米亚殖民地，出身于当地的奴隶主家族，1470年，他在首都站稳脚跟，成为奴隶贸易大户。

在历史长河中，葡萄牙的航海活动全部加起来似乎也不如哥伦布的重要。不过，正如18世纪某荷兰旅行家说，欧洲殖民时期，葡萄牙人开启了航海探险的先河。葡萄牙人的探险开启了地理大发现时代，成就了哥伦布这个航海英雄。[27]葡萄牙人的创新和大胆，使葡萄牙这个弹丸小国，在历史上写下了浓墨重彩的一笔。

哥伦布和妻子费莉帕一度住在里斯本的妻子娘家房子里，这个住所属于丈母娘伊莎贝拉·穆尼斯。后来，夫妻二人去了圣港岛，然后到达马德拉的丰沙尔（Funchal）。在丰沙尔，费莉帕死于难产，孩子活了下来，取名为迭戈。后来，迭戈回到里斯本，成为一名书商，兼做制图员。此后，哥伦布的弟弟巴尔托洛梅奥从热那亚赶来，加入他的船队。哥伦布结识了许多来往大西洋的海员和商人。当时，希腊地理学家托勒密的观点还是主流，大多数受过教育的人仍然相信，世界就是大片海洋包围着的一块陆地。

那时候传播着许多航海故事，比如沿大西洋向西航行，会找到更多岛屿，也许是"安提拉"或"巴西"，或许是圣乌苏拉岛或圣布伦丹岛。当时的大海意味着神秘，充满各种可能性。1469年，希腊地理学家斯特拉波的著作以西班牙语出版，书中提到了"对跖点"的概念，激起人们的强烈兴趣；这位1世纪的地理学家甚至提到，也许可以"从西班牙直接航行到印度"。[28]1430年到1490年间，约有12个葡萄牙船队驶向大西洋探险。一些葡萄牙水手也许听闻过，中世纪时北欧人曾远征格陵兰、文兰[*]和北美，最后一位北欧裔格陵兰人活到15世纪。[29]

长时间以来，地圆说就一直存在。大约公元前500年，米利都的希腊天文学家就认为，世界是一个球体。后来，几何学家毕达哥拉斯进一步论证了这一观点。虽说古希腊的大部分文献都失传了，但750年前后，天主教会接受了这个假说。到15世纪时，地圆说得到了普遍认同。只有少数无知者仍坚称地球是平面的。

哥伦布曾随葡萄牙船队航行于非洲西海岸，最远到过黄金海岸埃尔米纳（El Mina）的新要塞，位于佛得角群岛附近。佛得角群岛的种植园殖民地从周遭非洲大陆上掠来大量奴隶，其规模比马德拉群岛还大。在这次航海中，很明显哥伦布还是个普通水手，或许地位要比以前高些。船队停靠在胡椒海岸，后来，哥伦布声称在此处看到了海妖。那年也许是1481年，埃米纳的贸易要塞尚在施工；也

---

[*] 古挪威人在公元1000年左右在北美发现的一片森林区，可能位于加拿大东部或东北部。——编者注

许是 1485 年，当时，制图师何塞·维齐尼奥（José Vizinho）也在胡椒海岸，"完美君主"若昂国王派他来测绘赤道上的太阳高度角。[30]据说，哥伦布的弟弟巴尔托洛梅奥也随船队来到这里。在此番航行中，他见识到了葡萄牙人做工精良的轻快帆船：船身窄小，配备三角帆，以速度快、机动性强、吃水线浅见长，相比旧式的横帆船，更善于逆风航行。[31]

旅途中，哥伦布经常读书。他也许读过塞内卡（Seneca）的高论，这位塞内卡认为，从西班牙航行到印度只需几天。[32]马可·波罗曾在威尼斯的里亚尔托桥（Bridge of the Rialto）上张贴过消息摘要，供前往东方的旅人参考，哥伦布一定读过。马可·波罗在热那亚狱中时，口述过一本回忆录，狱友将其整理出版，这本回忆录哥伦布也读过。回忆录里的故事引人入胜，提到了亚马孙（Amazon）传说，提到了狗头人，还提到西邦古（日本）位于中国以东 1 500 英里处，说亚洲至少有 1 378 座岛屿。[33]

在早年的旅途或后来的岁月里，哥伦布还读过皮埃尔·达哀理（Pierre d'Ailly）的《世界地图论》（*Imago Mundi*）。达哀理是 15 世纪初的宇宙学家、康布雷主教、枢机主教，也是法国国王的告解神父。在这本书中，这位聪明的法国人不仅讨论了天文学，还探讨了世界的大小。他认为，大西洋很狭窄。塞内卡的说法确有道理：如果顺风航行的话，几天内就能横渡大西洋，并且对跖点确实存在。在"大西洋很窄"这一论点旁，哥伦布做了个笔记："海洋覆盖半个地球的说法并不可信。"[34]哥伦布还研究了锡耶纳教皇庇护二世［（埃涅阿斯·西尔维斯·皮科罗米尼（Aeneas Silvius Piccolomini）］的《亚洲概况》（*The Description of Asia*），庇护二世坚持认为，所有海域都可以通航，所有土地都适宜居住。这位教皇也相信，从欧洲向西航行，可以到达亚洲。

当然，哥伦布也读到再版的托勒密《地理》，这本地理学著作于1406年以拉丁文出版，1475年在维琴察再版，后来，这本书不断重印。这本著作是由一位亚历山大学者于公元150年整理的，书中介绍了8 000个地点，还绘有地图和表格。书中最重要的创见是，"地理"意味着可用天文学经纬度确定一个位置。托勒密掌握的大部分信息都是道听途说，不过，当时的人们认为，该书有科学的论据。哥伦布读到的应该是第二版，1477年出版于博洛尼亚，书中有26幅亚洲、非洲和欧洲的地图。[35] 哥伦布还读过"约翰·曼德维尔爵士"（Sir John Mandeville）*的畅销冒险小说，书中虚构了一些冒险传奇，而这些冒险故事不久就会成真。哥伦布可能还看过岳父收藏的地图，因为帕拉斯特雷利似乎曾任航海家亨利的航海顾问。[36]

此后，一位年长、博学、亲切的佛罗伦萨人，保罗·德尔·波佐·托斯卡内利（Paolo del Pozzo Toscanelli），给哥伦布写过几封信。1474年，托斯卡内利给葡萄牙国王阿方索五世的宫廷教士费尔诺·马丁斯（Fernão Martins）写信，坚称向西航行可以到达中国："我向陛下递交了我绘制的地图，地图上标出了海岸和岛屿，当您向西航行时，这些地图可以作为参考。"这位托斯卡内利是佛罗伦萨某家族企业的首脑，经营毛皮和香料，在寄给葡萄牙国王的信中，他也说过："到香料产地西印度群岛的最短路线，就是向西航行，

---

* 约翰·曼德维尔爵士，中世纪英格兰骑士、旅行家。一般认为他是《曼德维尔游记》（*Mandeville's Travels*）的作者。书中记述了作者在东方数十年的旅程，描述了中东、印度、中国、爪哇岛和苏门答腊岛等地的风俗，对当时的欧洲影响巨大。——编者注

这比向东的几内亚航线更短。"向西的航线可能会经过"安蒂亚"或日本。哥伦布把这封信抄在自己那本教皇庇护二世的书上。托斯卡内利在另一封信中补充说，中国皇帝认为，从欧洲向西到中国的航线，长度可能有 3 900 海里；但托斯卡内利自己则认为，这条航线长度有 6 500 海里。1481 年，他向哥伦布寄去最后一封信的副本。[38] 此后，他又致信哥伦布："我深信，这条航线并没有想象中那么艰险。"[39]

最后，哥伦布得出自己的结论。他接受皮埃尔·达哀理的观点，即大西洋并不如想象中那么宽阔，[40] 如托斯卡内利所说，大西洋是可以横渡的。费尔南多·哥伦布写道，他的父亲哥伦布也开始认为，"既然葡萄牙人向南航行走了那么远，那么他也可以向西航行同样的距离，而且，向西航行，一定能遇到大陆"。[41] 费尔南多·哥伦布还补充道，他父亲认为，水手或商人间流传的这个说法是可信的："加那利和佛得角群岛以西，还有许多岛屿和土地。"

托斯卡内利深刻影响了哥伦布，哥伦布多次在信中提到了他。哥伦布的首航日记中，他提及"保罗·菲斯科"（Paolo Físico）的次数要多于同行的西班牙水手。不过，托斯卡内利的想象力过于丰富了，从加那利群岛到日本，根本没有他想象的那么近。[42]

15 世纪以来，一直流传着一个故事，说哥伦布受某位"无名领航员"的启发，得出自己的一套结论。这位领航员也许是葡萄牙人或安达卢西亚人。临终时，这个领航员说，从葡萄牙到英国途中，他遭遇了暴风雨，被吹到西印度群岛附近。传闻说，这位领航员看到了阳光下的裸体原住民，也许就在今天的加勒比海域。16 世纪的不少历史学家，比如费尔南德斯·德·奥维多、洛佩斯·德·戈马拉（López de Gómara）和费尔南多·哥伦布，他们认为这个故事毫无事实根据。哥伦布从未预料到新世界会有原住民。相反，他本以为自己能见到些大人物，比如日本足利将军或中国明朝皇帝。不过，这个故事还是流传了下来。到 20 世纪，一些著名作家强烈支持"无名领航员"[43] 的说法。有位历史学家写道，哥伦布"不仅知道东印度群岛的西边有陆地，也知道新大陆与旧世界的确切距离，以及新大陆的准确位置"。[44] 不过实际上，我们无须通过"无名领航员"来解读哥伦布的想法，凭借法国人皮埃尔·达哀理和佛罗伦萨人托斯卡内利的建议，他的计划已然成型。

1484 年，哥伦布向葡萄牙的若昂国王提交企划，建议向西航行，探索通往西邦古（日本）和中国的航路。欧洲君主中，最重视地理探索的就是若昂国王。葡萄牙探险家已经发现了贝宁等古老国度，也见过不少非洲大河，比如塞内加尔河、冈比亚河、尼日尔河，甚至刚果河。15 世纪 80 年代初，迪奥戈·康几乎到达好望角。因此，向西探索通往中国的新航路并不能引起若昂国王的兴趣。尽管如此，若昂还是将哥伦布的计划转交给调查委员会——接下来的十年，哥伦布一直和各种调查委员会进行交涉。这是当时的标准处理流程，政府遇到不合时宜的提议，就会扔给一群专家来应付。

在里斯本调查委员会的官员中，有制图师何塞·维齐尼奥，哥伦布似乎曾与他一同去过西非；休达主教迪奥戈·奥尔蒂斯·德·维尔加斯（Diogo Ortiz de Vilhegas，他是卡斯蒂利亚人，来自卡尔萨迪利亚，距科里亚和卡塞雷斯不远）；[45] 还有古怪的天文学家马埃斯特雷·罗德里戈（Maestre Rodrigo），他曾与哥伦布讨论过赤道上太阳高度角的问题。

委员会认定，西邦古（日本）比哥伦布（和托斯卡纳利）想象的要远得多——这一点上他们没说错。他们还认为，没有任何船队能备足食物和水，穿越如此广阔的大洋。而且，如此长时间的连续航海，没有船员能坚持下来。不过，若昂国王拒绝哥伦布后不久，就听从奥尔蒂斯主教的建议，从佛得角群岛派出一艘轻快帆船，向西航行，探索大西洋。这艘船出海后，好几天都杳无音信，幸而最后平安返航了。[46]

在葡萄牙受挫后，哥伦布转而投向西班牙君主，虽然他以前从未去过西班牙。和葡萄牙一样，西班牙在大西洋上也建有前哨站，位于加那利群岛；在加那利群岛的殖民地上，热那亚人颇为活跃。哥伦布应该早就意识到了这一点，托斯卡内利在信中说过，加那利群岛是横跨大西洋旅程的最佳起点。

加那利群岛包括许多岛屿，有的比较大，多数岛屿很小，距离大陆最近的岛屿在非洲西北部 50 英里，即西班牙西南部 750 英里，从加迪斯出海，13 天即可到达。这片群岛，据史料记载，前人称之为"幸运群岛"。14 世纪时，热那亚人拉泽罗塔·马罗塞洛率领卡斯蒂利亚船队首次登岛。1402 年，另一支卡斯蒂利亚船队二度登岛，这支船队由法国探险家让·德·贝当古（Jean de Béthencourt）率领，他是诺曼底的格兰维尔勋爵。普瓦图的戈迪菲·德拉·萨莱（Gadifer de la Salle）也在船队之中。后来，贝当古在兰萨罗特岛和另外两个小岛——富埃特文图拉岛（Fuerteventura）和耶罗岛（El Hierro）上建立了自己的公国，与大加那利岛（Gran Canaria）和特内里费岛相比，这些岛上的原住民抵抗势力较弱。之后，贝当古把土地分给他的追随者，这些人多是卡斯蒂利亚人，也有诺曼人。争端

黄金之河：西班牙帝国的崛起，从哥伦布到麦哲伦

随之产生：葡萄牙人对群岛宣称主权，航海家亨利垂涎群岛，出兵争夺，无奈战败。最终，支配权落到了塞维利亚贵族梅迪纳西多尼亚家族手里，塞维利亚籍的佩拉萨家族（Peraza family）也分得一杯羹。传教士试图传教，转变原住民的信仰，包括那些在未征服岛屿上的原住民。至于船长们，则俘虏原住民，运往西班牙卖作奴隶。[47]

1479 年，葡萄牙终于接受《阿尔卡索瓦什和约》（Treaty of Alcaçovas），承认卡斯蒂利亚对加那利群岛及其对岸新占领土的控制，这片撒哈拉的新占领土，与加那利群岛围出一片"小海"，成为上好的渔场。作为回报，卡斯蒂利亚承认葡萄牙对亚速尔群岛和马德拉群岛的占有权，并承认葡萄牙在西非其他地区的贸易垄断。[48]不久，来自赫雷斯－德拉－弗龙特拉（Jerez de la frontera）的佩德罗·德·维拉（Pedro de Vera）站出来，领导卡斯蒂利亚人与原住民全面开战，到 1487 年就控制了大加那利岛。15 世纪 90 年代早期，拉帕尔马岛也被征服，只有特内里费岛还掌握在原住民手中。

加那利岛民身份成谜，他们是柏柏尔人、非洲人，还是欧洲人？似乎是柏柏尔人，然而，没人说得清他们看起来像哪个人种。哥伦布的报告书中说，他们的肤色不白也不黑，这对于判断岛民的人种并无助益。在奴隶贩子的记录中，他们有的肤色白，有的肤色黑。[49]15 世纪初，法国人说他们"高大强壮"。加那利岛民并不知道任何航海术（也可能他们的航海术已经失传），所以从未离开过群岛，甚至未曾从一个岛屿航行到另一岛屿。他们也不制作面包。他们没有马，见到卡斯蒂利亚骑兵时都吓坏了。他们有很多种语言，岛内分裂成许多小国。他们用石头和棍棒战斗，但随着欧洲疾病的传入，原住民人口锐减。况且，当地人口本就稀少，西班牙人因而得以在这些岛屿上恣意横行。当时，特内里费岛可能有 1.4 万名原住民，大加那利岛有 6 000 名，其他岛屿上共有 1 500 名。[50]

加那利群岛成为卡斯蒂利亚的财富来源。15 世纪 50 年代以来，不断有加那利岛民被俘虏、奴役及贩卖到安达卢西亚。他们不信仰伊斯兰教，对奴隶主而言，比柏柏尔人更可靠（穆斯林奴隶是出了名的麻烦，他们的宗教信仰极其坚定）。西班牙王庭中几位有影响力的人物都从加那利群岛大赚了一笔，比如高级顾问古铁雷·德·卡德纳斯，他垄断了加那利群岛的红苔贸易。他的同僚阿隆索·德·金塔尼利亚，则得到热那亚人塞维拉诺斯的资助，用以征服各岛屿。1484 年，路德维科·森图里翁在大加那利岛建了一座糖厂，当时，该岛尚未被完全征服。当局甚至往鲁比孔派了一位主教——胡安·德·弗里亚斯（Juan de Frías）。15 世纪卡斯蒂利亚的这些征服运动向殖民新世界迈出了一步，虽然现在卡斯蒂利亚还不知道新大陆的存在。

哥伦布来到西班牙之前，应该未曾去过加那利群岛。如果他去过，一定会留下书面记录。当时，哥伦布似乎与后来的戈梅拉总督贝亚特丽斯·德·博瓦迪利亚在科尔多瓦相识。不过，正如前文所说，去西班牙之前，哥伦布就知道，那些向西航行的卡斯蒂利亚船长，都把加那利群岛作为基地；正如托斯卡内利所说，向西航行的旅程，起点应该尽可能靠南，以便利用盛行西风带。大西洋的风呈顺时针方向运转，就像个大轮子。这一地理系统的纬度特性，是世世代代的船长们航行到新大陆的关键，哥伦布早年在里斯本时，就已经从水手口中得知这一奥秘了。

1485 年下半年，哥伦布抵达安达卢西亚，前往拉维达方济各会修道院。这座修道院在呈泥红色的里奥廷托河（Río Tinto）入海口附近。修道院的修士对航海知识很感兴趣，乐于为人解惑。他们知道许多实用的信息，比如看到鸟群意味着此处离陆地很近。拉维达有个修士，名叫弗朗西斯科·阿方索·德·博拉尼奥斯（Francisco Alfonso de Bolaños），他一直想去加那利群岛和几内亚传教，他甚至已经拿到了一封谴责奴隶贸易的教皇谕令。[51] 在拉维达，哥伦布与胡安·佩雷斯修士（Fray Juan Pérez）讨论天文学，并与安东尼奥·德·马切纳（Antonio de Marchena）结为好友。

当时，拉维达就像一所海事学院。[52] 修道院有位俗家修士佩德罗·德·贝拉斯科（Pedro de Velasco），早年当过迪奥戈·德·特维（Diogo de Teive）的领航员。特维效忠于航海家亨利，是第一个在马德拉建立甘蔗种植园的人。年轻时，贝拉斯科一直在寻找亚特兰蒂斯（Atlantis），来到修道院时，他已经不年轻了。傍晚时，他偶尔会聊起当年见到的海市蜃楼——就像沙漠一样，海洋上偶尔也会出现这种幻影；水手看到了云上的幻影，还以为自己接近了陆地。他描述道："反复无常的云覆盖了一切，远远看去，就像是山脉、丘陵和山谷，让水手错以为前方就是陆地。"[53]

多年以后，人们仍然会记得哥伦布造访修道院的情景，澄澈的蓝天下，修道院的白墙闪闪发亮，哥伦布走上前来，为儿子迭戈讨要一口水和面包，当时的迭戈只有 6 岁。[54] 如今，修道院的花园无疑比当时更美观了，15 世纪 80 年代的花园里尚无漂亮的九重葛和柏树。不过，露台上的黄色石头、建筑物的白色墙壁、瓦片砌成的屋顶，还有塔楼的样式，应该与 15 世纪时别无二致。

马切纳和佩雷斯建议哥伦布前往卡斯蒂利亚王庭。两人在王庭内颇有些人脉，佩雷斯还当过女王的告解神父。两人给了哥伦布一封介绍信作为敲门砖。于是，在拉维达修道院精致的基督像前，哥伦布做了祷告，随后动身前往塞维利亚，接着转道去科尔多瓦王庭。哥伦布把儿子迭戈留给小姨子布里奥兰贾·穆尼斯（Briolanja Muñiz）照顾。小姨子嫁到阿拉贡，丈夫名叫米格尔·穆利亚特（Miguel Muliart），住在圣胡安－德尔普埃托（San Juan del Puerto）的韦尔瓦（Huelva）附近。[55]

1485 年夏，哥伦布到达科尔多瓦，在那里遇到了贝亚特丽斯·恩里克斯·德·阿拉纳（Beatriz Enríquez de Araña）。贝亚特丽斯来自城北几英里处的圣玛丽亚－德特拉谢拉（Santa María de Trasierra），她有个叔叔，是她的监护人，在当地颇有权势，名叫罗德里戈·埃尔南德斯·德·阿拉纳。哥伦布与她同居，两人生下私生子，取名费尔南多。哥伦布还会见了君主的常任顾问，包括伊莎贝拉的告解神父塔拉韦拉、财务主管桑坦格尔、女王的重臣金塔尼利亚、国王的密友胡安·卡夫雷罗，甚至还有枢机主教门多萨，毕竟争取门多萨的支持很关键。[56]他能见到这些人，多半是依靠马切纳和佩雷斯的介绍信。不过，尽管哥伦布见到了这些大人物，他们并不能确保把他引荐给女王，于是，在 1485 年秋，他随王庭穿过卡斯蒂利亚，像往年一样取道安杜哈尔和利纳雷斯（Linares），经过巴尔德佩尼亚斯（Valdepeñas）和奥卡尼亚，来到马德里附近的阿尔卡拉－德埃纳雷斯（Alcalá de Henares）。

阿尔卡拉是门多萨家族的领地，骑马从瓜达拉哈拉的门多萨豪宅向西走半天就到了。这里是摩尔人的阿尔卡拉的遗址，雄伟的主教豪宅建在废墟之上，矗立在城市边缘。在伟大的枢机主教支持下，哥伦布终于得以面见女王。门多萨告诉伊莎贝拉，这位热那亚人精明、聪明、能干，而且精通宇宙学，建议王室赞助他几艘船，这花不了多少钱，潜在收益却十分可观。[57]

门多萨是西班牙两人之下、万人之上的大人物，也是西班牙和葡萄牙中第一位赏识哥伦布想法的政界要人。金塔尼利亚似乎也认为，西班牙应该探索博哈多尔角以外的世界，不能让葡萄牙独享探索大洋的特权。诚然，金塔尼利亚的远见也不应忘却。

1486 年 1 月 20 日，在枢机主教的豪宅中，哥伦布与两位君主之间的首次讨论未能达成共识。[58]斐迪南国王事先读过托勒密的《地理》，书中所言与哥伦布的说法相左。国王对加那利群岛很感兴趣，但只把它当作通往非洲金矿的踏脚石。[59]不过，对哥伦布说的新航路，两位君主似乎很是好奇，对哥伦布展示的世界地图，两位君主也很感兴趣。这幅地图可能是哥伦布的弟弟巴尔托洛梅奥绘制的（"地图激起了他们的兴趣，让他们看到了哥伦布所言的航路"）。[60]可惜，哥伦布的想法过于天马行空[61]，最不明智的一点是，哥伦布明确表示，他一定要获封海洋上将（Admiral of the Ocean Sea）*、殖民地副王和总督†。（可能他在葡萄牙也提出了同样的要求。）[62]对西班牙王室而言，这些头衔意义重大。在哥伦布心目中，"海军上将"可能不过是热那亚佩萨霍家族（Pessagho family）在葡萄牙海军中的寻常头衔；但在两位君主看来，"卡斯蒂利亚海

---

* 此为包含权利和荣誉的头衔，本书部分地方使用此头衔，其余仍使用实际的"海军上将"头衔。——编者注
† 副王（viceroy）是殖民地的王权代表，总督（governor-general）是只对国王负责的殖民地行政长官。——译者注

军上将"的头衔举足轻重，而且这个头衔不久前才授封斐迪南国王的堂弟恩里克斯，并且可以世袭。[63] 此前，卡斯蒂利亚只有过一个副王，也就是加利西亚副王，不过在阿拉贡倒是也有几个"副王"为国王效力。斐迪南国王多半被哥伦布的这些要求激怒了。至于总督，那也是最近才与加利西亚、比列纳侯爵和加那利群岛联系起来的头衔，别处并未任命。

斐迪南和伊莎贝拉的先王们当政时，曾积极促进外交工作。开明的阿拉贡王室一直对外面的世界很感兴趣，斐迪南的叔叔阿方索国王在那不勒斯停留的时间比在西班牙还多。13 世纪时，突尼斯曾经是阿拉贡的附属地，后来阿拉贡也一直垂涎非洲。所以说，与哥伦布打交道的两位君主并非孤立主义者。

但是，哥伦布对私人利益的主张，顶撞了专注于格拉纳达战争的王室。正如卡萨斯所说："当君主面对一场战争时，他们无暇、也没兴趣关心其他事情。"[64]

当时，天主教双王与热那亚共和国的关系很糟糕，哥伦布的建议受到冷落也不足为奇。约三十年后，律师特里斯坦·德·莱昂（Tristán de León）评论道，问题在于两位君主不知道"哥伦布所言到底是否属实"[65]。后来，哥伦布向两位君主介绍了一位教会人士，证实自己所言为真。那人是拉维达修道院的安东尼奥·德·马切纳，他证明哥伦布所言基本属实。在信中，马切纳建议请专业人士调查证实，就像里斯本的调查委员会一样。[66] 修道院支持征服加那利群岛，以增加信徒的人数。哥伦布的提议意味着更多传播福音的机会。

两位君主同意展开调查。委员会的首席成员是女王的告解神父塔拉韦拉，他受命召集"精通宇宙学问题的专家，虽然卡斯蒂利亚境内几乎没有这样的人"[67]。专家们讨论一番，决议支持哥伦布继续留在王庭，跟随王庭巡回全国，并且给哥伦布1.2万马拉维第的补贴金。[68]

不过，由于格拉纳达战事不顺，塔拉韦拉的工作进展缓慢，哥伦布只好耐心等待时机。他并没有无所事事，而是靠绘制地图赚了些钱，并且结交了几位更有影响力的人物。其中有他的热那亚同乡，两个弗朗切斯科家族的富商——皮内洛（Piñelo）和里瓦罗洛（Rivarolo），为了征服加那利群岛，他们资助了一笔钱。还有手握大权的古铁雷·德·卡德纳斯，1474年，女王在塞戈维亚加冕时，他是游行队伍前列的执剑人。这些人或许认为，哥伦布至少能给卡斯蒂利亚带来几座岛屿殖民地，就像加那利群岛那样。在哥伦布结识的人物中，多明我会神学家迭戈·德萨（Diego Deza）最为关键，这位神学家刚刚就任萨拉曼卡大学神学教授，当时，萨拉曼卡大学已经比圣塞巴斯蒂安大学更知名了。迭戈·德萨修士是王储胡安亲王的老师，每天给胡安亲王上拉丁语课。谁也不知道德萨和哥伦布是如何结识的，但他们确实结下了深厚友谊。显然，两人产生了某些共鸣，这份友谊也有力地支持了哥伦布。[69]

哥伦布旅居萨拉曼卡的多明我会修道院时，德萨认识了他，并将他介绍给自己的朋友们，包括胡安亲王的侍女胡安娜·贝拉斯克斯·德拉·托雷（Juana Velázquez de la Torre），还有胡安娜的堂兄胡安·贝拉斯克斯·德·奎利亚尔（Juan Velázquez de Cuéllar），他是胡安亲王的财政官。王子很喜欢胡安娜，王子还不到10岁的时候，有一次对胡安娜说："我的妻子必须是你，其他人都不行。"哥伦布也很喜欢胡安娜，她成为哥伦布的红颜知己。[70]门多萨枢机主教依然对哥伦布颇感兴趣，常邀请哥伦布一起用餐，金塔尼利亚也经常邀请哥伦布。奉两位君主的命令，塔拉韦拉也定期付给哥伦布补贴金。

调查委员会由塔拉韦拉主导，1486—1487 年冬，委员会在萨拉曼卡合议，得出的结论与里斯本调查委员会大同小异。这些专家与葡萄牙同行的观点一致，认为哥伦布过于乐观，到中国的距离不会那么近，航行也不会那么容易。他们认为，如果资助哥伦布，王室可能得不到什么好处，王室权威还可能受损。[71]

1487 年 8 月，哥伦布得知了这个令人沮丧的决议。委员会的措辞很委婉，决议中说，未来的某一天，王室攻克格拉纳达以后，委员会也许会重新考虑哥伦布的提议。然而，贴心好友德萨博士坚持认为，这个重新考虑的承诺，才是委员会的真正答复。当然，尽管有人安慰，哥伦布还是很沮丧，他打算返回葡萄牙。他的弟弟巴尔托洛梅奥给他写了封信，传来好消息，原来是探险家巴尔托洛梅乌·迪亚斯（Bartolomeu Díaz）打算在当年 8 月出发，再次尝试航行到非洲最南端（拉斯·卡萨斯认为，巴尔托洛梅奥·哥伦布也参加了这次英雄式的航行）。[72] 同年，另一位杰出的葡萄牙探险家佩德罗·德·科维良（Pero de Covilhan），从红海出发，乘穆斯林朝圣船，抵达了印度的卡利卡特。

1488 年，哥伦布身在里斯本，若昂国王给他签发了通行证。[73] 在穆尔西亚时，哥伦布也向斐迪南国王和伊莎贝拉女王出示了这份通行证，但那时西班牙君主仍然忧心于格拉纳达战争，这份通行证没有起到什么作用。

1488 年 10 月，哥伦布在里斯本再次受挫。对于去往中国的大西洋航线，若昂国王改变了想法，开始怀疑这条航线的价值。但若昂国王还是派遣了一个小型船队，向西航行，船队由佛兰德斯人费尔南多德·范·奥尔门（Ferdinand van Olmen）带领，两艘帆船都由费尔南多德自费提供。这个船队尝试探索"一座大型岛屿或群岛，据说岛上有七座城市"。但船队出海后便杳无音讯。据推测，失踪的费尔南多德不得不从亚速尔群岛出发，而哥伦布认为，这个起点并不如加那利群岛那么理想。

1488 年 12 月，哥伦布似乎还在里斯本的时候，巴尔托洛梅乌·迪亚斯回来了，或许巴尔托洛梅奥·哥伦布也在他的船队中。巴尔托洛梅乌成功绕过了非洲南部的海角，他乐观地将其命名为好望角。[74] 这样一来，通往印度的南部航线被发现，葡萄牙国王对哥伦布口中的大西洋新航路彻底失去了兴趣。

为了获得支持，哥伦布转而寻求法国和英国国王的帮助。毕竟，航海国家并非只有西班牙和葡萄牙。于是，他派弟弟巴尔托洛梅奥去了伦敦。[75] 可惜，巴尔托洛梅奥时运不济：在海上，他被海盗俘虏，并在私人监狱关了两年。哥伦布没有及时收到这个坏消息，就回到拉维达修道院。这里似乎是他仅存的容身之所，也是他航海计划的最后据点。安东尼奥·德·马切纳仍然热情地接待了他，胡安·佩雷斯修士也是如此。马切纳建议哥伦布寻求梅迪纳–西多尼亚公爵（Duke of Medina Sidonia）的支持。公爵的船只把守着直布罗陀海峡，他在瓜达尔基维尔河口有座白色的豪宅，俯瞰桑卢卡尔–德巴拉梅达，垄断了当地的捕鱼业。当时，人称公爵为"金枪鱼之王"（El Rey de los Atunes）。公爵在加那利群岛投入大笔资金，种植甘蔗，不久，他就在特内里费积累了大量财产。他拥有多艘船，不过这些船都投入对格拉纳达的战争中了，无法用来赞助哥伦布。

哥伦布的下一步行动成了谜。记录显示，西班牙君主给安达卢西亚市政委员会写过一封信，要求委员会给哥伦布提供食物，安排住宿，因为哥伦布帮了君主很多忙。也许哥伦布提供了战争情报，不过，很难想象他是如何获得情报的。无论如何，哥伦布的行动一定让他得到了再次觐见女王的机会。这次，在哈恩城堡中，他得以单独与伊莎贝拉面谈，因为斐迪南当时正在巴萨（格拉纳达）的军营中。

伊莎贝拉似乎和哥伦布谈了很久，并且让哥伦布坚信，一旦攻下格拉纳达，他就会得到王室的帮助。当时，她手边有本《曼德维尔游记》，书中的故事极尽疯狂，尽管伊莎贝拉通常头脑很冷静，但她也会偏爱天马行空的梦想家。例如，15 世纪 70 年代时，她的第一个盟友卡里略大主教，把一个叫作费尔南多·阿拉尔孔（Fernando Alarcón）的人介绍给她，这个阿拉尔孔声称，他能点铁成金。这次面谈中，伊莎贝拉或许知悉了哥伦布 15 世纪 80 年代造访非洲的旅程，或许与哥伦布讨论了信仰的话题，相信哥伦布获得了神圣的支持，或许她知道哥伦布心心念念想着耶路撒冷有一天能够得到解放。面谈结束后，伊莎贝拉给了哥伦布一笔钱，并邀请他和自己一道去巴萨城受降——据她估计，1490 年年底城中的摩尔人就会投降。

至此，哥伦布仍没有听到巴尔托洛梅奥的任何消息，但大概知道巴尔托洛梅奥遇到了困难。于是，哥伦布本打算自己去法国，在神学家德萨博士的劝阻下未能成行。[78] 不过，幸运的是，他遇见了梅迪纳塞利公爵。

梅迪纳塞利公爵名叫路易斯·德拉·塞尔达（Luis de la Cerda），

当时年近50岁。他是梅迪纳塞利第一代公爵。他本有可能成为国王，但他的祖先们放弃了王位继承权。尽管如此，斐迪南国王仍清醒地认识到，如果王室绝嗣——这种可能性并非不存在——公爵也许能成功登上王位。像大多数其他贵族一样，这位公爵也是桑蒂拉纳侯爵（Marqués de Santillana）的孙子，算来是枢机主教门多萨的侄子、阿尔巴公爵的堂兄。梅迪纳塞利有圣玛丽亚港的部分管辖权，并且控制了韦尔瓦。他虽然不是战士，但参加了对格拉纳达的大部分战争。有一次，贝纳文特伯爵受命接管梅迪纳塞利公爵的军队，可公爵拒绝将军队从自己麾下分离出来，并且说："告诉你的主人，我作为家族的领袖，前来为他作战，没有我的领导，我的军队哪也不会去。"[80]

梅迪纳塞利现在常居圣玛丽亚港，在那里，他和一个女仆卡塔利娜·德尔·普埃尔托（Catalina del Puerto）生了几个孩子，其中的胡安后来继承了他的爵位。他的管家罗梅罗（Romero）可能是个犹太人，跟他提起过哥伦布，公爵便召见了这个热那亚人。[81] 哥伦布给公爵留下了深刻印象。公爵相信了哥伦布的说法，还赠予哥伦布食物、钱和住所。哥伦布经常与公爵会面，和公爵的水手们聊天，甚至可能还与埃尔普埃尔托（El Puerto）的市长、时年70岁的历史学家迭戈·德·巴莱拉（Diego de Valera）展开过广泛的讨论。巴莱拉写过好几本卡斯蒂利亚史，并且是站在君主的立场上发表观点。"记住，你以神的名义统治国家。"国王攻陷龙达后，他这样对国王说道，"很明显，我们的神希望贯彻几个世纪以来的愿景，不仅要将西班牙所有领土纳入王权统治，还应当征服海洋以外的地区。"1482年，就如何在格拉纳达战争中取胜这一问题，他还向斐迪南国王呈报了自己的见解。[82] 哥伦布正是希望与他这样的人长谈。

15世纪70年代，巴莱拉和他的儿子卡洛斯在对葡萄牙的海战中表现出色，赢得王室的信任。毫无疑问，哥伦布一定也和卡洛斯谈过，而卡洛斯曾在非洲海岸指挥过一支船队。

梅迪纳塞利想赞助哥伦布，但身为忠心耿耿的公爵，距离王位不远的他，如果没有王室的批准，也无法行动。[83] 他给女王写信，说自己愿意支持哥伦布。[84] 女王回信感谢了梅迪纳塞利的建议，说朝野中能有公爵这样的人是她的幸事，国家需要这种以国事为己任的人。但是，像哥伦布提出的这种探索计划，"只能由君主赞助执行"。[85] 她不希望贵族在印度或其他地区获得独立领地。她要求哥伦布再来一趟王庭，并且要马上动身。

公爵很是恼火，但他也得承认，女王的旨意即上帝的旨意。一两年后，公爵给叔叔枢机主教门多萨写了封信，信中写道：[86]

> 不知阁下是否知悉，来自葡萄牙的克里斯托弗·哥伦布在舍下待了很久，他意图寻求法国国王的支持。我个人想从圣玛丽亚港派出三四艘轻快帆船支持他，并为他配备充足的补给。后来我意识到，只有女王有权这样做。于是，我给女王写信，女王回信召哥伦布去王庭，因为，如果哥伦布想要得到赞助，那赞助者只能是女王。

于是，疲惫的热那亚人再次准备前往王庭，当时，王庭位于格拉纳达城外。尽管如此，他仍在梅迪纳塞利处逗留到1491年仲夏时节，才赶到格拉纳达山谷。可惜他总是赶不凑巧。他刚刚抵达，西班牙营地就被烧毁了，没人对他的计划感兴趣。哥伦布决定前往法国，永不再返回西班牙。不过，在出发之前，他打算先回一趟拉维达修道院。他途中经过科尔多瓦，在那里，他与情人贝亚特丽斯·恩里克斯和儿子费尔南多告别，这多半是他们最后一次见面了。

10月，哥伦布到达拉维达。修士们意识到哥伦布要去寻求法国支持了，就恳求哥伦布在拉维达待几个星期，让他们再试着和女王谈谈。胡安·佩雷斯修士做过伊莎贝拉的告解神父，并且时任"修道院的守护者"，佩雷斯写信告诉女王，如果女王现在不赞助哥伦布，以后就没有机会了。这封信被交给一名莱佩（Lepe）的领航员塞巴斯蒂安·罗德里格斯（Sebastián Rodríguez），并平安送到了圣菲。女王立即回信召见哥伦布，并送来2万马拉维第，让哥伦布做身衣服，穿上前往王庭，再买匹骡子作为交通工具。于是，哥伦布又一次情绪高涨地穿过安达卢西亚，前往王庭。

胡安·佩雷斯修士起到了至关重要的作用。他隶属方济各会的分支教派，受到千禧年教派熙笃会菲奥雷的约阿基姆（Joachim de Fiore）的影响，12世纪时，这位约阿基姆曾在卡拉布里亚的两座修道院担任院长。胡安教士希望王室赞助哥伦布，因为约阿基姆院长所谓"人类最后的时代"可能就要来临了。

然而，佩雷斯和哥伦布的希望又一次破灭了。首先，哥伦布再次将他的计划提交给"最杰出者"委员会。这个委员会的成员我们不得而知，但可能和以前一样，委员会主席仍是塔拉韦拉。也许梅迪纳塞利也参加了会议，还有新来王庭的热那亚人文主义者亚历桑德罗·杰拉尔迪尼（Alessandro Geraldini），他是胡安亲王的老师之一。我们可以想象，哥伦布再次提交了他的地图、与托斯卡内利往来的信件、自己对达衰理著述的解释、关于托勒密的笔记、曼德维尔和教皇庇护二世的引言，以及他在大西洋的航海经历。也许他又一次提起，自己的航海计划可能会为收复耶路撒冷提供资金支持："我谨向阁下陈明，此次航行所得的一切，都会用在收复耶路撒冷上，但阁下却一笑置之，认为这个说法很好笑。"[88]

过不了几周，格拉纳达就会投降。两位君主、廷臣和顾问们都还在关注旧世界。委员会没有马上做出决定。1491年，哥伦布等了一整个秋天，他无事可做，只能看着格拉纳达的穆斯林如何不战而降。

第五章

"告诉我，你在唱什么歌？"

"告诉我，你在唱什么歌？"

"我不会告诉你，除非你同意和我一起航行。"

——《阿尔纳多斯伯爵的故事》，1492 年

1491 年 11 月，格拉纳达内部开始讨论，要不要向基督徒投降。据阿拉伯文献记录，贵族和平民的领袖都聚集到一起，商量对策，他们中有穆斯林律师、行会首脑、长老、学者，还有幸存下来的骑士——事实上，格拉纳达所有有识之士都到场了。[1] 他们一起觐见埃米尔（布阿卜迪勒），并告诉他，人民正处于水深火热之中。这些有识之士说，格拉纳达是座很大的城市，即使在和平时期，食物供应也不充足。何况，眼下格拉纳达正处于禁运状态，向南通往阿尔普哈拉斯山的道路已被切断，富裕村庄的食物都运不进来。最英勇的穆斯林骑士已经战死，幸存的人也都受了伤。人们无法出城寻找食物，也无地可耕，不能生产食物。

虽然已经向北非的穆斯林兄弟求援，但并无军队渡海来救，眼看着基督教敌人越发强大，建起精巧的围城工事。好在冬天已经来

临，不少敌方军队已经解散，军事行动暂时停歇。如果穆斯林现在要求谈判，基督徒一方肯定会接受，并且很可能同意穆斯林的要求。然而，如果等到春天，基督徒军队就会大举进攻，穆斯林则会更加虚弱，饥荒也会愈发严重。到时候，基督徒可能不会再接受穆斯林提出的宽容条件，毕竟强攻之下，城破只是时间问题。有一些穆斯林叛逃到了基督徒营地，他们会给基督徒指出城防的薄弱点。所以说，现在就光荣地投降，总比几个月后在战场上一败涂地更合时宜。

于是，格拉纳达城内的人们一致同意："格拉纳达应派遣一名特使，与基督教国王谈判。一些穆斯林甚至认为，布阿卜迪勒及其大臣们已经秘密同意将城池移交给斐迪南，但他们担心民众反应过激，便将民众蒙在鼓里。无论如何，斐迪南收到口信后，痛快地答应了格拉纳达一方的请求……"[2]

投降协议的条款细节由大将军贡萨洛·费尔南德斯·德·科尔多瓦拟定。贡萨洛会说阿拉伯语，又是西班牙军队中的后起之秀。这座阿拉伯城市的市长穆利赫（al-Mulih）也参与了投降协议的拟定工作，穆利赫问道："协议的第一条说，西班牙国王和女王会允许我们的领主布阿卜迪勒保留阿尔普哈拉斯山的领地（穆斯林坚持要求保留城市和海洋间山谷的所有权）。贵国君主真的会遵守这一条款吗？""他们会遵守，市长，"费尔南德斯·德·科尔多瓦说道，"只要布阿卜迪勒阁下一直向他们效忠称臣。"[3]

1491 年 11 月 28 日，双方签署了投降协议。[4] 协议的条款很是宽容，由西班牙双王联名签署，经验丰富的大臣埃尔南多·德·萨弗拉（Hernando de Zafra）作为见证人。主要条款是：四十天内，摩尔人国王向阿尔罕布拉堡垒的伊莎贝拉和阿尔巴辛门前的斐迪南投

　　　　　　　　黄金之河：西班牙帝国的崛起，从哥伦布到麦哲伦

降，"让两位殿下的部队接管、占领此地"。天主教双王将接纳格拉纳达的幸存居民，把这些居民纳为附庸，作为"城市固有的一部分"。穆斯林可以永远留在自己的房屋和农场中。布阿卜迪勒和他的人民可以"按照自己的宗教习惯生活，并保留自己的清真寺"。被征服的人民将继续"受他们自己的法律审判"。想去北非、巴巴里（Barbary）定居的人们，可以出售他们此地的房产，并尽可能赚取利润。三年内，他们可以免费搭乘大船，去往他们想要移居的地方。留在格拉纳达的穆斯林，不必穿着特定服饰，只须支付与此前同等的税款。未经许可，基督徒不会进入清真寺。犹太人不会成为穆斯林的征税官，也不会获得指挥穆斯林的权力。穆斯林的宗教仪式将被保留。穆斯林之间的诉讼，根据穆斯林自己的法律来裁夺，两种宗教间的诉讼，则会有基督徒和穆斯林法官同时出席。所有成功逃到格拉纳达的穆斯林战俘都被视为已经获释。

西班牙当局不会强迫任何穆斯林改信基督教，也不会要求任何穆斯林归还战争期间缴获的战利品。斐迪南和伊莎贝拉任命的法官、市长和总督都会是尊重且善待穆斯林的人（温和派）。投降之前发生的任何事情都不会被追究。在安达卢西亚狱中五个月以内，或在卡斯蒂利亚狱中八个月以内的所有因犯都会被释放。穆斯林继承法将得到尊重，清真寺的捐赠者也将得到尊重。卡斯蒂利亚不会违反穆斯林的意愿，将其征为士兵，基督徒和穆斯林的屠宰场会被区别开来。

当年巴伦西亚投降时，也曾与斐迪南的阿拉贡先辈达成类似条款。在小说《高卢的阿玛迪斯》中，这种受降被称为"圣洁征服"，这当然是非常好的。[5] 诚如中国成语所言，攻城为下，攻心为上。若干年后，美洲的西班牙人也期望，当地的异教徒能够纷纷不战而降。

格拉纳达战俘获释时很兴奋，有个虔诚的穆斯林大声疾呼，只要他们称颂穆罕默德，穆斯林还能赢。城中骚乱迭起，布阿卜迪勒在阿尔罕布拉宫被困了一段时间。他写信给斐迪南说，为了避免骚乱进一步扩大，他想尽快移交城市，而非按照计划等到主显节再移交。[6]

1492 年 1 月 1 日，古铁雷·德·卡德纳斯骑马进入阿尔罕布拉宫，接管了西欧最后一座伊斯兰城市。18 年前，这位温和派在塞戈维亚拥立了伊莎贝拉女王，如今他由穆利赫和伊本·库玛沙（Ibn Kumasha）护送，拿到城市的钥匙，并交出一份书面收据。1 月 2 日，古铁雷和亲信接管了格拉纳达各堡垒，清真寺内响起了钟声。据哥伦布回忆，不久后，卡斯蒂利亚和阿拉贡的旗帜就在阿尔罕布拉宫的塔楼上升了起来。与此同时，布阿卜迪勒正式将城市的钥匙交给斐迪南。然后，斐迪南把钥匙给了女王，后来，女王又把钥匙给了胡安亲王，再后来，钥匙给了滕迪利亚伯爵，他出自门多萨家族，后来成为格拉纳达省长。[7] 由此，格拉纳达的石榴徽章也被绘入卡斯蒂利亚王室盾徽中。[8]

滕迪利亚和塔拉韦拉，新任省长和新任格拉纳达大主教，与卡德纳斯一起进入这座城市。1 月 6 日，君主们庄严地进入这座城市，当然，他们的居城仍是圣菲。[9] 所有人都惊叹于阿尔罕布拉宫的华美。彼得·马特尔给罗马枢机主教阿尔钦博托写了封信，信中说："不朽的神啊，看这座宫殿，世间绝无仅有啊！"[10]

整个欧洲都在庆祝。在罗马，枢机主教拉法洛·里亚尼奥（Rafaelo Riano）筹划了一场戏剧，演绎围攻格拉纳达的故事。2 月 1

日，枢机主教学院院长、西班牙枢机主教波吉亚在罗马举办了一场斗牛表演（罗马此前从未有过）[11]，又组织了一场游行，从圣地亚哥－德洛斯－埃斯帕诺莱斯教堂走到纳沃纳宫；教皇英诺森举行了露天庆祝弥撒，以纪念胜利。攻陷格拉纳达几乎为罗马弥补了 1453 年君士坦丁堡陷落的损失，也弥补了 1480 年奥特朗托的损失。[12]

将格拉纳达并入卡斯蒂利亚的工作，由滕迪利亚省长和塔拉韦拉大主教负责，王室大臣埃尔南多·德·萨弗拉提供协助。作为犹太人的后裔，塔拉韦拉对穆斯林很宽容。他学习了阿拉伯语，并准备了一个简单的教理问答，让所有改信基督的人都能了解教义。他聘请了专门的传教士来讲解基督教。他的热情极富感染力，由此他被称为 afaqui santo（心爱的领袖）。成千上万的穆斯林因此改信基督教。滕迪利亚也同样宽容，他允许清真寺继续运行，不过，他将最大的建筑改为基督教大教堂，后来由伟大的建筑师埃加斯和西洛埃以文艺复兴风格重建。[13] 至此，共有大约 20 万—30 万穆斯林加入卡斯蒂利亚（包括 1481 年以来在格拉纳达以外的地方招降的穆斯林）。山谷中的大部分土地已被征服者瓜分，剩下的大部分城市土地也各归其主。从今天的地名中，还能辨识出当时瓜分土地的痕迹。虽然侯爵早已不在人世，但瓜迪克斯以南的内华达山麓至今仍被称为"卡涅特侯爵"（Marquesado de Cañete）。[14]

面对这些戏剧性的新情况，负责考虑哥伦布计划的委员会重新在圣菲集结，却仍然给出不予支持的决议。伊莎贝拉和斐迪南建议哥伦布尽快离开格拉纳达。面对这样的结果，哥伦布感觉受到了羞辱。这次，他动身前往科尔多瓦，而非拉维达。他决定前往法国。[15]

他的弟弟巴尔托洛梅奥已经获释，人在英国。哥伦布可能从巴尔托洛梅奥那里听说，布里斯托尔（Bristol）的船长们最近派出了寻找"巴西岛"的卡拉维尔船队。正如西班牙驻伦敦大使佩德罗·洛佩斯·德·阿亚拉（Pedro López de Ayala）将在几年后的报告中所说，这标志着，在大西洋彼岸，也许能找到生长着巴西木的新领土。[16]

但是，据费尔南多·哥伦布所说，阿拉贡人犹太改宗者、财务主管路易斯·桑坦格尔出手干预了此事，他说服女王改变了主意。[17]德萨和秘书卡夫雷罗也证实了费尔南多的说法。[18]桑坦格尔告诉伊莎贝拉，支持哥伦布的风险不大，却能换来获得荣耀的机会。如果他国国王赞助了哥伦布，并且旅程取得成功，她将在国内遭受非议。桑坦格尔认为，哥伦布是个"明智而谨慎的人，而且聪慧过人"。他恳请伊莎贝拉表现出英明君主的气度，去探寻"宇宙的伟大和秘密"。[19]桑坦格尔还说，他知道自己的行为超出了"作为财务主管的本分和职责，但他是真心想要说出自己的想法"。[20]卡斯蒂利亚的总会计官金塔尼利亚一直很欣赏哥伦布，他也建言支持哥伦布。当时贝亚特丽斯·德·博瓦迪利亚仍是女王的御前女官，在宫廷中，她是女王之下最有影响力的女性，据说她也表示支持哥伦布。[21]此外，桑坦格尔的热那亚合作伙伴皮内洛同样发言支持了哥伦布。

于是，女王被说服了。伊莎贝拉计划拿到战争赔款后，拨款赞助哥伦布。女王还表态，如果桑坦格尔认为有必要，她"可以变卖自己的珠宝，以支付探险费用"。[22]桑坦格尔直截了当地说没有必要，他能轻而易举地凑齐必要的款项。毕竟，与未来可能的回报相比，这点钱简直是九牛一毛。[23]最后，哥伦布到手的资金部分来自桑坦格尔，部分来自皮内洛。[24]也许他们想当然地认为，尽管哥伦布声称要航行到中国和印度，但他不太可能做到，倒是可能找到类似加那利群岛这样的新岛屿。伊莎贝拉的一些珠宝本来就在巴伦西亚城桑坦格尔的银行里，包括她的红宝石和金项链。1490 年，她用珠宝作抵押借了 2.5 万弗洛林（florin）*军费，以此攻占了巴扎市。她还向桑坦格尔抵押了一枚王冠，借来 3.5 万弗洛林。此外，她还有些别的珠宝，抵押在巴塞罗那大教堂，借来 5 万弗洛林。

1492 年 4 月初，君主派出一位治安官钦差，前去传唤哥伦布。但在那时，满腔愤懑的热那亚人已经离开圣菲，来到圣菲北方约 5 英里的皮诺斯（Pinos）。他正在前往法国的路上。据说这位钦差在古桥上追上了他。[25] 我猜想，这位钦差一定十分谦恭地说明了王室态度的转变，如果他没有成功说服哥伦布，哥伦布就不会再回王庭了。

在圣菲，桑坦格尔和双王接见了哥伦布，并指示经验丰富的阿拉贡大臣胡安·德·科洛马拟定委任状，批准哥伦布实施他一直想要的探索旅程。

西班牙有一首歌谣，讲述了阿纳尔多斯伯爵的故事。6 月 25 日的某个圣约翰节，盛夏之时，这位伯爵去打猎。他从悬崖顶上看到一艘挂着丝绸帆的船，船上有个水手，唱着一首让大海平静下来的歌，歌声安抚着风，鱼儿浮出水面，海鸟在桅杆上栖息。"以神之名，"伯爵喊道，"告诉我，你在唱什么歌？"但这是首神奇的歌曲，水手答道："我不会告诉你，除非你同意和我一起航行。"这里的水手，就是哥伦布的化身。不像那些在卡斯蒂利亚或阿拉贡度过一生的君主、贵族和大臣们，哥伦布已去过许多地方：非洲、大西洋诸岛、爱琴海、

---

* 欧洲 1252—1533 年生产的一种金币，每一枚弗洛林含有 3.5368 克的纯黄金。——编者注

阿尔及尔，甚至爱尔兰。他到处寻求帮助，就像是活在骑士小说中。这些作品中的英雄们，总会遇到国王和热心的女王，并寻求这些君主的帮助。不过，哥伦布真正的旅程，才刚刚开始。

阿拉贡和卡斯蒂利亚的国王和女王携手创建了位于美洲的西班牙帝国。1492 年 4 月 17 日，他们在圣菲承诺以优渥的条件支持哥伦布的探险。两位君主携手下的两位大臣，与热那亚人成为协议的缔约方。[26] 大臣胡安·德·科洛马似乎使用了哥伦布所写的草拟协议，不过协议也许是出自胡安·佩雷斯修士之手，由此可见西班牙王庭对哥伦布地位问题的重视。[27]

4 月 17 日的文件有 5 项条款。首先，它任命哥伦布为"海洋上将"[28]，统辖大洋及他已发现的任何"岛屿和大陆"[29]，就像国王的叔叔法德里克·恩里克斯的"卡斯蒂利亚海军上将"一样。他的头像与恩里克斯（自 1472 年）一样可以世袭。对于哥伦布未来发现的 [30] 所有岛屿和大陆，他本人也将被任命为副王和总督。与之前的先例不同，这些头衔也可以世袭。

哥伦布将被冠以"堂"之名，该头衔专指一种下等贵族，可享有一些特权（例如，无须交税）。对于任何新发现土地上的主要政府，哥伦布有权提名三个长官候选人，国王将从中选择一个。这源于古卡斯蒂利亚法。在新发现的领土上，哥伦布还拥有十分之一珍珠、金、银、其他贵金属和香料的所有权。对于与新领土进行商业贸易的所有船舶，哥伦布都享有八分之一的货舱使用权。最后，对于与新领土及其贸易相关的诉讼，哥伦布都享有裁决权。[31]

哥伦布计划的探险预算并不高：总共只需 200 万马拉维第。相比之下，在伦敦举行的卡塔利娜公主（阿拉贡的凯瑟琳）与亚瑟王子的婚礼费用高达 6 000 万马拉维第，而圣玛丽亚港的梅迪纳塞利公爵，年收入则超过 400 万。[32]1490 年，西班牙双王的女儿伊莎贝拉与葡萄牙的阿方索王子大婚时，花费的金币远超哥伦布的探险预算。"狂欢、庆典、比武、乐队，让人目不暇接。"编年史家贝纳尔德斯这样记录当时的盛况，后来，他做副神父的时候，哥伦布还到他府上做过客。[33]

尽管如此，哥伦布探险用的 200 万马拉维第仍是东拼西凑来的。为此，两个高级财务主管——阿拉贡的改宗者桑坦格尔与卡斯蒂利亚的热那亚人皮内洛，从埃斯特雷马杜拉省的赎罪券收入中筹到一多半探险经费，计有 11.4 万马拉维第。[34]然后，韦尔瓦北边里奥廷托河河畔的小港口帕洛斯，当时还欠王室两艘船的一年役权，因为此地的领主迭戈·罗德里格斯·普列托（Diego Rodríguez Prieto）曾抢劫过葡萄牙船只。双方协商一致，帕洛斯给哥伦布提供两艘船，以此清偿欠王室的这笔债。帕洛斯镇议会甚至大多数水手都反对这个提案，但镇上德高望重的船长马丁·阿隆索·平松（Martín Alonso Pinzón）安抚了他们，这位船长认为，此行对他们大有裨益。

探险所需的其他资金由哥伦布自行筹集，他从佛罗伦萨的朋友胡安诺托·贝拉迪手中借了笔钱，后者是塞维利亚多种货物（包括奴隶）的经销商。这位贝拉迪和佛罗伦萨富商里斯本·巴尔托洛梅奥·马尔基奥尼是合伙人，他在多个商业领域都有所涉猎。1489 年后，贝拉迪开始在塞维利亚梅迪西家族年轻一代中崭露头角，成为领军人物。也许还有别的意大利商人投了钱，梅迪纳塞利公爵可能也参与了投资。[35]

4 月 30 日的新文件改进了原先与哥伦布达成的协议，这份文件是由双王、忠实的胡安·德·科洛马和其他一组大臣共同签署的"特权许可"。[36] 此后，哥伦布被授予"上将、副王和总督"头衔，而非更高级别的"总督"（Governor-General），目前还不清楚这是否算是降级，就算真是降级，也实在微不足道。可以肯定的是，4月30日的新文件要求安达卢西亚政府向哥伦布提供葡萄酒、肉、木材、鱼和火药。两位君主宣称，哥伦布只是他们的"船长"。[37] 但这份文件并不正式。更重要的是，第一份文件是王室的正式任命，必然经过深思熟虑，其效力来自王室意愿，因而可以撤销。文件写明，哥伦布可以裁决所有诉讼，包括民事诉讼和刑事诉讼。他可以惩罚那些被判有罪的人，甚至判处死刑，但如果滥用刑罚，他自己也可能因此受到惩罚。就算是在卡斯蒂利亚，只要诉讼涉及他所发现领土上的商事，他就享有裁决权。

给哥伦布的这些所有让步都非同寻常，授予他的头衔也前所未有。毫无疑问，这些条件能被接受，是因为两位君主知道，1487年以来，哥伦布对于请求的条件从未让步。这或许推迟了协议的达成。官员们知道，两位君主赋予哥伦布权力，这与君主在所有部门加强王权的一贯做法背道而驰。这些矛盾也许可以这样解释：因为授予哥伦布的权力都基于虚构的领土。副王、总督、海军上将！这些头衔都是什么呢？听起来比行省总督（adelantado）[*]还要夸张，此前，这个显赫的头衔被授给位于加那利群岛特内里费岛的阿方索·费尔南德斯·德·卢戈（Alfonso Fernández de Lugo）。

哥伦布期望为西班牙征服什么样的领土呢？他打算探索诸多

---

[*] 西班牙历史上的官职，指西班牙行省及西班牙美洲殖民地地区或行省的总督，相当于罗马行省的总督（proconsul），拥有辖区的军权和行政权，有时也兼掌司法权。——编者注

岛屿，但其中包括日本（Cipangu）和大陆（*tierra firme*），即中国（Cathay）。但协议中并未提及印度和中国。不过，哥伦布带着致大汗的信，以及一位懂东方语言的翻译。也许他期待在中国或日本找到一个能够让他轻易占领的落后地区？目前尚不清楚。王室的想法也不明显。

显然，赞助探险的动机很复杂，其中肯定有经济目的。两位君主知道，征服格拉纳达之后，短期内他们会处于财政赤字。纳斯里的世袭土地，是王室征服格拉纳达所得的主要战利品，这块土地面积不大，却饱受摧残。这种情况下，忽视另一个可能的收入来源，就显得相当愚蠢了。为此，卡夫雷罗、桑坦格尔、皮内洛和其他热那亚银行家们与两位君主结成了同一阵线。

另一个动机则是，两位君主渴望胜过葡萄牙国王。15 世纪 90年代时，两国的竞争不像十年前那么激烈了，尽管如此，伊莎贝拉并不希望哥伦布转而为另一个王庭服务。统治者的帝国主张会受到邻国思想的影响，20 世纪时如此，15 世纪时亦然。

葡萄牙人曾经设想，他们在西非进行探险的好处之一，就是可以成功找到一条背袭伊斯兰势力的路径。西班牙的大西洋探险则不存在类似动机。哥伦布一直有个目标：将耶路撒冷从东方解放出来。不过，起初他的探险并没有传教目的。[38]

斐迪南和伊莎贝拉支持哥伦布，也许是因为卡斯蒂利亚又有了信心，似乎有一种天命所归的感觉。君主确实有"探索新航路"的愿望，就像拉斯·卡萨斯的戏剧性论述所言。[39] 此前，伊莎贝拉也接受过优越的教育。1492 年夏天时节的 8 月 18 日，著名的语法学家安东尼奥·德·内夫里哈（Antonio de Nebrija）在西班牙语语法介绍中提到罗马时写道,"语言总是与帝国相伴"。[40] 当时,内夫里哈大约 50 岁,是萨拉曼卡大学的一名教授,他是当时的伟大学者,并且正处于影响力的高峰——对此,他本人颇为自得。

两位君主转而对哥伦布示好,还有个重要原因,那就是 1492 年春季,君主眼前另有当务之急:格拉纳达战争胜利后,两位君主下令,卡斯蒂利亚的犹太人要么改信基督教,要么离开这个国家。这项决定是 3 月份某个时候做出的,到 3 月 31 日,卡斯蒂利亚和阿拉贡的法令分别拟定完成。不过,4 月底之前,该法令并没有传达给犹太人,也没有传达给其他任何人。因此,卡斯蒂利亚的犹太人法令与哥伦布的探险赞助事宜同时进行,对君主而言,前者似乎更为重要。犹太人法令完成几天后,哥伦布在皮诺斯被拦下。事实上,哥伦布探险事宜的协议签署日期为 4 月 17 日,也就是圣周的星期二,而让犹太人抉择改信或离境的法令于 4 月 29 日公布,那是复活节后的第一个星期天。

法令由审判官托克马达(Torquemada)撰写,法令规定,"圣洁福音和天主教信仰"必须传给所有卡斯蒂利亚的犹太人,7 月底前,犹太人要么接受洗礼,要么离开这个国家。[41] 如果就像君主们判断的那样,他们不明智地选择了离开,那么他们可以带走大部分动产,但不能带走钱、金、银、武器,甚至马匹。决定改信基督的犹太人,将完全被天主教各教区接受。法令解释说,最近几年,西班牙出现了许多坏基督徒——这个词是委婉指代不完全改信基督的犹太人——这些基督徒变坏,可能是因为他们一直与犹太人交往。[42] 彼得·马特尔评论说,犹太人通常比基督徒更富有,他们可以腐化和诱惑改宗者。[43] 毕竟,犹太教拉比认为,被迫改信基督的犹太人,

　　　黄金之河:西班牙帝国的崛起,从哥伦布到麦哲伦

并不算真正的基督徒。

这事还要从 1480 年，宗教法庭（后来变成宗教裁判所）成立说起。在此背景下，法令出台。从那时起，约 1.3 万名犹太人被判犯有秘密保持犹太习俗的罪行，如前文所述，约 2 000 人因此丧命。犹太人精神上的背离历来存在，而当局认为，这种精神背离的部分原因，就是犹太人、犹太教堂、犹太图书馆和雄辩的犹太拉比一直诱惑着改宗者。1480 年，在托莱多的议会上，王室曾试图通过分离政策来隔离犹太人，但效果并不显著，犹太人和改宗者们仍在继续他们的集会、教导、行割礼，并互赠希伯来语的祈祷书。他们用传统的犹太方式屠宰牛，吃无酵饼。王室认为，一些甚至许多犹太改宗者仍保持着犹太仪式和习俗，这只能是因为他们一直都在接触犹太人。

显然，两位君主及其顾问认为，由于人性的弱点，犹太人的"恶魔诡计和诱惑"可能会侵蚀基督教世界，所以必须移除"危险的诱因"——犹太人。[44]1483 年，审判官试图驱逐居住在塞维利亚和科尔多瓦教区的所有犹太人，最终，许多久居西班牙的犹太人纷纷逃亡。此前犹太人聚居的特里亚纳郊区变得空无一人，据说常有水手在此过夜。然后，为了纠察犹太人和犹太改宗者，各种可耻的案件不断涌现，最为臭名昭著的就是贝尼托·加西亚案，即"拉瓜迪亚圣婴"案（最终于 1491 年 11 月在阿维拉实行信仰审判）*，此案

---

* 1491 年 11 月 16 日，在达维拉外面举办了一次宗教审判，结果以公开方式处决了几名犹太人和改宗者。犯罪嫌疑人供认谋杀了一名儿童。被处死的人中包括贝尼托·加西亚，他是最早认罪的人。然而，从未发现尸体，也没有证据表明儿童失踪或被杀。"拉瓜迪亚圣婴"案被称为西班牙"最臭名昭著的诽谤案"。该事件发生在犹太人被驱逐出西班牙之前一年，可能被用作驱逐犹太人的借口。——编者注

中定罪的证据多半是伪造的。[45]

在两位君主（尤其是斐迪南）看来，1492 年的新法令仅针对犹太教，而非犹太人，两位君主希望犹太人都改信基督教。13 世纪时，虔诚的马霍里卡神秘主义者拉蒙·柳利（Ramón Llull）曾编写过一篇伟大的教理问答，主张从拉比的影响中解救犹太人，并驱逐顽固不化的犹太教徒。两位君主也决定，把自己的改宗者顾问从"公怒"中解救出来，其中包括：塔拉韦拉，同年春天之前，他还是女王的告解神父；莫亚侯爵卡夫雷拉；财政大臣阿隆索·德拉·卡瓦列里亚；后起之秀米格尔·佩雷斯·德·阿尔马桑，两位君主的外交大臣；王室编年史家埃尔南多·德·普尔加，他曾给枢机主教门多萨写信，抗议宗教法庭的行为；[47]还有兄弟会的财务主管，曾出言支持哥伦布的路易斯·桑坦格尔。

格拉纳达战争胜利后，塔拉韦拉影响力下降，这反映了许多问题。他被任命为格拉纳达大主教，在 1492 年的风波中，他没有受到任何影响。他虽被委以重任，但不再能每天与女王接触了。根据枢机主教门多萨的建议，告解神父的职责由一位令人敬畏的方济各会教士接替，这位修士就是弗朗西斯科·贡萨洛·希门内斯·德·西斯内罗斯（Francisco Gonzalo Jiménez de Cisneros）。

西斯内罗斯出身没落的贵族家庭。他出生在马德里附近的托雷拉古纳镇，离索莫西拉山口不远，1436 年之后，这里一直由门多萨家族控制。1492 年时，他已经快 60 岁了。他父亲有十分之一王室血统。他皮肤干燥，身材高大，脸形很长，上唇突出，鼻子很大，眉毛浓密，总穿着粗糙的布料斗篷，看起来就像条灰狗。他眼睛很小，黑瞳，炯炯有神，嗓音尖锐，操着一口仔细纠正过的口音。他吃得多，但不怎么喝酒。他无私、朴素、谦虚、虔诚，热爱文化，身体强壮，一心一意。他讨厌腐败，每天工作 18 个小时，效率很高，使得顾问们经常疲惫不堪。彼得·马特尔说——当然，彼得惯于夸张——西斯内罗斯有阿古斯丁的敏锐度，圣哲罗姆的禁欲，以及安布罗斯的严厉。[48] 据说，他穿着一件苦行衣，也就是说，他经常鞭打自己，体味痛苦的迷幻极乐，经常同离世几百年的圣徒神交。

西斯内罗斯曾在萨拉曼卡大学学习，在罗马居住过一段时间，出任马德里北部乌塞达的主教，也在桑托尔卡斯的修士监狱待过一段时间——他因为被任命为主教而卷入争端，受到大主教卡里略的惩罚。此后，他来到西贡萨，为枢机主教门多萨效力，展露出优秀的管理才能，深受门多萨赏识。1484 年，在托莱多新落成的圣胡安－德－洛斯雷耶斯修道院，他成为方济各会教士，从此，他的基督教名从贡萨洛改成弗朗西斯科。在塞戈维亚，胡安·德·维拉克雷斯（Juan de Villacreces）修士创立的萨尔塞达修道院（monastery of La Salceda）中，他加入了守规派，这是方济各会中最严厉的教派。他很快就跻身修道院的管理层。据马特所说："他担心世界的不稳定和魔鬼的陷阱，为此，他舍弃了一切，以免陷入恶毒的满足和喜悦。"[49] 他试图以守规派的教规改革方济各会，用狂热摧毁随和的分支教派。虽然他身处行乞修会，但他生来就是发号施令者，而非乞讨者。[50]

因为担心西斯内罗斯可能会拒绝，门多萨强硬命令他接受任命，成为女王的告解神父。伊莎贝拉很欣赏西斯内罗斯；事实上，她与西斯内罗斯一拍即合。滕迪利亚伯爵是马特的长期赞助人，在给伯爵的信中，马特写道："这是她最热切期待的人，她可以向此人透露内心深处的秘密……因此她十分满意。"[51] 西斯内罗斯是一位坚定的改革家，他给了西班牙教会许多力量，也给了女王许多力量。不久后，他在阿尔卡拉建立一所新大学，即康普顿斯大学。这所大学专注于研究神学，前身是 20 年前成立的一个方济各会守规派研究所。他重新发表了自己的教规。他热衷于改善教会的音乐和礼仪，渴望保留摩尔阿拉伯仪式，这种仪式在穆斯林的长期统治中流传下来。1492 年驱逐犹太人的法令很可能是由审判官托克马达撰写的，但西斯内罗斯也许修改了措辞，使之更为无情、简明。当然，格拉纳达沦陷后，就是他坚定地向两位君主进言，说国境内不应该再有异教徒了。[52]

1492 年 3 月的这项法令，震惊了西班牙的所有犹太人。正如所见，对犹太人生活的监管越来越严格：托莱多议会建立犹太人聚居区，隔离犹太人和基督徒。[53] 安达卢西亚驱逐了境内所有犹太人。犹太人几乎在城市绝迹，只能在小镇和村庄中生活。但没人指望完全驱逐犹太人，因为他们素来都受到君主的维护。犹太人意识到，该法令的目的，主要是让他们改信基督教，而非驱逐他们；但他们也知道，两位君主失算了。

据说，有三位最杰出的犹太人前去劝阻过国王。这三人是艾萨克·阿布拉瓦内尔、亚伯拉罕·塞尼奥（Abraham Señor）和梅尔·穆罕默德（Meir Mehamed）。阿布拉瓦内尔来自卡斯蒂利亚的犹太人家庭。1391 年，阿布拉瓦内尔一家曾遭到迫害，举家逃往葡萄牙。他曾是葡萄牙国王阿方索五世的财政大臣，曾任维塞公爵（Duke of Viseu）的总税务官和财务顾问。1484 年，维塞公爵试图推翻葡萄牙国王，失败后遭到处决。阿布拉瓦内尔和公爵的后裔布拉甘萨家族（Braganza family）一样，来到西班牙，他在西班牙发迹，为门多萨家族的领导者因凡塔多公爵管理税务，和此前在葡萄牙的职务一样。他曾借给两位君主一大笔钱，用于对格拉纳达的战争。他经常为犹太改宗者发声，宣称犹太改宗者受到了诬告，他们根本没有秘密信奉犹太教，因为他自己就是个犹太改宗者，知道得很是清楚。[54] 他自己有着强烈的希伯来信仰，相信弥赛亚已经出生，并且很快会降临，大约就在 1503 年前后。[55] 至于亚伯拉罕·塞尼奥，他在路易斯·德·桑坦格尔上任前，曾是兄弟会的财务主管，马拉盖围城时，他筹资赎回了城里的犹太人质。他还是犹太社区的法官。梅尔·穆罕默德是塞尼奥的女婿，是一名犹太教拉比，兼任税吏。

三人恳求国王废止法令，斐迪南表示会考虑此事。三个犹太人见到了转机，便向斐迪南承诺，如果他撤销这项法令，就给他 30 万个达克特金币；这相当于 1.12 亿个马拉维第，是哥伦布的探险经费的五十几倍。斐迪南颇为心动，但还是拒绝了这一提议，他说，这项法令是他和伊莎贝拉联合做出的决定。

阿布拉瓦内尔说，他与国王谈了三次，却无济于事。于是，他和塞尼奥去面见女王，他们对女王说，如果女王认为这种措施能让犹太人投降，她就大错特错了。自创世之初，犹太教就一直存在，很多人试图废除犹太教，但犹太教仍留存至今。摧毁犹太教，已非人类所能为。那些试图这样做的人，总会受到神圣的报应。阿布拉瓦内尔要求伊莎贝拉向斐迪南提议，撤销这项法令。女王回答说，即使她提议，国王也不会同意："国王的心属于神，就像河里的水属于河。他的决定，谁也无法干涉。"然后女王话锋一转，请求他们改信基督教。[56]

两位犹太领袖认为，女王或者说西斯内罗斯才是法令的主谋，比国王罪责更重。在这件事上，他们想错了。没有证据表明两位君主在这项法令上有分歧，在其他重要事项上，他们也从来都保持一致。相反，1477—1478年，伊莎贝拉在塞维利亚居留期间，所见所闻让她倍感痛苦，她看到教规如此松懈，认为想要拯救教会，就必须采取激进措施。因此她设立了宗教裁判所，还试图隔离犹太人，如今她又出台了这个残酷的法令，把悲惨的抉择强加给犹太人。

然后，阿布拉瓦内尔和他的同伴分道扬镳。亚伯拉罕·塞尼奥和他的女婿梅尔·穆罕默德与德高望重的犹太教拉比亚伯拉罕一同改信了基督教。6月，他们的洗礼仪式在瓜达卢佩的圣哲罗姆修道院教堂举行，两位君主充当教父和教母。塞尼奥受洗后获名费尔南·努涅斯·科罗内尔，穆罕默德受洗后获名费尔南·佩雷斯·科罗内尔。阿布拉瓦内尔去了那不勒斯，在那里定居，笔耕不辍。1495年，他在那不勒斯的房子被法军洗劫一空。后来，他去了威尼斯，在那里去世。到他死后很久，阿布拉瓦内尔一直都是犹太人反抗精神的寄托。[57]

犹太人不愿意改信基督教的程度比君主预想的还要严重，因为许多犹太人仍然"顽固且蒙昧"；犹太教拉比们都"竭尽所能，巩固他们的信仰"。数千犹太人决定离开西班牙，一些改宗者也离开了。尽管如此，修道士仍四处奔走，试图说服犹太人改信，其中有些修道士颇为成功。例如，知名神父路易斯·德·塞普尔韦达（Luís de Sepúlveda）前往马克达和托里霍斯镇，让镇上的几乎所有犹太人都改信了基督教。据说几乎所有特鲁埃尔的犹太人，大约 100 人，也改信了基督教。尽管如此，社会动荡仍然剧烈。大批犹太移民仓促出售房屋、家具、传家宝、牛、葡萄园和财产。移民的犹太人多数都去了摩洛哥或葡萄牙。他们背井离乡，以为别处是避风港，却仍遭受虐待，实在可悲。

移民的人数尚存争议。某历史学家认为，1492 年西班牙有 8 万名犹太人，其中 4 万人离开了西班牙。[58] 同时代的另一位历史学家则认为，1492 年，西班牙有 20 万犹太人，其中半数改信了基督教。最有学识的西班牙犹太社会学家则认为，1490 年，西班牙有 20 万犹太人，其中有 5 万人改信了基督教。[59] 各种猜想众说纷纭，莫衷一是。1474 年，卡斯蒂利亚有 216 个犹太人社区，约有 1.5 万个家庭居住其中。阿拉贡则没有数据记录。可以肯定的是，至少 5 万名犹太人离开了西班牙，实际很可能超过 7 万人。

于是，在西班牙即将征服新大陆之际，它的犹太文化走向末路，而那曾是令人印象深刻的西班牙文化的一部分。从法理和法律上而言，西班牙犹太人不复存在了，从此只有犹太改宗者；其中，有些人是 14 世纪末迫害犹太人时代的犹太改宗者后裔，剩下的则是 1492 年风波时改信基督教的犹太人，如前犹太教拉比亚伯拉罕·塞尼奥。许多经历了这场风波的犹太人对卡斯蒂利亚绝望了，他们前往新世界闯荡，其中很多人都是偷渡客，到新大陆以后就无人追究此事了。其他犹太人在奥斯曼帝国和意大利过得风生水起，他们到了新国家，经营新生活，却仍然时时思念着故土，那片突然驱离他们的故土。

这种驱逐并不是大屠杀，旨在驱离不妥协的犹太人。西班牙君主估计，选择移民的犹太人应该是少数，实际结果却让他们大呼意外。两位君主此次的行为和 13 世纪时英国的驱逐运动很类似，但与 15 世纪 90 年代德意志的残酷驱逐截然不同。

与此同时，另一波移民潮开始了。1492 年，所有说西班牙语的人还都住在卡斯蒂利亚、阿拉贡与葡萄牙共享的一块半岛上。此后，情况将会发生天翻地覆的变化。这块半岛的男男女女，很快就会来到热带或亚热带的美洲大陆，在那里建立起精巧的社会，迎来全新的时代。

第六章

"一片白色土地"

胡安·罗德里格斯·贝尔梅霍（Juan Rodríguez Bermejo）望见一片白色土地，他大声喊道："陆地！陆地！"接着鸣响船炮庆祝。

——哥伦布和船员接近圣萨尔瓦多，1492 年 10 月

在 1492 年初夏的窘迫处境中，哥伦布从格拉纳达出发，前往韦尔瓦附近的帕洛斯 – 德拉 – 弗龙特拉（Palos de la Frontera）。如今，帕洛斯是个静谧的小镇，位于里奥廷托河岸边几英里处。15 世纪时，帕洛斯是个港口，后来河水淤塞干涸，到如今变成一片草莓田。1492 年，帕洛斯这个小港口还比较繁忙，居民约有 3 000 人，是葡萄牙、加那利群岛和西班牙属非洲海岸三角贸易的中转地，靠近拉维达修道院。哥伦布将这里作为据点。[1]

到达帕洛斯之前，哥伦布获得了又一荣耀：他和费莉帕·穆尼斯的儿子迭戈·哥伦布，时年 12 岁，成了胡安亲王的侍从。其后不久，迭戈·哥伦布入读阿尔马桑的一所著名幼童学校，在那里，迭戈会收获许多受用终身的友谊。[2] 哥伦布能享受这样的荣光，多亏

了迭戈·德萨教士的支持。

5月23日，在俯瞰海港的新圣乔治教堂，公证人弗朗西斯科·费尔南德斯向帕洛斯港口宣读了王室法令："谨告知各位公民，由于过去对王室的不忠行为，你们背负着罪责，鉴于此，议会要求你们拿出两艘装备齐全的船只，供我们使用一年。"在场者包括哥伦布、他的导师胡安·佩雷斯修士、市长、地方法官、政务委员和议会代表。[3] 马丁·阿隆索·金特罗·平松（Martín Alonso Quintero Pinzón）和比森特·亚涅斯·平松（Vicente Yáñez Pinzón）两兄弟也在场，他们是帕洛斯的杰出公民，也是水手界的知名人士。他们的任务是规划此次航行。据拉斯·卡萨斯说，两兄弟期待借此机会获得财富和权力。[4]

帕洛斯提供了两艘轻快帆船，"平塔号"（Pinta，西班牙语意为"花纹"）和"尼尼亚号"（Niña，西班牙语意为"小女孩"）。这两艘船很小，排水量为55—60吨，每艘船约有70英尺长、25英尺宽、10英尺高，各有3根桅杆。"平塔号"有两位船主，其一是戈麦斯·拉斯孔（Gómez Rascón），来自犹太改宗者家庭，他们全家都遭受过宗教裁判所迫害；其二是克里斯托瓦尔·金特罗（Cristóbal Quintero），来自镇内另一个航海家庭。其中，戈麦斯·拉斯孔与哥伦布一同出海航行。"尼尼亚号"由胡安·尼尼亚所有，这艘船也因此得名。尼尼亚来自莫格尔港，莫格尔占地面积比帕洛斯稍大一些，从帕洛斯出发，沿里奥廷托河向上游走几英里就到了——嗯，和帕洛斯一样，它离里奥廷托河也有一段距离。[5] 平松两兄弟将担任这两艘船的船长。第三艘船是哥伦布自己租来的，这就是"圣玛丽亚号"（Santa María），又称"玛丽亚·加兰特号"

（*Maria Galante*）。[6]这艘横帆船吃水约100吨，船体呈圆形，在加利西亚建造而成，由哥伦布从胡安·德拉·科萨（Juan de la Cosa）船长手中租赁得来。这位船长出身坎塔布里亚的桑托尼亚附近，但常居圣玛丽亚港。他在梅迪纳塞利公爵家族中当过差，哥伦布可能在那时就结识了他。

有了船，哥伦布开始寻找船员，平松兄弟帮了大忙。两兄弟找到80多名有航海经验的船员，其中许多人还到过加那利群岛或里斯本。

安东尼奥·马切纳修士或胡安·佩雷斯修士出言激励了平松兄弟一番，但具体是谁不得而知，只知道是哥伦布在拉维达修道院的朋友。据水手费尔南·佩雷斯·卡马乔（Fernán Pérez Camacho）后来转述，安东尼奥修士告诉马丁·平松，如果能发现新领地，神会很高兴。

大多数船员来自里奥廷托河沿岸各港口，比如莫格尔、韦尔瓦以及帕洛斯，但也有一些来自塞维利亚。莫格尔有个犹太人社区，1486年时才撤除。帕洛斯没有犹太人社区，因为当地堡垒指挥官不曾设立这样的区域。[7]因此，哥伦布的一些船员可能是犹太人。船上有几个巴斯克人，他们在大西洋捕过鱼。约十名水手来自坎塔布里亚。当时，大西洋诸港的卡斯蒂利亚和葡萄牙水手掺杂在一起，所以船上少说也有两个葡萄牙人。[8]四五名罪犯也在船上当水手，以抵消罪责，其中包括巴托洛梅·德·托雷（Bartolomé de Torre），他曾在斗殴中杀了人。此外，还有个船员名叫路易斯·托雷（Luis Torre），是随船翻译，懂阿拉伯语和希伯来语，但当然不懂土著语。

船队中还有几位王室官员：哥伦布在科尔多瓦那位情妇的堂兄

迭戈·德·阿拉纳（Diego de Araña），担任大副；国王的前首席管家佩德罗·古铁雷，担任王室监督员；改宗者胡安·德·佩纳洛萨（Juan de Peñalosa），王室廷臣，主要任务是说服全体船员团结在哥伦布的领导下——这项任务很艰巨，因为他现在才知道，海军上将哥伦布是热那亚人。奇怪的是，此次航行没有神父随行。[9]

马丁·阿隆索·平松是位经验丰富的船长，时年 40 多岁，比哥伦布大一点，是所有准备工作中的决定性人物。他去世后，他的亲朋把很多伟大成就都算到他的头上。例如，他儿子阿里亚斯·佩雷斯（Arias Pérez）写道，1491 年，在罗马工作时，平松研究了"梵蒂冈图书馆的图表"，由此表示认同哥伦布的想法。他儿子还说，平松在梵蒂冈图书馆找到一份所罗门时代的文件，该文件认为，如果从地中海向西航行，很快就会到达日本。莫格尔公民弗朗西斯科·加西亚·巴列霍（Francisco García Vallejo）认为，如果没有平松，哥伦布就永远无法启程。平松的堂兄胡安·德·翁布里亚（Juan de Umbría）也说过同样的话。[10] 不过，这些故事都是无稽之谈：在哥伦布航海时代的任何文件中，都不曾出现过所谓的梵蒂冈图书馆。平松随后的行动，以及探险开始之前的行为，都表明平松想要夺取此次航行的领导权。他是位高明的船长，经常来往于里斯本和加那利群岛，与大多数造船商和里约港口的其他船长都有血缘关系。他善于杀伐决断，为人冷酷无情。后来，他给哥伦布造成了很大麻烦，差点就成功地夺权。

后来，西印度群岛被纳入西班牙帝国版图，我查阅了第一批前往西印度群岛的西班牙人名单，结果不出所料。名单中有贝莱斯·德·门多萨（Vélez de Mendoza），以及另外两位门多萨家族成员，其中一位来自门多萨家族的权力中心瓜达拉哈拉，这说明他多半是这个著名家族某个成员的私生子。名单中出现的姓氏还有戈多伊（Godoy）、帕蒂诺（Patiño）、福龙达（Foronda）、贝尔加拉（Vergara）、巴劳纳（Baraona）和塔拉韦拉，这些姓氏出现在当时卡斯蒂利亚船只的乘客名单上，也出现在近代西班牙的内阁名单上。其中当然也有一些外国姓氏，尽管法令禁止外国人前往西印度，但这是西班牙帝国代代相传的殖民特性使然。

启程前，哥伦布被授予每年 1 万马拉维第的补贴金，这些钱从科尔多瓦的王室收入中支出；第一年的津贴发放到哥伦布的情妇贝亚特丽斯·恩里克斯·德·阿拉纳手中。[11]

1492 年 8 月 3 日，"日出前半小时"，船队启程了。"平塔号"上有 26 人，"尼尼亚号" 24 人，"圣玛丽亚号" 40 人。经验丰富的船员，每月薪水是 1 000 个马拉维第，新手船员则是 600 个。实际上，这些船员的薪水被拖欠到 1513 年，直到王室拿到西印度群岛的黄金，才付清了这笔欠薪。[12] 船舱中载有探险航行的典型货物，哥伦布早年从葡萄牙航海到过非洲西海岸，知道要带上这些东西：鹰铃、威尼斯产的玻璃珠，以及其他用于交易的玻璃制品；还有耐储存的食物：盐渍鳕鱼、培根、饼干、面粉、葡萄酒、橄榄油，当然还有水——足够船上的人喝一年。他们还带了酒，多半是桑卢卡尔－德巴拉梅达产的曼柴尼拉酒，或卡萨利亚－德拉－谢拉产的波尔图葡萄酒，或一种加了白兰地的本尼狄克甜酒，这是中世纪时本笃会的伟大发明，没有这种酒，后世的所有探险都无法顺利进行。[13] 航行期间，船员们多有抱怨，唯独没抱怨过食物短缺。

哥伦布还带了许多沙漏，可能也是威尼斯制造的。这些沙漏最多只能记录一刻钟或半小时，给负责计时的人带来颇多不便。[14] 当然，哥伦布也带了指南针，其他两个船长同样人手一个，这种指南针以十一度角指示方向。这项巧妙的发明来自 12 世纪的中国，1400 年前后流传到意大利。往来于非洲沿岸的葡萄牙人，用切身经历证明它是探险时的重要工具。所有领航员都带着磁石，用来磁化失效的指针。哥伦布有个星盘，虽然那时的星盘还不准确，但足以帮他根据当地的太阳高度角计算出近似纬度。这个星盘可能是纽伦堡人马丁·倍海姆（Martin Behaim）设计的版本。[15] 他还有张地图，也许改良自托斯卡内利给他的那张地图。所有这些物品，都放在"圣玛丽亚号"的船长室里。在这间小舱室里，他写下了航海日志，成为一项创举，因为此前从未有人撰写过航海日志。[16]

这三艘轻快帆船具有传奇意义，总是出现在后人的想象当中。每艘船有三根桅杆，白帆上绘着红色十字架，在风中微微摇摆。顺便一提，轻快帆船是一种小型船只，吃水量通常不到 100 吨。以前威尼斯或佛罗伦萨的桨帆船吃水量可达 300 吨，巴塞罗那或马赛的足有 400 吨，而哥伦布从小就知道，热那亚甚至有吃水量达 1 000 吨的大商船。不过，轻快帆船主要用于远航或海上劫掠，而非用于携带重型货物，所以这种船很轻，接近于球形。[17]

哥伦布在 1492 年 8 月至 10 月期间的旅程被后世描述过无数次，对此再说些什么都显得赘余。不过，本书可以对此提供一些新视角。航行的第一阶段，船队从里奥廷托河出海，行进了一星期。顺着洋流和风向，这段旅程颇为轻松。在航海时代，从加那利群岛返程往往要花上很多天。这段航行将哥伦布带到大加那利岛，他和船队在此停留了近一个月。"平塔号"的方向舵需要调整，"尼尼亚号"的索具尚不完备，似乎还需要更多补给品，比如著名的戈梅拉岛山羊奶酪。戈梅拉岛是加那利群岛中最西边的一座，这里有理想的深水港口。哥伦布选择加那利群岛作为他的最后中转站，因为他了解大西洋的盛行风向，正如我们所知，托斯卡内利也推荐以加那利群岛作为起点。毕竟，哥伦布只能从属于西班牙的港口出发，这样一来，就排除了属于葡萄牙的亚速尔群岛和马德拉群岛。

当时，除了最大的特内里费岛之外，加那利群岛的所有岛屿都受西班牙直接统治。拉帕尔马岛于 1491 年被占领。西班牙君主最近还批准了卡斯蒂利亚企业家兼指挥官阿隆索·费尔南德斯·德·卢戈的计划，吞并了特内里费岛，岛上有座神奇的火山——泰德峰（El Teide），这座火山经常云遮雾绕。德·卢戈还掳掠来 1 200 个奴隶和 2 万只山羊及绵羊。他很了解加那利群岛，在大加那利岛建起第一家糖厂阿盖特，不过，为了给特内里费征服战筹资，他出售了糖厂。此前，弗朗西斯卡·德·加兹米拉（Francisca de Gazmira）来此传教，成效卓著，德·卢戈由此获益良多。1479 年阿尔卡索瓦什和约订立后，霍夫雷·特诺里奥（Jofre Tenorio）治下的卡斯蒂利亚人在兰萨罗特岛对面的非洲海岸建起一座塔作为据点，称作圣克鲁斯 – 德拉 – 马佩科尼亚。后来，这里成为与非洲贸易的起点，当然也包括奴隶贸易。

当时，戈梅拉岛事实上的西班牙总督是贝亚特丽斯·德·博瓦迪利亚（与她的同名表姐不是一个人，女王的朋友莫亚侯爵夫人也叫这个名字）。人称这位贝亚特丽斯为"女主人"，据说"她很漂亮，也很残忍"。起先，她随丈夫埃尔南·佩拉萨（Hernán Peraza）上岛，1488 年丈夫遭到谋杀后，她自己拿起武器回击，后来又策划了很多流血事件，在岛上重建西班牙统治。[18] 谣言称，她与国王有染，在科尔多瓦时还与哥伦布有过情史。[19] 这些隐秘的逸闻野史从未得到澄清。我们只知道，贝亚特丽斯对 1492 年的探险毫无帮助。

然而，哥伦布在加那利群岛停留这么长时间，是合乎时宜的。在这些岛上，他可以亲眼看到私人企业与国家权力的有趣结合。这种结合 14 世纪时也在巴利阿里群岛出现过，并且成效显著。马霍里卡岛是由王室征服所得，梅诺卡岛（Minorca）也是一样，但伊维萨岛和福门特拉岛是私人十字军征服的，并获得王室批准。在加那利群岛，一位将军兼企业家自行筹措资金探险，得到了王室的全面认可。哥伦布对此当然很感兴趣。回想雷孔基斯塔，展望新世界的未来，加那利群岛可以说是西班牙殖民基金会的"实验田"。[20] 此番探访加那利群岛，甚至让哥伦布体验到未来西班牙属美洲殖民地的光景：阳光、建筑、色彩，甚至还有水手们说着口音很重的西班牙语，这让他倍感熟悉。

加那利群岛物产丰饶。王室顾问古铁雷·德·卡德纳斯和妻子特蕾莎在这里收购红苔，将其出售给热那亚商人，用于制造染料。一座座糖厂建立起来，从非洲买来黑奴，压榨他们的劳力。这些糖厂中通常都有热那亚人的注资（到 1515 年前后，已有大约 30 座糖厂，其总产量可能已经超过马德拉群岛）。胡安·阿方索·德·伊杜拉伦神父（Father Juan Alfonso de Idularen）和米格尔·洛佩斯·德拉·塞尔纳神父（Father Miguel López de la Serna）在给女王的报告中，首次谴责了对原住民的虐待行径，其中指出征服大加那利岛的佩德罗·德·维拉就是最为臭名昭著的恶棍、奴隶贩子和指挥官，这也预示了新世界中即将滋生怎样的罪恶。原住民染上了西班牙人带来的新型疾病，人口锐减，被征服的原住民自身也产生了分歧，大加那利岛的一些原住民甚至参与了特内里费岛的征服活动——美洲大陆的殖民者很快也会如法炮制，从中渔利。

9月6日，在教区新建成的圣塞巴斯蒂安大教堂祈祷之后，哥伦布终于带领着三艘船离开了戈梅拉岛。该教堂直至今天仍临海矗立。哥伦布向西偏南方向进发。乘着信风（西班牙人称之为"las brisas"，意为"微风"），船队满帆航行。这是驶往西印度群岛的最佳航线，后来，这片海域被称为"女士湾"（西班牙语称"El Golfo de Damas"）。出发前，哥伦布从加那利群岛耶罗岛驶来的一艘船只的船长处听闻，大西洋东部有葡萄牙人的轻快帆船，意图破坏他的航行。也许因为哥伦布转而向西班牙效忠，葡萄牙国王想要报复他；或许葡萄牙国王确有此意图，不过哥伦布成功避过了此番危机。他从一开始就确信，自己真正的敌人可能就在这三艘船上。因此，从出发第四天开始，他就记录了两套航海日志：一套是准确的，另一套则故意低估了已经驶过的里程，以免船员动摇。此举也许是为了保密，不让船员知道航线的实际情况，因为这些船员以后可能会成为他的对手。船队驶入大洋，最后消失在船员视野中的旧世界景象，与后来前往新世界的旅人们看到的别无二致，都是特内里费岛上的泰德峰。

9月22日，哥伦布向平松展示了他的地图。"海军上将的地图上，似乎画有海中的某些岛屿！"据拉斯·卡萨斯说，这就是托斯卡内利的地图。哥伦布并没有按照托斯卡内利的地图行驶，这一定是另外一幅。[21]

两天后，船上爆发骚乱。没有水手曾经离岸航行过这么远，有些人认为"这个愚蠢的外国人想当大老爷，为此居然得搭上自己的命，我们陪着这种人去送死，简直是疯了"。[22] 其他人主张把哥伦布扔下船，淹死他。这场危机最终被平息下来，船队相当平静地航行了两个星期。他们什么都没看到。哥伦布自比摩西，慷慨陈词一番，想以此巩固自己的领导地位，但没有成功。[23]

10月5日，平松和哥伦布激烈争吵。平松提议向南急转弯，认为这样就能够直接驶往日本，哥伦布则认为他们应该尽快驶往中国。正如我们所见，他们显然对远东地理缺乏了解。不过，平松的朋友称，哥伦布当时是在请教平松应该怎么做。水手弗朗西斯科·加西亚·巴列霍说，哥伦布召集了其他两艘船的船长——也许还召集了所有领航员——并征询他们，对安抚船员一事有何建议，因为船员们似乎都很痛苦。

> "尼尼亚号"船长比森特·亚涅斯说："我们继续航行2 000里格，如果还找不到陆地，就调头回去。"但是他哥哥马丁·阿隆索·平松说："怎么回事，先生？我们才从帕洛斯出发，这么快你就动摇了！前进吧，先生，神会保佑我们，让我们顺利找到陆地。如果我们可耻地调头返航，神绝对不会喜欢。"哥伦布就说："愿神保佑你。"于是，如马丁·阿隆索·平松所说，船队继续前进……

第二天，其他船员又开始抱怨，这次是"圣玛丽亚号"上的巴斯克水手们。哥伦布拜托马丁·阿隆索安抚了他们。几天过后，"这些人似乎再也受不了了"。[26] 在"圣玛丽亚号"船长室里，哥伦布、平松兄弟和贝拉隆索·尼诺（Peralonso Niño）又谈了一次，最终几人商定，再给哥伦布三天的时间，如果还找不到陆地，就调头回家。至少一位历史学家说，这次会谈时，哥伦布把"神秘领航员"的事告诉了马丁·阿隆索·平松，借此作为安抚。[27]

10月10日，哥伦布宣布，第一个看到土地的人，将获赠一件丝绸外套。对于这个悬赏，船员们报以沉默。一件丝绸外套，在茫茫大海中有什么用？不过，那天哥伦布和马丁·阿隆索都看到了几只鸟。马丁·阿隆索胸有成竹地说："天上有鸟儿飞，一定有事要发生。"当天晚上，哥伦布、佩德罗·古铁雷和督察罗德里戈·桑切斯声称他们看到了前方的光，认为这一定是陆地。第二天晚上，午夜过后两小时，天上挂着满月，胡安·罗德里格斯·贝尔梅霍，又名罗德里戈·德特里亚纳，"平塔号"上的一位塞维利亚水手，望见"一片白色土地"，他大声喊道："陆地！陆地！"接着开了一发船炮庆祝。[28]第二天，10月12日，哥伦布登陆了。[29]

不难想象哥伦布探险队的90名成员是如何兴奋。他们停泊在平静、湛蓝的海水中，海浪拍打着船舷——历史上欧洲船只首次停靠在这块如今称之为"美洲"的地方。

哥伦布抵达的地点，很可能是今天圣萨尔瓦多岛的长湾，当时的原住民称之为"瓜纳哈尼"（Guanahaní）。哥伦布将此地命名为"圣萨尔瓦多"，这是他命名的首个岛屿，此后，他常用圣徒的名字给岛屿命名。[30]他见到当地居民，称之为"印第安人"。这些原住民非常淳朴，送给哥伦布鹦鹉、标枪和棉球作为礼物，对原住民而言，这些物品和西班牙的帽子、球和玻璃珠一样高级。后来，这些巴哈马原住民因为与西班牙人接触而灭绝了，他们与哥伦布不久后在加勒比地区见到的泰诺人（Taíno）十分相近。[31] 然而，对哥伦布而言，最重要的事情是，这些原住民都没有穿衣服。

哥伦布以西班牙国王和女王的名义占领圣萨尔瓦多。他竖起君主的旗帜：一个白底的绿色十字架，上面写了 F 和 Y（代表斐迪南和伊莎贝拉）两个字母。[32] 他似乎并没考虑到，此举可能是对中国明朝皇帝、日本幕府将军或莫卧儿皇帝的宣战行为。据推测，他可能认为这个岛屿是马可·波罗记录的亚洲沿海众多岛屿之一，在大国眼中，这些岛屿不值得占领或统治。

当地人讶异于欧洲人竟然长着胡子，而领头的海军上将居然还长着白胡子。这些当地人的肤色似乎与"关切人"（Guanches）相同，"关切人"是特内里费岛的原住民，留长发，相貌俊美。有些当地人自己涂成黑色或白色（有的涂满整个身体，有的只涂脸）。所有当地人似乎都不超过 30 岁，每个人都带着木矛。有些人还携带鱼牙，将其当作刀片使用。有一两个"印第安人"显然是在某场战斗中受伤了，大概是因为毗邻部落的人想要俘虏他们。令人惊奇的是，哥伦布的第一个念头，就是让这些当地人成为基督徒。他们还会"精巧地掏空"树干，制造出修长的独木舟。[33]

圣萨尔瓦多有些原住民戴着金质鼻环。他们用肢体语言告诉哥伦布，南边有位国王，拥有堆积成山的黄金，甚至还有一艘用金子制成的船。海军上将试图说服圣萨尔瓦多原住民引路，带他去见南边的国王，但没有成功。毕竟，他千辛万苦航行 3 000 多英里，不是为了找到一座只能与当地人打手势交流的野人岛。不过，这些当地人的反应很明智，只告诉陌生人南方某处有黄金，这是摆脱他们最好的方式——其他民族接下来的几代人也在不断使用这种说辞。

10 月 14 日，哥伦布继续沿海岸航行，发现其他村庄，遇到其他"印第安人"，这些人"似乎在问我们，是不是从天上来的"。哥伦布从中抓住七个原住民，他想把这七个人带回卡斯蒂利亚学习西班牙语，以后让他们担任土著语翻译。第二天，有两人成功逃脱。但在接下来的几周中，哥伦布又抓到另外几个原住民。其中有个原住民被起名为"迭戈·哥伦布"，后来给哥伦布当了两年翻译。[34]

　　海军上将认为，他可以把所有原住民送到卡斯蒂利亚——大概是去当奴隶——因为他认为，50 名配备武装的士兵，就足以征服所有部落。[35] 他在报告中写道，原住民"非常胆小"，"武器简陋"，因而是"绝佳的统治对象"。[36]

　　此时已没有船员再质疑哥伦布了。他意气风发地指挥着三艘船，在今天巴哈马群岛的几个岛屿停留，其中第一座岛屿被命名为圣玛丽亚－德拉－康塞普西翁（Santa María de la Concepción），另外两座叫作费尔南迪纳（Fernandina）和伊莎贝拉。目前尚不清楚这些名字对应着今天的哪座岛：拉姆岛（Rum Kay），克鲁克德岛（Crooked Island），还是长岛？这些岛屿都地势平坦，没有殖民或开辟种植园的价值。他没有正式宣称占领所有这些岛屿，因为他似乎认为，只要他占领了一座岛屿，就等于占有了全部这些岛屿。不过，尽管这些岛屿已经有了当地土著语名称，他还是给所有岛屿都起了新名字。[37] 当地人送给他棉花作为礼物，他送给当地人普通玻璃珠和小饰品作为回礼，这些回礼都颇受欢迎。在日志中，他热情洋溢地描绘了当地树木和海岸上鲜花的香气，就像科西嘉岛一样。他还记录了当地干净的房屋、"吊床"（当地土著语，后来西班牙语也开始使用这一词语）、小狗，以及女性遮蔽私处的短棉裙。他不断询问哪里有黄金，并乐观地认为，下一座岛上就会有黄金。后来，他意识到"这里没有金矿"，决定离开巴拿马。哥伦布无法辨认出他遇到的所有草药，对此他感到遗憾，不过，他认为自己确实找到了芦荟。他多次把这里比作 4 月的安达卢西亚，长岛上的鸟儿"歌声婉转，让人流连忘返"。[38]

10 月 24 日，哥伦布起航前往他以为的日本，或日本某岛："那是另一座非常大的岛屿……当地人称之为科尔巴……但我仍然决心前往大陆，前往坤赛（杭州），将国王陛下的信件呈交给大汗。"这里所谓的"科尔巴"，就是今天的古巴。瓜纳哈尼岛的原住民说，船航行需要二十多天才能穿过该岛，这意味着环绕该岛航行需要更多的时间——哥伦布也没有验证到底需要多少时间。海军上将只是说这座岛屿"比英格兰和苏格兰加在一起还要大"，但实际上，古巴比英格兰还要小。[39]一开始，他就认为古巴是座岛。

10 月 28 日，哥伦布抵达古巴，他相信这里一定是亚洲大陆的一部分，却还是将此地命名为"胡安娜"。[40]他沿着所见的美丽河流航行，那似乎是今天的巴里湾（Bay of Bariay），离他所谓的马尔斯河不远："我从没见过这么美的河流。"他认为这里与西西里岛很相似，生长着壮观的棕榈树，与西班牙和几内亚截然不同。他发现了更多的狗，但这些狗都不会叫，还发现了当地人的钓具。[41]在另一个原住民城镇，他看到棕榈屋顶的房子、女人形象的泥俑和有趣的芦苇饰品。这条河像塞维利亚的河流一样平静，河边有许多青蛙。他还观察到，原住民的鼻子上佩有银饰。

海岸上长着椰子树、海李子、海岸薰衣草、海滩牵牛花和海湾雪松。今天，我们来到古巴东部时，会看到许多海棠花，哥伦布一行人当时也看到了。这些欧洲人还第一次见到红树和木槿。

11月初，哥伦布派遣艾阿蒙特（Ayamonte）的罗德里戈·德·赫雷斯（Rodrigo de Xerez）、穆尔西亚的路易斯·德·托雷（Luis de Torre）和两个印第安人前往内陆，这两个印第安人一个来自圣萨尔瓦多，另一个则是当地人。路易斯·德·托雷"曾与穆尔西亚的行省总督佩德罗·德·法哈多（Pedro de Fajardo）住在一起，之前是一个犹太教徒——他当时应该已经不再信奉犹太教了——他懂希伯来语，也懂迦勒底语，还会说一点儿阿拉伯语"。至于赫雷斯，从名字来看，他很可能也是个改宗者。⁴² 四天后，他们回来了，报告说找到一个大村庄，村里有50座大木屋，茅草屋顶，形状就像帐篷，许多人住在木屋里，就像宿舍一样。⁴³ 这是西班牙人在新大陆遇到的第一座严格意义上的城镇。城镇中的居民都是泰诺人。

镇长出来迎接了这些西班牙人，并让来客坐在"杜霍斯"（duhos，动物形状的木质椅子）上，让镇民亲吻来客的手脚，"镇长认为这些人来自天堂"。托雷和赫雷斯发现了烟草（"一种草药，原住民吸入它们燃烧时产生的烟雾"），这种作物未来会在历史中扮演重要角色。他们发现，棉花是从木棉树上采集的。海军上将认为，西班牙商人可能会大量购买这种商品。

毋庸置疑，此次航行是不折不扣的发现之旅，哥伦布渴望见识到更多新事物。11月12日，他启航前往今天的大伊那瓜岛，在岛上的一座山上，他看到许多十字架，这本是古人警示飓风接近的标志，却令这些欧洲来客感到惊异，他们认为这是附近有基督徒的标志。接着，他们向西航行到普恩特－马拉盖塔（Puente Malagueta）附近，然后返回古巴，在古巴又逗留了两个星期，绑架了几个印第安人，准备带回西班牙。他们发现了蜡，后来拉斯·卡萨斯认为蜡一定来自尤卡坦（Yucatan），因此古巴肯定与美洲大陆有过接触。[44] 哥伦布派潜水员去寻找珍珠，但只找到了牡蛎，没找到珍珠。

这时，上将遭遇了又一场严重叛乱：11月21日，野心膨胀的马丁·阿隆索·平松驾驶"平塔号"擅自离开，自己去寻找黄金了。他一直耐着性子听从哥伦布的命令，不满情绪不断累积，最终还是公然叛乱了。对此，哥伦布谨慎地保持沉默，静待时机，他似乎还没失去比森特·平松的忠诚。[45]

哥伦布只剩下两艘船，"圣玛丽亚号"和"尼尼亚号"，目前他正位于古巴东端，巴拉科阿附近，他将这里命名为波多圣多，并在记录中描绘了这里的美景。12月5日，他起程离岸，顺风来到"海地"，这是原住民对此地的称呼，哥伦布把这里命名为"伊斯帕尼奥拉岛"（La Española），意思是"小西班牙岛"，因为岛上的植被与西班牙相差无几，甚至水中的鱼类都与西班牙附近水域的鱼类相同。[46] 在哥伦布看来，这里似乎是"世界上最好的土地"。他认为这里就是日本，此处似乎还有一些黄金，可以在河床沙砾或岩石中找到。这样一来，他的旅程就不会无功而返。与古巴相比，这里的原住民社群似乎更为成熟。这里还有几个公国（principality），所有公国都能生产石雕、木制品、球类、石项圈和吊坠。哥伦布认为，"所有的岛屿都完全听从陛下的命令，您可在此建立西班牙政权，这些臣民会遵从你的意愿……我能够在所有这些岛屿中自由通行，不会遭遇反抗……您可以命令他们劳作、播种、建设城镇，做一切您认为必要的事情。您还可以让他们穿上衣服，遵从我们的风俗习惯"。[47] 哥伦布继续说，他看到了中国大汗的船只，以及中国

黄金之河：西班牙帝国的崛起，从哥伦布到麦哲伦

文明的其他迹象。但他似乎仍然没有考虑到，如果这些居民和土地属于强大的中国君主，他不可能肆无忌惮地奴役他们。[48]

如果这里没有任何黄金，也没有任何装饰品，西班牙就会对西印度群岛失去兴趣。但哥伦布发现了黄金和装饰品，这就勾起了西班牙长久不衰的兴趣。[49]

然而，除了这些亲切友好的泰诺人，加勒比地区还有许多好战的食人族原住民。"加勒比人"和"食人族"这两个词，一度被认为是同义词。1492 年 12 月 26 日，这两个词首次在哥伦布的日志中出现：那天，他和两位船长曾与当地的酋长（*cacique*）一起用餐。*cacique* 也是当地土著语中的词汇，和 *hamaca*（意为"吊床"）一样在后来被西班牙语借用。

> 餐后，酋长把海军上将带到海滩上，海军上将派人取来一副弓箭，让船员给酋长表演射箭。酋长从来没见过弓箭，认为这是个好武器，然后哥伦布尝试与酋长讨论"食人族"，当地人称之为 Caribs。海军上将用手势表示，卡斯蒂利亚君主将尝试摧毁食人族……然后，海军上将开了一炮，又击发火绳枪一次。[50]

印第安人对大炮又着迷又恐惧。海军上将表示，这些武器只用于自卫，酋长十分欣慰。他送给哥伦布几副带有金质眼睛和金质耳朵的面具。[51] 哥伦布认为，这些原住民"如此亲切和慷慨，易于驯服（易于驱使），我向陛下保证，世上没有比这里更好的土地和原住民了……他们（真的）赤身裸体四处行走……但是……他们具有公序良俗，酋长把部落治理得井井有条。他本人也仪态威严，观察他是一种乐趣"。⁵²哥伦布还认为，他在岛上发现的辣椒，比他从几内亚和亚历山大带来的辣椒更优质。⁵³

1492 年圣诞节前夜，哥伦布最大的船只，他横渡大西洋时乘坐的"圣玛丽亚号"，在伊斯帕尼奥拉岛北岸水域触礁，位置大约是现在的海地角附近。哥伦布当时正在睡觉，他在报告中写道，这次事故是值班人员的责任。接着，他又指责"帕洛斯人"两面派，认为帕洛斯人给他的是一艘坏船。（但"圣玛丽亚号"是在加利西亚建造的。）哥伦布的副官，他在科尔多瓦的情妇的堂兄迭戈·德·阿拉纳，向此前和他们一起用餐的酋长瓜卡纳加里求助。酋长派人帮助这些西班牙水手在船沉没之前卸下了船上的货物。卸货很顺利，但这次船难后，海军上将只剩下一艘船了。

于是，哥伦布做出了一个关键的决定。他从帕洛斯出发时，从没指望自己能占领任何土地。现在，一艘船不可能将所有人带回西班牙，他就只好占领一块土地，创建"城市"，取名"拉纳维达"（La Navidad）[*]，因为那天是圣诞节。他安排 39 名船员在此暂居，让他们继续收集黄金样本，等待下一次西班牙探险。哥伦布认为，创立拉纳维达是因为神的启示，不是因为"圣玛丽亚号"在这里搁浅。"上帝显然想在这里派驻基督徒。"他说。他用失事船上的木板搭建起木塔，还挖了条护城河。

1493 年 1 月 4 日，哥伦布把 39 位居民和第一个欧洲在美洲的殖民点交托到迭戈·德·阿拉纳手中，自己则率领其他人离开了。⁵⁴有

---

*　Navidad 是一个拉丁语单词，意思是"圣诞节"。——编者注

位名叫马埃斯特雷·胡安的医生也留在这里，还有充当翻译的犹太改宗者路易斯·德·托雷，他是两个最早看到原住民吸食烟草的人之一。哥伦布还给当地酋长留下一些别的东西：他自己床上使用过的床罩、"一些非常好的琥珀珠子"、几双红鞋、"一瓶橙子花香水"，还有一个刻着国王和王后头像的珠子，头像的样式取自埃克斯塞伦特金币（*excelente*），那是当时卡斯蒂利亚流通的货币。[55]

第七章

"国王和女王眼含热泪"

国王和女王眼含热泪……

——巴托洛梅·德·拉斯·卡萨斯记述 1493 年时，

国王和女王在巴塞罗那迎接哥伦布的情景

现在，哥伦布打算返回西班牙。春季海上天气恶劣，这个决定因而显得很果敢，甚至有些鲁莽。哥伦布乘"尼尼亚号"，沿着伊斯帕尼奥拉岛北海岸向东航行，船上有 15 名船员。在今天的多米尼加共和国境内的蒙特 - 克里斯蒂镇（Monte Cristi）附近，他们遇到了之前叛变的阿隆索·平松和"平塔号"。平松与他带走的 26 名船员重新加入探险队，还带回 900 比索（pesos）*黄金。平松说，他通过交易货物获得了这些黄金。对于叛变的事，他给出了各种牵强的借口，哥伦布假意表示相信。

在 1513 年的调查中，目击者称平松当时到达了马瓜纳（Maguana）[1]，参观了几位酋长的宅邸，其中一位名叫波西奇奥

---

* 一种历史上主要在西班牙与其前殖民地等国家、地区流通的货币单位，得名于由西班牙殖民者引进并广泛流通的西班牙银元。——编者注

（Behechio），还有一位名叫卡奥纳沃（Caonabó），"平松一行人在马瓜纳找到了大量黄金"。[2] 据说，他还发现了辣椒、肉桂、珍珠、菠萝和烟草，独木舟和吊床比比皆是。根据彼得·马特尔的说法，返程时，哥伦布的"尼尼亚号"上带了10个印第安人，其中一人死在海上。[3] 在1月1日的日志中，哥伦布声称自己一直在寻找这位失踪的印第安人。[4]

返回西班牙的行程并非风平浪静。1月13日，"平塔号"和"尼尼亚号"会合后，航行到伊斯帕尼奥拉岛上一个名为萨马纳（Samaná）的半岛，在这里，西班牙人与新大陆的原住民首次发生了武装冲突。也许欧洲人抓捕奴隶时动用了武力，于是印第安人奋起自卫。无论起因如何，满身涂彩的泰诺人勇士举起长而直的、红豆杉木制作的弓，发射甘蔗制成的箭，箭头用尖锐的木头或鱼骨制成，有的还涂有毒药。海军上将确信，这些奋起抵抗的原住民就是他的土著朋友说的"食人族"。[5]

食人族，又称Caraibes，经常袭击他们，并穿越森林追逐他们，就像猎人追逐野兽一样。食人族抓捕孩子，进行阉割，就像我们阉割鸡和猪一样，然后把这些孩子养肥。孩子长大后，食人族就吃掉他们。落入食人族手中的成年人会被杀死，切成碎块，充当食物。这些食人族还把人的肠子和手足用盐腌制后食用。不过食人族不吃女人……如果食人族抓住了女人，就会留她们活命，照顾她们，让她们产下孩子，就像我们对待母鸡、绵羊、母马和其他动物一样。被抓的老年妇女则充当奴隶……这些怪物居住的岛屿（实际上是半岛）向南延伸，中途

又向其他岛屿分叉……[6]

于是，另一个谣言流传开来。在下一代西班牙人眼中，任何抵抗西班牙人的原住民都被视为食人族，应当被奴役。哥伦布把海湾和海角命名为"德拉－弗莱恰"（de las Flechas），即箭头湾和箭头角。

首先，哥伦布费了一番功夫，找到一条航路，绕过东方吹来的逆风。然后他向东北航行，穿过马尾藻海。这片水域海藻很厚，一些水手认为他们可能会被海藻缠住。无论如何，他们向东航行，到达了亚速尔群岛。途中，他们遭遇了风暴，两艘"光荣"的船只再次失散。自去年从帕洛斯启航以来，这是他们碰到的最恶劣的天气。2月14日，哥伦布写下两封信：一封给他的重要支持者，财务主管路易斯·德·桑坦格尔，[7]另一封给阿拉贡的财政大臣加布里埃尔·桑切斯。给桑坦格尔的信中，他描述了33天航行到"印度"的始末：他发现了许多人口稠密的岛屿，并给它们取名为圣萨尔瓦多、圣玛丽亚－德拉－康塞普西翁、费尔南迪纳、伊莎贝拉、胡安娜（古巴）和伊斯帕尼奥拉。返程中，他发现了另外6座岛屿，但没有发现大陆。哥伦布把写给桑切斯的信放进一只木桶，并附上纸条，写明发现这封信的人，请把信送给斐迪南国王和伊莎贝拉女王。

这些措施旨在确保，"如果他的船在暴风雨中沉没，两位君主仍然能得知他的成就"。[8]后来的事实证明，这些预防措施没有必要，因为1493年2月17日，"尼尼亚号"已顺利到达了亚速尔群岛的圣玛丽亚港，但"平塔号"又和马丁·平松一起失踪了。

大斋首日这天，哥伦布的十名船员登陆亚速尔群岛，去礼拜感谢圣母。很快，他们被岛上的葡萄牙船长胡安·德·卡斯塔涅达（Juan de Castañeda）逮捕。当时西班牙和葡萄牙之间的关系非常糟糕，海军上将营救船员并不容易，但他最终成功了。他站在船上"远距离"地向葡萄牙当局出示了他1492年4月30日拿到的"特权信"。[9]2月20日，他离开亚速尔群岛，3月4日到达最近的欧洲港口里斯本。[10]那天，哥伦布在写给桑坦格尔的信中加了段后记，说因为天气恶劣，他正在葡萄牙短暂停留。[11]他再次强调，他"花了33天到达印度群岛，而返程只花了28天"。[12]

他也给国王和女王写了封信，宣布此行的发现，内容与寄给桑坦格尔的信大致相同。信中，他提出了一个有趣的要求：请求国王在给英诺森八世写信，讲述他的地理发现时（哥伦布认为国王会这样做），顺便向教皇讨要一个主教职位，让儿子迭戈（仍是胡安亲王的侍从）当枢机主教。"就像洛伦索的儿子，年轻的乔瓦尼·德·美第奇（Giovanni de'Medici）一样。1489年，乔瓦尼只有14岁时，就当上枢机主教……"[13]到达西班牙后，他发出了这封信。哥伦布还写过其他几封信，记叙了他的成就，一封写给1490年认识的梅迪纳塞利公爵，还有一封写给身在塞维利亚的佛罗伦萨商人胡安诺托·贝拉尔迪（Juanotto Berardi）。

3月6日，返回西班牙之前，海军上将来到圣玛丽亚修道院，拜访了葡萄牙的若昂国王。此处距里斯本约30英里，位于帕莱索山谷中。此前，首都暴发瘟疫，国王来此处躲避。因为这次拜访，回到卡斯蒂利亚后，哥伦布还遭到怀疑。因为当时若昂国王热情接待了他，国王认为，根据两国之间的条约约定，哥伦布发现的新土地应属于葡萄牙，而非西班牙。[14]此后，哥伦布又去了希拉自由镇

（Vila Franca de Xira）的圣安东尼奥修道院，觐见葡萄牙的伊莎贝拉女王，这位葡萄牙的伊莎贝拉也是西班牙人，她是斐迪南和伊莎贝拉的长女。[15] 若昂国王向海军上将提供马匹，供他走陆路返回卡斯蒂利亚，不过哥伦布还是选择了乘船旅行。

3月13日，他动身前往西班牙。哥伦布的两位葡萄牙船员留在当地，受到若昂国王的仔细审问。然后，若昂国王决定，立即派遣舰队，由弗朗西斯科·德·阿尔梅达率领，出海寻找哥伦布发现的土地。[16] 据葡萄牙编年史家鲁伊·德·皮纳（Rui de Piña）说，若昂国王的几位廷臣建议，在哥伦布前往西班牙的途中杀掉他，夺取他此番探险的成果。[17]

3月9日，哥伦布归来的消息传到西班牙国王和女王耳中，随后整个西班牙王庭都知晓了。米兰商人阿尼巴尔·詹纳罗（詹努纳瑞斯）当时在巴塞罗那，他哥哥是米兰大使，他给哥哥写信讲述哥伦布的探险，说哥伦布成功返回，已经在里斯本登陆。他哥哥给国王写信，转达了这一消息，国王收到信后将他哥哥召到巴塞罗那。[18]

这封信的措辞很有意思：

> 去年8月，应哥伦布（西班牙语为"科隆"）请求，两位君主给他安排了4艘轻快的帆船，派遣他到大洋中，向西航行……直到他到达东方。因为世界是圆的，他最终必定会到达东方。[19] 哥伦布听命行事……于是，他航行了33天，到达一座有人居住的大型岛屿，那些人有橄榄色皮肤，赤身裸体，淳朴和善。[20]

到 3 月底，这个消息四处流传开来。佛罗伦萨的特里瓦尔多·德·罗西（Tribaldo de Rossi）在他的《伯爵小报》（*Libro de Conti*）上刊载了发现印度群岛的消息，这是一种早期的报纸。他有许多同胞住在塞维利亚，也许由此得到了消息。[21]

哥伦布离开王庭的 10 个月期间，王庭在各地巡回。1492 年 5 月底，两位君主离开格拉纳达和圣菲，先去了科尔多瓦，然后一路向北，途中偶作停留。10 月 18 日，他们到达巴塞罗那，一直待到 1493 年 1 月底，此行主要是为了监督一场外交谈判，旨在收复鲁西永和塞尔达涅（Cerdagne）。15 世纪 60 年代时，斐迪南的父亲胡安二世将这两片土地抵押给了法国国王路易十一。[22] 同时，女王正在筹划对修道院进行改革，在西班牙修复一批修道院，并解散冗余的修道院。也许伊莎贝拉读了那一年的畅销书，迭戈·德·圣佩德罗（Diego de San Pedro）的《爱情监狱》（*Carcel de Amor*）。这不足为奇，因为作者把这本书献给了她最亲爱的朋友，皇家侍卫队指挥官迭戈·费尔南德斯·德·科尔多瓦。

1492 年 12 月，斐迪南在加泰罗尼亚首都的国王广场被一名男子持刀袭击。所幸当时国王戴着一条沉重的金链，这条金链偏转了刀锋，保住了国王的性命。疯狂的刺客胡安·德·卡尼亚麦尔斯（Juan de Cañamares）供认，是魔鬼唆使他刺杀国王，因为他自己才是王国的主人。女王"火速赶去，寻找她的丈夫"。动身之前，她指挥战船停靠在岸边，保护王子。"全营的医生和外科医生都接到传唤，"马特尔记述道，"我们在恐惧与希望间摇摆不定。"[23] 斐迪南发了几天高烧后逐渐康复，未遂的刺客被处以残酷的死刑，行刑之前，伊莎贝拉对此毫不知情。[24] 伊莎贝拉给前任告解神父塔拉韦拉写信说："如我们所见，位高如国王，也有死去的一天。"[25]

1493 年 1 月 19 日，两位君主与法国签署条约，法国将有争议的鲁西永和塞尔达涅返还给阿拉贡。作为交换，西班牙允许查理八世国王过境前往意大利，挑战斐迪南的侄子——那不勒斯国王费兰特，与他进行比武审判。斐迪南和伊莎贝拉来到佩皮尼昂，出席成功收复两省的庆祝活动。伊莎贝拉还写了封长信，抱怨说自己近来总是与法国大使共同进餐，实在枯燥乏味。

这几个月间，哥伦布的探险进展如何，两位君主显然不感兴趣。他们也听说了自己流离的臣民——那些不屈的犹太人，正在遭受可怕的悲剧，对此也无动于衷。许多犹太人被海盗抓住，或被运回他们出发的港口，或被运到非斯（Fez）及丹吉尔（Tangier）的奴隶市场，被卖作奴隶。也有一些犹太人回到卡斯蒂利亚，心甘情愿地改信了基督教。[26]

君主们此时正在考虑另一件事。1492 年 7 月底，教皇英诺森八世去世后，被迅速葬入波拉约洛设计的坟墓中。在罗马教廷的秘密会议中，巴伦西亚的波吉亚枢机主教得票最多，他与加里斯都三世（Calixtus Ⅲ，他的叔叔）来自同一个家族。于是，波吉亚枢机主教在 61 岁这年当选教皇，成为亚历山大六世。"他获胜了，"圭恰迪尼说，"因为他公开收买了很多选票，又对其他主教许以圣职和封地。"[27]

一些梦想家乐观地预言，1493 年会出现一位"天使教皇"，不寻求世俗权力，只关心灵魂善良。现在大家都明白，波吉亚绝不是这种"天使教皇"。尽管亚历山大是个放荡的圣职贩子和享乐主义者，世俗而富有魅力，沉湎女色，荒淫无度，从无悔改的念头，大

　　　　　黄金之河：西班牙帝国的崛起，从哥伦布到麦哲伦

肆扩展家族势力，提携自己的杀人犯儿子恺撒（这个儿子不久后也开始展现淫威），不过，对斐迪南和伊莎贝拉而言，波吉亚至少是半个西班牙人。彼得·马特尔悲痛地评论道，波吉亚还是枢机主教时，就让长子当上了甘迪亚公爵，现在他成为教皇，恐怕要让他儿子当国王了。[28] 马特尔担心，两位君主只知道亚历山大是西班牙人，却不了解他"为后代谋权的邪恶、下流和野心"。[29]

然而，对两位西班牙君主而言，让亚历山大成为教皇，可以带来诸多显著的优势：罗马教廷的首选语言变为巴伦西亚语，他在位期间一直都是如此。[30] 斐迪南看人并不拘泥于私德问题，因此与波吉亚关系不错。波吉亚当过教皇西斯笃四世的秘书，自 1472 年作为教廷使节出访西班牙以来，一直影响着罗马教廷的政策，让教廷支持斐迪南和伊莎贝拉，换取西班牙的积极响应，以对抗土耳其势力。1472 年，波吉亚曾说服年轻的枢机主教门多萨站在斐迪南和伊莎贝拉一方，孤立恩里克国王。多亏他带来的教皇诏令，这对曾祖父系堂姐弟才能结婚，也多亏他的批准，1476 年罗德里戈·曼里克去世后，斐迪南才能成为圣地亚哥骑士团的统帅。此外，佛罗伦萨历史学家弗朗切斯科·圭恰迪尼认为，亚历山大拥有"非凡的狡猾和睿智、出色的判断力，善于说服他人，处理大事时十分果断、专注"。然而，圭恰迪尼也认为，这些能力都被他的邪恶掩盖了，"淫乱、虚伪、无耻、无信、无情、贪得无厌、狼子野心、野蛮、残忍，还有为子息谋权的狂热贪婪"。[31] 历史学家因费苏拉评论说，成为教皇之后，亚历山大马上将所有的财产都送给别人，也就是以阿斯坎尼奥·斯福尔扎为首的那些给他投票的枢机主教们。[32]

君主们前往巴塞罗那途中，向哥伦布送去祝贺信。他们很高兴"神赐给你如此美好的结果，神会因此得到很大裨益，我们也会获益，我们的国家亦然"。[33] 他们要求哥伦布立即赶往巴塞罗那，在称呼哥伦布时，还带上了此前授予他的所有头衔：海洋上将、西印度群岛的副王和总督。

尽管如此，哥伦布还是先到帕洛斯，然后去往塞维利亚。人们走上街头欢呼着迎接他，年轻的巴托洛梅·德·拉斯·卡萨斯也在人群中，未来他会成为历史学家、印第安人利益的支持者和传教士。然后，哥伦布得意扬扬地经过科尔多瓦、穆尔西亚、巴伦西亚和塔拉戈纳，来到巴塞罗那。他带回的印第安人中，有七人还活着，他在巴塞罗那展览了这些印第安人。[34]

哥伦布到达塞维利亚的前几天，马丁·阿隆索·平松也乘"平塔号"回到西班牙。他停靠在加利西亚的拜奥纳（Baiona），就在维戈（Vigo）附近。马丁·平松反驳了哥伦布的说法，声称他才是第一个从新世界返回欧洲的人，但无人愿意听信他的说法。他给君主写信，说他发现了新大陆（中国？），也找到了许多岛屿，而哥伦布声称自己只发现了一些岛屿。然而，平松到达塞维利亚后不久就去世了，可能是死于梅毒。无论如何，君主们欢迎的还是他们的上将。不过，如果当时的情况稍有差池，美洲就可能成为"平洲"（Pinzonia）*。

4月21日前后，哥伦布抵达巴塞罗那。据拉斯·卡萨斯记述，街道上挤满了人群，两位君主把哥伦布当作英雄，让哥伦布和他们

---

* "平洲"（Pinzonia）意指以平松（Pinzón）命名的新大陆（美洲）。——编者注

黄金之河：西班牙帝国的崛起，从哥伦布到麦哲伦

一起骑马游行。拉斯·卡萨斯补充道，海军上将看起来就像古罗马元老院的元老（senator）。[35] 彼得·马特尔也在场，他写道："哥伦布光荣地受到国王和女王的接待，两位君主允许哥伦布坐在他们面前。对西班牙人而言，这象征着最高的爱戴与荣誉。"马特尔补充说，哥伦布就像"古人敬奉的神明"。[36] 制图师豪梅·费雷尔（Jaume Ferrer）也在场，他说，海军上将就像将福音带到西印度的耶稣门徒圣多默。[37] 在王室礼拜堂中，他们唱起《感恩赞》，拉斯·卡萨斯记述道，两位君主跪在地上，"眼含热泪"，感念神恩。[38] 伊莎贝拉收到哥伦布赠送的礼物：几只硬毛鼠（加勒比地区的一种野生动物，很像老鼠）、辣椒、红薯、猴子、鹦鹉、一些黄金，还有 6 个（不再是 7 个）戴着金耳环和鼻环的泰诺人，他们的皮肤不是白色的，而是"木瓜冻的颜色"。[39] 这些泰诺人接受了洗礼仪式，两位君主成为他们的教父母，其中一人取名为"胡安·德·卡斯蒂利亚"，担任侍从骑士，可惜"他很快就受到了神的宠召"。

这些欢迎仪式在巴塞罗那大王宫，也就是今天的国王广场举行。不久前，斐迪南正是在这里遇袭的。14 世纪中期，格林·卡贝内尔（Guillén Carbonell）设计了这所大厅，此后再未改建。哥伦布当时一定也见到了这座拱形建筑墙壁上奇特的哥特式壁画。王室不在巴塞罗那时，这座宫殿就用作宗教裁判所。[40]

几天后，在巴塞罗那，佩德罗·波塞（Pedro Posse）出版了哥伦布写给加布里埃尔·桑切斯的信。莱安德罗·德尔·柯思科（Leandro del Cosco）很快将其翻译成拉丁文版本，并在罗马出版。1493 年，这封信至少刊印了 8 次（巴塞罗那 3 次，巴黎 3 次，安特卫普 1 次，巴塞尔 1 次），流传甚广。[41] 如果没有印刷术，这封信就不会流传开来，欧洲下一世代的人们也就不会因此深受鼓舞了。

那段时间里，在公开或未公开的所有往来信件中，哥伦布都不断提及神赐给卡斯蒂利亚的礼物。这件礼物如此接近加那利群岛，如此便利，而印第安人又是如此愿意接纳基督教信仰！[42] 哥伦布还写道，他曾在古巴许多地方听过夜莺啼叫。他说，伊斯帕尼奥拉的原住民没有宗教信仰，他们相信权力和美德都藏在天上。[43] 他没有发现怪胎，所有当地人都相貌端正，都说同一种语言，这给传教工作带来了便利。他报告说，他在当地建立了坚固的堡垒纳维达，并且占领了一座城镇，与当地国王建立了良好关系。[44] 那座城镇很是精巧，功能齐全。他还谈到了食人族，说食人族乘独木舟四处活动，掳掠破坏，每年还会去抢夺"马蒂尼诺"岛上的女人（也许是指马提尼克岛，他从未去过那里）。

哥伦布总结说，凭借他的地理发现，"只要陛下再帮些小忙"，他就能给王室带来不计其数的黄金，而且，

> 我会带给陛下香料和棉花，我会带回一整船舱的乳香（像希俄斯那样），这正是他们期待的。应他们的要求，我还会带回许多芦荟，带回许多敬奉崇拜物的原住民，作为奴隶使唤。我无比确信，我也发现了大黄和肉桂。由此可见，永恒的神，我们的主，会庇佑那些行他的道之人，让他们战胜一切绝境……因此，整个基督教世界都很高兴，在这一伟大的事业上，救赎我们的主，已把胜利赐给我们最杰出的国王和女王，以及这座远近闻名的王国。基督徒应当庆祝，应当庄严祈祷，向圣父、圣灵和圣子表达由衷的感谢，这项壮举将让更多人改

信基督教，让更多人拥有信仰，并带来许多长远的裨益。这不仅是西班牙的福祉，整个基督教世界都将因此获得好处，受到激励。[45]

哥伦布理所当然地相信自己已到达了亚洲。然而，多数聪慧的意大利评论家则认为，哥伦布的地理发现证实了对跖点理论：他把基督的圣名带到了"我们之前甚至认为不存在"的对跖点。佛罗伦萨有人将哥伦布到达的地方称为"与我们的世界对应的另一个世界"。[46]这种想法刚好符合15世纪90年代意大利人文主义者的主流观点。5世纪时，教会作家马克罗比乌斯（Macrobius）为西塞罗的著作写过注疏，西塞罗认为，"北半球和南半球可能都有一块对跖大陆"。当时，马克罗比乌斯注释的这本书曾出版印刷过。5世纪时，来自北非的博物学家乌尔提亚努斯·卡佩拉（Marciano Capella）写过一部寓言小说《菲劳罗嘉与墨丘利的联姻》（*De Nuptis Mercurii et Philologia*），他也持有同样的观点。当时，这部小说也出版发行了（宇宙学家皮埃尔·达哀理认为，对跖点可能是一块大陆，与已知的大陆相连）。西班牙的彼得·马特尔也写道，哥伦布到达了"对跖点"："哥伦布已从西方利古里亚的对跖点回来了，这次航行中，君主仅仅给了他3艘船，因为君主认为，他所说的这次航行，根本就是天方夜谭。"（因为对跖点意味着完全相反，所以在西方找到对跖点，实在难上加难！）

马特尔还说，哥伦布到达的是"不为人知的地方"，这可能意味着，马特尔至少认为那些原住民不是亚洲人。[47]9月，哥伦布给他曾经的恩人滕迪利亚伯爵和塔拉韦拉大主教写信说，没有他们的建议（这是哥伦布讨好的说法，事实不尽如此），他肯定无法完成这次航行："打起精神，明智的先生们，我来给你们讲述我的新发现！请记住，您应该记住，利古里亚的哥伦布，已经去过西方的对跖点，那是个新半球。"[48] 一个月之后，他向葡萄牙布拉加大主教写了一封更正式的信件，讲述他发现的印度群岛："我并非全盘否认那里，但世界太大了，似乎也存在其他可能性。"[49] 1493 年 11 月 1 日，在致枢机主教阿斯坎尼奥·斯福尔扎的信中，[50] 马特尔开始用准确的措辞"新世界"来指代哥伦布到达的地方。

海军上将本人在给路易斯·德·桑坦格尔的信中谈到，"用了 33 天的时间，我到达了印度群岛"。他在信中写道，他"与我们最杰出的国王和女王陛下赐予的船队一起来到印度群岛"。[51] 为什么他不说是印度？因为据推测，哥伦布想要"使用最模糊、最泛化的措辞来指代东方，不去破坏国内公众的想象"。[52] 海军上将聪明的儿子费尔南多·哥伦布认为，哥伦布使用"印度群岛"一词，是因为这个词可以指印度东部，恒河以东的地区，对此地理学家也没有给出明确的边界……[53]

哥伦布继续使用"印度群岛"的措辞，没人提出异议。不过，他的发现非同小可，斐迪南、伊莎贝拉以及王庭都意识到其中的价值。正如彼得·马特尔所愿，两位君主很快便行动起来了。

第八章

"他们爱邻如己"

泰诺人热情却不贪婪……

他们爱邻如己。

——1492 年，哥伦布评论伊斯帕尼奥拉的原住民

今天被称作"美洲"的两块大陆和哥伦布"发现"的诸多岛屿上最早的居民都来自亚洲。公元前 15 000 年之前，阿拉斯加与西伯利亚之间有冰层相连，于是，一些亚洲人通过冰层来到阿拉斯加。[1]公元前 8 000 年前后，冰河期结束，白令海峡中的海水才开始流动。

那些去往美洲的亚洲人，似乎是组团迁徙，每团约 50 人左右。那时，人类还处于漫长的狩猎时代，这些人也许是循着动物（比如猛犸象）的踪迹，一路向东迁移，就像哥伦布向西航行，寻找黄金和香料一样。

体貌上，这些亚洲人可能与蒙古人或鞑靼人相似，也许有些看起来像日本的阿伊努人。2002 年，墨西哥城附近出土了一具人类骨架，其头骨较长，不太像亚洲人，更像欧洲人。这项重要特征让考古学家花费不少脑筋。无论如何，许多来自亚洲的古人在美洲大陆

上一代代地迁徙旅行，过着游牧生活。

白令海峡的冰层融化之前，男男女女的移民陆续不断地从亚洲来到美洲，这段旅程愈发艰险困难，但这并没有阻止后来者的持续迁徙。举例来说，约在公元 100 年时，因纽特人才来到他们现在的定居地。公元前 10000 年前后，一些移民就已经到达了墨西哥，最终形成了几个固定的文化中心：墨西哥山谷、尤卡坦山脉和秘鲁。所有这些文化中心，都是依靠农业建立起来的。大型哺乳动物灭绝后，人们要么是发现了农业，要么是不得不发展农业。最开始，人们正是循着这些大型哺乳动物的踪迹来到美洲。

墨西哥地区的农业时代始于公元前 5000 年前后。当时，一些家庭发现，把种子埋入土里，就可以定期产出作物。第一种作物无疑是玉米，这是墨西哥的土特产，也是北美大陆对世界繁荣的最重要贡献。即便是在公元 2000 年的今天，在墨西哥农作物的产量中，玉米仍然占比过半。不久，玉米就开始被种在梯田里。古代墨西哥的作物还包括鳄梨、豆类和辣椒，野生水果、鱼类和动物也是重要的食物来源。公元前 5000 年前后，墨西哥人开始制作陶器，公元前 3000 年前后，墨西哥人开始将棉花织成布料。

这些发明出现的时间，远远晚于旧世界（约公元前 10000 年或更早，近东地区的居民就开始种下种子，等待收获）。美洲的农业革命也不像亚洲那样伴随着动物驯养，原始的美洲狗仍是猎物。远古时美洲也有马，到公元前 8000 年，马在美洲灭绝。美洲没有能负重的野生动物，秘鲁倒是有一种美洲驼，可是负重能力十分有限，后来欧洲人带来了较能负重的牲畜。

与亚洲一样，美洲的农业发展也导致人类高度集中到城镇。

美洲出现了有组织的宗教、复杂的政治制度，包括但不限于中美洲（中美洲和墨西哥）的若干地区还出现了商业。在今天的墨西哥地区，黑曜石，一种精细、坚硬的黑色石头，成为贸易的一般等价物，受到广泛认可；在古代美索不达米亚文明中，黑曜石也起到了类似作用。

1492 年 9 月，哥伦布和一行西班牙水手到达加勒比地区，发现称作泰诺人（当时又称"卢卡人"）的巴哈马原住民，他们居住在这一带的岛屿上：哥伦布称之为伊斯帕尼奥拉的岛，原住民称之为海地或库斯克（Qusiquey，意为"比什么都大"）；古巴，保留了其土著语名称；波多黎各，后来称之为博里基恩（Boriquen）；牙买加（意为"木头和水的土地"）；以及小安的列斯群岛北部诸岛。

这些泰诺人曾被称为阿拉瓦克人（Arawaks），但这个指称并不正确。阿拉瓦克人确实存在，可他们居住在瓜尼亚斯和特立尼达岛（Trinidad）。泰诺人的土著语中，Taina 这个词意为"好"。几个泰诺人遇到哥伦布时，用这个词向哥伦布表明自己不是"坏"的食人族。[2] 不过在 16 世纪时，人们没有怎么注意这些细节。

在瓜德罗普岛（Guadeloupe）南面的小安的列斯群岛，西班牙人遇到了更原始和残忍的加勒比人。

加勒比地区的所有居民最初都来自南美大陆，他们乘独木舟，沿着安的列斯群岛或西印度群岛的特立尼达和多巴哥航行，来到这里。该地区的盛行风有利于从南向北或从东向西航行。奥里诺科（Orinoco）河水流湍急，当初很可能是这股水流把人们带到西印度群岛。一年的大部分时间里，这片区域都刮着东北吹来的信风。不过，泰诺人的神话坚持认为，他们的祖先是在伊斯帕尼奥拉的魔法洞穴里诞生的。

在古巴的比那尔德里奥（Pinar del Río）以西，西班牙人不久就会发现另一个种族，瓜纳哈塔巴耶人（Guanahatebeyes），又称西波内人（Ciboneys）。对于这个种族，人们知之甚少，只知道他们是游牧民族。西波内人是穴居人，没有固定村庄，也没有政治结构，他们主要吃龟、鱼和鸟。[3] 他们可能是更早时候来到岛上的移民，经由小安的列斯群岛来到古巴，为了躲避泰诺人而去往古巴西部。西班牙占领古巴之后不久，他们似乎就消失了。如今，泰诺人也像西波内人一样，湮灭于历史长河中。有几个泰诺人或西波内人后裔与移民加勒比的黑人或白人通婚，把血脉流传下来，这在巴亚莫（Bayamo）附近的某些古巴原住民村庄和古巴贵族（比如雷希奥斯家族）中尤为常见。如今，多米尼加岛上还有加勒比原住民的保留地。泰诺语中的很多词汇也被借用到西班牙语甚至英语中（吊床、独木舟、飓风、大草原、食人族、烧烤，当然，还有酋长）。

这些泰诺人与大陆文明之间几乎没有联系。古巴和尤卡坦半岛之间的海峡宽度不超过120英里，但海流湍急，无法通航。后来玛雅人造出坚固的船舶，虽能穿越海洋，却仍然无法经常来往两地。另外一边，多巴哥和格林纳达诸岛距南美大陆仅60英里，乘独木舟即可往来，而且圣比森特到瓜德罗普岛之间也仅有100英里，仍在独木舟的航程以内。

中美洲人的文明要比泰诺人先进许多。不过，在中美洲传说和文字记载中（西班牙人征服后收集的资料），几乎没有向东方探索的记录。只有古墨西哥人相信，有位羽蛇神曾乘着一排蟒蛇消失在墨西哥湾。

中美洲和加勒比诸岛之间交往不多，但确实存在。在墨西哥的科苏梅尔岛上，科尔特斯的西班牙探险队发现了一位牙买加妇女，此前她遭遇海难，漂流到这里。[4] 1492 年，哥伦布到达古巴时，墨西哥的卧式木鼓已经在古巴流传开来。此外，哥伦布声称自己在古巴见到了淬炼过的银质鼻环。如果哥伦布所言不虚，这件银鼻环应该来自附近唯一的银产地米却肯，现位于墨西哥境内。[5] 1514 年时，古巴首任西班牙总督迭戈·贝拉斯克斯·德·奎利亚尔给西班牙国王写信称，据古巴岛居民所说，大陆上的人乘独木舟行驶五六天，就能到达古巴岛西北岸。这些人可能来自尤卡坦或墨西哥一带。如果西班牙人不来（这是个大胆的假设），再过几个世纪，泰诺人也许就能渡过这个海峡，与尤卡坦开展贸易活动。不过，如果泰诺人真的渡过海峡，墨西哥人一样会征服他们，不会比西班牙人多费什么力气。

关于这些美洲原住民的人口数，众学者观点不一。有学者认为，加勒比诸岛上有 800 万泰诺人[8]"接触"了欧洲人，但也有学者认为只有 20 万[9]。历史学家、政治鼓动家、圣徒兼传教士的巴托洛梅·德·拉斯·卡萨斯大胆猜测，1494—1508 年有 300 万印第安人死在伊斯帕尼奥拉岛上。1519 年，这位多明我会修道士称，据海军上将的兄弟巴尔托洛梅奥·哥伦布估计，1494 年时伊斯帕尼奥拉岛上有 10 万印第安人。[10] 这个数字比较小，肯定更接近真实情况。关于圣多明各早期的文献记录很多，但 1511 年以前，并没有人口下降的迹象。多数人都认为，1510 年时，岛上约有 3.5 万人。[11] 西班牙人确实冷酷无情，但并非麻木不仁，如果与 1493 年新定居者抵达时相比，岛上的人口数下降高达 99%，他们肯定会注意到。1499 年时，哥伦布仍然认为，岛上每年可出口 4 000 名奴隶。因此，我们可以这样推测：伊斯帕尼奥拉岛上有 4 万—10 万人，而波多黎各、牙买加、古巴和加勒比群岛中的其他岛屿上共有 10 万—12 万人。[12]

这些原住民通常住在一些大型村庄里，每个村庄约有 1 000—2 000人。哥伦布告诉西班牙国王和女王，泰诺人的文明程度不如日本和中国那样高。虽然海军上将对东方的了解很少，但这句话却没说错。泰诺人的社群中，每个村庄都由一位村长管理，或用泰诺人的话说，由酋长管理。泰诺人的房子常常足以容纳好几个家庭，这种房子以木头和茅草盖成，地面用泥土铺成或就是原始地表，类似于古巴现存的波西草房，不过比波西草房要大许多。这些房子通常围绕中央广场不规则地散布开来。酋长的房子比其他房子更大些。酋长会把多余的食物储存到特殊的仓库里。这些酋长可能是男性，也可能是女性，这与原始社群的惯例不同，即便实行一夫多妻制，原始社群通常也是母系氏族社会。[13] 因此，与文明程度更高或更低的国家相比，古代加勒比地区妇女的社会地位都相对较高。

房子里有睡觉用的吊床，用棉花制成。"吊床"这个词在南美很普遍（哥伦布远航前，大西洋东西两岸都有棉花）。房子的墙上挂着篮子。酋长让访客坐在精心雕刻的木凳上，这是一种款待。1492 年，哥伦布航行到此时，两位犹太改宗者路易斯·德拉·托雷和罗德里戈·德·赫雷斯就接受过这样的招待。泰诺人有一手木匠技艺。（其他手艺也颇为精湛，他们有时也雕饰头骨，作为吊坠佩戴。）1494 年，伊斯帕尼奥拉岛的一位女王将 14 张凳子送给哥伦布的弟弟，哥伦布的弟弟则把其中乌木制成的凳子送回西班牙。这些凳子做工精致，让彼得·马特尔钦佩不已。酋长经陆路出门时，就躺在吊床上，由村民们抬着走。许多泰诺人的村庄组成一个个区域，许多区域又组成一个个地区，地区由一名大酋长"统治"。不过，大酋长并没有生杀予夺的大权，主要权力仍归酋长所有——这是集权原则的典型反例，颇具参考价值。

伊斯帕尼奥拉各区大酋长的名字已载入西班牙编年史，流传至今。大酋长卡奥纳沃统治岛屿中心的丘陵地区，西班牙人将该地区称为拉马瓜纳（La Maguana），当地人则将该地区称为锡瓦奥（Cibao），哥伦布苦心寻找的金矿就位于这一地区。这位大酋长与安纳可安纳（Anacoana）联姻，这位安纳可安纳是西部大酋长波西奇奥的妹妹。此外还有卡亚卡（Cayaca），一位女性大酋长，统治东部地区。最后一位大酋长是瓜里奥耐克斯（Guarionex），统治岛屿北部的肥沃平原。每位大酋长都辖有七八十位酋长，其中，瓜达拉哈拉酋长与基督徒保持了友好关系，哥伦布建立的殖民点纳维达，就位于这位酋长管辖的领土内。根据这位酋长自己的说法，他曾试图保护殖民点的定居者。他因此遭到其他大酋长的憎恨，尤其是波西奇奥和卡奥纳沃，这两个大酋长各偷走了他的一个妻子。所有这些酋长或领袖都认同世袭制度，这一点与欧洲人一样。

哥伦布的一位同伴，圣哲罗姆派隐士拉蒙·帕内神父（Father Ramón Pané），1493 年曾陪同他前往伊斯帕尼奥拉岛，这位神父记录下泰诺人的宗教信仰。泰诺人有两个至高无上的神，他们称之为 *zemis*：其一是育卡胡（Yúcahu），咸水和木薯之神；其二是育卡胡的母亲阿塔巴依（Atabey），生机和生育之神。此外还有一些次要的神。所有这些神的形象都经常被雕刻在小骨头、木块和陶器上，酋长们将这些小物件保存在特别的房屋中。这些房屋就是原始的寺庙，由祭司守卫。不过，这些祭司并非特殊阶层。萨满或医生也会在治疗病人的仪式中用到这些神像。

泰诺人每年都会举行一次庆典称颂酋长。他们跳起舞蹈，奏响木鼓，绕着小镇游行，跟着音乐起舞。他们还会与不同地区或村庄的男男女女聚到一起，举办竞技比赛。在中美洲，球赛也在建有围墙的宽敞球场上举行，这也许是中美洲诸岛曾和大陆接触的另一个标志。

泰诺人的社会分为两个阶层，较低的阶层由劳工组成，这些劳工似乎不享有任何权利。不过，他们的社会没有严格意义上的奴隶。了解古巴的拉斯·卡萨斯认为，西波内人是一群"简单、温和的人，他们任人驱策，就像奴隶一样"。[14]

泰诺人对冶金有一定的了解，他们从河里淘来黄金，将其铸成金块。他们本来不会冶炼金属，但在与南美大陆北部原住民从事贸易往来的过程中，逐渐学会了冶炼工艺。他们在黄金中混入铜，炼出更便宜的铜合金，然后制成饰品，给酋长佩戴。泰诺人会钻木取火，会制作陶器，也知道如何把棉花纺织成布。

泰诺族男人一般赤身裸体，有时也穿棉质缠腰布。女人穿棉质裙子，未婚女性会戴着发带。酋长们喜欢戴羽毛头饰，有的头饰很是精致。哥伦布来到美洲之前，其他地区的情况也是这样。

泰诺人设计出一种成功的农业种植法，他们堆起 3 英尺高、约 9 英尺宽的土堆，在土堆上种植块根作物。他们唯一的农具是挖掘棍。主要作物是木薯和丝兰，其次是甘薯。木薯和丝兰可以制成面粉，再做成无酵饼，这种无酵饼能够保存很长时间。哥伦布把丝兰描述成"泰诺人的生命"。[15] 这一说法符合实情。这种甜薯也可作为蔬菜食用。泰诺人还小规模种植玉米，但用玉米制成的面包无法长期保存。

其他农作物还有菠萝、花生、南瓜、辣椒、豆类以及烟草。烟草可以做成雪茄，用来吸食取乐，西班牙人很快就学会了。不过，泰诺人不会酿酒。他们用渔网捕鱼。他们还食用鬣蜥、鹦鹉和硬毛鼠。硬毛鼠是种啮齿动物，有点类似于兔子，如今已经灭绝。哥伦布回西班牙时，还把硬毛鼠作为礼物送给伊莎贝拉女王。古巴南部的浅珊瑚群中有不少海龟，泰诺人也会捕来食用。1493 年，哥伦布的热那亚同伴、善于观察的米歇尔·库内奥（Michele Cuneo），曾把这些海龟描述为"庞然大物"。[16] 泰诺人没有驯养家畜，只有一种不会叫的小狗，他们把这种小狗养作宠物，然后吃掉。泰诺人会使用独木舟，经常出海从事贸易活动，比现代加勒比海居民出海频繁得多。他们用木质工具掏空木棉树，加以雕刻和装饰，做成独木舟。泰诺人会使用桨，但没有风帆。据哥伦布称，有些独木舟甚至可以载 150 人。[17] 泰诺族的语言似乎有很多变种。伊斯帕尼奥拉南部居民和北部居民使用的语言也不尽相同。

这些印第安人爱好和平。哥伦布称他们"热情却不贪婪"。"他们爱邻如己，"哥伦布评论道，"讲着世上最动听的语言。"不过，即便没有西班牙人的造访，泰诺族可能也要走向穷途末路了。因为他们经常遭受东方加勒比人的袭击，为了进行抵御，泰诺人把皮肤涂成红色，头上戴着神灵的肖像，持棍棒、弓箭和长矛与敌人作战。他们生性温和，却饱受地方性梅毒的折磨。在古老的泰诺族传说中，有位传奇划桨手曾前往南非，寻找治愈梅毒的方法。[18]

泰诺族的敌人是加勒比人，他们主要居住在瓜德罗普岛和马提尼克岛。欧洲人对这些人所知甚少，却无端用"加勒比"（前文已提及，本意是"食人族"）一词命名这片海域和地区。显然，加勒比的男女住在不同的房屋里，就像传统的寄宿学校那样。他们的农作物和泰诺人大致相同，不过，他们会用菠萝酿酒。[19] 他们饲养鸭子，而泰诺人则没有。他们袭击所有的邻近岛屿，夺取女性，俘为妻子。和泰诺人一样，他们也前往南美洲北海岸进行贸易。加勒比人的主要武器是弓箭。他们会吃掉部分战俘，并非以此为乐，而是为了增强他们的勇气。他们的语言是阿拉瓦克语，一种南美语言，与泰诺语大不相同。西班牙人倾向于把所有和自己战斗过且拒不改信基督教的原住民统称为加勒比人，因此他们混淆了加勒比的定义。加勒比人确实袭击了其他岛屿，但瓜德罗普岛以北就没有加勒比人了。

　　如今，加勒比地区的原住民就像加那利群岛的原住民一样，已经不复存在，个中原因将在下面的章节中探讨。既然他们已经消失，今人就无从得知他们的真实样貌。他们只能活在历史中，幸而，历史没有亏待他们。不过，他们不是永生不朽的圣人。就算西班牙人没有入侵，加勒比人也多半会灭绝泰诺人，正如泰诺人灭绝西波内人一样。有些人笔下的古代加勒比海仿佛极乐世界，实际上那是个弱肉强食的极乐世界。

　　　　　　　　黄金之河：西班牙帝国的崛起，从哥伦布到麦哲伦

第九章

"我们承认，你们发现的岛屿和土地，皆归你们所有"

> 教廷承认，你们发现的岛屿和土地，皆归你们和你们的
> 继承人所有……你们的后裔也可以享有相同的权利、荣誉和
> 豁免。

——教皇亚历山大六世致天主教双王，1493 年

1485 年和 1488 年，葡萄牙国王若昂与哥伦布进行过两次交谈。若昂国王很快醒悟，知道自己遭受了巨大损失。锡耶纳（Sienese）参议员和历史学家阿莱格雷托·阿莱格雷蒂（Allegretto Allegretti）给国王写信，说美洲大陆不过是另一片加那利群岛，这番话并没能安慰若昂国王。[1] 1493 年 4 月 5 日，早在哥伦布尚未到达巴塞罗那时，若昂就派鲁伊·德·桑德（Rui de Sande）去了西班牙，鲁伊是生产葡萄酒的小镇托雷斯-韦德拉斯的首席行政司法官（chief magistrate）。当时，葡萄牙王庭正在这座小镇度过复活节。若昂国王想告诉伊莎贝拉女王和斐迪南国王，他已经在里斯本和哥伦布谈过了，他认为，海军上将发现的土地应当属于葡萄牙。所有的相关条约都证实了若昂国王的判断。正如我们所见，若昂国王一听到哥

伦布抵港的消息，就秘密派出一艘船向西探索。一些想象力丰富的学者称，这艘船带回消息，证实巴西确实存在。[2]

斐迪南和伊莎贝拉也往里斯本派出特使洛佩·德·埃雷拉（Lope de Herrera），他带去西班牙君主的口信：如果哥伦布的地理发现使得两国之间产生任何争议，西班牙君主想和葡萄牙当面讨论。特使还补充说，西班牙王国将报复任何未经西班牙允许，航行前往印度群岛的人；西班牙历来遵守"阿尔卡索瓦什条约"，尊重葡萄牙对专属航线的垄断，从未涉足埃尔米纳、黄金海岸和非洲其他海域的航线。[3]洛佩·德·埃雷拉意在告知或警示里斯本，葡萄牙不得涉足哥伦布发现的这片西班牙属西印度群岛。[4]

这个外交请求很有先见之明。到了4月底，新任梅迪纳－西多尼亚公爵胡安·德·古斯曼（Juan de Guzmán，一直不愿帮助哥伦布的恩里克公爵已于1492年夏去世）就告知西班牙君主，据传闻若昂国王想派出另一支船队，由弗朗西斯科·德·阿尔梅达率领，去验证哥伦布的发现。[5]5月2日，西班牙君主要求公爵集结他在西班牙南部的海军，阻止葡萄牙的此次行动。[6]巴斯克将领伊尼戈·德阿特耶塔旗下的皇家舰队（6艘船，近900名船员）也从比斯开湾赶来，停靠在加的斯（Cadiz）海岸。[7]（舰队的另一项任务是护送巴布狄尔国王前往非洲。）[8]凭借在塞维利亚的高效间谍网，葡萄牙很快就获悉了这些军事调动。[9]

精明的西班牙君主也与罗马教皇保持着联系。西班牙在罗马有个代理人贝尔纳迪诺·德·卡瓦哈尔（Bernardino de Carvajal），他是枢机主教胡安·卡瓦哈尔的侄子。此前，胡安·卡瓦哈尔当过教皇使节，他兢兢业业，在中欧地区的工作尤为出色。他的墓志铭是：

"圣徒彼得的灵魂，大帝恺撒的勇气"（*Animo Pectore Caesar erat*）。贝尔纳迪诺则是年纪轻轻，前途无量。卡瓦哈尔家族来自埃斯特雷马杜拉的普拉森西亚，与该地区的其他大家族来往密切，包括贝尔格拉诺家族、奥雷亚纳家族和蒙罗伊家族。贝尔纳迪诺·卡瓦哈尔给教皇带信说，如果哥伦布发现的新岛屿与加那利群岛处于同一纬度，那么这些土地自然属于西班牙。不过，如果这些岛屿就是老水手口中的"安提利亚"（Antilla）或"亚特兰蒂斯"呢？在传说故事中，这些"岛屿"属于葡萄牙。西班牙和葡萄牙两国的势力范围之间，有没有一条明确的边界？哥伦布认为，这条边界应该在亚速尔群岛以西 100 里格，他声称自己发现这条边界两侧气候差异巨大。卡瓦哈尔宣称，这条边界以西，就是西班牙的势力范围。[10]

卡瓦哈尔和迭戈·洛佩斯·德·阿罗（Diego López de Haro）是斐迪南和伊莎贝拉驻罗马的大使，与梵蒂冈的教皇同在一处。洛佩斯·德·阿罗是位诗人，家世显赫。他私下对教皇颇多微词，说教皇激化意大利的战事，宽恕库里亚（Curia）*的腐败，庇护假装改信基督的犹太人，[11]还买卖圣职。卡瓦哈尔现在坚持认为，根据上帝的意愿，西班牙征服了加那利群岛，也征服了"许多其他未知的印度（岛屿）……很快，西班牙君主就会派传教士前往这些岛屿，让岛上的原住民信奉基督。因此，西班牙君主请求教皇下诏，承认印度群岛归西班牙所有。此外，西班牙君主还请求教皇，允许将贩卖赎罪券所得的收益用于向西印度群岛传教，这部分收益原本用于资助对格拉纳达的战争"。[12]

---

* 库里亚地方教会的管理人员与机构组成的团体，主要功能为辅助主教等高级神职人员管理与领导教会。——编者注

教皇亚历山大有些悲观消极，但哥伦布的地理发现让教皇很兴奋，"海洋上如此宽敞的大门已经打开，一度未知的新世界已经浮出水面，那里有无数个国家和民族，这么多世纪以来，人们一直在盼望着基督神权能够扩张和增强"。[13] 1493 年 5 月 3 日，教皇发表了一篇"简要说明"，仲裁了有关新岛屿的争议。第二天，这篇说明成为教皇诏令，此即"教皇子午线"。教皇将哥伦布发现的所有土地分配给卡斯蒂利亚王室，条件是西班牙君主必须在新土地上传教，这些新土地不包含另一个基督教国家葡萄牙已经占据的土地。西班牙获得的这项权力，与葡萄牙在非洲的垄断权相同。教皇这么快就下诏，可能是因为收到西班牙的贿赂，其中一些贿金，说不定就是此前哥伦布从美洲带回，在巴塞罗那交给君主的黄金。当然，据记载，从美洲带到罗马的第一块黄金，被用于装饰圣母大殿的嵌板。这些嵌板是罗马教廷同类装饰品中最为精美的一批。[14]

接下来，教皇亚历山大详细阐明了西班牙的权利，并详述如何向这些"新发现的野蛮国家"传播基督教信仰。他热切地回顾了斐迪南和伊莎贝拉战胜摩尔人的事迹，强调了传教的必要性。他也提到：

> 我们亲爱的教子哥伦布，历尽千辛万苦，跨越艰难险阻，借助有力的船只和能干的海员，穿过海洋，找到了远方不为人知的土地，从未有人航行到那里过。
>
> 由此，考虑到各方因素，眼下最要紧的，就是弘扬和传播天主教信仰。对于天主教双王和统治者而言，这是理所当然的事情。你们（斐迪南和伊莎贝拉）已经决定，根据你们祖辈

的风俗习惯，根据你国历任先王的光辉事迹，向教廷允诺，将这些土地和岛屿，以及其上的居民，在天主信仰的神圣善款帮助下，转变为天主教信仰……（所以）就像葡萄牙的国王发现并征服非洲、几内亚、黄金海岸的埃尔米纳以及其他岛屿一样……教廷承认，你们发现的岛屿和土地，皆归你们和你们的继承人所有……你们的后裔可以完整地继承所有权利、特权、支配权和豁免权。[15]

值得注意的是，这笔善款专门拨给了卡斯蒂利亚，阿拉贡并没有分到一杯羹。这种偏颇似乎并没给斐迪南国王造成困扰，毕竟斐迪南多半要终生统治卡斯蒂利亚。

也许是因为文中一些陈述含糊不清，也许是听从了卡瓦哈尔的建议，5月4日，教皇又发布了另一篇公告。在新公告中，所有提及葡萄牙的内容都被略去，加入了更多对哥伦布的称赞。教皇亚历山大宣布："在俗世称之为亚速尔群岛和佛得角以西100里格处，教廷制作并画出一条从北极到南极的直线，教廷给予、承认并赋予（西班牙）这条线西方和南方已发现的、即将发现的和将会找到的所有土地和岛屿。"[16]

这些公告把海军上将所发现领土的优先权赋予斐迪南和伊莎贝拉。"如今，专利是给予发明的特权，版权是给予文学作品的特权，"罗马某历史学家写道，"而这道在教会谴责声中强行下达的教皇诏令，保护了辛劳发现者得来不易的成果，使得这些成果不会被更强壮的力量夺走。"[17]

一个世代之后，卡斯蒂利亚法官阿隆索·德·苏亚索（Alonso

de Zuazo）评价这项决策说："葡萄牙国王与西班牙君主把世界瓜分成两半，就像瓜分一个橙子。"如果这位教皇没有西班牙血统，如果当时葡萄牙在罗马有位更加强大的谈判代表，这项决策可能会有所不同。

但教皇这番公告，究竟是何用意呢？他是否期待向新世界传教？是否真的认为斐迪南和伊莎贝拉应该拥有"充分、自由、足够、绝对的权威和管辖权"？此外，如麦哲伦后来所言，这样随意划分后，西班牙和葡萄牙就不仅瓜分了西半球，还可以扩大推及东半球。香料群岛（Spice Islands）、摩鹿加群岛，还有发现时代的终极目标——后来的东印度群岛，都被纳入西班牙的势力范围。[18]

葡萄牙国王若昂佯装不知教皇的诏令，试图直接与伊莎贝拉和斐迪南谈判。然而，卡斯蒂利亚王室对此置之不理，他们鼓励哥伦布准备前往西印度群岛的第二次航行。

海军上将炫耀了他的宝藏和俘虏，讲述了将西班牙殖民队安置在"伊莎贝拉堡垒"的经历。5月23日，哥伦布带着他的"特权信"，从巴塞罗那返回塞维利亚。信中明令，没有国王，或女王，或哥伦布自己，或会吏长（Archdeacon）胡安·罗德里格斯·德·丰塞卡（Juan Rodríguez de Fonseca）的许可，任何人都不得前往新大陆，也不得向新大陆运送任何货物。[19]

丰塞卡刚被任命为神父不久，他家世显赫，是匈牙利王室后裔。谱系学家称，11世纪时，他的祖先似乎曾与西班牙某王室联姻。丰塞卡家族有不少奇闻逸事流传于世。这位丰塞卡的表兄弟，就是臭名昭著但为人或许宽宏大量的圣地亚哥大主教。他的某个姑姑嫁入卡斯蒂利亚王室，和王室某私生子成婚。所以说，这位丰塞卡是已故女王胡安娜某位情人的堂兄弟。托罗战役中，他父亲费尔南多为卡斯蒂利亚作战，不幸牺牲。叔叔阿隆索是15世纪70年代时塞维利亚的大主教，位高权重。丰塞卡家族有一座砖砌的城堡，位于梅迪纳－德尔坎波附近的科卡，时至今日，这座城堡仍然值得一游。

胡安·罗德里格斯·德·丰塞卡是萨拉曼卡伟大语法学家内夫里哈的学生，也是王室告解神父塔拉韦拉的门徒。1492年时，他乔装越境来到法国，为胡安亲王和哈布斯堡公主玛格丽特主持婚礼，同时也为胡安娜公主与哈布斯堡王子腓力主持婚礼。也是在1492年，塔拉韦拉当上大主教，几乎把丰塞卡看作格拉纳达的副市长，试图以此锻炼丰塞卡。塔拉韦拉说："在工作中，他可以学着成为圣人。"然而，丰塞卡只掌握了管理技能，却没有学到圣人般的品性。

当时，会吏长已经是一位久经考验的外交官了。1493年3月时，他获授圣职。丰塞卡出生于1451年，与哥伦布和女王同岁。女王对他委以重任，他辛勤工作，勤恳奉献，深刻影响了西班牙与印第安人一个世代的关系。[20] 他一手处理西印度群岛事务，虽没有对应头衔，但总体而言，他属于公务员，而非政治家。他兄弟安东尼奥也在卡斯蒂利亚身居要职。安东尼奥参与征服龙达后，获封一些领地，还当上了卡斯蒂利亚的总会计官。

一些新的任命似乎提升了哥伦布的地位。具体说来，他被授予新纹章，纹章上有"一座城堡和一只狮子，色彩饱满，样式精美"[21]；他每年可获得1万马拉维第的津贴，终生有效，因为他是第一个见到并发现新大陆的人。[22]1492年4月17日和30日的"特权协议"及"特权许可"中许诺给哥伦布的头衔、权利和权力都得到了确认，他明确获得了与"卡斯蒂利亚王国历史上和现存的副王和总督"同等的地位。[23] 海军上将也得名"唐克里斯托瓦尔"。据说，他的统治权覆盖了从亚速尔群岛和佛得角群岛的南北极连线以西的区域，比起西班牙外交官此前在里斯本提出的建议，这个范围更为广阔。[24] 在另一份文件中，哥伦布被称为"海洋统帅"（captain-general）。[25]

两位君主和哥伦布说话时，都用新头衔称呼他，两位君主认为"他在西印度发现的岛屿"都属于自己。他们认为，必须找到更多的土地，找到"新的亚洲大陆"。像往常一样，他们发布了许多文件，正如某位近代历史学家所说，两位君主开始为新殖民政府建立基础，任命公职人员，招募农民，寻找从事具体工作的劳工，逐步在西印度群岛建立自己的垄断政权。[26] 他们或许已意识到，哥伦布发现了新世界，那并不是旧世界的远东区域，但目前他们还不能确定。很明显的一点是，他们的公务人员和大臣（包括杰出的丰塞卡）会派上大用场。

1493 年 5 月 23 日，斐迪南和伊莎贝拉又颁布另外几项指令。他们要求哥伦布在丰塞卡的帮助下筹备一支新舰队，任命胡安·德·索里亚为探险队的会计，与哥伦布等人合作。索里亚曾是胡安亲王的得力秘书，还是一名法官，负责调查莱昂和萨莫拉的犹太人如何非法携款潜逃葡萄牙。[27]

埃尔南多·德·萨弗拉是一位资深王室大臣，曾负责执行格拉纳达投降条款。君主命令萨弗拉从格拉纳达的新的兄弟会成员中选择"20 名可靠的骑士，其中 5 名要有备用马（母马）"，让这些骑士与哥伦布一同前往新世界。其间，他们的薪俸保持不变，与兄弟会财务主管付给他们同僚的薪俸相同——不过，对他们而言，出海探险是个全新起点。[28] 这些新式的骑士配有轻骑兵装备，不穿全副盔甲，只有胸甲和钢盔，与格拉纳达骑兵相同。这种装备提高了他们的机动性。该命令让哥伦布吃惊不小，他想要独立指挥这些人，并不是件容易的事。

5 月 23 日当天，国王和女王还任命哥伦布的热那亚同乡、银行家弗朗切斯科·皮内洛担任探险队的出纳。[29] 这位银行家同意每年向会吏长丰塞卡支付 20 万马拉维第的薪俸。[30] 事实上，西班牙王室对这位热那亚银行家颇为谦逊，1493 年 8 月 4 日时，两位君主曾写信感谢他的资助，[31] 而他的资助数额也确实相当可观。

两位年轻的银行家，费尔南多·德·比利亚雷亚尔（Fernando de Villareal）和兄弟会的新任财务主管阿隆索·古铁雷斯·德·马德里（Alonso Gutiérrez de Madrid），很可能都是犹太改宗者。两位君主命令这两位银行家从兄弟会经费中拿出 1.5 万金币给弗朗切斯科·皮内洛，用于组建新舰队。[32] 古铁雷斯的妻子是卡拉特拉瓦骑士团两位大团长的侄女，后来古铁雷斯在大西洋两岸开启了漫长的贸易生涯。此前，两位君主从其他两位热那亚银行家奥克塔维奥·卡尔沃（Octavio Calvo）和贝尔纳多·皮内洛（Bernardo Piñelo，弗朗西斯科的亲戚）处没收来 154.5 万马拉维第，两位银行家本来想把这笔钱（以托莱多商人阿隆索·德·卡斯特罗的名义）送到一位被驱逐的犹太人手中。这位犹太人名叫伊亚·温尼斯特（Iya Beneniste），他此时已经身在葡萄牙。这笔没收来的钱也被两位君主拿去资助探险队了。[33] 哥伦布有位佛罗伦萨朋友胡安诺托·贝拉尔迪，他是巴尔托洛梅奥·马尔基奥尼在塞维利亚的代理人。哥伦布委托贝拉尔迪买来一艘排水量100—200吨的轻快帆船，以备航行之用。[34]

5月29日，哥伦布接到正式的新指令，命令他再次出海探险。这份文件要求舰队做好准备，在伊斯帕尼奥拉岛建立殖民点。所有船只和船员统一听从海军上将的命令，哥伦布可以随意调遣这些船员，让他们前去进行贸易，或者探索领土。哥伦布有权任命地方法官和治安官。[35]派出的殖民者主要是劳工，他们的薪酬由王室支付，由哥伦布监督。殖民队中有几位官员，但没有女人，因为伊莎贝拉担心殖民队的女性沦为妓女。当然，她没有想到的是，这个安排导致西班牙殖民者去寻找印第安姑娘求欢，于是，新世界的混血儿便产生了。[36]

在航行途中和殖民地上，两位君主应当被认作"所有印度群岛、岛屿和地区内，已经发现和即将发现之所有国王、王子和王国的主权皇帝"。[37]这句话是最新提出来的，却没人注意到。让这些新发现的国家改信基督教，是两位君主的心头大事。[38]文件中写明，王室希望哥伦布及其船员"善待"（接受格拉纳达投降时经常使用的一个词）印第安人，不要"为难"他们。任何虐待印第安人的西班牙人，都将受到严厉惩罚。

这些指令不仅是出于传教的需要，实质上也是未来殖民地的组织纲领。这些规定旨在确保王室的经济垄断地位，确保殖民者对王室的忠诚和服从。rescate（赎金）这个词概括了这一经济体制。任何人不得运送"未付赎金"的货物，包括黄金以及其他各种货物。只有海军上将本人或王室司库，才能往新世界运送免税货物，但必须经由王室会计见证。政府从卡斯蒂利亚寄来的所有货物，都暂时存放在伊斯帕尼奥拉岛的海关里，另一个海关设在加的斯，用于存

　　　　　　　黄金之河：西班牙帝国的崛起，从哥伦布到麦哲伦

放从西印度各地运来的所有货物。探险殖民的主要目的是发展农业和商业，当然，还有寻找黄金。所有殖民者都会得到政府补贴。据推测，提出这些措施的人，正是能干的丰塞卡。西班牙的商业系统由此开端，并在接下来的一百年里发展完善。[39]

6月7日，西印度王室会计官贝尔纳尔·迪亚斯·德·皮萨（Bernal Díaz de Pisa）和胡安·德·索里亚（Juan de Soria）收到明确指示。[40]指示要求德·皮萨列出船上运载的所有货物，列出所有乘客的名单，记录途中装载上船的所有货物、实际到港的货物以及这些货物的到港时间。他将在西印度建立海关。

6月12日，两位君主给哥伦布写信，向他保证葡萄牙国王并无恶意。[41]6月19日，在罗马布道时，外交官伯贝尔纳迪诺·卡瓦哈尔也宣称："西班牙国王的帝国（主权）神佑（加那利）群岛，那里是如此富饶而夺目，让我们的主耶稣基督欣喜。现在，主已经赐下许多其他岛屿，就在印度那边，这些岛屿一度不为人知，却这般神奇富饶，堪称举世无双。"[42]他又提起《以赛亚书》中的预言，狮子躺在牛旁边，而牛正是波吉亚家族的象征。这篇讲道广为流传。

卡瓦哈尔有位兄弟名叫加西亚·洛佩斯·卡瓦哈尔，此前未曾参加过任何外交活动。之后不久，这位加西亚·洛佩斯·卡瓦哈尔偕首席书记官佩德罗·德·阿亚拉来到里斯本，面见若昂二世。之前，鲁伊·德·桑德曾把葡萄牙的提案传达给巴塞罗那，卡瓦哈尔和阿亚拉此行带来了卡斯蒂利亚的回应。回应的内容来自哥伦布的想法，但略有改变：在海洋中划出一道纬线，作为分界，纬线从加那利群岛向西延伸；纬线以北者归西班牙，以南归葡萄牙，此前确定归属的土地除外。如果这个提案被接纳，那么只有北美洲才归西班牙所有。

佩德罗·德·阿亚拉颇为恼火，他并不认同自己带来的提案，因为按照这个提案，葡萄牙将会获得新世界的大片土地。阿亚拉和其他人则希望将葡萄牙的势力范围限制在非洲。另一方面，国王若昂二世对西班牙人的顽固态度也颇为不满，他说："这个外交代表团缺胳膊少腿。"他觉得卡瓦哈尔是个蠢货，还抱怨说阿亚拉是个瘸子。即便如此，谈判还是很顺利，因为西班牙代表指出，哥伦布回程时不会通过葡萄牙水域。谈判结果是，葡萄牙任命一个委员会，专门考量两国的权利。

深谙官僚之道的会吏长丰塞卡此时已前往塞维利亚，"帮哥伦布准备新的航行"。[43] 丰塞卡能完成这项任务，多半离不开塔拉韦拉的支持，他以前曾是这位大主教和告解神父的门徒。准备出航的过程中争吵不断，会吏长和胡安·德·索里亚对海军上将的不满与日俱增，两位君主给他们俩写信，要求他们尊重哥伦布，毕竟哥伦布才是舰队统帅。[44]

对于哥伦布的第二次探险，国王和女王派出几位神父和修士随行，作为王室代表。王室授予这些神父和修士所需的一切权力。那段时间，两位君主幸运地得到教皇的关注，当时教皇正在梵蒂冈，忙着为他的女儿，美丽的卢克雷齐亚（Lucrezia）举行婚礼，新郎是乔瓦尼·斯福尔扎（Giovanni Sforza）。不过，教皇还是抽出时间，起草了一份教皇诏书，题为《信仰祈祷》（*Pius Fidelium*）。1493 年 7 月 25 日，诏书一经发布，就成为招募传教士的标准。诏书授权著名的教徒波伊修士加入哥伦布的探险队，并且取消"未经罗马教廷许可，不得建立修道院"的禁令。[47]

同一天，斐迪南和伊莎贝拉给丰塞卡写信，敦促他安排哥伦布尽快启程。[48] 葡萄牙使者佩罗·迪亚斯和鲁伊·德·皮纳来到巴塞罗那，向西班牙君主提议用新的分界线来划分两国的势力范围。两位使者说，除非海军上将取消第二次航行，否则葡萄牙国王会立即向西方派遣船只。他们还威胁说，要派葡萄牙船长前往古巴，在古巴主张葡萄牙的控制权。然而，比斯开的西班牙舰队似乎早已阻止了这一威胁。[49]

　　鉴于上述情况，1493 年 8 月 18 日，伊莎贝拉亲自给哥伦布写信，要求他尽快出发，因为每多耽误一天，就会像耽误不久前的二十天一样，而且"凛冬将至"，伊莎贝拉很担心葡萄牙横生枝节。哥伦布听说，若昂国王正从马德拉群岛派出一艘轻快帆船，驶向西班牙。两位君主认为，哥伦布最好武装自己的船只，做好遭遇冲突的准备，而哥伦布则打算避开几内亚，这说明在第一次旅途中，哥伦布并没掌握到足够的地理信息。[50]

　　1493 年 9 月 5 日，伊莎贝拉再次致信海军上将，说她担心葡萄牙会干预，并且用亲切的语气请求他，让他随时告知自己有关他的动向。[51] 同一天，两位君主敦促丰塞卡，想办法让哥伦布尽早启程。[52] 两位君主又给哥伦布发去另一封信，恳求他尽早出发，别再拖延。他们把与葡萄牙划分势力范围的谈判情况告诉哥伦布，并且讲到了葡萄牙最近的发现。因此，两位君主在同一天的另一封信中说，他们想要知道，"你所发现的岛屿、土地，以及航线的确切经纬度"。[53] 这些信并没有送到哥伦布的手上，或者说，没有及时送到哥伦布手上。因为 9 月 25 日这天，哥伦布的第二次航行已经起程，这次他的舰队中共有 17 艘船。

第十章

"仿佛那里就是他们的祖国"

> 日益沉沦于殖民岛屿的安逸及战利品的繁阜……许多西班牙人定居于此，仿佛那里就是他们的祖国。
>
> ——圭恰迪尼，《意大利史》

除了 9 月份曾出访赫罗纳（Gerona）、菲格拉斯（Figueras）和佩皮尼昂，1493 年秋天的大部分时间，伊莎贝拉女王和斐迪南国王都在巴塞罗那度过。像往常一样，他们身边少不了公爵、伯爵、秘书、告解神父、主教、护卫兵，当然，还有王室档案、宝箱和挂毯。

春风得意的哥伦布开启了又一次探险。这次的船队中，"尼尼亚号""圣胡安号"和"科尔德罗号"三艘船由哥伦布直接指挥，其中"科尔德罗号"是哥伦布精心挑选出来的，船身轻巧，因为哥伦布已经不想再使用"圣玛丽亚号"那样的笨重大船了。不过，事情并未如他所愿，最终，船队还是编入 5 艘大船，此外另有 12 艘小船。这些船只类型多样，15 艘船为方形帆，2 艘为三角帆。

船队载有 1 200—1 500 名男性船员，以及少数女性船员。没人记录过完整的船员名单 [1]，我们只知道船员的酬劳与 1492 年时并无二致：有经验的船员每月可得 1 000 马拉维第，没有经验的则是 600 马拉维第。与之前一样，多数船员来自涅夫拉或帕洛斯，不过这次巴斯克人要更多一些，还有部分船员是热那亚人，其中包括：哥伦布的哥哥迭戈（Giacomo 贾科莫），他总是打扮成神父模样；[2] 哥伦布的发小米歇尔·库内奥，他记录此次航行的日志；以及"卡德纳号"的水手长、"利古里亚人"泰内林（Tenerin）。哥伦布其他几个老友均被委以要职。哥伦布的其他同伴中，约有 22 人参加过上次航行。[3]

船队会计贝尔纳尔·迪亚斯·德·皮萨是胡安亲王的儿时伙伴，他受王室委派，与船队一同出行。塞巴斯蒂安·德·奥拉诺（Sebastián de Olano）也在船队中，后来还接手了德·皮萨的会计工作。因此，无论船长哥伦布自诩拥有多高的权威，此次航行的财政大权仍归属于王室。其他与王室有关的人还包括：安东尼奥·德·托雷斯（Antonio de Torres），此人是胡安亲王的亲信，当红廷臣，又是胡安亲王的奶娘胡安娜·贝拉斯克斯·德拉·托雷的兄弟。哥伦布本打算让他指挥伊莎贝拉要塞，但是他得到王室指示，要尽快率领一些船只返回西班牙。[4] 此行他的任务仅仅是替王室成员亲眼视察伊斯帕尼奥拉。哥伦布的儿子费尔南多却高度评价托雷斯，称赞他"行事谨慎，为人高贵"。[5]

船队首席监察官是迭戈·马克斯（Diego Marquéz），他是来自塞维利亚的下等贵族，曾担任丰塞卡大主教的侍从。他同样受到王室委派，监察哥伦布的行为。

船队还有大约 200 名无偿志愿者，其中包括部分自由贵族，如：奥尔纳乔斯骑士团指挥官的儿子迭戈·德·阿尔瓦拉多（Diego de Alvarado），他来自埃斯特雷马杜拉，墨西哥历史上举足轻重的阿尔瓦拉多兄弟就是他的侄子；迭戈·贝拉斯克斯·德·奎利亚尔（Diego Velázquez de Cuéllar），未来的古巴总督；胡安·德·罗哈斯（Juan de Rojas），哈瓦那的缔造者，如同库埃利亚尔的贝拉斯克斯缔造了卡斯蒂利亚；年轻律师海梅·卡尼萨雷斯（Jaime Cañizares），后来成为查理五世的内廷总管。随行的贵族还有塞维利亚人梅尔乔·马尔多纳多（Melchor Maldonado），他曾被派往罗马担任大使。此外，还有佩德罗·德·拉斯·卡萨斯（Pedro de las Casas）和他的兄弟们：加布里埃尔和迭戈·德·佩纳洛萨（Diego de Peñalosa），两人都是公证人；老四弗朗西斯科·德·佩纳洛萨也在船队中。这兄弟四人，是历史学家巴托洛梅·德·拉斯·卡萨斯的父亲和叔叔，他们一家都是犹太改宗者。船队中还有位骑士叫作胡安·庞塞·德·莱昂，他是阿科斯伯爵罗德里戈的表弟，后来征服了波多黎各。最后是加利西亚人塞巴斯蒂安·德·奥坎波（Sebastián de Ocampo），后来成为首个环行古巴岛的探险家。到了下个世代，以上这些人将成为缔造庞大帝国的中坚力量。

另一个担任了船长的廷臣名叫佩德罗·马加里特（Pedro Margarit），来自高贵的加泰罗尼亚家族，他在蒙特格里山上有一座城堡，从数英里之外的安普尔丹都能一眼望见。此人是著名的赫罗纳枢机主教乔安·马加里特（Joan Margarit）的侄孙，乔安·马加里特曾代表阿拉贡国王阿方索五世和胡安二世在罗马教廷工作多年。1461年时，他保护了女王胡安娜·恩里克斯和她的儿子斐迪南。他曾发表著名的言论："君主治国，需要的是谨慎，而非道德。"可见，马加里特主教是一位雄辩的人道主义者，致力于西班牙统一事业。[7] 后来，他的一位堂兄接替他的职位，成为赫罗纳主教。15 世纪 80 年代时，他的另一位堂兄路易斯·马加里特还担任过国王负责加泰罗尼亚事务的政务委员。论起来，佩德罗·马加里特是探险队中最年长的一位，他与此次航行的关系也最密切。早在 1477 年，他本人就曾在萨拉戈萨担任地方法官。1478 年，两位君主在塞维利亚停留时，他代表君主参加了一场著名的比武大赛。征讨格拉纳达时，他为王室麾军作战，为此国王授予他阿拉贡达罗卡市牲畜交易税的征收权。[8]

参与哥伦布第二次航行的众多船长中，阿隆索·德·奥赫达算是个难以捉摸的人物。奥赫达来自卡斯蒂利亚的昆卡城，时年约 25 岁。1490 年，在圣玛丽亚港梅迪纳塞利公爵家中，哥伦布第一次见到了他。此人聪慧过人，外表英俊，身材瘦小，眼睛炯然，总是在战斗中冲锋陷阵，抢占先机。据拉斯·卡萨斯描述，"他身材瘦小，但体形匀称"。[9] 哥伦布十分佩服他，但他后来也给哥伦布带来不少麻烦。某种程度上是因为他之前向梅迪纳塞利效忠，后来又转投丰塞卡门下。女王也很欣赏奥赫达，因为修建塞维利亚大教堂时，阿隆索·德·奥赫达曾当着女王的面沿脚手架横梁走出吉拉尔达塔（Giralda）。这座伊斯兰尖塔足有 250 英尺高，而奥赫达却没有表现出任何恐高的迹象。

这些船长中的大多数人都比哥伦布更熟悉西班牙政治，他们的本能是忠于王室，而非忠于这个指挥船队的热那亚人。

船队中有 20 名骑士，均来自格拉纳达，其中 5 名每人配有两匹马。这 20 名骑士曾是格拉纳达武装兄弟会的成员，均由王室大臣埃尔南多·德·萨弗拉亲自赐名。若干年后的早期西班牙帝国史中的著名人物，似乎都与这20个名字有关，如科罗纳多、卡诺（Cano）、阿雷瓦洛、奥索里奥（Osorio）、莱瓦（Leyva）、塞普尔韦达（Sepúlveda）和奥尔梅多（Olmedo）。[10] 这些重械在手的武士和200名骑士志愿者均非哥伦布挑选的随行人员，这些人也一直困扰着哥伦布，毕竟他们与哥伦布来自不同的阶层。

此次航行中有两位医生随行。一位是塞维利亚的迭戈·阿尔瓦雷斯·昌卡（Diego Álvarez Chanca），他曾经担任国王和王后的医疗顾问，出发前王室已付给他一大笔酬劳。然而，他显然低估了自己的晕船程度。昌卡还是著名骑士罗德里戈·庞塞·德·莱昂的亲戚。他将旅途中的所见所闻记录下来，写成一封历史价值极高的信件。另一位医生来自巴塞罗那，名叫吉列尔莫·科马（Guillermo Coma），同样，他也记录下了自己的旅途见闻。[11]

王室安排的大多数乘客以前从未见过哥伦布，随后他们发现这位热那亚领袖实际上幽默风趣，而且无疑是个出色的水手。不过，他们也发现，哥伦布会用葡萄牙式的西班牙语表达许多荒诞的猜想。哥伦布的儿子费尔南多这样写道：总体上，"很多人提出，要限制一下哥伦布脑中的奇思妙想"。[12]

随行的神父和修士中，似乎不乏王室派来的监视者。胡安·波伊修士（Fray Juan Boil，Boil 也写作 Buil）就是这些监视者的头目。他出身阿拉贡，生来便是本笃会成员，曾是斐迪南国王的朋友兼秘书，也曾出使法国和罗马。后来，他加入最小兄弟会（Minim）*，这是方济各会的一个隐修组织，由15世纪中期的科森扎（Cosenza）

---

* 最小兄弟会是由保拉的圣方济各（Saint Francis of Paola）于15世纪在意大利建立的罗马天主教徒宗教修会。该修士会很快传播到法国、德意志和西班牙，并一直延续到今天。——编者注

黄金之河：西班牙帝国的崛起，从哥伦布到麦哲伦

圣徒弗朗西斯科·德·葆拉（Francisco de Paula）一手创立。1490年，波伊代表斐迪南和伊莎贝拉出使法国，谈判讨论塞尔达涅和鲁西永未来的相关事宜。那次谈判极其重要，完成任务的波伊获得很高的声誉。后来，他自立门户，成为"西印度的宗座代牧"。此次航行中，没人知道他的真正任务，或许王室希望他随时监督哥伦布。斐迪南和伊莎贝拉曾给哥伦布写信说："我们派去我们忠诚的波伊神父和其他教徒，以便……让印第安人充分了解我们的信仰，并理解我们的语言。"[13] 然而，没人知道神父将如何与印第安人沟通。也许因为他长期跻身权力核心，所以就成为此次探险队实际上的政治官员，而非神父。[14] 他心里既不喜欢也不钦佩哥伦布，而且虽然他自称为苦修士，但海上（包括后来陆地上）的生活条件终究令他无法忍受。[15] 无论如何，随行的马加里特和波伊就是斐迪南国王在哥伦布第二次航行中最重要的代理人。

随行的其他修士还有：佩德罗·德·阿雷尼亚斯修士（Fray Pedro de Arenas），后来他主持了西印度群岛的首次弥撒；[16] 豪尔赫修士（Fray Jorge），圣地亚哥骑士团的指挥官；[17] 还有圣哲罗姆隐修会的拉蒙·帕内修士，他是加泰罗尼亚人，西班牙语不太好，拉斯·卡萨斯说"他头脑有点简单，有时说话颠三倒四、不知所云"。[18] 即便如此，他还是记录下伊斯帕尼奥拉的首次神迹。[19] 船队中还有胡安·德拉·杜拉神父（Father Juan de la Deule）和胡安·德·提辛神父（Father Juan de Tisin），两人都来自比利时，是皮卡第（Picardy）地区方济各会的世俗兄弟。胡安·德·博尔戈尼亚（Juan de Borgoña）也在船队中，而且他也是方济各会成员，来自第戎。[20] 由此可见，此次航行可以说是会集了五湖四海的各色人士。

1493 年，一些女士也参与了此次航行，从哥伦布日记中可以找到相关的记载："我命令他把我们在小安的列斯群岛发现的一个土著男孩，交给一位我从西班牙带来的女士。"[21] 至于这位女士是仆人、护士还是情妇，就不得而知了。

哥伦布还带上了 1492 年时擒获的 3 名印第安人，据彼得·马特尔记载："所有这些事情，都是哥伦布第一次航行中带回的土著翻译口述的……"[22] 哥伦布原本绑架了不止 3 名印第安人，打算把这些人培养成土著语翻译，可多数人都死了，只剩下这 3 人。船队中也许还有一些非洲奴隶，他们都是来自西非的柏柏尔人、黑白混血人或黑人。[23] 拉斯·卡萨斯认为，船队中一定有黑人奴隶。据历史学家贝纳尔德斯记载，哥伦布还带了 14 匹公马、10 匹母马和 3 匹骡子，其中可能包括骑士的坐骑。[24] 此外还有其他动物，如猪、山羊和绵羊。

大部分探险队成员都是普通劳工，他们计划到伊斯帕尼奥拉从事农耕，或在那里寻找并开采金矿。他们背井离乡，主要是为了赚钱，即便做不成下等贵族，也要成为成功人士。起初，王室大臣埃尔南多·德·萨弗拉奉命在格拉纳达寻找 "20 位乡下劳工和 1 位会修建灌溉沟渠的工人，但修沟渠的不能是摩尔人"。[25] 这些劳工还须自行携带公马、母马、骡子和其他兽类，小麦和大麦种子，以及各种 "小树苗和水果种子"。[26] 后来，拉斯·卡萨斯写道："如果这些人知道了工作内容，估计没有一个人会去！"[27] 但是，哥伦布计划按照热那亚传统（如同他在希俄斯和几内亚所见）建立贸易殖民地，从而将乳香（他以为第一次航行中见到的口香糖就是乳香）、棉花、黄金以及加勒比奴隶运送回西班牙。

　　　　　黄金之河：西班牙帝国的崛起，从哥伦布到麦哲伦

由此可见，王室和哥伦布的计划已经存在分歧。王室希望从政治上控制这片领土，哥伦布则希望为殖民地找来稳定的人口、工匠以及勤劳的探矿者。吉列尔莫·科马博士这样写道："即便是涅瑞伊得斯*和塞壬†，见到哥伦布舰队出港时的气势也会惊叹。"[28]在各个方面，尤其是政治方面，西班牙政府试图在西印度群岛复制加那利群岛的成功经验。[29]

10月2日，哥伦布的船队抵达大加那利岛，修理了一艘漏水的船只。[30]接着，他们又在戈梅拉岛停留一阵，哥伦布在那里以每头70马拉维第的价格买下8头猪，又买了3头骡子，以及一些鸡、鸟等，经过几年繁殖后，这些牲畜将让加勒比地区改头换面，震惊整个欧洲。当时，西班牙还举行庆典，向当时的代理总督贝亚特丽斯·德·博瓦迪亚致敬。[31]不过，筹备航行时，丰萨卡显然低估了一件事：船队携带的食物补给，并不能完全满足这2 000人的需要。

1493年10月13日，船队从加那利群岛出发。这一次，哥伦布决定从东南而非东北接近加勒比海。他似乎并没有和王室、丰塞卡或任何负责人讨论过这个计划。那时他威望很高，所有人都轻易接受了他的指令。他希望通过这条航路造访他曾听闻的其他一些岛屿，传说这些岛上有亚马孙女战士和巨人，使得其他西班牙人谈之色变。

航行了仅仅20天之后，探险队就遇到了几座哥伦布所说的加勒比岛屿。他把第一座命名为拉德西亚达岛（La Deseada），因为他和船员们非常渴望再次看到陆地；第二座便是地形崎岖的多米尼加岛，因为发现这座岛那天是星期天（Domingo）；第三座是玛丽亚－加兰

---

* 希腊神话中的海洋女神。——编者注
† 希腊神话中人首鸟身的海妖，用歌声引诱水手触礁。——编者注

特岛（以旗舰命名），因为他们很快便找到了合适的落锚地："哥伦布和很多人一起，手握王室旗帜，占领了这座岛。"[32] 这次，监察员迭戈·马克斯带着 11 人深入岛屿内部，失踪了好几天。后来，哥伦布派遣阿隆索·德·奥赫达和 40 人的搜索队找到了他。迭戈·马克斯一行人捕获了 12 个肥胖但美丽的土著女孩，还有 2 个据说被食人族阉割了的奴隶男孩。所有这些"印第安人"最终都被送回西班牙。[33]

这片奇妙的群岛绿意盎然，属于小安的列斯群岛北半部分。此次航行中，哥伦布没有造访马提尼克岛。据安东尼奥·德·托雷斯对彼得·马特尔所述，哥伦布（再三）保证说，马提尼克岛上有亚马孙女战士，岛屿每年会定期向男人开放。这些女战士遭到袭击时，就会撤退到秘密洞穴中，用弓箭自卫。这可不是什么好消息，因为欧洲人历来把亚马孙族视为潜在威胁。[34] 在希腊神话中（如果可以这么说的话），亚马孙族总是处于文明世界的边缘，比较野蛮好战。据说，亚历山大大帝曾在流入咸海的锡尔河上遭遇过亚马孙女王。这样说来，哥伦布和亚历山大大帝也算是同道了。

随后，舰队驶向瓜德罗普岛（以埃斯特雷马杜拉的圣哲罗姆修道院命名），并停泊在今天的拉格兰德－安塞海湾（大湾）。他们发现一处雄伟的瀑布和带有稻草屋顶的房屋，房屋中有鹦鹉，还有人体骨骼：这是首次发现食人的证据。加勒比人是"食人族"这一观点得到了强化。部分土著在博里基恩（波多黎各）被擒获，包括 1 名男孩和 20 名女性泰诺人。接着，卡斯蒂利亚人还掠夺了葫芦、鹅、鹦鹉、各种物品，以及精心编织的棉布。村庄中还有一些独木舟。西班牙人发现，有 10 名原住民前去袭击其他岛屿了，据阿尔瓦雷斯·查卡博士记载：

这些原住民在一个大家庭中友好相处，并不会互相伤害，但会对邻近岛屿发动战争。得胜后，他们将所有女性带走。在这50所房子里，除了2个被阉割的青年外，我们再没有找到其他男性。20多名俘虏都是女孩。这些女孩称自己遭受了非人的虐待。

根据阿尔瓦雷斯·查卡的报告，加勒比人：

认为人肉如此美妙，世界上没有可与人肉比拟的东西。这群人对此深信不疑。我们在他们的房子里发现了许多啃得干干净净的人骨，除了难以吃掉的部分之外，骨头上没剩下一点肉。在某间房屋里，锅里正在烹煮着死人的脖子。这群人阉割抓来的男孩，把他们当作仆人，直到他们长大成人。然后，这群人想要开办一场盛宴时，就会宰杀掉这些成年奴隶。他们认为，男孩和女人的肉都不好吃。[35]

安东尼奥·德·托雷斯是伊莎贝拉堡的司令，他对此的回忆大致相同："他们的罐子里盛着鹅肉与人肉的混合物，签子串着人体的其他器官，正准备放在火上烧烤……在另一间房屋里，西班牙人发现了食人族用作箭头的尖锐人骨，因为他们没有铁……西班牙人还发现了一个年轻男子的头颅，他刚刚被斩首，血迹未干。[36]

在这座岛屿上，哥伦布把一个漂亮的女孩送给了热那亚同胞米格尔·库内奥（Migael Cuneo）。据库内奥记述，他一直殴打这个女孩，直到她乖乖就范，到最后"我们达成了协议"，"她似乎在妓女学校学了不少本事"。[37]这是新世界首例关于性交的记录。

这些遭遇让船员们顿生不祥的预感。也许征服这些加勒比人并不那么容易。然而，他们的证据并不充分，这些骨头和肉不一定属于人类，塞维利亚的水手是否知道如何分辨人肉和猴子肉呢？

在瓜德罗普岛停留六天后（1493年11月4日至10日），哥伦布驶向圣玛丽亚－德蒙特塞拉特岛（Santa María de Montserrat），之所以如此命名，是因为岛上的中央山脉与加泰罗尼亚著名修道院所在的山脉相似。据土著俘虏说，加勒比人已经消灭了这座山上的所有人。这座岛的旁边，是圣玛丽亚－拉雷东达岛（Santa María la Redonda），得名的缘由是岛上有一座圆形山丘。他们在这块海域抛锚停留了一阵，但没有登陆。接着，他们继续前往圣玛丽亚－德安地瓜岛（Santa María de Antigua），哥伦布根据塞维利亚大教堂著名的圣母的名讳命名了这座岛。最后，他们登上圣马丁岛，这座岛也是哥伦布命名的，似乎人口比较密集。在"两倍的加农炮射程"以外，停泊着一艘独木舟。看到卡斯蒂利亚人，独木舟上的7个原住民呆若木鸡。西班牙人花了些时间战斗，最后还是轻松俘获了这些原住民。哥伦布的两名船员负伤，其中一人不治身亡，他可能是加利西亚人，成为此次航行的首位牺牲者。随后，11月14日，他们前往圣克鲁斯（今天的圣克罗伊）："岛上的山脉非常高，多为贫瘠之地：可能有金属矿藏，但我们并没有上岸。"这座岛上似乎无人居住。[38]他们也没有登上风景秀丽的维尔京群岛，哥伦布是用圣厄休拉的典故命名这些岛屿的。传说3世纪时，圣厄休拉在科隆与"1.1万名处女"一同殉道（该数字是中世纪典籍中的笔误，实际上是"11名处女"）。[39]

他们到达博里基恩，在泰诺语中，这个词意为"螃蟹"，后来，哥伦布将其称为圣胡安－包蒂斯塔（San Juan Bautista）。一个世代之后，此地更名为波多黎各，首府仍然是圣胡安。阿尔瓦雷斯·昌卡感叹道：

> 这块土地风景优美，看起来非常肥沃。然而，加勒比人突然来到这里，掳走了不少原住民。原住民既没有独木舟（事实并非如此），也没有航海知识。不过，我们俘虏的加勒比人说，这些原住民使用的弓箭，与加勒比人十分相似，如果原住民俘虏了来袭的人，就会像加勒比人一样吃掉俘虏。我们已经在岛上的港口处住了两天，很多人都上岸了。但我们没能与当地原住民对话，因为这些原住民害怕加勒比人，一看到加勒比人，他们就跑得远远的……[40]

这里可能是阿瓜迪亚（Aguadilla）的西海岸，正对着后来的莫纳岛和危险海峡。哥伦布本人只是说当地土著吃人肉，对于这项指控，似乎也没有其他佐证。[41]

那几天，哥伦布又接连为好几个岛屿命名，有纳埃斯特拉－塞诺拉－德拉斯尼维斯（Nuestra Señora de los Nieves，后来的尼维斯岛）、圣阿纳斯塔西娅（Santa Anastasia，现圣尤斯特歇斯岛）以及圣克里斯托瓦尔（San Cristóbal，现萨巴岛）。

最后，探险队到达了伊斯帕尼奥拉岛。当时，哥伦布从各个岛屿上抓来的印第安俘虏约有 30 名。哥伦布开始考虑贩卖这些抓来的奴隶，并逐渐扩大奴隶贸易的规模。[42]

11 月 22 日，船队首先前往萨马纳湾（Samaná Bay，或称卡霍恩加诺）；[43]25 日至 27 日，船队前往蒙特－克里斯蒂；28 日，船队到达了上次航行建立的殖民点纳维达。刚到纳维达，哥伦布起初的种种设想就全部破灭了。探险队"发现整个纳维达都变成废墟，只剩一片沉寂。[44]哥伦布和同伴们震惊不已……他们抱着一丝希望，设想之前的一些定居者也许还活着，并且正在内陆游荡，哥伦布命人开枪射击，这些强大的枪炮声可以作为他归来的信号……然而一切都是徒劳，所有人都死去了"。[45]海岸边某村庄里有七八栋房子，哥伦布的同伴在这里发现了许多同胞的遗物，其中有件摩尔人的斗篷，自从在西班牙买来以后一直没有穿过，还有一些长袜、布料，以及沉船"圣玛丽亚号"的锚。

由此看来，在新世界上欧洲人和原住民的第一场战斗中，原住民获胜了。没人知道事情的真相，不过后来据当地酋长瓜达拉哈拉的兄弟说，阿拉纳手下的西班牙人开展了一场掳掠女人和寻找黄金的运动，杀死许多人，瓜达拉哈拉自己也受了伤。从发现的尸体状况来看，这场战斗距当时不到两个月。不过哥伦布认为，从其他岛屿来的加勒比人可能是罪魁祸首。探险队的一些成员，包括谨慎的最小兄弟会成员贝尔纳多·波伊修士（Fray Bernardo Boil），想要抓捕瓜达拉哈拉，为死者复仇。但随后哥伦布只是拜访了瓜达拉哈拉，并用货物从他那儿换了些黄金。[46]

12 月初[47]，大概是 7 日或 8 日，哥伦布决定"回到我们来时经过的海岸，因为有消息称那个方向有黄金……（但）这几个星期的天气一直很糟糕，过了好几周我们才在目的地登陆"。[48]拉斯·卡萨斯说："辗转奔波许多地方，人们都非常疲惫，马也筋疲力尽。"[49]不少马甚至累死了。[50]

黄金之河：西班牙帝国的崛起，从哥伦布到麦哲伦

此番艰难航行之后，哥伦布和船队终于在 1 月初抵达蒙特－克里斯蒂。哥伦布在蒙特－克里斯蒂以东约 40 英里处登岸，他让几乎所有人全部登陆，并卸下 24 匹马、10 匹母马和 3 匹骡子——几乎没有人失踪。[51]

西班牙探险队吃了一些山药和当地的鱼类，很快便恢复了元气。他们登陆的地方居住着很多泰诺人，阿尔瓦雷斯·昌卡发现了一个十分妥善的处理办法："如果我们有翻译，他们很快就能改信基督，因为他们会模仿我们所做的一切。他们会跪在万福马利亚的祭坛上画十字。他们都希望成为基督徒。不过，他们的房子里有各种各样的崇拜物，他们说这些崇拜物属于天空。"[52]

哥伦布开始着手建立定居点，用女王的名字将其命名为伊莎贝拉。之所以选择这个地点，是因为这里靠近锡瓦奥的山谷，上次航行时，马丁·阿隆索报告称此处有金矿，这条消息极大地鼓舞了人心。不久，定居点呈长方形的规划区域里建起了约 200 间小木屋或小房子，罗马建筑师维特鲁威如能见此情景也会满意地大加赞赏。这里秀水淙淙，哥伦布的描述也一如既往地夸张，他说，水流来自"一条奔腾的河流，河水比瓜达尔基维尔还要清澈，这里的东南方有个山谷，只要修建一条沟渠，就能把河水引入城镇的中心广场。这块土地如此美妙，卡斯蒂利亚的任何地方都无法与之比拟，这里草茂树高……出了城镇走出两里格，就有美妙的海滩和世界上最好的港口……"[54]但事实上，伊莎贝拉的港口条件并不出众，选址不够恰当，这条河也不适合建造水力磨坊。

哥伦布并不是一个称职的总督，也无法管制追随者的贪婪。他没有管理民众的经验，也未曾学习从政的艺术。和他一道出航的这些西班牙人，要么是随机选出的，要么是自愿出航的，大多数人都不知道该做什么，只是希望得到报酬而已，但这样的愿望不可能一蹴而就。哥伦布的目标首先是开采伊斯帕尼奥拉的黄金，让当地的酋长负责采集工作，奉纳贡品。他的计划有个前提，那就是当地的黄金储量很丰富（实际上并没有），印第安人很羸弱（实际并不羸弱，他们只是有礼貌）。随行人员中的一部分移民只想回家，一部分对泰诺人态度残暴，只有少数人（包括哥伦布的敌人，如波伊修士和佩德罗·马加里特）谴责虐待行为。此前与当地印第安人接触时，他们曾绑架泰诺族妇女，哥伦布还掳走了一些奴隶，这导致双方关系普遍恶化。困惑动摇的情绪开始弥漫，用奴隶贸易取代开采黄金的想法逐渐风靡。这样的想法与非洲的葡萄牙人不谋而合，之前，那些葡萄牙船长也发现，比起发现黄金，找到奴隶或可成为奴隶的人更容易些。

登陆伊莎贝拉一星期内的"1月中旬"，哥伦布委任样貌英俊、来自昆卡（Cuenca）的船长阿隆索·德·奥赫达作为队长，希内斯·德·科尔巴兰（Ginés de Corvalán）作为副队长，带领15人进入内陆寻找黄金。很快，哥伦布便因此与格拉纳达武装兄弟会众骑士产生了矛盾。哥伦布想要将他们的马匹分配给奥赫达，而这些骑士拒绝交出马匹。就连那些因长期航行而病倒的骑士，也顽固地拒绝交出坐骑。他们的反抗令哥伦布大为恼怒，于是他切断了马匹饲料的供应。在鸡毛蒜皮的争端与偏见中，他们踏上了征服新世界的行程。[55]

奥赫达率领15人步行出发，朝今天的圣何塞-德拉斯-马塔斯镇（San José de las Matas）行走了60英里。一行人很幸运地发现了黄金，回来后，他们过于乐观地报告说："这一带随处都能找到黄金。"奥赫达还说："我在三四个地方见到了很多黄金。"阿尔瓦雷斯·昌卡兴奋不已，他在寄回西班牙的信件中写道："由此可见，我国君主从此可以认为自己是世界上最富有最繁荣的统治者，迄今为止，全世界都未曾见过如此盛况。回西班牙时，我们会满载黄金，其数量之多，必会让闻者为之震惊。"[56] 终于，探险者们似乎发现了最需要的东西：黄金实实在在的吸引力左右了人们的心智，人们的狂热程度堪称后无来者。

米歇尔·库内奥评论说："对黄金的渴求，实实在在地激励了哥伦布开启的旅程。"[57] 库内奥回忆称，哥伦布告诉两位君主，说他可以在伊斯帕尼奥拉找到许多黄金，就像巴斯克的铁一样多。库内奥还说，1494 年时，"哥伦布首次内陆探险的条件很艰苦，但对黄金的渴望，让我们保持了坚强和忍耐"。[58] 历史学家费尔南德斯·德·奥维多当时是胡安亲王的侍从，对于自己认识的多数征服者，他这样评价道："他们无意改变印第安人，也不想在那片土地上定居，只想不择手段地获取金钱和财富。他们认为，荣誉、道德和诚实都无关紧要，于是，犯下了欺诈、谋杀等无数罪行。"[59]

西班牙征服者对黄金的渴望，与中世纪时摩尔人和基督徒战士对战利品的痴狂相比，商业意味倒不那么浓厚。征服者对黄金的渴望，不仅是追逐抽象的金钱或财富，更是迷恋真切的金属光泽。近代有位历史学家这样诠释："西印度黄金无疑引发了巨大的狂热，不过，个体成就卓越的梦想……更是憧憬前路的强力兴奋剂……"[60]

1494 年 2 月 2 日，安东尼奥·德·托雷斯（伊斯帕尼奥拉的王室亲信，哥伦布曾打算让其指挥伊莎贝拉堡垒）率领船队的 12 艘船返回西班牙（给哥伦布留下 5 艘），并带回哥伦布的一封正式公函、阿尔瓦雷斯·昌卡的一封信、价值 3 万达克特的金币、肉桂、辣椒、木头、一些印第安奴隶以及 60 只鹦鹉。托雷斯还带走了数百名 1493 年虽随船队出发，但对探险已丧失信心的人。正是这次航程，将梅毒带回旧世界——这是新世界给予旧世界的首个负面贡献。[61]

哥伦布给王室的正式公函实际上非常混乱，哥伦布坚称奥赫达和希内斯·德·科尔巴兰（他们都随同托雷斯回到西班牙）找到了"黄金之河"。他解释说，思乡病是初来新世界不可避免的气候变化造成的；托雷斯报告时也采取了同样的说法。哥伦布还解释说，他打算把食人族奴隶运回西班牙，两位君主可以派人教他们说西班牙语。哥伦布对食人族的态度有些含糊，他还说，希望用运回奴隶的方式，支付每年从卡斯蒂利亚运送牛和其他补给的费用。这看起来很疯狂，倒也说得过去（"这些人……适合作此用途"）。他确信，如果食人族能改掉"野蛮行为"，就会成为最好的奴隶。哥伦布谈及印第安人时并没有显露出任何尴尬。[62]

这封信说明他对黄金、气候和印第安人的期望太高了。不仅如此，哥伦布还预测，将来岛上还可以种植小麦、甘蔗和葡萄藤，卡斯蒂利亚的牲畜也可以在岛上繁衍。他请求君主派来一些曾在阿尔马登汞矿工作过的工人。他抱怨说，骑士不服从安排，拒绝交出马匹供探险队使用。他还说出发之际，会计胡安·德·索里亚在船上混进了一些劣马，自己没能及时检查出来。对于骑士，哥伦布有两方面的想法：一是他需要骑士来保卫伊莎贝拉的殖民点；二是他不希望骑士挑战他的权威。

由此可见，在管理领地方面，这位可怜的领袖毫无天分，他曾尝试解决这些行政问题，却终归徒劳无功。毫无疑问，他渴望回到大海，回归本心。

第十一章

"陆地，而非岛屿"

> 我认为这块土地是陆地，而非岛屿。

> ——哥伦布 1494 年沿古巴海岸航行时说道 [1]

1494 年 3 月 12 日，哥伦布带领 500 名男子深入伊斯帕尼奥拉探索，[2] 他认为这里就是"黄金之地"。他们经过了锡瓦奥港（圣何塞－德拉斯－马塔斯附近）和雅米科河（River Jámico）河畔的圣托马斯。一些人留下来保护船队的剩余船只，其余所有的健康男子都随哥伦布一起踏上了征程。他们或骑行或步行，经受了极度艰辛的条件，但"对黄金的狂热让他们步履坚定，斗志满满"[3]。印第安人变成他们的驮畜，负责搬运行李和武器，并协助那些不会游泳的人渡过两条河。

王室委派的探险监察员贝尔纳尔·迪亚斯·德·皮萨与哥伦布大吵了一架，皮萨显然没有意识到，"只有花费大量时间，不辞辛劳，忍饥挨饿，才能找到黄金"[4]。3 月 12 日，哥伦布一进入内陆，他就试图带着两艘船逃回西班牙，但他还没离开港口，哥伦布的兄弟迭戈就把他和几个"同谋"当作叛徒监禁起来。[5]

在探索内陆的旅程中，哥伦布带了一队步兵，以及"必要数量的骑兵"，也就是说，他同意带上骑士，也勉强允许他们携带坐骑所需的饲料。[6]

4天后的3月16日，哥伦布到达了他心心念念的神奇黄金国度——锡瓦奥。他发现当地虽有溪流经过，却是遍布石块的不毛之地。发现黄金矿藏的一些迹象后，他决定在由他命名为圣托马斯的地方建立堡垒。[7]加泰罗尼亚人佩德罗·德·马加里特（Pedro de Margarit）和王室及教会的代表波伊修士同意留在这里当指挥官。库内奥记述说，在这次旅程中，一些叛徒已经露出了真面目，但是叛徒们互相争斗，哥伦布不费吹灰之力就收拾了他们。他对其中一些人施以鞭笞，割下几个人的耳朵，还挖掉其他几个人的鼻子。库内奥写道："对于他们的遭遇，任何人都会感到非常遗憾。"[8]哥伦布还绞死了阿拉贡人加斯帕尔·费里斯。据推测，此前费里斯及其党羽曾试图武力推翻哥伦布的领导。

随后，哥伦布返回伊莎贝拉，并于3月29日抵达。两天后的4月1日，马加里特的信使来报，说"附近的印第安人已经逃离"，而卡奥纳沃酋长似乎准备袭击堡垒。第二天，哥伦布就让70多名男子携带弹药返回圣托马斯。[9]他似乎想利用这个机会，铲除那些挑战自己权威的骑士。他还命令马加里特抓捕卡奥纳沃酋长，据他推断，卡奥纳沃就是残酷屠杀纳维达西班牙人的罪魁祸首。哥伦布计划安排马加里特的手下康特雷拉斯与卡奥纳沃交好，然后将其一举抓获。但马加里特拒绝执行该计划，并非出于道德原因，而是他认为这一计划将完全摧毁西班牙人与印第安人的现有关系。过了一星期，4月9日，哥伦布又向圣托马斯增派援军。除了官员和工匠之

　　　　黄金之河：西班牙帝国的崛起，从哥伦布到麦哲伦

外，所有剩余的卡斯蒂利亚人都在援军队伍之中，包括约360名男子和剩余的14名骑士。这批援军的指挥官是英俊的阿隆索·德·奥赫达，副官则是路易斯·德·阿里亚加（Luis de Arriaga）。

这一安排显然削弱了马加里特的地位。当时，马加里特正奉命统领着岛上的探险队。援军到达后，他将不得不为将近500人的队伍提供食物，按照近代某历史学家的说法，他成了"饿肚子队长"。[10]马加里特要"考察各个区域和当地的原住民"，他的使命是"照顾好印第安人，避免印第安人受到任何伤害或犯罪，不违背印第安人的意愿，还要尊重并保证他们的安全，只有这样，他们才不会叛乱"[11]。不过，如果印第安人犯下偷窃的行径，就应该把罪犯的耳朵和鼻子割掉，"这样他们就无法伪装成好人了"[12]。哥伦布告诉马加里特，应确保"他们敬畏西班牙的司法"。如果印第安人拒绝卖给西班牙人食物，那就"尽可能诚实地"抢夺食物。

面对自己的所作所为，阿隆索·德·奥赫达几乎没受到任何良心困扰。他到达圣托马斯附近后，便设计抓获了卡奥纳沃和他的两三个亲属，把他们送回到伊莎贝拉的哥伦布手里。[13]其中一位王子被绑在新城的广场上削耳示众。哥伦布将卡奥纳沃送上返回西班牙的船，想把他当成战利品展示，然而，卡奥纳沃所乘的船在装载奴隶时沉没了，战利品卡奥纳沃也被淹死。[14]哥伦布认为必须向西班牙运送印第安人奴隶，这样可以给王室带来财富，不过他之前也提议把印第安人当成殖民地的主要劳动力。这帮基督徒敢肆无忌惮地这么做，都是源于哥伦布的信仰，因为所有的印第安人都没有受过洗礼，所以他们都是罪人，而神父们也承认这一点。[15]

由此产生的后果可想而知，当地土著自此不再与欧洲人合作。

当时，探险队从西班牙带来的面粉和其他补给刚好消耗殆尽，土著也不再卖给他们鱼类。尽管哥伦布的儿子费尔南多曾报告，伊莎贝拉附近地区已开始种植鹰嘴豆、小麦、甘蔗、甜瓜、黄瓜和葡萄，但离收获期还很远，短期内必须找到补给。而且，对于欧洲作物来说，当地气候似乎并不太适宜，病虫害也很频繁。与此同时，他们根本无法经常找到黄金。

哥伦布拒绝应对此次危机。他认为，自己的首要角色还是"海洋上将"和"航海探险家"。于是，他决定将"总督"和"副王"的职责让与他人，4 月 24 日便前往西部去探索新的陆地了。他再次到达第一次航行时曾短暂停留过的古巴。

哥伦布将新领地交给了兄弟迭戈和波伊神父，这位波伊神父后来成为阿尔库西尔市长佩德罗·费尔南德斯·科罗纳尔的幕僚长。留下管理领地的还有来自巴埃萨的哥伦布旧友阿隆索·桑切斯·卡瓦加尔，以及曾经的王室成员胡安·德·卢汉（Juan de Luján）。[16]临行前，哥伦布解释说西班牙的补给很快就会运到，但他并未留下等待自己的预测实现。那些留下来的人感觉就像是被遗弃了。毕竟，哥伦布只留下两艘船，其余的船已经随安东尼奥·德·托雷斯一起返回西班牙，或者随卡奥纳沃沉没。后来，哥伦布的威信再也没能恢复。

出发前，哥伦布给西班牙国王和女王写了封信。这封信措辞夸张，信中说，这里的雅基河（River Yaquí）比埃布罗河还要宽，锡瓦奥地区比安达卢西亚省还要大，此地的黄金比世界上任何地方都多。他再三强调，将印第安人转变为基督徒一事基本上没有什么阻力，只是没人知道如何用当地语言传教。（实际上，他第一次航行时

　　　　　黄金之河：西班牙帝国的崛起，从哥伦布到麦哲伦

捕获的印第安人迭戈·科隆，当时已学会了卡斯蒂利亚的文字，所以哥伦布其实有一名泰诺语翻译。）

因为当时没有船舶通行，哥伦布的这封信无法立即送回西班牙。后来，托雷斯返乡时，把这封"纪念信"亲自带给王室，成为王庭了解西印度群岛的最新消息来源。

托雷斯率领 12 艘船航行了 35 天，于 1494 年 3 月 7 日抵达加的斯。[17] 他们中有些人把坏消息散布出去：哥伦布之前的许多论断都过于夸张，伊莎贝拉实际上面临着食物短缺的困境；哥伦布以非正当手段监禁了贝尔纳尔·迪亚斯·德·皮萨；管理印第安人的进贡制度没有奏效，那里的金子少得可怜，也没有金矿。

君主和王室这时正在梅迪纳－德尔坎波地区，暂居于拉莫塔约 60 年前砖砌的城堡内，廷臣们则居住在城内的大房子中。这些房子的房东们曾在佛兰德斯从事羊毛生意，早已发迹。其中一栋房子属于小说家加尔西·罗德里格斯·德·蒙塔尔沃（Garcí Rodríguez de Montalvo）的家族，他是《高卢的阿玛迪斯》的作者或续写者，据推断，当时他正是在撰写这一令人惊叹的杰作。另有一栋房子属于贝尔纳尔·迪亚斯·德尔·卡斯蒂略（Bernal Díaz del Castillo）的家族，后来他记载了西班牙的墨西哥征服史。女王一直很喜欢梅迪纳－德尔坎波，这儿离她的出生地马德里加尔－德拉斯－阿尔塔斯－托雷斯很近，而且离她的儿时故居阿雷法罗也不远。[18]

除了西印度群岛，两位西班牙君主还有许多别的事务需要处理。宗教异端总审判官（Inquisitor-General）、多明我会的托马斯·德·托克马达修士（Fray Tomás de Torquemada，在第五章中曾提及）曾劝说君主，在阿维拉的旧犹太墓地上建造一座以圣托马斯命名的新修道院。当时，西班牙开展了几场信仰审判，认罪者纷纷被施以奇特而残酷的刑罚。[20]当月的一场判决中，教皇令人不快地申明，教宗对宗教审判的看法和女王一致。[21]

托雷斯虽然聪慧过人，却仅从哥伦布处带回价值1 100多万马拉维第的黄金，还有些劣质香料，以及要求运送补给的紧迫请求。[22]斐迪南大失所望，他正急着在欧洲用钱。他一直盼望西印度能运来黄金，好用来打点意大利教廷。4月份，托雷斯抵达王庭，彼得·马特尔和来自塞维利亚的廷臣梅尔乔·马尔多纳多都与他进行过交谈。领航员贝拉隆索·尼诺和希内斯·德·科尔巴兰也来了，这位科尔巴兰曾与奥赫达一同深入伊斯帕尼奥拉内陆，寻找黄金。出乎意料的是，所有人都高度评价哥伦布。马特尔十分兴奋，他给意大利的朋友波普尼奥·莱托（Pomponio Leto）致信，说哥伦布此行发现了大量黄金，强调黄金的数量"非常多"。[23]王室表示，欢迎费尔南多·哥伦布和他哥哥迭戈一起来当胡安亲王的侍从。[24]

十天后的4月13日，王室成员给哥伦布写信以示鼓励，同时，君主命令巴尔托洛梅奥·哥伦布带着三艘船的补给品前往西印度。巴尔托洛梅奥刚刚从法国和英国灰头土脸地回来，正急于和哥哥重聚，哥伦布在佛罗伦萨的朋友贝拉尔迪帮巴尔托洛梅奥做好了出航准备。[25]

巴尔托洛梅奥起航后，在戈梅拉岛稍作停留，往船上装了100头羊。5月，他驶入大西洋。[26]同时，王室大臣官费尔南多·阿尔瓦雷斯代表王室答复了哥伦布通过托雷斯送达的每一篇"备忘录"。答复过程中，他向当时仍负责西印度事务的廷臣丰塞卡提出几个不情之请，比如"请务必确保给海军上将哥伦布送去质量上乘的肉"。[27]

黄金之河：西班牙帝国的崛起，从哥伦布到麦哲伦

然而，对于君主而言，1494 年初夏更为紧迫的问题其实是与葡萄牙就新世界双方权利进行的谈判。4 月份，几位葡萄牙廷臣抵达梅迪纳－德尔坎波，其中一位是来自萨格里什的鲁伊·德·苏萨（Ruy de Sousa）。他是若昂国王的心腹，也是个经验丰富的水手和外交官，曾担任葡萄牙驻英国大使，他还率领一支船队去过刚果。1475 年，代表阿方索五世向伊莎贝拉女王宣战的外交官也是他。和他一同前来谈判的还有他儿子，葡萄牙首席治安官佩德罗，以及前任驻英国大使艾雷斯·德·阿尔梅达（Aires de Almeida）。这三人都是葡萄牙王室内阁的成员。

　　另外四位"专家"也一同随行：著名水手和制图师杜阿尔特·帕谢科（Duarte Pacheco），曾到过几内亚，他的作品《西图－奥尔比斯的翡翠》（Esmeraldo de Situ Orbis，10 年后面世）为认识非洲地理做出了重大贡献；鲁伊·德·莱梅（Rui de Leme），他在马德拉群岛长大，据说在 15 世纪 70 年代，他父亲安东尼奥·德·莱梅曾率队探索过大西洋，哥伦布也在船队之中；若昂·苏亚雷斯·德·斯奎拉（João Soares de Siqueira）；若昂二世的大臣，埃斯达巴奥·巴斯（Estaváo Vaz），在围攻马拉盖之役中，他曾运来一车火药，援助西班牙王室，自此深受王庭钟爱。有位布拉干萨公爵犯下叛国罪，在里斯本被处决，埃斯达巴奥·巴斯来到卡斯蒂利亚，担任大使，负责处理布拉干萨公爵的善后事务。这四位专家都很了解东大西洋的情况。

　　与之相反，卡斯蒂利亚的贵族代表对大西洋知之甚少，他们包括：恩里克·恩里克斯（Enrique Enríquez），斐迪南国王的叔叔，在王庭内担任宫相（mayor domo）一职，谈判中他的头衔是卡斯蒂利亚海军上将，但实际上这位贵族对海洋一无所知，他之所以出席谈判，完全因为他是教皇亚历山大·波吉亚的亲家，他女儿叫玛丽亚，此行是受他的亲家委派而来。[28]古铁雷·德·卡德纳斯是总会计官，一位王庭老臣。1474 年，是他把斐迪南引见给伊莎贝拉。他一直从加那利群岛进口红苔染料，以此牟利。实际上，他可能都不知道大西洋从加的斯一直延伸到加拿大。还有王国枢密院的律师罗德里戈·马尔多纳多·德·塔拉韦拉，以及 3 位地理专家，贵族佩德罗·德·莱昂、费尔南多·德·托雷斯和费尔南多·加马罗（Fernando Gamarro）。按照枢机主教门多萨的记述，来自加泰罗尼亚的制图师豪梅·费雷尔（Jaume Ferrer）也偶尔在场。不过，对比两方阵营，葡萄牙代表的素质明显优于西班牙代表，此后的世界历史也印证了这一点。

双方的谈判在托德西利亚斯的圣克拉拉修道院进行。1494 年 5 月 8 日，伊莎贝拉女王、斐迪南国王和王庭其他人员从梅迪纳–德尔坎波地区来到此地。两地之间距离约 15 英里，半天即可到达。廷臣们一直在梅迪纳–德尔坎波地区待到 6 月 9 日。王室成员正式会见了圣地亚哥骑士团和卡拉特拉瓦骑士团的代表，然后，双方会谈正式开始。[29]里斯本的马里尼亚博物馆中藏有一幅画，描绘了此次会议，特别是谈判结束时的场景。画中，两国盾徽之下，众智者正在混沌的世界地图前指点江山。他们议事的会所"条约宫"卡萨斯–德尔–特拉塔多（Casas del Tratado），至今仍存于世。

经过一个月的谈判，6 月 7 日，卡斯蒂利亚与葡萄牙达成协议。协议首先确认了两国在加那利群岛和非洲沿海地区航海、从事商业、渔业活动和建造房屋的权利，但这只不过是对 1479 年《阿尔

　黄金之河：西班牙帝国的崛起，从哥伦布到麦哲伦

卡索瓦什和约》(Treaty of Alcáçovas)的再次确认。[30] 同一天双方还签署了另一项条约——瓜分海洋的《托德西利亚斯条约》(Tratado de Tordesillas)。相较一年前与教皇达成的协议,葡萄牙人在条款内容上获得了具有实质性意义的有利变更。从此,一条新的分界线诞生了,"从北极到南极的分界经线,由佛得角群岛以西100里格变更为以西370里格"[31]。分界线以西区域属于西班牙势力范围,分隔线以东,除加那利群岛和对岸的非洲领土外,所有区域都是葡萄牙势力范围,可谓"用军刀给天空和海洋划界",这也是《托德西利亚斯条约》的宗旨所在。正是基于此次谈判,葡萄牙获得了一块关键陆地,那里就是未来葡萄牙属巴西殖民地的一部分。近代学者描述道,双方计划各派一两艘船的人组成委员会,为海洋划定界线,不过这个机构从未组建。

在这次谈判当中,葡萄牙人是如何取胜的呢?毕竟,两位西班牙君主在外交方面很少吃亏。细细说来,在这次的《托德西利亚斯条约》谈判中,西班牙的第一大失误,就是认可双方需要达成新的协议。两位西班牙君主,或者说至少这些王室顾问,都过于担心葡萄牙派出探险队前往西印度,却并没有向哥伦布咨询此事。安东尼奥·德·托雷斯本来是个理想的顾问,当时他就在卡斯蒂利亚,可是也无人向安东尼奥咨询。谈判中,葡萄牙据理力争,寸步不让,是否意味着当时葡萄牙已秘密发现了巴西?[32] 这一猜想简直是天方夜谭。当时葡萄牙人正全神贯注于在非洲建立殖民地,他们想保证巴尔托洛梅乌·迪亚斯开辟的航线畅通无阻,从而前往丰饶的香料岛进行贸易。通过此次谈判,葡萄牙的势力范围变成佛得角群岛以西370里格——比1493年的协议扩张了270里格——这意味着,葡萄牙船只可以向南沿着更为宽阔的弧线航行，绕过非洲沿岸的盛行风和洋流。今天我们无从得知双方是如何谈妥这270里格的，从本质上来说这都是外交妥协的结果。有位历史学家认为，他们之所以能达成协议，可能是因为两国代表都认为自己蒙骗了对方。[33]

这件大事尘埃落定之际，哥伦布（因他的探险活动才有今日的谈判）正带着三艘帆船离开古巴海岸，其中一艘船（圣胡安）吃水约70吨，另外两艘则小得多。他的几位好友也一同随行，包括热那亚人米格尔·库内奥、费尔南·佩雷斯·德·卢纳（Fernán Pérez de Luna）和迭戈·德·佩纳洛萨（Diego de Peñalosa），后两人来自塞维利亚，之前都是公证员。另外还有来自坎塔布里亚的胡安·德拉·科萨（Juan de la Cosa）。此前，哥伦布在圣玛丽亚港的梅迪纳塞利公爵家中见过他。哥伦布第一次航行中沉没的"圣玛丽亚号"就是此人的财产，他实际上是和别人共有那艘船。这一次，他是以普通水手的身份参与航海活动的。不过，正是凭借这次航行，他制图师的声名得以远扬。[34]队伍中"富有而虔诚的"修道院院长卢塞恩是第一次来到新世界，这一次他探访加勒比地区"仅仅是出于兴趣，为了开阔眼界"。[35]

首先，哥伦布的探险队发现了一座美丽的岛屿，将其命名为托尔图加（Tortuga），原因很简单：他们在那里看到一只大乌龟。然后，他们驶过迎风海峡，沿古巴南部海岸航行了1 000英里。岛屿不可能有这么长的海岸线，于是，哥伦布断言，"我认为这块土地是陆地，而非岛屿"。而且他还发现了疑似狮鹫的脚印。[36]

接着，哥伦布的船队驶过今天声名大噪的关塔那摩湾（Bay of Guantánamo），并在那里发现了5艘大型独木舟。然后，他们朝牙买加岛前行，5 月 5 日到达今天的圣安湾（St. Ann's Bay），这里是牙买加的北海岸，于是他们登陆了。哥伦布将此地命名为圣格洛丽亚（Santa Gloria），"用以描述这个无比美丽的地方"[37]。后来，哥伦布告诉历史学家安德烈斯·贝纳尔德斯修士，就连巴伦西亚的花园都"无法与之相提并论"。那里的泰诺人面貌纯良，因为他们没有经历过战争，加勒比人也从未踏足该地。又航行了一夜，他们来到"发现湾"（Discovery Bay），遇到一群充满敌意的泰诺人。哥伦布朝他们放狗自卫，还用上了弩，借此机会正式占领了这座岛屿，并将其命名为圣地亚哥（Santiago）。岛上的泰诺人最终顺从了他们，并准备盛宴招待了这些西班牙人。5 月 9 日，哥伦布向西航行，到达了蒙特哥湾（Montego Bay），然后继续前行。18 日这天，他们回到古巴的克鲁斯角（Cabo Cruz，这是哥伦布起的名字）。接着，他们驶过女王花园群岛（也是哥伦布起的名字）。6 月 13 日左右，他们到达圣胡安福音岛（现称松树岛），[38] 在那里停留了 10 天，还第一次见到了鬣蜥。

此前，探险队行至萨巴洛河（River Sabaló）河口时，[39] 哥伦布立下了一份证明书，该证明由船队公证员费尔南·佩雷斯·德·卢纳起草，队内水手和在场乘客（其中包括胡安·德拉·科萨）都签了字。证明书的内容如下：他们在印度群岛前端亲眼见到了大陆，这里应该是中国某省份，或者是黄金半岛（马来半岛）。（直到 1516 年，这里仍称为"亚洲境内的古巴地面"。）[40] 他们还正式起誓，说只要再走远些，就一定能看到中国大陆。他们保证所言非虚，如果说谎，将甘愿接受 1 万马拉维第的罚款，以及割舌之刑。[41] 队内几乎每个人都签了字，除了米格尔·德·库内奥，因为他是热那亚人

（不过，他自己的记述中并未提及此事）。"富有而虔诚的"修道院院长卢塞恩拒绝签字，理由是他根本不知道自己身处何地。哥伦布第一次航行时，北方的泰诺人已经告诉过他古巴只是一座岛屿，尽管如此，他仍决定宣称自己发现了亚洲大陆。只有这样，他才能讨得天主教双王的欢心，因为两位君主一直认为"陆地一定比岛屿蕴藏更丰厚的利益、更多的财富，还有更大的秘密"[42]。

1494年6月底或7月初，哥伦布回到古巴东海岸。7月16日，他回到克鲁斯角。接着，他又在牙买加附近巡航，发现"这里土地肥沃，人口众多"。他进一步提出了奇怪的猜想："这里的原住民（比伊斯帕尼奥拉的原住民）更机智敏锐，更精通机械，也更好战"。[43] 8月20日，他看到伊斯帕尼奥拉的西端，并借用同伴库内奥的名字，将此地命名为圣米格尔角（Cape San Miguel，现在的蒂伯龙角）。他沿着岛屿南岸航行，前往"绍纳岛"（Saona，借用哥伦布童年熟知的利古里亚城市萨沃纳命名）。9月29日，他回到伊莎贝拉，在那里因病停留了5个月。他可能患上了痛风，或是痢疾，抑或两者兼有。[44] 哥伦布的儿子费尔南多说，哥伦布发现这座岛陷入了"糟糕的境况"，他的基督徒朋辈对印第安人实施了诸多暴行，招致印第安人的憎恨，现在印第安人拒绝服从他们。[45]

他离开期间，殖民地确实遇到了麻烦。哥伦布承诺的补给并未运来，伊莎贝拉地区食物短缺，锡瓦奥地区更是如此。最初从西班牙带来的新作物并没有获得可观的收成。此外，许多西班牙人，包括一半以上马加里特的随从，都已经死于梅毒，那是通过印第安女孩染上的。[46] 领导人迭戈·哥伦布不会说西班牙语，因而不得人心。有关迭戈如何不称职的传言，在殖民者中间甚嚣尘上，甚至有传闻说，有人被饥肠辘辘的幸存者砍头分尸了，断头之上还戴着帽子。[47]印第安人也苦不堪言，因为西班牙人在村落周边游荡，掠夺妇女，抢劫食物。之前双方曾友好交往了一段时间，印第安人曾给马加里特送过两只乌龟，换回"各种玻璃珠子"。（随后马加里特放生了海龟，因为这点海龟不够所有人吃，他自己又不愿吃独食。）[48]之后，马加里特撤出锡瓦奥，来到维加－雷亚尔（Vega Real），这里距伊莎贝拉只有30英里。他打算要么颠覆哥伦布的领导，要么强行加入哥伦布为管理定居点设立的议会。从那以后，马加里特居然成为那些开明的西班牙人的领袖，他们希望并坚称印第安人应该被视为拥有灵魂的人类。[49]

印第安人再生叛乱。锡瓦奥和伊莎贝拉之间的雅克河上有一座堡垒尚未建成，印第安人偷袭堡垒，杀害了12名西班牙人。这是伊斯帕尼奥拉在哥伦布治下的第一场正式战役。为了反击，西班牙人从伊莎贝拉派出一支报复性的征讨队，俘获数百名印第安人，运回本国奴隶市场。

此时，迭戈·哥伦布是殖民地的代理统治者，他唯一做成的事就是在伊莎贝拉建造了一座水磨坊。磨坊旁溪水的流速虽然很慢，但磨坊已经开始研磨前一年播种的小麦了。

6月24日，巴尔托洛梅奥·科隆从西班牙返回，带来三艘船，装载着食物和其他物资。一道前来的还有阿拉贡贵族米格尔·迪亚斯·德·奥克斯（Miguel Díaz de Aux）。胡安·庞塞·德·莱昂似乎也来了。他可能先跟随哥伦布参加第二次航行，抵达西印度群岛，后来随托雷斯返回西班牙，现在又随巴尔托洛梅奥前来。迪亚斯·德·奥克斯出生于巴尔巴斯特罗（Barbastro），他可能是首位来到西印度的阿拉贡人。他的家族世代在阿拉贡做官，享有盛名。他与胡安·德·科洛马的家族联姻，这位德·科洛马是王室的当红大臣，1492 年时，就是他为哥伦布和君主起草了探险协议。[50] 未来的几年里，迪亚斯·德·奥克斯将在伊斯帕尼奥拉发挥重要的历史作用。

巴尔托洛梅奥立刻从弟弟迭戈手中接管了殖民地，这丝毫不出人意料，但许多西班牙人对热那亚人掌权仍是颇为不满。巴尔托洛梅奥甚至比哥哥克里斯托弗更有政治手腕，他也是个杰出的水手，又是位相当出色的制图师。西班牙人对巴尔托洛梅奥的敌意与他的人品没有什么关系，都是出于西班牙人的民族自豪感。[51]

巴尔托洛梅奥·哥伦布的到来恰逢马加里特及其手下返回伊莎贝拉，其中包括之前造反的骑士们。两队饥肠辘辘的人马剑拔弩张，战斗一触即发。马加里特的一部分手下已经饿到开始捕食岛上的野狗。巴尔托洛梅奥试图说服这些骑士，让他们帮自己兄弟建造水磨坊，但骑士认为这一任务实属屈尊降贵，他们也不愿让自己百般珍视的马匹去拉磨。这是否能算得上是醉心于技术发展的意大利人与固守荣誉的西班牙人之间的典型冲突呢？更糟糕的是，马加里特虽然仍统帅着锡瓦奥驻军，最终也未获邀加入哥伦布的议会。

不出意料，在几周之后，也即哥伦布仍在病中之际，巴尔托洛梅奥·哥伦布手握大权时，1494 年 9 月中旬，马加里特在怨愤的波伊神父陪同下，终于"叛逃了"。他开走了巴尔托洛梅奥·哥伦布带来的三艘船，穿越大洋回到卡斯蒂利亚。他们一面埋怨哥伦布的残忍（例如，当年早些时候，阿拉贡人加斯帕尔·费里斯因谋反被处以绞刑），[52] 一面抱怨粮食补给短缺。"所有主要问题都源于饥饿。"拉斯·卡萨斯这样写道。[53]而且，拉斯·卡萨斯说，当时伊莎贝拉的殖民者开始奔走呼吁："求求上帝，把我带回卡斯蒂利亚！"[54]马加里特离开时，带走了1493年来到殖民地的部分修士及一些骑士（其中3人已经死亡）。殖民地没有留下任何神父，仅留下一名可怜的修士，加泰罗尼亚人拉蒙·帕内。

马加里特留在圣多美或锡瓦奥的那些西班牙人，似乎已经分散到各个印第安人社区。对此，费尔南多·哥伦布记述道："这些人散布于印第安人聚居地，偷窃印第安人的财产，拐走印第安人的妻子，给印第安人造成许多伤害。结果，只要印第安人发现任何西班牙人离群落单，就会借机报仇。马格达莱纳（Magdalena）的酋长瓜地夏纳（Guatiganá）杀害了10名基督徒，还秘密下令放火，烧毁了一间容纳40名西班牙病人的小屋……"[55]

唯一的好消息是，拉蒙·帕内修士的传教工作有了成效。首先，他去了被哥伦布命名为马格达莱纳的岛内堡垒（当时堡垒指挥官是卡斯蒂利亚人阿提加），那里有改信基督教的印第安人。他们都是瓜诺博孔（Cuanóbocon）酋长的仆人，而瓜诺博孔先前已经殉教。后来，帕内成为瓜喀瓦努（Guaicavanú）酋长的教父。[56]这位酋长已经接受了洗礼，教名为"胡安"。然后，帕内继续前往西班牙船长胡安·德·阿亚拉的辖地康塞普西翁，在那里向瓜里奥耐克斯酋长传教。一开始，瓜里奥耐克斯还认真学习教义，之后便放弃了。接着，帕内向一位名叫马威阿图的酋长传教，这位酋长的整个家族都想成为基督徒。然而，瓜里奥耐克斯阻止了他们。这些经历至少表明，让印第安人改信基督教是个可行的办法，西班牙人不是非得依靠武力才能征服印第安人。帕内写下的这些报告书不仅是对泰诺人宗教的开创性研究，也是美洲文学的开山之作。[58]

哥伦布久病不愈，因此巴尔托洛梅奥·哥伦布一直掌控大局。哥伦布任命他为"行省总督"，一个卡斯蒂利亚头衔，拥有被占领省份的行政权。哥伦布的确有权任命行省总督。

几个月来，伊斯帕尼奥拉最鼓舞人心的消息，就是1494年10月，西班牙人安东尼奥·德·托雷斯率领4艘载有物资的新船回来了。他还带来王室于8月16日和17日写给哥伦布的信件，写信时两位君主都在塞戈维亚。这两封信由费尔南多·阿尔瓦雷斯·德·托莱多起草，这位聪慧的王室大臣必然要将国际事务置于首位。[59]首先，王室告知哥伦布，他们与葡萄牙达成了一致意见。[60]其次，他们以十分惊讶的语气写道："让我们如此高兴的是……你此前的所有展望似乎都已实现，你的大部分猜想都已成真，恰如你说出口之前就已经预见到这一切了。"[61]女王还补充说，她正在考虑每月都向西印度派遣一艘船。同时，斐迪南也表示自己对新世界产生了兴趣，因为他在信中问哥伦布，能否多给他带回几只猎鹰。[62]

从这些信件来看，西班牙王室似乎对新领土的现状相当满意。于是，10月22日，他们与赫雷斯－德拉－弗龙特拉的安德烈斯·克马达和胡安·德·卡塔亚（Juan de Cartaya）签订协议，委派两人前往伊斯帕尼奥拉，考察土壤情况，寻找最佳的农业用地，并种植合适的作物。[63]

那年秋天，王室主要停留在马德里，也去了几趟瓜达拉哈拉（9月末）。他们之所以前往瓜达拉哈拉，部分原因是探望行将就木的枢机主教门多萨，更重要的目的则是确定西班牙首都的最佳选址。[64]

尽管如此，国王和女王并没有被哥伦布的报告欺瞒。1494 年 12 月初，他们写给丰塞卡的一封信中可以明显看出这一点。信中说，他们很高兴得知马加里特和波伊从西印度返回。王室既没有责备他们从伊斯帕尼奥拉带回船只的反常行为，也没有怪罪他们未经哥伦布许可就返回西班牙，只是要求波伊来王庭觐见。[65] 拉斯·卡萨斯记述道，当波伊面见君主时，两位君主从他口中更详尽地听到了安东尼奥·德·托雷斯汇报过的事实：西印度的富庶传说"都是无稽之谈"，那里没有多少金子，王室的所有投资都是竹篮打水。[66]

不过，当时阿拉贡及卡斯蒂利亚的国王和女王正面临一个更急迫的问题。斐迪南的堂兄，那不勒斯国王费兰特于 1494 年 1 月去世了，他的儿子阿方索继承了王位，而阿方索此前已与米兰公爵卢多维科·埃尔摩罗的女儿联姻。于是，法国国王查理就有了理由，要求以武力收复这块年代久远而情况复杂的失地。1494 年 9 月 3 日，不出所料，法国国王查理率领 3 万士兵走陆路，1 万士兵走水路，越过法国和萨伏依（Savoy）的边界。[67] 这支部队装备相当精良，其中还有相当数量的炮兵。法军的此番动作，对占领着西西里岛的西班牙人，以及斐迪南的亲戚阿方索国王，都是一种威胁。[68]

几个世纪以来的学者都说，这是近代史的开端。据历史学家圭恰迪尼记述，当时意大利发生了许多异象：某天晚上，在普利亚大区，三个太阳同时出现在天空中，电闪雷鸣；在阿雷佐地区，半空中出现了无数人骑着高头大马的景象，还伴随着震耳的号角和鼓声；许多神像都在流汗；野外出现了兽人和其他奇异动物；人们万分恐惧于法国的入侵。[69] 然而，这些异象和谣言却让斐迪南捡到了便宜。如前文所述，他为阿拉贡收复了鲁西永和塞尔达涅，但从未料到法国国王查理会一路凯歌，杀到那不勒斯。接着，法国国王走入那不勒斯大教堂，左手托起十字圣球（代表东方帝国），右手拿着权杖（代表那不勒斯）。几天后，查理带着他的半数军队开始撤退，剩下的一半则留驻那不勒斯，由查理的堂兄蒙庞西耶公爵（Duke of Montpensier）指挥。

迈入欧洲历史新阶段，最令人震惊的事莫过于查理八世的战争法则：法国人在蒙泰乔万尼屠城。据圭恰迪尼记述："实施过各种野蛮的发泄行为后，法军开始放火烧毁建筑物，这简直是最残酷的行径。"中世纪时，意大利从未有过这种战争行为，这场屠城使得整个意大利王国"人人自危"。[70] 1495 年的泰罗战役，就是战争法则改变的最佳例证：法军伤亡不过两百人，意大利军则伤亡几千人。这是几百年来，意大利战争史上第一次出现伤亡如此惨烈的战争。

斐迪南深知，必须用战争取代外交手段。9 月份，他派出一支 40 多艘战船组成的舰队，由加尔塞兰·德·雷克森斯（Garcerán de Requesens）领导。与他一起出征的是格拉纳达决战阶段的战争英雄——大将军贡萨洛·费尔南德斯·科尔多瓦，他很快就会前往卡拉布里亚，续写漫长的传奇生涯。一如往常，雷克森斯率领的舰队，已由无所不能的的丰塞卡筹备妥当。[71]

同时，意大利也并不太平，这是由哥伦布的探险活动导致的。这里，我们要再次引用可敬的圭恰迪尼著述：

> 这与法国人称之为"那不勒斯病"，意大利人称之为"疥子"或"法国病"的病情同时出现。该病首先出现在驻留那不勒斯的法军中间，后来，在法军返回法国的路上，他们将病毒

传遍了意大利。病征先是最丑陋的疖子，然后经常恶化为无法治愈的溃疡或全身剧痛。医生对此没有经验，不知道如何处理，于是他们采取不当，实际上更是有害的治疗措施，使得病患感染发炎。最终，这种疾病杀死许多男女老少，还有许多人遭受无尽的折磨，最终不成人形，变成废人。

这种疾病正是梅毒。拜它所赐，哥伦布的探险队已在新世界吃了许多苦头。安东尼奥·德·托雷斯将这种病带回西班牙，此后，梅毒在欧洲文化中阴魂不散。[72] 1530 年，吉罗拉莫·弗拉卡斯托罗（Girolamo Fracastoro）发表了一首诗《西里菲斯法国病》（*Syphilis Morbus Gallicus*），诗中首次出现了"西里菲斯"（梅毒）一词。那时这种疾病已众所周知，不久之后，致残的疼痛给皇帝和弄臣、法国人和土耳其人、主教和商人、士兵和传教士的生命蒙上了一层阴影。与社会底层相比，这种疾病在上流社会中更为流行，好似在专门惩罚罪孽深重之人。

第十二章

"这些奴隶到底能不能卖？"

我们想从神学家和教规律师那里了解一下，这些（奴隶）
到底能不能卖。

——斐迪南及伊莎贝拉致胡安·罗德里格斯·德·丰塞卡
1495 年 4 月 16 日

1495 年以来，西班牙国王及女王开始逐渐意识到，哥伦布的发
现可能会给他们增添新的责任，同时也会带来新的机遇。因此，他
们开始摸索一套帝国主义政策。希门内斯·德·西斯内罗斯，女王
的新任告解神父、1495 年后枢机主教门多萨的继任者、托莱多主教
长兼大主教，同在其他事务中一样，在此事中间发挥了深远影响。[1]
这位能干、朴素、高效的大主教，仍过着隐士般的生活。他赤足走
路，持续关注方济各会的改革——此事造成了一次骚乱——尤其是
坚持修士应当苦行。据说有些修士甚至为了保住自己的情妇远走北
非，向那里的穆斯林传教。[2]

执行者是另一位教长胡安·罗德里格斯·德·丰塞卡，他曾是
塞维利亚的会吏长，这些年里成为实质上的"西印度大臣"（Minister
for the Indies）。他的职责是确保巡回王庭关于西印度群岛的决定在

黄金之河：西班牙帝国的崛起，从哥伦布到麦哲伦

塞维利亚和加的斯得到落实。1494 年，他曾被任命为巴达霍斯主教，但从未在埃斯特雷马杜拉居住过，而是一直在塞维利亚为王室效力。他这份工作的年薪是 20 万马拉维第。他还成为卡斯蒂利亚议会的成员，这样一来，他的工资又多了 10 万马拉维第。他有实力、有资源，但由于对哥伦布深恶痛绝，他的工作效率受到折损。丰塞卡无法理解哥伦布的天分，只能看到对方的种种怪癖。

这在当时尽人皆知。拉斯·卡萨斯这样评价丰塞卡："他擅长组织舰队，却不擅长做弥撒。"[3] 卡萨斯还说："我总是听说，也相信，更亲眼看到过，他与海军上将对着干。我不知道他是带着怎样的心情，出于何种目的才这样做……无论公允与否，我都得说，他无疑与哥伦布合不来。不过，主教是位有资本又慷慨的人，和君主们走得很近。"[4]

费尔南多·哥伦布对丰塞卡的批评更加严厉。他说，丰塞卡总是憎恶他的父亲和他自己的事业，还说丰塞卡"总是带头在王庭上说他的坏话"[5]。丰塞卡只对家境好的人态度平和，冒险家们不管多么聪慧，在他那里也总得不到好脸色，而贵族们无论多么愚笨，都能从他的安排中受益。方济各会信徒安东尼·德·格瓦拉（Antonio de Guevara）曾在 1495 年担任胡安亲王的随从，之后成为王室的大传教士兼史官［同时也是《马可·奥勒留黄金书》（*The Golden Book of Marcus Aurelius*）的秘密作者，此书算得上是 16 世纪最畅销的书籍］，格瓦拉对丰塞卡坦言：

> 先生，您问我他们在这里是如何评价您的，情况是这样的：王庭上所有人都说你是位坚定的基督徒，但也是个非常傲

慢的主教。他们还说你体形胖、话多、不仔细，对手里的契约迟疑不决，对来到面前的请愿者摇摆不定，许多请愿者只能精疲力竭地回到家，没能得到周全的照料。他们还说你仗势欺人，骄傲、没耐性、心高气盛……也有人说你是个坦诚的人，只讲实话，真正是真理的友人，说谎话的人没法和你做朋友。他们承认你做事的时候直截了当，你的决定都能付诸行动，而且做事不会有所偏颇，不偏心于任何人。他们还说你有同情心、虔诚、仁慈。不要对我所言感到惊讶，因为我确实被您的所作所为震撼了。对经营国家的人而言，没有比耐心更加重要的品德了。不论你是位教士，还是领袖，都应该保持谦逊、克己的态度。[6]

据说丰塞卡和他显赫家族的其他成员一样热爱艺术，尤其热爱佛兰德斯绘画。这一点从他的画像上可以看出。他留下两幅画像，分别以巴达霍斯和巴伦西亚的大教堂为背景，后者尤其精美，由佛兰德斯人胡安·霍埃斯特·德·卡勒卡尔（Juan Joest de Calcar）画在教堂的祭坛上。[7]

哥伦布在伊斯帕尼奥拉推行的政策，尤其是奴役印第安人的政策，迫使西班牙王室明确了帝国主义发展方针。1495 年以来，因为寻觅黄金未果，哥伦布掳来大量奴隶送回本土作为弥补。他与巴尔托洛梅奥和美男子阿隆索·德·奥赫达向伊斯帕尼奥拉各处派遣队伍，掳掠印第安人。这些原住民并不打算束手就擒，而西班牙人也没有把热爱和平、以后可能皈依基督教的印第安人，与无信仰、食人和野蛮的加勒比人区分开来。

哥伦布掳掠奴隶的行径被拉斯·卡萨斯记录下来，成为他作品中最令人揪心的篇章。他指出，以这种方式消灭的人口多达三分之二。这一数据明显夸张了，但拉斯·卡萨斯的仇敌、史学家奥维多（Oviedo）也指出受害者不计其数。[8] 伊斯帕尼奥拉的原住民纷纷逃往深山。米格尔·库内奥指出，在这场子虚乌有的"叛乱"中，哥伦布擒获了 1 660 个"男女的灵魂"，其中 550 人被送上安东尼奥·德·托雷斯的第二次返乡舰队，运回卡斯蒂利亚。1495 年 2 月 24 日，托雷斯离开伊莎贝拉岛。大西洋东西两岸的奴隶贸易就此开启，这一次的奴隶并非来自非洲，而是从加勒比地区到欧洲。

第二次返程期间，托雷斯由哥伦布的弟弟贾科莫·哥伦布和托雷斯儿时的伙伴米格尔·库内奥陪同。这趟旅程并不顺利，却足够快速。库内奥报告说，从波多黎各到马德拉群岛只用了 23 天。不过，进入西班牙水域时，托雷斯带来的 200 名印第安人被冻死了，剩下的印第安人在加的斯登陆，其中一半都患了病。[9] 库内奥在记录中写道："他们不适应重体力劳动，不耐寒冷，而且短命。"[10]

9 名印第安人被当作礼物赠给佛罗伦萨人胡安诺托·贝拉尔迪。贝拉尔迪命人将这些奴隶转交给合适的人，好让他们有朝一日可以承担翻译工作。剩下的奴隶在塞维利亚出售，一部分成功地逃脱了。但在托雷斯一行人到达之前，曾从新世界不辞而别、离弃哥伦布的加泰罗尼亚人马加里特和波伊，他们已经在宣扬一套理论，说这些印第安人是陛下未来的基督信徒，因此不应被奴役。[11] 这种观点源于他们对泰诺族宗教仪式的观察，泰诺人不仅向神供奉食物、衣服、游行、舞蹈、歌咏，也向家族首领分发面包，这与基督教仪式有不少共通之处。[12]

贝尔纳尔·迪亚斯·德·皮萨是个会计，曾被哥伦布囚禁过，他受王庭召见，汇报在伊斯帕尼奥拉发生的事。一些骑士归返后抱怨连连，因为海军上将的兄弟们夺走了他们的马匹。[13]另一些骑士反映说，哥伦布对这些绅士中的一些人颐指气使，说不干活就没有饭吃——面对此等命令，没有哪位西班牙绅士能心平气和地接受，何况这个命令还是出自一个名不见经传的热那亚人。[14]

对于这些在朝堂上的毁谤，远离王庭的哥伦布一无所知，但他多半有所预料。托雷斯抵达西班牙时，哥伦布已经回到了伊斯帕尼奥拉。他此时的计划，就是以西班牙国王的名义占领整个岛屿。他本来想把这座岛作为运送货物、贵重金属以及奴隶的贸易港口，同葡萄牙在非洲的扩张策略如出一辙。然而后来，这个计划被一种更加"卡斯蒂利亚式"的扩张渴望抛在脑后，他开始占领土地，俘获人口。[15]人们都清楚，不论是哥伦布，还是哥伦布的王室主子，都得重新认识殖民地的现状，调整对于面前困难的预期。

3月25日，哥伦布带着200人、20匹马以及一些狗从伊莎贝拉出发，去占领伊斯帕尼奥拉中部地区，而不是去从事贸易。同行的还有他弟弟巴尔托洛梅奥、他的原住民酋长盟友瓜达拉哈拉以及印第安人。他兵分两路，进攻一支庞大的印第安人军队，轻松取胜。费尔南多·哥伦布写道："他们'作鸟兽散'。"

接着，哥伦布开始在康塞普西翁－德拉维加（圣西罗）、埃斯佩兰萨、圣地亚哥和圣卡塔利娜四地建造堡垒。这些都是木制堡垒，更多的是倚仗木匠而非石匠的手艺。康塞普西翁仍旧是朝圣和圣迹的中心。哥伦布往这里捐了一笔钱，让这里的礼拜堂每日都做弥撒。他去世后，这里转而衰败，又变回了丛林。[16]留在伊莎贝拉的小股西班牙人，大多移至内陆，驻扎到这些堡垒里。鲜美的鱼随处都能捕到，这在加勒比地区倒是司空见惯。在西班牙人的经营下，棉花、亚麻以及其他日用品产业蒸蒸日上。几种卡斯蒂利亚作物也成功移植，人们种下小麦、蔬菜、各类谷物，甚至甘蔗，其中一部分作物存活下来。猪和鸡都繁衍得不错。

那年的春夏之交，哥伦布和关系友好的部落酋长商定，所有14—70岁的成人都要向西班牙王室按期供奉当地特产。锡瓦奥和维加－雷亚尔的印第安人同意向哥伦布献上超过6万比索的黄金，分三期支付，生活在棉花种植区的人则每人进贡一大捆棉花。已经交纳过贡品的人，将会佩戴一个圆盘。作为交换，哥伦布会限制手下漫无目的地到处闲逛。[17]与此同时，他的一部分追随者开始和印第安女人一起在内陆定居。

酋长们尽其所能奉上供品，但他们祈求哥伦布，如果自己没法生产那么多贡品，希望能够得到宽恕。瓜里奥耐克斯提议建造一个横贯岛屿南北的巨大农业开发区，以此作为交换，免去人民应进贡的黄金。哥伦布认真考虑过该建议，不过他还是更想要黄金。

哥伦布到底能不能作为总司令、总督或副王在这个小的世界里长久维持下去，我们不得而知。到1495年年末，他开始了解到，国王对他的政策已经有所变化。早在当年4月，西班牙君主就开始将伊斯帕尼奥拉和其他加勒比岛屿看作安达卢西亚的延伸了。[18]

这里的部分原因在于将印第安人送往西班牙的做法。哥伦布认为他们应该被当作奴隶对待，在西班牙卖掉奴隶本应是件轻而易举的事，毕竟在安达卢西亚拍卖、购买各个种族的奴隶，早已经不是新鲜事了。[19]巴伦西亚商人，比如胡安·阿韦略（Juan Abelló）和安东尼奥·比亚尼亚（Antonio Viana），可以轻松地处理这些"货物",那么热那亚商人也理应胜任,例如多梅尼科·德·卡斯特利翁（Domenico de Castellón）和弗朗西斯科·加托（Francisco Gato）。

整体而言,王室并未显出敌意。君主4月12日给身在塞维利亚的丰塞卡写信说:"鉴于你所述那些舶来的印第安人的情况,我们觉得最好在安达卢西亚卖掉他们,还得卖个好价钱。"[20] 王室又重新考虑了这个决定,很有可能是受波伊和马加里特的影响。女王的告解神父西斯内罗斯有可能也发挥了作用。他对这些从未谋面的印第安人很是人道,比对他见过的犹太人和穆斯林要人道得多。不管怎样说,仅仅4天后,1495年4月16日,君主们向丰塞卡寄去另一封信,要求推迟售卖奴隶:

> 我们想向学者、神学家和教规律师们咨询一下,本着良心讲,这些（奴隶）到底能不能贩卖。在读到海军上将的来信之前,我们不能做这样的事……这些信件仍在托雷斯手中,尚未送至此处,因此贩卖印第安人一事应当暂缓。[21]

这一观点由来已久,流传甚广,至于到底出于何人之口则无从考据,王室到底有没有征求教会意见也尚不清楚。之后的情况大概是:50名奴隶很快被海军上将胡安·莱斯卡诺·阿里安（Admiral Juan Lezcano Arriarán）安排进入皇家舰队劳作,另外稍多一些的奴隶则在丰塞卡的许可之下,通过贝拉尔迪进行贩卖,剩下的则在塞维利亚等候命运安排时死去了。[22] 两位君主还是在考虑有没有什么办法可以分辨出善良与邪恶的印第安人。1495年秋,库内奥在写给友人的信件中,曾提到过上述区别。信中说,在哥伦布的第二次航行中，他刚抵达圣玛丽亚 – 加兰特岛（Santa María Galante），就发现了食人族。[23]

于是，人们开始争论加勒比人的身份，讨论是否可以奴役他们。值得一提的是，此番疑虑意味着，两位君主都明白，他们自己也必须受制于法律，不能创造法律。他们可能是独裁者，但仍受到律法约束。

他们二人也逐渐明白，应当限制哥伦布的特权。他们想让这位热那亚探险家在他们的权威下建立一个私人宗主国，出于这种考虑，斐迪南和伊莎贝拉没有主张统一半岛。1495 年 4 月 10 日，君主们还在马德里颁布法令，准许任何人——实际上是任何卡斯蒂利亚人——向西印度群岛或海洋（大西洋）发起远征，探索岛屿甚至大陆。他们给那些想去西印度的人制定了一套规则，详情如下：

> 我们听闻，很多子民愿意探索我们的代理人发现的岛屿，及岛屿以外的其他土地，前去交易黄金、其他金属或货物。同时，也有许多人想移居到已探索过的伊斯帕尼奥拉……我们命令，出航西印度事宜，皆须经过我们之许可……第一，我们规定，驶往西印度群岛之船舶，须从加的斯离港，而非他处，起航之人须于指定官员处注册登记；第二，任何有意定居于西印度而没有工资者，可免除各项费用，并获得一年的补给，之后还可保留所发现黄金的三分之一，剩下三分之二归我们所有，其他货品则应上交十分之一的贡税；第三，任何想要探索伊斯帕尼奥拉以外之岛屿和大陆者，须于加的斯登记和离港；[24] 第四，任何人皆可在前往伊斯帕尼奥拉途中携带各类补给，但所

有船只十分之一的辎重应为我们之货物，诸如此类。

哥伦布的船上总是能够装载八分之一的王室货物。尽管如此，这份文件仍然意义重大，它打破了哥伦布的垄断。[25] 文件的第一个受益者是他在佛罗伦萨的朋友贝拉尔迪。根据另一条法令的许可，他租借 12 艘船，装载 9 吨货物，每吨售价 2 000 马拉维第。贝拉尔迪充分利用船队的另一半空间，把舱位留给那些梦想发现未知土地的人，自己则从中牟利。要想赚回探险、返程以及其他所须支付的资金，这是唯一的办法。听闻此法令后，哥伦布有不少怨言。[26] 但他收到消息时已经晚了，抱怨也无济于事。这个法令给商人和移民带来了长达 6 年的出航自由，这种自由在未来的 250 年间都不会再出现。[27]

这些决定与当年早先的王室通信一脉相承。早在 2 月，两位君主就命令丰塞卡向西印度群岛派遣四艘载满货物的船。[28] 2 月 14 日，1493 年曾随哥伦布远航的廷臣塞巴斯蒂安·德·奥拉诺向君主们写信说，哥伦布曾声称，禁止在会计不在场时向任何人分发货物，但实际上他完全是阳奉阴违。[29] 3 月，王室总管胡安·阿瓜多（Juan Aguado）组织了一支三艘船组成的船队，驶往圣多明各。他也曾于 1493 年与哥伦布同行，并和托雷斯一起返航。哥伦布曾把他当成朋友看待，然而，在所有棘手的问题上，阿瓜多似乎都站在丰塞卡一边。佩德罗·德·马塔（Pedro de Mata）是塞维利亚宗教裁判所的治安官，他从裁判所的资金里拨出 4 万马拉维第，交给莫格尔的胡安·卢塞罗，赞助他驶往西印度群岛的船舶开销。[30] 4 月，王室委派胡安诺托·贝拉尔迪再次向伊斯帕尼奥拉的殖民地运送补给。这位佛罗伦萨人同意分 3 次行程，运送 12 艘船的货物，但延误了。此时，王室仍然以为，他们可以与哥伦布一起垄断新大陆的贸易。[31]

贝拉尔迪给王室写信解释道，殖民地的问题在于，全部或者说几乎全部的伊斯帕尼奥拉远征队员都渴望回到家乡，而他们却背负着累积 1 000 万—1 200 万马拉维第的债务。他提议，以不定期支付的方式解决这两个问题。王室可使用 1 200 万债务中的 200 万建造 10—12 艘快船，供伊斯帕尼奥拉的殖民者探索乃至定居其他岛屿。王室可以用另外 5 艘船*采购所需的食物。至于剩下的 500 万马拉维第，君主们可以用来投资，购买向伊斯帕尼奥拉居民销售的商品，岛上的每个人都可以得到两年的充足补给。不过，那些寻得昂贵金属或珍珠者，必须向王室支付五分之一的税（伍一税）。此后，每艘船上都应配有公证员一名，而且所有船只必须在西班牙而非西印度建造，这是两位君主的授意。后来，该计划进行得非常缓慢，前 4 艘快船运送食物和货物，之后的船，则两艘一队同行。6 个月后，远征队所得五分之一的财富，应当可以支付所有负债。[32]

从上述提议的这些条款中，我们可以窥见探索事业官僚化的开端，之后，这股风气将会主宰整个西印度群岛。

此后不久，君主们向哥伦布发出第一份严正通告：1495 年 6 月 1 日，他们从阿雷法罗给他写信："我们得知，近期，尤其是你离开伊斯帕尼奥拉期间，到港的补给没有分发给定居者。因此，我们命令你如期分配这些补给。除非有人犯下重罪，比如当处死

---

* 　此处应为 500 万马拉维第。——译者注

刑者，可以削减补给，否则请勿修改此条款。"[33] 结果发现，一直以来，"削减补给"的并不是哥伦布或他的弟弟，而是他掌管补给的副手阿隆索·桑切斯·德·卡瓦哈尔（Alonso Sánchez de Carvajal），及其继任者胡安·德·奥纳特（Juan de Oñate）。不管怎样，这封信函是海军上将收到的第一条暗示，说明王室对于西印度统辖事宜有着自己的考量。[34]

1495 年剩下的时间里，君主们一直在修订有关那不勒斯及新世界的政策，并就新世界事宜颁布相关法令。这些法令，除非王室授权，否则不一定永久实行。从此，哥伦布可以被视作一个难缠的公职人员。我们同时也发现，宗教裁判所给了丰塞卡一大笔钱作为好处费，因为丰塞卡允许裁判所剥削地理发现的收益。这些钱是从逃亡或被判有罪的犹太人处搜刮来的。[35] 其他规章制度运行照旧。所有想要探索新世界的人，现在必须隶属于一位获得授权的指挥官，这样才能拿到"征服并定居"一些岛屿或海岸的许可证。这些人需要自行集资，以支持所有开销。王室会把这些人分配给一位官员。通常情况下，这位官员会被赋予终身头衔（如"总督"），职位也许还能世袭。这位官员应当为传教士和神父提供资助，当然还必须遵守王室法令。此外，他还负责探索并开发授予他的殖民地，建造城市，寻找黄金，并将当地原住民转化为友善的基督徒。王室将收取金矿毛利润的五分之一（伍一税）。如果从墓中寻得宝藏，王室将收取其中的二分之———尽管王室并不能提供任何保护。诚然，任何获得许可的人，要么是大胆的赌徒，要么就是充满美好的憧憬。他们可能会变卖掉全部财产，奉一群兴趣使然的人为领袖，踏上航程，其中一些领袖甚至是流氓恶徒。这些领袖的大多数追随者将得

黄金之河：西班牙帝国的崛起，从哥伦布到麦哲伦

不到任何收入，也谈不上有什么特别的忠心。

1495年8月5日，王室总管胡安·阿瓜多随4艘船驶离塞维利亚，前往伊斯帕尼奥拉。他带着货物，也带着一项明确的使命：对哥伦布进行司法审查（*residencia*，一种授权的离任前调查）。[36]这是卡斯蒂利亚的一项常规做法，经常用于前后任市长间的权力交接与工作衔接；但这个决策是王室针对哥伦布的重大政策转变，也是哥伦布私人帝国梦想的终结。[37]

阿瓜多给哥伦布带去一份文件，列出了一系列豁免和权利。哥伦布将得知他的垄断权从此被限定在伊斯帕尼奥拉。剩下的西印度，包括他已经探索过的地区，将受制于另一套不同的系统。甚至在伊斯帕尼奥拉，王室也设立了种种约束。比如，对于王庭来说，领薪水的人数过多了，所以应当给这些定居者设定500人的上限。

阿瓜多的船员以及4艘船的船长奉令在西印度逗留一个月，然后返航。然而在1495年秋，抵达伊莎贝拉后不久，他们的船就在一场飓风中沉没了，这位特使的报告也因此遗失。听闻此事，海军上将开始考虑，自己是否需要返回西班牙对付政敌。[38]10月15日，他在维加-德拉-马瓜纳给斐迪南和伊莎贝拉写了封信，主要讲述了酋长卡奥纳沃的罪行，以及阿瓜多的船只是如何沉没的。不过，他确实在信中建议两位君主，向西印度派遣"一些对新世界事务有着无限贪念的虔诚修士"——这很可能是在讥讽波伊修士，他现在被哥伦布视为头号敌人。[39]王庭之中，也确实有人对海军上将声称自己发现了"印度"一事冷嘲热讽。1495年8月9日，彼得·马特尔在一封写给贝尔纳迪诺·德·卡瓦哈尔的信中曾质疑，伊斯帕尼奥拉到底是不是所罗门王的俄斐[*]。[40]

无论如何,哥伦布的成就逐渐激发了卡斯蒂利亚很多思想者的想象力。萨拉曼卡人胡安·德尔·恩西纳(Juan del Encina,他的父亲曾是个鞋匠)以演员、大臣及诗人的身份成为阿尔瓦公爵的家臣,德尔·恩西纳为自己的吟游诗集《卡斯蒂利亚诗歌》(The Art of Castilian Poetry)写了一篇序言,献给胡安亲王。其中,他写下这样的金玉良言:"如大学者安东尼奥·德·内夫里哈所言(他,将滋生于拉丁语中的蛮俗扫除殆尽),使他(此处为恩西纳本人)献身于传奇故事的动因之一是,我们的语言如今已成为最受赞颂、最为优雅的语言。它如此完美,以致令人担忧其衰落会和兴旺一样快……"[41]这着实是帝国的语言了!

哥伦布最终决定返回卡斯蒂利亚。1496 年 3 月 10 日,他同 30 名印第安奴隶以及 225 名幻想破灭的西班牙人一起离开伊莎贝拉岛,其中包括大部分随同阿瓜多出航,却一直没能返乡的船员。这次旅途所用的两条船都建造于西印度,这似乎也是历史上的首次。[42]

恰在离开之前,哥伦布于维加南部发现了一处新的金矿脉,并将之命名为圣克里斯托瓦尔。他又任命弟弟巴尔托洛梅奥为总督,贾科莫·哥伦布为巴尔托洛梅奥的副手。

两年后,1498 年,在一封写给斐迪南和伊莎贝拉的信中,海军上将解释道,此时,"西班牙贬损航海事业的风言风语四起,只是因为我未能及时派遣载满黄金的船只返航。这是由于流逝的时光未

---

[*] 俄斐是《圣经》中提到的港口或地区,因其财富而闻名。所罗门王每三年收到一次来自俄斐的货物,其中包括金、银、檀香、珍珠、象牙,猿猴和孔雀。——编者注

曾允许，或是其他我曾提及的各种阻难……因我的罪孽或因我的救赎，我被置于憎恶之中，致使我所言所求障碍重重。因此，我决定来到陛下面前，表明我的不解，也证明我一直是正确的"。他提及了所罗门王如何派遣船只去东方寻找俄斐，亚历山大如何命别人去统治"塔珀布拉纳"（Tapóbrana），尼禄如何派人去寻找尼罗河的源头，甚至还讲述了葡萄牙国王们如何亲自出海探索几内亚。[43] 哥伦布自认为，他可以与这些伟人们比肩。

第十三章

"命运女神的恶作剧"

这些哄堂大笑与命运女神的恶作剧……

——彼得·马特尔[1]

哥伦布途经小安的列斯群岛返乡，于 4 月 10 日至 20 日间停泊于瓜德罗普，在此处俘虏了一些加勒比人。6 月 11 日，他抵达加的斯，途中没有再造访其他未知岛屿。

接着，海军上将出人所料地身着方济各教徒的灰袍，前往塞维利亚。他总是表现得像个修士，自他当年旅居拉维达修道院以来，就一直和教会保持着不错的关系。他在安德烈斯·贝纳尔德斯家中住了一段时间。此人是洛斯帕拉西奥斯（Los Palacios）的神父，后来写下《天主教双王统治史》（*The History of the Reign of the Catholic Kings*），其中一章讲述了哥伦布发现西印度群岛和第二次航行的始末，这一部分内容受海军上将言辞的影响颇深。贝纳尔德斯的教区在塞维利亚以南 15 英里外，他既是该教区的神父，也是迭戈·德·德萨修士（哥伦布在胡安亲王身边的朋友）的门徒。他持反犹太思想，1492 年，犹太人被迫离开西班牙前往摩洛哥，经受了许多苦难，而他的著述中有不少嘲笑犹太人的内容，读来令人痛心。[2]

哥伦布抵达塞维利亚时，遇到一位曾参与自己首次航行的旧友佩拉隆索·尼诺（Peralonso Niño）。尼诺正要前往西印度群岛（将于 6 月 16 日起程）。尼诺加入了丰塞卡的新船队，船队由两艘轻快帆船、一艘布列塔尼船及一艘从加的斯购买的拥有 14 桨的双桅帆船组成。与其他船队一样，他们也要在戈梅拉岛购买绵羊和山羊，然后驶往伊斯帕尼奥拉，最后返航；接下来的探险则未见记载。[3]海军上将兼副王并没有批准这次航行，出航之前他也并不知情。哥伦布应该知道，1496 年阿隆索·费尔南德斯·德·卢戈彻底征服了特内里费岛，6 月来到阿尔马桑，在君王面前展示了他的关切人俘虏。阿尔马桑坐落于杜埃罗河（River Duero）河畔、卡斯蒂利亚和阿拉贡的边境之处，之后将成为胡安亲王短命王朝的中心。[4]哥伦布可能发现了，无论 1492 年他的航海发现有多么重要，等到四年之后，也只是两位君主的寻常事务而已，可能像加那利群岛一样有趣，但远没有意大利那般吸引人。

不过，哥伦布发现国王和女王表面上给他的支持并没有真正减弱。他们在阿尔马桑给他写了封措辞友好的信。[5]10 月初，哥伦布仍穿着方济各教袍来到布尔戈斯参见他们，并在科尔东宫得以觐见。这座辉煌的宫殿由已故的卡斯蒂利亚总治安官佩德罗·费尔南德斯·德·贝拉斯科始建，并由他的遗孀门西亚完成。海军上将为他们献上了"上等的黄金样品……许多面具，其眼睛和耳朵由黄金制成，还有不少鹦鹉"[6]。他还向君主们引见了"迭戈"，他是已故酋长卡奥纳沃的兄弟，身着重达 600 卡斯蒂拉诺（castellano，重量单位）的颈饰。[7]这暗示着更多的黄金会滚滚而来，很大程度上令两位君主大受鼓舞。传言还说，一些1496年带回来的黄金被分给迭戈·德拉·克鲁斯，镀在米拉夫洛雷斯（Miraflores）一座加尔都西会（Carthusian）礼拜堂的祭坛上。礼拜堂位于布尔戈斯郊外，1496年伊莎贝拉女王悲戚且疯癫的母亲过世不久后就埋在那里。

海军上将希望马上返回西印度群岛，国王和女王也认为他确实应该出航，并带着8艘船去探索更多内陆地区——这里指古巴和其他南美地区。哥伦布讲述自己作为探险者的成就时，一定说了一番豪言壮语，因为即便君主们先前曾听闻来自马格里特和波伊的非议，哥伦布还是成功地重获1492年时获得的"特权"。彼得·马特尔和素常一样身在王庭，他给在罗马的贝尔纳迪诺·德·卡瓦哈尔写了封信，热情高涨地评价了哥伦布。[8]哥伦布的弟弟，人缘不佳的巴尔托洛梅奥，则被王室确认为殖民地行省总督，这是海军上将此前授予他的重要职位。

不过，在返回他的新世界之前，哥伦布耽搁了很长时间。丰塞卡就是否准许哥伦布出航一事推三阻四，编造各种借口阻挠哥伦布。他毫不通情达理，认为探索发现是一码事，管理行政则是另一码事。他觉得哥伦布目前最好留在卡斯蒂利亚任职；于是，哥伦布就这样随王室巡回了布尔戈斯、巴利亚多利德、托德西利亚斯，以及梅迪纳－德尔坎波。当时他有大把的空闲时间，似乎都用来读书了（他看过的大部分严肃作品似乎都是这几年读完的）。1496年，他从英国买到《马可·波罗游记》（这可能是他第一次读到这本书），还买了艾尔伯图斯·麦格努斯（Albertus Magnus）的《自然哲学》（*Philosophia Naturalis*），以及亚伯拉罕·佐托古（Abraham Zacuto）的《永恒年鉴》（*Almanach Perpetuum*）。[9]这些消费证明，那个时候寻常人也可以买到真正的印刷书籍，这实在令人欣喜。一年后，哥伦布派人打听威尼斯探险家约翰·卡博托（John Cabot）的消息，卡博托从布里斯托出发，穿越大西洋，抵达了纽芬兰（这次航行也许是借鉴了哥伦布的成功经验才得以完成）。[10]

那段时间里，哥伦布重新总结了世界的形状，他把世界比作一个核桃，海洋是核桃壳。他很可能听说了，在 1496 年 12 月，教皇亚历山大授予斐迪南和伊莎贝拉"天主教双王"的联合头衔。这一举动激怒了当时公认"最有基督信仰之国王"的法国国王查理。此举不仅是因为格拉纳达战役的胜利，还因为斐迪南和伊莎贝拉之前曾派遣军队前往那不勒斯，援助教皇国对抗法国（至少亚历山大六世是这样理解 1495 年 5 月大将军贡萨洛率部登陆墨西拿一事的）。[11]他们获得这个头衔，并非是因为赞助哥伦布探索新世界。

哥伦布有可能参加了 1497 年上半年的庆典，庆祝"人们翘首以盼的玛格丽特大公妃"（马特尔的说法）、马克西米里安皇帝 17 岁的女儿来到西班牙与胡安亲王完婚——后来，西班牙公主胡安娜和马加里特的兄弟腓力也终于成婚，两位君主的王朝大业已成。彼得·马特尔以哥伦布常用来描绘加勒比风光的夸张口吻写道："女王和她女儿们洁白的脖颈上，沉甸甸地挂满了金银珠宝。"[12]

同年 10 月，在萨拉曼卡，胡安亲王在父王的臂弯中过世。哥伦布应该也见证了王室的悲痛。胡安亲王的死，意味着由迭戈·德·德萨修士凭借着空想经营的胡安亲王小王庭走向了终结，也导致旧西班牙王室的衰败。[13]特拉斯塔玛拉王朝（house of Trastámara）再无合法的男性继承人，王冠将传给嫁至哈布斯堡王朝的胡安娜公主一脉，这已经显而易见了。我们现在还能欣赏到阿维拉的多明我会圣托马斯教堂中那具精致的棺椁，其中埋葬着"全西班牙的希望"。这是由佛罗伦萨人范切里设计的，也是他接下的第一件重要委托。我们仍然可以想象胡安亲王之死带来的震荡。

斐迪南和伊莎贝拉都没能从这场悲剧中缓过来，雪上加霜的是，次年（1498 年），他们的长女、葡萄牙女王伊莎贝拉也过世了，随后（1500 年）她的儿子米格尔也在襁褓中夭折。

王子死后，君主们随枢机主教希门内斯·德·西斯内罗斯前往位于瓜达拉哈拉的主教宅邸，一直待到 1498 年 4 月，他们在此处与世隔绝了整整 6 个月。正是此时，忙着筹办阿尔卡拉的新大学（康普顿斯大学）[14] 的西斯内罗斯成功确立了王室首席大臣的实质性地位。人们猜测是他用祷告安抚了两位君主，抑或是他用豪尔赫·曼黎克（Jorge Manrique）纪念亡父的诗句激励了他们：

> 教宗、帝王
> 教会的皇亲
> 皆有一死
> 就好似卑微的
> 羊群

或者：

> 我们的生命是
> 汇入死亡之海的
> 河流

帝王将相，终归此处[15]

哈布斯堡家族素来宣称亲王的死因是他日夜不停地与玛格丽特沉溺于床笫之事；另一更有说服力的解释是，他在萨拉曼卡的市集上吃了变质的沙拉。[16]

亲王小王庭中的成员自然另谋出路。哥伦布的朋友德萨学士成为萨拉曼卡的主教，之后晋升为塞维利亚大主教，再后其他荣誉也接踵而至。哥伦布的儿子们，年轻的迭戈和费尔南多兄弟，从王子扈从移至女王麾下做家臣。亲王家庭的大部分成员都仕途风顺，有些去了西印度。他们总是把在亲王王庭谋事的经历当作谈资，比如亲王的财政官克里斯托瓦尔·德·奎利亚尔常在古巴和卡斯蒂利亚到处宣讲那些在阿尔马桑上演的疯狂行径，"足够让他在地狱里吃一番苦头了"。[17]

同年秋天，贝拉隆索·尼诺从伊斯帕尼奥拉回到西班牙。谣传称他带回了很多黄金，但实际上他这次的主要货物是巴尔托洛梅奥·哥伦布送来的奴隶，以及一点点巴西红木。他将300多名奴隶交给塞维利亚商人尼古拉斯·卡夫雷罗（Nicolás Cabrero）。[18]贝拉隆索·尼诺说，巴尔托洛梅奥·哥伦布处死了一些瓜里奥耐克斯酋长的人，因为他们掩埋了基督像。除此之外，他没有带回其他消息。[19]

哥伦布还在策划他的新航程，也就是第三次航行。他从王室获得了600万马拉维第的经济支持，但在他看来，这还不够。两位君主仅防守佩皮尼昂抵抗法军，不就花费了那么多钱吗？哥伦布此时还发现，越来越难招募到志愿者随他出海。关于西印度群岛艰苦生活的悲惨故事广为流传。在伊斯帕尼奥拉待过的人传出不少坏话，因为历史学家奥维多说，那里"徒有黄金之颜色，却无黄金之光泽"[20]。此时"天主教双王"——他们已充分展现了这个称号的意义——任命安东尼奥·德·托雷斯接替丰塞卡，成为西印度群岛远征的策划者，这意味着哥伦布的胜利，因为托雷斯至少比较了解西印度，而丰塞卡则不是。国王和女王还写信，许可哥伦布采购他想要的任何东西。[21]

然而，无论策划者是丰塞卡还是托雷斯，两位君主都要求哥伦布接受一个条件。当时，需要由士兵和工人合作建立殖民地，君主们希望能决定由谁来负责建立殖民地，有多少人参与。针对原住民的政策主旨是传教：原住民应在"仁慈的征服中和平地效忠王室，使他们改信我们神圣的天主教"[22]。一些修士和神父，或者通称"善人们"，将负责进行原住民的圣礼，并向印第安人传播基督教教义。这些宗教人士可以携带管理宗教事务所需的相关物品。[23]根据一条特别法令，很多罪犯可以参与殖民活动，但杀人犯、造假者、纵火犯、"鸡奸者"（任何形式的同性恋者）、叛徒、异端，以及任何非法携款逃离卡斯蒂利亚的人将被排除在外。

1497年夏，其他法令接踵而来，有时从梅迪纳-德尔坎波的城堡发布，有时从梅霍拉达的修道院发布，这些法令时而指向哥伦布，时而指向托雷斯。通过阅读这些文本，我们可以稍微了解到帝国主义政策磕磕绊绊的执行过程，和君主们在全新情况下感到的迷茫。将伊斯兰势力驱逐出西班牙以及征服加那利群岛这两件事，可以算是某种意义上的先例，但不完全相似。很快，丰塞卡回到指挥西印度事务的位置上，因为托雷斯在和君主合作时提出了太多条件，君主不胜其烦。[24]然而，此番换人并没有阻碍源源不断发布的律令。

　　　　　　　黄金之河：西班牙帝国的崛起，从哥伦布到麦哲伦

在其中一条法令中，王室重新允许卡斯蒂利亚人出航探索新世界，也再一次接受了哥伦布的垄断。不过，在这个问题上，哥伦布也改了主意，他写道："我觉得，所有想去的人都应该得到许可。"他之所以提出这个观点，可能是因为他可以从每艘驶往新世界的船上获得货物价值八分之一的税款，而且他意识到，坚持垄断会导致自己持续亏损。[25] 结果是，接下来的几年里，不少船长都获得了许可。有一些船长可能发现了新的领地，却没有被记录下来。[26]

1497 年 7 月 22 日，哥伦布被授予分配伊斯帕尼奥拉土地的特权，这件事的意义可能更为重大。分配土地的前提条件是，新的土地所有者需要在领土工作 4 年，种植小麦、棉花或者亚麻，或是建造糖厂或其他作坊。所有产出金属和巴西红木的土地，将归王室所有，除此之外的所有地区，只要没有围上篱笆，都可以视作普通土地。[27] 从理论上来说，这意味着哥伦布将有机会建立一个世袭的寡头政权。[28] 此外，君主还要求哥伦布在伊斯帕尼奥拉金矿附近建造新城镇。[29]

海军上将的第三次航行一直被耽搁下来。1497 年的夏天，他基本上都在梅霍拉达的圣哲罗姆修道院度过。那里靠近梅迪纳－德尔坎波，是天主教双王最喜欢的去处。7 月，斐迪南和伊莎贝拉也在那里待了一阵子。[30] 我们可以想象，他们时常在宽敞的庭院或回廊中相遇。当时，哥伦布的两位主公被控诉有意破坏《托德西利亚斯条约》，哥伦布写了一篇简报为他们辩护。文件中谈到他"去过曾提及的岛屿及印度大陆"[31]，以及他不得不在（第一次）航行结束时驶入里斯本的事。之后，葡萄牙国王若昂二世听闻了他的航行，向同一目的地派遣了自己的船队，曾和海军上将同行的葡萄牙水手也在船队中，[32] 但他们似乎没能抵达加勒比地区。

海军上将还写了一篇有趣的概要，讲述有关《托德西利亚斯条约》的一系列事项。概要指出，既然世界是圆的，东方未来的归属还悬而未决。比如，在远东地区（这是当时的叫法），划分葡萄牙和西班牙势力范围的界限在哪里呢？[33] 很显然，这是个亟待解决的问题。

那年夏天，在偶然之间，西班牙的领土向新方向延伸了——不是在西印度群岛，而是在非洲。因为这一年，佩德罗·德·埃斯托皮尼安（Pedro de Estopiñan），一位梅迪纳-西多尼亚公爵家人的船长，攻陷了摩洛哥的港口城市梅利利亚（Melilla）。它靠近塔菲拉勒特（Tafilat），是海岸和撒哈拉之间的黄金交易站。[34] 两位君主忙于发行新的货币，调节从恩里克四世统治以来就不太健康的卡斯蒂利亚货币系统。[35]

1497—1498 年的冬天，哥伦布身在塞维利亚，显然，他以为马上就可以前往西印度群岛了。后来，他的儿子费尔南多写道，延误的责任全在丰塞卡。丰塞卡想阻挠傲慢、不可预测的海军上将，不想让他再回到伊斯帕尼奥拉。[36] 原本派给哥伦布的船只甚至遭到佩德罗·德·埃斯托皮尼安挪用。之后，海军上将说，他开启第三次航行，是为了给沉浸在丧子之痛中的女王带来些许安慰，这个理由听起来比他的实际初衷要更能表示忠心。[37]

似乎在那个冬天，哥伦布首次写下了对于地球大小的看法。他认为，地球的周长是 4 000 英里，葡萄牙天文学家何塞·维津尼奥（José Viziñho）对此表示肯定（赤道处的周长是 2.5 万英里）。[38] 哥伦布仍然决心证明自己确实到达了亚洲，他一遍又一遍地提到皮

　　　　　　　　黄金之河：西班牙帝国的崛起，从哥伦布到麦哲伦

耶·戴伊在《世界图绘》（*Ymago Mundi*，他将此书归结为亚里士多德的作品）中的论述："西班牙以西和印度以东之间的海洋规模很小，几天之内就可以横渡。"[39] 这句话可以证明哥伦布的观点。

但哥伦布还是迟迟未能出发。1498 年 1 月，他的朋友，曾任第二次航行治安官（alguacil mayor，意为"大主管"）的佩德罗·埃尔南德斯·科罗内尔（Pedro Fernández Coronel）率领两艘补给船驶往伊斯帕尼奥拉，其中的"巴奎娜号"（Vaquina）"一半属于国王和女王陛下，另一半属于帕洛斯的一位寡妇"[40]。这支船队被认为是哥伦布的先锋队，但海军上将没有获得所需的支持，同时他还有私人问题需要处理，所以仍然耽搁在西班牙。2 月，他起草了一份关于名下地产的遗嘱，有可能是想要延续所获王室的恩惠。[41] 首先，他的头衔由儿子迭戈继承，如果迭戈身后无子嗣，则传给费尔南多。此外，他的兄弟巴尔托洛梅奥和迭戈也会是受益者。

在这份文书中，哥伦布热情洋溢地介绍，热那亚是个"高贵、强盛的海洋城市"[42]。他还将自己和卡斯蒂利亚的其他海军上将相比。[43] 他"回忆"说，是神圣的三位一体"将想法置入我的脑海，尔后成为完善的知识，使我得以向西跨越大洋，来到印度"。他坚称自己被许诺了新世界 25% 的土地（然而王室给他的许诺是仅有王室伍一税中的十分之一）。他还谈道，对于佛得角以西 100 里格以外的西印度群岛，他都有部分所有权。他这么写，好似对《托德西利亚斯条约》闻所未闻一样。[44]

1498 年 4 月 29 日，哥伦布终于向他的儿子迭戈写信告别，在结尾处他说道："你的父亲爱你，如同爱自己一样。"[45] 5 月 12 日，他率领 5 艘船沿瓜达尔基维尔河顺流而下，抵达桑卢卡尔－德巴拉梅达。他写信给自己的新亲信加斯帕尔·戈里西奥修士（Fray Gaspar Gorricio）说，自己已经装载了货物，但想和他一道航行的人实在太多，他需要再多一艘船。于是，他又耽搁下来。[46]［加斯帕尔是米兰附近诺瓦拉（Novara）的加尔都西会信徒，后来他去了塞维利亚郊外的拉斯-古埃瓦斯修道院。］5 月 28 日，海军上将又写信给戈里西奥说，他已经在帕洛斯买了条新船，但还是不能出发，因为法国人正在公海四处打劫，甚至已经俘获了一艘载满小麦、前往西印度群岛的西班牙船只。[47]

终于，1498 年 5 月 30 日，哥伦布驶离桑卢卡尔-德巴拉梅达，按他自己的说法，是以三位一体之名出发。同行的轻快帆船共有 5 艘——"卡斯蒂利亚号"（*Castilla*）、"拉维达号"（*Rábida*）、"哥尔达号"（*Gorda*）、"加尔萨号"（*Garza*）及"圣玛丽亚-德吉亚德号"（*Santa María de Guía*），均建造于帕洛斯。[48]这几艘船上总共载有 200 多人，包括 8 名披甲士兵、47 名弩手、60 名水手，还有 20 名公务人员、10 名园艺匠、30 名淘金者，最后还有大概 20 名妇女（其中至少有 2 名是吉卜赛人），另外还有 50 名农业劳动者、几名神父和一些其他领域的专家。哥伦布延续了以前享有的权利，他有权把土地分给这些追随者，而原住民的权利全然被忘到脑后。

第三次航行由热那亚银行巨头森图里翁家族出资赞助。15 世纪70 年代时，他们是哥伦布的旧雇主，在塞维利亚也是非常重要的家族。另一位热那亚商人贝尔纳多·格里马尔蒂（Bernardo Grimaldi）也帮了忙。若没有这些想象丰富、思想自由的热那亚人支持，哥伦布的创举将无法成行，然而这些人却从来没有得到过应有的认可。[49]

哥伦布和王室在殖民加勒比地区的目的上仍有分歧。哥伦布的理想仍然是让伊斯帕尼奥拉成为贸易殖民地，这样的话，当地殖民者仍不免要依靠卡斯蒂利亚运来的粮食过活。尽管如此，当务之急仍然是获取黄金、棉花、染料、香料和奴隶等硬通货。两位君主则有不同见解，他们希望通过航海发现领地，建立西班牙城市，殖民伊斯帕尼奥拉和"书上记载的其他印度岛屿，只有这样，才能侍奉我们的天主，传播神圣的信仰，扩张我们的疆域"[50]。他们仍然希望哥伦布将伊斯帕尼奥拉的土地分配给殖民者，就像加那利群岛一样。他们似乎还希望西印度群岛也采取加那利群岛那样的农业模式（种植甘蔗），此外还想从西印度群岛获取贵金属和巴西红木（用作染料）。

至于印第安人事务方面，君主要求哥伦布：

> 小心翼翼地尝试启迪印第安人，把他们引到和平安宁的道路上来。让他们相信，自己应当为我们的王权服务，并生活在善意的统治之下。最重要的是，有朝一日要让他们改信我们的神圣信仰，而那些前往印度群岛生活的人们，也能和他们一起接受已在那里或未来前去那的教士和神父们所操办的圣礼。[51]

其中没有任何有关探索新地域的指示，但很快，哥伦布打算探索的想法就变得显露无遗。

海军上将把下属船只编成两支船队，每队三艘船。一队由朋友阿隆索·桑切斯·德·卡瓦哈尔率领，此人曾经是拜萨的议会成员，为海军上将办过很多琐事。卡瓦哈尔船队中一艘船的船长，是哥伦布的侄子胡安·安东尼奥·哥伦布（Juan Antonio Colombo），他很可能是巴尔特洛梅奥或迭戈两人之一的私生子。[52] 另一艘船由佩德罗·德·阿拉尼亚（Pedro de Araña）指挥，他是哥伦布在科尔多瓦时的旧情人、贝亚特丽斯女士的侄子。这三艘船会穿过日后被称为"多米尼加海峡"的地方，直抵伊斯帕尼奥拉。

其他船只则由哥伦布指挥，先航行至佛得角，然后跨越大西洋南部，到达伊斯帕尼奥拉。与他同行的还有昔日好友阿隆索·德·奥赫达。哥伦布的目的是验证流传在里斯本的一个说法，说印度和欧洲之间"靠南"的地方，有一块新大陆。[53]

前往新世界的路上，哥伦布造访了全部大西洋诸岛。6月7日，他抵达亚速尔群岛，然后到了马德拉群岛，他的妻子费莉帕生下小儿子迭戈时死在这里。他还记得当时在此地为现在资助他的森图里翁家族销售蔗糖。接着他来到加那利群岛。前几次航行中，他曾来过这里。当时，阿隆索·德·卢戈征服了特内里费岛，整个群岛已经被卡斯蒂利亚吞并。德·卢戈留下，成为特内里费岛和拉帕尔马岛的总督。他和哥伦布并不是特别要好，虽然当时也有人指责他刻意讨好热那亚和葡萄牙人而亏待自己的卡斯蒂利亚同胞。实际上，这是因为热那亚人有加那利群岛急需的资金。葡萄牙的工人和农民也受到欢迎，尤其是那些曾在马德拉群岛生产过蔗糖的工人。[54] 热那亚人从来都是最显赫的资本家。当地的原住民关切人，很快就在历史上消失踪迹，但一些奴隶应该在西班牙留下了后代。

最后，哥伦布来到佛得角群岛。7月1日，他抵达福戈岛。那里约有50名定居者，大多是罪犯。葡萄牙总督阿尔瓦罗·达加米尼亚（Álvaro da Caminha）正忙着从附近的非洲地区买卖奴隶、铜器和糖。达加米尼亚当时还拥有 2 000 名在里斯本被迫与父母分离的犹太儿童。前些年，国王曼努埃尔与西班牙公主伊莎贝拉成婚时，颁布了一条驱逐犹太人的法令。这些孩子的家长没钱支付罚金，无法让他们继续留在葡萄牙。福戈岛的景象想必是一幅浮世绘：穷困潦倒的麻风病患者四处搜寻海龟的血液，混杂在辛勤收集红苔（这种苔藓可用于提炼染料）的人中间。博阿维斯塔岛上有些山羊。15世纪 80 年代，海军上将去过此处，但此番造访期间，他发现这些岛屿"如此荒芜，不见绿植"[55]。他也发现，最差的非洲奴隶都能卖到 8 000 马拉维第，或许他自己也买了一些。

1498 年 7 月 5 日，他向西驶去。船行至赤道无风带时遭遇酷热，一些补给因此腐烂了。7 月 31 日，船队到达一座海图上未做标记的岛屿，海军上将把它命名为"特立尼达"*。哥伦布先是停靠在岛的东侧（加莱塔岛），之后船只进水。这时，一艘载着 24 人的独木舟出现，海军上将以他惯常的热情风格如此描述这些人："装备弓箭、木盾，皮肤比我见过的原住民要白一些。"这些人的头饰看上去是摩尔人的风格。哥伦布尝试用剑甚至平底锅的反光来吸引他们注意，然而，他们却更受胡安·德·瓜达拉哈拉演奏的铃鼓影响，迷人的音乐（一些西班牙人翩翩起舞）引得他们开始发射箭矢。哥伦布命令弩手还击，原住民落荒而逃。[56]

接着，海军上将向南行驶至一处山岬，他将其命名为普安特－德阿莱纳尔（Puente de Arenal），此地应该在现今的阿拉瓜毕切角

---

* 特立尼达（Trinidad）意即"三位一体"。他在此处见到三座山丘，而且他的航行正好也借了三位一体的名义。——译者注

（Punta Araguapiche）附近。在这里，他看到了迄今为止欧洲人在新世界见过的最大河流——奥里诺科河（Orinoco）的入海口。这意味着，他们一定是在大陆附近。之后，他们目击了火山冲击波，更加证实了上述推断。海军上将很是担心，怕冲击波会倾覆他的船只。

后世经常引用1513年塞维利亚那场针对哥伦布所作所为的审问。当时，证人们被问道，他们是否认为海军上将仅仅抵达了特立尼达，而没有如哥伦布自己声称的那样，发现委内瑞拉边缘的帕利亚（Paria）半岛。据阿隆索·德·奥赫达说，为了寻找印第安人口中的岛屿，海军上将向南行驶，经过了特立尼达和大陆之间的一处海峡。这个海峡处于帕利亚海湾的尽头，不久后被命名为"龙口"（Dragon's Mouth）。时任领航员佩德罗·德·莱戴斯马（Pedro de Ledesma）在1513年作证说，1498年，哥伦布没有发现任何称作"亚洲"的大陆，不过，向北返回伊斯帕尼奥拉之前，见到了（但没有登陆）玛格丽塔岛（island of Margarita）。

实际上，毫无疑问，舰队停靠的地方就是南美洲，佩德罗·罗梅罗·德·托雷斯（Pedro Romero de Torreros）以天主教双王之名占领了这片土地。[57] 塞维利亚人埃尔南多·帕切科（Hernando Pacheco）当时15岁，是登陆队伍中的一员，他帮忙立起十字架，土著们见了都很惊奇。埃尔南多说："海军上将问几位领航员，他们觉得这是哪里，有些领航员认为是西班牙海，有些觉得是苏格兰海。"但水手们补充道，他们"一定是着了魔，才和海军上将一起出海"[58]。奥赫达声称"在帕利亚看到了猫，以及类似于马、山羊和猪的蹄印"。有些西班牙人觉得，这里的树木"和4月的威尼斯果园"一样好看。[59]

黄金之河：西班牙帝国的崛起，从哥伦布到麦哲伦

哥伦布遇到的土著民族非常友好，他说："这些人手挂珍珠，脖缠黄金，住着双檐的大房子。他们给我们送上醉人的啤酒，我们喝了一些。"有些酒显然是用玉米酿造的。之前，他已经从加勒比带回一些玉米种子，现在"卡斯蒂利亚已经长出不少玉米"。

发现这种酒——在伊斯帕尼奥拉和古巴闻所未闻的酒——如同发现黄金一般引人入胜。[60]

在海边，一对父子请这些西班牙人吃了两顿大餐。他们介绍道，黄金和珍珠都是从岛屿西边采集而来。但他们不建议西班牙人前往，因为那里的原住民属于食人族。就是这时，海军上将断定地球并不是球形，"而是梨形，除了梨梗之外，别的地方都是圆的；虽然它总体是圆的，但上面有一块乳头状突起"，这个突起处，他认为，就在赤道以南的大西洋上，"东边最远处"。（这个观点可能让人联想到公元前 6 世纪，阿那克西曼德首次提出的地球的球度问题。）

海军上将和伙伴们认为，奥里诺科河的河口如同天堂的河流一样，总数有四个。在中世纪，东亚就曾被认为是伊甸园的所在地。哥伦布很确定奥里诺科河便是这四条河之一，也就是他发现了地上天堂的原始方位。"没有上帝的许可，无人可以入内……它位于我描述的梨的梗部的顶端……逐渐接近它……人们会开始……攀登……我不相信有谁可以到达顶端……即便这条河不是从人间的天堂流出，它也仍是一处奇观，因为我不相信在别处还有这么宏伟深邃的河流。"[61]

哥伦布此时遇到的特立尼达和大陆上的所有民族，现在都被人类学家划分为"加勒比部落氏族"。他们的社会结构精巧，以先进的庭院种植业为生，苦木薯是主要作物，而古柯树是所有作物中最珍贵的。人们种植古柯树是为了采集它的叶子，其他树木则产出树脂。玉米、甜木薯、甜土豆、葫芦、红辣椒、菠萝以及番石榴均被广泛种植。这些原住民有固定的运河沟渠系统，不过，使用土地两年后，他们习惯将之废弃。他们会采集大量的野果。鹿、豪猪、兔子、松鼠、貘、老鼠和海龟以及不少禽类（鹌鹑、鸽子、鸭子及山鹑）都是他们的猎物和食物来源。狩猎时，他们的主要武器是长弓和藤条固定的箭矢。猎人会使用网和火。这里似乎还有火鸡。当地人会酿造棕榈酒和玉米酒。然而，人们习惯性地认为他们的生活水平比欧洲人低，这简直难以置信。

通常，村庄由200间形如帐篷的圆屋组成，屋顶通常由树皮、棕榈叶、芦苇或者稻草制成，所有房屋围绕一个中心广场建造。酋长可能拥有诸多房屋建筑，包括安置大量妻妾用的屋子，乌拉莱河（River Urare）河畔的瓜拉曼塔尔酋长就是如此。该地区的房屋中配有吊床，人们睡在吊床上。夜间，有时候人们会在吊床下点火，以驱赶蚊虫。不少屋子配有雕纹的黑檀木椅。

男人穿着装饰性的棉布遮挡私处，有时是及膝的棉质腰布，有时候则穿围裙，女人也会穿围裙。妇女经常在胸部系上板子。男女都会佩戴饰链，以捕获的猎物牙齿或爪子制成。他们也佩戴项链、脚镯、手镯、耳坠、珍珠、珊瑚珠以及花卉。男人和女人都会文身，有时会往身上覆盖树脂，再贴上羽毛。

和泰诺人一样，南美洲北岸的人都擅长使用独木舟，拥有娴熟的划船技巧。

这些印第安人有些出人意料的习俗。人们接受同性恋。男性可以继承兄弟的遗孀。女人从事采集、纺织、制作陶瓷的工作，也参与战争，擅长制造弓箭。年长者受到敬仰。酋长有时世袭继承，有时则通过选举产生。罪犯被宣判有罪后，通常由案件的受害者行刑。和加勒比地区不同，这里存在奴隶制，而且宣战是一种仪式。狂欢时，人们可以醉酒、抽烟，在笛子、鼓和响板的伴奏下跳舞。一年分成若干个朔望月。[62]

哥伦布沿着这些原住民居住的地区航行，直到抵达由他命名为玛格丽塔的岛屿。在那里，他找到了珍珠。不久后，他写道，这是"另一个世界"。事实的确如此，不过，他从没有意识到，也没能接受一个事实：这是一块全新的大陆，是他从未见识过的地域。[63]

发现珍珠是哥伦布第三次航行的重要成果，它改变了西班牙人对于新世界经济前景的预期。未来几年，人们对新世界的兴趣愈发高涨，这种情况超出了哥伦布的掌控。[64]1498 年 8 月 1 日，哥伦布登上帕利亚半岛南部，这标志着欧洲人发现了南美洲。然而，不少人试图否定哥伦布的登陆及其意义，就连哥伦布本人（确有此事）也没有意识到自己的创举。1498 年 8 月 13 日，哥伦布写道："我认为，这片土地属于一块巨大的大陆，迄今尚且无人知晓它的存在。"[65]然而，海军上将依然认为这里是东方。

受眼疾困扰，几天之后，他北上回到伊斯帕尼奥拉。显然，这种病是几年前在古巴患上的，现在复发了。这次航行算得上航海壮举，因为欧洲人从未自南向北穿越加勒比海。

1498 年 8 月 31 日，抵达圣多明各后，哥伦布了解到，他在 1 月派出的、由埃尔南德斯·科罗内尔率领的船队已经到达了目的地，乘船抵达的囚犯们已经开始在岛屿中心的金矿工作。由桑切斯·德·卡瓦哈尔率领的其他船，只到达了伊斯帕尼奥拉岛的最西端哈拉瓜（Jaragua），船上的货物都遭到损毁。当时哥伦布不在，巴尔托洛梅奥和桑切斯就此事吵得难解难分。

1497 年，巴尔托洛梅奥对伊斯帕尼奥拉的管理工作达到巅峰，他将土地分给征服者们，并授予他们终身土地所有权（包括覆盖区域的印第安人的供奉）。为了在岛上开采新的金矿矿脉，巴尔托洛梅奥建立了一座新城镇：博瑙（Bonao），这是一个西班牙化的土著语单词。依靠王室的许可（还有哥伦布的信件支持），[66]他开始在伊斯帕尼奥拉南岸肥沃的土地上建立圣多明各城，作为伊莎贝拉之外的陪都和行政中心。大部分留在伊莎贝拉的西班牙人，都南迁到这座新城。[67]圣多明各以传统橄榄球场的形状规划，这里将会建造一座教堂、一座市政厅、总督府以及一座监狱，全都面朝中心广场建造。负责"殖民"这片地区的是巴斯克人弗朗西斯科·德·加拉伊（Francisco de Garay），他原来是一名公证员，以及阿拉贡人米格尔·迪亚斯·德·奥克斯（Miguel Díaz de Aux），他曾和巴尔托洛梅奥一起出航。

这次变革引发了一场叛乱。带头起事的是伊莎贝拉城的首席行政司法官弗朗西斯科·罗尔丹（Francisco Roldán），他是一个来自哈恩（Jaén）的安达卢西亚人。眼见自己的新城市将要失去重要地位，他愤愤不平，于是控诉巴尔托洛梅奥是个"刁钻刻薄的男人，冷酷又贪婪"。[68]

反叛的真实原因依旧是个谜。罗尔丹曾是海军上将青睐的人，但似乎在一夜之间，罗尔丹与哥伦布以及哥伦布的兄弟反目成仇。[69]罗尔丹出离愤怒的源头是什么？巴尔托洛梅奥曾谴责罗尔丹勾引瓜里奥耐克斯酋长的妻子，这件事是否做得太过火了？还是说巴尔托洛梅奥妨碍了他的风流韵事？[70]之后，罗尔丹评价巴尔托洛梅奥说，他的管理"如此僵化死板"，"将人们置于恐惧之中，让人们丧失仁爱"。很可能巴尔托洛梅奥毫不犹豫地将强权施加在罗尔丹身上，后者因此心生厌恶。

总之，这次叛乱是巴尔托洛梅奥人在岛西端，靠近哈拉瓜时发生的。当时，他将权力暂时转交给兄弟迭戈，并留下罗尔丹作为副官。罗尔丹个人决定派遣船只返回西班牙请求补给，迭戈拒绝了这个想法，理由是缺少航海物资。罗尔丹指责迭戈和巴尔托洛梅奥限制自己的自由，还随意雇用印第安人。然后，巴尔特洛梅奥返回，无故囚禁了罗尔丹的朋友巴拉欧那（Barahona）。

总共有70—100人参与了叛乱。[71]最开始，罗尔丹和哥伦布兄弟发生争执，他们争辩土地的最佳使用办法，以及如何从当地土著身上获利。罗尔丹还反对向印第安人征收贡品。罗尔丹认为，比起修建堡垒，与土著居民寻求合作更加有利。罗尔丹说，哥伦布兄弟可以将这些事交给他来完成，他会为西班牙人带来益处。

然后，迭戈·哥伦布派罗尔丹和40名士兵前去镇压康赛普西翁附近的印第安人。罗尔丹认为，他可以将自己的空城作为据点，进而控制全岛。康塞普西翁堡垒的指挥官米格尔·巴列斯特尔（Miguel Ballester）是位备受尊敬的加泰罗尼亚人，来自塔拉戈纳，对哥伦布兄弟保持高度忠诚的他把罗尔丹的动向通报给巴尔托洛梅奥。于是，巴尔托洛梅奥来到康赛普西翁。罗尔丹与之对峙，要求允许自己派船回国。巴尔托洛梅奥回应说，罗尔丹对于船舰一无所知，他的手下也对航海一窍不通。罗尔丹拒绝和解，也拒绝卸下首席行政司法官的职位。[72]

接着，罗尔丹来到伊莎贝拉，发现自己确实没法开船驶离港口，便洗劫了军火库和货舱，然后一路向西，朝哈拉瓜进发。他知道，那边有"岛上最宜人的肥沃土地、最文明的原住民，也有最美丽温和的女人"[73]。途中，他遇到一些印第安人，顺手免除了他们向巴尔托洛梅奥交纳贡品的义务。

最终，巴尔托洛梅奥允许这些西班牙叛徒——和他们的印第安仆人及女眷一道——在哈拉瓜真正独立地生活。罗尔丹保护着"他的"印第安人，拒绝向巴尔托洛梅奥交纳贡品。在此，我们看到了悲剧的开端：免除印第安人供奉食物的义务，意味着切断了以往的供给，很快殖民地就会陷入饥荒。

在自己的地盘上，罗尔丹开始了重要的土地分配工作，将印第安人和土地分给追随者们。但是，他的所作所为没有经过副王和王室许可。罗尔丹只是首席行政司法官，却表现得如同土地的主人一样，他让大家以为，他分配出去的这些土地都可以世袭。[74]

摆脱了这些麻烦的内鬼，巴尔托洛梅奥转去修建岛屿南北两岸之间的七座堡垒，然后向西行进，寻找巴西红木。他受到了贝赫丘酋长（Cacique Behechio）和可怜的卡奥纳沃酋长的遗孀阿纳科阿娜（Anacoana）的款待。贝赫丘为西班牙人奉上棉花和木薯做的面包。但其他一些印第安领袖（比如瓜里奥耐克斯和马悠贝尼克斯）被擒获了，其中瓜里奥耐克斯在被送往西班牙前一直以奴隶的身份遭到监押。抓捕酋长实在是个错误，因为没有酋长，就没人交纳贡品了。

巴尔托洛梅奥在南岸顺利地建成了圣多明各，作为行政首府，这里将成为高效的船坞和粮仓。纵贯岛屿南北的一连串堡垒拔地而起，每座都有约 10 个西班牙人驻守，其中 1 人是特别委任的堡垒指挥官，而巴尔托洛梅奥自己则作为行省总督掌控全局。这一切都是为了确保原住民按时上贡。[75]

第三次到达伊斯帕尼奥拉后，哥伦布重拾权力，开始尝试和罗尔丹谈判。哥伦布最终选择妥协，因为他们实在缺乏可以信赖的人手，无法采取别的措施。9 月 12 日，哥伦布发布法令，规定凡是想要离开的人都可以得到食物并获准返乡。[76] 不久后，米格尔·巴列斯特尔从康赛普西翁赶来，报称罗尔丹和另两名叛党头目——佩德罗·德·里克尔梅（Pedro de Riquelme）和阿德里安·德·穆希卡（Adrián de Mújica）——就在附近。哥伦布尝试说服他们和解，并承诺可以满足他们的愿望，免费送他们回家。哥伦布尝试过逮捕罗尔丹，但计划落空了。罗尔丹坐拥殖民地大部分军械，一些新近到达的人也加入了他的队伍。罗尔丹说，他只肯和自己认识的埃尔南德斯·德·卡瓦哈尔（Hernández de Carvajal）谈判。罗尔丹提出的这项要求，使得哥伦布三兄弟不禁怀疑起卡瓦哈尔。和巴列斯特尔一样，卡瓦哈尔也认为，除了与叛军休战，别无他法。

哥伦布回到伊斯帕尼奥拉两个月后，一支由 5 艘船组成的新船队从圣多明各出发，返回卡斯蒂利亚。海军上将万万没想到的是，有 300 名西班牙人借他提供的机会回家。哥伦布允许他们每人携带一名印第安人，除此之外，他还送去一些奴隶。听闻哥伦布的让步，女王十分不满："海军上将行使了我（赋予）的什么权力？让任何人都上我的船。"她还下令，释放所有的印第安奴隶，因为奴役印第安人是否合法这件事还没有定论。据说王庭仍在寻找博学之士就此事表态，尚未做出定论。

返乡的殖民者们还带回哥伦布写给两位君主的信件。哥伦布在信中表示，每年仅靠在伊斯帕尼奥拉砍伐巴西红木，即可获取 2 000万马拉维第。大规模贩卖印第安奴隶应该也可以获利。他指出，全欧洲都需要各种奴隶。诚然，不少印第安奴隶已死在西班牙，但来自其他地方，例如柏柏尔、非洲和加那利群岛的奴隶死亡率也相差无几。每年，从伊斯帕尼奥拉大概可以运回 4 000 名奴隶，每名奴隶能卖到 1 500 马拉维第。[78] 哥伦布夸耀说，他的殖民地"除了定居者和葡萄美酒以外什么都不缺"[79]。

海军上将还补充道：

> 我们这里的境况是，任何西班牙人，不论好坏，都有两个印第安人伺候，有猎狗为他们打猎。另外一点可能不提为妙，这里的女人实在漂亮，令人着迷。对于最后提到的这些问题……我极其不满，但不论星期六吃肉（原文如此，应当是星期五），还是其他一些有损基督徒之名的陋习，我都无力改变。[80]

哥伦布建议王室派遣教士来"重塑我们这些基督徒的信念"，然后再去向印第安人传教。他希望每一支新船队能带来 50 名教士；这样，他可以送 50 个闲散且不听指挥的人回西班牙。[81] 作为一个"可怜的外国人"，他还提议送来一名文官，"一位在法律相关事务上富有经验的人"，不过他并没讲清楚要让此人来辅佐他抑或是接替他的位置。[82]

与此同时，埃尔南德斯·德·卡瓦哈尔和罗尔丹的交涉很成功。一时间，卡瓦哈尔几乎成功说服这位冒险家和哥伦布兄弟见面了。但是，罗尔丹的朋友阻止了他，双方又继续唇枪舌剑起来。罗尔丹扮演了印第安人救星这样一个不切实际的新角色，他对哥伦布说，应该释放那些被捕的印第安人。1498 年 10 月 10 日，他还写信给大主教西斯内罗斯，指控海军上将意图将伊斯帕尼奥拉交到热那亚人手中。[83] 一星期后，罗尔丹及其党羽写信给哥伦布，批评巴尔托洛梅奥的行径，并要求哥伦布允许他们建立独立公国。[84] 对此，哥伦布在回信中语焉不详，不过他表现出宽宏大量，说："每个人都可以来我这里畅所欲言。"[85]

最终，罗尔丹在确保安全之后会见了哥伦布。几周后，罗尔丹送来一份协议，列举了多项条款。在康赛普西翁的教堂门口，哥伦布张贴出特赦声明，承诺为所有想返回卡斯蒂利亚的人提供稳妥的解决办法。虽然这仅仅是形式，但象征着罗尔丹和代表王室的哥伦布重新结盟。作为交换，罗尔丹及其党羽，那些前叛军成员，可以真正地在他们想去的任何地方定居。他们多数人都在岛中央扎根，罗尔丹本人则留在西边的哈拉瓜，并自称为整个殖民地的首席行政司法官。

几乎在不知不觉之间，新的土地分配方式在罗尔丹叛乱的尾声里敲定下来：每位酋长及其治下的原住民，都应当侍奉一位特定的西班牙征服者。这些被侍奉的定居者称为监护主（encomienda），此前从摩尔人手中夺回土地时，这个词在旧西班牙存在过，不过形式略有不同（区别在于，在中世纪的西班牙，当地居民不会被送去别处；而且，土地所有者也没有义务向被征服的人民传教）。[86] 被征服地区幸存的多数印第安人都被纳入这个体系。这样一来，罗尔丹和他手下的人不仅能得到土地，还能获得印第安人的侍奉。面对如此优厚的条件，罗尔丹终于同意与哥伦布和解。[87]

然而，哥伦布没时间享受他和朋友桑切斯·德·卡瓦哈尔艰难取得的暂时和平，因为西班牙殖民者们又掀起了针对他的新叛乱。1499 年 3 月 21 日，卡拉特拉瓦骑士团、天主教双王的内廷总管、女王密友贝亚特丽斯女士的兄弟及新城圣菲市的前任市长弗朗西斯科·德·博瓦迪利亚，领命前来伊斯帕尼奥拉，调查何人在反抗王室，进而追究这些叛乱分子的罪责。哥伦布请求王室派来一位通晓法律的文官，而这位钦差正是弗朗西斯科·德·博瓦迪利亚。[88]

第三卷

博瓦迪利亚与奥万多

1498年，"美男子"腓力迎接刚刚抵达佛兰德斯的新娘——胡安娜公主

第十四章

"为了航行在较为平静的水面"

为了航行在较为平静的水面上，我的才华之舟扬起风帆，把惊涛骇浪撇在后边。

——但丁，《神曲·地狱篇》第一首

1499 年离开圭亚那时，韦斯普奇想起了这句诗

弗朗西斯科·德·博瓦迪利亚是一位经验丰富的官员，他交友甚广。攻打格拉纳达时，他率军作战，功勋卓著。格拉纳达的摩尔人投降后，他就当上了圣菲市长。他父亲和祖父都为卡斯蒂利亚国王当过差，他本人也多次担任公职。[1] 因此，派他前往西印度群岛并无不妥。对王庭而言，此举表明他们对新征服的领地与旧领地一视同仁；对哥伦布的朋友而言，这也是对海军上将非凡成就的认可。[2]

任命博瓦迪利亚的文件中，没有任何反常的暗示。王室谕令原文如下：

王室的海军上将，唐克里斯托瓦尔·哥伦布发来报告称，他离开所发现的岛屿返回王庭期间，岛屿上的一些人，包括

黄金之河：西班牙帝国的崛起，从哥伦布到麦哲伦

一名法官（罗尔丹），在岛上叛乱起事，违抗海军上将和以
王室名义任命的法官。我们曾劝诫他们停止叛乱，但他们拒
不听从，反而变本加厉，继续叛乱，还在岛屿周边肆意抢劫，
为非作歹，违背神的意志，犯下种种罪行，树立了坏的榜样。
这种罪行，必须得到责备和惩罚……因此，我们命令你前往
上述岛屿和印度大陆（原文如此），找出违抗海军上将和法
官的叛乱分子，逮捕他们，没收他们的货物，然后囚禁他们，
治他们的罪。[3]

这命令看起来并无歧义。确实，这里只说哥伦布是海军上将，
没有提到总督或副王；不过，法令承认他发现了"印度"，这个说
法仍然在官方和民间通行。两位统治者十分确信，罪犯就是罗尔丹
一行人，而非巴尔托洛梅奥·哥伦布等人。

但随后的文件改变了博瓦迪利亚的任务。1499 年 5 月 21 日，
王室发布了新命令，没有提到哥伦布，只说今后博瓦迪利亚负责领
导新世界政府。所有堡垒、武器、马匹、船只，甚至房屋都要归新
总督支配。[4]1499 年 5 月 26 日，天主教双王给哥伦布写信说，博瓦
迪利亚正在执行王室的指示，哥伦布必须听从他的命令。[5]

于是，伊斯帕尼奥拉岛的哥伦布时代结束了。马特尔认为，两
位君主听到了太多抱怨，已经疲惫不堪，加之迄今为止并未发现许
多黄金，因此君主决定任命新总督，以重建秩序。[6]或许，哥伦布继续
运回奴隶的行为违背了女王的意愿，此事成为他被撤换的导火索。[7]同
年 5 月，又有 5 艘船载着 600 名奴隶停靠在塞维利亚。[8]有一种解
释说，当时似乎有一股仇外情绪弥漫在整个王庭，许多罪恶都被归

咎于外国人。[9]在加那利群岛，这种仇外情绪甚嚣尘上，有人甚至认为，外国人的财产价值不应超过50万马拉维第。[10]（热那亚人通过谈判达成妥协，将自己排除在这条规则之外，但仍然惶惶不可终日。）在塞维利亚，贝纳尔德斯神父向王室报告了一则谣言，称哥伦布私吞了他找到的所有金币，此外，哥伦布还想把伊斯帕尼奥拉岛送给热那亚同胞。[11]

然而，王室向博瓦迪利亚下令后，过了很长时间，博瓦迪利亚都没有离开西班牙。某种程度上，这是因为位高权重的托莱多大主教、时任女王告解神父的希门内斯·德·西斯内罗斯，他希望确保西班牙在西印度群岛传播福音的事业顺利进行。考虑到这一点，他着手寻找陪同博瓦迪利亚前往西印度群岛的修士，最终编组了一支队伍，包括一名本笃会修士阿隆索·德尔·维索（Fray Alonso del Viso）和5名方济各会修士。[12]这些人的使命就是让异教徒改信基督教，并建立教会。与此同时，他们也是博瓦迪利亚手下的官员。这个队伍中最值得一提的是"阿维拉人"弗朗西斯科·鲁伊斯修士（Fray Francisco Ruiz），当时大约23岁，后来当上了阿维拉主教。他是托莱多橄榄油商人的儿子，一开始在托莱多唱诗班任职，然后成为西斯内罗斯的秘书，兼任阿尔卡拉的方济各会修道院的教授。根据西斯内罗斯的提议，伊莎贝拉女王派他前去了解哥伦布治下的新世界的真实情况。[13]

塞维利亚王庭推迟博瓦迪利亚的出发日期还有另外一个原因。当时，国王正奔走于格拉纳达南方的阿尔普哈拉斯山区，率军剿灭叛乱的摩尔人，这些穆斯林拒绝接受王室给出的两难选择——要么改信基督教，要么离境。希门内斯·德·西斯内罗斯声称，1499年他已经让格拉纳达的 4000 多名摩尔人改信基督教。不论西斯内罗斯还是国王，此时都没空处理西印度群岛的事务。

当时，西斯内罗斯是国内最具影响力的人物。马特尔评论说："此人（西斯内罗斯）给王室提出建议，在幕后操纵着西班牙。他精力充沛，才华横溢，庄重严肃，聪明睿智，他的圣洁超越了所有修道士和隐士。两位君主十分器重他，胜过以往的所有大臣。两位君主认为，如不采纳他的建议，简直就是一种罪，两位君主甚至认为，西斯内罗斯绝非世俗凡人……"[14]

此外，"在女王看来，他行事果断，从不怀疑自己的决定。他既有冥想的灵性，又有现代管理的高效，他轻易地将两者结合起来。因而，在他还年轻的时候，就深受枢机主教门多萨赏识"。女王继续将一切事务托付给西斯内罗斯，西斯内罗斯的影响渗透到女王的所有言行之中。16 世纪的历史学家赫罗尼莫·祖瑞塔（Jerónimo Zurita）这样评价西斯内罗斯："在王庭之中，除了两位君主之外，西斯内罗斯不受其他人待见，这不足为奇，因为他的思想'简直像个国王，而非修士'。"[15] 此前，他让众多摩尔人改信基督教；此后，来到新世界，他也领导着方济各会修士，雷厉风行地传播基督教。这种宗教政策与中世纪的卡斯蒂利亚截然不同。当时，信仰不同宗教的人可以互为比邻，互不干涉。

1500 年夏天，弗朗西斯科·德·博瓦迪利亚仍然停留在塞维利亚。6 月 20 日，在他起程前往圣多明各之前，两位君主决定释放一些哥伦布送回西班牙的、迄今还活着的奴隶，委托博瓦迪利亚将这些奴隶送回伊斯帕尼奥拉。[16] 君主让廷臣佩德罗·德·托雷斯尽力寻找来自西印度群岛的奴隶，并把他们送交圣玛丽亚港的埃尔普埃尔托城的市长迭戈·戈麦斯·德·塞万提斯（Diego Gómez de Cervantes），他正在那里集结博瓦迪利亚的船队。托雷斯最后找到了 21 名印第安人，送他们返程。不过其中一人因为病情过重无法远行。此外还有一位女孩，她想留在迭戈·德·埃斯科瓦尔（Diego de Escobar）家，继续接受教育。这位埃斯科瓦尔是哥伦布第二次航行的船员。不过，女孩接受完教育后，仍想留在西班牙，这或许是因为害怕再次航海。这样一来只剩下 19 名印第安人，其中 3 名是女性，这些人被托付给弗朗西斯科·鲁伊斯修士，由他护送返程。

实际上，在西班牙幸存的加勒比奴隶还有很多，这 21 人仅是一小部分。博瓦迪利亚离开后，至少有 500 人还留在西班牙。[17] 据推测，女王、西斯内罗斯和丰塞卡认为，剩下的人应当被奴役，因为这些人据说是（或曾经是）食人族，或者至少吃过人肉，要不然就是因为某些罪行被抓获。1501 年，在格拉纳达，在由热那亚商人出售的奴隶中间，似乎仍有泰诺人和加勒比人。王庭并未下令将其他探险者从加勒比海地区带回的全部泰诺人奴隶送回。[18]

博瓦迪利亚尚未出发时，新一批探险队已开始进入新世界。这个进展来得太快，尽管海军上将认识大多数探险者，但他尚未做好准备。其中，第一支探险队由莫格尔的贝拉隆索·尼诺领导，1499 年 5 月初，探险队从帕洛斯出发，前往南美洲北海岸的"珍珠海岸"。当月晚些时候，第二支探险队从加的斯出发，由阿隆索·德·奥赫达领导，坎塔布里亚人胡安·德拉·科萨和佛罗伦萨人阿梅里戈·韦斯普奇也在其中。这位韦斯普奇虽是佛罗伦萨人，却常居塞维利亚。第三支探险队由比森特·亚涅斯·平松和胡安·迪亚斯·德·索利斯（Juan Díaz de Solís）领导，于 11 月份自

　　　黄金之河：西班牙帝国的崛起，从哥伦布到麦哲伦

帕洛斯起程。到了 12 月，第四支探险队由迭戈·德·莱佩（Diego de Lepe）领导，从塞维利亚出发。不久后，特里亚纳的年轻犹太裔商人罗德里戈·德·巴斯蒂达斯（Rodrigo de Bastidas）获准前往南美洲北海岸。早在 1499 年，他就去过新世界，也许参加了奥赫达领导的那支探险队。最后，1500 年 7 月，阿隆索·维莱斯·德·门多萨（Alonso Vélez de Mendoza）获准前往南美洲葡萄牙势力范围内的巴西。不过，所有探险队的指挥官都接到命令，要求他们避开哥伦布已发现的领土，此外还必须遵守《托德西利亚斯条约》。因此，门多萨只好空手而归，未能占领自己发现的土地。

毫无疑问，我们必须详细讲讲第七次航行。这次宏伟的探险由葡萄牙发起，探险队由佩德罗·阿尔瓦雷斯·卡布拉尔（Pedro Alvares Cabral）领导，于 1500 年 3 月启程离开里斯本城外的贝伦。这支船队向西航行，想要绕过好望角，前往真正的东方印度。于是，葡萄牙语渗透巴西的历史进程就此开启。

启程之前，探险队很容易就能招募到足够水手。以前，期待出人头地的普通人，会去加那利群岛碰运气，或者加入对抗摩尔人的战争；到了 15 世纪 90 年代，哥伦布的地理发现将这些人推入探索世界的行列。哥伦布首次航行前往西印度时，就有莫格尔的贝拉隆索·尼诺陪同，当时他是"圣玛丽亚号"的船长；第二次航行时，尼诺是一名水手；第三次航行时，他在玛格丽塔岛上看到了珍珠。回到西班牙后，尼诺请求王庭准许自己带队前往西印度。后来，他又向特里亚纳的金融家路易斯·格拉（Luís Guerra）寻求赞助，路易斯·格拉的弟弟克里斯托瓦尔，还有克里斯托瓦尔的朋友胡安·德·贝拉瓜（Juan de Veragua）加入了探险队。他们从帕洛斯启程，整个探险队只有一艘船，载有 30 多名船员。[19]

后来，如上文所说，在没人能说得清哥伦布之前探险到过哪里的情况下，贝拉隆索·尼诺和伙伴们声称是他们发现了南美大陆。这次，尼诺一行人去了哥伦布 1498 年到过的许多地方，并且向西边更远处走了几百英里。他们从巴拉圭半岛的库瓦瓜岛（Cubagua）或库利亚纳岛（Curiana），前往今天阿鲁巴岛（Aruba）以南的委内瑞拉，途中获得了大量珍珠。他们来到南美洲北部沿海的一些集市，发现在今天的哥伦比亚一带，黄金可以用于交易。据彼得·马特尔记载，贝拉隆索·尼诺曾回忆说："当地人熙熙攘攘，讨价还价，还与小贩争吵着议价。他们进行交易的情形，和集市上的欧洲妇女并无不同。"[20]

贝拉隆索·尼诺回到西班牙后，信誓旦旦地说"这片土地是块大陆"。他的船上"满载着珍珠，而其他船上满载着稻草"。[21] 这些西班牙人用鹰铃、玻璃珠和猩红色布料，换来各种水果、木薯、玉米和少许黄金。他们在这趟旅程中获益颇丰。贝拉隆索·尼诺似乎想逃掉支付给王室的五分之一赋税。1493 年时，马丁·平松试图取道加利西亚的米诺河口，经由拜奥纳返回卡斯蒂利亚，因此被加利西亚总督埃尔南多·德·维加（Hernando de Vega）逮捕。这位德·维加是国王的姻亲，15 世纪 80 年代王室巡回至加利西亚以后，他开始承担该省的许多行政任务。格拉背信弃义，向王室官员通风报信，透露了贝拉隆索·尼诺的企图。此外，格拉还带回许多印第安人奴隶，在安达卢西亚的几个城市出售。天主教双王再次谴责了贩奴行为，因为"印第安人也是我们的臣民"。然后，两位君主再次把这些奴隶托付给前往伊斯帕尼奥拉的探险队。[22] 后来，王庭没能找到贝拉隆索·尼诺的罪证，只好予以释放。

第二支独立探险队，即奥赫达、科萨和韦斯普奇的探险，是最为有趣也是细节最为模糊的一次。前文中我们经常提到奥赫达。当时，他是继哥伦布之后最著名的探险新世界的船长。尽管他是个浮躁又懒散的人，但毕竟曾与加勒比印第安人打过交道。[23] 胡安·德拉·科萨是桑托尼亚人，参加了哥伦布的第一次和第二次航行，是一位经验丰富的老水手。第二次航行时，哥伦布曾委托他绘制地图。只有维斯普奇没去过西印度群岛（虽然几百年以来有一个传言，说1497 年时他曾去过西印度群岛；还有更离谱的版本说那一年他发现了墨西哥）。[24]

韦斯普奇是佛罗伦萨人，当时大约 45 岁。1494 年以来，他一直住在塞维利亚。[25]1499 年 5 月 18 日，他和奥赫达、胡安·德拉·科萨一起，带领四艘轻快帆船从加的斯出发，途经加那利群岛，横渡大西洋。[26] 韦斯普奇似乎并未担任船长。这次探险队的首领来到玛格丽塔岛，想要寻找珍珠。与贝拉隆索·尼诺相比，他们向西走得更远，到达了当时被称为"夫赖莱斯"（the Frailes）和"吉甘蒂斯"（Gigantes）*的岛屿，停靠在戈吉瓦格雅［Coquibacoa，今天的瓜希拉半岛（peninsula of Guajira）］。这样看来，他们已经接近了今天的哥伦比亚和委内瑞拉的边界。奥赫达后来声称，他发现了马拉开波，即所谓的委内瑞拉湾。他们找到了黄金和珍珠。

---

* 即 ABC 群岛，A、B、C 分别是阿鲁巴、博内尔和库拉索的首字母。它们为加勒比地区背风安的列斯群岛中位于最西面的三个岛屿。——编者注

韦斯普奇向佛罗伦萨的雇主洛伦索·迪·皮尔弗朗斯西科·德·美第奇（Lorenzo di Pierfrancesco de' Medici）递交了一份报告，讲述此次航行的情况。他乘坐的船似乎掉过队，也可能是从主船队中主动脱离了一段时间。当时探险队行至特立尼达岛附近，有两艘船没有向西，而是向南航行，到了圭亚那的德梅拉拉（Demerara）、伯比斯（Berbice）和其他河流。[27] 在那里，他发现了散发香味的奇妙树木、森林、淡水湖和奇妙的鸟类。[28] 与哥伦布一样，他以为自己来到了人间天堂。他们沿着其中一条河流航行，"相比之下，直布罗陀或墨西拿简直就像个鱼缸"[29]。也许那条河就是科兰太因河（Courantyne）或马鲁伊尼河（Marouini）。韦斯普奇夜观星象，试图解读它们变化的方位。这时，他来了雅兴，想起但丁《神曲·炼狱篇》第一首，也就是本章标题引用的那首。[30]

最后，船队向北返航，这位佛罗伦萨人来到特立尼达，遭遇赤身裸体和不长胡子的当地人：他们是食人族。不过，这些食人族并没有吃掉他，而是继续跋涉，去寻找其他美餐了。

> 他们不吃女人，但吃女奴隶。他们会制造弓箭，射术精湛。他们把我们带到一座小镇，赠予我们食物，此举主要出于畏惧，而非善意。与他们共度一天后，我们就离开了。我们继续前行，来到帕利亚湾和奥里诺科河，那里有座很大的城镇——至少我们认为很大——在那里，我们受到热情款待。我们喝了一种用水果酿成的酒，十分醇美。当地人送给我们一些小珍珠和 11 颗大珍珠。

和哥伦布一样，韦斯普奇也认为南美洲"地处亚洲边缘"。[31]
在信中，他热切地描述自己遇到的那些女人。1502 年，他的信件在
佛罗伦萨出版后，其中的香艳内容大受读者追捧。

> 又走了 400 里格（他接着说），遇到一些拒绝与我们友好
> 相处的人。他们拿起武器，严阵以待，试图阻止我们登陆，我
> 们不得不正面迎战。战况经常变成我们 16 人对抗 2 000 人。我
> 们正想逃命，有一位 55 岁的葡萄牙（水手）把我们集结起来，
> 说：我的男孩们，直面敌人，让敌人看到我们的脸庞，神就会
> 赐予我们胜利！[32]

简单的几句激励瞬间扭转了局势。"很快，他们逃走了。我们
杀死对方 150 人，烧毁了 180 处房屋。"

不久后，韦斯普奇似乎又回到奥赫达和胡安·德拉·科萨的主
船队。他们向西航行，带回几颗祖母绿宝石。时至今日，哥伦比亚
仍然以祖母绿闻名。他们也曾停靠在库拉索岛（Curaçao，在那里，
他们发现了体形特别高大的原住民）和阿鲁巴岛，岛上许多居民都
住在海边的房子里，"就像威尼斯一样"。因此，他们将这块大陆称
为"小威尼斯"，即委内瑞拉。这个地名一直流传到今天。不过，
这些船长中，只有韦斯普奇可能真正去过威尼斯——或许就连韦斯
普奇也没去过。奥赫达因为给该岛屿所起的名字广受赞誉。

然后，他们踏上返回欧洲的路程，因为船员们已经厌倦了"诱
人的大海和财富"。[33] 他们取道伊斯帕尼奥拉，尽管王室专门叮嘱
要避开那里，因为那座岛在哥伦布控制之下。1499 年 9 月，奥赫达

在哈拉瓜附近的雅克梅勒登陆，并且宣称自己是由丰塞卡派来西印度群岛的。哥伦布下令让罗尔丹率队迎击他们。一番争论之后，奥赫达说服罗尔丹收起武器；毕竟他们是老朋友了。科萨和韦斯普奇从各处掳掠来 232 名当地人作为奴隶，打算在加的斯出售。他们经过亚速尔群岛，返回欧洲。韦斯普奇写信告诉雇主梅迪西，他光是回程就花了 13 个月之久，这一说法当然受到了质疑，许多人坚持认为他是 11 月底或 12 月初到达欧洲的，[34] 但也有人说是 6 月。[35] 这个疑点增加了韦斯普奇航海生涯的谜团，关于这一点，后文会详细讨论。他回到欧洲后，就把带回的所有珍珠都给了女王。[36] 整个探险过程中，只有两人丧生（被印第安人杀死）。

韦斯普奇向洛伦索·迪·皮尔弗朗斯西科·德·美第奇讲述了他的见闻，还说希望尽快再去探险，也许下次就能找到锡兰岛。[37] 他补充称，佛罗伦萨的弗朗切斯科·洛蒂（Francesco Lotti）当时也在塞维利亚，他会派遣洛蒂把一张地图和一个地球仪带到托斯卡纳。他还写信给洛伦索·迪·皮尔弗朗斯西科，讲述最近瓦斯科·达伽马（Vasco da Gama）前往印度的航行。他又说，他在佛得角群岛听说了卡布拉尔的航海事迹。[38] 在里斯本登陆时，韦斯普奇再次写信给洛伦索："我们到达了一片新土地，我们认为这是块大陆，理由如下文所述。"这里，他认为自己看到的是新土地，而非亚洲的东部边缘，这就让韦斯普奇成为创新者。返回欧洲的途中，胡安·德拉·科萨绘制了一张航路图，这张图后来成为宝贵的资料。[39]

第三次航行由胡安·迪亚斯·德·索利斯和比森特·亚涅斯·平松两位船长领导，队伍中还有平松的侄子阿里亚斯（Arias）。德·索利斯显然出身于阿斯图里亚斯某个没落的古老家族。他出生在桑卢卡尔－德巴拉梅达附近的莱夫里哈，后来一直在葡萄牙工作。据说，他之所以离开里斯本，是为了逃罪，因为他被指控谋杀自己的妻子——这其实是在港口地带司空见惯的传闻。

不必赘言，出身于帕洛斯最知名航海家族的亚涅斯·平松参加了哥伦布的前两次航行。

两位船长在帕洛斯造了四艘帆船。1499 年 11 月 18 日，船队从帕洛斯启程，首席领航员是佩德罗·德·莱德斯马（Pedro de Ledesma）。[40] 他们先来到加那利群岛，然后转道佛得角群岛，最后，他们遭遇了一场大风，无法保持航向，1500 年 1 月底，他们阴差阳错地到达了巴西。此处是亚马孙河入海口，位于南美大陆最东端，他们将此地命名为圣玛丽亚－德拉－孔索拉西翁（Santa María de la Consolación）。

平松和索利斯以天主教双王之名占领了这块土地，尽管他们知道这里是葡萄牙的势力范围。当地的原住民杀死了他们的 8 名水手，其中包括 1 名领航员。西班牙人声称，当地原住民的脚印"有常人的两倍大"。他们认为自己"位于中国对岸，印度沿岸，恒河附近"。他们发现了很多巴西苏木和肉桂树（"可以治疗发烧，十分有效，就像药剂师卖的肉桂一样"），这些树的树干十分粗壮，16 个人手牵手都不能合抱。[41] 他们将一条大河命名为"马拉尼翁河"（Marañón），也许出于某些私人原因，这个名字已被遗忘许久了。[42] 接着，他们向北航行，又遇上一场可怕的风暴，勉强幸存下来。1500 年 6 月 23 日，他们终于到达伊斯帕尼奥拉。[43] 三个月后，他们起程返回西班牙。最终，船队载着 20 名奴隶和一些木材停靠在帕洛斯。此次旅程意义重大，两位船长技术娴熟，合作很成功，为后来的航行提供了范例。不过，此次航行途中有许多水手丧命。

第四次探险由迭戈·德·莱佩领导，他也是帕洛斯人，似乎是平松兄弟的亲戚，乍看之下，他的成就似乎没有前几位船长显著。1499 年 12 月，德·莱佩带领两艘船前往佛得角群岛，然后转向西南，行驶约 1 500 英里到达了巴西某海湾，将此地命名为圣朱利安。德·莱佩没有遇到任何当地人，没人为他接风，也没人同他说话。他溯流而上，沿着令人惊叹的大河——亚马孙河，行驶了一百英里，他满心好奇地将其命名为圣玛丽亚 - 德拉 - 玛尔 - 杜尔塞河（Santa María de la Mar Dulce）——此举让他青史留名。回到河口后，他朝北驶向马拉尼翁河，然后继续向北，到达帕利亚。在帕利亚，他抓捕到一些印第安人，后来，他把这些印第安人带回西班牙，送给了主教丰塞卡。[44]

1500 年，特里亚纳的罗德里戈·德·巴斯蒂达斯，时年 25 岁，带领两艘船，"圣玛丽亚 - 德格拉西亚号"（*Santa María de Gracia*）和"圣安东号"（*San Antón*），启航前往南美洲。[45] 他船上的水手有一半是塞维利亚人，另一半是巴斯克人。探险队有 19 名赞助人，除了巴利亚多利德人阿方索·德·比利亚弗兰卡（Alfonso de Villafranca）以外，其他 18 人都是塞维利亚人。探险队中有胡安·德拉·科萨，此人与阿隆索·德·奥赫达存在颇多共性；探险队中还有探险家巴斯科·努涅斯·德·巴尔沃亚，未来，他将为西班牙帝国立下大功。他们的登陆位置尚无清晰记载；也许先是到达玛格丽塔岛，然后去了里奥阿查，里奥阿查如今称为"西印度群岛的卡塔赫纳"，是个风景秀美的海湾；他们可能又去了乌拉巴湾，这里后来成为西印度的贸易枢纽。巴斯蒂达斯或胡安·德拉·科萨给卡塔赫纳起了个基督教名字。[47]他们在此驻扎几个星期,找到了一些黄金和祖母绿宝石。他们还可能去过巴拿马地峡附近的农布雷-德迪奥斯(Nombre de Dios,意为"上帝的名字"),不久后,努涅斯·德·巴尔沃亚会在那里成为"美洲的首位西班牙领袖"。

去往伊斯帕尼奥拉的途中,他们的船被白蚁啃食,在哈拉瓜附近沉没。巴斯蒂达斯和他的同伴们步行200英里,横穿伊斯帕尼奥拉,走到圣多明各,他们或许雇了印第安挑夫来搬运宝藏。1501年,巴斯蒂达斯(和德拉·科萨)乘"阿瓜贾号"(Aguja)返回西班牙,这艘船在1502年的飓风中幸存下来。[48]巴斯蒂达斯赔了不少钱,但还是尽职尽责,前往阿尔卡拉,将所得宝藏的五分之一交给两位君主(包括祖母绿、珍珠和黄金)。这些宝藏让人们颇为振奋,说明至少西印度群岛有不少财富。相比之下,他们的地理发现倒没引起什么反响。不过,巴斯蒂达斯在沿南美洲北海岸航行途中,似乎发现了中美洲地峡。他对这段旅程的记载,在历史上具有划时代的意义。[49]

1500年7月20日,莫格尔士绅阿隆索·维莱斯·德·门多萨率领的探险队从西班牙启程,这是早期一系列独立航海中的最后一次。他带领两艘船,一艘属于特里亚纳人路易斯·罗德里格斯·德拉·梅斯基塔(Luis Rodríguez de la Mezquita),另一艘属于拉米雷斯家族。在两位君主的坚持下,门多萨不得不将监察官的工资成本加到探险经费中。君主给这支探险队的指示与给巴斯蒂达斯的指示大致相同,不同之处在于,门多萨不仅不能染指哥伦布发现的土地,也不能染指葡萄牙国王、克里斯托瓦尔·格拉,还有奥赫达发现的土地。君主还是要求上交探险所得的五分之一。[50]路易斯·格拉也在门多萨的探险队中。此次航行中，门多萨大大扩展了欧洲对巴西海岸线的了解。他在圣阿戈斯蒂尼奥角（Cabo Santo Agostinho）附近登陆，然后一路向南，可能在圣诞节前后到达了今天的圣方济各附近。[51]

1500 年 3 月 9 日，佩德罗·阿尔瓦雷斯·卡布拉尔率领的葡萄牙船队从贝伦启航。这支船队同西班牙帝国并无直接联系，却对西班牙影响深远。这支探险队规模可观，拥有 13 艘船，是大西洋上最大的葡萄牙船队。这支葡萄牙船队的目的地是印度，他们想走两年前瓦斯科·达伽马的航路。探险队 13 艘船上共有 1500 人，其中包括前休达主教亨里克·苏亚雷斯·德·科英布拉（Henrique Suárez de Coimbra），还有 9 名神父和 8 名方济各会修士。[52] 他们首先来到加那利群岛（3 月 14 日），但没有靠岸，因为加那利群岛属于西班牙；然后，3 月 22 日，船队离开佛得角群岛。随后，他们向西南而非东南方向航行，想绕一个弧形到达印度。然而，4 月 22 日，他们发现自己来到巴西。1498 年与达伽马一起航行的尼古拉斯·德科埃略将船停靠在一座陡峭的山峰前，他们将这座山命名为"帕斯库尔山"。卡布拉尔以葡萄牙国王之名占领了这片领土，将它命名为"圣十字架地"，他们在这里停留了十天，派一艘船返回葡萄牙，传达这个地理发现。[派回葡萄牙的船是"宣言号"（Anunciada），船主是佛罗伦萨商人巴尔托洛梅奥·马尔基奥尼，他赞助了当时几乎每一次探险，不过这并不出乎意料。][53] 接着，5 月 2 日，探险队再次出发，前往真正的印度。

博瓦迪利亚也率领船队踏上了前往新世界的航程，目的地是伊斯帕尼奥拉，那是欧洲人唯一的定居点。博瓦迪利亚打算接管当地政府。与上述航行相比，他的航行略显平淡无奇。然而，想从哥伦

　黄金之河：西班牙帝国的崛起，从哥伦布到麦哲伦

布手中夺取统治权并非易事。1500 年 7 月，博瓦迪利亚从塞维利亚出发，船队中共有四艘船，乘客有他的神父以及他解放的印第安奴隶。1500 年 8 月 25 日，大约一个月后，他到达圣多明各，发现迭戈·哥伦布控制着这座城市。阿德里安·德·穆希卡的尸体悬挂在奥萨马河（River Ozama）岸边的绞刑架上，随风摇摆，他左边的绞刑架上是另一个不知姓名的西班牙人。一个星期前，共有 7 名罗尔丹党派的西班牙人被绞死；这一周，佩德罗·里克尔梅和埃尔南多·德·格瓦拉也被判处绞刑，两人暂被囚禁于圣多明各的城堡，等待行刑。哥伦布本人和弟弟巴尔托洛梅奥则在岛内搜捕其他叛乱分子，海军上将在康塞普西翁附近，而行省总督（巴尔托洛梅奥）则在哈拉瓜西郊。

近一年，自从哥伦布回到伊斯帕尼奥拉与罗尔丹达成暂时和平之后，哥伦布在和他的家族管理岛内事务时，就听到了颇多指摘，那时罗尔丹还没有真正叛乱。可见，哥伦布与罗尔丹之间的龃龉一直未能妥善解决。两人多次通信，在此过程中，哥伦布宽赦了以前背叛他的 15 位朋友，允许他们乘下一艘船返回卡斯蒂利亚。此外，罗尔丹不仅不会受到惩罚，还会被任命为哈拉瓜的终身地方法官。那时，罗尔丹似乎得到了约 100 名殖民者的支持，这些人都在岛屿西部（现今的海地），那里更加富足。哥伦布也同意了罗尔丹的观点，即伊斯帕尼奥拉和其他地方的土地，应当分配给所有殖民者。此外，应当指派一位殖民者负责管理并保护印第安人，让他们免受加勒比人侵扰，并且改信基督教；作为回报，印第安酋长将为这位殖民者工作，侍奉殖民者领袖，并要交纳贡品。西班牙语单词 *repartimiento* 是"分配土地"的意思，在卡斯蒂利亚本土，这个单词算得上尽人皆知。[54] 例如，征服安达卢西亚的战争理由，就是"分配土地"。传教似乎不再是头等要事。尽管 1493 年陪同哥伦布航行的比利时方济各会神父胡安·德·杜勒（Juan de Deule）声称，1500 年时已有 2 000 名印第安人在伊斯帕尼奥拉受洗，但这只占泰诺人的一小部分。[55]

近期，海军上将派出几艘船（其中一艘由米格尔·巴列斯特担任船长），将信件、奴隶和其他一些货物带回卡斯蒂利亚。他仍然希望发展奴隶贸易。此外，他还考虑出卖垄断专营权换钱。例如，他准许塞维利亚人佩德罗·德·萨尔塞多在岛上出售肥皂。[56]

后来，哥伦布坚称，1498—1500 年是殖民地发展的关键时期。这几年，哥伦布完成了堡垒纵贯线建设计划，此项工作由他的弟弟巴尔托洛梅奥开启，纵贯整个伊斯帕尼奥拉岛，从北部的伊莎贝拉延伸至南部的圣多明各。这条堡垒纵贯线的中心，就是锡瓦奥，它当时的基督教名字是拉维加－雷亚尔（La Vega Real），哥伦布就在那里定期征收黄金。此外，哥伦布还建立了种畜场，岛上从此可以蓄养马、牛和猪。他也采纳了罗尔丹的建议，永久保留 2 头小母牛、2 匹母马以及 20 头猪作为繁殖之用。也许，这些都是他辩称的重大成就？ 1499 年 5 月，哥伦布写信告诉国王，殖民地没能产出更多黄金，只能怪来此的人过度贪婪，这些人来到西印度，只想着快速暴富。他们以为这里遍地都是黄金和香料，只须用铲子装进口袋即可。他们想不到的是，这里虽然有黄金，但都埋在矿井里。

哥伦布认为，要不是他在西班牙逗留太久，他的管理系统本来是能够正常运转的。为了寻找替罪羊，他转而指责犹太改宗者，说这些人要颠覆他的政府。然而，没有任何迹象表明罗尔丹、马格里特和波伊图谋叛乱。某些王室大臣倒是希望哥伦布的政府垮台，但这些大臣也没有推出对他不利的政策。哥伦布补充说，他自己并不担心，因为以恶意待他的那些人，最终都遭受了神罚。[57] 然后，1500 年 2 月，海军上将又给两位君主写了一封信，言辞激烈："看来我的信件并没有送到您手中。"他喋喋不休地说，他希望用俄斐的黄金修复耶路撒冷的圣殿。他还追忆了自己的支持者，拉维达修道院的胡安·佩雷斯修士。当时，佩雷斯已经去世了。生前，他在探索新世界、征服格拉纳达、驱逐犹太人几件事上都帮了天主教双王的大忙。[58]

当时，两位君主明显忽略了哥伦布，这也情有可原，因为他们打算在那不勒斯同法国开战，还要想办法处理那不勒斯旧城的穆斯林事务。当时，穆斯林叛军在阿尔拜辛、格拉纳达、阿尔普哈拉斯山（1500 年 10 月），以及龙达（1501 年 1 月）此起彼伏，所有穆斯林对强制改宗的敌意集中爆发。斐迪南国王奔走督战，直到 1502 年，战争才宣告结束。王室颁布法令，所有居住在卡斯蒂利亚的穆斯林有两个月的时间改信基督教，拒不改信的人将被送往非洲。虽然伊莎贝拉女王身在塞维利亚，但她也整日忧心穆斯林叛乱的战事，无暇顾及伊斯帕尼奥拉和海军上将。[59]

在圣多明各登陆后，博瓦迪利亚一行人径直前往迭戈·哥伦布所在的房屋，向他展示了博瓦迪利亚的王室任命书。哥伦布的秘书迭戈·德·阿尔瓦拉多似乎已做好战斗准备，打算与堡垒指挥官罗德里戈·佩雷斯并肩作战，对抗博瓦迪利亚，不过，这两人并没有轻举妄动。[60] 迭戈·哥伦布放弃了这块领地，并派出几位使者，给他两位兄弟报信。9 月 15 日举行的仪式上，博瓦迪利亚再次向海军上将展示了他的任命书。当时，许多殖民者都在场，哥伦布说，他有一封王室信件，信中所言与博瓦迪利亚的任命书完全相反。也许哥伦布认为，一般情况下，人们会众说纷纭，争执不下，最终他可能会取得胜利，保住权力。但是，他似乎也对博瓦迪利亚说过，他认为博瓦迪利亚只是个从安达卢西亚来的旅行者，并非钦差。无论哥伦布当时说了什么，总之，博瓦迪利亚立刻把哥伦布三兄弟关进临时地牢，并严加看管。与哥伦布三兄弟一同下狱的，还有阿拉贡人米格尔·迪亚斯·德·奥克斯，之前他是圣多明各要塞的指挥官。

然后，博瓦迪利亚针对哥伦布三兄弟此前的行为展开调查，听取无数控诉。[61] 哥伦布三兄弟的主要罪行，是他们未经卡斯蒂利亚枢密院（Council of Castile）授权就处决了西班牙人，也许有些死者就是博瓦迪利亚的朋友。有位厨师仍然忠于哥伦布（他的名字是埃斯皮诺萨），如果没有他相助，哥伦布的处境会相当艰难。事实上，哥伦布似乎遭受了过分的侮辱，历时长达几周。然后，博瓦迪利亚将这些要犯送上他来西印度群岛时乘坐的船。他要求船长安德烈斯·马丁内斯·德拉·格达给哥伦布三兄弟一直戴着枷锁，把他们交给丰塞卡主教。[62] 10月，他们起程返回西班牙。

随后，在殖民地上，博瓦迪利亚做出了几个激进的决定。首先，恢复金矿开采，允许任何人进矿淘金，但有个条件——淘金者必须将十一分之一的淘金所得上交西班牙王室。他扩建了圣克里斯托瓦尔的金矿，仅1501年就开采出近300千克黄金。[63] 然后，总督颁布了一项法令，规定伊斯帕尼奥拉的印第安人都是女王的自由属民。实际上这意味着，任何殖民者都可以使用任何泰诺人作为劳力，前提是殖民者必须说服泰诺人为自己工作。被哥伦布判处死刑的叛乱分子受到宽赦。罗尔丹受到了严肃处理，不过是在受到尊重的情况之下。

罗尔丹和哥伦布兄弟之间近乎内战的冲突，一度严重削弱了人们的信心。通过不限于上文所述的一系列措施，人们的信心恢复了。博瓦迪利亚很残酷无情，但也卓为高效。显而易见的是，现在的殖民地比以前运营得更好，因为博瓦迪利亚与哥伦布三兄弟的为人之道大不相同。定居人口的流失停止了，殖民者不再想着返回西班牙。印第安人在矿井中努力工作，虽说收益甚微，但掳掠印第安人为奴的行为已不复存在。博瓦迪利亚决定不做无谓的冒险，于是没有干涉罗尔丹在哈拉瓜分配土地的行为。实际上，博瓦迪利亚鼓励每位殖民者都能找到一名酋长供自己驱使，并通过征服行动和严刑峻法建立强权。不过，博瓦迪利亚也有所顾虑，他知道不少西班牙人已经与当地酋长的女儿结了婚，就此定居下来。

拉斯·卡萨斯写道："1502 年时，来到这里的 300 名西班牙人……用诱惑或武力，将印第安村庄的女首领或女首领的女儿掳作情妇。这些西班牙人与她们同居，称她们为仆人。这些女人的亲戚或封臣认为，西班牙人已经娶她们为合法妻子了，于是就把她们送给西班牙人。当时，印第安人都很崇拜西班牙人。"[64] 由此开启了西班牙人与殖民地原住民通婚的传统，这也成为西班牙帝国的特征，与后来盎格鲁－撒克逊殖民者的做法完全不同。印第安妇女认为西班牙人很有吸引力，两族之间的通婚现象因此越发常见。

与此同时，哥伦布抵达了西班牙。整个航程中，他们三兄弟一直戴着枷锁。与他们同行的还有西斯内罗斯的秘书，弗朗西斯科·鲁伊斯神父，加勒比的气候令他感到难以忍受。1500 年 11 月 20 日，海军上将在加的斯登陆，他用极其悲惨的笔调给君主写信，说他已经回到西班牙了。他在信中说："博瓦迪利亚把我遣送回来了，我发誓无论如何也想不到为什么会这样。我不知道我的神，我的主希望我怎样为陛下效劳……我的所作所为，就和当年亚伯拉罕在埃及为以撒、摩西为以色列人所做的事情别无二致。"[66]

显然，格拉纳达的君主认为博瓦迪利亚做得太过分了。尽管当时仍在处理摩尔人的问题，他们还是在 12 月 17 日火速回信，要求立即为哥伦布除下枷锁，并让哥伦布来到格拉纳达。哥伦布还在生气，他坚持戴上枷锁，前往阿罕布拉，蹒跚着面见两位君主。天主教双王坚持认为，这绝非他们所愿，哥伦布不该受到如此虐待和监禁。

哥伦布也给胡安娜·德拉·托雷写了信，她曾是胡安亲王的家庭教师，也是安东尼奥·德·托雷斯的妹妹。他写道："如果说，我近来对世界有所抱怨，那是因为世界已虐待我很久了。"[67]然后他开始讲述，他遇到的人们如何不信任自己："但是，神终于给了女王理解的灵光……7 年过去了，如今，我投身探险事业已达 9年……然后，我回来了，卑鄙的人想方设法要诋毁我。"他说，他经常"乞求陛下，另派贤能接管司法，我会自己负担这部分费用；我发现首席行政司法官（罗尔丹）叛乱时，三番五次请求陛下派来一些人手，或至少派来一位带着王室谕令的钦差"。[68]

1500 年大半年和 1501 年的前几个月里，两位君主一直待在格拉纳达。他们仍在处理穆斯林问题。1501 年，格拉纳达旧政府被废除，新的市政府成立，此举意味着王室并没有对穆斯林做出什么让步。成立于雷亚尔城（Ciudad Real）的最高法院很快也迁到格拉纳达。多数穆斯林都屈从了，他们接受洗礼，变成基督徒。不过，也有些穆斯林逃往深山，或者干脆逃之外国，他们知道，两位君主已经完全打破了 10 年前的和平条件。一小撮穆斯林在南部山区继续坚

　　　　黄金之河：西班牙帝国的崛起，从哥伦布到麦哲伦

持游击战，地中海沿岸的穆斯林向他们提供了微薄的支持。基督徒和穆斯林改宗者都不得安宁，格拉纳达丝绸业也陷入衰退。科尔多瓦的宗教裁判所开始在格拉纳达活动，这引起极大的不满，激起格拉纳达温和派总督滕迪利亚伯爵的敌意。西班牙的穆斯林们也失去了往日的自信。

于是，天主教双王再次将注意力转向西印度群岛。哥伦布遭受了苛待，博瓦迪利亚根本不懂得掌握分寸。西印度运来的黄金已陆续到港，这说明那里并非不值得管理的不毛之地。毕竟，两位君主需要钱来防范地中海的土耳其人。虽然格拉纳达沦陷了，但奥斯曼帝国对基督教的威胁并未消失。因此，西班牙必须组建舰队，而组建舰队必然需要财力支持。如果西印度的黄金不像海军上将承诺的那样多，那么当地土著可以用贡品补上缺口。地中海和巴尔干半岛仍是主要战场，这是欧洲各国的共识，包括梵蒂冈教廷。

这种情况下，西班牙君主决定任命一位审慎、忠诚、高效的新总督，来结束伊斯帕尼奥拉的分裂。博瓦迪利亚此前的行为似乎加剧了分裂。1501 年夏天，两位君主找到了做出决定的绝好机会。当时，经验丰富的西印度事务顾问曾举荐博瓦迪利亚的丰塞卡主教去了佛兰德斯，他去协助胡安娜公主的丈夫腓力亲王。丰塞卡早已习惯了西班牙王庭的虔诚持重，而佛兰德斯王庭的情景，着实让他坐立难安。他发现，在佛兰德斯王庭，爱情和婚姻并不相干，包养情妇的风气在贵族和王室间盛行。丰塞卡不在的这段时间里，迭戈·戈麦斯·德·塞万提斯代行丰塞卡的职责，他是加的斯的市长，没有丰塞卡那么强的野心。哥伦布与塞万提斯私交甚厚，两人是通过阿隆索·德·巴列霍（Alonso de Vallejo）认识的，从圣多明各出发时，巴列霍就一直陪伴在哥伦布身边。[69] 当时，一直对印度事务感兴趣的意大利廷臣彼得·马特尔也不在王庭，他已代表西班牙出使埃及了。

于是，斐迪南和伊莎贝拉自行找到了接管圣多明各的人选：那就是尼古拉斯·德·奥万多修士，阿尔坎塔拉骑士团的拉尔神指挥官。博瓦迪利亚还以为自己干得不错，毕竟他正在为王室营利，然而不久后他就会被免职。当时的王国枢密院院长阿尔瓦罗·德·波图加尔和西斯内罗斯两人似乎在确定人选一事上起了重要作用。王室宣布任命决定后，11 月，教皇应王室要求颁布了一则谕令，其中规定，新世界所有教会什一税都归王室所有，相应的，向印第安人传教布道、维护教堂的工作，由西印度总督全权负责。[70]

博瓦迪利亚得知自己被免职之前，王室又批准了一两次前往西印度群岛的航行。1501 年 2 月，热那亚人弗朗切斯科·里韦罗（Francesco Riberol）和阿拉贡人胡安·桑切斯·德·特索里亚（Juan Sánchez de Tesorería）[71] 不声不响地往圣多明各派去两艘补给船。德·特索里亚家世显赫：1479 年上任的阿拉贡财政大臣加布里埃尔·桑切斯，还有巴伦西亚的财政官阿隆索·桑切斯，都是这位胡安的叔叔。[72] 佛罗伦萨人弗朗切斯科·德巴尔迪（他与哥伦布已故妻子费莉帕的妹妹布里奥兰贾结了婚）以及其他三位商人也出了一部分钱。这是首次前往西印度的纯商贸航行，据说，此行的利润率在 300%—400%，[73] 运载的货物主要是衣服，也有马、羊和牛。

另外，还有几趟从里斯本出发前往新世界的航行，其中最有趣的当数加斯帕尔·科尔特－雷亚尔（Gaspar Corte-Real）和他兄弟米格尔的航行。1500 年夏天，他们带领两艘船启航。在此之前，加斯帕尔·科尔特－雷亚尔曾参加过寻找新岛屿甚至新大陆的探险航

黄金之河：西班牙帝国的崛起，从哥伦布到麦哲伦

行。加斯帕尔的父亲是亚速尔群岛特塞拉岛（Terceira）南部的上将（captain-general）乔姆·巴斯·科尔特-雷亚尔（Joam Vaz Corte-Real），母亲则是他父亲掳来的一位加利西亚姑娘。据说，乔姆还是个"土地大盗"。[74]拉斯·卡萨斯兴致勃勃地记录道，那次航行中，他儿子似乎到达了拉布拉多，然后到了纽芬兰，非常"靠近英国"。[75]1501年，他又率领三艘船继续探险，这次，他显然发现了格陵兰岛。回到拉布拉多之后，他应该是在哈德逊海峡离世。他兄弟米格尔去找他，但也死在加拿大北极圈内某处。[76]这些航行表明，葡萄牙人决心发现新土地，但又不愿意闯入西班牙的势力范围。科尔特-雷亚尔并没留下任何建议，就像卡博特一样，所有探险者都以为自己去了亚洲。整个16世纪间，科尔特-雷亚尔家族一直坚持探索航行，也资助了不少探索航行。

有一点似乎可以肯定，这些年间，有许多未经政府批准，私自前往新大陆的航行。这些船队从西班牙、葡萄牙各个港口出发，有的甚至从英国或法国出发。例如，1505年6月19日，比诺特·保罗米尔·德·贡纳维尔（Binot Paulmier de Gonneville）在鲁昂签署的一份宣誓书中有这样一段话："多年以来，迪耶普和圣马洛的水手、其他诺曼人，还有布列塔尼人一直去西印度群岛寻找染料、棉花、猴子、鹦鹉和其他珍奇物品。"[77]贡纳维尔不是第一个对《托德西拉斯条约》提出异议的法国海盗。法律规定，未经官方许可，任何船长不得从欧洲港口起锚出发前往美洲。这样的事，今天看来简直就是天方夜谭，但在当时，事实就是如此，因为各国政府都想对来往新世界的船舶征税，由此导致的必然结果就是非法偷渡屡见不鲜。

第十五章

"我们希求的至善"

我们祈祷印第安人能改信我们神圣的基督，愿他们的灵魂
得到救赎，因为这是我们所能希求的至善。

——1501 年，给西印度总督尼古拉斯·德·奥万多的指示

尼古拉斯·德·奥万多修士 52 岁那年，被天主教双王选为博
瓦迪利亚的继任者，担任西班牙在西印度群岛的总指挥官。他隶属
的阿尔坎塔拉骑士团，与圣地亚哥骑士团和卡拉特拉瓦骑士团一样，
曾是西班牙光复战争中的基督教先锋部队，后来它显然失去了当年
的重要地位。不过，这些骑士团威名尚存，封地仍有收益。君主选
择一位骑士团长官作为新设的西印度总督（Goverer of the Indies），
让他驻扎在旧西班牙刚刚征服的基督教前哨，此举颇具象征意义。

在为人处世方面，奥万多是公认的诚实坦率之人，是"贪婪与
奢欲之敌"。[1] 他在阿尔坎塔拉骑士团的地位助他在王庭赢得了一席
之地。不过，他本就出身显赫，是布拉斯奎兹家族的一员，国王阿
方索四世某私生子的后代。卡塞雷斯城从摩尔人的统治下被解放后，
布拉斯奎兹家族的一员（原本是莱昂人）获得了这块封地。1477 年，

伊莎贝拉女王与胡安娜王后及葡萄牙人作战期间，曾寻访埃斯特雷马杜拉，授予尼古拉斯的父亲，"将军"（El Capitán）迭戈·德·卡塞雷斯·奥万多不少特权。

奥万多的母亲是伊莎贝拉·德·弗洛雷斯·古铁雷斯（Isabel de Flores Gutiérrez），她是葡萄牙的伊莎贝拉——天主教女王伊莎贝拉的母亲——闺房中的侍女。奥万多的母亲来自布罗萨斯，那是埃斯特雷马杜拉西北的一座城镇，靠近阿尔坎塔拉。奥万多就在布罗萨斯长大，在镇内还有一处地产。

奥万多修士曾是胡安亲王的家臣，是常伴王子左右的十骑士之一。在西班牙的美洲殖民史中，他是首位史书留名的埃斯特雷马杜拉人。[2]

1501 年 9 月 3 日，奥万多被任命为总督，当时王庭仍停留在格拉纳达。这是对他通过考验的回报。[3]他被任命为新西班牙岛屿的总督和地方法官，获得了任命次级法官、市长以及地方治安官的权力，[4]但并未获得管理南美洲大陆地区的权力，那里仍由阿隆索·德·奥赫达和比森特·亚涅斯·平松管理。王室任命奥万多时，也不得不考虑到上述两人的职权范围。

奥万多负责监视这块新封地上有无外国人来往，如果有，就要把他们送回西班牙。新世界的开发权并不是国际共有，而是由卡斯蒂利亚独享。海军上将的一些外国随从除外，这些人可以来往西印度，此外，奥万多还获准携带 5 名葡萄牙人同行。[5]王室三令五申，严禁他向西印度运送"摩尔人、异教徒以及那些假装改信基督以逃避惩罚的犹太人"[6]，但他可以带上"黑奴或其他在基督教治下领土出生的奴隶"。不过，此前也许已经有一两个非洲黑人奴隶混进了新世界，[7] 而我们也知道，哥伦布第三次航行中可能也运去一批奴隶。这是官方文件中第一次提及黑人奴隶。

9月3日这天，王室也颁布了一些其他相关法令，其中一条称，未经王室许可，禁止任何人出航前往新世界，任何私自前往新世界的人都会被治罪。由此，许可证成为通行新世界的必需品。[8] 这不仅是因为王室想要征收税款，还因为他们希望控制新帝国的人口总量。此举和他们1495年颁布的自由政策背道而驰。毫无疑问，在那天颁布的诸多法令之中，人们一直都想违反这一条，可能这也是颁布这条禁令的原因之一。即便如此，这条禁令仍会一直实行下去。[9]

1500年9月16日，一份王室文件补充说明了奥万多的任务。这份文件由王室帝国事务大臣加斯帕尔·德·格里希奥（Gaspar de Gricio）签发，此人接手了费尔南多·阿尔瓦莱斯·德·托莱多的工作。[10] 该文件让奥万多获得了一些绝对特权：没有奥万多的许可，任何人都不能开掘金矿，甚至不能探寻矿脉；采矿所得的一半黄金（之后削减到三分之一，再之后又回到五分之一）属于王室。王室仍然希望提升产量。每10名矿工将被编为一组，由一位可靠的工头领导。与此同时，博瓦迪利亚获得的一切特权随之被废除。[11]

奥万多得到的另一条指令中有如下陈述：

> 我们祈祷印第安人能改信我们神圣的基督，愿他们的灵魂得到救赎，因为这是我们所能希求的至善。为实现这个目的，他们必须详细了解我们的信仰。你要尽全力确保神父们用大爱感化他们、劝导他们，而不要使用武力，这样他们才能尽快改信。

奥万多还须确保存活的酋长得到王室的庇护，让他们像其他臣民一样奉纳贡品。贡品的内容将由奥万多和所有酋长协商决定，这样，酋长们就不会认为自己受到不公正的待遇。[12]

按照惯例，奥万多将对博瓦迪利亚和他手下的官员们展开司法审查，了解他们的行政情况。然后，博瓦迪利亚及其手下官员将随他们当年来时的船队返回西班牙。[13] 新任总督的薪水是前任的两倍（一年 36 万马拉维第，而不是 18 万）。奥万多还会选拔出百余名新任官员。

这些指示，不仅经过国王、女王和格里希奥签字批准，而且格拉纳达大主教、女王偶尔的告解神父塔拉韦拉也签了字。签字的人还有莱西齐奥多·路易斯·萨帕塔（Licenciado Luis Zapata），他是一位重要的参谋，来自马德里，是犹太改宗者。因为他身材矮小，后来人们称他为“矮子王”（同阿卜杜拉一样）。他演讲时舌灿莲花，为人却腐败吝啬。作为官员，他在西班牙庇护所有的“阿拉贡派”成员，帮助他们在伊斯帕尼奥拉站稳了脚跟。[14]

所有法令都公布于众。1501 年 10 月 2 日，由塞维利亚的一个市政公告员弗朗西斯科·德·梅萨（Francisco de Mesa）在大教堂［著名的格拉达斯（gradas）大教堂］的台阶上当众宣读，在场的还有数名公证员。然后，这些法令又在大加那利岛上如此宣读了一次。[15]

奥万多的远航由加的斯的市长迭戈·戈麦斯·德·塞万提斯策划。他曾以核心官员的身份帮助王室推行改革，提升了王室在城镇议会的权威。希梅诺·德·布里维耶斯卡（Jimeno de Briviesca）负责在塞维利亚管控航行的财务支出，此前，他辅佐罗德里格斯·德·丰塞卡处理过西印度事务。

其他几次航行也在此时得到批准。路易斯·德·阿里亚加（Luis de Arriaga）接到指令，带领若干家庭举家移民伊斯帕尼奥拉岛。他是卡斯蒂利亚贝兰加（Berlanga）的贵族，曾参与哥伦布1493年的探险航行，还做过几次马格里特的副官，也在西印度的马格达莱纳做过指挥官（在马格达莱纳，他抵御过印第安人的数次猛攻。这些袭击者的酋长被西班牙人称作华提南哥）。[16] 他们将建立4座城镇，每城50人，共计200人。[17] 所有人不会得到任何补贴，不过可以在岛上自由来往。5年后，他们将获得定居点的土地所有权。植物种子、牲畜的开销由他们自行承担。这些人还获准开发更远处的海滩。[18] 1502年2月，这支队伍离开塞维利亚，和奥万多差不多同时出发。

1502年早些时候，百折不挠的探险家阿隆索·德·奥赫达率领着4艘船再次驶离加的斯。5月伊始，4艘中的2艘在古巴的巴亚洪达（Bahía Honda）或圣十字湾（Santa Cruz Bay）沉没。5月中旬，胡安·德·贝尔加拉（Juan de Vergara）叛逆，逃往牙买加。出于责任感，船长奥赫达乘"马格达莱纳号"（La Magdalena）追击，却被他的敌人俘虏。他的敌人把奥赫达五花大绑，送到圣多明各，交给奥万多。[19] 至此，加勒比军阀林立，胜似天主教双王到来之前的埃斯特雷马杜拉。

与此同时，身处西班牙的哥伦布正在思考重新征服耶路撒冷的办法。他乐观地认为，征服耶路撒冷有助于建立起"最后一位世界皇帝"的王庭。[20] 毕竟，根据圣奥古斯丁的预言，马上就是世界末日了。哥伦布和加尔都西会的朋友加斯帕尔·戈里西奥修士不断通信讨论此事，两人来往的信件记录留存至今。哥伦布接连不断的请求和书信令两位君主不胜其烦。哥伦布在信中写道："我只愿做陛下的快乐源泉，不愿给您平添烦恼。"在这封感人的信件中，写满了令人摸不着头脑的科学反思。他不停地设想如果地球是球体，将会有怎样的现象。[21]

1502 年 1 月，海军上将得到两位君主的许可，准备实施"以圣三位一体之名展开的又一次航行"——这是他给教皇和热那亚银行的说法。3 月 14 日，两位君主在巴伦西亚 - 德拉托雷（valencia de la torre）给他写了封措辞非常友善的信："你被囚禁的经历，令我们十分痛心。我们要向你澄清，我们一听闻此事，就下达了立即释放你的命令。你了解我们如何器重你，而现在，我们更决心要尊重并善待你。我们向你许下的承诺不会改变。你和你的子嗣将名正言顺地享有恩典……希望你不要推迟行程了。"[22] 很明显，国王和女王已经意识到：哥伦布在航海探险方面有多杰出，在行政管理方面就有多无能。

这几个月间，哥伦布的收信人，亚历山大教皇承认，他对西班牙同胞的航海事业颇感兴趣。因此，1501 年 12 月 16 日，他发布了题为《杰出奉献之纯粹》（*Sinceritas Eximie Devotionis*）的诏书，重申了 1493 年允诺的特权。教皇还保证，西班牙在西印度征收的什一税不归教廷，而归天主教双王所有。[23] 1502 年 2 月，哥伦布本人写信给亚历山大教皇，表明自己期待"当面向教皇陛下讲述他的发现"。但西班牙君主和葡萄牙国王之间的矛盾一直未能缓和，哥伦布因此没能如愿以偿。哥伦布仍希望教皇能够了解：他发现了 1 400 座岛屿，不少于 333 种亚洲大陆上的语言；那里还有各种金属，当然也包括金和铜；至于伊斯帕尼奥拉，此地应该被理解为"塔尔西斯、塞提亚、俄斐和日本"的集合体。他说，他还造访过这些岛屿南边的陆地，看到了"人间天堂"。这一说法恰如其分，因为那里有一个巨大的牡蛎养殖场，可以产出珍珠。但撒旦却打乱了神的安排，哥伦布补充道："曾经归我管理的，现在已被他人狂怒地夺走。"[24]

至于奥万多这边，1502 年 2 月 13 日，他才从容地离开桑卢卡尔－德巴拉梅达。他乘坐"圣玛丽亚－德拉－安提瓜号"（*Santa María de la Antigua*），与 27 艘船同行。这是迄今为止驶向新世界规模最大的船队——比卡布拉尔的船队规模还要大。船队载有 2 500 名殖民者，包括不少女人、神父、方济各会信徒及匠人。船上带有足够的桑树苗，用以建设丝绸产业，还带有不少甘蔗。[25] 阿里亚加则率领另外 3 艘船，他本来计划带上 200 个家庭，最终只带了 73 个。丰塞卡赋予了阿里亚加在伊斯帕尼奥拉征收什一税的权力。2 月 15 日，莫格尔的贵族阿隆索·维莱斯·德·门多萨也起程出发，准备走阿里亚加那条航线。1500 年时，他曾沿着巴西海岸驶入葡萄牙的势力范围。[26]

奥万多携带的殖民者中，可能有 1 200 人来自埃斯特雷马杜拉，其中一小部分来自他的老家布罗萨斯。其中有些人是士绅，例如他的秘书弗朗西斯科·德·利绍尔（Francisco de Lizaur），[27] 以及来自加利西亚诺伊亚的塞巴斯蒂安·德·奥坎波。德·奥坎波可能也参与过哥伦布的第二次航行。[28] 很多殖民者都是穷人，他们走投无路，觉得比起留在家中面对无法预估的经济前景，移民也许是个出路。这可能是歉收所致，也有可能是王室偏袒著名的羊毛垄断商梅斯塔所致。奥万多的副官是安东尼奥·德·托雷斯。这位船长与航海事业关系密切，且经验丰富，他已经在大西洋上往返多次了。（在接受这项新任务之前，他曾在大加那利亚岛做了一年总督。）

　　　　　　　　　　黄金之河：西班牙帝国的崛起，从哥伦布到麦哲伦

这次远航的会计官是克里斯托瓦尔·德·奎利亚尔，他是卡斯蒂利亚人。奥万多是在胡安亲王的阿尔马桑小王庭上认识他的，当时，他还结识了王子的另外 6 名仆从。远航的监察官是塞维利亚人迭戈·马克斯，他曾是丰塞卡的门徒，在哥伦布的第二次航行中，他也担任了同样的职位。负责熔炼黄金的冶金官是罗德里戈·德·阿尔卡萨（Rodrigo de Alcázar），来自一个富有的塞维利亚犹太改宗者家庭，带了 9 名仆人同行。[29] 代理商弗朗西斯科·德·蒙罗伊（Francisco de Monroy）也在船队中，他是奥万多的亲戚，带了 6 名仆从；他所属的蒙罗伊家族是埃斯特雷马杜拉名门，其成员天赋异禀，却不守规矩。[30] 罗德里戈·德·比利亚科塔（Rodrigo de Villacorta）担任财政官，他来自奥尔梅多德的卡斯蒂利亚人聚居区，此地因上世纪的西班牙内战而闻名。在哥伦布的第二次航行中，比利亚科塔也负责过同样的工作。海军上将赞扬他是"勤劳的工作者，对王室非常忠诚"。[31] 萨拉曼加的莱西齐奥多·阿隆索·德·马尔多纳多（Licenciado Alonso de Maldonado）作为首席行政司法官与奥万多同行。后来，他成为新世界首批法官中最杰出的一位，奥维多和拉斯·卡萨斯两位历史学家都高度认可他的成就。[32] 马尔多纳多带了两名随从。

　　整个船队的总指挥官是安德烈斯·贝拉斯克斯，他有两名仆人。自不必说，他出身于庞大的贝拉斯克斯家族。西班牙殖民美洲早期，这个家族起到了重要的历史作用。阿方索·桑切斯·德·卡瓦哈尔充当海军上将的代表，这次和奥万多一道返回伊斯帕尼奥拉，以接管哥伦布家族的财产。船上还有克里斯托瓦尔·德·塔皮亚（Cristóbal de Tapia），他来自塞维利亚，是丰塞卡主教的门徒。来自萨拉曼加的罗德里戈·德·阿尔武凯克（Rodrigo de

Alburquerque）也在船队中。这两人和弗朗西斯科·德·普埃尔托拉（Francisco de Puértola）一道，负责指挥伊莎贝拉至圣多明各之间的 3 座堡垒。[33] 船上的乘客还有：绅士加布里埃尔·德·巴雷拉（Gabriel de Varela）；犹太改宗者兼商人克里斯托瓦尔·德·圣克拉拉（Cristóbal de Santa Clara）；一名塞维利亚改宗者佩德罗·德·拉斯·卡萨斯和他的儿子巴托洛梅，巴托洛梅后来成为西印度的传教使徒。埃尔南·科尔特斯时年 20 岁，也是奥万多在埃斯特雷马杜拉的远房亲戚。科尔特斯本打算与奥万多同行，但临出发前，在塞维利亚，他试图勾引一位女士，结果事情败露，他翻窗而逃时伤了腿，因此没能出航。[34]

船上有 17 名方济各会修士[35]、4 名神父[36]。17 名修士将在新世界建立方济各会的首座修道院。这次航行中，开启大西洋贸易固然重要，传教也是主要目标之一。船上另载有 60 匹马。[37] 两位君主严令禁止奥万多的同行者转卖随船队返回西印度的奴隶。于是，这些在西班牙被卖作奴隶的印第安人破天荒地踏上了返乡之旅。

在欢庆的乐声中，奥万多的船队驶离港口。在西班牙的重大征程之前，常会出现这样的场面。他出发的港口是桑卢卡尔－德巴拉梅达，这里因为和西印度的贸易频繁，已成为塞维利亚的姊妹城市。大批货物在此处装船，相比于塞维利亚，不少乘客会骑马或者乘小舟来此处登船跨洋。梅迪纳－西多尼亚公爵胡安·德·古斯曼在城后的山丘上有座宫殿，不少西印度群岛的贸易收益都流到他手中，他由此取得了巨额利润。时至今日，游客仍可以站在桑卢卡尔的海滩上远望瓜达拉哈拉河口，看到拉斯－帕雷塔斯的一小群建筑。此情此景之下，夕阳中奥万多的船队消失在天际的画面，会不知不觉地浮现在眼前。[38]

欢歌笑语沉寂后，几日之间，所有人都平静下来。然而 8 天后，2 月 21 日这天，奥万多的船队行至加那利群岛半途，遭遇了可怕的风暴。"拉维达号"及船上的 120 名乘客失联了，其他一些船的船员不得不将货物扔进海里；所有船只都被冲散，不少货箱被冲到安达卢西亚沿岸。消息传至王庭，称可能整个船队都沉没了。

斐迪南和伊莎贝拉以为最坏的情况发生了，整整 8 天没有与别人交谈。[39] 他们的政治生涯如此风光，而私人命运却充满悲痛，这场事故简直就像一个预兆，暗示他们的前路将面临新的诅咒。[40] 不过，他们很快得知，实际上只有一艘船沉没，失散的船只似乎都找了回来。国王和女王重新开始漫长的巡回之旅。他们离开塞维利亚和安达卢西亚，北上越过莫雷纳山区，来到托莱多，在那里度过了 1502 年的夏天。两位君主的女儿、继承者胡安娜随丈夫腓力·冯·哈布斯堡（Philip von Habsburg）来到西班牙，这安抚了他们的情绪。1501 年 7 月时，胡安娜夫妇离开佛兰德斯，抵达富恩特拉维亚。他们选择走陆路，因此只好不断打点法国国王，赠上金币以示臣服。[41] 当然，他们已经是王国的继承人了。斐迪南问候了他们，伊莎贝拉则在托莱多会见了他们。接着，他们举办了国宴和比武大会。5 月 22 日，西班牙议会和其他官员向"阿斯图里亚斯亲王"腓力和胡安娜宣誓效忠。[42] 一些人抱怨说腓力不会讲西班牙语，不过这些人又想到，多亏了腓力，两位君主总算有了孙子孙女，还有了男性后嗣（胡安娜的长子查理[*]，生于 1500 年），于是焦虑便被

---

[*]　即后来的西班牙国王卡洛斯一世（Carlos I），他同时也是德意志国王、神圣罗马帝国皇帝查理五世。——译者注

抛至脑后了。其实，有件事更令人担忧：腓力无法从目光所及的漂亮姑娘身上移开视线，而胡安娜公主也治不了丈夫的风流秉性。[43]

与此同时，在大加那利岛，奥万多重新集结了大部分船只。在岛上，他发现了很多当时正在运作的产业。巴蒂斯塔·德·里韦罗（Batista de Riberol）建起一座大型蔗糖厂，奥万多的热那亚同胞马特奥·维尼亚（Mateo Viña）则在特内里费的加拉奇科经营着同样的事业。[44] 不少葡萄牙农民和工人移民至此，颇受欢迎，其中还有一些移民曾在马德拉工作过。借助岛上的设施，奥万多整修了船队，然后再次起程。1502 年 4 月 15 日，他带领一半的船只先行抵达圣多明各，剩下的船只由老练的安东尼奥·德·托雷斯德带领，于两周后顺利到达。遗憾的是，沉没的"拉维达号"不在此列。

到达伊斯帕尼奥拉后，奥万多发现岛上的西班牙居民数量不过300 人。有些人住在康赛普西翁德（拉维加）、圣地亚哥、博瑙，而另一些人，比如罗尔丹，则定居在岛的最西端；不过，大多数人都住在圣多明各。如前文所述，不少殖民者都和印第安女性结了婚，生下梅斯蒂索混血儿。伊莎贝拉和圣多明各都建有茅草屋顶的简陋教堂（但那里的神父没有权力施行坚信礼）。表面上，印第安人的行政权仍归酋长所有，但那时瓜达拉哈拉和瓜里奥耐克斯皆已臣服，卡奥纳沃也已经过世。岛东部伊圭（Higuey）的酋长克图巴诺向西班牙人进贡各种各样的作物，在西边的哈拉瓜，即今天的海地，当地国王波西奇奥也以同样的方式向罗尔丹上贡。

圣克里斯托瓦尔峡谷盛产黄金。其他值钱的产品还有棉花和巴西红木。

哥伦布的两个朋友，巴斯克人弗朗西斯科·德·加拉伊，及勤劳能干的阿拉贡人米格尔·迪亚斯·德·奥克斯都靠黄金发了财。[45] 之前，海军上将派遣这两位创业者去了博瑙的繁茂山坡，在奈德哈伊那河畔，一位妇人发现了一块重达 35 磅的金块，这块著名的砂金为两位北方来的西班牙人带来了财富。人们都说，他们俩是殖民地最富有的人。加雷已经开始在圣多明各建造第一座石质的私有房屋了。

奥万多一到，就开始对博瓦迪利亚的任内举措展开司法审查。早在 1480 年，托莱多议会就出台了这项规定：任何法官，尤其是高级法官卸任或辞职后，他应在自己的官邸再逗留一个月（不超过 30 天），在此期间，任何人都可以批评或褒奖他任期内的举措。有时，调查会变得拖沓冗长，有时则很快就会结束。某些情况下，如果调查的对象表现恶劣，可能会被定罪。[46] 奥万多此举直接将卡斯蒂利亚的做法照搬到新世界。

针对博瓦迪利亚的调查在规定的 30 天内结束了。毫无疑问，奥万多想把前任总督尽快送回西班牙。第一次来到伊斯帕尼奥拉的巴托洛梅·德·拉斯·卡萨斯对人们为何竞相攻击博瓦迪利亚而感到惊奇，要知道，这位被革职的总督似乎并没有中饱私囊。6 月底，由安东尼奥·德·托雷斯指挥的船只准备返航。博瓦迪利亚将调查的相关文件打包封好，就带着手下的官员们准备上船回家了。其他一些人也想返回西班牙。接着，传来令人不安的消息：受人厌恶的"法老"哥伦布率领由 4 艘船组成的小型船队靠近了海岸。

如前文所说，在两位君主的激励下，哥伦布再次起程，这第四次航行仅仅是为了探险。哥伦布已不再想着管理那些他已经发现的领土。他将去探索南美地区，他希望能在那里找到一条通往亚洲的海峡，并抵达香料群岛（马鲁古群岛）。3 月 21 日，海军上将给热那亚驻西班牙大使尼科洛·欧代黎哥（Niccoló Oderigo）写信，说自己把最近确认享有的"特权"详尽抄送给了弗朗切斯科·德·里韦罗，也抄送给了他在加尔都西会的友人加斯帕尔·戈里西奥，另有一份留在他圣多明各的家中。他又给欧代黎哥发出第四份抄件。这份收信人名单反映了他当时的人际关系。其中，里韦罗算得上热那亚最富有的商人，他投资范围广泛，涉及帆布、肥皂、甘蔗和小麦等。他为权臣古铁雷·德·卡德纳斯效力，种植红苔等作物，垄断了加那利群岛的染料产业。那时，德·卡德纳斯还有另一项收益来源——加那利群岛阿盖特的首座制糖厂。[47]

4月2日，哥伦布给热那亚圣豪尔赫银行写信，向他们保证，虽然自己的足迹踏遍四方，但他的心永远和他们同在。上帝赐予了他过人的天赋，自大卫王时代以来，还没有人的天赋能超过他，而现在，他要以圣三位一体之名回到西印度群岛。[48]他还写信给儿子迭戈，让迭戈动用他在圣多明各的财产，照顾好贝阿特丽丝·恩里克斯，哥伦布在科尔多瓦的情妇。哥伦布让迭戈每年给她1万马拉维第，或者参考随奥万多同去伊斯帕尼奥拉管理新堡垒的三位指挥官的薪水，给予她每个指挥官薪水的一半。他还让迭戈另外拿出1万马拉维第给他的小姨子布里奥兰贾·穆尼斯。

信中，他还向迭戈介绍了自己的4位热那亚朋友：里韦罗；弗朗切斯科·多利亚（Francesco Doria），他在塞维利亚的小麦销量和橄榄购入量无人能比；弗朗切斯科·卡塔纽（卡塔耐奥，Francesco Cataño），主要靠向米兰出口蔗糖营利，他的兄弟拉斐尔曾在哥伦布的第三次航行中担任会计；[49]最后是加斯帕尔·德埃斯皮诺拉（Gaspar d'Espinola），他一直以来的生意是从格拉纳达采购水果干，再转售出去。这些朋友为哥伦布提供了运往西印度的货物。[50]

哥伦布率领 4 艘轻快帆船出航，同行者除了他两个兄弟巴尔托洛梅奥和贾科莫，还有他聪明的幼子费尔南多，那是他和贝阿特丽丝·恩里克斯的私生子。他的首要任务是"勘察帕利亚的陆地"。他告诉两位君主，他可能会遇到正向东航行的葡萄牙船长瓦斯科·达伽马。两位君主回信道："我们已经字斟句酌地写信给我们的女婿，葡萄牙国王（曼努埃尔一世），并依照你的请求附上了你写给葡萄牙船长的信。信中我们已告知你将向西出航，也说了我们知道他（达伽马）要向东去。如果你们相遇，你们要如朋友般对待彼此……"[51] 然而，两人相遇的想象场景很是美好，实际概率却微乎其微。

哥伦布的船队有 4 艘船，由旗舰"桑托号"（Santo，或称"圣玛丽亚号"）带领，船长是迭戈·特里斯坦（Diego Tristán），他出身于塞维利亚皮革商家庭，曾参与 1493 年的航行。船主是安布罗西奥·桑切斯，已专职往返大西洋多年。[52] 船队中还有"圣地亚哥–德帕洛斯号"（Santiago de Palos）[53]，船长是弗朗西斯科·德·波拉斯（Francisco de Porrás），他兄弟迭戈·德·波拉斯是随行公证人。1499 年，他们两兄弟参与了克里斯托瓦尔·格拉和贝拉隆索·尼诺前往帕利亚的探险。哥伦布让这两兄弟参与第四次航行，是出于卡斯蒂利亚财政大臣阿隆索·莫拉莱斯的请求。据说莫拉莱斯爱上了两兄弟的姑姑——不过，莫拉莱斯把他们安排进探险队，到底是为了不让他们妨碍自己的好事，还是为了给他们一个争夺名誉的机会，就无从得知了。他们整个家族都是犹太改宗者——而哥伦布并不待见这些人。[54] 第三艘船是"加雷加号"（Gallega），船长是佩德罗·德·特雷罗斯（Pedro de Terreros），他和这艘船的船主胡安·金特罗（Juan Quintero）一样，参与了哥伦布此前全部三次的航行。金特罗来自帕洛斯一个知名航海家族，他兄弟克里斯托瓦尔·金特罗是 1492 年航行中"平塔号"的船主。

最后一艘船，"比斯凯纳号"（*Vizcaína*）的船长是巴尔托洛梅奥·菲耶斯基（Bartolomeo Fieschi），出身于热那亚名门。菲耶斯基是唯一为哥伦布效力的热那亚船长。领航员是佩德罗·德·莱德斯马（Pedro de Ledesma），也是海军上将第三次航行中的老船员。四艘船的船员共计 140 人。[55]

船队中的一些年轻领航员日后将会纵横加勒比海。安东尼奥·德·阿拉米诺斯（Antonio de Alaminos）就是其中一人，他未来会成为驾驭湾流的先驱，而当时，他刚刚在哥伦布麾下开始航海生涯，主要是打杂。[56] 还有胡安·博诺·德·克赫霍（Juan Bono de Quejo），他是来自圣塞巴斯蒂安的巴斯克人。[57] 舰队的主书记员是迭戈·门德斯（Diego Méndez），他是哥伦布的老友，一个葡萄牙裔塞维利亚人，在卡斯蒂利亚王位继承战争期间，他站在失败者一方。为此，他随佩尼亚弗洛尔男爵洛佩·德·阿尔武凯克（Lope de Alburquerque）流放至法国、佛兰德斯，甚至英国。[58] 船队中还有至少一名黑人奴隶，名叫迭戈，他陪同主人迭戈·特里斯坦加入了此次航行。[59]

哥伦布得到指示，不得前往圣多明各，不过"返程时，如有必要"，他可以在那里短暂停留。他本想从帕利亚出发，沿南美洲北海岸一路向西航行，但 6 月 15 日这天，在马提尼克，他转向北方，因为他想前往圣多明各，把行驶缓慢的重型船只"圣地亚哥－德帕

黄金之河：西班牙帝国的崛起，从哥伦布到麦哲伦

洛斯号"换成一艘轻快些的小船。（这完全违背了他接到的命令，毫无意外，这让他陷入了麻烦。）6月24日，海军上将行至圣胡安岛（波多黎各），29日抵达圣多明各。他派遣"加雷加号"的船长佩德罗·德·特雷罗斯上岸，向奥万多传达他的诉求。他本想建议奥万多，别让托雷斯率领的返乡船队出航，因为一场风暴即将来临。

奥万多拿腔作调地当着一群殖民者的面宣读了哥伦布的来信。他拒绝海军上将的请求，也没有延误托雷斯麾下接近30艘船的大型船队出航。圣多明各绝大多数殖民者对哥伦布家族的积怨已然影响了奥万多的态度。于是，安东尼奥·德·托雷斯、酋长瓜里奥耐克斯、前任总督博瓦迪利亚、博瓦迪利亚的司法审查文件、加雷和迪亚斯·德·奥克斯发现的那一大块砂金，还有叛变者弗朗西斯科·罗尔丹及其追随者，一起愉快地登上了6月30日返回西班牙的船。来自特里亚纳的犹太改宗者、年纪轻轻的商人罗德里戈·德·巴斯蒂达斯也想随托雷斯的船队返回西班牙，但他乘坐的船在哈拉瓜沉没，只好徒步走了200多英里来到圣多明各。在出航前的最后关头，他总算乘着小船"阿古哈号"（*Aguja*）赶上回乡的船队。于是，他随哥伦布的代理人，且与奥万多关系不错的桑切斯·德·卡瓦哈尔，共同踏上返乡的航程。[60]

哥伦布历来视这座岛屿为己物，被拒绝登陆以后，他陷入了狂怒。于是他沿着今天的阿苏阿－德－孔波斯特拉湾（Bay of Azúa de Compostela）航行，寻找避风港。"在人生和灵魂之苦难面前，在寻求庇护被拒绝之后，除了约伯*，还有谁能不绝望至死？以上帝的旨

---

* 《圣经》记载的古代乌斯的酋长，正直、慈爱、敬神。——编者注

意起誓，以我一腔热血起誓，那不是别的，是我为西班牙赢得的土地啊！"[61] 哥伦布沿着近海岸处航行。飓风来临时，他正在阿苏阿（Azúa）。[62]

这场风暴是毁灭性的。巴尔托洛梅奥·哥伦布在奥萨马河东岸建立起的圣多明各城基本上被夷为平地。[63] 哥伦布写道："风暴如此可怕，那晚，我的船几乎要支离破碎。每一艘船都绝望地扯着船锚，惴惴等死，所有人都以为其他船肯定已经沉没了。"[64] 多亏哥伦布和巴尔托洛梅奥高超的航海技术，他们的 4 艘船总算幸免于难。

安东尼奥·德·托雷斯的船队就没有这么幸运了。他们刚好行至圣多明各和波多黎各之间，那里是最深最危险的莫纳海峡，23 或 24 艘船倾覆了，罹难者有：安东尼奥·德·托雷斯、博瓦迪利亚、罗尔丹及其随从们，甚至还有瓜里奥耐克斯酋长。一同沉没的还有重达 20 万比索的黄金；那一大块砂金和卸任总督携带的所有文件全都遗失了。[65] 只剩下 3 艘船，战战兢兢地回到圣多明各一片狼藉的港口。最终，船队中只有那艘最小的"阿古哈号"载着巴斯蒂达斯和卡瓦哈尔抵达西班牙，载有 4 000 比索海军上将的黄金。如我们所见，巴斯蒂达斯带回的黄金令人赞叹，但不足以弥补损失的一切。[66]

抛却这一悲伤的开端，奥万多的伊斯帕尼奥拉政府很快开始成形。他将罪犯遣回西班牙。罗尔丹及其一众追随者的消失，让所有事情都变得轻松起来。奥万多马上开始在奥萨马河西岸重建圣多明各城，放弃了河东岸的旧址。他还在西岸的新城中立起自己的纪念雕像。他规划了新首府的布局，以城内的一座堡垒为中心，规划了 12 座石质房屋。他加设了新的税种，在 1498 年开征的税款基础上，每开采到 3 盎司黄金，须额外上缴 1 盎司。这个比例令专职采矿的殖民者非常不满，而且碰巧赶上殖民地与卡斯蒂利亚失去联系，食物和工具等物价上涨的关头。当时，奥万多又和丰塞卡的门徒克里斯托瓦尔·德·塔皮亚交恶，因为新多明各市大部分建筑都建在塔皮亚此前购买的土地上，塔皮亚却没有得到一分钱补偿。[67]

很快，奥万多带来的大部分新殖民者来到岛中央淘金，当时的锡瓦奥地区几乎成为一个西班牙行省。这些新来的殖民者热情又贪婪，然而，和被奴役的印第安人一样，这些新殖民者中不断有人死去——不为别的，正是因为改变饮食结构造成的痢疾。一些淘金者会返回圣多明各，炫耀一小块他们认为是自己发现的黄金。这些人没有认识到"金子并不是树上的水果，用不着一成熟就赶紧摘"[68]。印第安人开始接连逃跑，发掘黄金变得更困难了，于是发生了这样的情况："他们得亲自跪着干活，将可能值钱的石块装上货车，甚至得用肩扛起重物。"[69]因此，新来者的欢喜没有持续多久，炎热、劳累，甚至饥饿让他们付出了代价。接着，锡瓦奥暴发梅毒，或是梅毒的某个变种。到1502年年末，已有1 000名新来者死去，另外500名则患了病，奥万多带来的殖民者人数减至1 000多人。[70]剩下的人大多离开了金矿，一是因为他们没有了原住民劳动力，二是因为他们缺少技术手段，挖不到多少黄金，也就失去了坚持的动力。[71]

于是，300名老殖民者掌握了局势。像迭戈·德·阿尔瓦拉多和迭戈·贝拉斯克斯·德·奎利亚尔这些人，他们在哥伦布的第二次或者第三次航行时就来到岛上了，他们有经验，知道哪里可以找到食物，还知道如何得到印第安人的帮助。

不久后，搜寻、发现、淘洗黄金成了井然有序的工作。熔炼黄金的场所也建立起来。两处在布埃纳文图拉（Buenaventura）的新淘金区，靠近圣多明各。在这两处熔炼点，每马克（marco）黄金价值5 000万—6 000万马拉维第*。另外两处在第一个金矿区，即拉维加（La Vega），亦称康赛普西翁，这里的黄金更纯，价格也更高些。

经过最初的挫折之后，奥万多的政策开始取得成功。此前先是"法老"哥伦布和巴尔托洛梅奥令人不悦的统治，紧接着又是博瓦迪利亚的苛政，现在，尼古拉斯·德·奥万多修士似乎将加勒比变成了埃斯特雷马杜拉的前哨，这里总算接近了哥伦布的设想，变得像个藏宝库了。1504年、1506年和1507年这三年中，分别有价值1 530万、1 750万和1 680万马拉维第的黄金被运回西班牙。[72] 总的来说，这几年间殖民地的组织形式（有位现代历史学家这样指出）就像"全体人口都被囚禁在冶金场上"[73]。不过，农业的发展也很不错，木薯、大蒜和家猪成为主要农产品。

卡斯蒂利亚仍未占领伊斯帕尼奥拉岛中心以外的地方。西班牙人确实填满了日渐衰败的旧都伊莎贝拉和圣多明各一带的大片土地。不过，岛东部和西部的酋长国还享有着或多或少的独立权。奥万多终结了与这些土著首领的共存关系。与奥万多交好的巴托洛梅·德·拉斯·卡萨斯这样描述他的长官："谨慎、稳重、谦逊而公允。"但奥万多的行为似乎背离了这些评价，因为从一开始，奥万多和印第安人的关系就很恶劣，而且他难以理解印第安人。

1502年年底，新任总督决定向维加－雷亚尔东边的区域扩张，那是岛内中北部的金矿区。哥伦布曾与那里的原住民发生过小型冲突，而奥万多认为自己可以说服原住民为西班牙人工作。他还开始

---

* 此数量不可能为真，也许计量单位或货币单位有误。——译者注

在岛屿北部建立新港口，后来那里被称为银港。银港所处的海湾是伊斯帕尼奥拉北部最好的港口，在航海意义上比伊莎贝拉更优越。哥伦布第一次航行时曾路过那里，他觉得那里的山就像银子一样，银港因此得名。

接着，8 人出海进行初步调查后，总督向岛屿最东端派遣了一支探险队。探险队在绍纳岛上稍作停留，购买了一些木薯。1493 年时，哥伦布也曾到过此地。这次，一只西班牙犬咬死了当地的酋长，虽然那只狗被称作灵猥，但实际可能是一只獒犬或者勒车犬。毫无疑问，印第安人爆发了"叛乱"，8 个西班牙人被杀。于是，奥万多又派出一支 400 人的队伍，由冷血的塞维利亚人胡安·德·埃斯基韦尔（Juan de Esquivel）率领，去镇压这片地区。[74]

同很多第一代殖民者一样，埃斯基韦尔也来自犹太改宗者家庭，他是佩德罗·德·埃斯基韦尔（Pedro de Esquivel）和康斯坦萨·费尔南德斯·德·阿劳斯（Constanza Fernández de Arauz）的儿子。其母亲是加布里埃尔·桑切斯的女儿，这位桑切斯是掌管塞维利亚海关的犹太改宗者。1483 年，圣地亚哥骑士团惨败，佩德罗·德·埃斯基韦尔在马拉盖北边的阿加基亚山被摩尔人俘获，但他后来成功逃脱，由此得到王室的奖赏。尽管如此，埃斯基韦尔家族也从未洗脱犹太改宗者的污名。[75]

胡安·德·埃斯基韦尔接到的命令是同印第安人和解。不过，伊斯帕尼奥拉东部的酋长，库图巴纳马国王（King Cotubanamá）拒绝接受任何条件，他的大本营差不多位于现在的伊圭城附近。他的人民，包括女人，都做好了战斗准备。然而他们的武器装备落后，因此被击败了。绍纳岛人口骤减，多数原住民沦为奴隶，而且，因为他们是在"堂堂正正的战争"[76]中被俘虏的，所以他们算是"合法的"奴隶。埃斯基韦尔和库图巴纳马最终达成停战协议，从现在起，伊圭附近的印第安人港口必须为停靠在那片海域的西班牙人提供木薯。库图巴纳马接受了藩属地位。

1503年秋天，在岛上的西部，奥万多发动了一次更加残酷的镇压。一些之前罗尔丹治下的无主西班牙人还保有非法地产，他们还没有决定是否接受圣多明各政府的统治。这些人和印第安人之间也有矛盾。现在的土著领袖是女王安纳可安纳，她是波西奇奥的姐姐、卡奥纳沃的遗孀。她极尽所能地取悦西班牙人，却没法管束自己的人民。印第安人经常伏击殖民者，不断阻止西班牙人在岛上建立卡斯蒂利亚式新农业。

奥万多决心终结这个后患无穷的乱局，他带着70名骑兵和300名步兵向哈拉瓜进发。奥万多似乎决意征服整个岛屿，让所有印第安人臣服。他认为，印第安人会在西班牙人的治理下活得更好，而不能指望奥万多眼中凶残而无能的废物酋长。拉斯·卡萨斯充满善意地评价他："有管理很多人的才能，但印第安人除外。"[77]他决定引入一套附庸体系，该体系从他熟悉的西班牙军事集团中演化而来，这种开明的土地管理机制由公正的上层阶级主导，可以说是土地公有化的一种形式。[78]奥万多决心废除旧制度，显然，他没有征询两位君主的意见，也没和圣多明各的其他人展开任何讨论。作为总督，他的话语即法律，不过，离开西班牙之前，他或许曾与斐迪南和伊莎贝拉私下探讨过未来西班牙应如何统治伊斯帕尼奥拉。

安纳可安纳并不知道末日即将来临，为了向奥万多表示敬意，她安排了一次庆典。她召集了大批贵族（可能不下百人）和很多子民，共同接待这位总督。人们开展了各式娱乐活动，有漫长的舞蹈和精妙的木棍小游戏。西班牙吉他的音乐声、游行的马匹和土著舞蹈、游戏混在一起，气氛如同真的存在友谊一般。这一切持续了三天。

有传言说，印第安人的庆典是个阴谋。在西班牙人征服美洲的历史上，类似说法时常出现。[79]（这种说法并非空穴来风：1503 年，西班牙人在人数上受到压制，未来也经常如此。）奥万多的人开始起疑，害怕遭遇夜袭而被屠杀殆尽。总督答应展示军械，对此印第安人十分欣喜。然而，奥万多以抚摸脖子上的阿尔坎塔拉骑士团金十字为号，命令手下开枪射击。骑兵包围了酋长们聚集的大房子，步兵拦住所有逃跑者的退路。接着，西班牙人放火烧毁这间房子。安纳可安纳被俘获，不久后，就因"谋反"被送上圣多明各广场的绞刑架。幸存的印第安人极力反抗，悲壮的行动却毫无意义。最后，40 个西班牙人战死了，但征服也彻底完成。[80]卡斯蒂利亚完全控制了伊斯帕尼奥拉西部。[81]

奥万多任命迭戈·贝拉斯克斯·德·奎利亚尔为副官，负责管理这片区域。1493 年时，他就随哥伦布来到西印度群岛。屠杀时他也在场，罪魁祸首虽是奥万多，但不管怎样，贝拉斯克斯都脱不了干系，没有证据表明他不愿参与这场暴行。

毫无疑问，总督奥万多现在统治了这座发现仅仅 11 年的岛屿。前些年间，哥伦布遇见过的所有土著领袖都已亡故。奥万多为自己建造了宅邸，即今天的尼古拉斯·德·奥万多酒店。圣多明各市中心的教堂仍是茅草屋顶，但已经有了建造正经大教堂的计划，不过这一计划 20 年内都没有付诸实施。后来，洛斯－雷梅迪奥斯礼拜堂

（The Capilla de los Remedios）先行开工，不久后，圣方济各修道院也动土修建。[82]

今天的圣多明各市中心的建筑都是由奥万多开始兴建的。所谓的总督府，今天成为皇家博物馆（Museo de las Casas Reales）。奥万多还设立了圣尼古拉斯–德巴里医院（Hospital de San Nicolás de Bari），许多年间，那里都是个有名的避难所，不过，1508年之前，它还只是一间大茅草窝棚。[83] 另一处大型建筑由热那亚商人赫罗尼莫·格里马尔迪（Jerónimo Grimaldi）修建，他和叔叔贝纳尔多一起建立了西印度最大的企业。（贝纳尔多赞助了哥伦布的第三次航行。）起初，格里马尔迪家族只是羊毛商，后来他们的产业变得更多样化。奥万多还开始兴建起一座巨大的开放式堡垒（圣多明各堡垒），堡垒拥有三座塔楼，可以俯瞰奥萨马河的加勒比海入海口。

这些建筑中的一部分留存至今，是西班牙在新世界的第一批建筑范例。哥伦布没有留下任何痕迹，而奥万多的所作所为则开启了一项伟大传统。在卡斯蒂利亚占据并统治的广袤土地之上，人口、景观和经济结构都发生了翻天覆地的变化。新的国家正在孕育。古怪的、革命的、固执的、军政的、残暴的，有时甚或是自由的政府兴衰迭起。时至今日，奥万多下令建造的建筑仍然投下威严的影子，笼罩着衰败的城市中心，叩门声勾起久远的回忆，每一块砖石都记载着坚韧的传奇。

第十六章

"教之公序，授之良俗"

> 我们的主要目标，便是向那里引介我们神圣的天主教信仰，让当地的人民接受神意，并为将来的传教活动铺路搭桥。高级神职人员、普通的修士、神父和其他敬畏上帝的有识之士，都将踏足这片土地，引导当地人的信仰，教之公序，授之良俗。
>
> ——伊莎贝拉女王遗嘱附录，1504 年

哈拉瓜大屠杀的目击者中，有个人叫作迭戈·门德斯。在哥伦布前往伊斯帕尼奥拉的第四次航行中，他也作为主要的神职人员随行。这次大屠杀之前，他经历了奇特的冒险，并从牙买加乘独木舟返回圣多明各。他告诉奥万多，海军上将离他们不远，正身处牙买加。奥万多对此不屑一顾，和大多数西班牙下等贵族一样，他对这位"法老"既无尊重，也无兴趣。哥伦布此时急需帮助，但奥万多没有帮他一点忙。

1502 年，在圣多明各，哥伦布的四艘船被拒绝入港，[1]他只得沿岸向西行驶，来到 50 英里外的阿苏阿海湾，躲避即将来临的风

暴。很快，哥伦布就目睹了这场摧城拔寨、掀翻托雷斯返乡船队的风暴。惊涛骇浪中，他艰难求存，终于幸免于难。不仅如此，此前逗留圣多明各海湾时，他还遇到了打算返乡的巴斯蒂达斯，看到他最近绘制的海图。拉斯·卡萨斯自称见证了那场偶遇。[2]告别巴斯蒂达斯后，7月14日，哥伦布再次起航。他先去了伊斯帕尼奥拉西部的亚奎莫（Yaquimo，此地以巴西红木著名），而后继续向西航行。他的计划很明确：先去牙买加，然后到中美洲，在巴斯蒂达斯探访过的海域附近找地方登陆。但事与愿违，他的船队遭遇风暴袭击。这场被哥伦布命名为"雷纳贾丁"的风暴，将他吹离了古巴，推着他驶过南长岛和松岛，驶向中美洲的其他岛屿。这些岛屿也就是今天的海湾群岛（Bay Islands），位于洪都拉斯附近。

穿越加勒比海的旅途步步惊心。海军上将本人回忆道：

> 倾盆暴雨，电闪雷鸣，可怖的天象一刻不息，我们仿佛置身世界末日……整整88天，摧人身心的风暴从未停止，我们根本看不到太阳和星星，更无从靠它们导航。（从未见过这么久的风暴。）船只在天空之下，船帆撕裂，船锚和桅索不知所终，缆绳也早被吹走……许多补给被吹入大海，所有船员身心俱疲，大家都在忏悔自己的罪行，向上帝不断祈祷。每个人都发了誓，如果能逃过此劫，一定踏上朝圣之旅。人们彼此相互忏悔。我们经历过不少风暴，但这样可怕的还从未见过。许多平时看似勇敢的人，也多次被吓作一团。
>
> 这些苦难也降临在我儿子（费尔南多）身上，这让我心如刀割。他还只有13岁，这场风暴把他折磨得疲惫不堪，但他

仍然坚持了很久。上帝给了他非凡勇气，让他在灾难中还能安慰别人。他尽全力干着活，就像个漂泊了 80 年的老水手。我的身体状况也不容乐观，和死神打了好几次照面，还好有儿子安慰着我。我在甲板上搭了个小小的棚子，指挥船只航行，我的弟弟（巴尔托洛梅奥）则在境况最险恶的那艘船上，这让我更加难过，因为他原本不想参加这次航行。[3]

一番昏天黑地的航行后，终于，哥伦布和伙伴们抵达了现今洪都拉斯的北海岸。他们登陆的地方，大概就是瓜纳哈，这座岛屿距离洪都拉斯北岸 40 英里。哥伦布在这里修复了船只，补充了给养。当地居民用手势告诉他南边有金矿。早在 1492 年，圣萨尔瓦多人也跟他这样说过。哥伦布以为，他已经到了马可·波罗所说的交趾支那。他听说附近有处富饶之地，现在看来，那多半是尤卡坦半岛。[4]哥伦布坚信，再有 10 天的航程，他就可以抵达恒河。[5]后来，西班牙、意大利和欧洲其他国家的多数人都意识到，哥伦布此行发现了新的地域。然而，可怜的海军上将却仍活在自己的东方梦里。

这些指明金矿的"当地人"，要么是帕雅印第安人，要么就是杰卡奎斯印第安人，前者可能性更大一些。他们采取刀耕火种的农业模式，女人使用挖掘棍（一种原始的铲子）完成种植工作。他们的主要作物是菠萝、甜木薯和苦木薯。木薯收成后，人们将它碾成薯粉，揉成面团，烤成面包。男人负责狩猎，他们的弓长达 4 英尺，箭头用黑曜石做成。不管男女，所有人都会用骨制鱼钩钓鱼。有时候他们也会用弓箭捕鱼，或用鱼叉捕猎较大的海产。他们还用蜂蜜和藤本植物的汁液打底，酿造度数很低的酒。和古巴人一样，他们也在浅水池中修起栅栏，圈养海龟。帕雅印第安人的村庄一般有100—500名居民，他们住在椭圆形公共宿舍里，宿舍内有稍高的平台，平台上摆着若干床铺。

他们的穿着很简单，只系一条缠腰布，外加一件披风，女人大都穿着齐膝树皮布裙。帕雅印第安人的头发很短。男人会把自己的身体涂黑，女人则把自己涂成红色，这么做既是装饰，也能防范蚊虫。他们用柳条编制篮子，用黏土烧制陶器，再用鹅卵石打磨。他们还会制作木勺、木凳和吹箭筒。他们很有创造才能。

政治领袖似乎是由村庄里的长老们选举出来的。和大多数印第安文明一样，他们唱起歌来一定会跳舞，绝不会只唱不跳。帕雅和杰卡奎斯印第安人敬奉两位仁慈的神明，还有一位女邪神。帕雅印第安人相信，人死后，灵魂会前往富庶的地界。这两个印第安文明都相信，这个世界充满了鬼魂。[6] 总体而言，这些印第安人过着平和的生活，鲜有战争和冲突。

印第安人和西班牙人也有一次文化碰撞。海军上将手下有位水手名叫拉米罗·拉米雷斯（Ramiro Ramírez），他回忆道："海滩上有两个落单的印第安女孩，海军上将命人把她们捉来，带到船上，给她们穿上衣服和鞋子。然后，他把这两个女孩送回原处……印第安人回来找到了她们，又把她们的衣服脱了下来……"[7]

哥伦布此行中最有趣的见闻还不止于此。在海湾群岛，他偶遇"一艘桨帆船那么长、8英尺宽的独木舟，仅用一根树干制成……独木舟从西边的新西班牙地区驶来，舟上满载着货物……独木舟装有棕榈树叶做成的雨棚，和威尼斯贡多拉游船如出一辙。这种雨棚既能防雨，又可挡浪"[8]。独木舟上有25名商人，来自尤卡坦半岛的玛雅领地。他们的货物有：染色棉花织成的刺绣衬衫、棉斗篷和缠腰布；木质的长剑，两边带有凹槽，槽内装有燧石；还有做工不错的铜质短柄斧、类似鹰铃的铜器，以及"某种像英国啤酒的玉米酒"[9]，这种酒其实就是龙舌兰。雨棚下放着缟玛瑙制成的工具，还有一些可可豆。在玛雅地区，人们把这种可可豆当作钱币。印第安人"特别害羞"，因为"如果把一个人的缠腰布解下来，他会立马用手遮住私处……女人则会遮住脸，就像格拉纳达的摩尔女人"[10]。

此番与印第安人接触，让西班牙人大开眼界。船上有个年轻侍者，名叫安东尼奥·德·阿拉米诺斯，他对印第安人的印象格外深刻。在此后的余生里，他一直在这一带为探险者领航。与泰诺人和加勒比人相比，这些印第安人的文明要发达得多。能在原住民聚落喝上酒，对西班牙人也是莫大安慰。"哥伦布找到一位永贝老者当翻译，一路把他带到奥利哈海岸（Costa de las Orejas）。再往前走，他的语言就不通了，哥伦布这才把他送了回去。"[11]

接下来，哥伦布做出了受人诟病的决定。他并没有继续沿中美洲向西北航行，而是转道向东南航行，因而错过了更发达的玛雅文明。哥伦布往东南的航路途经尼加拉瓜的格拉西亚斯－阿迪奥斯角、卡雷（Caray，现在是哥斯达黎加境内的利蒙港）、切里吉海湾，最后来到哥伦布命名的波托韦洛海湾（Bay of Portobelo）。之前，巴斯蒂达斯和奥赫达曾经从东边航行到此，造访了这个巴拿马的海湾。

哥伦布选择这条航线，是因为瓜纳哈人提到过这里有个海峡，哥伦布认定，只要穿过这个海峡，他们就能途经"切尔松尼斯"（马来亚）来到印度。[12]记录这段航程时，他仍然措辞夸张。哥伦布在洪都拉斯北海岸听了弥撒，并把那里命名为奥利哈海岸。而后，他又发现了卡雷，那是"迄今为止，我们所见过的最好的国家、最好的人民"。卡雷以南，现今西巴拿马地区的"维拉瓜"（这个名字大概源自本地语言，具体的起源已无从考证）附近似乎有金矿。因为发现了这座金矿，哥伦布获得一个封号，并一直世袭至后代，直到今天。[13] 哥伦布在卡雷给天主教双王写了封信，乐观情绪溢于言表。他认为，他的主人（天主教双王）"将成为这片土地的主人，就像统御赫雷斯和托莱多一样"[14]。他发现了一座用石头和石灰筑成的建筑，发现了广泛种植的玉米。沿海岸继续走，他还发现了用棕榈和菠萝酿成的酒。

之后，海军上将及其船队又遭遇一场风暴。这次，他们被吹到库莱布拉河（River Culebra）河口。记述这次历险时，哥伦布极尽浮夸之词。他们驶进波托韦洛海湾，之后的几个世纪里，这片海域将有许多商船来往，军舰进出。他们继续航行，驶入另一个海湾，哥伦布将其命名为农布雷－德迪奥斯。然后，他们返回波托韦洛和维拉瓜，刚好赶上1503年的主显节庆典。这次节庆的地点，正是当年哥伦布为贝伦洗礼的山谷。在那里，他们尝试与印第安人交易。一次探险中，巴尔托洛梅奥·哥伦布发现河流上游有黄金矿脉的迹象，但湍急的瀑布把船只阻挡在下游。海军上将想违抗指令，他考虑在波托韦洛附近离开巴尔托洛梅奥，再次返回伊斯帕尼奥拉，好好寻找一下黄金。然而，当地的印第安人对他们的态度已经恶化，他便没有贸然行事。[15] 另外，他还发现自己的船只遭到了白蚁侵蚀。[16]

绝望中，哥伦布来到船上的瞭望台，与上帝交流一番。他祈祷了很久，似乎颇有效果。[17] 没过多久，他就扬帆起航，驶向圣多明各。1503年5月初，他们抵达了女王花园群岛，接着来到古巴的马卡卡，即现在的克鲁斯角附近。最后在 6 月末，他们抵达了牙买加，此时，他们的船只已残破不堪，无法继续航行了。他们先停靠布埃诺港，后又转至圣歌利亚（Santa Gloria），或称圣安斯贝（St. Ann's Bay）。早在 1494 年，哥伦布就曾造访过这里。

海军上将别无他法，只得拆了废船，拿木头搭起房子，用稻草作屋顶。后来，探险队分光了自带的酒水和饼干，吃饭又成了问题。哥伦布的挚友迭戈·门德斯患难见真情，主动深入岛内，向当地人要来了食物（木薯面包和鱼）。多亏了门德斯，船队每天都能得到补给。可即便如此，问题又来了：他们该如何返回卡斯蒂利亚？船都报废了，难道要乘独木舟在海上漂流 120 英里前往圣多明各？没人愿意冒这个险，但门德斯除外。不过即便是门德斯，一开始他也认为这是一个无法实现的航程。后来，他还是对哥伦布说：

> "大人，我只有一条命，但我愿意为您效命，为船队所有人效命，万死不辞。我坚信上帝看得到我舍己为人的意愿，会在危难之中救人于水火，就像之前许多次一样。"海军上将听到我的决定，起身拥抱了我，亲吻着我的脸颊。他说："我就知道，除你之外，没人敢冒这个险。"[18]

1503 年 7 月，门德斯乘独木舟出航。随行的有 6 名印第安人，再加上巴尔托洛梅奥·菲埃耶奇（Bartolomeo Fieschi），他是哥伦布手下的船长，负责指挥 4 艘轻快帆船中的一艘。[19] 门德斯随身带了几封信，其中有海军上将写给加斯帕尔·戈里西奥修士的信，还有写给天主教双王的信，后面这封信结尾用词十分凄惨："我请求殿下的宽恕。如我所言，我已一无所有。我为同伴祈祷流涕，唯愿上天垂怜于我，愿大地为我哭泣。世间的财富与我无缘，我一块硬币也掏不出来了……"[20] 明眼人都看得出，哥伦布把自己说得太惨了，他的财务境况远没这么夸张。不过哥伦布也不算是撒谎，他只是自觉已穷困潦倒。

在安东尼奥港附近，门德斯和菲埃耶奇遭到印第安人袭击，只得折返圣安斯贝，带上巴尔托洛梅奥·哥伦布，来到岛屿东端。按原计划，他们一抵达伊斯帕尼奥拉，就会让菲埃耶奇尽快返回哥伦布船队，向海军上将报告，说门德斯已顺利抵达伊斯帕尼奥拉，正在寻找船只，争取把整支探险队带回家乡。

门德斯、菲埃耶奇和同行的印第安人彻夜划桨，横渡现今的向风海峡。两位船长亲自上阵，轮流划桨。这些印第安人第一天就把水都喝光了，毫不考虑以后的事。到了第二天，天气特别炎热，印第安人间或跳进水中，游泳降温，但还是有个印第安人渴死在船上。最终，探险队找到一块光秃秃的礁石，奇迹般地在礁石上收集到一些雨水，还吃了些软体动物。出发 4 天后，他们到达了伊斯帕尼奥拉西端的圣米格尔角。所有人都已精疲力竭。

菲埃耶奇充满英雄主义精神，提出马上返航，一路回到牙买加，向哥伦布报告他和门德斯航行成功。但是，几个印第安人死活不答应，他们再也不想在海上划船了。这样一来，门德斯和菲埃耶奇只好徒步返回圣多明各，就像一年前的巴斯蒂达斯一样。他们先来到伊斯帕尼奥拉南岸上的阿苏阿，去年 6 月，哥伦布曾在这个海湾躲避风暴。在阿苏阿，他们听说奥万多就在往西 150 英里处的哈拉瓜。[21] 接下来，他们兵分两路。菲埃耶奇自己继续向圣多明各进发，而门德斯

黄金之河：西班牙帝国的崛起，从哥伦布到麦哲伦

去哈拉瓜，找到了总督。然而，据门德斯记述，总督"留了我好几个月"。[22] 奥万多既不给予承诺，也不急于帮哥伦布的忙。门德斯见状，只得离开哈拉瓜，步行200英里，来到圣多明各。他只好在那里苦等从西班牙来的船只，等了好一阵子，才等来3艘船。他买下其中一艘，前往牙买加运送补给。但那时已经是1504年5月了。

再说牙买加这边，哥伦布的手下怨声载道，他们总是吃不饱饭，只能吃些兔子、老鼠和木薯面包。最终，叛乱爆发了。弗朗西斯科·德·波拉斯（此前"圣地亚哥–德帕洛斯号"的船长）和波拉斯的兄弟迭戈（一位公证人）引发了一场骚乱。

波拉斯兄弟本来就不受海军上将待见。哥伦布根本没想带他们上船，是王室司库莫拉莱斯强行安排来的。有一天，在圣安斯贝，弗朗西斯科·德·波拉斯找到哥伦布，对他说："大人啊，你不带我们回卡斯蒂利亚，是何用意？你想让我们都死在这儿吗？"哥伦布意识到来者不善，但也只得解释说，现在手头没船，他自己也回不去。哥伦布还说，如果波拉斯有什么好主意，下次船长会议的时候可以提出来。波拉斯则说，现在不是空谈的时候，海军上将必须得拿出办法来。说罢，波拉斯转过身去，向水手们大喊："我要回卡斯蒂利亚，有谁一起走吗？"在场的所有人都回答："我们和你一起走！"叛乱旋即爆发。叛徒们占领了废船的堡垒，还有主帆的桅楼，有些人狂叫着："回卡斯蒂利亚！回卡斯蒂利亚！"还有人叫着："让他们去死吧！"还有人叫道："船长大人，现在怎么办？"

海军上将当时境况悲惨，犯了痛风病的他几乎站立不稳。即便如此，他还是抽出长剑，蹒跚着往前冲。他的仆从把他劝阻下来，让他不要动手。哥伦布的弟弟巴尔托洛梅奥性子更急，但也被仆从劝阻下来，扔掉了手里的长枪。就这样，波拉斯及其同伙兵不血刃，占领了巴尔托洛梅奥弄来的独木舟。他们这么做，一是为了防止独木舟落入印第安人之手，二是为了返回卡斯蒂利亚。他们兴高采烈，向圣多明各进发，心情宛如在赛艇。好多人一开始没参与叛乱，但由于太想回家，也挤上独木舟。他们还找了些印第安人来划船。病号和少数忠于哥伦布的船员则留在岸上。

波拉斯一行人从牙买加东部出发，但只走了12英里就被迫返航了。因为独木舟超载，海风又难以捉摸。反叛者害怕翻船，决定减轻负载。显而易见的办法，就是杀掉印第安人，抛尸大海。他们真这么做了，18个印第安人就这样葬身鱼腹。后来，他们在牙买加东部某印第安村落登陆，这里就是现在的安东尼奥港。他们又尝试航行了两次，希望前往伊斯帕尼奥拉。但两次均以失败告终，因为他们一直在逆风航行。最终，他们只好步行60英里，一路劫掠印第安人，回到哥伦布的据点。[23] 对此，哥伦布显然非常得意，他记述道，叛徒们"被送回我们手上"。

波拉斯兄弟和叛徒们在外航行时，当地印第安人也对哥伦布发难。他们不想继续为船队提供食物了，但哥伦布巧妙解决了这场纷争。他查阅书籍，成功预测了一场月食，[24] 这个神乎其神的技艺征服了泰诺人，在好长一段时间内，海军上将可以为所欲为。1504年5月，塞维利亚人迭戈·德·埃斯科瓦尔从伊斯帕尼奥拉来到牙买加。他是奥万多派来的，此行专为核实哥伦布的情况。在海军上将的第二次航行中，他也曾作为士绅自愿随行，后来他追随罗尔丹背叛了巴尔托洛梅奥·哥伦布。他为孤立无援的探险队带来一桶酒，还有一大块腌制的猪腰肉（看起来只是些小礼物），以及奥万多一封示好的信件。接着，埃斯科瓦尔马上带着海军上将的回信返航。信中，哥伦布写道："希望……你不要吝于帮助我。"[25] 哥伦布后来解释道，是他催促埃斯科瓦尔尽快返航，因为埃斯科瓦尔的船太小了，无法带上所有人。这会儿，波拉斯兄弟虽然被隔离，却仍在密谋叛乱。他们甚至怀疑，埃斯科瓦尔根本不是乘轻快帆船前来的，因为，如果那真是艘轻快帆船，肯定不会这么快就返航。巴尔托洛梅奥去与他们谈判，他们却诉诸武力。波拉斯兄弟还以为巴尔托洛梅奥不堪一击，但实际上，巴尔托洛梅奥和几位朋友杀了好几个反叛者，其中就包括主领航员胡安·桑切斯·德·卡蒂斯（Juan Sánchez de Cádiz）。弗朗西斯科·德·波拉斯也被俘虏。1504 年 5 月 20 日，他和同伙向哥伦布求和。

6 月，迭戈·门德斯的努力终见成效，从伊斯帕尼奥拉带来两艘船。不过，门德斯还是认为，最好直接回西班牙向王室汇报。6 月 28 日，全体西班牙人起航，离开了牙买加。他们费了好大劲才渡过向风海峡，8 月 13 日终于抵达圣多明各。奥万多也总算慷慨了一把，让哥伦布兄弟在他自己家住了一两天。不过，费尔南多记述道，这其实是"蝎子之吻"，因为奥万多偷偷释放了波拉斯。波拉斯发誓，要让之前囚禁他的人付出代价。

9 月 12 日，哥伦布和弟弟巴尔托洛梅奥、儿子费尔南多出航，返回西班牙。在海上，领航船的主帆破裂，另一面帆也在风暴中撕裂。幸亏哥伦布兄弟航行技术过硬，让船队安全抵达了桑卢卡尔。在那里，他们得知，伊莎贝拉女王，哥伦布的有力支持者，已在她最爱的城市梅迪纳－德尔坎波溘然长逝。

哥伦布出海的几年间，西班牙王室还是老样子，对西印度新帝国的态度不温不火。那时候甚至没人管它叫帝国，西班牙在那不勒斯的利益（斐迪南国王越来越关注那里）似乎更加可观，对西班牙的帝国大业也更为关键。但王室觉得，新世界属于王室，不属于哥伦布，更不属于当地酋长。新世界依然被称作"印度"。当时，人们真的认为西印度就在印度附近吗？现在很难求证了。早在 1494 年，塞维利亚神父弗朗西斯科·德·西斯内罗斯就曾说过："这些新发现的岛屿……并不在印度……而是在埃塞俄比亚海……或称赫斯帕里得斯……"[26] 彼得·马特尔也一直这样认为。但哥伦布坚称，他到达了印度、马来亚、中国和日本。他沉醉于大探险家的盛名，虽然他实在不善行政。1504 年，罗马教皇在训谕中提到西班牙人征服了"亚洲部分区域"，甚至给那里设立了 3 个新的主教教区。[27]

自此，西班牙和伊斯帕尼奥拉的联系越发密切。尽管 1504 年哥伦布的船队陷入困局，让迭戈·门德斯苦恼不已，但塞维利亚—桑卢卡尔与圣多明各—普拉塔港（Puerto Plata）之间，每年已有二三十艘船来来往往。[28] 奥万多不时把印第安部落的酋长送到西班牙，让他们学习西班牙语。在国内，奥万多的朋友胡安·巴斯克斯负责接待他们，让他们待上两年。有些酋长会随胡安·贝穆德斯（Juan Bermúdez）返回美洲。这位贝穆德斯，正是哥伦布第三次航行中"圣克鲁斯号"（Santa Cruz）的船长。佐治亚以东的一座孤岛，就以他的名字命名。

商贸往来日益活跃。1502 年 9 月 12 日，有两人得到了贸易许可证。其中一位是胡安·桑切斯·德·特索里亚，他是个杰出的阿拉贡商人（也是位犹太改宗者），在西班牙做橄榄油生意；另一位是阿隆索·加西亚·布拉沃（Alonso García Bravo），人们称他为

"女王的信使"。他们率领 5 艘轻快帆船，载着各种各样的商品，前往伊斯帕尼奥拉。这两位商人必须向王室大臣希梅诺·德·布里维耶斯卡提供这批货物的价值证明，因为这些货物成交后，王室将分得总利润的四分之一。[29] 整支船队运载的货物中，八分之一来自哥伦布在西班牙的代理人。奥万多总督也有权运输 70 吨免税货物。船队里的一艘船上载有一扇圣坛屏，其上绘有西班牙和佛兰德斯的风景画，均出自迭戈·德·卡斯特罗和弗朗西斯科·德·比列加斯（Francisco de Villegas）这两位塞维利亚画师之手。运往西印度的货物主要是衣服。这些衣服大多来自北欧，也有一些产自伦敦，其材质有荷兰的亚麻布，也有佛兰德斯的天鹅绒。这些船装载了"人们想象所及"的最齐全的货品。[30]

1502 年年初，天主教双王身处托莱多。到了夏天，斐迪南去阿拉贡待了一段时间。他说服萨拉戈萨议会同意，如果斐迪南没能生下儿子，就让他女儿胡安娜做继承人——结果斐迪南确实一直没生下儿子。接着，两位君主来到马德里的阿尔卡萨（Alcázar），一直待到年底。消息间或从西印度传来，但他们更关心眼下的事情，比如庄稼歉收导致的饥荒。他们肯定知道，在塞维利亚以北 25 英里的阿斯纳科利亚尔（Aznalcóllar），百姓已经涌向市政厅，请求开仓放粮。"他们说，如果政府不放粮，他们就会强行冲击粮仓，他们不愿眼睁睁看着自己的孩子饿死。"[31] 王室还发布了一条乍听起来无关痛痒的法令，规定作者要想出版书籍，需要先取得许可，并向法官缴费。书商想要从海外引进书籍，也需要取得卡斯蒂利亚政府的许可。[32] 出版审查的阴影开始笼罩西班牙，不过，那个时候书籍刚刚兴起，这层阴影并不惹眼。

犹太人和犹太改宗者的问题也让伊莎贝拉女王头痛。塔拉韦拉大主教一直是她的挚友和顾问，也做过她的告解神父，有传言说塔拉韦拉暗地里还是个犹太人。一同遭怀疑的改宗者还有哈恩和阿尔梅里亚的主教、宗教主审法官胡安·阿尔瓦雷斯·萨帕塔（Juan Álvarez Zapata）、王室大臣胡安·德·萨弗拉（Juan de Zafra）及财政大臣鲁伊·洛佩斯（Ruy López）。人们怀疑他们暗自保持犹太信仰，密谋宗教入侵，妄图把摩西律法的传教拉比引入宫廷，还鼓吹以利亚和救世主已经到来。[33]（至于伊莎贝拉对这些指控的反应，则没有史料记载。）

我们也可以认为，在宗教气氛紧张的几个月里，伊莎贝拉女王已得知宗教裁判所实行的酷刑。1502 年 7 月，在塞维利亚西南的塔布拉达，5 人被处以火刑。有 3 个女人的罪名是宗教异端，"其中一人是迭戈·德拉·穆埃拉的母亲，这位穆埃拉还是王室会计……感谢上帝"。[34]尽管如此，女王还是没有机会插手宗教事务，况且1502 年夏天她正遭受病痛折磨，可能已经患上了某种癌症。不过，几个月下来，她还是一直活跃在工作岗位上。1502 年 10 月，她命令托莱多的市长和马德里的财政官阿隆索·古铁雷斯着手调查某些银行家造成的黄金外流问题。

这位古铁雷斯也是个犹太改宗者，与王庭关系密切。1510 年之后，他一直住在塞维利亚，并担任塞维利亚市政务委员。他兼任铸币厂的司库，还是兄弟会的财务主管。1493 年，哥伦布征用了很多骑士的马匹，把这些马带到伊斯帕尼奥拉。借助兄弟会的力量，古铁雷斯很快凑齐了这笔征用费。他和同事费尔南多·德·比利亚雷亚尔还拿出 1.5 万达克特，资助了奥万多前往西印度群岛的船队。

多亏他们出资，这笔钱才没算到兄弟会的账上。[35] 之后的 20 年间，古铁雷斯积攒了大量财富，成了影响力十足的争议人物。[36]

对西班牙黄金外流的调查始于 1503 年年初。巴伦西亚银行的弗朗西斯科·帕尔马罗和佩德罗·桑切斯能轻松接触到意大利和地中海沿岸其他市场，在这次调查中，他们也成为众矢之的。一番调查之后，王国枢密院收到了调查文书，对这两位银行家提起诉讼，结果，帕尔马罗和桑切斯各被罚款 1 000 万马拉维第。[37] 其实那时，女王本人还欠着他俩 1 200 万马拉维第。枢密院的检察官还对两位银行家提起了公诉，指控他们在过去的四年间将价值 1 500 万马拉维第的黄金带出西班牙，申请法院判处他们死刑。像往常一样，法庭虽然核准了死刑，却并未真正执行。黄金外流最简单的原因其实就是意大利人，特别是热那亚人在与西班牙的贸易中出口额大于进口额。[38]

1503 年，斐迪南基本待在阿拉贡，试图恢复自己在意大利南部的地位。此前，他善变的女婿腓力的一个安排削弱了他的地位。根据腓力的安排，那不勒斯将由两个人共同继承：其一是腓力的儿子，也就是襁褓中的查理（后来的查理五世）；其二是法国公主克劳蒂娅，亦即法国王位继承人奥尔良公爵路易的女儿。未来，两人会结为夫妇。在那之前（相当长一段时间），那不勒斯暂由佛兰德斯人和法国人统治。斐迪南无法接受这样的决定，立即给他在意大利的大将军贡萨洛增派兵力。这场岳父与女婿间的冲突，给两人日后在西班牙的合作蒙上了阴影。

1502 年，王室终于开始关注西印度。哥伦布在塞维利亚的朋友，弗朗西斯科·皮内洛（Francisco Piñelo）参与了各式商业活动，引起西班牙国内的关注。他写了一篇文章，题为《为了规范西印度的商业与合约，我们该做些什么》（What Seems Necessary to Regulate Business and Contracting in the Indies），其中勾勒出的规划蓝图最终成为后来的西印度贸易总署（Casa de Contratación de Indias，英语写法为 House of Trade in the Indies）。[39] 这个机构在某种程度上参照了几内亚公司的组织形式，而那正是葡萄牙管理非洲商贸活动的组织，其设立于里斯本（1498 年，里斯本也成立了西印度总署）。除了葡萄牙的先例，这种机构的组织形式还参考了1494年成立的布尔戈斯商贸协会（Consulado of Burgos），以及巴伦西亚、马霍里卡岛的帕尔马与巴塞罗那的类似机构。（那时，布尔戈斯是卡斯蒂利亚的主要棉产区。尽管它离海岸线有 100 英里远，但它的棉花运输线已延伸到巴斯克和坎塔布里亚的若干港口，如圣塞巴斯蒂安和拉雷多。）

为了指导这个新机构的工作，皮内洛还建议，设立一名代理人、一名财务主管和两名会计。他们将以专业知识督导工作，确保船只没有超载。必要的时候，他们还可以为前往西印度的船长规划航路。

皮内洛的简报收到了成效。1503 年 1 月 20 日，天主教双王下令，在塞维利亚成立"贸易总署"。[40] 这个机构基本采纳了皮内洛的规划，唯一不同的是，只设置了一名会计。弗朗西斯科·皮内洛本人出任首任代理人，首任财务主管则是桑乔·德·马廷索（Sancho de Matienzo）。他是塞维利亚的一名教士，来自维拉桑纳－德梅纳，那是坎塔布里亚山脉丘陵地区的一个小城，马廷索在那里建立了一座修道院。毫无疑问，他在布尔戈斯的前辈把他推荐给国王。希梅诺·德·布里维耶斯卡（丰塞卡的助手，也是个改宗者）担任首任公证人。贸易总署最初设在塞维利亚的阿尔卡萨宫殿

　　　　　　　黄金之河：西班牙帝国的崛起，从哥伦布到麦哲伦

之阿塔拉扎纳斯（Atarazanas）中。不久之后，又移往宫殿的另一场所，面朝河流。很快，人们开始称总署前面的广场为"贸易广场"（Plaza de Contratación），这种叫法一直延续至今。1503 年 3 月，皮内洛和马廷索都到职就任，布里维耶斯卡也即将到岗。马廷索是个优秀的公务员，有个研究过公司账目的人说："他的活儿干得非常出色，比继任的任何财政官和审计官都要强。"[41]

如前文所述，如果说贸易总署的组织结构是受到布尔戈斯商贸协会的启发，那么它与阿拉贡人先前设立的西班牙国家级的贸易机构也有着千丝万缕的联系，只不过其职责并不局限于西印度，而是延伸到加那利群岛和巴巴里海岸。1502 年 7 月，塞维利亚铸币厂由贸易总署接手管理，不过，塞维利亚铸造的金币只占通行总量的三分之一，其余的金币则产自格拉纳达和托莱多。[42]

1503 年 2 月 25 日，贸易总署正式启用。尽管这个机构由皮内洛牵头组成，但幕后主事人显然是丰塞卡。丰塞卡工作努力，管理才能出众。[43]贸易总署建在塞维利亚，也证明这座城市是西印度的实际首府。根据 1 月 20 日颁布的法令，政府对新世界的管理事务，由贸易总署全权负责。这样一来，贸易总署既是市场，也是裁判法院；既是船舶登记处，也是情报中心，又是船长的登记处。[44]贸易总署还做起了邮政业务，确保王室不管身在何处，都能在 48 小时内获知重要消息。所有与新世界的贸易都要经过贸易总署批准。一开始，商船还可以先在别的地方装货，再去塞维利亚登记。不久之后，所有商船都必须从塞维利亚出发。

一两年之内，新世界的官方地图也由贸易总署出版。官方地图由贸易总署的宇宙学家负责绘制和修订，最后面向公众出售。

1503 年 7 月，女王颁布法令，规定了贸易总署的权力。[45] 自此，贸易总署可以收缴罚款，收监罪犯，管理保释事务，也有权拒绝执行塞维利亚市政府的请求。1504 年 1 月，新法令又授予贸易总署官员签发贸易许可证的权力，只要他们觉得合适，就可以签发。贸易总署将权力牢牢地握在手中。[46] 第一份法令虽然影响深远，却不够详尽。贸易总署和塞维利亚政府之间经常有法律冲突，直到1508 年，两者才达成一致。自此，塞维利亚的司法机构不再插手贸易总署的事务。不过，在 1503 年时，法律冲突持续不断。当然，对于一个新机构，以及摸索中前进的官员而言，这些冲突在所难免。

加的斯海湾更深入陆地，比起塞维利亚更适合做港口。从塞维利亚出发的航船，必须经过桑卢卡尔 – 德巴拉梅达，那里的岸堤非常危险。经由那里去往塞维利亚，得沿着瓜达尔基维尔河逆流而上，这段航程困难重重。不过，塞维利亚也有得天独厚的优势。由于地处半岛，塞维利亚更能抵御海盗袭击。另外，塞维利亚距卡斯蒂利亚的商业城市也更近。加勒比地区的人需要酒、面粉和橄榄油，这些商品在塞维利亚更容易获取，毕竟，加的斯没有腹地贸易区。里约廷托的港口（诸如帕洛斯和莫格尔）太小，离西葡边境也太近，因此没法做贸易总署的驻地。如果总署建在那里，人们辛辛苦苦得来的黄金，很可能被走私到里斯本。因此，200 多年来，贸易总署一直设在塞维利亚。其间，满载货物的轻快帆船不断出航，前往西印度。船只离港时，会鸣响一发空炮作为信号，接着，船只顺流而下，6 个小时之后，就会经过桑卢卡尔，驶入茫茫大海。[47]

总署接管贸易事务以来，第一艘前往西印度的船只在 1503 年11 月出航。那时，弗朗西斯科·德·蒙罗伊刚刚去世，哥伦布的老友佩德罗·德拉·诺斯作为代理人前往圣多明各，接替他的职位。打那时起，所有前往新世界的移民，都要先在公司登记。

与此同时，1503 年 3 月，政府发布了又一项法令，禁止把奴隶（不管是柏柏尔人还是非洲黑人）从西班牙运往伊斯帕尼奥拉。此举是为了避免重蹈覆辙——之前运到伊斯帕尼奥拉的奴隶爆发了叛乱，还协助印第安人反抗西班牙人。[48] 至于美洲奴隶问题，则留待之后另一项法令解决。那么此前到底有多少黑奴被运往伊斯帕尼奥拉呢？这实在难以统计。涉及此事的史料并不全面，但不出意外的话，应该不会超过 50 人。

3 月底，王室颁布了更详细的法令，规定了印第安人的教育问题。他们希望教化印第安人接受文明的基督教生活。这份法令名为"关于无知与困顿"，像是回应了奥万多的某份报告，不过这份报告已经佚失。[49] 西斯内罗斯肯定参与了法令的起草工作。根据法令，印第安人不得分散居住，必须集中到城镇，以家庭为单位住在一起，而每个印第安家庭都要有一座房子。这样做便于传播基督教。法令还规定，每个定居点都要有一座教堂、一位神父和一座医院。这些基建都要置于西班牙保护人的监管之下，保护人也称为监护人，职责是防止酋长作乱。神父要教育印第安人尊重别人的财物，而保护人要防止剥削。他们还要向印第安儿童灌输基督教思想，教他们如何读写。王室还支持西班牙人与印第安人通婚。

他们鼓励印第安人穿着得体，当然也禁止亵渎神明的举动（这条规定同时适用于西班牙人和印第安人）。所有人都要缴纳什一税和其他税款。所有节庆都必须是基督教节日。印第安人也不得裸泳。所有人都要接受洗礼，了解如何摈弃异教习俗。为了保护印第安人，王室还特意规定，印第安人不可将自己的财产卖给殖民者。[50]

1503 年 3 月，王室又颁布了一项法令，补充了之前的规定。这次颁布的法令规定："每个上述的城镇和教堂里面，都应该有一个教育儿童的场所。镇上的儿童每天应该去两次，接受教士的教导。除了读书写字，教士还要教他们画十字，诵读主祷文、圣母经、使徒信经和又圣母经。"[51] 为了解释这项法令，1505 年，138 份短篇识字课本（西班牙语叫 *cartilla*）被送往西印度。课本可能是由埃尔南多·德·塔拉韦拉编写的，那会儿他还是格拉纳达大主教。课本面向印第安人，而非西班牙人。

上述法令让印第安人接受教化，给殖民地营造出一派乌托邦景象。可现实远没那么理想，印第安人还必须去矿井劳动。根据奥万多收到的指令，印第安城镇应尽量建在矿井周围。[52] 政府发出两种截然不同的声音，因为王室得到了两派截然不同的建议。这在帝国历史上并非第一次，也绝非最后一次。

王室顾问中，丰塞卡特别关注经济问题，西斯内罗斯则更关注土著居民的灵魂能否得救。对待穆斯林，这位枢机主教从不妥协，对新世界的印第安人倒是相当温和。多明我会也是如此，他们对犹太人冷酷无情，却对海外的印第安人关爱有加。[53]

10 月 30 日，女王在塞戈维亚颁布公告，要求王位继承人腓力和胡安娜（也就是她的女婿和女儿[54]）这样处理新世界西班牙人和印第安人之间的关系：

> 为确保海洋中岛屿和陆地上的（说法也许有些奇怪）所有居民成为基督徒，并皈依天主教信仰，国王殿下与我现发函一

封，特此声明：在我们管辖的范围内，任何人不得俘虏印第安居民，更不可将他们强行带往别处。

为了让基督徒举止合理，我们还向上述地区派遣了首领。一些教士也随行前往，他们将在此宣教，让我们神圣的天主教信仰……传遍食人族出没的土地。[55] 这些食人族拒不接受基督教的洗礼，还武力反抗我们，杀掉了一两个基督徒，他们野蛮暴力、顽固不化，与听命于我的印第安人开战，甚至吃掉抓来的俘虏[56]……食人族对我的子民犯下盈天大罪，必须受到严惩。[57]

伊莎贝拉还补充道，她已经让"枢密院讨论这个问题"，而枢密院认为，食人族"恶贯满盈"，听不进基督的教诲，"我们可以把他们抓起来，送到别的岛上"，然后集中灌输基督教教义。[58]

这个说法有两面性。当地人如果服从西班牙人，接受基督教教义，就会受到西班牙人善待；但如果他们拒不服从，起而反抗，就会被打上"食人族"的标签，安上"食人"的罪名，失去人身自由。食人族和其他印第安人之间，其实没有所谓的种族划分。有些泰诺人，比如西班牙人在波多黎各遇到的那些人，他们拒不服从，因而被视为食人族，顺从的加勒比人（如果真有的话）则会被看作温良的印第安人。后来，在这份声明背后的冲突化解之前，加勒比地区的印第安人就已经几近灭亡了，个中原因将在后文详述。

上述法令颁布后，1503 年年底，西班牙王庭又在梅迪纳－德尔坎波集中探讨了统治美洲的一些基本问题。王国枢密院成员会同其他律师和神学家参与了这场讨论。迭戈·德·德萨修士（现在是卡斯蒂利亚宗教裁判所总审判官，同时还担任萨拉曼卡主教）也列席其中。这场讨论收效甚微。他们确实决定把"逃离基督教的、旷工的印第安人当作懒汉对待"。他们仔细考量了教皇亚历山大六世的说法，在塞维利亚大主教面前，他们似乎也达成了一致，认为印第安人服务西班牙人既符合天理，也符合人道。[59] 不过，在场的所有人似乎都意识到，这个问题还远未解决。

1503 年 12 月 20 日，女王在梅迪纳－德尔坎波颁布了又一项法令，规范了西班牙人役使泰诺人的劳役摊派制（前文提及的 *repartimiento*），根据这项法令，仍在世的酋长要负责招工。[60] 印第安人至多在矿上劳作 6 到 8 个月，然后就可以返回他们的村庄，从事农业种植，这就是"延迟规则"。每座城镇都会设定一名监察官，确保工作合理进行。奥万多曾在著名的阿尔坎塔拉骑士团担任指挥官，他推行所谓的"监护征赋制"（*encomiendas*）时，也许参考了早年那段指挥官经历。

这些法令补充了之前哥伦布和罗尔丹的安排。根据最新规定，每个印第安人都要给一个西班牙人提供劳役；归属王室的印第安人除外，他们负责从事矿业或农业劳作。理论上，如果某个泰诺人归王室所有，那么他就能拿到工资。他们不算奴隶，而算 *naborías*（源自泰诺语，意为"土著仆役"）。[61] 但实际上，他们得到的待遇等同于奴隶，有时甚至不如奴隶，毕竟，他们的主人根本没有善待他们的理由。[62] 印第安人的社会地位类似于王室的"学徒工"，他们有自己的权利和义务，国家也有义务保护定居点的印第安人，让他们填饱肚子、接受教化，还要负责让他们身体健康、灵魂得救。但反过来说，殖民者也有权力让"学徒工"替他们干活。

中世纪时，西班牙的监护征赋制意味着司法权和庄园权，监护

　　黄金之河：西班牙帝国的崛起，从哥伦布到麦哲伦

人（encomienda）则有权获得相关平民的劳役。在伊斯帕尼奥拉以及后来的西印度各地，监护人开始饲养猪和奶牛，种植木薯、甘薯和糖料作物，这时，监护人也有义务向相关土地上劳作的印第安人提供指导。

印第安人看待此事的视角就大不相同了。实际工作中，他们总是超负荷劳作。如果他们逃走，就会沦为逃亡奴隶。人们很快发现人口不断下降，不过，这个现象什么时候第一次被提及，现在已经无从考证了，这一点倒是出人意料。

这几年，西班牙国内的境况也相当窘迫。经济不景气，粮食歉收，饥荒随之而来，伊比利亚半岛的人口死亡率节节攀升。比起千里之外的新世界的问题，这些危机迫在眉睫，更让王室担忧。1504年，卡斯蒂利亚的收成非常糟糕，小麦价格飙升到每法内格（*fanega*）*600马拉维第。[63] 加利西亚、阿斯图里亚斯和比斯卡亚的粮食本来就无法自给自足，如今，卡斯蒂利亚也要进口粮食了。危机的源头之一，就是之前颁布的一系列法律，比如1501年时，新法律规定，所有放牧过迁徙绵羊的土地，都归绵羊畜牧组织梅斯塔永久所有。这样一来，埃斯特雷马杜拉和安达卢西亚的大片土地都无法种植农作物。王室鼓励生产羊毛，却也毁掉了种植业。讽刺的是，正是在1504年，桑那扎罗（Sannazaro）创作了著名的田园诗《阿卡狄亚》（*Arcadia*），描绘了美好的乡村生活。[64]

当然也并非只有坏消息。[65] 大将军贡萨洛·费尔南德斯·德·科尔多瓦在意大利节节胜利，让王室颇为欣慰。他在切里尼奥拉

---

* 在讲西班牙语的国家中，法内格是一种古老的度量单位，通常在农业环境中用来测量谷物数量。量度差异很大，但在卡斯蒂利亚，1法内格大约相当于55.5升。——编者注

（Cerignola）击溃法军，1503 年 5 月开进那不勒斯。同年 12 月 28 日，他又在加里利亚诺（Garigliano）击败法军。次年元旦，他成功地攻占加埃塔（Gaeta）。自此，法国人意识到，他们再也无法收复那不勒斯了。就这样，意大利南部成为西班牙的东方堡垒，那不勒斯和西西里被划入西班牙帝国版图。[66] 这些地区的命运与加勒比如出一辙，这种状况持续了好几个世纪。

西班牙人在战场上所向披靡，还是要归功于大将军贡萨洛对军队的改造。他把部队打造成强大的步兵团。军队建设的成功，离不开精良的盔甲，如胸甲和轻型头盔。精心组建后的军队，是以骑兵和炮兵支持的 4 个连队作为基本战术单位编成的。这些部队既装备了刀剑、长矛和投枪等传统武器，也配备了火炮和火绳枪等新型武器。此后，那不勒斯（和西西里及撒丁岛一样）开始交由阿拉贡王室指派的总督管理。

从某种程度上讲，这些胜利稍稍宽慰了痛失梵蒂冈盟友的西班牙——教皇亚历山大六世（罗德里哥·波吉亚）驾崩了，继任的庇护三世仅在位 10 天，也溘然长逝；接着继任的是法国的教皇候选人，朱利安诺·德拉·罗韦雷（Juliano della Rovere），他是个热那亚人，名望颇高，他加冕成为教皇尤利乌斯二世。据威尼斯驻梵蒂冈大使多梅尼科·特雷维阿诺（Domenico Treviano）说，新教皇想玩一把"世界的游戏"，后来他也真的这么做了。[67]

1504 年 5 月，女王在梅迪纳－德尔坎波卧病不起，似乎饱受病痛折磨。10 月，彼得·马特尔记述道："医生已经不抱任何希望了。疾病已渗入她每一条血管，她的水肿特别厉害，高烧不退，病入骨髓。她整日整夜口干舌燥，可一看到食物又会犯恶心。致命的肿瘤

黄金之河：西班牙帝国的崛起，从哥伦布到麦哲伦

在肌肤间迅速膨胀，催人性命。"[68] 她不再阅览普通文件，只会签署那些最重要的文件。

9月14日之后，除了自己的遗嘱，女王什么文件也没有签署。10月4日签署的一份遗嘱中，女王恳求她的女儿和丈夫（确实是这样的顺序）全力投入征服非洲与十字军东征的事业中。毕竟，有人说西班牙的西哥特王国*也应该包括摩洛哥。她希望穿着圣方济各样式的衣服，葬在圣伊莎贝拉的方济各会修道院。她的后人不得冷落比列纳侯爵，因为比列纳是伊莎贝拉为王室——或更准确地说，是为直布罗陀海峡——赢来的。她的长女胡安娜将继承王位："我将依法履行义务，指定我唯一的继承人……为真正的女王和天经地义的主人。"她感谢斐迪南国王在卡斯蒂利亚付出的努力，重申斐迪南享有他在卡斯蒂利亚产业的完整所有权。[69] 伊莎贝拉从西印度获得的收入，也将划出一半分给斐迪南。

1504年11月23日，女王签署了遗嘱附录，展望了新世界的前景："罗马教廷将海洋的岛屿和陆地都赐给我们，从那时起……我们的主要目标，便是向那里引介我们神圣的天主教信仰，让当地的人民接受神意，并为将来的传教活动铺路搭桥。高级神职人员、普通的修士、神父和其他敬畏上帝的有识之士，都将踏足这片土地，引导当地人的信仰，教之公序，授之良俗。"[70] 从这份遗嘱附录中，我们可以看出，她把自己的名号与西印度联系起来。[71] 后来，多明我会引用这一段话，证明女王接受了让印第安人改信基督教的任务，这也是西班牙统治新世界的主要目标。

---

* 西哥特王国是5—8世纪初西哥特人在西罗马帝国境内高卢西南部和西班牙建立的日耳曼国家。——译者注

在西印度事业上，伊莎贝拉最后的作为，是批准了新的探险活动。探险由胡安·德拉·科萨和佩德罗·德·莱德斯马指挥，目的地是南美洲北岸。[72] 1504 年 9 月 30 日，她还任命阿隆索·德·奥赫达为乌拉巴海湾及周边地区（现哥伦比亚与巴拿马交界处）总督。此人来自昆卡，雄心勃勃，想要干出一番事业。在所有王室指令中，这一份算得上最艰巨的了。那时，乌拉巴不适宜人类居住，时至今日也是如此。那里气候极其湿热，让人难以忍受。不过，那也将是南美大陆上第一个殖民点。在那里，贸易所得的六分之一会上缴王室。奥赫达的赞助人队伍颇为奇特，其中有：胡安·桑切斯·德·特索里亚，他是个改宗者商人；洛伦索·德·阿胡马多（Lorenzo de Ahumado），出生时可能也是犹太人，现在是个律师，因为有个叫作卡塔利娜·桑切斯·德·阿胡马多（Catalina Sánchez de Ahumado）的人，早在 1494 年就"皈依"了基督教；胡安·德·贝尔加拉的几位后嗣，1499 年，奥赫达曾和贝尔加拉一同航行，1494 年，贝尔加拉的妻子被判终身监禁，罪名是假基督徒；还有加西亚·德·奥坎波（García de Ocampo），他来自埃斯特雷马杜拉，和上述几位改宗者不同，他似乎是个老基督徒。尽管女王批准了这个探险计划，但直到她驾崩，这项不可能完成的任务都没有付诸实行。

哥伦布结束可怕的第四次航行，返回西班牙时，曾经这样写道："全国的贵族都磨尖了牙齿，像一头头蓄势待发的野猪，等待着国家动乱。"在给儿子迭戈的信中，哥伦布写道，"撒旦"让他命途多舛，但他也坚信，他满腔忠诚、夜以继日为女王效力，死后理应升入天堂。[73]

哥伦布再也没能见上女王一面。用《骑士蒂朗》作者的话说，

11月26日，女王进入了"冥王的黑暗帝国"。梅霍拉达的修道院院长为她举行了临终涂油礼，斐迪南也在场。她解放了自己的所有奴隶，其中有非洲人、柏柏尔人和黑种人，当然也有加那利群岛人，以及从马拉盖和格拉纳达抓来的男男女女。[74] 12月18日，她之前的告解神父塔拉韦拉大主教主持了她的葬礼，她的遗体安放在新格拉纳达大教堂的王室礼拜堂中。宏伟的墓碑上雕刻着她的遗像，这尊雕像出自佛罗伦萨雕塑家多梅尼科·范切利之手。

伊莎贝拉是个伟大的女王。在丈夫斐迪南帮助下，她维持了国内和平，制服了贵族。单是教会改革，就足以让后人铭记她的智慧。她善于任用顾问。从1474年卡斯蒂利亚陷入内乱，到1504年女王驾崩，这个国家已经发生了翻天覆地的变化。她名望服众，促成了王国的统一。她对哥伦布支持有加，巩固了西班牙在西印度的"事业"。在丈夫的帮助下，她创设了一系列行政机构，她死后，这些机构一直沿袭下来。对伊莎贝拉而言，基督教教义等同于真理。彼得·马特尔写道，她是"懿德的化身、美善的庇护者、邪恶的惩罚者"。他还补充道："在她女性的躯体之下，藏有男子汉的精神。"[75]

伟人也会犯下严重错误，这位伟大的女王也不能免俗。1492年到1504年，她步入晚年，过度听信了西斯内罗斯的意见，虽然此人相当正直，却也难免偏狭。她不仅支持宗教裁判所，还促成了驱逐犹太人和穆斯林的政令。如今，站在格拉纳达的女王墓前，人们会体味到宁静。但这份宁静，她一生从未品尝过。她失去了唯一的儿子，也失去了一个女儿、一个孙子，活下来的疯女胡安娜性情不定，这些都为她的生活蒙上了阴影。她为人称颂，却也饱尝艰辛。

第十七章

"子女须时刻听命于父母"

> 斐迪南国王说："宝贝女儿，作为一国统治者，你必须自己选择想要生活的地方。"胡安娜小心翼翼地答道："子女须时刻听命于父母。"
>
> ——彼得·马特尔，1507 年[1]

1504 年 11 月，伊莎贝拉女王逝世，举国局势一度混乱。之后的近两年时间里，一切都仿佛回到了女王登基前那段兵戈扰攘的岁月。妻子尚在人世时，阿拉贡的斐迪南还是卡斯蒂利亚国王；伊莎贝拉一死，斐迪南就失去了保有王位的权利，王位落入腓力和胡安娜手中。

其中有些问题是伊莎贝拉自己造成的，人们没想到她在神志不清的情况下立下遗嘱，遗嘱对卡斯蒂利亚摄政权的安排前后不一，自相矛盾。若胡安娜难堪女王重任，协助她执政的到底会是谁？是斐迪南，还是佛兰德斯的腓力，抑或是枢机主教西斯内罗斯？[2]眼下，斐迪南不过是前任女王的鳏夫和阿拉贡国王，但他主动为胡安娜举起旗帜，赞扬她为"当之无愧的女王"，还任命自己为总督兼行政官。1504 年 11 月底，斐迪南回到了他最喜欢的梅霍拉达修道院，此地位于梅迪纳－德尔坎波附近。12 月 10 日，他又前往梅迪纳－德尔坎波城内，而后又去了托罗，在那里一直待到 1505 年 4 月底，专门会见卡斯蒂利亚的议会成员。此时，腓力和胡安娜留在哈布斯堡家族富裕而极具创造力的诸侯国——佛兰德斯。先前，腓力的父亲，马克西米利安国王从他已故的勃艮第妻子玛丽手中继承了该国王位。

在卡斯蒂利亚，年轻的胡安娜手无实权，引得城中一片骚乱；贵族占领了本无权进入的城镇；市政委员会分裂成不同派别，陷入瘫痪；人们想方设法拉拢胡安娜和腓力；就连刚正不阿之人都陷入茫然。[3]

1505 年 1 月 11 日，聚集在托罗的议员听过伊莎贝拉的遗嘱后，随即确认了遗嘱的法律效力，立斐迪南为"行政官"，同意由斐迪南长期摄政，直到胡安娜病愈，并将此决定告诉了腓力。斐迪南在卡斯蒂利亚硬币上印上"斐迪南和胡安娜，卡斯蒂利亚、莱昂和阿拉贡的国王和女王"字样。[4] 但即便如此，还是有许多显要人物见风使舵，亲自或派人去往佛兰德斯，讨好腓力和胡安娜——两人都不满于斐迪南的自以为是。就在几个月前，这个国家似乎处处都是强者，如今，这里却突然出现了一群摇摆不定的弱者。如今有权摄政者仅剩斐迪南和西斯内罗斯，但贵族们一直对斐迪南心存疑虑，因而纷纷投靠腓力。

1505 年 4 月底，斐迪南从阿雷瓦洛出发前往塞戈维亚，几乎整个夏天都待在那里，直到 10 月中旬。这一年又逢饥荒：在卡斯蒂利亚，每法内格小麦要卖到 375 马拉维第，而在埃斯特雷马杜拉，小麦售价飙升至每法内格 600 马拉维第。[5] 斐迪南一直想生个儿子，于是订立婚约打算再婚，出人意料的是，他要娶法国国王路易的侄女杰曼·德·富瓦（Germaine de Foix）。婚礼将于次年 3 月 22 日在巴利亚多利德举行。[6]

这段婚姻标志着斐迪南对抗法国的政策发生了逆转。杰曼时年 18 岁，是个漂亮姑娘，而斐迪南 54 岁，两人应该还能生下孩子。此外，杰曼是纳瓦拉人，而斐迪南对纳瓦拉觊觎已久，杰曼或可助他一臂之力。斐迪南同意了这桩婚事，作为交换，法国国王路易会把那不勒斯割让给斐迪南。不过，那不勒斯算是杰曼的嫁妆，若她没能生下儿子就去世了，法国人可以收回那不勒斯。此前，天主教双王一直尽心维护阿拉贡和卡斯蒂利亚王国的统一，而这桩婚姻却对此造成了威胁。斐迪南必须生下男性子嗣，才能保证阿拉贡王位留在西班牙人手中，不会被哈布斯堡家族染指。斐迪南历来以爱国者自居，对他而言，这桩婚姻未免风险过高。

与此同时，斐迪南国王和女婿腓力可能在政策细节问题上多有龃龉。之前，那不勒斯的问题已使两人产生了分歧。1505 年 9 月，仍在佛兰德斯的腓力希望革除积弊，因而关停了卡斯蒂利亚的宗教裁判所。为此，斐迪南多次向教皇投诉。[7]

后来，他与腓力的两名代表弗莱明·德·维尔（Fleming de Veyre）和安德里亚·德尔·布尔戈（Andrea del Burgo）达成一项协议，即所谓的萨拉曼卡和平协议。卡斯蒂利亚联合政府将由三位君主组成，胡安娜、斐迪南和腓力。在胡安娜和腓力不在场的情况下，议会在托罗宣誓效忠于胡安娜、斐迪南和腓力。[8] 1506 年 1 月 7 日，腓力和胡安娜在法拉盛乘船前往西班牙。因为低地诸国是卡斯蒂利亚羊毛的最大客户，而卡斯蒂利亚又是荷兰最好的出口市场之一，安排此次出行可谓有的放矢。

西斯内罗斯离任后，德萨成为新任宗教裁判所总审判官。德萨是哥伦布旧交，次年他给腓力和胡安娜致信说，他正在推迟受理"这一年在塞维利亚和其他城市悬而未决的诉讼案件，直到两位殿下想好如何处理神圣宗教裁判所的相关事宜"[9]。1506 年 6 月，德萨在阿斯托加解释说，宗教裁判所只是暂缓受理刑事指控，小案件不会受到影响。[10]

1506 年 4 月 26 日，腓力和胡安娜在英国附近遭遇船难，被迫停靠加利西亚的科鲁尼亚。他们到加利西亚城内住了一个月，直到 5 月 28 日。也许，他们之所以前往加利西亚，只是为了避免斐迪南来到拉雷多或者卡斯蒂利亚北海岸的其他地方来面见他们。当时，科鲁尼亚已成为一处条件优越的港口。彼得·马特尔常以惯有的夸张口吻称赞："此港无可比拟，可以容纳所有在海上航行的船只。"[11] 听闻两位君主莅临，许多贵族，或真心诚意，或心怀叵测，纷纷前去相迎，其中包括因凡塔多公爵和海军上将费德里科·恩里克斯（Fadrique Enríquez），甚至还有之前犹豫究竟支持哪一方的治安官贝拉斯科。包括西斯内罗斯在内的许多主教都效忠于腓力，哥伦布也写了封奉承的信，解释为何没能前去迎接。[12] 作为卡斯蒂利亚统治者，斐迪南的地位似乎在走下坡路。

彼得·马特尔写道："腓力的脾气比钻石还硬。"[13] 不过他觉得对一个国王来说，这并非坏事。在他眼里，腓力十分讨人喜欢，是勇敢帅气的统治者，温文尔雅，风度翩翩。[14] 历任西班牙国王都有手下的贵族效忠，而腓力则更进一步，他行事丝毫不受妻子管控，这也一直让胡安娜苦恼。[15] 腓力还梦想着占领葡萄牙，他和其他佛兰德斯热血青年一样心怀斗志，却对这两个国家之间的真正差异一无所知。

斐迪南随后踏上了一条非同寻常的旅途。他决心对抗女婿和女儿。4月28日，他离开巴利亚多利德，途经杜埃尼亚斯、托克马达、帕伦西亚、卡里翁-德洛斯孔德斯（Carrión de los Condes）、萨阿贡（Sahagún），最后抵达莱昂。在莱昂，斐迪南派使者去见腓力和胡安娜。他说，自己曾试图劝说腓力不要忤逆岳父，却没能成功。[16] 接着斐迪南踏上了辗转奔波的路途，他访问了许多历任君主未曾探访过的地方，这些地方他自己也不会再去。[17] 终于，6月20日，在卡斯蒂利亚遥远的西部，靠近葡萄牙边境的萨纳布里亚（Sanabria）山谷，他在雷梅萨尔（Remesal）的一间农舍里与腓力会面了。腓力也走了很久才到达此地，但他选了一条更直接的路：从科鲁尼亚出发，穿过加利西亚，经过风景优美的贝坦索斯（Betanzos）、美丽的圣地亚哥、神秘的里瓦达维亚（Ribadavia）及其荒无人烟的犹太区，然后他在引人入胜的奥伦塞品尝了神圣的烈酒，又在米诺河（River Miño）边品尝了精工细作的葡萄酒，最后到达萨纳布里亚。[18]

腓力带着一支军队抵达雷梅萨尔，斐迪南则静观其变。胡安娜曾在布鲁塞尔生活过十年，会讲一口流利的法语，这次，胡安娜或许会充当腓力的随身翻译，就像1502年腓力第一次去西班牙旅行时那样。[19] 斐迪南和腓力一样，不赞同伊莎贝拉立下的遗嘱，他认为指望胡安娜来治理国家并非明智之见。于是，斐迪南只好承认女婿腓力在卡斯蒂利亚享有最高权力。随后，斐迪南去了莱昂的一座小镇，比利亚法菲拉（Villafáfila）。6月27日，就在这座小镇，他放弃了摄政权，转而支持他"挚爱的孩子"腓力和胡安娜。他的退出，是现实压迫下的权宜之计，而非出自真心，要知道，当时就连格拉纳达的滕迪利亚伯爵，也为了自身利益而倒戈支持腓力了。斐迪南去了杜埃罗河畔图德拉（Tudela del Duero）和雷内多（Renedo），7月5日，他在雷内多会见了腓力和胡安娜（他们是从贝纳文特和穆先特斯来到这里的）。斐迪南同意放弃权力，回到阿拉贡，但在那里，他立即（可能是秘密地）撕毁了《比利亚法菲拉协议》（Treaty of Villafáfila）。[20] 一路上，他都受到阿尔瓦公爵骑兵的精心保护，对此，斐迪南一直铭记于心。从那以后，阿尔瓦有了国王撑腰，几乎得到了想要的一切。

腓力掌握了权力，正式成为国王腓力一世，并前往首都巴利亚多利德。7月12日，他举行了加冕仪式。议会宣誓效忠于女王胡安娜及其丈夫腓力，并确立他们远在佛兰德斯、年仅6岁的儿子查理为继承人。侍臣胡安·曼努埃尔（Juan Manuel）曾在佛兰德斯全力培养腓力，正如一位研究教皇史的历史学家所言，"胡安·曼努埃尔精力极其充沛"，他是一位阴谋家，将会出任首席大臣。[21] 常伴斐迪南左右的丰塞卡从印度群岛回到布尔戈斯主教区。他的助手洛佩·孔基洛斯（Lope Conchillos）曾被称为"善良而忠诚的王室忠仆"，如今，他却因和丰塞卡密谋阻止腓力掌权而被关押在菲尔福尔德城堡中，受尽折磨。[22]

腓力和胡安娜一直留在巴利亚多利德，直到7月31日才前往一座位于巴利亚多利德和塞戈维亚之间的小镇——科赫塞斯-德斯卡尔。胡安娜害怕自己会被锁进当地城堡的地牢，所以拒绝留下来——这是个怪异而有效的自我保护措施。8月8日，他们搬到杜埃罗河畔图德拉，在那里度过了整整三个星期。那里曾经有个漂亮的犹太人居住区，现在却空无一人。腓力派德萨大主教回到塞维利亚，并让他把主教职权交给卡塔尼亚主教迭戈·拉米雷斯·德·古斯曼（Diego Ramírez de Guzmán）。[23] 之后，这对年轻的王室夫妇动身前往布尔戈斯。彼时，斐迪南已经抵达巴塞罗那。

在巴塞罗那逗留一个月后，斐迪南动身前往意大利。这是一个他此前从未去过，却为之付出过许多心血的国度。他对那不勒斯政治结构的重组很感兴趣，急切地想用那不勒斯的其他阿拉贡指挥官顶替当时功成名就的大将军贡萨洛，据说是因为斐迪南对他的赫赫功名心生嫉妒。而且，他还想安排几位阿拉贡官员去那不勒斯政府做官。于是，斐迪南成立了那不勒斯附属委员会，一开始，该委员会仅由两名律师组成，两人都来自阿拉贡。[24]

关于腓力和胡安娜在布尔戈斯的短暂生活，几乎没什么值得记录的内容。腓力国王经常在米拉弗洛雷斯修道院中打回力球，但玩得太卖力，总是筋疲力尽。9月25日，他又去玩了一次，还喝了冰水，几小时后，便开始发抖，病情不断恶化，黄昏前就去世了。正如一位胡安娜的传记作者所述，腓力害死了自己。[25] 次日，葬礼在他常去打回力球的米拉弗洛雷斯修道院中举行。对于一个奢靡公子来说，此处实在过于简朴。人们怀疑腓力是被人毒死的，刺客可能是内宫侍臣路易斯·费雷尔（Luis Ferrer），至于幕后真凶，有人怀疑是斐迪南。这样的猜测难以使人信服，人们对斐迪南议论纷纷，但他当时正在意大利处理政事，无论如何也无法杀害女婿。

国王英年早逝的消息，再度引起国内骚乱，并带来诸多棘手的问题。国王之死对 27 岁的遗孀胡安娜而言可谓莫大的悲哀，先前的痛苦与此相比早已相形见绌。她父亲斐迪南国王远在地中海对岸，他去了帕拉莫、旺德尔港、科利乌尔、加泰罗尼亚，还有土伦。腓力去世时，斐迪南正在热那亚附近的萨沃纳，据说，哥伦布的父亲多梅尼科曾在那里开过一家旅店。

胡安娜的家族有严重的抑郁病史，她那来自葡萄牙、曾在阿雷瓦洛生活许久的祖母伊莎贝拉，就患有精神错乱症。胡安娜的病与祖母相仿，也患有彼得·马特尔所谓"精神紊乱"的疾病。胡安娜时常无法控制自己的行为，比如，她因为害怕被囚禁在城堡里，所以坚持留在城堡外面；她还曾剪掉一位佛兰德斯美女的金发，只因怀疑这个女人和自己的丈夫有染（也许确有此事）。[26] 她在英国时没有接受姐姐卡特琳娜（阿拉贡语称为凯瑟琳）的帮助。虽然如此，在低地诸国的岁月里，她时常表现出坚定的决心。伊莎贝拉女王任命人文主义者杰拉尔迪尼做胡安娜的导师。在腓力面前，胡安娜是位贤妻良母：她为腓力生了 6 个孩子，且都活到成年。不过，不像小儿子斐迪南想象的那样，她并没因此得到什么慰藉。[27]

腓力去世后，胡安娜变得冷漠、优柔寡断、沉默寡言，对自己漠不关心，日复一日不吃东西。没人能理解她的话。她的"疯"不同于一般意义的"疯"。1506 年冬，看似失去治国能力的胡安娜在卡尔特教团的米拉弗洛雷斯修道院打开丈夫的坟墓，将遗体送往格拉纳达。然后，胡安娜去修道院居住，这似乎是个合适的决定，但"可恶的"阿拉贡监护人路易斯·费雷尔（谋杀腓力的嫌疑人）和斐迪南表兄德尼亚侯爵（Marquis of Denia）等人却十分不近人情，对胡安娜的态度很是恶劣。[28] 疯女胡安娜的故事是场历史悲剧。她曾经花容月貌、知书达礼，是伟大女王的继承人，嫁给了帝国承袭者，但最终，她似乎故意选择了离群索居，孤苦伶仃。

眼下，腓力过世，胡安娜失去了执政能力，位于卡斯蒂利亚的王国枢密院面临着重重挑战，却又出乎意料地充满自信。在枢机主教西斯内罗斯带领下，治安官贝拉斯科、斐迪南最亲密的朋友阿尔瓦公爵，还有因凡塔多公爵正在密谋摄政，想以此证明执政权仍在他们手中。另一方面，腓力一直以来的拥戴者，纳赫拉公爵、塞内特侯爵和胡安·曼努埃尔请求腓力的父亲，即神圣罗马帝国皇帝马克西米利安，暂时以根特的查理（Charles of Ghent）之名义摄政。查理是腓力和胡安娜的长子，卡斯蒂利亚的王位继承人，也将是阿拉贡杰曼王后的继承人（如果杰曼王后无嗣的话）。密谋者们本想前往西曼卡斯，劫持胡安娜和腓力的次子斐迪南亲王，却未能成功。

王室法律似乎总有动摇之时。年事已高的莫亚侯爵夫人贝亚特丽斯·德·博瓦迪利亚占领了塞戈维亚城堡，而 15 世纪 80 年代曾在加利西亚叛变的雷莫斯伯爵则围攻了蓬费拉达。西斯内罗斯主教不得不在布尔戈斯部署 100 名骑兵，保卫城堡里的胡安娜。这一切使得胡安娜不像女王，反而像个囚犯，不过她也因此免遭毒手。梅迪纳－西多尼亚公爵包围了直布罗陀，1502 年，他曾被王室剥夺了直布罗陀的所有权。当时，直布罗陀由加尔西拉索·德拉·维加（Garcilaso de la Vega）看守，眼看兵临城下，他向附近的贵族寻求支援。滕迪利亚伯爵从格拉纳达组织远征军前去支援，但普里埃格侯爵一直袖手旁观，直到胡安娜亲自下令，才动身前去救援。要知道，女王口谕十分难得，但滕迪利亚伯爵也终于达到了自己的目的。

随后，梅迪纳－西多尼亚公爵与塞维利亚的德萨大主教、普里埃格主教、乌雷纳和卡布拉伯爵结成联盟，决意帮胡安娜摆脱西斯内罗斯的控制。德萨大主教恢复了他在宗教裁判所的职务，开始为残忍的检察官卢塞罗辩护，这引发了科尔多瓦的一场暴乱。但到后来，清醒时的胡安娜听取枢机主教的劝告，撤销了丈夫关于宗教裁判所的所有命令。

1506 年，西班牙遭遇灾荒。1501 年，每法内格的小麦售价不到 100 马拉维第，到了 1506 年却卖到 250 马拉维第。[29] 仅 10 月份，就有 80 艘船从佛兰德斯、布列塔尼、柏柏里、西西里和意大利运来粮食。[30] 巴斯克承运人从佛兰德斯运来小麦，其他人也紧随其后，贝尔纳多·格里马尔迪（Bernardo Grimaldi）、朱利亚诺·洛梅里尼、弗朗切斯科·多利亚、加斯帕尔雷·斯皮诺拉和科斯莫·里帕罗洛等热那亚大商人也在其中，他们都已经或即将往来西印度群岛做生意。[31] 1507 年 1 月，哥伦布一直以来的支持者贝尔纳多·格里马尔迪给了国王 3 万达克特（中世纪流通欧洲各国的货币），换得了以卡斯蒂利亚人的身份在美洲自由贸易的权利。他是唯一获得授权的外国人，不过后来，这项权利变得微不足道了。[32]

大规模动乱对斐迪南国王而言无疑十分有利。他不动声色，从萨沃纳乘船前往热那亚，然后到了波托菲诺港（Portofino）。在那迷人的海湾，他收到了西班牙摄政的紧急信息，要求他立即回来担任王国的执政官。但他仍保持着惯有的冷静态度，继续前往那不勒斯，答应一旦有必要，就会返回卡斯蒂利亚协助政府。他给王国枢密院写信，同意西斯内罗斯在他回来前继续掌权，还任命滕迪利亚伯爵为安达卢西亚总督，任阿尔瓦公爵为他在卡斯蒂利亚的助理。这两人连同因凡塔多和贝拉斯科都对斐迪南唯命是从。胡安娜女王一直待在布尔戈斯，直到年底。那时，真正稳定局势的人物是西斯内罗斯，在危机面前，这位枢机主教展现出他最擅长的一面。他从不优柔寡断，也不怕危险，只是沉迷于权力的游戏。他政治手腕高明，对于任何要求，都能应付自如。

10 月 27 日，斐迪南抵达那不勒斯，11 月 1 日庄严上任，他的新王后杰曼接受了大将军贡萨洛·费尔南德斯·德·科尔多瓦的宣誓效忠。然而不久后，这位将军就被国王撤职了。[33] 斐迪南在那不勒斯待到 1507 年夏。他是否觉得这座城市真像传说中的那样美好？我们不得而知，但很显然，他喜欢在那里掌控大局。

卡斯蒂利亚这边，阿尔瓦公爵和贝拉斯科治安官平息了动乱。1506—1507 年的冬天，因凡塔多公爵使托莱多各派系重归于好。滕迪利亚伯爵在安达卢西亚为斐迪南镇守住了马拉盖、直布罗陀和加的斯等重要港口。名义上的女王胡安娜也前往她所谓的领地寻求支持，但收效甚微。

斐迪南一直待在意大利，等待盟友恢复他在西班牙的地位。6月 5 日，他动身离开那不勒斯，途中访问了加埃塔、波托维内尔（Portovenere）、热那亚、萨沃纳（他在那里会见了法国国王路易十二）、比利亚弗兰卡、卡达克斯（Cadaqués）、塔拉戈纳和萨洛（Salou）等地，最后于 7 月 20 日抵达巴伦西亚。一路上由大将军科尔多瓦护送，斐迪南像对待另一位国王一样拥抱了他。[34] 但这种优待没能长久，此后，费尔南德斯·德·科尔多瓦再也没能为斐迪南效劳。教皇尤利乌斯专程来到奥斯蒂亚（Ostia），希望与斐迪南会面[35]，而斐迪南却并未在此停留。7 月 25 日，他和王后杰曼庄严莅临巴伦西亚，³⁶穆尔西亚行省总督、穆尔西亚最杰出的贵族佩德罗·德·法哈多亲率 500 名骑兵前去相迎。

随后斐迪南起程重返卡斯蒂利亚，8 月 21 日，他宣布遵照胡安娜的旨意重新摄政。众贵族拥立他为摄政王，他顺利地从西斯内罗斯及其同事手中接过了权柄。之后，斐迪南从容地前往布尔戈斯，途中他在杜罗河畔阿兰达（Aranda de Duero）、托尔托雷斯（8 月 29 日，他在那里与胡安娜会面）、圣玛丽亚－德尔坎波（从 9 月 4 日一直待到 10 月 10 日），还有阿科斯（斐迪南又于此地见到胡安娜并将她介绍给妻子）等地稍作逗留，最后于 10 月 11 日抵达目的地。接着，他在布尔戈斯一直待到 1508 年 2 月初。其间，斐迪南说："宝贝女儿，作为一国的统治者，你必须自己选择想要生活的地方。"而胡安娜小心翼翼地答道："子女须时刻听命于父母。"³⁷这是父女俩之间唯一一次真正的交流。

现在，西班牙的所有人都觉得，胡安娜永远无法胜任女王之职了，斐迪南应辅佐他 8 岁的孙子——根特的查理，以查理的名义摄政。大臣们仍然以"胡安娜女王"的名义发布政令，但政令内容悉数由斐迪南决定，胡安娜本人则在托德西利亚斯深居简出。贵族们必须做出选择，要么支持斐迪南，要么像胡安·曼努埃尔那样，去讨好佛兰德斯人，因为佛兰德斯势力有望日后在西班牙政坛中占得席位。当时，查理的老师正是斐迪南聪明有趣的前儿媳、腓力的妹妹、胡安亲王的遗孀玛格丽特。³⁸

斐迪南重建了有关西印度群岛事宜的顾问小组，下令先将所有关于该领土的事务交给丰塞卡主教或洛佩·孔基洛斯，丰塞卡在腓力国王统治期间一直与斐迪南保持着距离，而孔基洛斯在监狱里受苦多年，如今终于重获自由。丰塞卡是王国枢密院的成员，该枢密院具有合议性质，但他在处理西印度群岛事务时仍惯于独断专行。

丰塞卡和孔基洛斯两人似乎已经组成了一个西印度事务委员会（Council of the Indies），但王国枢密院（Council of the Realm）的其他成员并不这么认为，加西亚·德·穆希卡（García de Mújica）、弗朗西斯科·德·索萨（Francisco de Sosa，阿尔梅里亚主教）、塞维利亚诺家族的斐迪南·特略（Fernando Tello）和塞维利亚人胡安·洛佩斯·德·帕拉西奥斯·鲁维奥斯（Juan López de Palacios Rubios）正负责处理所有司法事务，既包括卡斯蒂利亚的事务，也包括西印度群岛的事务。丰塞卡和孔基洛斯被认为是至关重要的新领土管理者，只要斐迪南国王活着，他们就有饭吃。两人上任后，虽捞到不少好处（据 1514 年伊斯帕尼奥拉委托监督人员记述），但处理事务也确实雷厉风行。例如，他们借鉴贸易总署的创举，建立了一套新的邮政服务系统，这套系统用快马送信，使塞维利亚到王庭之间的邮递时间缩短到 4 天（无论王庭在何处），这套系统要求每座城市都必须有一艘随时准备渡河的船，"无论邮递员何时到达，都不得延误"[39]。斐迪南国王信任他们，也知道如何善用他们的才干。

在众人共同的努力下，1508 年年初，卡斯蒂利亚恢复稳定。伊莎贝拉逝世已过去很久，国家也发生了许多变化。单就西印度群岛事务而言，重要的人物哥伦布也已不在人世。

人们记得，在女王去世前几个星期，哥伦布第四次返航，回到塞维利亚。他计划前往王庭（他以为王庭在巴利亚多利德），并获准使用王室的担架。人们曾用这付担架把枢机主教伊尼戈·乌尔塔多·德·门多萨的遗体运到塞维利亚的大教堂安葬。哥伦布说：

"如果有一天，我能躺在担架上旅行，我走过的一定是银之路［西班牙语中为'拉普拉塔'（laplate），也就是塞维利亚北方的那条路］。"几周后，哥伦布写信告诉儿子迭戈，他没能从最后一次航行中得到任何报酬，如今两手空空，只能靠借贷生活。这是他惯用的骗钱招数，主要是希望王庭里的迭戈能把此事告诉德萨大主教。

这次，哥伦布的出发日期又延后了。直到 1505 年 5 月，伊莎贝拉死后六个月，他才带着弟弟巴尔托洛梅奥，拖着许多行李出发前往王庭。国王和王庭的所在地一直在变动，哥伦布按以前宫廷的地址自然没能找到国王。不过，哥伦布没有放弃，1505 年 6 月，他给国王写信说："我的官职和财产是我的最高荣誉，可我却遭遇不公，被人驱逐，现恳请[40]殿下，将我过去的官职交给我的儿子。"[41]8 月，斐迪南热情接待了哥伦布，不过，费尔南多·哥伦布恶意揣测说，这是因为斐迪南决定彻底统治西印度群岛。总之，斐迪南为此准备了一份协议，打算接受哥伦布的请求。不过，这件事被暂时搁置了，因为斐迪南得准备迎接女婿腓力。[42]其间，哥伦布也写信给腓力和胡安娜，请求他们将自己视作王室的仆臣。[43]

1506 年 5 月 20 日，哥伦布在巴利亚多利德的床榻上去世，享年 57 岁。他并非高寿，也没有明显病征。他的遗嘱中主要提到了他那些热那亚朋友，上面还注明了前一天的日期。在遗嘱附录中，他仍然写道，自己在西印度群岛的所有权包括亚速尔群岛和佛得角群岛以西"100 里格"（300 里格）以外的区域。

起初，哥伦布的遗体葬在巴利亚多利德；1509 年，移到塞维利亚拉斯奎瓦斯（Las Cuevas）的迦太基修道院，第一次航行时他曾从此处出发，到达圣多明各。19 世纪，他的遗体迁到哈瓦那；1898

年，又回到塞维利亚那座装饰华美的坟墓中。[44]

哥伦布的成就是"不可思议的"，这也是他最喜欢的形容词。他说服西班牙王室支持自己的探险计划，使得西班牙最终征服了半个美洲，西班牙人也不断向美洲移民。他死时仍认为，加勒比海以南、韦斯普奇称之为新大陆的地方是亚洲的一部分，也从不知道北美大陆的存在。他不仅是名出色的水手，也是个有远见和决心的人，他说服了卡斯蒂利亚两位君主去做他们不愿意尝试的事情。也许有人觉得，即便没有哥伦布，也总会有人发现新大陆，因为一旦人们知道地球是圆的，向西航行就成为显而易见的举动。但知易行难，只有哥伦布真正做到了。

在生命的最后阶段，哥伦布一直担心敌基督和末日审判的到来。1498 年，他给儿子写长子继承计划时，谈到了希望夺回耶路撒冷的事。他最喜欢的一本书《曼德维尔游记》的开头，也曾提出同样的观点。1501 年，哥伦布在写给天主教双王的《预言书》中说道，基督徒将很快重建耶路撒冷和锡安山，正如坎塔布里亚修道院中菲奥雷的约阿基姆所预言，此地将属于西班牙。[45] 哥伦布是个梦想家。如果他活得久一点，可能会更加关注耶路撒冷，而非西印度群岛。他就像个先知，以超人的远见吸引了天主教双王。在那个时代，多明我第三修会世俗女教徒贝塔·德·彼德拉伊塔（Beata de Piedrahita）受到很多人的青睐，在西斯内罗斯的帮助下，她成为卡斯蒂利亚的多明我会修道院改革者。两位君主相信，哥伦布终将成为她那样的大人物。

斐迪南国王写信给奥万多，确保哥伦布的儿子迭戈·哥伦布得到应得的黄金和其他收入，毕竟，迭戈将继承海军上将的头衔，而且将长时间留在王庭中。无论哥伦布如何抱怨，他死时并不贫穷。[46] 在伊斯帕尼奥拉，哥伦布拥有相当可观的财产，并从各类租金中得到大笔的附带收入。1506 年 11 月 26 日，斐迪南给年轻的迭戈写信，申明自己很看重旧情。[47] 不久，斐迪南就以异乎寻常的方式兑现了自己说过的话。

第十八章

"你应当派去 100 个黑奴"

> 总督写信告诉我，你们已经给他送去了 17 个黑奴，你们
> 应该再多送去一些，应该派去 100 个黑奴，外加一个可靠的人。
>
> ——斐迪南国王，1507 年

卡斯蒂利亚混乱的政局，让奥万多得以在伊斯帕尼奥拉自由行动。在短暂的任期内，腓力国王并未指明如何处理西印度群岛事务，而丰塞卡的来信也寥寥无几。佩德罗·德·比利亚科塔死后，总督任命克里斯托瓦尔的一位朋友圣克拉拉为西印度群岛总会计师。圣克拉拉是犹太人，不久前改信了基督教，他父亲大卫·维塔莱斯（David Vitales）是萨拉戈萨的著名犹太商人，1495 年，他母亲克拉拉以异教徒的身份落葬。[1] 他的出身并不好，但他自己、他兄弟贝尔纳多和佩德罗在西印度的事业却蒸蒸日上，未受影响。这位克里斯托瓦尔以奢侈闻名。有一次，他在圣多明各举办了一场晚宴，桌上的盐瓶里居然盛满了金粉。

奥万多行事残酷但政绩斐然。他在任期间，伊斯帕尼奥拉的人口从 300 人陡增至几千人。一定程度上，这得益于西班牙王室 1504

年 2 月 2 日颁布的一项法令。法令中明确表示："我们一直想让基督徒前往那些岛上定居，让那里更加文明开化。"法令颁布后，新来岛上的移民可以免税携带各种衣服、牛、母马、种子、食物和饮料，用以维护和开发土地，但奴隶、马匹、武器、黄金和白银仍然不能免税。[2] 自然，此番移民运动让安达卢西亚获益良多。不久，奥万多就不想再引进移民了，因为岛上的劳动力已经饱和。1507 年，两位代理人，迭戈·德·尼库萨（Diego de Nicuesa）和安东·塞拉诺（Antón Serrano），返回卡斯蒂利亚，告诉国王，不必再往岛上派遣移民了。（代理人往返于新世界和卡斯蒂利亚，职责是代表普通公民在王国枢密院发言议事，确保政策符合"公共利益"。）尼库萨和塞拉诺还有一项任务，就是请求国王允许从巴哈马群岛等邻近岛屿引进奴隶。当时，巴哈马群岛被称作卢卡伊斯（Lucays），又称"无用岛"[3]，因为岛上没有黄金。"无用岛"上的居民和伊斯帕尼奥拉的泰诺人同属一个种族。

奥万多自封为伊斯帕尼奥拉的最高权威，就好像这座岛是个大庄园。在他的治理下，这座岛渐渐变得井井有条。由于印第安原住民人口减少，牧场上的牛群迅速增加，马和猪亦然。用于制作木薯面包的丝兰产量充足，足以果腹。奥万多设法运来一些牛，用以帮助当地人把货物从矿井运到船上。奥万多还修起道路。[4] 他把状如橡胶的物质和用作染料的茜草根运回西班牙。作为回报，王室送来桑树种子，用以养蚕。[5] 奥万多认为自己在雷亚尔港附近发现了铜矿，很快，他就找了个"勤快的老外"（可能是个意大利人）前去探矿。[6]

在伊圭和哈拉瓜战争中被俘的泰诺人都成了奴隶，奥万多规定，谁俘虏了他们，他们就是谁的财产，这条法令也得到王室批准。

奥万多还说服西班牙王室，只收取殖民地农业收成和矿产利润的五分之一作为税款，这样，王室就能获得更多的长期利益。到了1508年，这种伍一税成为西班牙殖民地政策的固定特征。[8]

岛屿西部的哈拉瓜被征服之后，东部的伊圭又生出事端——印第安人烧毁了那里的一座木质堡垒，堡垒内九名西班牙人仅有一人存活。于是，奥万多把战火烧到伊圭。这次，西班牙部队仍由塞维利亚人胡安·德·埃斯基韦尔统领，两位副将分别是迭戈·德·埃斯科瓦尔和胡安·庞塞·德·莱昂。埃斯科瓦尔来自康塞普西翁，曾不情愿地救过哥伦布一次；德·莱昂则是塞维利亚豪门的私生子，格拉纳达的战争英雄，红发罗德里戈就是他的表兄。[9]在伊圭附近的亚恰瓜（Yacyagua），这3名统帅集结了400人的军队，随军还有不少印第安搬运工和仆人。西班牙军武器先进，刀剑锋利，不费吹灰之力就打败了桀骜不驯的印第安人。这些基督徒士兵把印第安人团团围住，打算像虐杀公牛一样杀死他们。不时有一两个印第安人奋起反抗，却无济于事。有的印第安人只好纵身跳崖，以此引诱西班牙追兵跟着跳下。还有一些印第安女性选择自杀。西班牙人俘获了岛上最后一位酋长卡特巴拿马，这位酋长很快就被押解回圣多明各绞死了。多数俘虏都成了奴隶，因为这些西班牙征服者觉得他们还算健康，其中五分之一的奴隶被运回西班牙，充作王室财产。[10]

最终，伊圭以至整个伊斯帕尼奥拉东部也沦陷了，整座岛屿都臣服于卡斯蒂利亚。奥万多此时正忙着建城。如前文所述，王室"不想让定居岛内的基督徒孤立地生活"。奥万多赞同这一点，但他也明白，此前哥伦布设立的定居点都很分散，王室的这项政策已经无从实现了。

　　　　黄金之河：西班牙帝国的崛起，从哥伦布到麦哲伦

西班牙人的新社区被称为庄园区，大多建在泰诺人村庄旧址附近，两者的样貌大不相同。这些新城有的刚刚落成，有的仍在施工。其中，博瑙、康塞普西翁－德拉维加和布埃纳文图拉初具规模，这三座新城的主要作用都是支援淘金事业。普拉塔的银港成为北海岸的新港，即后来的普拉塔港。而伊圭和埃尔塞沃则分别成为庞塞·德·莱昂和埃斯基韦尔在岛上东部的司令部。此外，岛上的新城还包括：雷亚尔港，在哥伦布建立的纳维达定居点附近；拉雷斯－德瓜哈巴（Lares de Guahaba），也在岛的西北部；圣胡安－德拉马瓜纳（San Juan de la Maguana），在印第安酋长卡奥纳沃的首府旧址附近；圣玛丽亚－德拉－维拉帕斯（Santa María de la Vera Paz）、比利亚努埃瓦－德亚奎莫（Villanueva de Yaquimao），这两座新城都在哈拉瓜附近；莱凯则位于岛的西部，是奥万多副官迭戈·贝拉斯克斯·德·奎利亚尔的司令部。

这些新城都配备了政务委员、法官、公证员，每座新城还有自己的盾徽，就像西班牙本土的城市一样。其中，康塞普西翁－德拉维加和布埃纳文图拉两座城镇内各建有两座铸造厂。和西班牙历史上的征服者一样，奥万多也想改变这些地方原有的传统。当年，西班牙从穆斯林手中夺回土地时，主要的目的就是建立新城——通常是在摩尔人既有城市的基础上建设。奥万多这样的西班牙征服者也会在土著村落的遗址上建立卡斯蒂利亚新城，从而把土著村落纳入行政体系，再把亲信安排到这些"合法"城市的政府中。和卡斯蒂利亚本土城市一样，这些新城的布局风格也类似橄榄球场，不过，新城与本土城市也有不同之处。新城的中心广场上往往建有市长宅邸、市政厅、教堂，甚至监狱。[11] 每座城镇都负责管理邻近的乡村，贵族可以耕种或使用（并非拥有）郊区的部分土地，也可以与家人住在靠近市中心的地方。此后不久，基于这样的模式，西班牙属美洲领地上建立起 11 座城镇。奥万多也得到治下所有城市的官员任命权。[12] 不过，这实际上有悖于他和阿隆索·贝莱斯·德·门多萨达成的协议，根据该协议，城镇居民有权选举镇长和其他官员。然而，当时奥万多是殖民地总督，一切都由他说了算。

渐渐地，圣多明各开始变得像个首府城市了。奥萨马西岸的新城也几近完工。1507 年，由意大利建筑师胡安·拉贝（Juan Rabé）设计的石筑城堡——欧曼那荷塔（Torre del Homenaje）终于建成。1508 年 8 月，一场飓风侵袭圣多明各，港口内停靠的跨洋航行船队折损过半，城内建筑也受损严重。总督奥万多决定，用石筑房屋代替稻草房顶的木质房屋。公证员兼政务委员胡安·莫斯克拉（Juan Mosquera）也写道："有了石筑房屋，这座城市才会显得庄严。"东部征服战的胜利缔造者埃斯基韦尔也说："对这座城市而言，石筑房屋是荣誉的象征。"[13] 于是，到了 1509 年，圣多明各已建立起至少四座私有石筑豪宅，分别属于巴斯克的弗朗西斯科·德·加拉伊、卡拉特拉瓦骑士团的阿隆索·德尔·维索修士、著名领航员巴托洛梅·罗尔丹，以及塞维利亚商人胡安·费尔南德斯·德·拉斯·巴拉斯（Juan Fernández de las Varas）。[14]

新城镇中的西班牙居民需要娱乐消遣，为满足这一需求，商家开始进口书籍和珠宝。据说，1505 年 1 月，百慕大的发现者阿隆索·努涅斯（Alonso Núñez）和胡安·贝穆德斯，用轻快帆船"圣玛丽亚－德拉安提瓜号"从桑卢卡尔运来"138 份报纸、50 本时祷书、34 部线装版冒险小说，还有 16 部拉丁文作品"。[15] 这些冒险小

　　　　　　　黄金之河：西班牙帝国的崛起，从哥伦布到麦哲伦

说中，想必也有那本著名的《高卢的阿玛迪斯》。

这部浪漫主义骑士小说，可谓 16 世纪早期文学史的巅峰之作，刚出版不久，就译成诸多欧洲主流语言版本，包括法语、德语、意大利语、英语、荷兰语、葡萄牙语和希伯来语等。这本书可能创作于 13 世纪末，15 世纪末由加尔西·罗德里格斯·德·蒙塔尔沃改写成当前版本，此人是卡斯蒂利亚著名商业城市——梅迪纳 – 德尔坎波的市政委员。约在 15 世纪 90 年代中期，《高卢的阿玛迪斯》首次出版，可惜，该小说现存的最早版本是 1508 年萨拉戈萨的科奇印刷厂的版本。[16] 不过，更早的版本无疑存在，我们有理由推断，1505 年运往圣多明各的小说中必然包括这一本。

无论在拥挤的小船上，还是在新世界初具规模的城市里，总会有人翻看《高卢的阿玛迪斯》。这本书讲述了英勇的骑士阿玛迪斯的故事。他是高卢国王的私生子，爱上了大不列颠国王利苏阿特的女儿奥利安娜（Oriana）。阿玛迪斯兼具七种美德，而且武艺高强。作为游侠骑士兼军队指挥官，他杀死了所有挑战他的敌人。阿玛迪斯忠于自己可爱的妻子，并和她生有一子，取名艾斯普兰迪安（Esplandián）。私生子的身份使他不受待见，因此，阿玛迪斯必须用实际行动证明自己。于是，他选择巡游世界（实际上是欧洲）。其间，他与人决斗过，救了很多人的性命，还杀死了许多怪物和邪恶骑士，最终占领了"魔法岛"。

书中写到不少花前月下、风花烟雨之事，笔法含蓄，却又引人入胜。后来，受宗教改革争端的影响，主角和爱人共度春宵的情节直到 19 世纪才再次出现在西班牙文学作品中。不过，对于骑士来说，比起沉醉于温柔乡，他们更希望血染沙场。

《高卢的阿玛迪斯》情节精彩，一直吸引着众多读者。毫无疑问，一些西班牙探险家旅行时，必定怀揣一本《高卢的阿玛迪斯》。他们深受主人公影响，有些人甚至觉得，自己也能像阿玛迪斯那样，不费吹灰之力杀死十万敌军。或许正因为如此，贝尔纳尔·迪亚斯有关征服墨西哥的著作中才会出现那么多夸张的数字。有些人可能读这本小说着了魔，就像塞万提斯笔下的堂吉诃德一样。不过，《堂吉诃德》这部杰作确实是向《高卢的阿玛迪斯》表达了敬意（塞万提斯书中的几句诗体格言，就是假托《高卢的阿玛迪斯》中的人物所作）。

葡萄牙人在巴西建立的一座城市，叫作奥林达，这也是《高卢的阿玛迪斯》中一位公主的名字。而"加利福尼亚"这个奇妙的名字，本意是"卡利菲亚女王（Queen Califia）的领土"，这个词取自《艾斯普兰迪安历险记》（*Las Sergas de Esplandián*）中一段关于亚马孙人的情节。这本《高卢的阿玛迪斯》的续作于 1510 年首次出版。西班牙在美洲最南端的领地巴塔哥尼亚（Patagonia）则得名于另外一部小说。同样得名于这部小说的，还有亚马孙河。小说中，勇敢的埃斯特雷梅菲奥·奥雷利亚纳亚发现，这条河岸上是亚马孙人的居住地，于是将此河命名为"亚马孙河"。[17]

《高卢的阿玛迪斯》大获成功，招来许多跟风抄袭的人。这本小说出版后不久，还有人为之编写了续集和衍生作品，比如 1511 年首次出版的《帕尔梅林·德奥利瓦》（*Palmerín de Oliva*），其作者可能是某个名叫弗朗西斯科·巴斯克斯的人。

16 世纪的读者着迷于这些仗义行侠的骑士传奇。我们不该忘记，正是这些读者，将读书变成一种娱乐活动。意大利杰出的年轻指挥官费尔南多·德·阿瓦洛斯（Fernando de Avalos）小时候读

黄金之河：西班牙帝国的崛起，从哥伦布到麦哲伦

过《高卢的阿玛迪斯》，他说自己深受阿玛迪斯光荣事迹的激励。[18]驻意大利的其他西班牙士兵也读过《高卢的阿玛迪斯》，并且获益良多。[19]第一部真正的美洲史——《王室西印度群岛纪事》（*The Royal Commentaries of the Indies*）的作者，加尔西拉索·德拉·维加年轻时也喜欢骑士小说。[20]跨大西洋长途航行的探险家，在船上有大把的时间阅读消遣，但沉迷于骑士小说的，却不仅仅是他们。比如说，阿维拉的圣女特蕾莎曾记述道，她从小就"养成了读这些书（骑士小说）的习惯。在我看来，夜以继日地阅读这种闲书并没有错，但我还是不敢让父亲知道此事。我沉迷其中，如果没有新小说可读，就会浑身不自在"[21]。圣依纳爵（St. Ignatius）也有过类似的经历：1521 年，潘普洛纳（Pamplona）围城时，他负了重伤，于是找人要了一本《高卢的阿玛迪斯》，供养伤时阅读。后来，他创立了天主教耶稣会，这本书或许影响了他的一生。他和首批追随者在蒙马特区圣玛丽教堂地下室集会的场景，与骑士结义的桥段颇为相似。

新世界的另一项娱乐活动则是饮酒。罗德里戈·德·巴斯蒂达斯 1501 年时就开始率队航海探险了，他来自特里亚纳，与其说是探险家，更不如说是商人。他往圣多明各倒卖葡萄酒（也许是受欢迎的卡尔萨达加强葡萄酒），赚了三倍的利润。[22] 1508 年，阿尔卡德·德·埃斯佩拉（Alcalde de Espera）告诉王室领航员迭戈·罗德里格斯，此前罗德里格斯委托他售卖的货物，已卖得 2 000 达克特，而这些货物的成本仅 600 达克特，也就是说，利润率超过了两倍。[23]

1505 年 5 月 20 日，奥万多给自己身在卡斯蒂利亚的兄弟迭戈写信说："上帝保佑，现在这座岛屿已如此宁静祥和，人们也心甘情愿地臣服于国王殿下……我应该可以回家了。"[24] 但过了数月，他仍未得偿所愿。

1505 年 9 月 18 日，伊斯帕尼奥拉可能存在铜矿的好消息传到斐迪南耳中，他当即从塞维利亚派出 3 艘轻快帆船，[25] 船上不仅载有采矿设备，还有 100 名非洲奴隶。[26]

起初，奥万多坚决反对使用黑奴劳工，因为在此之前，印第安奴隶中混杂的少数非洲奴隶曾制造了不少麻烦。不过后来他发现，在各项工作中，非洲奴隶都更加高效。伊斯帕尼奥拉的所有殖民者都注意到，非洲黑人虽为数不多，却比印第安人更加卖力，而印第安人总是想方设法偷懒。这 3 艘船起航前两天，斐迪南亲自告诉贸易总署的官员："总督写信告诉我，你们已经给他送去了 17 个黑奴，你们应该再多送去一些，应该派去 100 个黑奴，外加一个可靠的人。"[27]

如我们所见，在 16 世纪头几年，好多黑奴都被运到新大陆去了。此前，黑奴一直是三三两两被运过去，从未一次运送上百人。因此，1507 年标志着西印度群岛、非洲、欧洲和人类历史已进入了新时期。[28]

当时，伊斯帕尼奥拉的土地已被征服者瓜分完毕，发掘黄金的重要任务正稳步推进。当时的掘金者赚得盆满钵满：仅 1505 年，西班牙王室就收到 2 200 多万马拉维第的税款，由此看来，总利润即将数以亿计了。[29] 从 1503 年到 1510 年，黄金总产量将近 500 万克，这让国王心满意足。[30] 那些年，奥万多还自掏腰包，把牛引进到殖民地，并确保它们能顺利繁殖。[31] 到 1507 年，他写信告诉国王，说没必要再运来母马了，岛上的马匹已经足够征服附近岛屿。[32] 奥万多还委托经验丰富的领航员安德烈斯·德·莫拉莱斯（Andrés de

Morales）绘制了安的列斯群岛海岸的地图。很快，这张地图就被誉为最准确、最好用的地图。后来，安德烈斯·德·莫拉莱斯又绘制了西印度群岛的洋流图，这张图也条理清晰，一目了然。

　　然而，后来奥万多也受到一些指摘。有人觉得，在处理克里斯托瓦尔·罗德里格斯（Cristóbal Rodríguez）一事上，奥万多有失公正。罗德里格斯为了学习泰诺语，好几年都没有和西班牙人说过话。此前，应哥伦布的要求，罗德里格斯曾去和罗尔丹谈判。之后，罗德里格斯又代表海军上将，前往圣多明各港口查看博瓦迪利亚的船队。1505 年，在康塞普西翁的一场婚礼上，他给西班牙人胡安·加尔塞斯（Juan Garcés）和印第安人充当了一回翻译。这件事没有经过奥万多许可，于是，奥万多以此为由，对罗德里格斯处以 10 万马拉维第的罚款，还把他遣送回西班牙。不过，国王见到罗德里格斯后，十分欣赏他，认为他对殖民地十分重要。然后，他又被国王派遣回来，奉命为印第安人制定宪法。回来时，他不仅骑着一匹马，还带了一匹母马，这让奥万多十分不快。当时，罗德里格斯还质问奥万多，最新的印第安奴隶分配政策到底有什么好处。[33]

　　更糟糕的是，奥万多与塞维利亚的塔皮亚兄弟发生了争执。克里斯托瓦尔·德·塔皮亚背后有丰塞卡主教撑腰（他是丰塞卡的远房亲戚）。于是，身在圣多明各的克里斯托瓦尔向国王报告说，奥万多"没有遵从殿下信中的指示将印第安奴隶分配给指定的人"[34]。然而，总督十分优待那些埃斯特雷马杜拉同乡，甚至给厨师的助手分配了许多印第安奴隶。后来，奥万多让自己的表弟迭戈·德·卡塞雷斯取代了克里斯托瓦尔·德·塔皮亚，管理奥萨玛西岸事务。由此看来，奥万多确实偏袒埃斯特雷马杜拉同乡，尤其偏袒布罗萨、盖罗比拉和瑟维拉诺三大家族的人。1506 年 10 月,寂寂无名的梅德林青年埃尔南·科尔特斯刚刚来到伊斯帕尼奥拉,就当上了阿苏阿新城的公证人,就因为他是奥万多的表亲。[35]

塔皮亚兄弟的指控得到米格尔·帕萨蒙特(Miguel Pasamonte)的支持。帕萨蒙特是阿拉贡人,来自阿里萨附近的胡德斯山,是个犹太改宗者。1508 年,他出任王室司库,从此代表丰塞卡在西印度群岛活动。[36] 他在伊斯帕尼奥拉享有特权,手下管理着许多印第安奴隶,还在这里经商赚钱。

国王对西印度的兴趣与日俱增,他决定牢牢掌握新大陆主教的任命权。这是一个重要的转变,别国君主从未像他这样管控高级圣职事务。不过,斐迪南做此决定三年后,才真正任命了第一位教士。当时,圣多明各已有三座修道院破土开工,其中圣方济各修道院几近落成。当时,殖民地还没有石筑教堂,但布埃纳文图拉和康塞普西翁两地都有石筑医院,圣多明各的圣尼古拉(St. Nicolas)也建起一座石筑临时医院。由此看来,君主希望更多地借助宗教权威来统治印第安人和殖民者。

到了 1508 年夏天,克里斯托瓦尔·德·塔皮亚认为,弹劾奥万多的证据已经足够,他回到西班牙,让丰塞卡提案罢免奥万多。丰塞卡提议,让克里斯托瓦尔的兄弟,弗朗西斯科·德·塔皮亚(Francisco de Tapia)接任总督之职。于是,弗朗西斯科兴致勃勃地回到圣多明各,收集弹劾奥万多的更多证据。有谣言说,克里斯托瓦尔正在策动殖民者发起叛乱。接着,奥万多截获了一封克里斯托瓦尔寄给斐迪南的信,这坐实了谣言。奥万多把塔皮亚关进监狱,没收了他手下的印第安奴隶。丰塞卡命令奥万多放了塔皮亚。孔基

　黄金之河:西班牙帝国的崛起,从哥伦布到麦哲伦

洛斯听说奥万多截获了塔皮亚的信，赶去王庭斡旋，几番劝说诱导之下，国王慷慨陈词："所有人都有通信自由，我们要收集所有信息，综合判断。一旦真相大白，当即解决此事。"[37] 这似乎是王室支持言论自由的大动作，然而，国王的此番话语并未落实为法令。

1508 年，斐迪南国王与新婚妻子杰曼一同动身前往塞维利亚，决定换掉奥万多。作为胡安·贝拉斯克斯·德·奎利亚尔家庭的一员，当时年轻的圣依纳爵在卡斯蒂利亚的阿雷瓦洛学习处世之道和骑士精神。1508 年 8 月 9 日，也是在阿雷瓦洛，斐迪南解释说，他已经要求迭戈·哥伦布继承其父的海军上将之职，前往西印度群岛居住，并出任西印度总督，掌管西印度群岛。[38] 1508 年 10 月 29 日，斐迪南在塞维利亚正式任命迭戈为总督，任免令要求新大陆的所有官员宣誓效忠迭戈，并接纳他为"诸岛屿及陆地的行政司法官兼总督"。[39] 由此，迭戈的世袭海军上将头衔得到确认，但国王并没有称他为殖民地副王，他的称号是"西印度海军上将"而非"海洋上将"。任免令出了什么错漏吗？[40] 当然不是。丰塞卡和孔基洛斯可不会犯这样的错误，他们是有意限制哥伦布的权力。

此番任免的缘由不言自明。很多人都在弹劾奥万多，斐迪南也不敢无视王庭众臣的意见，觉得该让奥万多卸甲还乡了。毕竟，自 1501 年以来，奥万多一直担任总督，在任已届 7 年。迭戈·哥伦布是已故胡安亲王的同伴，又是已故伊莎贝拉女王的宫廷成员，斐迪南常在宫廷见到他，因而对他倍感亲切。而且，丰塞卡也支持迭戈当总督。更重要的是，迭戈·哥伦布刚刚与里昂公爵费尔南多·德·托莱多的女儿、阿尔瓦公爵的侄女玛丽亚·德·托莱多（María de Toledo）成婚。近年来，阿尔瓦公爵提出的请求，总能立即获得国王批准。毕竟，此前在斐迪南危难之时，阿尔瓦公爵曾鼎力相助，日后，他的支持也仍然不可或缺。

1509 年 5 月 3 日，斐迪南命迭戈·哥伦布启程赴任，同时也批准了奥万多的请求，让他返回西班牙。这让奥万多颇感意外，因为此前他一直想返回西班牙，却求而不得。

奥万多离开伊斯帕尼奥拉岛，心中惴惴不安。此前，作为殖民地总督，他大权独揽、说一不二，卸任后他的生存没有了任何权利保障。如今，原住民政府已不复存在，国仇家恨之下，印第安人郁郁终日，人口开始锐减。奥万多在任期间，没人关注此事，后来，这成为当地的沉疴宿疾。

第十九章

"他们跃上陆地"

他们非常愉快和满足地跃上陆地，来到印第安酋长身边，与酋长促膝长谈，直到太阳落山。

——1532 年，弗朗西斯科·罗德里格斯
为胡安·冈萨雷斯·庞塞·德·莱昂作证时说

1505 年 4 月 24 日，伊莎贝拉去世几个月后，斐迪南国王在托罗同意将哥伦布的老朋友、帕洛斯人比森特·亚涅斯·平松任命为圣胡安岛的市长和首领。不久后，波多黎各就会变得广为人知，印第安人把这座岛称作"博里基恩"，它就在伊斯帕尼奥拉隔壁。1492 年之前，伊斯帕尼奥拉西部的泰诺人时常横渡两岛之间深而狭窄的海峡，往返博里基恩。[1] 有人认为，如果有兴趣前往那里定居的卡斯蒂利亚人足够多，那里就有可能成为新的殖民地。这个岛屿长约 150 英里，宽约 75 英里。和伊斯帕尼奥拉的规矩一样，岛上的土地将会分配给新来的殖民者，相应地，殖民者必须承诺至少居留五年。亚涅斯将在岛上建造堡垒，并成为总督。[2]

比森特·亚涅斯来到岛上，可能是在南岸登陆。他建起一座寨

子，喂养了一些牲畜。除此之外，他尚未策划出什么长久之计。他甚至没有注意到岛中央的山脉，这并非加勒比地区的常见景观。目前，还没什么人希望在这里定居。伊斯帕尼奥拉面积虽小，但给人的感觉很大。亚涅斯是一位伟大的水手，却是个不称职的殖民地管理人，这一点和哥伦布很相似。他也像哥伦布那样，醉心于占领土地。对于探险家而言，土地永远有莫名的吸引力。而且，问题的关键在于，伊斯帕尼奥拉并非一块单纯的殖民地，未来它将成为殖民扩张的中心。

博里基恩一直无事发生，直到 1508 年 8 月 12 日。当天，胡安·庞塞·德·莱昂从伊斯帕尼奥拉东部的伊圭出发，此前，德·莱昂参与征服了伊圭，后来一直居住在那里。不久，他抵达波多黎各西南部，在美丽的瓜尼卡湾登岸。跟随他一同登岸的，还有 42 名殖民者和 8 名水手。[3]

如前文所述，胡安·庞塞·德·莱昂是阿科斯伯爵罗德里戈·庞塞·德·莱昂的表弟，而且胡安的父母都姓庞塞·德·莱昂。[4] 他曾在格拉纳达与摩尔人作战，也在王庭做过侍从骑士。1494 年，他自愿追随巴尔托洛梅奥·哥伦布来到伊斯帕尼奥拉，1493 年哥伦布第二次航行时，他可能是最乐观的移民之一。[5] 他也是丰塞卡主教的好友。他帮助塞维利亚同胞斯奇韦尔征服了伊圭。后来，他在伊圭定居，获得了一块领地的监护征赋权，并向来往西班牙的船只出售木薯面包以获利。当年他经营面包生意的房子，时至今日似乎仍留存在岛上，成为纪念他本人的标志。[6] 庞塞·德·莱昂拥有（与阿方索·萨米恩托共有）一艘船："圣玛丽亚-德蕾格拉号"（*Santa María de Regla*）。[7] 他说服奥万多，得到了征服波多黎各的官方许可。

我们无从得知庞塞的性格。拉斯·卡萨斯只是说他"非常聪明，身经百战"。[8]奥维多的评价则更为慷慨，说他"英勇、精明，热衷于和战争有关的一切""是个优雅而高尚的绅士"。[9]哈佛大学的英才、航海史学家塞缪尔·艾略特·莫里森（Samuel Eliot Morison）说过，庞塞是位典型的安达卢西亚人，但并未给出如此评价的依据。[10]就其所作所为而言，显然，庞塞为人坚毅，顽强且勇敢，不过有些缺乏想象力。

随行的征服者包括他自己的儿子，胡安·冈萨雷斯·庞塞·德·莱昂（他显然会说泰诺语），担任船队的翻译。还有另外几位船长，如米格尔·德·托罗（Miguel de Toro），这些船长曾在伊斯帕尼奥拉与哥伦布和巴斯克人马丁·德·雅萨加（Martín de Ysasaga）以及庞塞·德·莱昂家族的几位塞维利亚仆从共事。庞塞·德·莱昂的探险队中还有一位探险家胡安·加里多（Juan Garrido），这是一个风趣的非裔自由民，拥有葡萄牙血统。[11]国王任命庞塞为该岛的临时总督，并且授予他"行省总督"这一旧头衔，哥伦布曾把同样的头衔授予他的兄弟巴尔托洛梅奥。这一头衔的持有者同时拥有政治和军事职权，如此看来，行省总督头衔附带的一大串其他责任和权力倒相形见绌了。[12]

除了征服之外，他们的入侵似乎并没什么正当理由。或许奥万多认为，必须阻止加勒比人，防范他们把伊斯帕尼奥拉周边的岛屿当作潜在据点。当然，奥万多也希望向印第安人传教。不过，胡安·庞塞·德·莱昂一直希望割据一块自己的殖民地，这一野心可能也是入侵的导火索。也许，奥万多希望看到这位探险家在其他岛上建立起殖民地。从协议条款来看，庞塞·德·莱昂甚至想建立一个脱离西班牙主权的独立公国。

庞塞·德·莱昂的儿子胡安·冈萨雷斯详尽记录了征服波多黎各的始末。[13] 记载显示，从一开始，他父亲的探险就是为了"征服和殖民"这块岛屿。在瓜尼卡登陆后，探险队再次登船，前往岛的最西端阿瓜迪亚。那里有条河，当地土著称之为瓜拉博河——1493 年哥伦布第二次航行时曾在这里停靠，当时，庞塞·德·莱昂多半也在场。在那里，胡安·冈萨雷斯与一些配备弓箭的印第安人尝试进行交流，显然他取得了成功，并把两名印第安人带回船队去见他父亲。他父亲给这两名印第安人送了些梳子、衬衫、珠子和镜子作为礼物。（庞塞·德·莱昂家族的仆从安德烈斯·洛佩斯后来说，这些礼物中还包括钻石，但这似乎不太可能。当时，他可能根本不认识钻石。）第二天，胡安·冈萨雷斯回到阿瓜迪亚，他父亲和多数随从都陪同前往。目击者弗朗西斯科·罗德里格斯（Francisco Rodríguez）回忆称，一行人都"非常愉快和满足地跃上陆地"，胡安·冈萨雷斯和他们一起"来到印第安酋长身边，与酋长促膝长谈，直到太阳落山，他们告辞酋长，返回船上。许多印第安人送他们回到船边。胡安·冈萨雷斯告诉父亲，他与许多酋长和领主相谈甚欢，这些印第安人欢迎西班牙人的到来"。

这里是印第安酋长阿圭巴纳的领土，他给所有西班牙人留下了深刻印象。西班牙人认为，这位酋长"温和且善良"。他欢迎了庞塞一行人，与他们彼此自报姓名，而且就领土事项达成了共识。[14] 他甚至透露了哪里可以找到黄金。安德烈斯·洛佩斯称，印第安人用黄金"制作耳环和鼻环"。[15]

随后，翻译胡安·冈萨雷斯和 20 名西班牙人沿海岸航行，寻找适宜的港口，向东航行 100 英里后，他们发现了后来的圣胡安湾。在圣胡安湾，印第安人帮他们卸下行李辎重。接着，在附近的几条溪流中，他们发现了黄金。然而，随后他们却遭到印第安人的袭击。

据历史学家奥维多记述，岛上的原住民以为白人是不死之身，于是几个印第安人邀请了某个名叫萨尔塞多的西班牙人，要他骑马跟他们一起去个好地方，然后，这些印第安人抓住他，把他扔到水中，并按在水下。印第安人发现，这个西班牙人很快就死了，三天后，他的尸体开始发臭。这说明印第安人此前的情报有误。于是，他们醒悟过来，准备与西班牙人开战了。[16]

胡安·冈萨雷斯·庞塞·德·莱昂把皮肤涂上颜色，染了头发，成功地伪装成原住民。据他自己所说，他窃听了印第安人的计划。他一路向东，经过库莱布拉岛和别克斯岛，到达美丽的维尔京群岛（这片群岛由哥伦布命名），抓捕了一些加勒比人。后来，他把这些加勒比人当作奴隶，带回圣多明各。他报告称听到消息，说印第安人打算杀死所有西班牙人。[17]

很快，印第安人摧毁了阿瓜迪亚的西班牙殖民点，杀死那里的多数殖民者。胡安·冈萨雷斯身中 36 箭，侥幸逃脱。这标志着两股势力开始全面敌对。西班牙人不会容忍这种暴力反抗，血腥的战争就此开始。

大约一年以来，小规模的冲突和游击战不断。其间，老练的胡安·冈萨雷斯通过变装等方式，屡次进出敌人的控制区，当然，这都是他自己说的。新定居点在西南部的圣赫尔曼（San Germán）建成，以斐迪南的新王后——杰曼·德·富瓦命名。胡安·冈萨雷斯让父亲亲自出马，把约 17 名印第安酋长押送到圣多明各。印第安人的抵抗似乎就此结束了。庞塞·德·莱昂的据点就在圣胡安附近的卡帕拉，时至今日，卡帕拉还保留着当年的名字，在那里，西班牙帝国早期的地砖还依稀可辨，这些地砖是从特里亚纳运来的。这座港口就在瓜达尔基维尔河畔，与塞维利亚隔河相望。

接下来的王室公告确认了庞塞·德·莱昂在岛上的地位，不过，王室禁止他在矿场使用印第安劳力。他在圣胡安附近的托亚（Toa）建起庄园，从事大规模种植业。[18]

接着，迭戈·哥伦布来到圣多明各上任，改变了圣胡安的局面。伊斯帕尼奥拉的新任总督显然不知道庞塞·德·莱昂已被国王任命为波多黎各总督（也许是假装不知道），他想安排自己的手下管理波多黎各。于是，新任海军上将任命自己的朋友朱利奥·塞昂为波多黎各总督，还任命米格尔·迪亚斯·德·奥克斯为首席行政司法官。这位德·奥克斯是迭戈父亲的老朋友，也是西印度为数不多的阿拉贡人。

塞昂来到波多黎各，驱逐了庞塞·德·莱昂，甚至把他从托亚庄园中赶了出去。然而，庞塞早已将自己的委任状传遍该岛，在随后的骚乱中，他俘虏了塞昂和迪亚斯·德·奥克斯，指控他们犯有"越权行为"。庞塞·德·莱昂给他们戴上锁链，送上回西班牙的船。那艘船的船长是德·莱昂的朋友，名叫胡安·博诺·德·克赫霍，是个巴斯克人。庞塞·德·莱昂精于政治算计，他将迭戈·哥伦布的另一位朋友克里斯托瓦尔·德·索托马约尔（Cristóbal de Sotomayor）任命为自己（辖区）的首席行政司法官。这位索托马约尔是个贵族，有葡萄牙血统（他兄弟是卡米尼亚伯爵，还有个亲戚是葡萄牙圣多美殖民地的首任总督，名叫阿尔瓦罗·德卡米尼亚），

　　　　　黄金之河：西班牙帝国的崛起，从哥伦布到麦哲伦

曾是已故腓力国王的大臣，这次接受任命，成为庞塞·德·莱昂的得力助手。1509 年 5 月，他率领自己的船队来到西印度群岛。

庞塞·德·莱昂想尽各种办法，在新殖民地树立权威。他允许黄金商人赫罗尼莫·德·布鲁塞尔从岛外引进印第安人，这位黄金商应该来自佛兰德斯，背后有孔基洛斯做靠山。索托马约尔也获得了类似许可。[19] 不过，向这块殖民地输送最多印第安人的，要数特里亚纳改宗者罗德里戈·德·巴斯蒂达斯。巴斯蒂达斯正从事珍珠贸易，已经在圣多明各站稳脚跟，正逐渐积累起巨额财富。[20] 然后，庞塞·德·莱昂采取各种手段，想要完全征服这座岛屿。[21]

然而，面对西班牙人的侵扰和反复，波多黎各的土著印第安人开始反抗。1511 年年初，之前一度温和善良的阿圭巴纳酋长组织了一场起义，据说反抗军足有 3 000 人。反抗军中显然有一些来自圣克鲁斯的加勒比人，此前，索托马约尔在小安的列斯群岛杀戮扫荡了一番，这些加勒比人应该就是那时被抓到波多黎各的。反抗军烧毁索托马约尔的庄园，杀死了索托马约尔和他的侄子迭戈。于是，庞塞派遣科鲁尼亚的胡安·希尔（Juan Gil）船长进行了残酷的"平定"活动。

西班牙人与当地印第安人、加勒比人之所以发生战争，主要是因为殖民者在小安的列斯群岛疯狂抓捕奴隶，波多黎各人因而兔死狐悲，物伤其类。[22]

与此同时，位于卡斯蒂利亚的王国枢密院决定，支持塞昂出任总督，迪亚斯·德·奥克斯出任首席行政司法官，庞塞·德·莱昂被晾到一边。后来，罗德里戈·德·莫斯科索（Rodrigo de Moscoso）取代德·莱昂出任副总督，接着，另一位贵族克里斯托瓦尔·德·门多萨继任成为副总督。奥维多曾高度评价这位门多萨，说他"出身高贵、心地善良，可以轻松胜任这一职位，且未来可堪重任"。[23] 然而，门多萨很快就辞职了，塞维利亚的佩德罗·莫雷诺继而出任。终于，莫雷诺真正平息了岛上的动乱。印第安人被吓倒了，他们的领袖要么已经战死，要么已被奴役。1512年，贝拉斯克斯大家族的成员桑乔·贝拉斯克斯来到此地，在完成例行的司法审查之后，就任最高法官（supreme magistrate）。

两年后，庞塞·德·莱昂从佛罗里达一带探险归来，再次被正式任命为波多黎各副总督——不过他的实权等同于总督。[24] 弗朗西斯科·利扎尔被任命为圣胡安的首席会计，他雄心勃勃，老谋深算，曾是奥万多的门徒。

1515年年底，圣胡安仅剩胡马科和达瓜奥两位酋长尚在人世，他们再次起义，反抗西班牙人，起因是伊尼戈·德·苏尼加（Íñigo de Zuniga）试图征用10名印第安人来帮他对付加勒比人。迄今为止，这是加勒比地区最激烈的一场印第安人剿灭战。在此次战役中，总督的大红狗贝塞里奥冲锋在前，勇猛无比，这只狗甚至获得了等同于弩手的军饷。到1516年年底，西班牙人已经完全控制了这座美丽的波多黎各岛（曾经的博里基恩）。[25]

1494年5月，哥伦布发现牙买加，环岛航行了将近一圈。1503—1504年，哥伦布在牙买加的圣安斯贝度过了一段艰难时日。1508年，国王批准阿隆索·德·奥赫达和迭戈·德尼古萨将牙买加作为基地，这让迭戈·哥伦布大为光火，他与那两位冒险家关系并不好。迭戈·哥伦布认为，牙买加是父亲发现的，因此应该属于他。故去的海军上将不是说过，牙买加是"他见过的西印度群岛中最美的岛屿"吗？²⁶（当然，他也说过古巴是最美的岛屿。）这段记忆让迭戈·哥伦布决定，一定要让自己的手下征服牙买加。于是，他把这项任务托付给胡安·德·埃斯基韦尔。[27]

在史书上，埃斯基韦尔比庞塞·德·莱昂更加寂寂无名。我们不太了解他，对他的生平也知之甚少。正如前文所说，他是个塞维利亚改宗者，他们家族是 14 世纪后期改信基督教的。他大约参加了哥伦布的第二次航行，就此来到新世界。此前，他曾负责征服伊斯帕尼奥拉东部，那时庞塞·德·莱昂还是他的副官。

埃斯基韦尔在牙买加的副手，潘菲洛·德·纳瓦埃斯（Pánfilo de Narváez）是个有趣的人物。他来自旧卡斯蒂利亚，出生在库埃利亚尔和塞戈维亚之间的纳瓦尔曼萨诺村（Navalmanzano）。他似乎是跟随 1498 年某支小型探险队来到新世界的，也许就是佩德罗·贝拉隆索·尼诺那支。据贝尔纳尔·迪亚斯记述，他身材高大，头发金黄，胡须几近红色，举止高贵，不怒自威；他有时很明智，但总是不够谨慎，声音低沉，非常健谈；他战斗时很勇猛，但经常莽撞疏忽。后来征服古巴时，他遭遇过一场骚乱，最终化险为夷，这说明他遇事还能保持冷静。[28]

王室没有再发来明确指令，于是，按照迭戈·哥伦布的要求，埃斯基韦尔和纳瓦埃斯在牙买加北部建立起殖民点，取名新塞维利亚。这个殖民点就在荣耀湾附近，1503 年时，哥伦布的船只曾在这里失事。

对于征服牙买加一事，两位记述者的说法大相径庭。拉斯·卡萨斯写道，征服者故伎重施，编造拙劣的口实，残酷对待印第安人。征服者很快就把印第安人安排到各处的土地上，强迫他们为其他岛屿种植木薯、玉米和棉花。[29] 然而，奥维多则认为，埃斯基韦尔表现出"骑士风度"，他软硬兼施，把西班牙国旗插遍这座岛屿。当然，其间他动用了武力，但他也曾好言相劝，避免了无谓的流血牺牲。[30]

1510 年，国王斐迪南被告知，让其他岛屿的西班牙人捕获牙买加岛上的印第安人是不明智的，因为与巴哈马（卢卡斯）不同，它不是一个"无用的岛屿"，它相对较大，因此具有农业前景。[31]

征服全岛后，埃斯基韦尔又在岛上待了三年，一直待到王室和迭戈·哥伦布都不再信任他了。很快，两名士绅接替了他的职务，两人都是迭戈·哥伦布的亲信，其中一人是佩雷亚船长（Captain Perea），另一人是布尔戈斯人卡马戈船长（Captain Camargo）。不过，他们的任期都十分短暂，因为富有的圣多明各治安官弗朗西斯科·德·加拉伊看中了这个职位。这个加拉伊雄心勃勃，颇有才干，娶了迭戈·哥伦布的姨母，也就是老哥伦布的葡萄牙妻子费莉帕的妹妹安娜·穆尼斯·德·佩雷斯特罗（Ana Muñiz de Perestrelo）。和埃斯基韦尔一样，他也多半是 1493 年哥伦布第二次航行时来到新大陆的。他淘到不少金子，在圣多明各建起第一座私人石筑房子，因此而闻名。这次，他回到西班牙，成功地说服国王任命他为牙买加总督。加拉伊是巴斯克人，此前，他曾试图在瓜德罗普岛建立殖民点，但没有成功。就任总督后，他在牙买加建立起另外两处定居点，并将其命名为梅利利亚和奥里斯坦（Melilla and Oristán）。后来，他带来了牛、猪和马，其中不少牲畜逃出兽栏，成了野生动物。彼得·马特尔听信道听途说，把牙买加描述成伊甸园。然而不久后，他就接到一项荒谬的任命——他被派到圣安斯贝附近的"新塞维利亚"，就任修道院院长。[32]

与此同时，胡安·庞塞·德·莱昂从旧世界再度归来，试图夺取瓜德罗普岛。这是小安的列斯群岛中最大的一座岛屿，是1493年老哥伦布取的名字。但这次庞塞·德·莱昂经受了严峻的考验。彼得·马特尔记述道：

> （加勒比人）一看到西班牙船只，就藏到隐蔽处，打算监视登陆的人。庞塞派几名女性上岸，去洗涤衬衫和亚麻布，几名步兵也一起去取淡水，他们自从离开加那利群岛的耶罗岛后，再没有靠岸过……食人族（原文如此）突然袭击并俘虏了这些妇女，冲散了这些步兵，不过也有几个人设法逃脱了。庞塞没有冒险攻击加勒比人，他怕这些野蛮的食人族装备有致命的毒箭。杰出的庞塞曾吹嘘说，他只在安全距离之外消灭加勒比人，因此，他只好扔下这些洗衣妇，撤退以暂避这些原住民……[33]

葡萄牙黑人老兵胡安·加里多也在远征队伍中，此前，他随庞塞·德·莱昂去过波多黎各、佛罗里达和古巴。[34] 而那些被俘虏的洗衣妇很可能都是加那利岛民。

不过，这些新一代的征服者和探险家关注的已经不仅局限于西印度群岛了。人们开始意识到，这里有一块神秘的新大陆，与哥伦布口中的印度或亚洲完全不同。于是，1505年，胡安·德拉·科萨率领四艘帆船出海，探索南美洲北海岸，佩德罗·德·莱德斯马也以治安官的身份随行。1499年时，科萨曾与奥赫达和韦斯普奇一起去过南美大陆。科萨已经是第四次穿越大西洋了。1499年以前，他就随哥伦布两次横渡过大西洋。[35] 莱德斯马则是个金融家，和塞维利亚人马丁·德·洛斯·雷耶斯（Martín de los Reyes）是同行。

探险队在加那利群岛稍作停留——这已成为跨洋航行的固定路线——随后前往瓜德罗普岛，并在珍珠群岛中的玛格丽塔岛登陆。在那里，他们一如往常，给各种各样的印第安人送上珠子和镜子作为礼物，并交换到鹦鹉、胭脂、珍珠和一种新的奢侈品——土豆，然而，人们并没有立即发现其潜在价值。接着，他们乘船前往附近的库瓦瓜岛，这里地处库马纳湾，他们没找到多少珍珠，却找到许多巴西木。他们抓捕了一些印第安人作为奴隶，然后继续航行，来到后来的卡塔赫纳，这里有一片广阔的海湾，他们在海湾中惊奇地遇到另外四艘船，那是特里亚纳人路易斯·格拉率领的船队。路易斯的哥哥，一位名叫克里斯托瓦尔的商人，刚刚被印第安人杀死，路易斯正渴望返乡。去年，路易斯的探险队一直在珍珠海岸航行。科萨把自己三分之二的巴西木和抓来的一半奴隶交给路易斯·格拉，托他运回西班牙。[36]

科萨和莱德斯马继续航行，来到危险的乌拉巴湾，时至今日，那里已经成为哥伦比亚和巴拿马之间的航道枢纽。有个热情的印第安人把他们领到一处废弃的小镇，那里的部落已经迁走，却在篮子里留下一些金块和六个金质面具。

回到卡塔赫纳后，他们发现路易斯·格拉的一艘船触礁了，那艘船的船长姓蒙罗伊。毫无疑问，这位船长来自埃斯特雷马杜拉，属于某个不知名家族的私生子支系。路易斯·格拉早已率领其他船只驶向西班牙了。科萨一行人想去救助蒙罗伊，然而，他们很快也自身难保，科萨自己的船也搁浅了。于是，指挥官下令，将所有可以保存的东西带到岸上，建立起一处临时定居点，容纳约200名卡斯蒂利亚人。他们艰难求生，但即便在这种艰苦条件下，他们也没忘记寻找黄金。正如奥维多所言："黄金不能吃，却能给人带来快乐和安息的希望。"[37]

然而，尽管这处定居点最终发展成哥伦比亚，这些意外流落至此的第一批西班牙定居者面临着严重的食物短缺，饥荒月复一月，一直没能缓和。最后，胡安·德拉·科萨和胡安·德·莱德斯马率领所有人，乘着仅剩的两艘双桅帆船向东航行，马丁·德·洛斯·雷耶斯则驾驶着小舟，载着病患们跟在两艘大船后面。离开乌拉巴湾之前，西班牙人把重型设备埋到地下，其中有锚、长矛、几门火炮和几张弩。他们相信，他们自己或其他西班牙人还会回来。

他们逆风航行，速度缓慢。人们士气低落，食物仍然短缺，不少人都死了。奥维多告诉我们，有三个西班牙人抓住并杀死一个印第安人，然后吃掉了他。科萨谴责了他们，但没有惩罚他们。[38]之后风向变动，吹散了这个小船队。那只小舟被吹到古巴，两艘双桅帆船则来到牙买加海岸，那大概是今天金斯敦附近的南海岸。科萨任命胡安·德·克塞多（Juan de Quecedo）为船长，安德烈斯·德·莫拉莱斯为领航员，驾驶其中一艘船载着病患去了圣多明各，留下25名健康或身体欠佳的西班牙人在牙买加等待救援，但意外仍然频频发生。比如，为了恐吓步步相逼的印第安人，科萨临走前同意西班牙人烧毁原住民小镇的一座房子，但风助火势，不断蔓延，最终又烧到他们自己的定居点。

第二十章

"将此地称作'亚美利哥'"

> 欧洲和亚洲都取自女性的名字，既然这位睿智的男性发现
> 了这块新大陆，我们何不借用他的名字，将此地称作"亚美利
> 哥"或"亚美利加"？

——制图师马丁·瓦尔德泽米勒，1508 年

鉴于西班牙突然拥有了无限广阔的土地，1508 年，王庭在布尔
戈斯主教宫召开会议，讨论如何充分利用这些土地。斐迪南国王、
丰塞卡主教都出席了，还有几位知名的航海探险家，包括：经验丰
富的胡安·德拉·科萨；莱佩的胡安·迪亚斯·德·索利斯（他
为葡萄牙效力时，曾经向东航海探索过）；帕洛斯的比森特·亚涅
斯·平松，他亲历过哥伦布的探险，硬朗地活到现在；以及常居塞
维利亚的佛罗伦萨人阿梅里戈·韦斯普奇。

韦斯普奇上次在西班牙王庭露面，还是 1501 年。那以后他就
踏上了漫漫旅途。1502 年，他为葡萄牙国王曼努埃尔效力，去了一
趟巴西。下文将会简要讲述一下他的生平和家世，毕竟，此人的教
名已经成为众所周知的地名。

韦斯普奇出身佛罗伦萨名门，他们家族在城外的佩雷托拉有座大庄园，如今，那个地方已经被国际机场占用。他们家族从事丝绸贸易起家，赚了不少钱。韦斯普奇家族还在佛罗伦萨建了座豪宅，位于佛罗伦萨西北，靠近圣露琪亚区的普拉托门（当时称为卡纳门）。几代以来，韦斯普奇家族都有人身居佛罗伦萨政府要职。例如，15世纪中期，另一位阿梅里戈·韦斯普奇曾出任领主幕僚，后来他的儿子纳斯塔吉奥（Nastagio）接任了同一职务。

　　1472年，纳斯塔吉奥委托年轻的多梅尼科·吉兰达约画了一幅画像，题献给葡萄牙的圣伊丽莎白。据艺术史学家瓦萨里（Vasari）记述，这是吉兰达约接到的首件委托。画面中央是慈悲圣母，围绕着圣母的供奉者都是韦斯普奇家族成员。这幅画完成后放在韦斯普奇礼拜堂，后来那里成为圣萨尔瓦多诸圣教堂。画上有纳斯塔吉奥的兄弟乔治神父，他被誉为"佛罗伦萨的虔诚与诚实之镜"。他是个书籍收藏家、学者和人文主义者。画上还有纳斯塔吉奥的几个儿子：安东尼奥，他继承了家族官职，成为领主幕僚；公证人吉罗拉莫；日后成为羊毛商的贝尔纳多；画面最前方就是阿梅里戈·韦斯普奇，他的神态就像自画像中的画家一样。阿梅里戈继承了祖父的名字，当时只有18岁。阿梅里戈在叔叔乔治的指导下学习，听叔叔讲过托勒密和亚里士多德的理论，后来阿梅里戈可能认识了托斯卡内利。这位托斯卡内利是佛罗伦萨的一位地理学家和商人，与葡萄牙国王和哥伦布往来密切。

　　韦斯普奇家也有几个人投身航海事业：阿梅里戈的堂兄贝尔纳多曾做过佛罗伦萨某桨帆船的船长；堂兄皮耶罗（Piero）当过佛罗伦萨某舰队的指挥官，曾与北非海盗作战；堂兄马尔科（Marco）则娶了美女西莫内塔（Simonetta），她是朱利亚诺·德·美第奇的心上人，波提切利名画《维纳斯的诞生》和《春》中，维纳斯的形象多半就是以西莫内塔为原型的。

年轻时，阿梅里戈在巴黎开启了职业生涯，担任堂兄圭丹托尼奥·韦斯普奇（Guidantonio Vespucci）的私人秘书。当时，圭丹托尼奥是佛罗伦萨驻法国大使，后来又出使罗马和米兰。接着，圭丹托尼奥当上了佛罗伦萨的首席行政司法官或行政长官（gonfaloniere）。阿梅里戈则开始为梅迪西家族的年轻支系工作，当时这一支系的领袖是年轻的洛伦索·迪·皮尔弗朗西斯科·德·美第奇及其兄弟乔瓦尼。为了办差，阿梅里戈奔走于意大利各地区，并多次造访西班牙。到了1492年秋，他开始定居塞维利亚，那时，哥伦布刚刚开始第一次航行。[1]

接下来的几年，阿梅里戈开始和"密友"胡安诺托·贝拉尔迪共事，这位贝拉尔迪从1489年开始就和梅迪西家族合作了。根据阿梅里戈的传记作者记述，"哥伦布的尝试激发了"阿梅里戈的雄心——但阿梅里戈认为哥伦布没有成功，因为他没有找到向西航行通往印度的航线。于是，1499—1500年，他参与了阿隆索·德·奥赫达的探险（此番经历也被记述下来）。之后，他接受葡萄牙国王的委托，于1501年5月至1502年夏季前往南美洲，沿大陆航行。那次，他命名了圣罗科海角（8月16日到达），并由此出发，沿巴西海岸向南航行，途径巴伊亚和里约热内卢，来到卡纳诺尔（1502年1月到达）。他认为，根据葡萄牙与西班牙的《托德西利亚斯条约》，那里就是葡萄牙势力范围的最西端。然后他继续向南，前往普拉塔河（River Plate）航行，那里已经是西班牙的势力范围了。

黄金之河：西班牙帝国的崛起，从哥伦布到麦哲伦

从巴西回来后，韦斯普奇宣称，他沿陆地向南航行了很远，所以那不可能是印度。他从里斯本给迪·皮尔弗朗西斯科写信说："我们到达了一块新陆地，基于以下诸多原因，我们认为那是一块新大陆。"他确信，这次他找到了一块新陆地，而不是亚洲的东部延伸。[2] 他本可以主张，哥伦布发现的实际上是一个新的半球（西半球），那里封锁了向西前往亚洲的航路，除非能找到穿越西半球的通道。这个惊人的新推论是里斯本人最先意识到的，葡萄牙王庭、制图师和商人们很快开始考虑这个问题。因此，1502 年时的先进波特兰海图就已经画上了两块互不相连的新大陆，而亚洲与"新世界"之间则隔着另外一片大洋。海图还显示，无论古巴是不是岛屿，它都不是亚洲的一部分。

韦斯普奇回到塞维利亚。他在佛罗伦萨的商人朋友皮耶罗·朗迪内利（Piero Rondinelli）记述道，韦斯普奇"吃了不少苦，却没赚到多少钱"。

后来，传说韦斯普奇写了两封信。一封题为《新世界》（*Mundus Novus*），据说是寄给他的朋友洛伦索·迪·皮尔弗朗西斯科的。这封信出版于 1504 年，其中记录了韦斯普奇在新世界的活动。然而，这封信充满了模糊和虚假的陈述，也有一些离奇的科学观察，此外还有一些庸俗的内容，但这并不符合韦斯普奇的一贯风格。而且，这封信的收信人是洛伦索，而阿梅里戈·韦斯普奇早就知道了洛伦索已经去世的消息，因此人们应该不会采信这些内容，毕竟当时维斯普奇已经很出名了。佛罗伦萨领主早已下令，在韦斯普奇出生的房子里点亮灯火，三个晚上通宵不灭，还准许韦斯普奇家族在宅地附近加盖一座灯塔。这个时候，一封假称出自他手的信件肯定会大卖。后来，《新世界》果然一路畅销。

一个月后，也就是 1504 年 9 月，另一封信也出版了。这封信的收信人是皮耶罗·索德里尼（Piero Soderini），他是新任佛罗伦萨执法官，落款日期是 1504 年 9 月 4 日。索德里尼是政坛新人，"虚弱又胆怯，且优柔寡断"，他嫉妒与韦斯普奇来往密切的梅迪西。[3]

之前寄给洛伦索的信中，阿梅里戈曾说自己去过新世界两次，而在寄给索德里尼的信中，却说自己去过四次。这封新信件很快出版了，题为《阿梅里戈·韦斯普奇的四次航行》——这四次航行分别在 1497—1498 年、1499 年、1501 年及 1503 年，其中第一次和最后一次航行并不存在。1504 年 9 月这封信充满了谬误，且不合逻辑，语法错误很多，有些部分读起来像意大利语的西班牙语。其中一些关于排便的情节更适合 21 世纪的英文小报，而不符合文艺复兴时期的出版物特点。这封信的写手可能是佛罗伦萨的枪手记者乔瓦尼·焦孔多（Giovanni Gicondoco）。然而，当时没人想到这些信件是伪造的，也没人想到这些信件其实与韦斯普奇并无关联。

关于第二封伪造信件，还有另一段传奇历史。1505 年年初，洛林公爵勒内二世（René II）读到了这封信，他是位艺术赞助人，对地理也颇感兴趣。这位勒内公爵的叔叔，就是有名的"好国王勒内"，他是西西里名义上的国王，常居法国昂热和尚塞。他和侄子一样，也对地理感兴趣，而且，他真的把世界地图画到自己城堡的墙上。他曾把古希腊地理学家斯特拉波（Strabo）的《地理学》翻译成拉丁文，那是他的得意之作，当时维罗纳的瓜里诺新近刚刚完成了他自己的译本。[4]

接着，洛林公爵又把这封"韦斯普奇的信件副本"交给"孚日体育馆学会"（Gymnase Vosgien），这个学术研究社团，位于阿尔萨斯的孚日圣迪耶镇（Saint–Dié–des–Vosges）。[5]社团内聚集了一群有识之士，他们定期集会讨论，西班牙人称之为"峰会"。高蒂尔（沃尔特）·路德就在学会之中，他是洛林公爵的秘书，手里有一台印刷机。还有一名学会成员马丁·瓦尔德泽米勒（Martin Waldseemüller）正想新出一版托勒密的《地理》（与另一位朋友，拉丁语教授马特乌斯·瑞曼合作）。于是，瓦尔德泽米勒把多年来酝酿的想法写成一篇导论，题为《地理学入门》（Cosmographia Introductio），附在《韦斯普奇航海记》（*Navigationes*）中；他又请来圣迪耶镇的一位教士，把《韦斯普奇航海记》从意大利语翻译成了拉丁语。在导论中，瓦尔德泽米勒写道：

> 迄今，欧洲、亚洲和非洲这几块大陆已被完全探索，第四块大陆也被阿梅里戈·韦斯普奇发现，如附图所示。而且，欧罗巴和亚细亚都取自女性的名字，既然这位睿智的男性发现了这块新大陆，我们何不借用他的名字，将此地称作"亚美利哥"或"亚美利加"[*]？

亚细亚和欧罗巴是否取自女性的名字，这一点尚存疑。据说，"亚细亚"一词意为"朝阳"或"光明之地"，但这个词更可能起源于"Assiuva"，那是赫梯人对小亚细亚西北部的称呼。"欧罗巴"则是提尔国王亚瑟尔的女儿，她长相美丽，宙斯爱上了她。此外，

---

[*]　Amerigo 的拉丁文拼法为 Americus，而 Americus 的女性化拉丁文拼法为 America。此即美洲和美国名字的来源。——编者注

在希腊人心目中，"欧罗巴"意味着希腊中部、希腊本土及其广大内陆地区。"亚非利加"显然是来自腓尼基或迦太基的地名，那个地区所属的罗马帝国行省就叫作亚非利加行省。

不过，瓦尔德泽米勒确实认为，所有已知大洲的名称都取自女性名字，所以他想给新大陆取个男性名字。他为新版的《地理》配上他自行绘制的平面世界地图，地图旁边还有一幅版画，画着面朝东方的托勒密和面朝西方的维斯普奇。瓦尔德泽米勒写道："我们为这本小书写了一篇导论……我们分别把地图画在球形和平面上。当然，球形地图十分简略，因为空间有限，平面地图则更为详尽。"在这张地图上，纵贯新半球的陆地首次被命名为"亚美利加"（America）。

1507年4月25日，这部新版的托勒密《地理》由高蒂尔·路德（Gauthier Lud）出版。地图的木质印版在50英里外的斯特拉斯堡制作，印刷工作则在圣迪耶完成。[6]这部新版的书对后来的其他制图师影响颇深，包括16世纪40年代的墨卡托（Mercator）。[7]

瓦尔德泽米勒无意贬损哥伦布的成就。在托勒密《地理》的前言中，他多次提到哥伦布。他的地图篇幅很大，在加勒比地区部分，他写道："在西班牙国王指挥下，海军上将、热那亚人哥伦布发现了这些岛屿。"在南美洲部分，他写道："卡斯蒂利亚国王的船长哥伦布，以及阿梅里戈·韦斯普奇（Americus Vespucius，拉丁文拼写法）发现了这块陆地，两人都有出众的才能。这块陆地大部分处于热带地区，即一年中有太阳垂直照射的地带，不过，这块陆地也向南延伸到南回归线以南19个纬度。"

地图中还有些令人惊叹的元素：插图画出了我们现今所知的南北美洲。南美洲的轮廓很完整，且南北美洲两块大陆相连。不过，除了插图之外，还有一幅较大的世界地图。在这个世界地图中，南北美洲被某个假想的海峡隔离开，假想的海峡大致位于巴拿马运河所在的地方。更有趣的是，插图和世界地图都画出了亚洲与新大陆之间的宽广大洋——比大西洋更宽广。1507 年时，还没有欧洲人见过太平洋，可见这是个多么了不起的猜想。[8]

不久后，彼得·马特尔这样描述南美洲："这块大陆像意大利一样延伸到海洋中，不同之处在于，这块大陆并不是人腿形状，况且，侏儒怎能和巨人相提并论？光是这块大陆向大西洋延伸的东部地区，即西班牙人探索过的地方，就至少比意大利大八倍，而这块大陆的西海岸至今尚未探索过。"[9]

弗雷德里克·波尔（Frederick Pohl）是一位最优秀的韦斯普奇传记作者，他指出，"亚美利加"一词如此悦耳，并且与"亚细亚"和"亚非利加"两个词相得益彰，用这个词指称美洲，实在是个好主意。[10]1509 年，"亚美利加"一词出现在某个地球仪上，其他地球仪也纷纷效仿，采用了这个神奇的名字。

颇具讽刺意味的是，让洛林公爵引以为荣、让圣迪耶的众贤能们深受影响的《四次航行》（*The Four Voyages*）竟然是一封伪造的信件！韦斯普奇 1497 年的首次航行根本就不存在，哥伦布确实在 1498 年的第三次航行中首先发现了南美大陆。瓦尔德泽米勒似乎也意识到了这一真相。1513 年，他在编辑另一版托勒密《地理》时，将发现南美大陆一事更多地归功于哥伦布。1538 年，制图师墨卡托绘制了他的首版世界地图，在这版心形的《世界地图》中，阿梅里戈的教名也被用于指称北美洲。[11]

直到 1879 年，人们才开始怀疑《四次航行》是伪造的。1926 年，在一项对韦斯普奇的研究中，米兰的阿尔贝托·马格纳吉教授（Alberto Magnaghi）终于证实《四次航行》和《新世界》都是伪造的。[12]

"亚美利加"仍然是维斯普奇应得的荣誉。1503年9月，他完成了葡萄牙国王的委托，从巴西海岸归来，宣称自己去过新大陆。他要为新世界命名，[13]"因为前人从未发现这个地方"。[14]他还说，他希望某天能回到那块新大陆，绕过新大陆的南端，到达东方。[15]不过，他没能付诸实践。

1505年，王室顾问委员会——韦斯普奇、胡安·德拉·科萨、比森特·亚涅斯·德·平松和胡安·迪亚斯·德·索利斯——在布尔戈斯会面。会议首先决定，在西印度贸易总署设立首席领航员职位，任用最优秀的地理学家兼制图师，负责规划探索新世界的航路。

韦斯普奇当上了首任首席领航员，他将获得75 000马拉维第的年薪。当时奥万多总督的年薪是36万，但奥万多的责任要大很多，因此韦斯普奇的收入算是高薪了。国王希望韦斯普奇来培训所有西班牙领航员，向他们传授知识，让他们运用天文学方法在海上确定方位，弃用旧有的航位推算习惯。[16]所有船舶的船长在前往西印度群岛赚钱之前，都要向贸易总署的韦斯普奇展示船只的航海性能，以便官员确定他们可以安全运载多少货物。[17]

8月8日，国王发布授权令，规定了韦斯普奇的职权，所有领航员都必须服从他。这份法令的措辞很明确：

> 未经你，首席领航员阿梅里戈·韦斯普奇考核并授予合格证书，任何领航员不得领航（我们的）船只，且不得享有领航

员的工资，任何船长也不得雇佣他们。我们已经下令，规定获得上述证书的人，应被视为资深领航员，获得认可和接纳，而你将成为所有领航员的考官，这让我们倍感欣喜。为了让无知者得以更轻松地学习，我们命令你在塞维利亚的宅邸中教导他们，教他们学会必要的知识，你也会获得相应报酬。

此外，我们已经知悉，近来各种师匠绘制了许多海图，画出我们在西印度群岛的土地和岛屿。在我们的领导下，这些岛屿得以探索和发现。然而，这些海图彼此差异巨大，无论是航行方向还是海岸线的轮廓都不尽相同，这难免引起混淆……（我们）命令你制作一张更为准确的标准海图，为此我们已经向贸易总署的官员下令，让他们尽可能找到全西班牙最称职的领航员，把他们召集到塞维利亚辅佐你。这样一来，我们的首席领航员阿梅里戈·韦斯普奇必将制作出一张西印度群岛所有岛屿和陆地的海图……海图制成后，将由上述官员和你——首席领航员负责保管，任何领航员都不得参考其他海图……

此外，我们命令所有领航员……今后前往我们西印度群岛已经发现或尚未发现的土地、岛屿、海湾、港口或其他任何地方时，应当在王室标准海图上做出标记。领航员返回卡斯蒂利亚后，应当向你——首席领航员和贸易总署的官员汇报，确认王室标准海图是否正确标注了这些地点。今后，我们的领航员应当弃用象限仪和星盘，如果领航员违规使用这些器具，将以不称职的罪名受到惩罚……[18]

由此看来，首席领航员算是一名教师，他将在塞维利亚的宅邸中开办船长学校。当时，韦斯普奇在塞维利亚声名鹊起，是人们心中的伟大航海家，绘制地图的技巧也"炉火纯青"。他租下丰塞卡主教在煤门广场（Plaza del Postigo del Carbón）的一所房子，就此开门授课，后来没有再搬过家。他和妻子，塞维利亚人玛丽亚·塞雷索（María Cerezo），一起住在这所房子里，同住的还有他的侄子胡安（乔瓦尼）。他的五个奴隶也住在这里，其中有两个黑人和一个加那利岛民，这个加那利岛民名叫伊莎贝拉，似乎还给韦斯普奇生了两个私生子。[21] 与哥伦布和天主教徒伊莎贝拉一样，韦斯普奇去世下葬时（1512 年）也穿着方济各会样式的袍子。

1508 年布尔戈斯会议还做出了另外一项决定，那就是寻找美洲的海峡，真正建立向西通往香料群岛的航线。当时，韦斯普奇已经探索了巴西的大部分海岸，科萨沿南美洲北岸航行到了达连湾，哥伦布则从达连湾航行到海湾群岛，这样一来，只剩下三种可能性：其一，海峡位于美洲大陆南端；其二，海峡位于中美洲海湾群岛以北；其三，海峡位于美洲大陆北端，卡博特曾试图将此处纳入英国的势力范围。1508 年 6 月 29 日，平松和索利斯心怀疑虑地起航了。他们率领两艘船，"圣贝尼托号"（San Benito）和"马格达莱纳号"，前往中美洲寻找海峡。他们的目的地，就是哥伦布 1502 年航行时遇见玛雅商人，然后转道向南的那片海域。他们带上佩德罗·德·莱德斯马，这位领航员曾亲历哥伦布第四次航行时的可怕风暴。此行中，他们几乎肯定到达了尤卡坦半岛，并且可能沿着今天的墨西哥海岸航行了一段距离。[22] 1509 年 8 月底，他们回到西班牙。这次航行在历史上并不起眼，但其实非常重要。

当时，伊莎贝拉女王和腓力国王驾崩的风波已经平息，迭戈·哥伦布也把伊斯帕尼奥拉的局面稳定下来。阿隆索·德·奥赫达和迭戈·德·尼库萨即将被分别确认为新大陆上两个新殖民地行省的首任总督。这两个新的行省分别是"乌拉巴"和"维拉瓜",而牙买加将是他们的基地。迭戈·哥伦布对此仍然不满,在他看来,牙买加的行政任命和土地使用都侵犯了他的权利,但没人理会他的抗议。乌拉巴省包括西印度卡塔赫纳地区,奥赫达将在那里建起两座堡垒。维拉瓜省位于今天巴拿马的东部。然而,在巴利亚多利德,政府并没有明确划定这两个地方的疆域。1493 年时,奥赫达和尼库萨至少一同随哥伦布航行过,卡斯蒂利亚的人们都以为他们俩交情不错,顺利协作应该不成问题。

奥赫达集活力、残酷和野心于一身,此人已经不需要更多介绍了。尼库萨则是来自拜萨的士绅,他曾为国王的叔叔、卡斯蒂利亚海军上将恩里克·恩里克斯工作过,如果哥伦布没有发现美洲,他应该会一直留在那里工作。他天赋异禀,风度翩翩,精通马术,还会弹吉他,他有些资产,也并不乏味。可惜,他一直想要拥有自己的殖民地,这一奢望让他陷入万劫不复的境地。他本是圣多明各的监察官,但他返回西班牙,请求国王任命他为维拉瓜总督,斐迪南同意了。[23]

另一方面,1508 年 12 月 18 日,奥赫达出发前往南美洲北海岸,同行的还有老水手胡安·德拉·科萨和几名年轻人,包括足智多谋的佩德罗·迭戈·德·奥尔达斯(Pedro Diego de Ordaz)和迭戈·德·奥尔达斯(Diego de Ordaz)两兄弟,他们来自卡斯特罗韦德-德坎波斯,贝纳文特附近的小镇。奥赫达一行人分别在加那利群岛和伊斯帕尼奥拉稍作停留,又带上一些人,包括弗朗西斯科·皮萨罗（Francisco Pizarro），他来自埃斯特雷马杜拉，是一位士绅的私生子，那位士绅在意大利战争中立了功，因此成名。这位皮萨罗是此前随奥万多来到西印度群岛的。

探险队来到卡塔赫纳附近的图尔瓦科（Turbaco），在此抛锚停泊。之前，克里斯多瓦尔·格拉曾来此犯下诸多暴行，当地印第安人还心有余悸。奥赫达想要停靠附近的卡拉马尔港，上岸抓捕印第安人充当奴隶，并将抓到的人运到伊斯帕尼奥拉，用以偿还他在那里的各种债务。作为上将（captain–general），胡安·德拉·科萨则指出，他曾见过当地印第安人使用毒镖，因此最好不要想着抓捕他们。但奥赫达固执己见，仍然突袭了这个地方，捕获 60 名当地土著，剩下的土著都逃到了图尔瓦科。

卡斯蒂利亚人穷追不舍，一直追到印第安人的定居点，不知不觉之间，奥赫达自己已陷入重围之中。他的手下还在山上，而印第安人却重整旗鼓，从四面八方突袭而来。奥赫达奋勇作战，仍然不敌，只好飞奔着逃向船只附近的安全之地。胡安·德拉·科萨就没有这么幸运了。1510 年 2 月 28 日，这位往来于新世界的英雄抑或恶棍被围困在一间小屋中，遭乱箭射死，另有 70 名卡斯蒂利亚人也一同丧命。那年，胡安·德拉·科萨已经 60 岁了。[24]

最后，留在船上的船员乘小艇上岸寻找幸存者。他们在一块红树林沼泽中找到了不省人事的奥赫达，迭戈·德·奥尔达斯两兄弟和皮萨罗也逃出生天。图尔瓦科的战事，是 1493 年纳维达战败以来西班牙人的又一次重大失败。

此时，迭戈·德·尼库萨带着两艘桨帆船和三艘双桅帆船出现了，船上载着几百名新兵。于是，奥赫达得到了支援，重返战场，

黄金之河：西班牙帝国的崛起，从哥伦布到麦哲伦

一路杀到他刚刚摧毁的图尔瓦科。他烧毁了印第安人的房屋，割开所有土著战俘的喉咙。然后，他起锚前往乌拉巴湾，在那里建立起一处简陋的定居点，取名圣塞巴斯蒂安。他派出一艘船返回圣多明各，船上载着一批被他捕获的印第安人，其中有些人就是从对岸的富尔特岛上抓来的。

另一方面，尼库萨正跨越大洋，前往他的应许之地维拉瓜。他此举并无恶意，但奥赫达可不会念及什么既往的友谊。

乌拉巴的圣塞巴斯蒂安是南美大陆上的首个定居点，此次殖民尝试的进展不容乐观。奥赫达的补给耗尽了，当地的印第安人不停地骚扰他们，向他们射来毒箭，疾病也在蔓延，许多人患病死去。对这些西班牙人而言，唯一的好消息是，不久后，一艘船进港了，这艘船从伊斯帕尼奥拉驶来，船上载着 70 名罪犯，船长是贝尔纳迪诺·德·塔拉韦拉（Bernardino de Talavera）。这些罪犯从蒂布龙海角的热那亚商人处偷来这艘船，尽管如此，他们的到来稍微缓解了奥赫达的燃眉之急。[25]

塔拉韦拉带来的补给很快也用完了，奥赫达决定带上探险队中约半数的人，乘偷来船返回圣多明各。留下的人由弗朗西斯科·皮萨罗指挥——拉斯·卡萨斯丧命后，皮萨罗就一直是奥赫达的副手——如果 50 天内没人运来补给，他们就可以放弃定居点，自谋生路了。

于是，奥赫达与新盟友塔拉韦拉先去了古巴。在今天猪湾一带的海滩上，他们遭遇泰诺人的袭击，但这些泰诺人的酋长热情接待了他们。佩德罗·德·奥尔达斯从古巴起航，前往牙买加求助。牙买加总督胡安·德·埃斯基韦尔闻讯，派出副官潘菲洛·德·纳瓦埃斯驾驶一艘卡拉维尔帆船前去救助，船上满载着补给品。于是，奥赫达及其同伴乘这艘船回到圣多明各。然而，奥赫达一直没能恢复健康，在 1515 年去世，死时一贫如洗。在生命的最后时刻，他成了方济各会信徒。

奥赫达曾七次横渡大西洋，探索了南美洲北海岸的大部分地区。他生性残忍，犯下诸多暴行，后人因此忽略了他的成就。拉斯·卡萨斯对他的评价很尖刻："就算他没出生，世界也不会有什么损失。"[26] 但他从未停下脚步，他或许也是首位探索新世界的纯粹冒险家。

与此同时，迭戈·德·尼库萨已经出发，前往维拉瓜寻找黄金，这个地名当初是哥伦布起的。历经诸多磨难之后，他的队伍终于到达了乌拉巴湾。他们在乌拉巴湾以西四英里处建立起定居点，取名拉弥撒斯（Las Misas），因为新大陆上的首次弥撒就是在这里举行的。接下来，尼库萨将探险队一分为二——此举实在不太明智——他把大多数船员和船只交由同为拜萨士绅的表弟奎托指挥，自己则率领一艘卡拉维尔帆船和一艘双桅帆船继续向北航行，寻找维拉瓜。尼库萨身边这两艘船上共有 90 人，其中那艘双桅帆船的船长是巴斯克人洛佩·德·奥拉诺（Lope de Olano），15 世纪 90 年代末，他曾与罗尔丹沆瀣一气，背叛了哥伦布。几位领航员也与尼库萨同行，包括佩德罗·德·翁布里亚，他参加过哥伦布的第四次航行，来过这片海域。然而，尽管有老手带路，这次航行仍然失败了。

两个月过去了，留在拉弥撒斯的奎托等人没收到尼库萨的任何消息。于是，他们派出搜索队，在一棵树上发现了尼库萨刻下的字，他说自己安然无恙。接着，他们遇到了洛佩·德·奥拉诺，奥拉诺说尼库萨与某位领航员发生了激烈争吵，然后独自乘独木舟去寻找维拉瓜了。那位领航员还说，如果他说得不对，他情愿被砍头。

奎托和奥拉诺一路北上，不过不是去寻找维拉瓜，而是去寻找尼库萨。临走前，他们在贝伦河边建起一处定居点。"贝伦河"这个地名也是当年哥伦布起的。最终，一位名叫迭戈·里韦拉（Diego Ribera）的伙伴带来尼库萨的消息，他说尼库萨被困在一座岛上，距离海岸不过几英里远。尼库萨将那座岛命名为埃尔埃斯库多。于是，他们驾着一艘桨帆船去把尼库萨接了回来。尼库萨回来时，已经衣衫褴褛，饥肠辘辘，身患疾病，而奥拉诺正想要夺权，于是马上囚禁了尼库萨。幸亏船长贡萨洛·德·洛斯·雷耶斯好心相助，把尼库萨带到一座小山上，让他休养身体。那座小山就俯瞰着今天的农布雷-德迪奥斯镇，不过那时候，欧洲人还是第一次涉足那片土地。

之前，阿隆索·德·奥赫达离开乌拉巴的圣塞巴斯蒂安，前往伊斯帕尼奥拉时，曾让其余定居者留在殖民点等待 50 天。[27] 临走前，指挥官把留下来的人交给弗朗西斯科·皮萨罗指挥，皮萨罗来自埃斯特雷马杜拉，性格坚毅，他带着众人坚持了不止 50 天，直到 1510 年 9 月，他才启航前往圣多明各。不过，行至卡塔赫纳附近的卡拉马尔湾时，他遇到一艘船，船上载着地理学家马丁·费尔南德斯·德·恩西索（Martín Fernández de Enciso），此前，恩西索一直在奥赫达的探险队中。然后，恩西索和皮萨罗一起返回圣塞巴斯蒂安，却发现定居点已被印第安人夷为平地。于是，他们采纳了巴斯科·努涅斯·德·巴尔沃亚的提议，转道前往达连湾。这位巴尔沃亚是个头脑灵活的征服者，来自赫雷斯-德洛斯-卡瓦列罗斯（Jerez de los Caballeros），为了躲避圣多明各的债主，[28] 他登上恩西索的船。1501 年时，巴尔沃亚曾与罗德里戈·德·巴斯蒂达斯一起去过达连湾。虽然遭遇西努印第安人的顽强抵抗，皮萨罗、努涅斯·德·巴尔沃亚和费尔南德斯·德·恩西索三位征服者仍然在乌拉巴湾建立起一处定居点，取名为努涅萨拉－塞诺拉－德拉－安提瓜（Nuestra Señora de la Antigua）。定居点位于阿特拉托河口，就在今天的哥伦比亚境内。[29]

选择在这里建立定居点，实在是个错误。后来，马特尔与去过那里的人聊过后，这样评论：

> 定居点的选址很糟糕，那里不适合居住，比撒丁岛更容易流行疾病。所有的殖民者都脸色苍白，就像患有黄疸病一样。这并非全是气候的问题，毕竟同纬度其他许多地方的气候都很宜人，清澈的泉水涌出地面，流水潺潺，没有沼泽。那里的原住民都住在山上，而非山谷中。然而，达里恩海岸的定居点却处于深谷中，完全被高耸的山丘环绕，这样一来，正午的太阳就会直射殖民点，即便不是正午，山脉的前面、后面和周围也会反射阳光，让定居点的居民无法忍受。反射过来的阳光十分毒辣……定居点周围就是恶臭的沼泽，使得这个地方更加险恶且易致病。其实，这个城镇就建立在沼泽地上。奴隶们用水浇洒房屋的地板时，就会有蟾蜍跳出来……那里甚至不适宜作为港口……离海湾的入口有 3 里格远，其间的路途也很艰难……[30]

这个西班牙殖民点地处偏远未知的天涯海角，可以想见，建立这样的殖民点，需要多大的勇气和决心！殖民点刚建立起来，罗德里戈·恩里克斯·德·科梅纳雷斯（Rodrigo Enríquez de Colmenares）就组织起搜索队，在迭戈·德尔·科拉尔（Diego del Corral）和迭戈·德·阿尔拜特斯（Diego de Albítez）的陪同下，出发前往农布雷－德迪奥斯，寻找迭戈·德·尼库萨。他们好不容易找到了尼库萨，"这个可怜的人已经瘦成皮包骨，身上的衣服也成了几条破布"。接着，尼库萨跟着他们回到乌拉巴。在科梅纳雷斯等人的鼓动下，尼库萨恢复了自信，打算收回指挥权。他认为这处新殖民点位于自己的辖区之中，还想没收巴尔沃亚等人的货物。但巴尔沃亚巧妙地处理了此事，他先让尼库萨在房间里好好休养，大约三个星期后，又把尼库萨送上他自己那艘双桅帆船，让他回到维拉瓜去。1511 年 3 月 2 日，尼库萨愤愤不平地出发了，不过，他并没有向北，而是向东航行，此后就失去了音讯。他可能是在卡塔赫纳上岸寻找淡水时被印第安人杀死了。他的两名手下——世俗修士赫罗尼莫·德·阿吉拉尔（Jerónimo de Aguilar），来自科尔多瓦附近的埃西哈；胡安·格雷罗（Juan Guerrero），来自维尔瓦附近的莱佩——驾着他的双桅帆船离开了尤卡坦海岸。这两人成功存活下来，之后还跟随科尔特斯去墨西哥探险。[31]

洛佩·德·奥拉诺也挑战过巴尔沃亚的权威，因而遭受了另一种形式的惩罚。他被派到达里恩街边，用印第安人的方法研磨玉米。费尔南德斯·德·恩西索也遭到清算，被驱逐出殖民点。恩西索和巴尔沃亚向来不和，此前，恩西索驾船从圣多明各起航后，在船上发现了巴尔沃亚这个偷渡者，便扬言要把巴尔沃亚扔在荒岛上。然后，巴尔沃亚暂时安下心来，但他已经给自己树了敌，他的敌人有权有势，也有能力毁灭他。尽管如此，他还是暂时掌握了殖民点的指挥权。弗朗西斯科·皮萨罗成为他的副官。[32]

巴尔沃亚派出两名手下，巴迪维亚·德·萨穆迪奥（Valdivia de Zamudio）和马丁·德·萨穆迪奥（Martín de Zamudio），向迭戈·哥伦布解释他的所作所为。1510 年 12 月 23 日，国王亲自承认了他的指挥权。接着，马丁继续前往西班牙，而巴迪维亚打算返回达连湾。途中，巴迪维亚乘坐的船只沉没，他们一行人被尤卡坦半岛的玛雅印第安人俘虏。

巴尔沃亚是美洲的第一个军阀，他凭着纯粹的决心和坚强的意志登上领袖之位。他对土著居民实行相对友好的政策，总体做到了一以贯之（但也有例外，他有一次唆使狗把帕克拉酋长撕成碎片）。乌拉巴印第安人的组织形式与伊斯帕尼奥拉相似，聚落中有明确的酋长，但乌拉巴人在其他方面更为先进。他们会用棕榈和菠萝酿造果酒，会用玉米酿造啤酒，还会制作闪闪发光的金饰。乌拉巴酋长的房子呈长方形，精巧地建在树林中，他们的金质物品（有时会代代相传）也做得十分精致。和所有社会结构复杂的群落一样，他们也有奴隶。这里没有加勒比海的苦丝兰，因此他们不吃木薯面包。他们和墨西哥人一样，以玉米、甘薯和甜丝兰为主食。他们还蓄养火鸡和狗作为食物。

他们为巴尔沃亚及其 300 名手下供奉食物和女人。巴尔沃亚经常出门探险，科梅纳雷斯总是伴他左右。在安第斯山脉（Andes）脚下，巴尔沃亚发现了黄金矿脉，这就是埃尔多拉多（Eldorado）传说的起源。有一次，几位印第安酋长谋划杀掉西班牙人。然而，有位酋长的妹妹是巴尔沃亚的情妇，她告发了自己的亲属。[34]

巴尔沃亚还与某个酋长的长子发生过冲突，他的名字叫科莫雷

（Comogre）。当时，西班牙征服者正在称量黄金，以便拿出交给王室的伍一税，这时科莫雷打翻了天平，并质问道：

> 这是什么东西，基督徒？这么少的黄金，在你眼里就有这么高的价值？你居然破坏了这些项链的美感，把它们铸成金锭！你就这样渴望黄金吗？为了满足这种渴望，你不惜屠杀和平的人民，给他们带来不幸和灾难吗？你背井离乡，就只是为了寻找黄金吗？如果是这样，我可以告诉你，远处有个遍地黄金的国家，你可以去那里满足你病态的渴望。但是，为了完成这样的远征，你必须拥有强大的力量，因为那里的统治者十分强大，他们会奋起反抗，誓死捍卫自己的国家。最强大的图马纳马国王会阻挡你征服的脚步……
>
> 这些山的另一边，还有另外一片海，你们的船只从未到过那里。那里的人们赤身裸体，过着和我们一样的生活，但是他们会使用帆和桨……整个山脉的南坡都遍布着金矿。

这位年轻的印第安人说，图马纳马国王甚至有一间黄金建成的厨房。他又说，在那里，黄金的价值就像欧洲的铁一样。年轻的科莫雷还自告奋勇充当向导，他说："召唤一千名战士，准备好武器，我父亲手下的勇士也会协同作战，这样……我们就能粉碎我们的（和你们的）敌人……你们也会得到想要的黄金。"当时在场的一位水手告诉彼得·马特尔："眼前的利益和黄金，让我们所有人都垂涎三尺……"[35] 当然，以上情节多半是凭空想象出来的。

1513 年，一支探险队出发前往今天的佛罗里达。当时，西班牙人把那里称作比米尼。比米尼原住民比加勒比地区的泰诺人还要彪悍，而且与加勒比印第安人和墨西哥人不同，他们的箭头涂有剧毒。他们会打猎，但也种植玉米。他们和古巴神秘的瓜纳哈塔巴耶人（Guanahatebeyes）有些相似，这两个族群之间可能存在某种联系。[36]

胡安·庞塞·德·莱昂是这支西班牙探险队的指挥官。[37]之前，他被免去波多黎各总督一职，这次让他领导探险队，也许是一种补偿。此行他带了三艘船。其一是"圣地亚哥号"（Santiago），由迭戈·贝穆德斯指挥，发现了百慕大岛的胡安·贝穆德斯就是他的兄弟。"圣地亚哥号"的领航员是安东尼奥·阿拉米诺斯，他是一位杰出的水手，1502—1504年，他曾跟随哥伦布探险，后来成为征服墨西哥探险队的领航员。其二是"圣玛丽亚－德肯索拉松号"（Santa María de Consolación），船长是胡安·博诺·德·克赫霍，他是巴斯克人，来自圣塞巴斯蒂安，已在加勒比地区来往多年，后来还参与了第二阶段的墨西哥征服战。其三是"圣克里斯托瓦尔号"，一艘双桅帆船。

不知为何，"圣地亚哥号"上还有两名女子。此外，胡安·加里多也在"圣地亚哥号"上，这位非裔葡萄牙人曾跟随庞塞去过波多黎各和瓜德罗普岛，也征战过古巴。后来，他与科尔特斯一起航行，成为首位在新大陆种植小麦的欧洲人。[39]这次，庞塞·德·莱昂还带上儿子胡安·冈萨雷斯·庞塞·德·莱昂，他在父亲征服波多黎各时充当翻译。

1513年3月，庞塞·德·莱昂的探险队启程。3月27日这天是复活节星期日，探险队在现今佛罗里达州的棕榈滩附近登陆。接着，庞塞·德·莱昂向南驶过如今著名的度假胜地——卡纳维拉尔角（Cape Canaveral）、代托纳海滩（Daytona Beach）和迈阿密（Miami）——然后转道向北，驶入墨西哥湾。按照彼得·马特尔的说法，庞塞·德·莱昂想要找到"青春之泉"，这个喷泉拥有神奇的力量，能让人返老还童。[40]14世纪的传奇旅行家约翰·曼德维尔爵士曾写过一部小说，其中提到这个神奇的不老泉。这部传奇小说就是《橄榄山的巴尔梅林》（*Palmerín de Oliva*），出版于1511年。故事中，不老泉坐落于阿提法里亚一座神奇的山丘上，那是英国国王巴尔梅林的领地。

然而，庞塞·德·莱昂既没找到喷泉，也没找到黄金。他只发现了墨西哥湾洋流，这项发现十分重要，堪比发现佛罗里达半岛，不过他并未意识到这一点。[41]返回波多黎各途中，他在尤卡坦半岛（可能是梅里达的普罗格雷索附近）[42]稍作停留，然后领航员阿拉米诺斯引领船队取道巴哈马返回。不过，庞塞·德·莱昂似乎丝毫没有探索过尤卡坦半岛。据记载，1513年10月10日，他们抵达了波多黎各，没人意识到这趟航行的重要性所在，就连指挥官本人也颇为沮丧，因为没能找到不老泉。他把此行中发现的"岛屿"命名为"复活节星期天（佛罗里达）"，因为他第一次见到这座岛那天，正是复活节星期天，而复活节在西班牙语中又称"春花节"（La Pascual Florida）。然后，1514年，庞塞·德·莱昂回到西班牙，正式获封他在波多黎各的头衔。[43]

第四卷

迭戈·哥伦布

一位船长正在做祷告

第二十一章

"荒野中的哭泣声"

> 我……是基督的声音,在这个荒岛的旷野中呼喊……这将
> 是你们听过的最清新,但也是最尖锐、最冷酷、最可怖、最危险
> 的声音……
>
> ——安东尼奥·德·蒙特西诺斯修士(Fray Antonio de Montesinos)
>
> 所做的降临布道,圣多明各,1511 年

海军上将哥伦布的嫡长子迭戈·哥伦布自西班牙出发,在"上帝号"度过愉快的旅程,携"一大家子"[1]于 1509 年 7 月 9 日抵达圣多明各。他时髦美丽的妻子玛丽亚·德·托莱多,阿尔瓦公爵的侄女,与他一道抵达目的地。玛丽亚带了许多出身高贵的女孩作为侍女,未来,她们都是理想的总督妻子人选。[2]

迭戈时年 30 岁。与所有西班牙殖民地总督一样,他也带着一众新朋友与亲人前去履职,弟弟费尔南多、叔叔巴尔托洛梅奥(后来当上首席治安官)和迭戈、堂/表亲胡安·安东尼奥(Juan Antonio)和安德烈亚·科隆博(Andrea Colombo)均在随行人员之列。顺便一提,他的叔叔巴尔托洛梅奥曾一度声名狼藉。哥伦布家族众成员

返回圣多明各，未在当地激起骚乱，可见奥万多总督的治理相当成功。迭戈也带上了马科斯·德·阿吉拉尔（Marcos de Aguilar），这位阿吉拉尔来自埃西哈，是个经验丰富的地方裁判官，后来迭戈又任命他为主审法官。许多卡斯蒂利亚大商人都托他运送货物，包括布尔戈斯商人阿隆索·德·内布雷达（Alonso de Nebreda）。这位阿隆索与布尔戈斯城所有的贸易商都有或远或近的血缘关系。迭戈·哥伦布的随行人员中还有布尔戈斯商人加西亚·德·莱尔马（García de Lerma），他被誉为加勒比海一带的资本主义先驱[3]。

迭戈是廷臣，而非水手，他一生辗转于胡安亲王、女王和国王的朝廷。迭戈的父亲对他宠爱有加，总会在给他的书信结尾处写道："爱你胜于一切的父亲。"

老哥伦布为迭戈规划了锦绣前程。1493 年，他为迭戈谋得枢机主教之职。之后，他希望迭戈迎娶梅迪纳－西多尼亚公爵之女门西娅，这位公爵在直布罗陀海峡位高权重。不过，该请求遭到国王拒绝。1508 年，他为迭戈促成一段更加有利的婚姻：迭戈与玛丽亚·德·托莱多结为夫妻。拉斯·卡萨斯在书中这样描述迭戈·哥伦布："他从父亲身上继承的痛苦、辛劳和挫折，远远超过父亲辛苦赚来的地位、荣誉和特权。"[4]事实的确如此。人们都说迭戈是世袭海军上将，却无人提及他的总督身份。1492 年，迭戈签订了著名的圣菲契约，其中部分条款确认了老哥伦布留给迭戈的特权，然而，1509 年迭戈获任新职时，这些特权未能落实。于是他向国王提起诉讼，此事成为他动身履职时一段有趣的插曲。

出发前，国王给迭戈下达了详尽的指示。[5]首先，一切与宗教相关的事务，最好都交给财政官米格尔·德·帕萨蒙特（Miguel de

Pasamonte）解决。然后，国王大加赞扬了奥万多："尼古拉斯办事非常稳妥。"国王要求迭戈·哥伦布向前任总督奥万多索取备忘录，学习如何管理圣多明各政府。[6]新总督还收到一条命令，就是前去视察建在布埃纳文图拉和康塞普西翁的医院。

国王还希望迭戈向印第安人传播基督教，为此需要在每座城镇安排一名神职人员（神父级别以下也可），住在教堂附近。总督也要向印第安酋长保证，承诺西班牙人会善待印第安人，不会施行劫掠；相对地，酋长也必须看管好手下的印第安人。此外，印第安人只能"像西班牙管辖范围内的其他民族那样庆祝节日"。换言之，他们只能按照西班牙的方式节庆。所有西班牙人和印第安人都要居住在城内。印第安人继承财产后，不能以低于其价值的价格出售。西班牙人不得将武器售给或赠与印第安人。

总督和财政官帕萨蒙特要竭尽全力为西班牙政府挖掘金矿。将工人分为约 10 人一组，或依其他人数恰当分组，在可信赖之人的监督下熔炼黄金。费尔南多希望雇用伊斯帕尼奥拉岛上三分之一的男性，让他们前往河床或岩石淘金。迭戈·哥伦布需要普查岛上人口，除非希尔·冈萨雷斯·达维拉（Gil González Davila）已经完成此项工作。希尔出身王族，被任命为会计官。迭戈还须注意人口的增减情况。身为总督，他的职责是让人人有事可做，因为"无所事事容易招致祸患"。

此外，迭戈·哥伦布必须确保没有任何外国人定居西印度群岛。摩尔人、犹太人、异教徒、遭宗教裁判所惩戒之人（reconciliado，"受罚者"），或新近改变信仰的人，都不能前往西印度群岛，但取得许可证的黑奴和其他基督教家庭出身的人除外。

遭宗教裁判所惩戒者的后代也不得前去定居。奥万多在位时，曾批准修建两座堡垒，分别位于康塞普西翁和圣地亚哥，实际的建造工作由迭戈实行。未经王室允许，任何人不得在岛上四处探索。总督必须查明并详细记录"发生的一切"[7]。

实际上，迭戈很难满足国王的所有要求，这些不过是国王心中统治伊斯帕尼奥拉的理想方式。从国王的指示中不难发现，王室认定要让财政官帕萨蒙特手握重权，总督只是名义上的统治者。[8]西班牙政府或许认为，迭戈会接受安排，欣然住进为奥万多新修的石筑宅邸，因为他们一行人随身携带了大量书籍，新任药剂师也带着五本医学书。未来的波多黎各副总督克里斯托瓦尔·德·索托马约尔带了九部书，其中八部为镀金封面，还有一张世界地图和一捆散本书。后来，他送给费尔南多·哥伦布两本手抄书稿，二人的深刻友谊可见一斑。律师也不忘带上专业书籍：阿尔瓦罗·德·桑多瓦尔带着阿方索十世国王颁布的法典《律法七章》，马科斯·德·阿吉拉尔带了三箱未记载书名的书籍。[9]这些书中，很可能包含一两本1508年版的《高卢的阿玛迪斯》。

与之前多数西班牙总督所乘船只的命运一样，抵达圣多明各湾后不久，迭戈·哥伦布一行人的船舶悉数毁于暴风雨。因此，直到10月份，圣多明各才重新与西班牙取得联系。迭戈对此并未在意，他决心要控制西班牙人在加勒比海地区的行动。未经他批准，任何人不得发起新探险。他的继承权诉讼或将决定整个新世界的命运，判决结果出来之前，他断然不会允许进行新的远征。

迭戈·哥伦布不顾身边盛气凌人的财政官帕萨蒙特，开始着手以自己的方式解决岛上的问题。三位方济各会修士为他出谋划策，他们分别是：阿隆索·德·埃斯皮纳尔（Alonso de Espinal），此前他跟随奥万多来到西班牙，竭力确保自己所在的教会能在新世界分得土地（虽然该教会宣称自己一无所有）；佩德罗·德·梅尔加雷霍修士（Fray Pedro de Melgarejo），他来自塞维利亚，后来参加了科特斯墨西哥远征第二阶段的活动；佩德罗·梅希亚修士（Fray Pedro Mejía），来自埃斯特雷马杜拉。他与这三人着手制定分配岛上资源的新方案。按照他们的设想，总督将为国王任命的官员和堡垒指挥官分配100多名印第安人，任何携妻来到西印度群岛的西班牙骑士都能得到80个印第安人，任何携妻来此的步兵可获得60人，任何携妻而来的西班牙普通工人也能得到30人。由于当地统治者已被推翻，迭戈大可放心实施计划，不过岛上人口规模的缩减成为一大难题。

18世纪的历史学家穆尼奥斯（Muñoz）对该事件的相关资料进行研究后，称这一分配方案牵涉到33 528名泰诺人。由于现存资料似乎缺少重要细节，我们无从得知印第安人实际人口比1492年估算的数量具体少多少，也无从得知印第安奴隶的确切数量。所有人口统计结果（均表明人口数量呈灾难式锐减）都受到利益攸关方的篡改。几乎可以肯定的一点是，真实数字无疑低于欧洲人初来此地的数量。1509年的政府还未表现出对于人口骤减的焦虑，人们以为不会比先前的数字低太多。如果当时的人们预先知晓巴托洛梅·德·拉斯·卡萨斯或20世纪加州学派历史学家［莱斯利·拜德·辛普森（Lesley Byrd Simpson）、伍德罗·威尔逊·博拉（Woodrow Wilson Borah）和舍伯恩·弗里德利·库克（Sherburne Friendly Cook）］指出的人口灾难性锐减，他们肯定会感到担忧乃至

　　　　　　　黄金之河：西班牙帝国的崛起，从哥伦布到麦哲伦

惊恐。[10]

然而，根据1510年颁布的法令，分配给官员和堡垒指挥官的印第安人从100增加至200人，[11]国王同意在必要时可将临近岛屿的奴隶运至圣多明各。

早在欧洲人到来之前，美洲大陆已有类似于欧洲的奴隶制度，不过泰诺人社会里并无奴隶。对于西班牙征服者而言，新世界与他们的这一相似点最令他们兴奋。美洲大陆的两大主要君主国是墨西哥和印加（那时尚未发现），两国都有相当多的奴隶人口。[12]加勒比人也会将泰诺人和其他俘虏当作奴隶。

因此，1509年8月，十几名西班牙殖民者获得准许，建造快帆船前往周边岛屿寻找奴隶，这在当时并不算新鲜事。[13]当月，总督批准了一队商人从巴哈马群岛或大陆掳掠奴隶的请求。如果俘虏乖乖就范，就会成为契约仆役（naborias）；如若反抗，便被当成奴隶严加看管。[14]与西班牙的契约仆役不同，这些巴哈马人没有土地可供耕种，他们与奴隶的区别微乎其微。

财政官米格尔·德·帕萨蒙特是这些冒险活动的领袖。[15]他是政府官员，而他和所有的公务人员都认为，政府不应干涉商业活动，这种观点亦得到会计官希尔·冈萨雷斯·达维拉的支持。正如丰塞卡主教的追随者克里斯托瓦尔·德·塔皮亚后来在圣多明各向法庭陈述的那样，"没有印第安人，这些土地将毫无价值"。[16]

国王很感兴趣。1510年年初，他写信给迭戈·哥伦布说："我看过了你与令弟费尔南多寄来的信……现在，我来回复信中关于金矿的内容。上帝将它（黄金）赐予我们，我在非洲（与巴巴里海盗）的战争中需要它，因此决不能减少黄金产量。印第安人身体虚弱，请在金矿使用（黑人）奴隶，我将通过塞维利亚官员另外送来 50 名黑奴。"[17]1510 年 2 月 10 日，当时正在瓜达拉马（Guadarrama）一处村庄的国王宣布，批准向新世界运送 200 名非洲奴隶。

这些奴隶中的大多数最初被葡萄牙人从几内亚湾或佛得角群岛运至里斯本或塞维利亚，他们中既有黑人也有柏柏尔人，其中为数不多的一部分或者是他们的父辈，曾在欧洲长期停留过。200 人不是小数目，国王这一决定对向美洲大陆运输非洲黑奴的贸易意义重大，其影响力甚至超过之前提到的 1507 年的行动。那个时候，没有人在意非洲人的生活条件，他们无论身处何地都被视为奴隶。1510年，似乎有 150 名奴隶被国王的船只运往西班牙。他们原先都是由萨尔瓦戈家族的热那亚商人巴利恩和安东尼奥在葡萄牙购买的。[18]

国王注意到，西班牙从伊斯帕尼奥拉进口黄金的数量年年都在攀升。1503—1505 年，进口了价值 44.5 万比索的黄金，其中 11.6万来自王室金矿。1506—1510 年，进口黄金价值达到近 100 万，其中超过 25 万都要上交给国王。[19]斐迪南国王对西印度群岛的黄金尤为关注，这导致他很难关注岛上其他方面的事务。

为了延续黄金进口上涨的趋势，指挥官奥乔亚·德·伊萨撒加（Ochoa de Isasaga），西印度贸易总署的新成员，接任了热那亚人弗朗西斯科·皮内洛（死于 1509 年）的职位，他建议变革塞维利亚的组织机构。在蒙松（Monzón，王室成员 3 月份驻在此地），伊萨撒加提出 36 条新法令（在 1510 年 6 月 15 日得到国王、丰塞卡和孔基洛斯批准），这些重要的法令并未提及印第安人，只是强调所有交易都要进行书面记录，详细记载所有收入和开支，并登记所有物品信息。做生意的时间为每天早上 10—11 点，下午 5—6 点，夏天，早上的时间调整为 9—10 点。

西印度贸易总署也负责管理那些死在西印度群岛之人的货物，将这些物品和黄金同样用三把锁锁入金库。西班牙仍禁止因宗教或其他原因受到惩戒的人前去西印度群岛，其他人只要在西印度贸易总署登记便可前往。[20] 因此，每艘大船上都要配备一名公证人。西印度贸易总署急需更加优秀的管理者、财务主管、会计和公证员。任何人出发前往西印度群岛之前，都需要让船只接受检查。[21] 通过这种安排，国王可以向前往新世界的人收取税费。

次年，政府改进了这些法令，赋予西印度贸易总署民事和刑事审判权，并给予该机构充裕的时间处理与加勒比海贸易相关的事务。西印度贸易总署定罪的囚犯都关押在塞维利亚的公共监狱。

从长远来看，与政府部门的这些工作和职能安排相比，还发生了一件更为重要的事情：1510 年，按照斐迪南国王前一年 11 月份签署的法令，六位多明我会修士被派遣至圣多明各。这些修士都来自教会发生改革的地区——埃斯特雷马杜拉省的圣加布里埃尔（San Gabriel de Extremadura）。[22] 将多明我会修士派往西印度群岛的想法，由博学而虔诚的传教士多明戈·德·门多萨（Domino de Mendoza）修士提出，他尤为擅长将出色的想法付诸实践。[23] 刚开始，多明我会修士似乎给方济各会造成了挑战，因为方济各会已经在伊斯帕尼奥拉一岛上确立起稳固的地位。不料，仅仅过了数月，教士竟会给这座西属岛屿上的秩序造成威胁，因为他们都是西班牙统治早期的伟大改革家。未来几十年内，庄严宏伟的修道院会在新世界建成，成为与城市整体同等重要的地标。

多明我会修士一开始并未行动，1510 年和 1511 年在风平浪静中过去。1511 年 5 月 5 日，位于卡斯蒂利亚的王国枢密院在塞维利亚对迭戈·哥伦布的领地继承案做出判决，承认他的继承权，虽未同意迭戈提出的继承托德西利亚斯分界线以西的所有领土，但可以继承由他父亲发现的伊斯帕尼奥拉和其他地区，这些岛屿具有相当的重要性。[24]

这不是迭戈希望得到的判决结果。判决确认了他的总督地位，却未赋予他任何副王的权力。[25] 不过，这样的结果足以让他鼓励人们重启探险活动。他委托朋友胡安·德·阿格拉蒙特（Juan de Agramonte）向大陆西北方向出发，向巴拿马及更为遥远的地方前行。[26]

新世界首个高等法院（*audiencia*）或最高法院于 1511 年在伊斯帕尼奥拉成立，法院位于圣多明各，由于该项举措，圣多明各很长时间内都是西班牙帝国在新世界的首府。第一批法官有：卢卡斯·巴斯克斯·德·艾利翁（Lucás Vázquez de Ayllón），他曾在圣多明各担任马尔多纳多法官的助理，也曾在岛上从事生意；胡安·奥尔蒂斯·德·马廷恩索（Juan Ortiz de Matienzo）；马塞洛·德·比利亚洛沃斯（Marcelo de Villalobos）。巴斯克斯·德·艾利翁来自托莱多的改宗者家庭，他的父亲曾任枢密院成员。奥尔蒂斯·德·马廷恩索是西印度贸易总署财务主管桑乔·德·马廷恩索（Sancho de Matienzo）的侄子，桑乔亲自任命他为法官。比利亚洛沃斯来自塞维利亚，妻子伊莎贝拉·德·曼里克（Isabel de Manrique）是纳赫拉公爵的亲戚。所有法官都相信，他们可以利用自己的职权参与岛上生意，巴斯克斯·德·艾利翁尤其这样认为。他们希冀在殖民地的管理中占据重要地位。

西班牙高等法院的权限不仅仅在于法庭审判。迭戈·哥伦布向高等法院提出抗议，不过并非反对法官们参与贸易。他认为以他总督的身份无须提出任何上诉。他指出，如果法官们必须留在岛上，何不让他们担任总督麾下机构的成员呢？[27]

几位多明我会修士先于法官们抵达伊斯帕尼奥拉，[28] 这块殖民地上的多明我会修士由此达到约 20 人，超过了方济各会修士的数量。多明我会修士中的领袖人物佩德罗·德·科尔多瓦（Pedro de Cordoba）道德高尚，为人慎重，精通神学。他来自科尔多瓦，出身良好，气度不凡。佩德罗曾在萨拉曼卡求学，也曾前往位于阿维拉的托克马达的圣托马斯修道院修行。总督对佩德罗的到来表示了热烈欢迎。

最开始的几个星期里，多明我会修士深受西班牙殖民者的喜爱，佩德罗·德·科尔多瓦也滔滔不绝地进行了精彩布道。基督降临节的第四个周日，12 月 4 日这天，在佩德罗修士的鼓励之下，安东尼奥·德·蒙特西诺斯在多明我会修士的教堂进行布道。这座教堂面积虽大，但其实只是覆以茅草屋顶的木质建筑。他宣布自己的布道主题为《马太福音》第 3 章第 3 节："旷野中的呼喊。"*

当时，布道在圣多明各是件新鲜事。那天，教堂里挤满了殖民者，其中不乏曾追随哥伦布来此定居已久的西班牙人，当然也有追随奥万多和迭戈·哥伦布过来的人。多明我会修士向来以擅长布道闻名，不料当日的布道给现场听众带来的是巨大冲击。蒙特西诺斯修士说：

---

* 此处内容为：……他说："在旷野有人声喊着说：'预备主的道，修直他的路！'" ——编者注

我今天登上布道坛，就是为了向你们揭示你们的罪恶。我……是基督的声音，在这个荒岛的旷野中呼喊……你们，全心全意、全神贯注地听着，这将是你们听过的最清新，但也是最尖锐、最冷酷、最可怖、最危险的声音……

蒙特西诺斯掷地有声，铿锵有力，有人感到仿佛正在倾听神圣的审判。他接着说：

　　这声音说，你们残暴地对待着无辜的人民，犯下了滔天大罪。你们将生于其中，死于其间。告诉我，你们凭借何等权力或理由对印第安人进行残酷的奴役？你们有何权力对平静生活在家园的人们发动可憎的战争？……为何要压迫和剥削他们，令他们食不果腹，患病无医护治疗？为了完成你们安排的超负荷工作，他们或罹患疾病，或不幸离世。你们渴望挖掘更多金矿，却因此剥夺了他们的生命。你们是否在意，他们也信奉宗教，知晓造物者上帝的存在，也被施以洗礼，聆听弥撒，庆祝圣日，也要在星期日休息？……难道他们不是人类？难道他们没有灵魂？难道你们不该像爱自己那样爱他们？难道你们不懂吗？难道你们感觉不到吗？为何你们要在如此浑浑噩噩的梦中沉睡？如此继续下去，你们将与摩尔人和土耳其人一样，无法得到救赎……[29]

蒙特西诺斯布道完之后，高昂着头颅走出教堂，现场的殖民者却陷入深深的惊骇。[30] 他们从未以这种方式思考过自己在西印度群岛的所作所为，也从未想到自己对待印第安人的方式有何不妥。殖民者中的几位重要人物［猜测其中有哥伦布的前任秘书迭戈·德·阿尔瓦拉多、罗德里戈·德·莫斯科索、胡安·莫斯克拉、胡安·德·比略里亚（Juan de Villoria）、佩德罗·德·阿蒂恩萨（Pedro de Atienza）和富有的地主们］前去总督府，请求总督以诽谤或煽动传播异教的罪行惩罚这位布道者。然后，他们去往多明我会修道院，却只是得到佩德罗·德·科尔多瓦的证实：蒙特西诺斯的言论代表所有多明我会修士的想法。

为此，迭戈·哥伦布亲自向佩德罗表达了不满。总督说，鉴于蒙特西诺斯如此激烈的陈词，多明我会修士不应拥有任何印第安奴隶。他要求佩德罗下令，让蒙特西诺斯收回言论，否则他将会对后者施以相应的惩戒。佩德罗回答说，蒙特西诺斯下个星期天还将进行布道。迭戈·哥伦布以为他将会收回此前的激烈言论，然而安东尼奥·德·蒙特西诺斯开场便说："我今天回到这里，是为了重复上周的布道内容。"他引用《约伯记》的内容，又一次严厉地斥责了殖民者。他说，今后，凡是前来忏悔的殖民者和征服者，他和其他教士都将如同对待强盗那般，拒绝聆听。这些人可以写信回国，向任何人进行控诉。教堂里挤满了愤怒的殖民者，但他们未采取进一步的行动。[31] 从此，西班牙的海外占领活动彻底改变了。

第二十二章

"异教徒可以正当自卫"

> 若异教徒未受邀接受基督教，他们便可以正当地保卫自己。
>
> ——马蒂亚斯·德·帕斯（Matías de Paz），1512 年前后

多明我会修士在圣多明各做的布道没有立即产生效果。特立尼达岛继续为伊斯帕尼奥拉输送奴隶，但前提是奴隶商人的活动不会影响珍珠群岛。1511 年 12 月 23 日，西班牙宣布特立尼达岛本地人为食人族，批准可以捕获他们。[1]同一天，国王在布尔戈斯颁布法令："如有任何人进行反抗，或不接受不欢迎我任命的将军及其他人前去传播天主教教义，均可对他们进行攻击并俘为奴隶。"[2]这条法令涵盖安的列斯群岛以及南美洲北海岸线从马提尼克岛到卡塔赫纳的所有加勒比居民。[3]圣多明各的殖民者为此欢欣鼓舞。他们深知（不管卡斯蒂利亚的人们怎么想），几乎任何人都可以被认定为加勒比人，也就是说都可以被奴役。[4]

高等法院的法官们抵达圣多明各，这些人并不支持蒙特西诺斯和多明我会的观点。巴斯克斯·德·艾利翁、马廷恩索和比利亚洛沃斯是印第安人奴隶和珍珠贸易的坚定倡导者，他们为司法机构

人员参与商业活动树立了典范，直接影响了西班牙法律的公信力。1512 年，两支远征队伍从圣多明各出发，前去搜寻奴隶。第一次远征由英勇的迭戈·门德斯领导，船队由四艘小吨位快帆船、两艘双桨帆船及 400 人组成。门德斯曾在 1502 年救过哥伦布。第二次远征由胡安·费尔南德斯·德·拉斯·巴拉斯（Juan Fernández de las Varas）领导，他来自塞维利亚，是位改宗者商人，与所有管理者都有亲密往来。他计划安排两艘船驶向维尔京群岛和属于向风群岛的多米尼加岛。[5]

斐迪南国王听闻蒙特西诺斯的布道后，吩咐迭戈·哥伦布劝说修士改变想法。如果他和其他多明我会修士坚持错误的做法（国王轻描淡写地说，十年前就已将此类行径归为彻底的错误），将命令总督把所有修士遣返回西班牙。[6]几天后的 3 月 23 日，阿隆索·德·洛艾萨（Alonso de Loaysa），西班牙的多明我会领袖，写信谴责佩德罗·德·科尔多瓦和蒙特西诺斯，要求后者停止宣扬那些具有毁谤性的教义。如若他们继续进行此类布道，将不再向圣多明各派遣修士。这几乎称不上惩罚，自然也没有发挥任何效用。[7]

这些布道引发的问题在西班牙激起长时间的讨论。多明我会和殖民者都派遣使者前往王庭，多明我会派出蒙特西诺斯本人，殖民者的代表则为方济各会修士阿隆索·德·埃斯皮纳尔。[8]其实，就征服问题进行法律论证在西班牙并不罕见。西班牙征服加那利群岛前，主教阿隆索·德·卡塔赫纳就为征服行动辩护，发表法律声明，称加那利群岛曾是西哥特王国的一部分。[9]

1512 年 8 月，返回西班牙的蒙特西诺斯造访了位于布尔戈斯的王国枢密院。他告诉国王："陛下，请您聆听我的话语。我接下来要讲的事情，对陛下而言至关重要。"国王答道："神父，请畅所欲言。"[10]蒙特西诺斯列举了一长串印第安人的悲苦遭遇，国王深受触动，甚至感到惊恐，随即召集神学家和官员进行商讨。西班牙国王决定，成立一个王室委员会，专门调查此事。从后人的角度看，西班牙王庭成立这样的委员会与哥伦布存在关联。委员会成员在布尔戈斯会面 20 余次，他们很可能是在卡斯蒂利亚总治安官的府邸卡萨－德尔科登（Casa del Cordón）见面。这是一座始建于 1482 年的摩尔式建筑，大门上方雕刻着一条绳索。1496 年，斐迪南和伊莎贝拉正是在这里接见哥伦布的。1506 年，腓力一世在此去世。圣方济各的绳带将贝拉斯科的纹章与王室纹章连接在一起。从象征意义上说，选择在这里会面再合适不过了。

人们在这里进行了非比寻常的谈话，这种辩论开创了帝国历史上的一个先河。罗马、雅典或马其顿曾就他们的征服活动进行过如此热烈的讨论吗？英国会在牛津争论他们向阿散蒂（Ashanti）或阿富汗开战是否合法吗？法国会对他们征服阿尔及利亚的战争进行类似的思考吗？光是这样的想法就显得可笑。

在这些讨论开始之前的 1510 年，苏格兰哲学家约翰·梅杰（John Major）在巴黎创作了书名古怪的《关于第二本句法书的评论》（ *The Commentaries on the Second Book of Sentences* ），成为最早对西班牙在美洲所扮演角色的详尽理论分析。书中认为，俗权既不属于教皇也不属于国王，不了解宗教信仰不会让人失去自主权，对布道进行武装则会。[11]

国王在布尔戈斯成立的委员会成员有：丰塞卡主教、永远的廷臣和加利西亚总督埃尔南多·德·维加（Hernando de Vega）、

　　　　　　　黄金之河：西班牙帝国的崛起，从哥伦布到麦哲伦

路易斯·萨帕塔、王室大臣莱西齐奥多·圣地亚哥（Licenciado Santiago）和帕拉西奥斯·鲁维奥斯博士（两位都是博学之人）、莱西齐奥多·穆希卡（Licenciado Mújica）、莱西齐奥多·索萨（Licenciado Sosa）、两位多明我会修士托马斯·德·杜兰（Tomás de Durán）和佩德罗·德科瓦鲁维亚斯（Pedro de Covarrubias），以及来自萨拉曼卡的法学家马蒂亚斯·德·帕斯。他们都是卡斯蒂利亚声名显赫的人物。[12]

在布尔戈斯会晤期间，出身于托莱多贵族家族，当时最受国王喜爱的修士贝尔纳多·德·梅萨（Bernardo de Mesa）试图证明（至少他说服了他自己）新世界的印第安人是自由的，但他们性情懒惰，国王有责任帮他们改变这种习性。绝对的自由于他们而言并无益处，需要奴役制度来"遏制他们糟糕的习性"。梅萨主要依靠引用自《国君法则》（Regimiento de Príncipes）中的内容，论证对印第安原住民进行奴役的合理性。一般认为《国君法则》是阿奎那的圣托马斯（St. Thomas of Aquinas）所著，实际上是由他的学生，来自卢卡的托勒密写成。[13]

接下来是马蒂亚斯·德·帕斯。他在萨拉曼卡担任神学教授，是位年轻的多明我会修士，后在该大学任教多年。他认为，印第安人不属于亚里士多德学派的自然法定义范畴，*不应当受到奴役。†[14]在巴利亚多利德的 15 天里，帕斯就"西班牙国王对印第安群岛的统治起源"写成一篇重要论文，他在文中提出且又回答了三个问

---

* 自然法主张天赋人权，人人平等，公正至上。自然法是整个科学的思想基础和各种具体法规的指导原则，它高于一切人定法和人为权利。在亚里士多德心目中，严格意义上的"自然"，乃是前述的第五层含义，即自然存在物的实体（或本质）。——译者注

† 原文如此，疑作者笔误。——编者注

题：首先，国王是否能够以专制或残暴的方式统治印第安人？答案是："基督教君主不能因想要统治异教徒或获得他们的财富而对异教徒发动战争，他们只能为了传播信仰而发动战争。如果岛上居民（此前从来都不是基督徒）愿意了解并接受新的信仰，基督教君主就不能入侵他们的领土……"

其次，卡斯蒂利亚国王能够实行政治统治吗？答案是："即便国王是在宗教热情的驱使和教皇的支持下发动有正当理由的战争，若异教徒未受邀接受基督教，他们便可以正当地保卫自己。除非这些异教徒态度坚决地反对服从国王或拒绝接受基督教，否则他们不能被俘为奴隶。"

第三，享受印第安人提供的众多服务，将印第安人当作奴隶的殖民者是否必须做出补偿？答案是："只有得到教皇许可，国王才能对印第安人进行统治，将他们纳于王权之下。因此，任何对转宗的印第安人实行压迫的西班牙殖民者都应进行赔偿。印第安人转信基督教后，国王有权要求他们进行工作，这在任何政治环境中都一样。不过，西班牙的基督徒要在合理范围内提供更多服务，比如说纳税，用以支付较远省份的维和与管理开支，以及行程费用和其他开销等。"

帕斯经同意引用道，13世纪一位奥斯蒂亚主教（奥斯蒂恩斯），苏萨的亨利曾说，异教徒们了解耶稣后，他们的全部权能和权利都会传递给耶稣，耶稣成为他们现实世界和精神世界的主，耶稣的权力继而传递给教皇。帕斯仁慈地补充道："我得知在那些土地上生活的人们（印第安人）没有野心，毫无贪念，生性善良，若宽厚以待，极其温顺，很可能愿意接受我们的宗教信仰。有人遵守自然法则，有人向魔鬼俯首称臣，与之进行对话。或许正因为如此，上帝驱使我们的国王，派人前去向他们指明救赎的道路。"[15] 后来的三百年内都未能有人发表过同样开放的言论，更勿论超越。

下一个发表观点的是王国枢密院成员胡安·洛佩斯·德·帕拉西奥斯·鲁维奥斯，一位聪慧的律师。他来自桑坦德，带有那个地方的人们特有的处事平静但效率杰出的特质。他曾在巴利亚多利德任法学教授，也曾是西班牙驻梵蒂冈大使（他的大使工作算不上成功），还担任过梅斯塔委员会主席，因此，没有人比他对这场讨论准备得更充分、与之更有关联，除非有人对美洲印第安人的了解胜于他对西班牙羊的认识。[16]

帕拉西奥斯·鲁维奥斯认为，上帝创造人类时，人人平等，但战争改变了这种平等性。在正义之战中被掳为俘虏的人，总会被当作奴隶对待。他为斐迪南国王近期吞并纳瓦拉王国的行动写过辩解书，宣称在与纳瓦拉的"神圣且正义的战争"中获得的一切物品，都将成为"征服者的财产"，不过他并未说明西班牙有正当理由将从潘普洛纳俘获的人们当作奴隶。在 1512 年的《论海洋群岛》中，他争辩道，西班牙对西印度群岛的权利源于教皇亚历山大 1493 年的馈赠。印第安人必须服从命令，皈依基督教，但虐待他们的人也一定要进行赔偿。他以亲切的态度说起印第安人，甚至辩称应当像呵护幼苗那样对待他们。他也同意教皇在现实和精神世界都拥有权力的观点。[17]

另外一位法学教授莱西齐奥多·格雷戈里奥（Licenciado Gregorio）对印第安人的态度则显得十分轻蔑，他将印第安人称为"会说话的动物"。他大量引用亚里士多德、阿奎那、邓斯·司各脱（Duns Scotus）

和安科纳的阿古斯丁的观点进行论证。[18] 安东尼奥·蒙特西诺斯修士宣称他将引用"要按照愚昧人的愚妄话回答他，免得他自以为有智慧"进行布道，却未能吸引诸多追随者，他出色的雄辩付诸东流。方济各会修士阿隆索·德·埃斯皮纳尔（蒙特西诺斯与他曾在布尔戈斯的街头争吵）和马丁·费尔南德斯·德·恩西索也发表了言论，后者曾在西印度群岛担任阿隆索·德·奥赫达的副手，对于那里的情形比较了解。

最后，布尔戈斯委员会决议，所有印第安人都必须被当作自由人对待。不过，即便采取强迫手段，也务必让他们信奉天主教教义。他们必须为个人利益进行工作，劳动的报酬是衣物和住房。分封给殖民者的土地被"视作教皇的恩典和捐赠，符合神法和人类法"，从而得到承认，但"禁止殴打或鞭笞任何印第安人，禁止称印第安人为狗，或名字以外的其他任何称呼"。[19]

这些争辩促成了《布尔戈斯法》（Laws of Burgos）的诞生，法案于 1512 年 12 月 27 日公布，其中最为重要的条目规定：将所有印第安人集中在城镇和村庄，焚烧他们原本的房屋，让他们住进专门新修的房子里，"这样他们就会放弃回家的念头。拆除旧房时不应动用暴力方式，而应采取温和的手段"（这与奥万多统治时期未能实施的一项法令不谋而合）。西班牙地主密切关注宗教教育的进展，如传播教义以及强调祈祷和忏悔的重要性。西班牙人要修建教堂，挂上恰当的图像和装饰。印第安人死去后，所在镇子的其他人都必须出席葬礼，并在胸前画十字。印第安人小孩应该在出生八天内接受洗礼，酋长应当将儿子送到多明我会修士那里，在四年的时间里学会阅读，了解基督教。他们也会在圣多明各跟着埃尔南·苏亚雷斯（Hernán Suárez）学习拉丁语。[20] 按照国王的命令，三分之一的印第安人要在金矿工作，西班牙人务必确保他们不受虐待也不过度劳累。孕期女性不用参加体力劳动。鼓励所有印第安人成婚。

随后，西班牙还颁布了不受印第安人欢迎的禁令：印第安人不能跳舞，因为这可能表明他们会回到过去的仪式和宗教。他们不能在身上涂画，也不能喝醉。每座新城都要任命两位督察（inspector），确保印第安人遵循法律规定。[21]

佩德罗·德·科尔多瓦是伊斯帕尼奥拉多明我会修士的领袖，他鼓励修士们勇于向殖民者发起挑战。科尔多瓦返回西班牙，认真研习这些法律条例，提出修正意见。他的观点打动了斐迪南，国王同意进行修订。接着，新的委员会成立，成员包括托马斯·德·马廷恩索（Tomás de Matienzo）及阿隆索·德·布斯蒂略（Alonso de Bustillo）。[22]（马廷恩索曾于1498年前往布鲁塞尔，作为胡安娜公主的告解神父，并对她的生平进行记录。）[23] 于是，《布尔戈斯法说明》（Clarification of the Laws of Burgos）在1513年7月28日颁布，[24] 其中的条款包括：对印第安儿童实行进一步的保护，坚持让印第安人穿衣服；印第安儿童可以根据意愿学习技术；印第安人一年要为西班牙地主工作9个月，"防止他们无所事事"，剩余3个月可以在自家农场耕作。

帕拉西奥斯·鲁维奥斯奉命撰写了著名的"要求"（Requirement），告知印第安人在新领土可获得的权益。鲁维奥斯显然受到阿隆索·德·奥赫达人生经历的影响，后者1509年在卡塔赫纳时就认为有必要发布这样的公告。此举具有坚实的现实基础：市政委员会与总督之间存在分歧时，可以就有争议的地区边界问题向权贵提出"要求"。加那利群岛总督要求原住民接受卡斯蒂利亚的统治和基督教时，曾发布过更为强势的"要求"。1513年针对西印度群岛提出的"要求"文本终稿，源自巴利亚多利德圣巴勃罗市（San Pablo）多明我会修道院进行的讨论。这座宏大的修道院由胡安和西蒙·德·科洛尼亚（Simón de Colonia）在几十年前修建而成，两位建筑师是父子，来自科隆，此前曾在布尔戈斯工作。帕拉西奥斯·鲁维奥斯争辩道，上帝将西印度群岛分配给西班牙人，正如约书亚将迦南分配给犹太人。因此，国王完全有理由派人前去，"要求那些敬慕西班牙的印第安人"将土地交给国王，因为土地是教皇赐予国王的礼物。如果印第安人表示拒绝，国王有权发动战争，杀死或奴役战俘，就像约书亚对待迦南居民那样。"但是，自愿放弃土地的印第安人应能够以奴仆的身份平静地生活下去。"[25]

参加讨论会的还有孔基洛斯和国王的告解神父马廷恩索，以及圣巴勃罗的大部分多明我会修士。

按照"要求"，原住民必须承认罗马教会和教皇为最高统治者，并且，以教皇的名义，国王和王后胡安娜是西印度群岛和大陆省的"统治者"。此外，印第安人必须同意接受布道，否则西班牙人将会宣告：

> 我们将带走你的妻子和孩子，让他们成为奴隶，遵从国王陛下命令，贩卖或者处置他们；我们将没收你的财产，进行彻底破坏，就像惩罚拒不服从、拒绝接受上帝、试图反抗和反驳的奴仆那样对待你们；任何由此引起的死亡或损失，都是你们的错误导致……我们要求公证人在场，进行书面公证，我们要

求其他在场之人作为"要求"的见证人。[26]

这份文件首先简单叙述了世界的历史进程，到最后部分陈述道，美洲是教皇亚历山大六世馈赠给天主教双王的礼物。

"要求"给那些站在西印度群岛闷热河畔的西班牙人一种错觉，在面对手无寸铁的人们，或立于武装"食人族"可能藏身的丛林之前时，他们拥有更高的权力，可以肆无忌惮地采取任何行动。这份文件旨在为西班牙在新世界采取的所有行动正名：征服、奴役和改变信仰。

在人口呈缩减趋势的伊斯帕尼奥拉，他们还能采取何种行动呢？1514年，来自萨拉曼卡的律师罗德里戈·德·阿尔武凯克开始着手对岛上的土地和居民重新进行划分。阿尔武凯克以行事有条不紊著称，财政官帕萨蒙特为他提供协助。阿尔武凯克是王室大臣萨帕塔的亲戚，此次的新职务便是由萨帕塔一手安排的。他曾在1502年跟随奥万多前往伊斯帕尼奥拉，也曾任康塞普西翁堡垒的第一任指挥官。现在，他拥有了全新的身份。

阿尔武凯克新的分配方案从侧面反映了西班牙各方势力的制衡。例如，斐迪南国王分得1 000名印第安人，副王迭戈·哥伦布分得300人，他的妻子玛丽亚·德·托莱多同样是300人，哥伦布的两位兄弟迭戈和巴尔托洛梅奥得到200—300个印第安人，新任法官和其他官员各得200人，所有的地方法官、议会代表（procurador）、政务委员和其他官员得到的人数更少。事实上，国王得到了1 503名，而非1 000名印第安人；国王的堂/表亲、廷臣兼加利西亚总督及王国枢密院成员埃尔南多·德·维加获得300人；

丰塞卡主教和孔基洛斯各获得 200 人。(他们在古巴、牙买加和波多黎各也分得数量与此相当的印第安人。)宗教组织没有接收印第安人。除此之外,分配方案依照计划实施,总计 2.6 万多一点的印第安人分得 738 处住宅。[27] 但这并不包括所有的印第安人,因为奴隶属于个人财产,不纳入分配范畴。1514 年颁布的一项法令反映了王庭对于岛上西班牙人口数量的担忧:250 名卡斯蒂利亚人获得了自由通行权,可在圣多明各停留一定的时间。[28]

分配方案对已被征服的印第安人生活并未产生任何改变,过度的工作和传统农业文化的崩塌都促成了原住民人口的衰减。出生率下降、饮用有毒的苦丝兰果汁致死,也是造成人口数量下滑的因素。传统政治组织遭到破坏,这一点也不容忽视。1518 年(第一次暴发严重的传染病天花)以前,疾病对人口减少的影响还不算显著,不过小范围传播的数次伤寒和肺结核可能有相当大的影响。泰诺人被迫远离熟悉的村庄,迁往陌生的地方,这也是他们对未来失去信心的一个原因。参考其他帝国的经验,刻意摧毁当地人对于过去生活的记忆是取得胜利的必要措施。

许多泰诺女孩嫁给西班牙征服者,部分原因是岛上的欧洲女性数量稀少。1514 年的分配方案表明,岛上一半的西班牙人都迎娶了当地女性作为妻子,很多人自然也就育有混血后代。

另一毁灭性的因素是从欧洲来岛上的牛群,它们四处游走,对当地农业造成大面积破坏。这件事给托马斯·莫尔带来了启示,因此在 1516 年初次出版的《乌托邦》(*Utopia*)一书中,他写道:"你们的羊群一向是那么驯服,那么容易喂饱,据说它们现在变得贪婪、凶蛮，以至于会吃人，把你们的田地、家园和城市蹂躏成废墟。"*乌托邦这个幻想中的地方位于巴西附近，实际上它就像新世界的所有地方。

　　岛上的人口呈灾难式衰减，西班牙自然是罪魁祸首。他们在当时就受到各方的谴责，包括西班牙人。伊斯帕尼奥拉的多明我会教区领袖佩德罗·德·科尔多瓦说："如此温和、顺从和善良的人们，被迫进行过度和不习惯的体力劳动……法老和埃及人对以色列人后代的压迫也不及这般残忍。"[29]在一段时间里，西班牙从其他地方抓获奴隶，以弥补劳动力的不足。1514 年 1 月 6 日，迭戈·哥伦布与圣多明各的法官和其他官员决定，为前往吉甘蒂斯的三座岛屿——库拉索、阿鲁巴和博内尔——搜寻奴隶的远征行动提供资金。1513 年 7 月 29 日，这三座岛曾与巴哈马群岛一样，被宣布为"毫无用处的小岛"。远征行动由出生于热那亚的塞维利亚人赫罗尼莫·格里马尔迪组织，桑卢卡尔－德巴拉梅达人迭戈·卡瓦列罗，以及两位商人胡安·德·安姆匹斯（Juan de Ampiés）和洛佩·德·巴尔德西（Lope de Bardeci，兼任公证员和王室行政官）提供协助。法官马塞洛·德·比利亚洛沃斯也有兴趣参与远征。佩德罗·德·萨拉萨尔（Pedro de Salazar）曾多次赴巴哈马群岛进行远征，寻找奴隶，被任命为船长。远征船队的船员来自圣多明各，他们受街头公告吸引，前去萨拉萨尔家门口集合。国王批准了此次远征活动，甚至命令他的代表为远征提供资金支持。[30]

　　远征船队初抵岛屿，岛民们不知厄运将至，和平地接待他们，

---

* 托马斯·莫尔著，戴镏龄译：《乌托邦》第 35 页，商务印书馆，1959 年。——译者注

了解到船队的目的以后，遂奋起反抗，可惜未能成功，大部分岛民难逃被俘的结局。1514 年 8 月，200 人被运往伊斯帕尼奥拉。萨拉萨尔船长仍留在库拉索岛，随后几个月间，又有 500—2 000 名印第安人从这些岛屿被运往圣多明各，三分之二的人死于航行途中或在抵达目的地之后死去，存活下来的人大都被关押于格里马尔迪在圣多明各购买的大宅内，少数则关在西印度贸易总署的新楼里。他们被拍卖出售，每人价值最多达到 100 比索。所有人被买家在脸颊打上字母烙印。法官卢卡斯·巴斯克斯·德·艾利翁也是热忱的奴隶买家之一。[31]

与此同时，反对新世界现状的人们有了一位新领袖。

巴托洛梅·德·拉斯·卡萨斯来自塞维利亚，他称得上发现美洲大陆后的前 50 年间最为有趣的人了。拉斯·卡萨斯生于 1484 年前后，[32]出身于改宗者家庭，祖父迭戈·卡尔德龙（Diego Calderón）1491 年因犹太人身份被处以火刑，[33]父亲佩德罗·德·拉斯·卡萨斯曾跟随哥伦布进行 1493 年的第二次远航，这位佩德罗曾由阿尔武凯克分配了 7 名契约奴仆和 53 名印第安人。[34]巴托洛梅各位叔叔的生平也相当有趣：廷臣胡安·德·佩纳洛萨，1492 年奉命在帕洛斯宣读法令，要求当地人为哥伦布效力；廷臣弗朗西斯科·德·佩纳洛萨（Francisco de Peñalosa），伊莎贝拉女王的宠臣，曾在哥伦布第二次远航时任军事分队指挥官，后在非洲被杀；迭戈·德·佩纳洛萨，公证员；路易斯·德·佩纳洛萨（Luis de Peñalosa），塞维利亚大教堂教士。

巴托洛梅·德·拉斯·卡萨斯曾在圣米格尔的学校求学，之后进入教堂学校的内夫里哈班级学习，成为"出色的拉丁语学者"。[35]1493

年，他在塞维利亚见到了首次从西印度群岛带着战利品也就是印第安人归国的哥伦布。这些印第安人身上缀以黄金和珍珠，还带着他们的绿鹦鹉。[36] 据说，他曾入伍担任民兵，参加过镇压阿尔普哈拉山摩尔人反叛的军事行动。

1502 年，年仅 18 岁的拉斯·卡萨斯陪同父亲（对后者而言是回到熟悉的殖民地），跟随奥万多前往新世界。从各方面来判断，他都不是以教士的身份前去新世界的。他当时可能最关心的是金矿，或者是那些距离圣多明各最近的金矿，或者是锡瓦奥矿藏较为丰富的金矿。[37] 他后来记载道，抵达圣多明各时，那里的殖民者告诉他一切都进展顺利，不久前刚刚结束了一场战争，给他们带来大量奴隶。这条消息令与他同行的人们大为兴奋。[38]

拉斯·卡萨斯很可能没有参加在哈拉瓜向安纳可安纳发动的残酷远征活动，不过他后来曾写道，他与迭戈·贝拉斯克斯因"过去在那座岛上建立的友谊"而联合。[39] 他的确与胡安·德·埃斯基韦尔参与了 1504 年夏天对伊圭的镇压行动："我目睹了无数毫无人性可言的事件。"[40] 他或许也是跟随埃斯基韦尔击垮绍纳岛库图巴纳马国王的 50 人之一。在后来的一段时间里，他从事向殖民者出售食品和衣物的生意。

1506 年，他离开伊斯帕尼奥拉，打算成为神职人员。到 1507 年 1 月初，他身在罗马，亲历了每年 1 月 13 日举行的男同性恋嘉年华："男人们身着女装，戴着面具，舞动身躯，肆无忌惮地取乐……"[41]

1509 年，拉斯·卡萨斯以教士的身份返回圣多明各，他很可能是与迭戈·哥伦布同行的，因为他写到他看到尼库萨离开岛屿，向大陆进发。有段时间他可能回到了亚西卡河附近，在父亲的农场从事农业活动。之后，也许是 1510 年，他在康塞普西翁－德拉维加主持弥撒，这是头一回将新神父的首次弥撒安排在西印度群岛上，因此迭戈·哥伦布也参加了此次弥撒仪式。[42] 拉斯·卡萨斯后来与唐·迭戈（Don Diego）私交甚好。他与 1510 年抵达新世界的多明我会修士也十分交好，或许还在 11 月与佩德罗·德·科尔多瓦在康塞普西翁会见过。1511 年，他与潘菲洛·德·纳瓦埃斯同在古巴（见第二十三章）。

拉斯·卡萨斯在 1515 年的 8 月至 9 月间从古巴来到圣多明各，然后乘王室领航员迭戈·罗德里格斯·佩皮诺（Diego Rodríguez Pepiño）的船只"圣玛丽亚－德索科罗号"（*Santa María de Socorro*）返回家乡。与他同行的有古铁雷·德·安普迪亚修士（Fray Gutierre de Ampudia），后者不久前才带领传教团去往古巴。他在 10 月 6 日抵达塞维利亚，带着大主教德萨的信在普拉森西亚觐见国王。斐迪南于 11 月 28 日到达此地。[43] 拉斯·卡萨斯向天主教国王报告，如不采取挽救措施，新世界的印第安人将会灭绝。资深大臣孔基洛斯试图转变话题，丰塞卡主教也积极尝试这样去做，但国王向拉斯·卡萨斯承诺，将在塞维利亚再次接见他。后来以"西印度群岛使徒"称号著名的拉斯·卡萨斯心中自然是满意的，[44] 能够见到国王可算迈出了一大步。

从这时开始，西班牙人就如何对待印第安人产生了争议，而国王在其中发挥了多少作用我们不得而知。他曾经出席布尔戈斯的部分讨论会，又继续与王后游走于西班牙各地。1510 年，他在科尔多瓦度过几个月的时间，随后前往埃西哈（Écija）、卡尔莫纳（Carmona）、拉林科纳达（La Rinconada）和塞维利亚，他在塞维利亚从 10 月底待到 11 月初。他总是带着信任的大臣们出行，尤其是佩雷斯·德·阿尔马桑和孔基洛斯，还有枢密院成员萨帕塔、加林德斯·德·卡瓦哈尔（Galíndez de Carvajal），以及数位顾问，如丰塞卡和埃尔南多·德·维加。这些年间，由于廷臣和其他人的杰出服务，国王向他们支付了数额庞大的费用。比如，每年单是向阿尔瓦公爵就要支付 100 万马拉维第。[45]

在廷臣的不懈努力下，斐迪南的精力主要集中于如何处理印第安人以外的事务，例如对纳瓦拉或意大利的战争。

第二任妻子杰曼未能诞下继承人，这令斐迪南大为苦恼。1509年，杰曼曾生下一子，但婴儿出生几小时后便夭折了。斐迪南和伊莎贝拉联姻，吞并格拉纳达，这才让西班牙成为统一王国，因此他与所有西班牙人都不希望王位落入外来的哈布斯堡家族之手，可他仅有的两名外孙查理和斐迪南均由精神失常的胡安娜所生，都属于哈布斯堡家族。

斐迪南还要考虑非洲的战事。西斯内罗斯已经发起大规模战役，以图扩大西班牙在马格里布西部的影响力，这是为了完成伊莎贝拉女王的遗愿，将西班牙势力扩张至非洲，而非美洲。1509 年 5 月的耶稣升天节，枢机主教听从指挥官吉罗拉莫·维安内罗（Girolamo Viannello，热那亚人）的建议，在自己的主教管区筹足了人马和资金，挥兵进攻奥兰（Oran）。总指挥官为佩德罗·纳瓦罗（Pedro Navarro），此前因征服北非海岸线上的战略要地贝莱斯－德拉戈梅拉（Vélez de la Gomera）而出名。进入奥兰后，枢机主教高兴地诵读《诗篇》第 115 篇：“耶和华啊，荣耀不要归与我们，不要归与我们，要因你的慈爱和诚实归在你的名下。”[46] 托莱多大教堂内挂着一幅由胡安·德·博尔戈尼亚创作的精美壁画，描绘了这一场景。之后，大将军贡萨洛的哥哥迭戈·费尔南德斯·德·科尔多瓦（Diego Fernández de Córoba）接任总指挥官。

西斯内罗斯带着大批摩尔人奴隶和满载金银的驼队回国，还有众多关于占星术和医药的阿拉伯书籍、浴盆以及清真寺用的钥匙和烛台，这些物品中的一部分现保存在阿尔卡拉的圣伊尔德方索教堂（San Ildefonso）。不久之后，西班牙军队在拉斯－戈尔比斯（Las Gerbes）遭遇失利，阿尔瓦公爵的儿子——亦是公爵的继承人——被杀。斐迪南意欲亲自前往非洲复仇，但此时他更为关切意大利的局势，因而并未成行。他从未制定殖民统治北非的具体战略，而是反复与西斯内罗斯就后者征服直至撒哈拉边缘马格里布地区的计划进行讨论。

国王在处理这些事情及其他事务上，都与教皇尤利乌斯存在分歧。比如，1510 年 12 月，尤利乌斯的若干教皇敕令送达宗教裁判所最高委员会，教皇尤利乌斯容许塞维利亚的改宗者佩德罗·洛佩斯·德·阿吉拉（Pedro López de Águila），可以免受针对改宗者的限制，即使他已经被宗教法庭宣判有罪。[48]

欧洲领土的经济形势也足以令他头痛。例如，1510 到 1515 年间物价下跌，这是 16 世纪唯一的一次下跌；在 1515 年，物价又急剧上涨。

出于经济因素的考虑，斐迪南无疑对"西印度群岛表现出前所未有的兴趣"。因此，1509 年 12 月，他向西印度贸易总署发布了包含指示、规定和其他内容的命令，以便在必要的地方完成新部署。1510 年 1 月 22 日，他再次发布了这样的命令。[49]

1512 年 7 月 30 日，国王命令迭戈·哥伦布任命巴托洛梅·奥蒂斯为"（西班牙）穷人在新世界的代表"。他的薪水是 70 名印第安人为他效力，在当时的环境下这样的薪酬并不算高。[50]1513 年 9 月 26 日，国王计算了迄今为止给予伊斯帕尼奥拉殖民者的所有许可和特权，表示这座岛上的居民都是老基督徒，没有新基督徒，而且被处以火刑的异教徒的子孙或受罚者的儿子，或犹太人及摩尔人的后代，他们不能在上述岛上获得印第安人。[51]1512 年，国王已经在哈恩、科尔多瓦及利昂与改宗者们达成协议：改宗者必须支付 5.5 万达克特，才能前往新世界。有人确实为去往新世界支付了这样一笔巨款。[52]

国王的命令都是由丰塞卡和孔基洛斯拟定的，交由国王审阅签字即可，我们只能推断他们对国王的想法揣度得很准确。1513 年 7 月，国王要求他的罗马大使赫罗尼莫·德·维奇（Gerónimo de Vich）在西印度群岛为丰塞卡成立"统一主教管区"，国王的命令也是这样签署的。[53]对于斐迪南而言，在西印度群岛新获得的领地需要他履行管理职责，但他对此丝毫未表现出任何热情。

1512 年 5 月，国王罹患重疾，病因无法确定，他也一直未能完全康复。[54]不过，在 1512 年 7 月，他仍有精力派遣军队，任命好友阿尔瓦公爵为统帅，攻占纳瓦拉王国。这场战争显然是出于现实政治的考量，斐迪南称发起战争的原因是法国与阿尔布雷（Albret）家族秘密签订协议，打算入侵卡斯蒂利亚。纳瓦拉地处比利牛斯山以南地区，属于法国的保护国，占据纳瓦拉有利于实现斐迪南的长期战略目标。教皇尤利乌斯二世为入侵、占据和最后的主权移交送上祝福。（仅限于南方，或者说西班牙属纳瓦拉；北方，或者说法属纳瓦拉仍然是独立王国，由阿尔布雷家族统治，受法国保护。）[55]

1513 年，除了前往托德西利亚斯、梅迪纳－德尔坎波、阿布罗杰及梅霍拉达的修道院以外，斐迪南整年几乎都待在巴利亚多利德。他在那里还有利昂都曾外出狩猎，但始终处于疾病缠身的状态。后来，由于身体过于虚弱，无法处理常规政务，他的大臣们掌握了更大的权力。昔日盟友滕迪利亚伯爵等人也不再与他直接通信，因为此时他的信件全部交由大臣们执笔。在这种形势下，斐迪南想要安排在自己死后由阿尔瓦公爵担任摄政王。这违反了伊莎贝拉女王的遗愿，她指名要让枢机主教西斯内罗斯在必要时出任此职。滕迪利亚支持阿尔瓦公爵上位，其他位高权重的贵族，如因凡塔多公爵和卡斯蒂利亚总治安官贝拉斯科则支持西斯内罗斯。从这场争议中可以清楚地看出，即便势力强大如君主，也面临诸多限制。于是，由于西班牙王庭忙于内政，西印度群岛的哥伦布统治区域得以自主发展。

新世界的多明我会领袖佩德罗·德·科尔多瓦修士受到主教长阿隆索·德·洛艾萨的谴责之后，最终赢得与阿隆索·德·埃斯皮纳尔的争论。1513 年 6 月 10 日，他说服斐迪南国王，带领 15 位教士前往帕利亚湾和"委内瑞拉大陆"之间的南美洲大陆，向当地的印第安人传教。科尔多瓦将亲自领导布道工作。国王未划定明确的传道领域，[56] 为避免与西班牙掠奴者爆发冲突，科尔多瓦说服国王，禁止从圣多明各或西班牙出发的任何船队，在未经他的同意之下驶向位于玛格丽塔岛南方的卡里亚科（Cariaco）与当时称为戈吉瓦格雅、今天的瓜希拉半岛之间的大陆沿海地带。这段海岸线绵延约 500 英里，涵盖了今天委内瑞拉西部的大部分地区。斐迪南国王要求迭戈·哥伦布满足修士们的所有需求。他们得到了总计价值 40 万马拉维第的货物，包括众多圣人和王室画像，其中有著名画家如阿莱霍·费尔南德斯（Alejo Fernández）的画作和雕塑家豪尔赫·费尔南德斯的作品（两人均来自塞维利亚）。此外，还有 30 本内夫里哈的《语法》书籍。（画作中包括玫瑰圣母、圣人多米尼克和 13 世纪的烈士圣彼得。）[57]

由于罹患疾病，佩德罗·德·科尔多瓦最终未能领导他付诸大量心血的远征活动。他请争议加身的蒙特西诺斯代为指挥。蒙特西诺斯接受了这项艰巨的任务，不料他也在圣胡安病倒，因而最后唯有一位多明我会修士弗朗西斯科·德·科尔多瓦（Francisco de Córdoba）和一位庶务修士胡安·加尔塞斯从圣多明各出发，[58] 踏上这场伟大的远征。两人从奇里比齐（Chiribichi）山谷面朝海端的尽头上岸，在那里得到酋长阿隆索的欢迎。几年前阿隆索·德·奥赫达曾为该酋长施行洗礼。

数月后，萨弗拉人戈麦斯·德·里韦拉（Gómez de Ribera）率领三艘船从埃斯特雷马杜拉抵达奇里比齐。里韦拉曾在伊斯帕尼奥拉充任公证员。1500 年，弗朗西斯科·德·博瓦迪利亚曾让他对哥伦布兄弟进行司法审查。他一直待在圣多明各，在 1514 年的阿尔武凯克分配方案中，他得到了 7 名契约奴仆和 25 个奴隶。现在，他想要搜寻珍珠，为自己扩充奴隶。当地的印第安人为他们举办了长达数天的庆祝活动，新来者与印第安人还曾一度展开友好商讨，两位教士也都在场。然后，里韦拉船队的一位成员邀请酋长阿隆索及其妻子参观他们的船只。阿隆索接受邀请，带着 17 名印第安人前往，结果他们刚登上船便被抓获，船只随即起锚航行，驶往圣多明各。

　　岸上的印第安人自然抓住了两位多明我会修士，修士说他们会告诉下一艘船的船长，向圣多明各传递消息，如果不送回阿隆索和他的同伴，修士将面临生命危险。信息传到伊斯帕尼奥拉，有人向佩德罗·德·科尔多瓦送去一封信，然而到了那时，阿隆索和朋友们已被分开贩卖了。蒙特西诺斯对此行径发表谴责，戈麦斯·德·里韦拉藏匿于圣多明各的梅塞德会修道院，受到法官亲戚巴斯克斯·德·艾利翁的庇护。蒙特西诺斯要求归还印第安人的呼吁无疾而终。因此，仅仅四个月后，1515 年的 1 月，两位修士弗朗西斯科·德·科尔多瓦和胡安·加尔塞斯遭到处决。弗朗西斯科·德·巴列霍（Francisco de Vallejo，最初是跟随奥万多的征服者）负责随后的调查，他裁定多明我会修士是加勒比人杀害的，因而继续奴役他们的领袖也就不算犯罪。[59] 如此混淆视听的观点一经发布，竟导致多明我会成为两名修士被杀的罪魁祸首，因为他们曾被警告不要前去加勒比地区。据说被绑架的印第安人居住在加勒比人中间，但实际上他们是古艾提奥人（Guaitiao）。一些遭到戈麦斯·德·里韦拉绑架的印第安人后来被送回奇里比齐。法官的结论掩盖了一个事实：多明我会修士弗朗西斯科·德·科尔多瓦和庶务修士胡安·加尔塞斯是最早在南美洲北海岸定居的西班牙人，他们开启了轰轰烈烈的移民潮流，也是两个伟大的独立国家的先驱。

第二十三章

"无偏袒、无爱，亦无仇恨"

你是否知道，"行省总督"（西班牙在美洲的殖民统治者）
迭戈·贝拉斯克斯在印第安人和监护征赋制相关事务中本着完
全公平的态度，将印第安人分配给最值得拥有他们的人，而且
无偏袒、无爱，亦无仇恨……

——针对迭戈·贝拉斯克斯的司法审查，问题 22，1525 年 [1]

古巴岛广袤、狭长、美丽，早年曾被称为"胡安娜"，有时也
称为"费尔南达"。1508 年，塞巴斯蒂安·奥坎波，来自加利西亚
诺伊阿（Noia）的骑士，曾为伊莎贝拉女王效力，对古巴岛进行了
长达八个月的环航。[2] 诺伊阿位于帕德龙附近，9 世纪时，人们在这
里奇迹般地发现陈于石棺中的圣詹姆斯的尸体，圣地亚哥-德孔波
斯特拉市（Santiago de Compostela，简称圣地亚哥市）由此成为圣
地。奥坎波的成就足以配得上他的出身。他在 1493 年跟随第二次远
航的哥伦布来到西印度群岛。[3]1501 年他曾在赫雷斯与人发生一次
神秘的争论，此后似乎一直留在伊斯帕尼奥拉。[4]1507 年，奥万多
总督想要确认，哥伦布坚称古巴是大陆一部分的观点是否正确，以

及彼得·马特尔在 1505 年称"不少人，比如比森特·亚涅斯·平松说他们曾环绕古巴岛航行"的说法是否准确。[5]

奥坎波率领两艘船围绕古巴航行，挺进壮美的哈瓦那港，不过当时的西班牙人还不知道这个港口，经过普塔德－圣安东（格塔里亚），遇到一群胭脂鱼，确认古巴是一个大小与英国相当的岛屿。古巴似乎存在铜矿，奥坎波认为东边的山脉藏有金矿。他认为暇古阿港（Bay of Xagua），现在的西恩富戈斯（Cienfuegos），能够容纳 1 000 艘快帆船。[6]他还看到了巴拉科阿（Baracoa）和马纳蒂（Manatí），这是哥伦布在古巴岛上到达的最远地带，他第一次远航时曾在这里遭遇翻船事故。

事实上，古巴不仅拥有金矿，还有镍、钴、铁、锰和铬铁矿，镍矿未来将会成为极其重要的资源。拉斯·卡萨斯会说，古巴比伊斯帕尼奥拉的空气更加清新，环境更为安静。[7]

1511 年年初，"肥胖、红发的"西班牙贵族迭戈·贝拉斯克斯·德·奎利亚尔征服了古巴。贝拉斯克斯与奥万多一样，出身于在中世纪历史上具有重要地位的家族。卡拉特拉瓦骑士团的创始人之一即为修道士迭戈·贝拉斯克斯，摩尔人进攻拉曼查（卡拉特拉瓦）时，圣殿骑士们称无力防御，他主动提出守卫城市。有位鲁伊·贝拉斯克斯（Ruy Velázquez）创作了几首极为动听的西班牙民谣。还有一位鲁伊·贝拉斯克斯是《劳拉的婴儿》（Infantes de Lara）故事中的叔叔。迭戈的一位叔叔曾是卡斯蒂利亚国王的顾问，一位堂／表亲克里斯托瓦尔·德·奎利亚尔在圣多明各任奥万多的财政官，还是天主教国王不幸的继承人唐·胡安（Don Juan）亲王的司酒者。[8]他的另外一位堂／表亲是亲王的首席会计官、阿雷瓦洛城堡的指挥官，曾是幼年巴斯克·伊尼戈·德·洛约拉（Basque Íñigo de Loyola）的老师，后者后来创立了耶稣会。桑乔·贝拉斯克斯·德·奎利亚尔为最高法院的法官，他是 1484 年第一届宗教裁判所全国委员会的成员。近亲安东尼奥·德·托雷斯（Antonio de Torres）是哥伦布第二次远航期间的一位船长、奥万多的副官，可以说是他帮助西班牙人实现了定期航行往返西印度群岛。[9]

迭戈·贝拉斯克斯的家乡库埃利亚尔（Cuéllar）是一座历史悠久的卡斯蒂利亚古城，横亘于塞戈维亚与巴利亚多利德中间。库埃利亚尔距离马德里十分遥远，首都的人们不可能周末来此休闲放松，附近除了乡间松树林，别无吸引游客之处。古城里生活着 1 万居民，以伐木和耕作为生，农耕主要依靠牛。19 世纪的英国旅行家理查德·福特（Richard Ford）记载道，库埃利亚尔街道陡峭，地面铺设简陋，今天这里仍是如此。不过，市区不乏美丽迷人的广场、教堂和修道院（部分已经荒废）、巍峨的城堡，几处破败的宅邸，门上悬挂着摇摇欲坠但犹可辨认的纹章。[10]直通主广场的圣佩德罗街上能够看到的纹章就曾属于贝拉斯克斯家族。

库埃利亚尔的城堡由贝尔特兰·德拉·奎瓦（Beltrán de la Cueva）修建，他是阿尔武凯克的第一任公爵、恩里克四世国王的宠臣、国王第二任妻子胡安娜王后的情人。伊莎贝拉女王年幼时，库埃利亚尔城的税收都要上交于她。现在的库埃利亚尔似乎远离尘世纷争，但在 15 世纪末期，这里曾上演了无数错综复杂的阴谋。破败不堪的城堡和圣方济各教堂象征着库埃利亚尔现在的没落，阿尔武凯克家族成员精心修建的墓地现在也长眠于曼哈顿北部的美国西班牙裔协会博物馆。

迭戈·贝拉斯克斯生于 1464 年前后，就在这一年，国王将库埃利亚尔割让给阿尔武凯克公爵。那个年代内乱纷争不断，卡斯蒂利亚贵族四分五裂，这位征服者的童年必定动荡不安。政局对宗教也产生了深远影响。库埃利亚尔有个相当大的犹太人地区，一位犹太教士尤为擅长演讲，就连老基督徒也受他吸引，前去犹太教堂聆听他的布道。15 世纪 70 年代，就连市长也加入听众行列。但是，我们可以推测，迭戈·贝拉斯克斯所受的教育中，骑士故事要多于犹太民族的事迹。他要背诵大量的古典诗歌，因为这是那个时代的潮流。

迭戈·贝拉斯克斯曾参与格拉纳达战役的最后一战。据说，他在这场战役中"贫病交困"，不过他似乎很快恢复了健康。他在 1493 年跟随哥伦布进行第二次远航，到达伊斯帕尼奥拉。当时总共有约 200 位殖民者与哥伦布同行。他此后再也没有回到欧洲，自然也未返回库埃利亚尔。[11]

唐·迭戈在圣多明各积聚了大量财富，很快就被推选为西班牙新殖民地的领袖。首先，他肯定是个身强力壮之人，因为大多陪同哥伦布参加第二次远航的人都死在途中，发现目的地黄金储量并不可观之后，大部分幸存者选择回国。他与哥伦布性情严厉的兄弟迭戈私交甚好。此外，他的政治手段也一定非常灵活，在"法老"（愤怒的西班牙殖民者如此称呼哥伦布）统治下的混乱年代和继承者们进行的改革中，没有几位领袖人物能够幸免于难。

贝拉斯克斯以副总督的身份管理殖民地西部（岛屿这一部分就是现在的海地）的历史至今成谜。以严厉著称的拉斯·卡萨斯曾评论他是一位脾气随和的人，即便容易发脾气，也会很快平静下来。

贝拉斯克斯喜欢拉斯·卡萨斯的布道——拉斯·卡萨斯本人是这样说的。不过，在 1503 年的一系列包括处决安纳可安纳在内的残酷事件期间，贝拉斯克斯肯定在场。

他显然具有极大的个人魅力。在古巴任总督时，他与他人对话时处处显露着诙谐幽默，出身名门、相互熟知、性情散漫的年轻人聊天多是这样的方式。贝拉斯克斯喜欢宴会。他为自己的家族骄傲，在遗嘱中也明确表达了这一点，还将这种自豪感传递给众多一贫如洗的卡斯蒂利亚亲戚。他们大都来自库埃利亚尔或其附近，跟随他一路定居于西印度群岛。

圣多明各的局势稳定以后，西班牙人开始讨论将统治势力扩张至邻近地区：波多黎各、牙买加，以及西部地区，自然还有古巴。庞塞·德·莱昂前去波多黎各，埃斯基韦尔前往牙买加，贝拉斯克斯继战胜泰诺人领袖之后，热衷于向伊斯帕尼奥拉以西扩张，因此决定远征古巴。据传，一位泰诺族酋长哈土依（Hatuey）穿越约 60 英里的向风海峡逃亡到古巴岛。贝拉斯克斯的想法得到了圣多明各位高权重的王室司库帕萨蒙特的支持。国王将哈土依视作造反者，因为有段时间他曾"为我们效力"。[12]

古巴岛地域广袤，卡斯蒂利亚若想吞并面积如此巨大的新领土，必须经由王国枢密院讨论，而最后似乎并未经过这一程序。西班牙帝国在本国快速发展的驱动下急剧扩张，迭戈·哥伦布向国王汇报了自己的计划，后来得到批准，不过国王反对迭戈最初提出的由其叔叔巴尔托洛梅奥领导古巴远征的想法。

1509 年，迭戈·哥伦布为贝拉斯克斯授予征服古巴的权利，不过，这一命令并无实质性的意义。贝拉斯克斯似乎是绕过迭戈·哥伦布，借由帕萨蒙特与国王保持着直接联系。斐迪南似乎为贝拉斯克斯赋予了专门的权力，贝拉斯克斯也会直接向国王，而非迭戈·哥伦布写信。[13]

贝拉斯克斯个人出资，在萨尔瓦铁拉－德拉萨巴纳（Salvatierra de la Sabana）——今天海地的莱斯卡耶湾（Bay of Les Cayes），集结了一小支船队和大约 300 名西班牙人。他的秘书，30 岁的埃尔南·科尔特斯，曾是奥万多的追随者，对于远征的安排发挥了重要作用。远征前，他曾在奥万多创建的阿苏阿担任公证员和种植园主。正如奥万多接受来自卡斯蒂利亚的贝拉斯克斯那样，贝拉斯克斯起用了埃斯特雷马杜拉人科尔特斯。奥万多退职后，科尔特斯或许认为自己在伊斯帕尼奥拉没有未来，于是开始寻找新的机遇。

巴托洛梅·德·拉斯·卡萨斯也在远征队伍之列。尽管他在 1508 年成为神父，但与拯救印第安人的灵魂相比，他似乎对参与征服更感兴趣。队伍中还有四位方济各会修士。庞塞·德·莱昂的儿子胡安·冈萨雷斯为父亲担任翻译，也参与了贝拉斯克斯的航行。[14]

贝拉斯克斯很快就在古巴岛远东地区——巴拉科阿城附近安顿下来，将"亚松森－德巴拉科阿"定为第一个首府。当地古巴人奋起反抗，无奈他们的弓箭在西班牙人面前毫无效用。贝拉斯克斯很快就抓住了伊斯帕尼奥拉曾经的酋长哈土依。

接下来发生的事件成为古巴的一段传说。抓获敌方首领，势必要进行处决，这点是毫无疑问的。一位方济各会修士提出，只要哈土依皈依基督教，就赐予他基督徒的死法和葬礼。据说，哈土依听完修士的建议后表示，如果加入基督教意味着他要永远与西班牙人同在，他不愿意施行洗礼。于是，他受到与异教徒同样的火刑。[15]

　　黄金之河：西班牙帝国的崛起，从哥伦布到麦哲伦

西班牙人由此开始征服古巴岛。征服并不算难，因为古巴面积虽比伊斯帕尼奥拉大得多，人口却较少。古巴岛上曾建有几个政治机构，他们除了防御加勒比人的袭击之外，鲜少参与战争，而且古巴遭受侵袭的频率要低于伊斯帕尼奥拉岛。泰诺人抵达伊斯帕尼奥拉岛后，又来到古巴岛，这里的土壤肥沃，适宜用挖掘棒进行耕作，产量很高。

与其他美洲地区一样，弓、箭以及投石器根本不是西班牙武器的对手。西班牙人拥有火绳枪、早期的大炮、马匹甚至狗，此外还有长长的钢剑；现在去博物馆看到此类武器都会令人感到瑟瑟发抖。那些来自库埃利亚尔和旧卡斯蒂利亚其他城市的骑士们策马穿过美丽的热带岛屿，该是何等震撼的画面！关于征服者所思所想的唯一真实资料来源就是拉斯·卡萨斯的历史书籍，但他的史书重点并不在此。[16]

潘菲洛·德·纳瓦埃斯在贝拉斯克斯之后也抵达了古巴，他长着一头金发，体形高大，曾在牙买加任埃斯基韦尔的副官。潘菲洛来自地处库埃利亚尔和塞戈维亚之间的小城纳瓦尔曼萨诺，因此很可能与贝拉斯克斯自幼便相识。奥维多说，纳瓦埃斯秉性善良，擅长作战，不过拉斯·卡萨斯对他身上的大多数特质都持鄙夷的态度。[17]

纳瓦埃斯率领30位全副武装的弓箭手军队抵达古巴。他从南海岸登陆，很快便与带领100名步兵和约20名骑兵，从巴拉科阿出发、向西赶来的贝拉斯克斯会合。两人穿过后来被称为东方省的地区，朝巴亚莫进发。统率先锋队伍的纳瓦埃斯报告称在巴亚莫遭遇反抗，贝拉斯克斯派遣50名士兵增援，其中10人为骑兵。纳瓦埃斯本要告诉当地人，他前来的目的只是想看看这个国家，告知古巴人民要忠于西班牙，并说明基督教的本意在于劝人们皈依宗教，而非施加伤害。[18]

然而纳瓦埃斯未能遵照命令行事。（按照他的说法，）遭遇伏击后，他不得已杀死 100 个泰诺人，才顺利地将巴亚莫归于西班牙统治。他追击往卡玛格里艾（Camagüey）逃走的当地人，在途中杀死对方的一位领袖卡古阿斯（Caguax）。卡玛格里艾的印第安人对于新来者自然并不热情，但巴亚莫人很快向西班牙人臣服，为他们献上骨项链。

纳瓦埃斯回到巴亚莫时，发现贝拉斯克斯已经返回巴拉科阿，留下同样来自库埃利亚尔的年轻侄子胡安·德·格里亚尔瓦（Juan de Grijalva）负责大小事务，并由拉斯·卡萨斯担任神父。这些征服者接着带领数百士兵向西挺进，得到大约一千当地人的支持。他们在被西班牙人征服之后，很是奇怪地心甘情愿为对方效力。征服者们在卡玛格里艾附近找到黄金的踪迹。经过奎艾巴（Cueiba）时，他们发现有当地人尊崇圣母玛利亚的画像，大受鼓舞。画像显然是由船舶失事的西班牙人留下的。拉斯·卡萨斯提出用一幅更好的画像进行交换时，遭到当地人的拒绝。

西班牙人计划朝当地的一个村庄前进，拉斯·卡萨斯打算设法说服当地人将一半的地方送给西班牙人，并为他们提供肉、鱼和面包等食物。拉斯·卡萨斯将派翻译先去与当地人交涉。

不料，在卡玛格里艾附近的卡奥纳沃（Caonao），形势急剧恶化。卡奥纳沃占地面积很大，拥有两个类似公共广场的地方。按照拉斯·卡萨斯的诉求，当地人为入侵者准备了木薯面包和大量的鱼。广场上聚集了 2 000 人，注视着令他们感到惊叹的西班牙人，以及身形健硕的马匹；另外还有 500 人从广场的一栋大房子里观察西班牙人。拉斯·卡萨斯告诉当地人，西班牙人想要进入这栋房屋，当地人便拿出更多的鸡肉，希望他们留在外边。指挥官们正在思忖如何解决时，一个西班牙人（拉斯·卡萨斯没有记录他的名字）突然怒气腾腾地开始大肆杀戮，这种情绪又感染了其他西班牙人。纳瓦埃斯的属下们（我们无从知道他们的姓名）冲向大屋，以暴力方式侵入，开始了更大规模的杀戮，整条街道都被鲜血染红。拉斯·卡萨斯救下广场上的 40 位印第安人，但他的同伴加入了其他地方的杀戮。这一切发生的时候，纳瓦埃斯骑在马上，"如大理石般一动不动"。他看到拉斯·卡萨斯时，问道："你如何看待我们这些西班牙人的所作所为？"拉斯·卡萨斯回答说："我将您和他们献给了恶魔。"他痛心疾首地回忆道："我无法记得那条路上洒满了多少人类的鲜血。"[19]

这场大屠杀过后，西班牙人再也没有遇到任何阻碍：幸存的当地人纷纷向其他岛屿逃亡，不过最后还是返回了家乡。拉斯·卡萨斯说：

> 男男女女们如同温驯的绵羊，背驮着寒酸的行囊……看到他们返回，（我）心中甚喜，回归家园，是他们的心中所想。同时我也深感难过和同情，他们是如此温顺、谦卑、贫穷，他们并未犯错，却经历了深重苦难，父亲、儿子、兄弟和邻居惨遭杀害，颠沛流离，疲惫不堪。这一切都被搁置，被人们遗忘。[20]

这一事件标志着拉斯·卡萨斯开始转变对西班牙人所奉行政策

的态度。他在西恩富戈斯附近的潟湖建立起绿海龟农场，1512 年至 1513 年间似乎都待在那里。很快，他开始效仿圣多明各的多明我会修士安东尼奥·蒙特西诺斯的做法，这可能发生在三位多明我会修士从圣多明各来到古巴岛以后，他们分别是：古铁雷·德安普迪亚、贝尔纳多·德·圣多明戈（Bernardo de Santo Domingo）和佩德罗·圣马丁（Pedro San Martín），据说他们中的一人曾拒绝与拥有奴隶的拉斯·卡萨斯进行交谈。1514 年 8 月 14 日，拉斯·卡萨斯谴责圣皮里图斯（Sancti-Spiritus）的殖民者："我开始向他们揭露他们的盲目、非正义、专横和残酷。"[21] 拉斯·卡萨斯放弃全部财产，交给贝拉斯克斯处置，将余生致力于改善印第安人的境地。他在农场的伙伴佩德罗·德·伦特里亚（Pedro de Rentería）也是一样。他们亲眼见证了征服古巴期间西班牙人的野蛮行径，这些经历决定了他们的观点。

纳瓦埃斯在古巴北岸安顿下来，那里还有更多的黄金储备。该地区可能距离圣克拉拉（Santa Clara）不远 [是对词语 *casa harta*（装满的房屋）的误用，西班牙人如此称呼这个地方是因为他们在这里以鹦鹉为食，吃得很好]。

当地人说，一位西班牙人和两位女性长期遭到泰诺人囚禁，纳瓦埃斯将此事报告给贝拉斯克斯，后者派出一艘双桅帆船沿北海岸搜寻失踪的同胞。信使用一根棍子高高地挂起白纸。在柯希玛尔（Cojímar）附近，他们找到两名赤身裸体的西班牙女性，方得知是一位酋长背叛西班牙人，淹死了他们的同胞。西班牙人打算烧死酋长，拉斯·卡萨斯提出抗议，于是他们用镣铐将酋长束缚起来，继续前往一条据传拥有黄金的河流。[22]

很快，又一位酋长主动前来欢迎西班牙人，交出男性囚徒加西亚·梅希亚（García Mexia），来自埃斯特雷马杜拉的卡斯蒂利亚人。他已经失踪七年之久，几乎忘记了西班牙语，只会像泰诺人那般用手势交谈。他和那两位女性原来是阿隆索·德·奥赫达1506年远征乌拉巴的幸存者，在前往圣多明各的途中脱离了队伍。

1513年圣诞节，纳瓦埃斯和手下前去暇古阿与贝拉斯克斯碰面，他们会面的地方就是今天的西恩富戈斯。然后，贝拉斯克斯让纳瓦埃斯带领60人返回哈瓦那，再继续往西抵达今天的比那尔德里奥。他沿古巴岛南海岸返回，于1514年1月建立特立尼达，他的一位姻亲兄弟弗朗西斯科·贝尔杜戈任首任总督。贝尔杜戈来自距离库埃利亚尔20英里左右的科赫塞斯－德斯卡尔（Cogeces de Iscar）。然后，他派一艘船前去牙买加运输木薯面包，另一艘前往圣多明各运回牛、母马和玉米。卡斯蒂利亚人可以在岛上的任何地方定居，从这个意义上来讲，西班牙人的征服已经取得成功。

迭戈·贝拉斯克斯在未来的11年里继续担任古巴总督，直到1524年卸任。任职期间，他与他的秘书科尔特斯创建了古巴的主要城市，这些地方直到今天仍占据重要地位：圣萨尔瓦多－德巴亚莫（San Salvador de Bayamo，创建于1513年11月，不过并不完全在今天的巴亚莫所在地）、特立尼达（1514年1月）、圣皮里图斯（Sancti–Spiritus，1514年）和普埃尔托－普林西比（Puerto Príncipe，卡玛格里艾，1514年）、亚松森－德巴拉科阿（Asunción de Baracoa，1511年）、哈瓦那和圣地亚哥。哈瓦那最初建于古巴岛南岸，距今天的小城巴塔巴诺（Batabano）不远，后来迁至今天的位置，一个曾被称为卡雷纳斯的地方，原因（可能）是为了满足从新西班牙经由巴哈马群岛返回西班牙的航运需求。旅客们若去巴塔巴诺寻找第一个哈瓦那古城的痕迹，恐怕会一无所获，曾经的哈瓦那已不复存在。迁城的具体日期不详，可能是在 1519 年开始，1526年结束。[23]

　　所有这些新城与伊斯帕尼奥拉一样，都建在泰诺人曾经的定居点附近。建城所需的文书工作（在西班牙这件事不可或缺）很可能是由埃尔南·科尔特斯完成的，因为他是一名经验丰富的公证员。这些城市一般都规划了类似于伊斯帕尼奥拉城市特征的广场、教堂、市政厅、监狱和总督官邸，它们的轮廓至今还依稀可辨。[24] 完成修建工作的自然是印第安人。贝拉斯克斯向国王报告道，古巴的印第安人"比伊斯帕尼奥拉和波多黎各的当地人更愿意接受我们的信仰"。国王回信表示大为欣喜。[25] 贝拉斯克斯为何会产生这样的印象，我们难以得知，不过他总是愿意以积极的心态看待事情。与初到古巴相比，他后期采取的态度要宽容得多。[26]

　　贝拉斯克斯一边忙于建立新殖民地，一边还要应付弗朗西斯科·德·莫拉莱斯（Francisco de Morales）带来的麻烦。莫拉莱斯来自塞维利亚，是迭戈·哥伦布的追随者之一，负责治理曼萨尼约港（Manzanillo）。他是监护征赋制的狂热支持者，该制度在伊斯帕尼奥拉已经实行，但贝拉斯克斯并未将它引入古巴。莫拉莱斯似乎抓获了一些古巴人，催促推行监护征赋制。当地人奋起反抗，杀死一些基督徒。贝拉斯克斯抓住德·莫拉莱斯，将他以囚犯的身份遣送至圣多明各。[27] 德·莫拉莱斯的支持者中，还有总督的秘书埃尔南·科尔特斯。贝拉斯克斯起初想要对他处以绞刑，最后并未执行，不过科尔特斯再也没能回到秘书职位。

贝拉斯克斯很快从卡斯蒂利亚获准，像在伊斯帕尼奥拉那样分配古巴的印第安人，德·莫拉莱斯试图推行的政策在他被捕后反而得以实行。古巴与伊斯帕尼奥拉的具体执行方式有所不同：首先，总督要求古巴人为卡斯蒂利亚人工作一个月，到期后将他们送回村庄，路上提供餐食。贝拉斯克斯派出约 20 名卡斯蒂利亚人带着翻译前去不同地区，将当地人集合在新城，依赖西班牙地主生活。他安排巡视官进行督查，确保当地人不受虐待。国王也发布命令，要求对古巴当地人的待遇要优于伊斯帕尼奥拉和波多黎各的当地人，因为他对古巴人持有"特殊的敬意"，希望将他们转化为基督徒。斐迪南深知，如果与古巴人树敌，他们就不会为其生产大量黄金。贝拉斯克斯以一贯的乐观态度向国王报告称，当地人"非常满意，已丢下心中的恨意"。[28]

　　不久，贝拉斯克斯重回巴亚莫，这时他收到国王的消息，允许他在不与西印度总督迭戈·哥伦布进行任何商讨的前提下，对印第安人进行总体划分。

　　首先，贝拉斯克斯在巴拉科阿和巴亚莫进行分配。他给每个西班牙人分配一位酋长，酋长必须带领自己的人民向该西班牙人效力，以换取食物、衣服和宗教教育。在监护征赋制下，每人最多可分配 300 个印第安人，只有官员能够分得这个数量。重要的市民可获得 100 个印第安人，次重要的市民 60 人，普通市民 40 人。王室大臣孔基洛斯和迭戈·哥伦布虽不在当地，也与其他一些人一样，获得了优厚的分配。通常来说，监护主都是殖民者，这意味着他们也拥有土地所有权。[29] 除印第安劳工外，监护主通常也拥有奴隶：男性及为数不多的虏获自战争的女性。

同伊斯帕尼奥拉一样，古巴的原住民数量也开始锐减。西班牙人可能曾运入黑奴补充劳动力。不过，圣多明各在黑奴到来之前已经兴起了加勒比奴隶贸易，他们都是从"毫无用处的"的巴哈马群岛及大陆省俘获而来的。古巴的黑奴运自达连或巴拿马等地。

作为一名早期的西班牙总督，贝拉斯克斯在某些方面的举措具有首创性，比如他鼓励征服者种植当地作物。其他殖民地的总督对是否采取此举都犹豫不定，古巴总督则下令种植木薯、玉米、红薯、黄体芋（古巴人常食用的一种淀粉类根茎植物）以及水稻。他还引入了羊、猪和牛等，这些动物繁殖极快。贝拉斯克斯自豪地告诉国王，刚开始的100头长腿猪在3年内繁殖到3万头。他也命人饲养马匹。对于征服者而言，动物数量的增长似乎可以弥补人口的递减。

古巴也生产黄金，比如，在西班牙刚占据古巴的数年间，埃尔南·科尔特斯和他的一位朋友弗朗西斯科·达维拉（Francisco Dávila）就在巴拉科阿附近敛取了大量财富。今天西恩富戈斯（Cienfuegos）附近的里约阿里莫山谷也发现了黄金，吸引了许多在伊斯帕尼奥拉未能找到黄金的西班牙人移居此地。

1515年4月中旬之前的某个时间，贝拉斯克斯将首府从巴拉科阿迁至他和科尔特斯称为"古巴的圣地亚哥"的地方，那里位于南海岸的海湾边缘。总督起初考虑，但又否定了在古巴岛中央建都的想法，比如将首府定在暇古阿湾的特立尼达。他很快将会在圣地亚哥修建石屋，这种房屋至今仍与他的名字联系在一起，不过暂时他只是用木头建造起临时官邸。国王宣称要将这块殖民地定为永久殖民地，长期住所的建设工作由此展开。已婚征服者派人从西班牙接来妻子。贝拉斯克斯专门安排仓库来存储国王的收入分成——伍一税。之后，贝拉斯克斯在圣地亚哥掌管着一个小型朝廷，大多成员都来自他的卡斯蒂利亚故乡，其中许多是他的亲戚，至少三人与他同姓。

贝拉斯克斯的小朝廷里有一位声名显赫的成员，财政官克里斯托瓦尔·德·奎利亚尔。总督抵达古巴后不久，便与玛丽亚·德·奎利亚尔（María de Cuéllar）成婚，于是奎利亚尔一度成为贝拉斯克斯的岳丈。玛丽亚以迭戈·哥伦布妻子侍女的身份来到西印度群岛，她与贝拉斯克斯的婚礼是岛上的第一个基督教式婚礼，但她婚后不到一星期就去世了。

贝拉斯克斯的朋友们夜晚聚在他位于古巴圣地亚哥的家中进行讨论，其中包括：安德烈斯·德·杜埃罗（Andrés de Duero），一位来自杜埃罗河畔图德拉的小个子男人，接替科尔特斯成为总督的秘书；阿马多尔·德·拉雷斯（Amador de Lares），总督的会计官，每被人问及（不过很少会有人问他），总要回忆他在大将军贡萨洛·费尔南德斯·德·科尔多瓦气派不凡的意大利家中生活的时光。有时，贝拉斯克斯会开玩笑，说等他返回西班牙后还要续弦，迎娶庇护人布尔戈斯公爵两位侄女中的一个，似乎没人忍心告诉唐·迭戈·贝拉斯克斯，这两位侄女已人到中年，很早之前便嫁作人妇了。前秘书埃尔南·科尔特斯有时也会参加这些聚会，取得贝拉斯克斯的原谅后，他成为圣地亚哥市政委员会的法官。他在古巴的敌人称他为"科尔特斯托"，现在的他谦恭有礼，甚至可以说是阿谀奉承，但具有独立的思想，在这些讨论中间向来谨慎发言。

热那亚商人里韦罗或是森图里翁有时也会参加这些谈论，他们对古巴、圣多明各和波多黎各都饶有兴趣。有些商人获准居住在西印度群岛，还有些商人似乎认为没有必要经过官方的批准。个别改宗者，如贝尔纳迪诺·德·圣克拉拉（Bernardino de Santa Clara，其兄弟在圣多明各任财政官时，曾在一次宴会上给盐瓶中装满金粉），怀着逃离宗教裁判所关注的想法来到新世界，可能也出现在这些聚会中。贝拉斯克斯就像热带地区的君主那样，身边也有一个小丑般的人物弗朗西斯罗，以笑话的方式向他讲述关于家乡不那么令人愉快的真相。

贝拉斯克斯的朋友们抽着从印第安人手里买来的新鲜烟草，讨论当下的各种问题。西班牙人也开始在家中抽这种烟草，不久它便会以"雪茄"（*cigarro*）和"香烟"（*cigarrillo*）的称号享誉全球。很快，在托莱多以外的地方，人们会在休闲亭（*cigarral*es）里吸烟，之所以这样称呼是因为人们习惯于在饭后抽烟时像知了（*cigarra*）一样不断地大呼小叫。

贝拉斯克斯的姐姐有孩子，成为他的旁系后代。在现代马德里有个名叫贝拉斯克斯的人，他的公寓里摆放着一张红木桌，据说是家族遗产，曾是迭戈用过的桌子。迭戈·贝拉斯克斯不大可能与17世纪的一位同名画家有关系。[30]

贝拉斯克斯和朋友们习惯了热带生活，那里的美食（乌龟、木薯面包、鬣蜥蜴和科托拉鸟）有着不同于圣多明各食物的美妙口感。总督似乎毫不关心岛上其他地方的情形。他已为自己修建起十座乃至更多的大庄园，分布在从东边的巴拉科阿到西边的哈瓦那，庄园一般由他与别人共享，交给管家打理，管家可分得三分之一、五分之一或七分之一的收益。这些庄园的农场里主要养殖猪和乌龟等动物。[31]

古巴岛上的印第安人口如伊斯帕尼奥拉一样开始衰减，但没人能够想到除了运入非洲黑奴以外的其他解决办法，已经返回西班牙的拉斯·卡萨斯也毫无头绪。贝拉斯克斯总督在圣地亚哥举办的夜晚聚会期间，肯定有人讨论过这个问题。劳动力问题成为令殖民者们焦虑的一大问题。任何逃出森林的印第安人身后都有猎狗在猛烈追赶，因为奴隶对于殖民者而言实在是太重要了。

在古巴的雨季导致出行异常艰难之前，人们每年春天都要熔炼黄金。圣地亚哥也会举行会议，由各城市的代表出席，有时也会派遣总代表前去卡斯蒂利亚，向国王报告需要做些什么。这还算不上完全的民主，但对于西班牙人而言是一个开明的寡头政体。佩德罗·德·科尔多瓦从圣多明各派去的四位多明我会修士虽积极号召当地人反对不公，但收效甚微。[32]

这个话题肯定也曾出现在古巴圣地亚哥的夜晚聚会中，那就是古巴岛以西和西北地带存在什么问题，因为西班牙人对这里的认知存在空白。波多黎各的征服者庞塞·德·莱昂发现了一个国家，取名为帕斯夸尔－佛罗里达（La Pascual Florida）。往西，他与较早到来的平松和迪亚斯·德·索利斯都止步于一个充满前景的地方，那里肯定是尤卡坦。1504 年，哥伦布在中美洲大陆附近曾遇到玛雅商人，但没人能够确切地知道他们来自何处。

1514 年，贝拉斯克斯在首个关于（古巴）征服事宜的完整报告中向国王汇报，曾有人告诉他说，有时会看到印第安人从古巴远处的岛屿来，"驾着独木舟航行五六天，朝北方行进，同时描述了远处其他岛屿的景况"。这份报告至关重要，却未得到足够的关注。[33]它表明中美洲大陆和古巴之间存在尚未被考古学家发现的联系。贝拉斯克斯和他的朋友们在晚上高谈阔论时，并不知晓这些信息是中美洲文明的标志。他们猜想如果展开调查或许可以牟取利益，哪怕发现的只有奴隶，也能弥补劳动力的短缺，却丝毫未能预料到墨西哥和秘鲁的巨大财富正在等候着他们的同胞。

在哈瓦那阿马斯广场的总督官邸附近，矗立着一座小教堂，纪念 1519 年哈瓦那城在古巴岛北岸建立。从一位 19 世纪法国画家的画作中可以看到，贝拉斯克斯当时也在场，巴托洛梅·德·拉斯·卡萨斯还在那里举行了第一场弥撒。这幅画的描述与事实相差甚远。哈瓦那恐怕直到贝拉斯克斯卸任后才从南方完全迁至北方，拉斯·卡萨斯也不是第一个在哈瓦那举行弥撒的人。这种对事实的混淆象征着笼罩在古巴历史上的团团迷雾，自其殖民时代开始就是如此的。但有一件事情是确定的：哥伦布首次远航看到古巴时，称这里美丽至极，他的说法毫无夸张之处。不过在 16 世纪，西班牙人一心只想获取财富，无心欣赏鲜花。他们渴望河流里遍布黄金，却对河流本身兴趣索然。

第五卷

巴尔沃亚与佩德拉里亚斯

德意志人眼中的新世界。木刻画，1505 年

第二十四章

"他们占据了整片海洋"

> 在原住民的见证下，他们以斐迪南和胡安娜的名义，占领
> 了整片海洋以及毗邻的国度。
>
> ——彼得·马特尔描述巴尔沃亚眼中的太平洋，1513 年

巴斯科·努涅斯·德·巴尔沃亚是第一处永久大陆殖民地达连的代理总督，他做了件极不明智的事：向西班牙国内报告自己的发现。他以热情洋溢的笔触向国王写信，讲述只要行进三天，就能到达黄金之河，那里还储藏着大颗的珍珠。[1] 与此同时，他派遣代表胡安·德·克韦多（Juan de Quevedo）与罗德里戈·德·科梅纳雷斯（Rodrigo de Colmenares）前往伊斯帕尼奥拉，请求增援及派遣一名法官。马特尔说这两位代表经由选举产生，实际上更有可能是由巴尔沃亚任命的。[2]（显然他希望亲自前往，但追随者们拒绝投票给他——或许因为担心他不再回来，或许因为需要他的领导。）两人的旅途布满艰辛，船只在古巴附近的海域失事，在那里遇到巴迪维亚（Valdivia）远征军的剩余人员。1513 年 1 月 20 日，巴尔沃亚再次向国王写信，正是这封信导致了他的毁灭。信中很多内容其实是源于

他的想象，因为他说：

> 在达连，我们发现了储量丰富的矿藏，不计其数的黄金。
> 我们发现了 20 条河流，而从距离这座宅邸两里格的山脊出发，
> 流淌着 30 条藏有黄金的河流……在这些山上，有酋长……在
> 小屋里像种植玉米那样种植黄金，然后把果实装进篮子。他们
> 说，山下的所有河流里都有黄金，金块数不胜数。[3]

这些地方属于大酋长达贝巴管辖。巴尔沃亚让上千人，如科莫
雷之子所说，"征服这一地带的大片区域"[4]。他还请求增派船只。

曾环航古巴的塞巴斯蒂安·奥坎波原本要将这封信带回西班
牙，递交给斐迪南国王，但他在圣多明各耽误了行程，1514 年 6
月刚到塞维利亚后又不幸去世。他将送信的事情委托给堂 / 表亲
阿隆索·德·诺亚（Alonso de Noya，从名字来看，很可能也是加
利西亚人）。上述的两位代表胡安·克韦多 [曾在尼库萨任监察
官（veedor）] 和罗德里戈·恩里克斯·德·科梅纳雷斯于 1513 年
5 月率先抵达西班牙。丰塞卡带领他们觐见国王。彼得·马特尔想：
"看两人一眼，就能知道达连的气候有多么严酷，他们一脸蜡黄，
就像患有肝部疾病，面部也十分肿胀。他们将自己糟糕的身体状况
归因于所忍受的一切辛劳。"[5]

马特尔记录道，他们带回的物品中包括一个菠萝，这是整个旅
程结束后仅剩的最后一个。国王吃了。马特尔补充道：

> 当地人将一些根茎作物称为巴巴塔（babata，甘薯），它们

能够自发生长。我第一次见到这种植物时，以为它们是米兰的萝卜或巨大的蘑菇。无论是采用烤或煮的烹饪方式，都能将它们制作成美味的食物。它们的表皮比蘑菇或萝卜更为坚硬，色泽为土色，内里通透白皙，生吃的味道像是栗子，不过口味更甜。[6]

这是有关土豆类食物的最早记叙，它们自此开始登上欧洲的餐桌。

巴尔沃亚派遣另一名使者马丁·德·萨穆迪奥回国，进一步阐述他将为国王带来的益处。这位使者也未能按时抵达。费尔南德斯·德·恩西索，以及之后的代表们传回的信息都对巴尔沃亚不利。据历史学家奥维多记载，德·萨穆迪奥不得不偷偷从王宫逃走，王国枢密院甚至下令以叛国罪对他实行抓捕。[7]

巴尔沃亚的代表们到达之前，西班牙王庭对于达连已经有了相当的了解。他们深信为数不多的幸存殖民者"无法无天，丝毫没有考虑要将当地单纯的部落人民转变为基督徒，也不会关心搜集信息的任务"。卡斯蒂利亚此时流言肆虐，称"人们可以用钓竿在大陆省钓到黄金"[8]。"黄金之河"自然令人心驰神往，不计其数的男性和少数女性开始出发，前去"钓金"。彼得·马特尔后来讽刺地写道："西班牙再也不用去严酷如地狱的地方犁地，或开辟大道，或耗费大量劳力，冒着巨大的危险开山，以图在土地里获取财富。在浅浅的河沟里就能发现浮于表面的财富……不费吹灰之力（也）能得到珍珠。"[9]

巴尔沃亚的创作热情导致了他的毁灭。国王和丰塞卡主教将达连更名为"黄金卡斯蒂利亚"，即刻计划由"重要人物"领军开始新的远征。

起初，国王任命来自阿维拉的指挥官迭戈·德·阿维拉（Diego de Ávila）领导远征队伍，但又改变了主意，没人知道其中缘由。然后，在丰塞卡主教的支持下，老兵佩德罗·阿里亚斯·阿维拉［Pedro Arias Ávila，王庭称他为"佩德拉里亚斯"（Pedrarias）］被任命为黄金殖民地总督，得到建立永久殖民地的任务。王庭未提及他从属于迭戈·哥伦布管理，也就是说，佩德拉里亚斯拥有独立于圣多明各海军上将的管理权。

1513 年 8 月 2 日，王庭准备下达命令，封佩德拉里亚斯为"海洋和陆地"的总司令（captain–general）和总督，"前去之前的大陆省，现在的黄金卡斯蒂利亚"[10]。"船上不能过度拥挤，经由加那利群岛航行，沿途经过食人族居住的岛屿（小安的列斯群岛），（抢劫和收获）的五分之一收入必须上交给国王，所有新城的命名必须与克韦多主教协商，不可俘获当地女性，禁止纸牌等游戏……"[11] 克韦多主教也被选中参加远征。

这是 1492 年以来第二次得到国王出资支持的远征（第一次是 1493 年的哥伦布远征），其他所有的远征费用都由私人企业承担。国王由此开启了西班牙征服的新时代，哥伦布家族的权利进一步被边缘化。

巴尔沃亚的批评者和朋友都竭力想要撤销对佩德拉里亚斯的任命。然而，丰塞卡主教告诉国王：

> 哦，我们最虔诚的天主教国王，勇敢无畏的佩德罗·阿里亚斯（Pedro Arias）无数次为陛下出生入死，凭借长期的经验，

我们知晓他统领军队的才能。他在与摩尔人的战争中表现出色，既是骁勇善战的斗士，也是行事谨慎的军官。我认为，因遭到妒火中烧之人的反对，便要撤销他的任命，这绝非明智之举。让这位优秀的男子，在国王的鼎力支持下启程；让自婴儿时期便生活在王宫、对陛下忠心耿耿的孩子，出发吧。[12]

不过，佩德拉里亚斯直到 1514 年 4 月 11 日才从桑卢卡尔动身，前往"黄金卡斯蒂利亚"。他等到"要求"的修订工作结束之后才启程。此事令费尔南德斯·德·恩西索大动肝火，因为他原本打算陪同佩德拉里亚斯出发，前去与他的敌人巴尔沃亚算账。

西印度贸易总署负责为佩德拉里亚斯准备远征船队，不过西印度贸易总署只是执行机构，制定政策的权力在国王的顾问，也就是丰塞卡和孔基洛斯手中。国王对远征非常关切。1513 年整个夏天，国王对塞维利亚极度关注。从意大利返回西班牙的一小队士兵应征参与远征，他们中的部分人曾跟随大将军贡萨洛作战。[13]7 月 28 日，一道有趣的指令下达，新的远征应避免奢靡之风。

巴尔沃亚听闻远征的消息，决定自己率先寻求科莫雷之子所说的黄金之地。他带着区区 190 人驾船出征，抵达柯义巴岛（Coiba）酋长卡雷卡（Careca）的领地。他穿过酋长波穆卡（Pomcha，这位酋长逃走了）的领地，直接往山区进发。巴尔沃亚遣人去找波穆卡，请求与他结盟并得到同意。他们互换礼物，巴尔沃亚送给波穆卡铁斧。"当地人没见过这样的工具，对斧头大加赞赏。"马特尔写道。[14]此外，他们还喜欢玻璃珠制成的项链、镜子以及铜铃。作为回报，他们送给西班牙人 100 比索黄金。波穆卡酋长派出向导，带领他们穿过"猛禽出没，道路不通的溪谷"。

殖民者们穿过"崎岖的山路，借助临时搭建的桥或往河对岸扔木板的方式，越过几条大河"。他们遭遇库阿里卡酋长库阿里卡的阻挡，他挺身站在赤身裸体的部落人民前方，说："他们要是不想被全部杀死，就原路返回。"他和部落人民很快就被火枪的威力震慑，甚至误以为西班牙人能够控制雷和闪电，"600 人就像野兽般被悉数射杀"。巴尔沃亚发现库阿里卡的兄弟和他的几位廷臣有异装癖，便放狗将他们撕成碎片。从这点来说，征服者们有时显得过于保守了。[15]（印第安人穿的衣物较少，异装癖恐怕是西班牙人想象力过于丰富的产物。）

巴尔沃亚开始穿过半岛。他在途中遇到一个美丽的印第安女人，为他们担任翻译。在她的同胞指引下，一行人穿过密密层层的丛林，于 1513 年 9 月底到达"光秃秃的山丘"，即今天的巴拿马。他第一次看到期待已久的"南海"：太平洋。安德烈斯·德·维拉修士（Fray Andrés de Vera）、莱西齐奥多·安德烈斯·巴尔德拉瓦诺（Licenciado Andrés Valderrabano）和来自特鲁希略（Trujillo）的埃斯特雷马杜拉人，还有顽强的弗朗西斯科·皮萨罗（神父、律师、未来的伟大领袖），陪同巴尔沃亚爬山。[16] 巴尔沃亚"第一个登上山顶……他双膝跪地，高举双手，向"南海"致敬；……他感谢上帝和所有圣人给他这样履历平淡、无权无势的平凡人一个如此伟大的机会。完成军人式的祷告后，他向同伴们招手，指明大家无比渴望的目的地"。所有的同伴们都欢呼喝彩。"他比汉尼拔向士兵们指明阿尔卑斯山时还要骄傲……他承诺所有人都将坐拥荣华富贵，他说道：'看看这片万众期待的大洋吧！看吧，所有人，我们共同经历了千辛万苦。看吧，科莫雷之子和当地人所述的这片拥有无数奇迹的海洋……'"

巴尔沃亚用石头搭建祭台，作为占有这片海洋的象征，"为防止后人怀疑他们弄虚作假，他们将卡斯蒂利亚国王的名字刻在祭台和树干上"。[17] 律师巴尔德拉瓦诺起草了一份发现声明，由在场所有的西班牙人签名。安德烈斯·德·维拉修士第一个签下名字。据说在场的还有一条狗和一个黑奴。[18]

这样振奋人心的发现鼓励巴尔沃亚和朋友们继续前行，击败了决心封锁他们前进道路的酋长奇阿佩斯（Chiapes）。西班牙人放出凶猛的狗群，朝对方射击，枪声回荡在山谷之间，"火药的烟雾仿佛发射出的火焰，印第安人闻到随风飘来的硫黄味，吓得四散而逃，有人甚至跟跄倒地"。西班牙人有序地前进，杀死部分敌人，将其他人俘虏。他们随后同意与奇阿佩斯讲和，后者赠予巴尔沃亚 400 比索黄金，西班牙人送给他"欧洲制造的物品"。西班牙人继续朝着渴望已久的海岸行进，"在原住民的见证下，他们以斐迪南和胡安娜的名义，占领了整片海洋以及毗邻的国度"[19]。初闻此事，人们只会感到好笑；细思之间，则不禁要讶异于巴尔沃亚一干人的大胆。

巴尔沃亚将部分人留在奇阿佩斯身边，带领 80 名西班牙人和一些印第安人，乘坐树干制成的独木舟出发，沿着河流行驶到科克艾拉（Coquera）酋长的领地。他在那里延续了一贯的作风：酋长试图对抗，无功而返，在奇阿佩斯信使的建议之下选择投降，然后双方交换礼物。巴尔沃亚抵达圣米格尔湾（Gulf of San Miguel）之后，以大天使之名为它命名。他认为大天使一直在为自己而战。接着，

黄金之河：西班牙帝国的崛起，从哥伦布到麦哲伦

他去往外海，一行人差点溺亡，不得不逃至岛上避难。当晚他们安然度过，但次日早晨发现独木舟已严重受损，盛满沙石。他们修理好船只，穿过酋长图马科的领地，收到酋长赠予的 4 磅当地产珍珠，"心中甚是欣喜"。[巴斯克人阿尔勃朗特（Arbolante）将珍珠带回西班牙，期望以此说服斐迪南国王，证明巴尔沃亚的价值。[20] 可惜，一切都太迟了。]

巴尔沃亚继续寻找珍珠，获得了一些颗粒较小而外观美丽的珍珠。他还遇到多位酋长，与其中的一些建立起友好关系，也与一些发生冲突，放狗将对方咬死。这些酋长总是以黄金作为礼物，换回令他们感到惊叹的串珠或短柄斧。西班牙人必须要为自己的贪婪付出代价："虽满载黄金，但要忍受严酷的条件，食不果腹，继续前行变得无比艰难……"[21]

西班牙人在未知之地完成了非凡的旅程，他们付诸决心与想象，克服炎炎高温，忍受昆虫肆虐，躲避丛林野兽，边走边寻找路线。

这一地区的部落不易分辨。人们操着柯义巴语或库艾拉语，或这两种语言的方言，种植各种蔬菜，以玉米和木薯为主。他们通过腌制的方式存储鹿、鬣蜥蜴、乌龟和鸭子等动物的肉，用网捕猎鸟类，鱼和贝类在食物结构中占据重要作用。他们习惯喝玉米酿制的奇恰酒（Chicha）。

这些部落定居在人口规模最多达到 1 500 人的城镇，以木栅栏作为防护。他们的房屋大小各异，酋长家通常体积较大。屋内与其他美洲原住民一样，摆放着吊床或长凳、毯子、篮子和围裙。

他们多数人都在身上作画或者文身，大多数领袖都佩戴饰品——金头盔、羽毛头饰、鼻环、唇钉和项链等。他们的金属加工技术相当发达，发明了多种铸造、镀、接合和冷锤的方式。他们会制作陶器和篮子。首领们过着奢华的生活，拥有大量奴隶，与泰诺人的作风大相径庭。

所有这片地区似乎都设有各种类型的常备军，以长矛、飞镖、弓和箭作为武器。这里也流行在泰诺人居住地区倍受欢迎的球类运动，庆祝活动的内容更为丰富。[22]

在一开始历经多次延误和一两次失败之后，佩德拉里亚斯终于在 1514 年 4 月 11 日从桑卢卡尔 – 德巴拉梅达启航。他率领 23 艘船组成的船队，包括 9 艘小吨位的轻快帆船（4 艘来自葡萄牙）、2 艘陈旧的轻快帆船（运输乘客或货物）、4 艘双桅帆船、8 条渔船。其中，14 艘船属于国王，3 艘由私人雇用（1 艘由费尔南德斯·德·恩西索和点心商胡安·洛佩斯合雇），1 艘专门装载货物（由马德里银行家阿隆索·古铁雷斯提供，他随后参与了各种各样的海上探险活动）。来自布尔戈斯的改宗者（未来的墨西哥征服者）胡安·德·布尔戈斯和伊斯帕尼奥拉的土地分配者罗德里戈·德·阿尔武凯克各拥有一艘船。最后一艘属于佩德拉里亚斯，看起来像大型驳船。

另外一艘轻快帆船"圣玛丽亚号"在加那利群岛加入船队。船上的士兵胡安德·苏里塔（Juan de Zurita）和其他两人奉命起航，前去训练加那利群岛的士兵，为征服事业效力。这是船队里唯一获得准许，可在圣多明各停泊的船只，它的船长为胡安·德·卡马戈。

最后，由于船只状况不佳或负荷过重等原因，渔船和双桅帆船未能成功起航，另外四艘船取而代之，由来自桑卢卡尔的木匠克里斯托瓦尔·马克斯（Cristóbal Márquez）指挥。[23] 人们小心翼翼地装货，以防超载，避免发生 1502 年奥万多远征伊始的灾难。

这次远征耗资 1 000 多万马拉维第，是卡斯蒂利亚在新世界最为高昂的一项开支。[24]

西班牙王庭选择由佩德拉里亚斯担任远征指挥官，这一决策非同寻常。即便认为他残暴、傲慢和冲动，但能在花甲之年勇挑大梁，领导远征，这种勇气值得称赞。他来自塞戈维亚著名而有趣的改宗家族，举止与传统的犹太人却相去甚远。他性情暴烈，难以捉摸，更是与知识分子的形象完全相反。他是普诺罗斯特洛伯爵（Count of Puñonrostro）的弟弟，在王庭以"格斗者""勇敢者""伟大的廷臣"等名号为人熟知。他的祖父是迭戈·德·阿里亚斯（Diego de Arias），恩里克四世统治时期的卡斯蒂利亚财政大臣，父亲是第二代普诺罗斯特洛伯爵，也被称为"勇敢者"佩德拉里亚斯。他的叔叔胡安·德·阿里亚斯（Juan de Arias）多年来担任塞戈维亚主教，也是西班牙印刷业的先驱，他后来领导塞戈维亚人反对阿尔卡萨王宫的指挥官、伊莎贝拉女王的宠臣、行事专横的安德烈斯·德·卡夫雷拉——莫亚侯爵，最终他被此人驱逐。1491 年宗教裁判所以持异端邪说为由控诉阿里亚斯主教，国王支持宗教裁判所，也赢得了随后与罗马教皇的争论。不过，阿里亚斯主教在上庭前已去世了。

征服者佩德拉里亚斯身形高大，面色苍白，绿眼红发，很可能生于 1450 年。按照拉斯·卡萨斯的说法，他前去西印度群岛时，已"年过花甲"。[25] 他曾是两任卡斯蒂利亚国王的男侍，先后服侍过胡安二世和恩里克四世。他迎娶了弗朗西斯科·德·博瓦迪利亚的女儿伊莎贝拉·德·博瓦迪利亚（Isabel de Bobadilla）为妻。弗朗西斯科曾在 1500—1502 年任伊斯帕尼奥拉总督，他将戴着镣铐的哥伦布一家送回国后，最终落得个被淹死的下场。伊莎贝拉·德·博瓦迪利亚是伊莎贝拉女王挚友贝亚特丽斯·德·博瓦迪利亚的侄女。伊莎贝拉女王的女儿，可怜的胡安娜在布鲁塞尔举办那场注定悲剧的婚礼时，她曾是侍女之一。

在 1510 年的非洲战役期间，佩德拉里亚斯曾是采矿专家佩德罗·纳瓦罗的副官之一。1512 年授予徽章时，他被赞扬参与了"征服格兰纳达和非洲的神圣战役……在攻占奥兰和布吉亚时表现出众"。[26] 除了在战场上的英勇表现，还流传下来很多有关他的事迹。佩德拉里亚斯在非洲身受重伤，亲友决定将他葬在十字架圣母（Our Lady of the Cross）修道院，修道院位于马德里附近的托雷洪（Torrejón）郊区。他已被放进棺材，一位仆人上前给予他最后的拥抱时，发现他还活着。这一事件对"顽强者"产生了决定性的影响，也为他赢得又一称号——"复活者"。此后，每年他都会在一个棺材里举行安魂弥撒仪式，感谢上帝在最后一刻挽救自己的生命。

佩德拉里亚斯在卡斯蒂利亚 – 德奥罗（Castilla de Oro）领取的俸禄略高于奥万多：一年 36.6 万马拉维第，在他接受任命时已提前发放一半。

他最主要的银行家和供货商是来自塞维利亚、与哥伦布家族交好的银器商胡安·德·科尔多瓦，以及实力日趋壮大的热那亚银行家森图里翁家族和格里马尔迪家族。[27] 从这个时候开始，加斯帕尔雷·森图里翁（Gaspare Centurion）成为新世界所有远征活动的核心人物，他的主要收入来源是塞维利亚的小麦贸易。同样是热那亚人的阿古斯丁·比瓦尔多（Agustín Vivaldo）和尼古拉斯·格里马尔迪获得批准，"能够像西班牙人那样"，与他们的代理商在大陆省立足并发展。[28] 此外，佩德拉里亚斯的大管家佩德罗·巴埃斯（Pedro Báez）在离开卡斯蒂利亚之前宣布，已经以其兄弟贝尔纳多的名义从另一位格里马尔迪家族成员阿古斯丁手中获得 10 500 马拉维第的资金，用于在塞维利亚购买物资。[29] 来自塞雷纳镇（Villanueva de la Serena）的征服者埃尔南多·德·索托（Hernando de Soto）先是在埃斯特雷马杜拉，后在佛罗里达成为赫赫有名的人物，表示他从胡安·弗朗西斯科·德·格里马尔迪（Juan Francisco de Grimaldi）手中获得了 3 000 马拉维第的贷款。费尔南德斯和胡安·德·恩西索（前者是地理学家，也许还是后者的兄弟）、佩德罗·卡马乔（Pedro Camacho），以及商人贡萨洛·德·塞维利亚（Gonzalo de Sevilla），同意归还胡安·格里马尔迪和加斯帕尔雷·森图里翁 225 达克特，他们借的这些钱已用于支付租借船上设备的费用。[30] 廷臣桑乔·戈麦斯·德·科尔多瓦（Sancho Gómez de Córdoba）批准胡安·格里马尔迪、加斯帕尔雷·森图里翁及胡安·德·科尔多瓦（Juan de Córdoba）带三名黑奴随行。前往新世界的第二次王室远征在浩大声势中扬帆起航，热那亚人的参与程度超过了哥伦布时期。

虽有热那亚人参与，远征的主要成员仍是西班牙人。彼得·马特尔在为意大利植物学家弗朗切斯科·科托（Francesco Coto）获取通行证的过程中遇到了极大困难，借助国王的帮助才如愿以偿。[31]

佩德拉里亚斯带领大约 2 000 人同行，"均从西班牙出身良好之人和杰出人士中选出"[32]。据他的一位船长帕斯夸尔·德·安达戈雅（Pascual de Andagoya）称，这些人中有"头脑最为清醒的西班牙人，他们此前从未出过海"[33]。有人估计，参与者人数超过 3 000 人，[34] 而最初名单里的规定人数为 800 人。[35]

跟随"顽强者"远征的人中，包含他的众多好友，比如：帕斯夸尔·德·安达戈雅，此人在随后征服秘鲁的过程将发挥重要作用；[36] 马丁·费尔南德斯·德·恩西索因（Martín Fernández de Enciso）"曾在大陆生活，并参与船队活动"而受邀；[37] 塞巴斯蒂安·德·贝纳尔卡萨（Sebastián de Benalcázar），后来也在秘鲁成为著名人物；庶务修士埃尔南多·德·卢克（Hernando de Luque），后与皮萨罗一道作战；贝尔纳迪诺·巴斯克斯·德·塔皮亚（Bernardino Vázquez de Tapia），与科尔特斯在墨西哥并肩战斗；埃尔南多·德·索托（Hernando de Soto），在秘鲁和佛罗里达都大名鼎鼎；迭戈·德·阿尔马格罗（Diego del Almagro），皮萨罗曾经的盟友，后来的敌人；迭戈·德·托维拉（Diego de Tovilla），佩德拉里亚斯管理时代的年代记编者［撰写了《野蛮人》(La Barbárica) 一书］。[38]

这些人中还有：财政官阿隆索·德拉·普恩特（Alonso de la Puente），他曾经是斐迪南亲王的秘书；会计迭戈·马克斯（Diego Márquez），哥伦布第二次远航时的总管，1493 年曾在瓜德罗普岛离奇失踪 6 天；胡安·德·塔维拉（Juan de Tavira），葡萄牙女王的总管和信徒；未来的历史学家贡萨洛·费尔南德斯·德·奥维多，丰塞卡的信徒之一，时年 36 岁，当时尚无特别的专长，后在卡斯蒂利亚 - 德奥罗参与采矿和熔炼黄金的活动。

奥维多来自阿斯图里亚斯的改宗者家族，家族成员似乎在多年以来都担任公证人员。1485 年，他成为阿拉贡国王胡安二世的私生子比利亚埃尔莫萨公爵的侍从，由此开启他的职业生涯。他也是王国兄弟会的第一任指挥官。1491 年，他加入胡安亲王的王庭，后到那不勒斯为卡拉布里亚公爵（Duke of Calabria）唐·法德里克（Don Fadrique）效力。奥维多先是迎娶玛格丽塔·德·贝尔加拉（Margarita de Vergara）为妻，据传她长发及地，是托莱多最美丽的女性，却不幸死于难产。他的第二任妻子是伊莎贝拉·德·阿吉拉尔（Isabel de Aguilar），两人育有两子。1507 年，他曾担任宗教裁判所的公证员，然后去过那不勒斯王庭。他一直希望能够返回意大利，可惜至死都未能如愿。[39]

如前所述，克韦多主教也是佩德拉里亚斯的同行人员之一，他在卡斯蒂利亚－德奥罗充任贝蒂卡·奥利亚（Betica Aurea）主教，职司达连，他得到教长胡安·佩雷斯·德·萨尔敦多（Juan Pérez de Zalduend）、托里霍斯（Torrijos）神父（当时仍在圣多明各）、一位领班神父、一名领唱者、多名教士、三位教堂执事、一名大司祭，以及至少六位方济各会修士的支持。[40]教会为他配备了主教戒指、银杖、胸前十字架、十字裙、圣烛、地毯、弥撒书、圣坛、香炉、圣餐杯、若干银十字架，以及六幅宗教画，其中没有一样东西是特为应对热带地区生活准备的。[41]佩德拉里亚斯的同行人员中不乏衣着考究的卡斯蒂利亚绅士，他们身穿"丝绸长袍和锦缎衣物"抵达达连。[42]一些勇士曾参加过意大利的战事，正如国王所说，他们"对于滔天罪恶已司空见惯"[43]。

所有乘客和移民都享受免费乘坐船只的待遇，在抵达后的首月免费领取供给，因为大家认为一个月后，所有人都能实现自给自足。不过，为避免供应短缺，他们在船上装载了一年半的食品，计划以合理的价格出售。在接下来的四年里，移民们无须担忧沾惹任何法律诉讼。四年后，他们可以在免除税费的情况下（伍一税仍须缴纳），将盐、珍珠和其他珍贵物品带回西班牙。[44]

几位来自大陆省的奴隶（他们的家乡不在佩德拉里亚斯将要去的地方）跟随远征队伍出发，还有 50 名曾从伊斯帕尼奥拉运往西班牙的所谓印第安人，据说他们非常了解黄金开采。[45] 疲劳不堪、罹患疾病的国王仍为本次远征投资 2075 万马拉维第，亲自参与了众多筹划细节，这是 1492 年以来他为远征投入最多的一次。他与广大国民一样，沉醉于努涅斯·德·巴尔沃亚描述的遍地黄金的殖民地。他认为本次远征是"世界上最重要的远征活动之一"，[46] 坚信延迟出发一天，都会造成极大的损失。

金钱供应似乎不成问题。来自塞维利亚的画家克里斯托瓦尔·德·莫拉莱斯（Cristóbal de Morales）曾负责装饰西印度贸易总署的会客室，他为佩德拉里亚斯设计了一面华丽的燕尾旗，饰以狮子和雄鹰。佩德罗·拉米雷斯（Pedro Ramírez）绘制出三面锦旗，分别画有安提瓜夫人、圣地亚哥使徒和耶路撒冷十字架。枪支购自马拉盖的王室工厂，其余大部分战争物资都是在比斯开获得的。迭戈·哥伦布被要求派遣口译员给佩德拉里亚斯，但这条命令没有考虑到伊斯帕尼奥拉与巴拿马地峡的语言之间存在差异。

佩德拉里亚斯竭尽全力聘请最优秀的领航员：旗舰的领航员也是由国王任命的，名叫胡安（乔瓦尼）·韦斯普奇，他是阿梅里戈的侄子，与叔叔一样也是生于佛罗伦萨；胡安·塞拉诺（Juan Serrano，之后与麦哲伦）成为舰队的首席领航员；比森特·亚涅斯·平松原本要担任"圣灵号"领航员，后因健康问题不得不退出，由罗德里戈·亚涅斯（Rodrigo Yáñez）接替，这位罗德里戈很可能就是他的儿子。[47]

大多数远征都是受到土地和黄金的吸引，毕竟，国王曾经说过：“我们的愿望是将房子、场所、土地、农场……分配出去，但要区分正规步兵团和普通士兵，并按照地位和财富给予区分。”[48]

国王向西印度贸易总署提出建议，与宗教裁判所“和解”之人的后代，以及因“异教徒”身份被宗教裁判所处以火刑之人的子孙，都不应允许前往西印度群岛。实际上，几位拥有这样身份的人仍然登上了远征的船只，比如来自葡萄牙的外科医生马埃斯特雷·恩里克（Maestre Enrique）。按照国王的禁令，拉斯·卡萨斯也应排除在外——或许这正是国王的用意所在。律师也被禁止参与远征活动，这倒是前所未有的限制条件。[49]

大量仆人跟随远征大军出发，有人专门聘请了为期两年的仆人。船队中还有大批黑奴，佩德拉里亚斯有 12 名，阿隆索·德拉·普恩特有 10 名，桑乔·戈麦斯·德·科尔多瓦有 3 名。

远征队伍的武器配备极为有趣，装备参差不齐，武器新旧混搭。佩德拉里亚斯带了 40 支火绳枪、2 门小炮、6 门铜炮（ribadoquines）、近 200 把剑（剑鞘装饰华美）、500 支长矛、50 支马上专用矛、800 支短矛、50 根铁棒、200 把来自比利亚雷亚尔的短剑，以及产自塞维利亚的西尔皮斯街（Calle Sierpes），由巴托洛梅·穆尼奥斯（Bartolomé Muñoz）出售给远征队的刀鞘。

西班牙人就选择何种盔甲曾展开过讨论，有人认为玳瑁壳已经够用，有人则青睐以棉花或羊毛填充的加厚皮质短上衣（escuapil），因为印第安人绝对没有比这更具防护性的衣物。最终，自诩为乌拉巴湾专家的费尔南德斯·德·恩西索做出决定：他建议使用带侧边的锡制胸甲，每个价值 500 马拉维第。一抵达卡斯蒂利亚－德奥罗，每个身穿此种盔甲的人都要支付 3 达克特的费用，相当于两个月的薪水。佩德拉里亚斯还带了 700 个设计有小侧翼的头盔。他买下 1 000 个由加那利群岛龙血树制成的木盾。

远征队的许多设备都由巴斯克商人提供，他们主要来自阿斯佩蒂亚（Azpeitia）、伊巴（Eibar）、圣塞巴斯蒂安和杜兰戈（Durango）。[50] 西班牙人在巴斯克花费近 70 万马拉维第，因为这些交易，后来赫赫有名的阿吉雷（Aguirres）、莫特里克（Motricos）、伊巴拉斯（Ibarras）和阿里奥拉斯（Arriolas）从此进入西班牙经济史。枪支大多来自马拉盖。

佩德拉里亚斯随船带了 35 桶酒和玉米、2 桶蜂蜜、60 阿罗瓦（*arroba*，西班牙重量单位）[*]的醋和 60 阿罗瓦的油。莱西齐奥多·巴雷达（Licenciado Barreda）和他的药剂师索洛萨诺为"新世界的第一家药房"囤积了大量药物。[51] 马车夫们从桑卢卡尔－德梅厄、马拉盖或巴斯克运来货物，他们也因此获利。

佩德拉里亚斯原本计划将妻子伊莎贝拉·德·博瓦迪利亚（Isabel de Bobadilla）留在西班牙，但他那出身于一个管教严格、历史悠久家族的妻子对此回复道：

> 亲爱的夫君，我们自年轻时结合，期待共同生活，永不分离。无论命运如何引导，不管是穿越汹涌的海洋，还是跨过陆地上的荆棘，我都愿紧紧相随。我不怕任何困难，不惧任何死亡的威胁，但我无法忍受遥远的相隔，失去你的陪伴。与其终

---

[*] 在西班牙，1 阿瓦罗约等于 11.5 千克。——编者注

生在恒久的哀痛和无尽的悲伤中等待夫君的书信，无法得见本人，我宁愿被海中的大鱼吞噬，被陆地的食人族吞食……上帝赐予我们的孩子（九个孩子）丝毫不能阻挡我的脚步。我们将为他们留下足够的遗产和妆奁，供他们衣食无忧。除此之外，我别无他虑。[52]

最终，她带着两个孩子陪丈夫出发。伊莎贝拉不是第一个陪同总督前去新世界的妻子，第一位这样做的女性是迭戈·哥伦布的妻子玛丽亚·德·托莱多。不过，伊莎贝拉将要去往一片更为荒凉和严酷的殖民地。

第二十五章

"一位过于年迈之人"

> 他自踏上这片土地便疾病缠身，年迈如他，还背负着疾苦
> 折磨。他的确是太年迈了。
>
> ——巴尔沃亚评价佩德拉里亚斯，1515 年

佩德拉里亚斯的船队升锚起航，他本人乘坐"圣母无玷始胎
号"（*Our Lady of the Conception*）出发。最有意思的船长非"圣卡
塔利娜号"（*Santa Catalina*）的阿隆索·金特罗莫属。他是帕洛斯当
地人，在十余年的时间里专门运送旅客和商人从塞维利亚到圣多明
各。1506 年，埃尔南·科尔特斯曾是他的客户。埃尔南在 1513 年
从圣多明各搬至古巴。

佩德拉里亚斯往南驶往加勒比海，6 月 3 日在多米尼加停泊，
为一大片水湾起名"丰塞卡湾"（以主教名字命名），与印第安人战
斗，放弃停留在小安的列斯群岛其他地方的想法，前往今天哥伦比
亚的圣马尔塔（Santa Marta），并于 6 月 12 日抵达。

6 月 19 日，他让公证员罗德里戈·德·科梅纳雷斯首次宣读了
律师帕拉西奥斯·鲁维奥斯（起草）的"要求"。[1] 印第安人在海滩

前后跑动，手持毒箭，等待西班牙人靠岸。他们在自己的身上涂画，头顶插着羽毛，总共有大约 70 名印第安人集结在海边。佩德拉里亚斯和罗德里戈·德·科梅纳雷斯认为这样的数量足以让他们宣布新的法律声明。罗德里戈假装通晓印第安人的语言，实际上是在前次远征中绑架来的一名印第安女孩的帮助下读完文本的。女孩可能是被格拉兄弟或韦斯普奇绑架，又从西班牙带到此地的。

印第安人第一次听到这个奇怪的声明：唯一的、永恒的上帝如何创造出天和地；人类，不管帝王或农民，是如何从亚当和夏娃身上创造出来。[2] 这些都发生在 5 000 多年前。上帝后来将世界的统治权交给一个人，即圣彼得，他曾被称为"爸爸"*。教皇就是圣彼得的继承者。

曾有一位教皇将加勒比海诸岛屿和大陆省送给卡斯蒂利亚的国王和女王。科梅纳雷斯接着说：

> 我请求并要求，任何能听懂我刚才所说内容的人……教堂是上帝和宇宙统领者的化身，我们伟大的国王和女王得到了上帝的馈赠，将统治小岛和大陆。如若你们接受这样的想法，我会以全部的爱和宽容接纳你们，让你们和妻子免受奴役之苦，让你们继续拥有现在的农场……[3]

这样的"要求"自然只能引起一阵沉默。没有一个印第安人能理解其中的一个字。接着，一阵箭雨落在西班牙人身上，西班牙人

---

* 教皇在拉丁文中是"爸爸"（pope）的意思。教皇们认为自己是基督十二使徒之一彼得的继承者，是上帝指派的整个基督教世界的最高领袖。——译者注

随即以枪炮回击。印第安人迅速溃败,逃往树木丛生的山间。

费尔南德斯·德·奥维多告诉佩德拉里亚斯:"尊贵的总督,印第安人看样子不能听懂'要求'里所述的神学,您也无法找人帮助他们理解。您可否等待我们将印第安人关在笼中,让他们从容地学习,加之主教在旁边细心解释?"[4] 说罢,奥维多将文件递给佩德拉里亚斯,后者大笑着接过去,所有听到这番对话的人都跟着笑出声来。西班牙人继续向树木和空空如也的村庄宣读"要求",有时伴以鼓声,有时甚至是从船上向岛屿的方向宣读。

拉斯·卡萨斯说自己听到这份文件时,感到哭笑不得。[5] 如果文件作者帕拉西奥斯·鲁维奥斯听闻奥维多讲述这些经历,必定也会哈哈大笑。[6]

佩德拉里亚斯向卡塔赫纳湾行进时遭遇风暴,登上福尔特岛(Isla Fuerte),在那里抓获几名印第安人当作奴隶。1513 年 6 月 30 日,他终于抵达目的地,达连的圣玛丽亚-安提瓜(Santa María la Antigua de Darien)。这个地方在乌拉巴湾的西边。

他看到了人数略多于 500 个的西班牙人殖民地,可能有 1 500 名印第安人(当作仆人和劳工)为他们工作。指挥官毋庸置疑是努涅斯·德·巴尔沃亚。这片殖民地似乎十分富有。拉斯·卡萨斯记载,到 1512 年,殖民者们获取了超过 3 600 万马拉维第的利润,其中的 700 万上交国王,而努涅斯·德·巴尔沃亚在前去"南海"的航行中则赚取了 1 300 多万马拉维第。奥维多认为,巴尔沃亚与他的朋友们过着富庶的生活,并在继续积累财富,仅巴尔沃亚一人就获得了近 500 万马拉维第的收益。[7] 他后来称,巴尔沃亚虽然未能将印第安人变为"驯服的绵羊",[8] 但令印第安人相当满意。

巴尔沃亚当时位于距离圣玛丽亚海滩 3 英里的地方，信使向他报告了最新进展："大人，佩德拉里亚斯已经抵达港口，将要担任这片土地的总督。"[9] 巴尔沃亚表达了喜悦之情，专门设宴欢迎新总督。他和殖民者们高唱《感恩赞》，迎接佩德拉里亚斯。[10] 两位领袖拥抱致意。佩德拉里亚斯和妻子，以及克韦多主教庄重地挺进当地城镇。这里对于在塞戈维亚出生长大的人们来说，必定是世界上最原始的地方。先来的殖民者邀请新来者在自家居住，等待印第安人为后者修建房屋。然而，这样的安排未能解决住宿问题，因为建房需要时间。

佩德拉里亚斯走到市政厅，展示自己的任命文书，解雇依附于巴尔沃亚的全部政务委员，并提名新的政务委员候选人。他与巴尔沃亚亲切交谈良久，询问当地详情，传达国王对巴尔沃亚的感激之情。作为回应，巴尔沃亚在 7 月 2 日向佩德拉里亚斯报告他发现的黄金和他战胜的所有酋长的姓名。

接着，针对巴尔沃亚的司法审查开始，陪同佩德拉里亚斯来到这里的莱西齐奥多·加斯帕尔·德·埃斯皮诺萨（Licenciado Gaspar de Espinosa）担任法官。这在巴尔沃亚和费尔南德斯·德·恩西索的朋友之间激起了漫长的争吵。要知道，巴尔沃亚曾将恩西索驱逐出去，恩西索现在可谓重回故地。埃斯皮诺萨拒绝让巴尔沃亚的敌人来判定巴尔沃亚的作为。他很快发现，巴尔沃亚是一位杰出的领导者，克韦多主教同样也认识到了这一点。佩德拉里亚斯想要为巴尔沃亚戴上镣铐，将他送回西班牙，因为此人自恃过高，拒不服从。克韦多竭力劝阻，结果被指控与巴尔沃亚私下达成了交易。与此同时，佩德拉里亚斯罹患重疾——很可能是痛风，落下永久残疾。[11]

马特尔说，达连似乎呈现出一派繁荣的景象。他向教皇写信道：

> 西班牙人在乌拉巴栽培和种植的一切作物都生长旺盛，最伟大的神父，这难道不应得到至高的赞美吗？所有种子、嫁接作物、甘蔗、树苗，各种植物，还有我之前提到的从欧洲引入的鸡和四足动物，繁育状况也都非常良好！黄瓜等蔬菜不出 20 天即可采摘食用。白菜、甜菜、生菜和莴笋等菜园作物不到 10 天就能成熟。南瓜和甜瓜的种子撒下 28 天后，便能采摘。* 苗圃或沟渠里的树苗、树芽及类似于西班牙国内生长的嫁接树木，与在伊斯帕尼奥拉一样，很快便能结出果实。[12]

不过，当地的地理条件远非理想："安提瓜的村镇里有 200 座当地土著风格的房屋，居住着巴尔沃亚一行西班牙人，难以容纳新来的 1 500 人。疾病和饥饿……给人口带来毁灭性的打击……"帕斯夸尔·德·安达戈雅这样写道。他又补充说："在此之前，定居地规模虽小，却能够自给自足。但无法吸纳新来的人口……人们接连患病，无法治愈，一个月过后，就有 700 人死于饥饿或嗜睡症。"[13] 这是首次把嗜睡症与疾病联系起来。这种疾病对早期的西班牙帝国产生了巨大震荡。它可能是昏睡病，比如查加斯病，一种由昆虫传播引起的致命疾病。

塞维利亚官员指定应当出售的食物未能定期进行分配，在西班牙人中引起了不安和忧虑。[14] 大部分的培根和咸牛肉，还有饼干和

---

* 此处引文并不符合植物生长周期，似有夸张成分。——编者注

咸鱼，在途中都已腐坏。总管胡安·德·塔维拉以少量配给的方式发放了仅剩的食物，得到食物的部分人又将其出售给较为富有的移民。仓库毁于大火之后，食物分配便无以为继了。新移民们开始洗劫印第安人的房屋，有时也会用丝绸外衣或面包进行交换。据说来自塞维利亚或布尔戈斯的移民临死前都在喊："给我面包。"他们还遭遇到蝗虫侵袭。先前的殖民者对于接收新来者的悔恨与日俱增，而佩德拉里亚斯与巴尔沃亚之间日趋激烈的敌对导致他们未能寻找方法，以避开可能爆发的巨大灾难。

巴尔沃亚信中描绘的"黄金之河"显得那么遥不可及。新来的征服者们缺少经验，与印第安人树敌，还有许多人以最快的速度返回西班牙（方济各会主教胡安·德·克韦多和历史学家奥维多也在归国人员之列），也有人选择前去古巴，如弗朗西斯科·德·蒙特霍（Francisco Montejo）、贝尔纳迪诺·巴斯克斯·德·塔皮亚和贝尔纳尔·迪亚斯·德尔·卡斯蒂略，或转而与科尔特斯一起去墨西哥。

国王此时正在思考如何平衡巴尔沃亚与佩德拉里亚斯间的关系。他请前者配合后者，由巴尔沃亚为佩德拉里亚斯提供发展的建议。接着，他任命巴尔沃亚为"南海"的行省总督及巴拿马和柯义巴的总督。不过，即便拥有这些身份，他仍是佩德拉里亚斯的下属。国王特别指明："在这里，必须确立唯一的领导者，决不能多出任何一位。"

佩德拉里亚斯认为，唯一的办法就是让他的诸位船长往各个方向远征，实质上就是掠夺，残忍地俘获奴隶。奥维多如此记载道。他还补充说，他没有时间一一记叙征服者是如何诱捕印第安人的。

这些远征摧毁了巴尔沃亚与印第安人建立起的相对友好的关系。西班牙人经常拿出"要求",通常是隔着一段距离,用西班牙语进行宣读。有一次,费尔南德斯·德·恩西索向西努(Sinu)印第安人酋长解读"要求"时,酋长评论道,"教皇一定是喝醉了",才会把已有归属的土地送给他人。佩德拉里亚斯手下最为残虐的指挥官胡安·德·阿约拉(Juan de Ayora)一边命人用绳索捆住印第安人的脖子,一边让人宣读这份文件。[15]

这些是已被忘却的征服者们进入遥远而非凡的丛林的旅程,他们既勇猛果敢,又凶狠残暴。这群西班牙人的名字和他们在中美洲的发现——部落、人和地方,无不令人惊叹。我们应当记住,这些前所未有的征程极具风险,并且损失惨重。

路易斯·卡里略(Luis Carrillo,王室大臣洛佩·德·孔基洛斯的姻亲)带领人马完成了首次深入内陆的远征。卡里略欠缺经验,因此佩德拉里亚斯安排知识渊博的弗朗西斯科·皮萨罗担任副手。他们带着 60 人朝南出发,在安纳德斯河(River Anades)建立起殖民地,并命名为丰塞卡-达维拉(Fonseca Dávila)。然而,除了 1 000 比索外,他们并未找到巴尔沃亚所说的黄金,倒是俘获了不少奴隶。他们返回达连,佩德拉里亚斯对他们的表现大为愤怒,但可能由于卡里略和王室大臣孔基洛斯之间的关系,他并未采取惩罚措施。[16]

第二次向西的重要远征由胡安·德·阿约拉领导。他带领 400 人,进一步推动巴尔沃亚所做的工作。据奥维多说,他们前去寻找地峡最为狭窄的地带,在那里修建堡垒。总督和主教都给出明确的指示,一定要对印第安人采取宽容的态度。[17]

阿约拉兵分三路:一队由胡安·德·索里塔(Juan de Zorita)

领导 50 人，向波可里萨（Pocorisa）进发；一队由弗朗西斯科·德·阿维拉领导 150 人，前往太平洋；一队由阿约拉率领，前去查看库埃瓦（Cueva）印第安人的情况。阿约拉一行在科马格里姆（Comagrem）受到印第安人的欢迎，得到对方信任，但转而对他们发动攻击。为了寻找黄金和奴隶，不惜放出狗来折磨直至咬死他们。图巴那玛人（Tubanama）的酋长成功逃走，转身便对西班牙人发起进攻。10 月，阿约拉借口身体有恙，返回达连，留下副手埃尔南·佩雷斯·德·梅内塞［Hernán Pérez de Menese，曾在圣布拉斯湾（Gulf of San Blas）创建洛斯-阿纳德斯（Los Anades）定居点］负责管理。愤怒的印第安人很快摧毁了这个新城镇，杀死众多西班牙人。阿约拉的情妇玛丽亚·德·阿吉拉尔（María de Aguilar）勇敢地跟随他来到这里，但被酋长俘作情妇，不多久遭酋长的妻子杀害身亡。弗朗西斯科·德·阿维拉后来在图马科建立新城，很可能是在今天的巴拿马。但他患病后，又放弃了那里。

胡安·德·阿约拉对酋长们的手段残酷暴虐，双方成为死敌。印第安人被逼到没有退路之际，有时公开杀死西班牙人，有时则设陷阱诱捕。在巴尔沃亚统治时期，有些地方商业活动相对正常，西班牙人与酋长也友好相处，但即使是这些地方，也成了胡安·德·阿约拉眼中必须武力征服之地。阿约拉通过上述手段积聚大量黄金，决定逃回西班牙，而佩德拉里亚斯显然对这种叛逃行为采取睁一只眼闭一只眼的态度。[18]

两艘轻快帆船带来国王任命巴尔沃亚为行省总督的命令，也送来新的殖民者。佩德拉里亚斯想要截获信件，阻止信件送到对手手中。不过，克韦多和巴尔沃亚都已听闻此事，佩德拉里亚斯只好召集地方政务委员会进行商讨。克韦多主教批判了佩德拉里亚斯对国王的不忠。迭戈·马克斯和阿隆索·德拉·普恩特一致认为，对于巴尔沃亚的审查结束以前，信不应交到他的手中。最终，在克韦多主教的坚持下，信还是交给了巴尔沃亚，他也的确被任命为行省总督。这一头衔为他带来的其实是严峻的挑战：在王室任命大于一切的年代，佩德拉里亚斯的位置由此受到威胁，令他大动肝火。佩德拉里亚斯向国王写信，抱怨巴尔沃亚并未真正探索过他宣称担任行省总督（proconsul）的地方。

与此同时，针对巴尔沃亚的司法审查已经结束。尽管埃斯皮诺萨对巴尔沃亚的才能越发感到赞赏，但还是找到了他拒不服从国王的证据，对他处以 156.5 万马拉维第的罚款——巴尔沃亚唯有倾家荡产才能支付。他开始不断地向国王写信，其中于 1515 年 10 月 26 日写的那封信保存至今，内容是请求调查达连发生的事件。他说，为什么原本像绵羊般的印第安人和酋长"变成了雄狮，不能很好地服务上帝"？[19] 新任总督虽值得尊敬，但"自踏上这片土地便疾病缠身，年迈如他身受疾苦折磨"。巴尔沃亚认为，他是"一位过于年迈的人。[20] 他甚至从未对在远征活动中造成破坏的人施以惩戒"。

巴尔沃亚和佩德拉里亚斯就一项新法令也产生了争执。该法令允许出售在大陆省抓获的奴隶，巴尔沃亚对此表示抗议，佩德拉里亚斯称，暂时"最好接受法令，因为它能让人们有事可做"。安达戈雅说，在那段时间里"没人想要求和，或推动殖民地的发展。所有人都只是关心寻找黄金和奴隶"。

加斯帕尔·德·莫拉莱斯（Gaspar de Morales）领导了奔赴太平洋的又一次远征。他与皮萨罗一道出发，占领了美丽的特拉里奇岛

　　　　　　　黄金之河：西班牙帝国的崛起，从哥伦布到麦哲伦

（Terarequi），以及那里出产的珍珠。这是皮萨罗第一次听说的南方富庶之地，这里其实就是秘鲁。此次远征，西班牙人收益颇丰，还发现一枚不同寻常的珍珠：漫游者珍珠，重达 31 克拉。莫拉莱斯将珍珠卖给佩德罗·德尔·普埃尔托（Pedro del Puerto）。这位商人很快便惊恐于拥有如此珍贵的宝石，转手将它卖给伊莎贝拉·德·博瓦迪利亚。然后，查理五世的王后伊莎贝拉耗资 90 万马拉维第将其收入囊中。[21]

莫拉莱斯穿越了领地上的新族群，如图图卜拉（Tutibra）人、奇恰马（Chichama）人、加尔齐纳（Garchina）人和比尼（Bini）人居住的地区。他的手下以极其残忍的手段俘获了大量奴隶。这些人的印第安同胞试图营救，但在一场激烈的战斗中，莫拉莱斯故意杀死了所有的"奴隶"。然后，他回到达连，得到了返回西班牙家中的许可，对此他是心存感激的。

巴尔沃亚向位于安第斯山脉脚下的领地达贝巴（Dabeiba）发起新的远征。他曾经宣称这里遍布黄金与宫殿。他与路易斯·卡里略带领约 200 人出发，结果此次远征一败涂地。巴尔沃亚头部中箭，差点儿死去，卡里略受伤身亡。

1515 年 3 月，贡萨洛·德·巴达霍斯（Gonzalo de Badajoz）率 40 名士兵向西北方向出发，最终抵达哥伦布的"上帝角"（Cape Gracias a Dios）。他试图贿赂和说服酋长为他提供帮助，均未能如愿。路易斯·德·梅尔卡多（Luis de Mercado）随后带领 15 人加入他的队伍。两人决定穿过山脉，再度占领"南海"。他们在前往哈瓦那的途中，酋长带着所有的金银财宝从那里逃走了。西班牙人神奇地抓获了一些打上烙印的奴隶，还发现了大量黄金。他们拜访了童同各（Totongo）和塔拉库鲁（Taracuru）酋长，还有后者的兄弟帕那诺梅（Pananome），以及阿纳塔（Anata）、斯克里亚（Scoria）和帕里萨（Pariza）。[22] 巴达霍斯后来返回了达连。

所有这些寻求财富的探险都缺少科学的规划，不太注重发现，对原住民的灵魂也不怎么关注，没有给指挥官带来多少荣耀。

最终，佩德拉里亚斯踏上了他自己的征途。自抵达殖民地以后，因罹患疾病，身体不便行动，直到 1515 年 11 月 28 日，他才率 250 人和 12 艘轻快帆船出发。他们往西朝着乌拉巴湾的方向航行，寻找"征服者"加布里埃尔·贝塞拉（Gabriel Becerra），但此人 8 个月前已经去世。他们计划要对当地人反抗西班牙人的行动施以惩戒。佩德拉里亚斯和他的手下们在阿瓜达（Aguada）登陆，向内陆的阿吉拉（Aguila）和更远处的阿达（Ada）进发。艾克拉（Acla）被称为"骸骨之地"，因为这个地方曾经爆发过酋长卡特阿（Cartea）和他的兄弟奇马（Chima）之间的战争。佩德拉里亚斯在那里举办宴会，席间人们热热闹闹地推杯换盏。他建立起港口，采取措施来预防船蛆的破坏。他说，人们从那里可以步行前往太平洋。那里必定是在距离现代城市科隆不远的地方。

佩德拉里亚斯再次患病，这次很可能是肝炎，他不得不返回安提瓜。他于 1517 年 1 月 26 日抵达，留下经验丰富的洛佩·德·奥拉诺负责完成港口建设，派遣埃斯皮诺萨担任接下来的远征的指挥官。远征如他所愿，大获成功：他们获得价值 4 500 万马拉维第的战利品，2 000 名可以出售到伊斯帕尼奥拉的奴隶。不过，洛佩·德·奥拉诺和手下为数不多的几个人意外地去世或遭到杀害，于是这片领土重回印第安人手中。

巴尔沃亚秘密派遣朋友安德烈斯·德·加拉维托（Andrés de Garabito）前去古巴寻求更多的人力，为再次前往"南海"远征做准备。虽然有行省总督的头衔护身，但他已经放弃在佩德拉里亚斯的远征队伍中找到自愿跟从自己的人。加拉维托在古巴和圣多明各找到60个人，他们在夜间秘密抵达，结果还是被佩德拉里亚斯发现。盛怒之下，他将巴尔沃亚逮捕，关押在自己房屋的木笼中。克韦多主教再次进行干预，为巴尔沃亚求情。克韦多称，和平是殖民地唯一的出路，建议巴尔沃亚迎娶佩德拉里亚斯的一个女儿。佩德拉里亚斯的妻子伊莎贝拉·德·博瓦迪利亚表示同意。1516年4月，巴尔沃亚与玛丽亚·德·佩纳洛萨成婚（她本人不在场，由他人代为完成婚礼）。他的新娘当时还在西班牙的修道院里，未能出席婚礼。几个月后，巴尔沃亚从笼中释放出来，带着部下前去重建艾克拉殖民地，然后再朝"南海"进发。

埃斯皮诺萨继续指挥佩德拉里亚斯的远征队伍，所到之处，或大肆杀戮当地人，或将其收为奴隶。他的队伍中还有200名步兵和10名骑手。埃斯皮诺萨穿过西埃拉－德卡雷塔（Sierra de Careta），抵达巴亚诺（Bayano）的上峡谷。为了报复印第安人之前在圣克鲁斯和洛斯阿纳德斯杀死西班牙人，他在这里大开杀戒。接下来，他朝纳塔河（River Nata）前进，在那里和自己的追随者们停留4个月，以印第安人的玉米为食。然后，他进入帕里萨，与印第安人发生了一连串战斗。他的马匹一出现，印第安人就大为惊恐，溃不成军。他沿着阿祖雷洛半岛（Azurero）返回，于1517年4月抵达艾克拉。巴尔沃亚在艾克拉的管理略显松散，但行之有效。埃斯皮诺萨的手下发现艾克拉"处于良好状态，能保障他们衣食无忧，完全可以与塞维利亚媲美"。[23] 那里矗立着众多木屋，小规模的西班牙人在印第安仆人和劳工的服务下，生活相当安逸。

1517 年 8 月，巴尔沃亚再次带领 200 名西班牙人、100 名随佩德拉里亚斯来此的黑奴和大量印第安人向"南海"进发，这支队伍中有安达戈雅、埃尔南多·德·索托、迭戈·德拉·托维利亚（Diego de la Tobilla）、安德烈斯·德·巴尔德拉瓦诺（Andrés de Valderrábano）、埃尔南多·德阿圭略和佩德罗·德·阿尔博兰查（Pedro de Arbolancha），最后三位将身家都投在巴尔沃亚的"南海公司"。佩德拉里亚斯希望能亲率远征大军，无奈年纪过大，痛风未愈，只得放弃。

巴尔沃亚命人建设一支小型舰队用于远征，造船的木头来自加勒比海岸。他让人将木头、船帆、锚、油布和索具运过地峡，对此他的解释是，东海岸的木头材质更优。此项工程无比艰巨，拉斯·卡萨斯认为，至少 500 个印第安搬运工因此丧命，还有人提出真正的人数是这个数字的 7 倍。

历经千辛万苦之后，艾克拉成为巴尔沃亚的总部，西班牙人和印第安人由此出发，前往 70 英里以外的里奥 – 德拉斯 – 巴尔萨斯（萨瓦纳斯），在广阔的平地上建造造船厂。然而，加勒比海地区珍贵的木头运到这里时，大部分已经被虫子蛀空。

1518 年 10 月，巴尔沃亚抵达太平洋海岸，两艘双桅帆船已建成，他们乘这些船前往珍珠岛岸边。他留下部分人再造两艘船，自己率 100 人朝圣米格尔湾驶去。他们抵达普埃尔托 – 德皮尼亚斯（Puerto de Piñas），遇到一群鲸鱼阻拦，无法顺利登陆。巴尔沃亚心怀一份简单的心愿，就是在太平洋建造属于自己的独立殖民地，要比在巴拿马匆匆建成的定居点更符合自己的愿望，并且能够远离佩德拉里亚斯。

达连的形势也在发生变化。之前我们讲过，克韦多和奥维多已返回西班牙，报告了佩德拉里亚斯纵容手下暴虐无道的事实。他们的说法让斐迪南国王下定决心寻找新的总督人选。丰塞卡主教对此也表示同意："我之前说过，必须让此人离开那里。"[24] 王室选择德高望重的洛佩·德·索萨（Lope de Sosa），时任大加那利岛总督，取代佩德拉里亚斯的位置。

变更总督的消息很快传到达连。巴尔沃亚在太平洋按兵不动，等待新任总督到来。他派出一支友人［加拉维托、巴尔德拉瓦诺、路易斯·博特略（Luis Botello）和埃尔南·穆尼奥斯］组成的远征队，在从艾克拉运回更多造船材料的同时，查探新总督是否已经抵达。佩德拉里亚斯担心巴尔沃亚企图谋反，派兵俘获这一众人等。他有点相信了这些人声称无辜的解释，然后又推翻了自己的想法，巴尔沃亚拒绝返回则令他大为恼怒，于是他派遣旧部下，残酷无情的埃斯特雷马杜拉人弗朗西斯科·皮萨罗，前去逮捕巴尔沃亚。此举令巴尔沃亚措手不及。"你是皮萨罗啊，"震惊之下的巴尔沃亚说，"你过去不是这样出来迎接我的啊。"[25] 皮萨罗十分清楚此时真正的掌权者是谁，毫不动摇地俘获巴尔沃亚，将其带回艾克拉。巴托洛梅·乌尔塔多（Bartolomé Hurtado）奉命前去接管行省总督尚留在海岸的远征队伍。

埃斯皮诺萨法官开启了对巴尔沃亚的审判程序，路易斯·博特略、巴尔德拉瓦诺、穆尼奥斯、阿圭略、加拉维托和罗德里戈·佩雷斯神父与巴尔沃亚一起受到叛国罪指控。加拉维托临时倒戈，可能是因为他曾与巴尔沃亚都想赢得印第安公主安娜扬西（Anayansi）的爱。他向佩德拉里亚斯写信，宣称巴尔沃亚企图反抗国王和佩德拉里亚斯。巴尔沃亚也被控策划在 1509 年杀害迭戈·德·尼库萨，在 1510 年非法剥夺费尔南德斯·德·恩西索的权力。很快，他与他的朋友们被判处死刑，在艾克拉广场上斩首。加拉维托获得原谅，罗德里戈·佩雷斯因神父身份得到豁免。

佩德拉里亚斯在前去关押巴尔沃亚的临时监狱探望时，严厉谴责道："因为相信你对国王和我的忠诚，我曾待你如亲生儿子一般，直到发现你决意反抗王权，只能将你视为敌人。今天，我来就是要告诉你这些。"

巴尔沃亚回答道："你真是满口谎言！我从未有过反叛之意。如果我有此想法，绝不会听从你的召唤返回。我手下总共有 300 人，拥有 4 艘船，如果不用看到你或听从你，我们大可航海出行。这里最不缺的就是陆地，管它贫瘠或是富庶……"

这段对话未能改变巴尔沃亚的命运。1519 年 1 月 1 日，巴尔沃亚和他的 4 位密友（路易斯·博特略、巴尔德拉瓦诺、穆尼奥斯和阿圭略）被带到艾克拉简陋的广场上，一阵鼓声之后，他和前三位被处决，而阿圭略在最后时刻得到宽恕。佩德拉里亚斯现身观看了行刑过程。巴尔沃亚的头颅遗落在广场长达 7 天。[26]

巴尔沃亚自 1514 年就成为佩德拉里亚斯的眼中钉。两人性格执拗，或许注定会走向这样的结局。巴尔沃亚勇敢无畏，富于想象力，却不及佩德拉里亚斯残酷，否则他可能已经杀了佩德拉里亚斯。

从此，佩德拉里亚斯可以随心所欲地在"南海"开启新的冒险。他发现，这里正如巴尔沃亚所说，比达连更富有开发前景。他任命埃斯皮诺萨作为副指挥，率队沿巴尔萨斯河（River Balsas）向下航行，远达海湾，直抵珍珠群岛，占据鲜花岛。埃斯皮诺萨独自到达一处地方，他认为这里是"两片海洋之间最狭窄的陆地"，并试图说服佩德拉里亚斯在此建立殖民地。于是，1519 年 8 月 15 日，他们举办传统仪式，联合创建巴拿马，由公证员安东·夸德拉多（Antón Cuadrado）进行记录，佩德拉里亚斯以胡安娜女王和年轻的查理国王（卡洛斯一世）的名义，宣布占有这片土地。佩德拉里亚斯按照自己 1513 年得到的指示，将城市分配给在场的 400 位西班牙人，并从 1519 年 11 月 5 日开始，通过监护征赋制建立土地所有制。

那里有丰富的鱼类，包括成群的沙丁鱼，还有软体动物和多样的植被，以及温和的海洋，不过这里可能不及巴尔沃亚曾经去过的地方舒适。为什么选中这里我们并不清楚，或许部分原因就是机缘巧合。

还有无数印第安人并未在战争中被征服，不过确切的数字无人知晓。佩德拉里亚斯找到了 25 个政治实体（酋长国，*cacicazgo*），这些印第安人可以由他们的领袖进行分配。参与土地分配的西班牙人只有一百多，其中大多数人对于每人不足 60 个印第安人的配额毫无异议。能够分得 150 至 300 个印第安人的都是总督的朋友。[27]

佩德拉里亚斯派遣埃斯皮诺萨与领航员胡安·德·卡斯塔涅达（Juan de Castaneda）朝北航行，他们发现了尼科亚湾（Gulf of Nocoya），还发现了生活富庶、人口众多的村庄，以及大量关在笼子里的鹿群、孔雀和鹅。他们在这里创建新的殖民地，起名圣地亚哥。佩德拉里亚斯命令迭戈·德·阿尔拜特斯统率另一支远征队，重建尼库萨的农布雷－德迪奥斯。那里不久后成为加勒比海和太平洋之间的主通道，其中的加勒比海一端称为卡米诺-雷亚尔（Camino Real）。

随后，总督返回达连，打算彻底拆除这里。他现在清楚地认识到，太平洋比加勒比海能够带来多得多的机会。然而，他发现圣玛丽亚-德达连的居民非常反对再次变迁。

新任总督洛佩·德·索萨的船队此时已经抵达港口，他计划了怎样的未来，我们永远也无法知晓，而且也无关紧要了，因为船只刚一抵达，途中多半时间疾病缠身的索萨就在 1520 年 5 月 7 日半夜去世了。他可能是死于途中感染的某种疾病。人们在远未竣工的达连教堂为他举办盛大葬礼，官员和方济各会修士都前来参加。佩德拉里亚斯对陪伴父亲前来的总督之子——与总督同名、本来要担任总督副手的侄子索萨，以及受到提名的首席行政司法官胡安·罗德里格斯·德·阿尔卡尔肯西罗（Juan Rodrízguez de Alcarconcillo，此人本来要对佩德拉里亚斯进行司法审查）给予了特别的关注。在这种情况下，怀疑洛佩·德·索萨遭人谋杀，比如被佩德拉里亚斯毒害，是再自然不过的了。不过，这种怀疑并无相关证据。佩德拉里亚斯完全有能力犯下诸如谋杀的罪行，只是在当时的情况下他不必要这样做。

数月过后的 1520 年 7 月 20 日，历史学家贡萨洛·费尔南德斯·德·奥维多从西班牙出发，再度来到达连。他以为洛佩·德·索萨已经就任总督，自己在达连将要过上和平的生活。他本计划与索萨同时出发，但整整延迟了一个月。他首先抵达圣多明各，在那里听闻了新任总督去世的消息。之后，他仍带着妻子前往达连，得到佩德拉里亚斯的友好接待。佩德拉里亚斯心中必定明白，奥维多一定是在西班牙犯下了损毁名誉的事情，不得不选择离开。

未过多久，奥维多居然成为达连反对殖民地迁址人士的领袖，并耗资约 700 万马拉维第，挑衅般地为自己修建起奢华的寓所。佩德拉里亚斯坚持原来的政策，将总督府和主教办公地均迁至太平洋。奥维多成功地躲过一次暗杀行动，他认为背后的主使是佩德拉里亚斯，因为自己曾读过审查巴尔沃亚的文件，这些文件后来不翼而飞了。他最终决定返回西班牙。1522 年，他获得王室反对迁址的命令，不过为时已晚，因为那时佩德拉里亚斯已经强行将达连的所有居民迁至太平洋沿岸，仅有个别年迈无法动身的人留下。很快，印第安人将这里夷为平地，留下的人们死于大火，唯有几棵柠檬和橘子树证明这里曾是欧洲人在美洲大陆建立的第一个殖民地。

佩德拉里亚斯——他的部下称他为"愤怒的多米尼"，想要继续担任总督。他决定让妻子伊莎贝拉·德·博瓦迪利亚不顾气候、饮食、疾病和不适等因素，返回西班牙，以他的名义进行交涉。她带着长子迭戈和装满珍珠、黄金的箱子启程。她抵达西班牙时，新国王查理去了德意志，城市叛乱领导人（comunero）发动的内战战火正盛（见第三十二章）。1520 年 9 月，她轻松获得佩德拉里亚斯担任总督的确认函。毫无疑问，她所带的一箱珠宝为此发挥了重要作用。[28]

我们无法为佩德拉里亚斯的行为喝彩，但他坚韧与强大的意志确实值得敬佩。

第六卷

西斯内罗斯

大主教西斯内罗斯的骄傲：他委托人编写的七种语言的《圣经》

第二十六章

"斐迪南国王！国王驾崩了！"

"斐迪南国王陛下！""国王驾崩了！"如此重复呼喊了三
次。大教堂内的 13 位西班牙骑士将旗帜扔向地面，口中高呼：
"天主教国王，胡安娜女王，查理国王，万岁！"

——《布鲁塞尔圣古都勒大教堂里的哭喊》(1516)

1516 年 1 月，斐迪南与素常一样，仍在到处旅行。自 1469 年
同伊莎贝拉成婚后，他踏上了多少条迥异的路线，又去过联合王
国多少地方啊！他到过西班牙除阿斯图里亚斯以外的所有地方。
他刚去普拉森西亚参加完孙女的婚礼，正在前往塞维利亚的路上。
1 月 2 日，他人在特鲁希略，皮萨罗家族所在的城市。1 月 11 日
和 20 日，到了阿伯图拉（La Abertura）和马德里加莱霍，过去和
现在都鲜有地图标注这两座小城的位置。他又到了山顶的阿韦拉
（La Abera），那里附近流淌着几条美丽的小溪。关于马德里加莱
霍，没有太多可说的。从唐·斐迪南的时代到现在，它都只是一
座小城，国王在那里居住过的房子保留至今。这个仅为一层的建
筑没有进行过任何修缮，亦无丝毫改变。国王若极目远眺，高耸

黄金之河：西班牙帝国的崛起，从哥伦布到麦哲伦

的摩尔风格城堡蒙特桑切斯（Montsánchez）必会映入眼帘，皮萨罗撒河（River Pizarrosa）在附近缓缓流过。斐迪南的外孙和继承人查理曾说，外祖父镀铅的棺材摆在格拉纳达的皇家礼拜堂，为"一个小地方带来巨大的荣光"。若他亲眼看到国王在马德里加莱霍居住的小房子，定会发出同样的感慨。

小城位于埃斯特雷马杜拉，西班牙征服者如努涅斯·德·巴尔沃亚、埃尔南·科尔特斯和弗朗西斯科·皮萨罗都来自这个地区。卡斯蒂利亚的将军们在古巴和达连已安顿好，他们未来将为卡斯蒂利亚战胜君主国墨西哥和秘鲁，不过此时这两个国家尚不为西班牙人所知。

在马德里加莱霍，死神将冰冷的手伸向这位堪称极为成功的国王。由于马德里加莱霍与埃斯特雷马杜拉的关联，可以说这里是国王结束生命最合适不过的地方。当然他或许不会这样想。不过，他并未抱怨，斐迪南不是多愁善感之人。他可能还清楚地记得，1478年与葡萄牙王后胡安娜发生战争期间，妻子伊莎贝拉女王曾使用大炮和攻城装备围攻此地，并在后来下令毁灭这座城堡。[1]

对于斐迪南而言，更为重要的一点是，马德里加莱霍和塞维利亚之间横亘着塞雷纳山谷（Serena），这里是美利奴羊毛的主要产地。美利奴羊毛质量上乘，可用于塞维利亚的纺织业。梅斯塔的羊群在那里过冬，羊毛在四五月份送到塞维利亚。位于遥远南方的洛拉德里奥是塞雷纳和塞维利亚之间重要的交易市场，斐迪南自然打算途经塞维利亚前往洛拉德里奥。1516年，羊毛的主要买家是热那亚人，这在过去多年间向来如此。哥伦布所在的城市里，所有的富豪家族都从事羊毛生意。[2]

斐迪南统一卡斯蒂利亚并任摄政王，以及阿拉贡的国王，除了偶尔的分裂主义活动，统一的局面自此顺利延续。他也征服了比利牛斯山以南的纳瓦拉所有地区，这里此后一直是西班牙的领土。在大将军贡萨洛·费尔南德斯·德·科尔多瓦的努力下，那不勒斯也成为西班牙的总督辖区。所有这些地方都由王国枢密院或阿拉贡王国枢密院统治，枢密院成员均是受过高等教育的公务员，忠心耿耿的老贵族们对这种安排自然甚为不满。

一些"新"人跟随斐迪南到达马德里加莱霍，比如：洛伦索·加林德斯·德·卡瓦哈尔（Lorenzo Galíndez de Carvajal），来自埃斯特雷马杜拉的"年代史编撰者"和律师，他可能是"那个时代最正确最明智的政治家"，拥有"或许是卡斯蒂利亚最一流的律师头脑，值得尊敬，也有愤世嫉俗的一面"；[3] 莱西齐奥多·路易斯·萨帕塔，"奇基托王"，唯利是图，但口才出众；弗朗西斯科·德·巴尔加斯（Francisco de Vargas），卡斯蒂利亚的财政大臣，现代国家的典型公务员形象，是国家统治的坚定基石之一。

有人指出，斐迪南解决从加泰罗尼亚遗留下来的问题，尤其是阶层之间的矛盾时，依靠的是恢复传统习俗，他自然没有打算将阿拉贡和卡斯蒂利亚两个王国的机构融合起来。在 37 年的统治期间，他只在阿拉贡待了 4 年，主要依靠代理人和副王进行管理。当然，他尽力将自己塑造成属于全西班牙的国王。

在斐迪南生命的最后一段时光里，他也承担起与新世界相关的些许责任，新的西班牙帝国（当时还不这样称呼）正在新世界建立。那时还没有西印度事务委员会或其他任何正式的委员会来统治这些领地，斐迪南仍将大部分的决策权交给丰塞卡，现在的布尔戈斯主教，以及他那位遭人怨恨的助手——阿拉贡的改宗者洛佩·德·孔基洛斯。王室大臣中关心西印度群岛的人有精明的弗朗西斯科·德·洛斯·科沃斯（Francisco de los Cobos），一个来自乌韦达（Úbeda）的清贫绅士，1515年之前他的职责就是为关乎此事的王室文件签字。斐迪南对于西印度群岛的意义似乎一无所知，他对这里怀有兴趣的主要原因是，这可能会为他在地中海的事业提供财力支持。

斐迪南所犯的唯一严重错误就是忽视了西印度群岛，不过他不是唯一一位在地中海和加勒比海之间优先选择前者的西班牙国王。他更大的错误其实是绝对信任丰塞卡主教。丰塞卡用人的标准是，他们是否为出身良好的西班牙人，博瓦迪利亚、奥万多、庞塞·德·莱昂、阿里亚斯，以及贝拉斯克斯等家族成员似乎要优于来自无名家族的哥伦布、巴尔沃亚或科尔特斯等。

加勒比海域四座最大的岛屿：伊斯帕尼奥拉、古巴、牙买加和波多黎各都是西班牙的总督辖区，后三个岛屿归伊斯帕尼奥拉的总督管理。第二任海洋上将迭戈·哥伦布长期不在，导致第一大岛伊斯帕尼奥拉的管理出现空档。卡斯蒂利亚人迭戈·贝拉斯克斯、巴斯克人弗朗西斯科·德·加拉伊（接替胡安·埃斯基韦尔之位）和塞维利亚人胡安·庞塞·德·莱昂分别控制后三座岛屿。关于"哥伦布派系的官员"的调查由此展开，但不包括迭戈·哥伦布。在新大陆，流淌着改宗者血液的卡斯蒂利亚人佩德拉里亚斯，赫赫有名的"顽强者"，1516年统治达连和巴拿马时，与努涅斯·德·巴尔沃亚的相处完全称不上和谐。多明我会修道院院长、新世界多明我会修士的领袖佩德罗·德·科尔多瓦，秘密策划在委内瑞拉的珍珠海岸附近建立多明我会殖民地。所有殖民地很快都会拥有自己的精神领袖；1512 年，圣多明各、康塞普西翁－德拉维加（也在伊斯帕尼奥拉）和波多黎各都有了各自的主教。

新世界当地人口的锐减终于引起殖民者的关注，这不仅是当地人的悲剧，更是意味着劳动力的短缺。西班牙人频繁远征至巴哈马群岛、特立尼达、小安的列斯群岛和大陆寻找奴隶，远征的资金多来自伊斯帕尼奥拉的重要人物，其中甚至有高等法院的法官。[4] 多明我会传教士安东尼奥·德·蒙特西诺斯和神父巴托洛梅·德·拉斯·卡萨斯待在西班牙，为如何对待印第安人争取新的法令。那些年间，伊斯帕尼奥拉的黄金产量证明大力投资是有价值的，但没人怀疑卡斯蒂利亚极不稳定的物价与从西印度群岛进口贵金属有关。[5]

国王此时已奄奄一息。据传杰曼王后曾找人用牛鞭制成壮阳药，想要跟他生育男性继承人，此药是否损害了他的心脏无法确定。如果此药确实存在，那它并未帮助王国变得更为统一。斐迪南本人在生命的最后几年里，似乎希望西班牙分裂为卡斯蒂利亚的哈布斯堡王朝和阿拉贡的特拉斯塔马拉（Trastamara）王朝，而非由德意志人管辖的统一王国。[6] 或许，历经无数的旅行、战争、阴谋和部署，在数不清的夜晚里躺在远方并不舒服的床榻上，他终于精疲力竭了。

他此时 65 岁左右，在文艺复兴时代算得上高龄。他最后一次向修士托马斯·德·马廷恩索做了告解。马廷恩索曾是他在布尔戈斯为印第安人问题设立的开明委员会（enlightened committee）成员。随后，他招来王国枢密院成员加林德斯·德·卡瓦哈尔、王室大臣萨帕塔和财官巴尔加斯。（卡瓦哈尔刚被任命为西印度贸易总署的邮政局局长，在一段时间里，这份工作的职责包括监管所有跨大西洋的信件。）[7] 他们集体建议国王修改遗嘱。斐迪南在该遗嘱中倾向于传位给在西班牙长大的二外孙斐迪南，因为他对小斐迪南有着充分的了解。但是，这些顾问建议道，只有将王位传给长外孙根特的查理，才能取得国王的顾问和贵族的一致支持。只是斐迪南从未见过查理。

斐迪南国王毫无怨言地接受了建议。[8] 顾问们要承担重责，避免"斐迪南继位战争"，但也许他们犯下了错误。斐迪南亲王本有可能成为一位杰出的国王，他可以亲自治理西班牙和新世界，而将低地国家和神圣罗马帝国交由兄长查理管理。

在斐迪南国王去世之后、查理抵达西班牙之前的这段时间，遗嘱规定由枢机主教西斯内罗斯再度出任卡斯蒂利亚的摄政王，斐迪南的私生子、萨拉戈萨的大主教阿隆索·德·阿拉贡（Alonso de Aragón）担任阿拉贡的摄政王。从法律意义上来说，斐迪南没有权力在卡斯蒂利亚进行这样的安排，因为他本身只是摄政王，他的女儿胡安娜才是卡斯蒂利亚的女王。不过，斐迪南国王很早以前就认定女儿胡安娜存在一定程度的精神失常，有必要另外派专人管理王国。

国王躺在卡斯蒂利亚境内偏远的马德里加莱霍一处"简陋的农舍"[9] 里，在 1 月 22 日给他的继承人，外孙卡洛斯亲王（Infante Carlos，西班牙人喜欢这样称呼他）写下一封充满爱意的信。他在开头写道："上帝似乎很高兴令我们陷入这般生不如死的境地。"斐迪南很遗憾从未与查理相见，查理也未能在他死前赶到西班牙。他希望查理能够照顾好"我最深爱的妻子杰曼"。[10]

1516 年 1 月 23 日午夜刚过，国王驾崩。[11] 信使立马向身在佛兰德斯的查理送去消息。早在查理收到消息之前，已得知国王命令自己担任摄政王的枢机主教西斯内罗斯就离开位于阿尔卡拉－德埃纳雷斯的豪宅，奔赴瓜德卢普（Guadelupe）修道院，并于 1 月 29 日抵达。紧急召集的王国枢密院确认了他的职责，证明了新政府的合法性。他首先将斐迪南亲王软禁在住所——因为斐迪南亲王有可能与查理争夺王位——并限制斐迪南亲王多年的导师贡萨洛·努涅斯·德·古斯曼（Gonzalo Núñez de Guzman）的人身自由。[12]

西斯内罗斯与斐迪南亲王、杰曼王后、王国枢密院的部分成员，如加林德斯·德·卡瓦哈尔，一起离开瓜德卢普，经由普恩特－德尔－阿尔索维斯波（Puente del Arzobispo）、卡莱拉（Calera）和塔拉韦拉，前去马德里，住在佩德罗·萨索·德·卡斯蒂利亚家中（位于保存至今的普拉祖埃拉－德圣安德烈斯）。部分王庭成员住在阿尔卡萨，还有一部分住进圣哲罗姆会修道院。

1516 年 2 月 10 日，斐迪南国王驾崩的消息传到布鲁塞尔以北 15 英里的梅赫伦（Malines），查理亲王与姑姑女大公玛格丽特居住的地方。他的主要顾问吉列尔莫·德·谢夫尔（Guillermo de Chièvres）和塞恩诺尔·德·克罗伊（Seigneur de Croÿ）召集所有在佛兰德斯的西班牙官员，承诺不但可以保留他们的职位，还将他们的俸禄涨至三倍。[13]

顾问和他们的朋友主要围着三个人转：16 岁的查理、曾在多年前嫁给胡安亲王的女大公，以及谢夫尔。还有一位人物也具有强大的影响力，也就是朴素而博学的乌特勒支（Utrecht）的阿德里安。

年轻的继承者查理 1500 年 2 月 25 日生于勃艮第公国的中心城市根特，取了他伟大的曾祖父、最后一位勃艮第公爵的名字，这

黄金之河：西班牙帝国的崛起，从哥伦布到麦哲伦

位曾祖父以性情冲动闻名。[14] 在那之前，西班牙几乎没人叫查理这个名字，[15] 因为老公爵的名字带来了如下影响："没有人如此深受历史典范的启发，或表现出如此强烈的欲望去效仿'鲁莽的查理'（Charles the Rash）*。老查理在年轻时，曾让侍者大声朗读高文（Gawain）和兰斯洛特（Lancelot）† 的卓越功勋……"[16] 年轻的根特的查理也是如此做派。

1500 年 3 月 7 日，查理在布鲁塞尔宏伟的圣古都勒教堂接受洗礼，但西班牙王庭并未派任何代表出席，现场唯一的西班牙人是迭戈·拉米雷斯·德·古斯曼，他当时是查理母亲胡安娜女王的神父，后来成为马拉盖主教。奥地利的玛格丽特不久前失去了丈夫胡安亲王，她从西班牙返回，成为查理的教母。鉴于这种背景，查理王子在人生前 15 年的唯一追求是做一个勃艮第贵族也就不足为奇了。

勃艮第宫廷以繁杂和严肃的仪式闻名，它为查理树立了信奉终生的贵族原则：举止符合王室礼仪，展示伟大亲王的风范，追求骑士荣耀，保卫基督教信仰，这些都体现在勃艮第金羊毛骑士团的法典中。勃艮第也让查理在心中产生了对于骑士精神和王庭礼仪的虔诚及依赖。这是过去，抑或是新世界的理想状态吗？[17] 查理似乎就是生活在这两者之间。

相较于书本知识，查理对于锻炼身体更感兴趣，他所有的男侍同样如此。[18] 年轻时，他就掌握了打猎、长矛比武和驯鹰的技巧。

---

* 瓦卢瓦勃艮第王朝的勃艮第公爵，"好人"腓力和葡萄牙的伊莎贝拉之子，也可译作"大胆的查理"，人们给他起如此绰号是因为他在 1477 年于南锡战役中鲁莽战死。——编者注
† 高文是亚瑟王传说中最具有风度的圆桌骑士。兰斯洛特是亚瑟王传说中圆桌骑士团的成员之一，他出现在很多法国小说和文学作品中，被描述为亚瑟王最伟大最受信任的骑士，并为亚瑟的诸多胜利做出了贡献。——编者注

不用离开胯下马匹，他就能打断对手的长矛。

查理在梅赫伦度过了大半的童年时光。在高尚的学者乌特勒支的阿德里安指示下，他最初接受教育的环境相当艰苦，甚至可谓贫穷，而他的虔诚之心大部分都源于这位学者的教导。从 1509 年开始，贵族人士吉列尔莫·德·谢夫尔对他的影响力不断加强。1515年以后，展示勃艮第的辉煌日趋重要。查理喜欢穿着"华丽并且大胆"的衣服。[19] 他风度翩翩的祖父、皇帝马克西米利安向来以他为骄傲，称他很高兴看到查理的狩猎术不断精进，若非如此，可能人们会对查理心生厌恶。[20]

查理本人具备多种优秀品质，但自幼时起，他的身边总是围绕着一群贪婪无比的廷臣。文森索·克里尼（Vincenzo Querini），驻布鲁塞尔的威尼斯代表，称查理的"所有行为举止都显得残暴和任性；他与'鲁莽的查理'（Charles the Rash）非常相似，从后者身上学到了强烈的骑士精神"。他不无痛恨地补充道："他没有任何价值观，完全受他人掌控。"[21]

这样的负面评价有失公允。另外一个威尼斯人洛伦索·帕斯库阿里格（Lorenzo Pasqualigo）这样评价查理："他中等身长，身体消瘦到令人难以置信的程度。面色苍白，性情抑郁，嘴巴时常张着。"[22] 胡安·德·隆吉（Juan de Longhi）认为查理混合了消极和不耐烦两种负面特质。一位大使说，他的眼睛看起来好像粘在一张过长的脸上。但是，当查理以玛丽公主夫婿候选人之一的身份于 1513年前去英国时，瘦长但高贵的他给所有人留下了深刻印象。人们对于查理年少时候和成熟时期的评价截然不同。

1515 年 1 月 5 日，他被宣布已到担任勃艮第公爵的年龄。此时他只有 15 岁，但马克西米利安认为他有能力担纲统治大任。女大公玛格丽特的摄政时代宣告结束，改朝换代开始。查理悠游自在地四处游览低地国家，最终定居在布鲁塞尔。为了应对夏尔·德·拉诺伊（Charles de Lannoy）控诉他喜欢的音乐阴柔缠绵，查理亲王提出要与拉诺伊进行正式决斗。查理亲王选择在巨大的马匹身上持长矛决斗，坚信自己必将取胜，不料马匹跌倒，因此留下的伤痕直到很久以后才消失。[23]

　　1515 年之前，姑姑对于查理有着决定性的影响。奥地利的玛格丽特生于 1480 年 1 月 10 日，得名于她的祖母——"鲁莽的查理"最后一位妻子约克的玛格丽特（Margaret of York）。1482 年 12 月，法国和根特人签订的《阿拉斯条约》（Treaty of Arras），"玛格丽特夫人"成为"玛格丽特王妃"，未来的查理王太子（Dauphin Charles）的妻子。查理王太子是后来的法国查理八世国王，比她年长 9 岁。她的陪嫁极为丰厚，包括阿图瓦（Artois）、弗朗什－孔泰（Franche–Comte）、马孔（Macon）、欧塞尔（Auxerre）、塞纳河畔巴尔（Bar–sur–Seine）及努瓦永（Noyon）。她 3 岁时到了法国，艾仃思（Hedins）的法国社会热烈欢迎这位"雏菊般的玛格丽特"。她按时与查理订婚，一直在法国的昂布瓦斯（Amboise）居住到 1491 年。最初是以王妃身份，路易十一去世后，便成为真正的王后。国王的女儿"博热夫人"担任她的顾问。在王室度过的欢乐童年时代，玛格丽特最主要的小伙伴是一只绿鹦鹉。1491 年，年轻但已日趋强势的查理出于壮大王朝的考虑，坚持迎娶布列塔尼的安妮，将那片公爵领纳入法国版图。玛格丽特于是离开昂布瓦斯，在默伦（Melun）度过一段半监禁的时光，后于 1493 年 6 月返回梅赫伦。[24]

1496 年 11 月 5 日，玛格丽特公主的丰功伟业迎来新的篇章。她嫁给深受宠爱的胡安亲王——斐迪南国王和伊莎贝拉女王的继承人。与哥哥腓力（当时还未迎娶她未来的嫂子胡安娜）在一起待了几天，玛格丽特在 1497 年 1 月 22 日动身前往西班牙，途中为躲避暴风雨曾在英国的南安普顿停留。她抵达桑坦德，见到亲王，两人共同前往布尔戈斯，于 1497 年 4 月 3 日在圣三一修道院（Convent of the Holy Trinity）举办婚礼。两人在婚礼前就已度过了蜜月。彼得·马特尔这样描述她："看到她，会误以为见到了女神维纳斯。"马特尔回忆道，"为爱神魂颠倒的亲王"说服父母，"放下礼仪规定，好让他能够在仪式前获得渴望不已的拥抱"。但到 6 月 13 日，马特尔认为亲王已陷入悲伤之中。亲王在 10 月 4 日去世。"西班牙所有的希望从此都被埋葬了。"马特尔补充道。或许，正如之前讲到的，他因在萨拉曼卡的节庆期间食用了不干净的沙拉而身亡，哈布斯堡家族的人则认为他是死于和妻子纵欲过度。

玛格丽特怀有身孕，后来女儿早产，不幸夭折，她再次返回低地国家。

这位年轻的寡妇在 1501 年 9 月又一次缔结婚约，未婚夫是萨伏依的菲利贝尔公爵（Duke of Philibert）。她再次经由法国前往多尔（Dôle），在那里参加一场他人代为完成的婚礼。"伟大的巴塔尔"，菲利贝尔盛气凌人的兄弟代替公爵完成婚礼。接着，她往南前行，在日内瓦附近的修道院见到菲利贝尔。没过多久，她就以聪明才智战胜所有的家族成员，成为公爵领实质上的管辖者，从蓬丹（Pont d'Ain）的城堡里发号施令。

可是，不幸再度降临。菲利贝尔在不久后的 1504 年 9 月死于野猪狩猎活动。胡安娜的丈夫腓力之后与他类似，也是在运动回来为缓解燥热，饮用了过多的水而身亡。玛格丽特命人将自己的珍珠磨成粉，制成最上乘的药物，但无济于事。为安慰自己，她在布鲁（Brou）的教堂竖起纪念碑，以完成很早之前去世的婆婆玛格丽特·德·波旁（Marguerite de Bourbon）立下的誓言。此后，她就不再负责管理萨伏依。

玛格丽特的哥哥腓力想要让她成为英国王后，甚至还在1506年3月与未来的亨利八世缔结婚约。玛格丽特很明智地拒绝搅入这一摊浑水，即便她的接受将会为英国带来裨益。后来，马克西米利安任命她为荷兰摄政者。她离开萨伏依的公爵领，于1507年3月18日正式开始管理全欧洲最为富有的国家之一。她从萨伏依带来大量的人员辅佐自己，比如勤劳的意大利人梅库里诺·德·加蒂纳拉（Mercurino de Gattinara）。她成为查理亲王的养母，在梅赫伦安定下来，约克的玛格丽特曾在这儿的宫殿里快乐地生活，直到1504年去世。女大公身边围绕着诗人、音乐家和画家，她的图书馆赫赫有名，她喜欢与萨伏依人下国际象棋，与谢夫尔玩双陆棋。

很快，玛格丽特投身于高级外交工作，著名的康布雷反威尼斯联盟便是她的一项成就。她本人反法亲英，有时显得咄咄逼人，与谨慎行事的谢夫尔截然相反，而后者将会接任她，成为政策制定的主要推动力量。1513年，她草率下令逮捕佛兰德斯的西班牙廷臣领袖——金羊毛骑士团的胡安·曼努埃尔（Juan Manuel），为此她不得不在愤怒的骑士团高层面前为自己辩护。此事最终导致她被迫交出管理权。弗朗索瓦一世（François I）就任法国国王以后，她对法国的态度开始扭转。她的座右铭是："幸运与不幸同样令人变得强

大。"（*Fortune, infortune fort une*）

到了 1516 年，谢夫尔对查理产生着决定性的影响。谢夫尔当时是勃艮第的首相，他是一位具有良好教养的贵族，曾任驻法国大使，1505 年腓力不在西班牙时担任过法兰德斯总督。自 1509 年起，他成为未来的查理五世的内廷大总管。"事实上，谢夫尔活着的时候，都在管控我。"查理曾这样说。谢夫尔与查理同睡一室，随时紧盯查理的一举一动。查理后来告诉德高望重的威尼斯大使、未来的枢机主教和散文家加斯帕罗·康塔达里尼（Gasparo Contarini），说他很小就认识到谢夫尔的重要性，在很长的时间里都服从于他的意志。谢夫尔虽然有时显得"傲慢自大、野心勃勃，甚至不讲道德"，但他眉目清朗、充满智慧、善于观察、彬彬有礼，与玛格丽特形成鲜明的对比。[25]1515 年，法国大使让利斯（Genlis）问他为何对王子如此严苛时，他答道："我是他青少年时期的监护人和守护者，希望在我死后他能够自由行动，明白自己的职责所在，并在经受过训练之后，深知如何处理事务。"[26]

1515—1520 年，谢夫尔是佛兰德斯的政府首脑。他是坚定的亲法派，而玛格丽特曾极力反对法国。他人生最辉煌的时刻应该是 1516 年 8 月 13 日，查理和弗朗索瓦一世签订《努瓦永条约》（Treaty of Noyon）那一天。该条约解决了那不勒斯和纳瓦拉的问题，旨在为两位国王建立长久的友谊，给勃艮第与法国的宿怨画上句号。16 岁的查理许下承诺，未来要迎娶弗朗索瓦一世的女儿露易丝（Louise，她当时年仅 1 岁），露易丝的嫁妆包含法国对于那不勒斯的所有权。查理也愿意聆听纳瓦拉老王室成员阿尔布雷家族的不满言论。[27]［马克西米利安在 1516 年 12 月 3 日签订《布鲁塞尔条约》

（Treaty of Brussels）前很好地遵守了《努瓦永条约》的条款。] [28]

查理的第四位顾问，乌特勒支的阿德里安，曾任鲁汶（Louvain）圣彼得大教堂的教长，后任乌特勒支主教。他于1459年出生在乌特勒支，全名弗洛伦西奥·阿德里安诺·波艾伊恩斯（Florencio Adriano Boeyens），父亲在船上当木匠。他曾是修道会"平凡生活兄弟会"（Brothers of the Common Life）成员。他也曾在鲁汶大学求学，1491年获得该大学神学博士学位，1497年成为校长。1507年，马克西米利安任命他为查理的导师，玛格丽特女大公派他赴任驻西班牙的佛兰德斯大使。1515年，国王似乎打算将另一位孙子，查理的表弟斐迪南亲王选为继承人。阿德里安能够让斐迪南安神定心，彼得·马特尔形容他"就像谨慎指挥一艘巨船在海上行驶的舵手"。[29]他现在通过担任"大使"，在西斯内罗斯的帮助下，与西班牙政府之间建立联系，他（和听闻外祖父遗嘱后的查理都）接受了这样一重身份。不过出于对西班牙和西班牙语的不了解，他在这份顾问工作中尤为谨慎。他可以用拉丁语同神职人员和学识出众的人畅通无阻地交流，比如巴托洛梅·德·拉斯·卡萨斯。

进入耄耋之年的西斯内罗斯在1517年2月收到查理的亲切来信（斐迪南死后的第一封）[30]。3月9日，西斯内罗斯向西印度群岛发出第一条税收法令，法令以胡安娜女王的名义宣布，由他本人（枢机主教）和阿德里安主教（大使）签字，其中丝毫未提及查理。一切看起来都很平静。西斯内罗斯卓有效率地接管了统治权。3月4日，王国枢密院向查理写信说："您的母亲，女王大人在位期间，无须为您加上国王的称号，这会贬损神法及人法赋予她的荣耀和尊崇……您的外祖父天主教国王去世以后，您未能获得超越从前的权力，因为这片领土不属于他。"[31]

阿拉贡的摄政王阿隆索大主教为查理送去温暖的支持。他反复重申，他曾力劝去世的国王让他来西班牙。3月8日，巴达霍斯（Badajoz）主教阿隆索·曼里克·德·拉拉（Alonso Manrique de Lara），查理在佛兰德斯的支持者之一，向西斯内罗斯写了一封长信，介绍查理在布鲁塞尔的情况："查理性情很好，但对西班牙几乎一无所知，也不了解西班牙语，完全受佛兰德斯顾问们的影响，尤其是谢夫尔。"主教向西斯内罗斯强调了佛兰德斯人的贪得无厌，还说到布鲁塞尔有些西班牙人对于宗教裁判所大加批判，"甚至于有人开始质疑，宗教裁判所该走向灭亡了"。他谴责了谢夫尔主张的政策对于法国过度尊重，还报告说谢夫尔安排查理在写给弗朗索瓦一世的信件里署名"您谦卑的仆人和封臣"。[32] 他认为，查理很快将会被拥立为国王。这一切对于西斯内罗斯来说都闻所未闻。西斯内罗斯曾担任过曼里克的专职神父。

1516年3月13日晚，曼里克·德·拉拉的信件还在送往西班牙的路上，一列手持火把的队伍从布鲁塞尔的宫殿出发，前往圣古杜拉大教堂，标志着斐迪南国王的葬礼正在进行。葬礼由曼里克主教主持。亲王身着蒙头斗篷丧服，骑骡子前行。葬礼上举行安魂弥撒，曼里克主教［与诗人豪尔赫·德·曼里克（Jorge de Manrique）为堂亲］以人类愿望的空虚为主题进行布道。或许他心里正回想起祖父罗德里戈的呐喊："我们不是王室后裔，但王室起源于我们家族。"教堂里燃起数百根蜡烛，墙上挂起黑色锦缎。

另一个完全不同的队列朝圣古杜拉大教堂走去。13位西班牙骑士扛着代表斐迪南所统治全部王国的旗帜，另外3名骑士则带着

黄金之河：西班牙帝国的崛起，从哥伦布到麦哲伦

象征骑士的盾牌、头盔和剑。查理最后一个走进大教堂，坐于高坛之上。这次的弥撒仍由曼里克主教主持，他吟唱了安魂曲。《金羊毛法令》的传令官转向人群，在圣坛上大呼："斐迪南国王陛下！"从教堂深处传来回应："国王驾崩了。"如此重复呼喊了三次。然后，大教堂里的 13 位西班牙骑士将旗帜扔向地面，口中高呼："天主教国王、胡安娜女王、查理国王万岁！"新国王脱下丧服，从曼里克主教手中接过一把剑，向天空挥舞，然后人群高喊："欢迎国王！"[33] 这在一定程度上可以说是发动政变[34]，因为位于卡斯蒂利亚的王国枢密院曾坚称，斐迪南的遗嘱只让查理任西班牙的"总督"，仅此而已。这一强势宣布身份的做法可能是查理那群佛兰德斯顾问们的建议，他们认为查理要成为国王而非领地总督，才更有可能继任祖父马克西米利安的王位。对于西班牙而言，这场仪式标志着查理和哈布斯堡王朝成员开始担任天主教国王。

一星期后的 3 月 21 日，公布新任国王的消息传到马德里，查理的命令也送达西斯内罗斯，要求枢机主教兼摄政王的西斯内罗斯、王国枢密院、各大贵族家族和各城市立刻宣告他的国王身份。查理补充道，他"坚决"要求必须进行宣告。这封信中称西斯内罗斯为"亲王"——一个卡斯蒂利亚此前从未用过的称号——并命令他在查理到来之前担任摄政王。

查理的决策在卡斯蒂利亚上层引起激烈的争论，他们认为查理有意偷走了专属于女王的头衔。在马德里举办的贵族和高级教士会议上，人们竞相表述观点，西斯内罗斯坚持认为"他仅仅承认查理的国王身份，此外没有做任何事情的打算"，[35] 就此打断争论。他召集斐迪南国王的昔日好友，包括阿尔瓦公爵、卡斯蒂利亚上将

（法德里克·恩里克斯）和教养良好的维也纳侯爵，建议他们拥护国王查理。他在稻草广场举办的王国枢密院会议上，重申这一建议，说话间他打开阳台窗户，好让贵族们清楚地看到楼下广场上自己严阵以待的炮队。因为这件事诞生了一个著名的传说，就是他一边下令开火，一边告诉因凡塔多公爵和贝纳文特伯爵："按照国王赋予我的权力，我将在新国王到来之前履行职责，管理西班牙。"[36] 他让托莱多的人们宣告查理为国王，佩德罗·洛佩斯·德·阿亚拉和富恩萨利达（Fuensalida）伯爵纷纷表示支持。

3月31日，顾问、大公和廷臣等显要人物聚集在马德里开会，承认查理为国王，与胡安娜女王联合治国，但胡安娜位列于查理之前。几天过后，丰萨利达伯爵（Count of Fuensalida）的一位兄弟卡农·迭戈·洛佩斯·德·阿亚拉（Canon Diego López de Ayala）离开马德里，代表西斯内罗斯前去佛兰德斯，向曼里克主教和查理汇报他所做的努力。西斯内罗斯和阿德里安（现在成为枢机主教）从马德里写信，发往西班牙各级管理部门和所有拥有管理权的人，从市政府到贵族和重要的教士，说明查理将以国王身份和他的母亲共治。[37] 不久后，年仅13岁的斐迪南亲王，虽从未表现过任何试图独立的迹象，但仍被软禁在家中。西斯内罗斯果断的行动成为查理顺利统治西班牙的关键。如果他毫不作为，一切皆有可能。没过多久，西斯内罗斯派朋友马霍里卡主教罗德里戈·桑切斯·德·梅尔卡多（Rodrigo Sánchez de Mercado）前往托德西利亚斯，改善对胡安娜女王的看护。当地已经爆发了多次反对女王守护者路易斯·费雷尔邪恶行径的抗议，马霍里卡主教让此人永远地离开。经他安排，女王和女儿卡塔利娜能够更方便地到花园散心。[38]

查理对此自然甚为满意，身在布鲁塞尔的他认同西斯内罗斯所做的这些事情。与他们眼中的犹太人派系——佛兰德斯改宗者相比，廷臣们都更青睐枢机主教。他们高兴地看到，西斯内罗斯很好地维持了西班牙的秩序，阿德里安与他合作处理政务，斐迪南亲王也未被宣布为新国王。

接下来的六个月里，查理向西斯内罗斯推荐提拔人选，这些人都是他心仪的手下，或曾给他的父亲效力过。然而，他没有要去西班牙的计划。舰队已经组建完毕，到 10 月 10 日，查理又解散了舰队。他虽尚未抵达西班牙，但他在设法干涉西斯内罗斯的统治。比如，西班牙上下各级贵族肆意施暴，令西斯内罗斯大动肝火，他想到一个办法，就是让教会提供民兵队伍，每座城市按照人口的一定比例选出士兵：阿维拉和塞戈维亚各派 2 000 人，托莱多 3 500 人等。按照这种方式，全国将建立起人数约 3 万的国家军队或警察队伍，能够在枢机主教认为合适的时间和地点干预贵族的行为。这种想法的灵感来自古老的慈善兄弟会（Hermandad）。西班牙的第一支常规军由枢机主教进行筹划，这也许还算合理，只是此事遭到贵族的极力反对。他们成功地说服身在布鲁塞尔的查理驳回这项提议，[39] 其中部分原因或许是布尔戈斯改宗者、查理的施赈吏鲁伊斯·德拉·莫塔（Ruiz de la Mota）主教提出了反对意见。

接着，一枚有关西印度群岛的炸弹扔了出来。4 月 24 日，西斯内罗斯将丰塞卡主教免职，原因也许在于丰塞卡反对他对印第安人的政策，但更为重要的因素则是西斯内罗斯认为丰塞卡贪污腐败。拉斯·卡萨斯认为这等于支持他和蒙特西诺斯的观点。在此前几天，西斯内罗斯亲自命令卡农·桑乔·德·马廷恩索（Canon Sancho de

Matienzo）将西印度贸易总署存储的所有金银珠宝带到他这里。接下来，拉斯·卡萨斯的朋友巴尔托洛梅乌·迪亚斯，塞维利亚的王室领航员，向西斯内罗斯报告了该机构的腐败行径。

拉斯·卡萨斯的行程由于国王——也是他的王室倾听者——去世而耽误，迟些时候才到达位于马德里的西斯内罗斯朝廷。他本打算去佛兰德斯向查理国王的廷臣游说印第安人所遭受的磨难，但在离开马德里之前，大约是 3 月 15 日，他用拉丁文向"阿德里安大使"写信，描述了古巴的黑暗情形。他描写了矿井下超负荷的工作，食不果腹以地作床的奴仆，遭到无情抛弃的女性和孩童，而且印第安人被当作动物一般使唤，即便星期天也不能休息。他们必须完成繁重的修建道路工作，还要经受严酷的惩罚。[40] 阿德里安大感震惊，前往西斯内罗斯那里进行抗议。

西斯内罗斯已经知晓西印度群岛上印第安人的悲惨处境，也收到一份译成西班牙文的拉斯·卡萨斯的信件。拉斯·卡萨斯还写信给查理国王，提议"可能开展的改革"。[41] 他在信中提出 12 条建议，旨在改善印第安人的处境。

这是未来几年拉斯·卡萨斯提议的许多项目的首个改革项目。他精心提出改革构想，认真撰写计划，内容积极向上，获得大人物的审阅，得到普遍的接受。第一，他提议废除监护征赋制和其他形式的强制劳动。第二，他希望只维持能够保护印第安人的现有法律条文。第三，替换现有的全部总督和官员。第四，将印第安人安置在社区，为每个社区建造十字造形的医院，每个科室配备 50 个床位，在中间设立圣坛，如此所有病人都可从病床上看到弥撒的举行。如果印第安人需要动物，西班牙人要借出自己拥有数量的一半。[42]

第五，印第安人虽然将得到自由，但仍须为西班牙人工作。不同的是，他们会有时间耕作自己的土地。此外，他们每年轮流为城市和西班牙人的住宅服务。印第安人能够分得最肥沃的土地，哪怕这土地现属于某个西班牙人。第六，部分印第安人继续做奴仆。第七，为补偿失去印第安人奴仆的西班牙人，用熔炼的黄金购买这些西班牙人的牛和农产品。第八，所有殖民者都可拥有糖厂，有权寻找黄金。国王可颁发许可证，以进口黑人和白人奴隶，或用来自非洲和其他地方的奴隶取代在矿井中工作的印第安人。[43]理想主义的教士想要通过引进非洲黑奴来弥补印第安劳动力的不足，表明文艺复兴时期的人们正在以多种方式践行古典主义的行事方式。

拉斯·卡萨斯还提议建立西班牙人和印第安人混住的社区。40位举家搬迁的西班牙劳工将进入西印度群岛上的新城市，每个西班牙人分配5名印第安人。他们所获得的收益中，一部分上交国王，其余由西班牙人和他的印第安人分配。最后，印第安人和西班牙人之间可通婚，以形成"共和"的局面，成为世界上最和平最具基督教精神的地方，"因为一个种族的后代和另一个种族的后代会结为夫妻"。鼓励印第安人与西班牙人通婚是项了不起的提议，但与改革方案中的其他许多内容一样，都是乌托邦式的幻想。拉斯·卡萨斯认为许多贫穷的西班牙人会欣然在西印度群岛找到新生活。"这片土地上的人口不断繁衍，各种树木和蔬菜生长繁茂，它会变得富饶多产。国王将会拥有源源不断的收入，各岛屿的地位与日俱增，成为全世界最美好最富裕的地方……"

与此同时，驶往巴哈马群岛的船只必须受国王管控，每艘船上必须有一位多明我会和方济各会教士，由教士决定某座岛屿是否适宜卡斯蒂里亚人居住。如果不宜居住，就修建"国王之屋"，作为传播基督教的中心。

每座岛上的神职人员将保护印第安人，惩罚虐待印第安人的殖民者。印第安人与西班牙人犯罪后要接受不同的惩罚方式。所有神父都将接受关于如何对待印第安人的教育。不能将印第安人从一个岛屿迁移往另一处。建立宗教裁判所，"两名异教徒已被发现并处以火刑"。此外，印刷帕拉西奥斯·鲁维奥斯博士和曾经的巴利亚多利德教授马蒂亚斯·德·帕斯撰写的有关印第安人的书籍"，并送到这些岛上，"让西班牙人意识到印第安人也是自由的人类，理应得到相应的对待"。

最后，派监督官来监管一切。神父要向印第安人传教，大学毕业生教授他们西班牙语，选派内外科医师和化学家为他们服务，律师为他们处理法律事务。教会印第安人坐在凳子上围着桌子吃饭，不要席地而睡。他们不管去哪儿都可以带着自己的吊床。"时刻准备好两三只驮兽，在需要时运送患病的印第安人（去医院）。"委派的 74 位官员每年将耗资 300 多万马拉维第，他们的动物还需额外的开支。[44]

这封信堪与麦考利（Macaulay）就印度教育问题提出的大名鼎鼎的"备忘录"相提并论。麦考利希望将印度人变得像上流社会的英国人，拉斯·卡萨斯则期望印第安人变成受人尊重、对社会尽责的卡斯蒂利亚天主教信徒。他的计划送到主管西印度群岛事务的顾问委员会进行讨论，委员会成员有：国王的堂/表亲埃尔南多·德·维加、王室大臣萨帕塔、能干的加林德斯·德·卡瓦哈尔、多明我会大主教佩德罗·德·科尔多瓦、律师帕拉西奥斯·鲁维奥斯及西斯内罗斯的印第安人事务顾问阿维拉主教弗朗西斯科·鲁伊斯（Francisco Ruiz，他曾与博瓦迪利亚在伊斯帕尼奥拉短暂停留过）。卡萨斯信中的所有观点都得到了进一步的考量，如有些殖民者想把印第安人当作驮兽对待（他们不应这样去想），或一些奇异的观点——比如亚里士多德认为有法律规定白人比黑人和棕色人种高级。最后，委员会还讨论了 1511 年蒙特西诺斯和 1516 年拉斯·卡萨斯做出的激进人道主义行为。

5 月底研究的事务包括伊斯帕尼奥拉财政官希尔·冈萨雷斯·达维拉撰写的备忘录，他力推建造两座糖厂、一座锯木厂，以及棉花和甘蔗种植园。为免于进口，小麦和葡萄树的种植也会有序地进行。冈萨雷斯·达维拉建议推行鼓励政策，因为来自安达卢西亚的殖民者们擅长农耕，应为他们支付长途旅行的费用，并给他们分配土地，种植小麦。他建议将熔炼黄金的频率从一年一次增加至两月一次，一次两到三天。然而他认为，如果宣布对所有的印第安人进行奴役，外逃奴隶的处境将会有所改善。[45]

他的备忘录引出了拉斯·卡萨斯的又一份备忘录。[46] 卡萨斯以当时已经被人遗忘的伊莎贝拉女王遗嘱作为出发点进行辩论，因为女王遗嘱维护了印第安人的权益。卡萨斯争论道，斐迪南国王（"但愿上帝送他到了美丽的天堂"）[47] 希望慈善的监护主能好好照顾印第安人。他要求完善《布尔戈斯法》，提出让迭戈·哥伦布在伊斯帕尼奥拉的官员复职能带来许多益处，同时强烈谴责丰塞卡的追随者们。蒙特西诺斯和来自加利西亚的多明我会修士多明戈·德·贝坦索斯（Domingo de Betanzos）在 1516 年 6 月 4 日向王庭写信，建议王庭关注拉斯·卡萨斯的建议，并批判印第安人不适于结婚或传教的观点："能说出这种话的基督徒只会是那些想要印第安人为他们掘金的殖民者。"[48]

西斯内罗斯让"阿维拉人"弗朗西斯科·鲁伊斯报告拉斯·卡萨斯所说是否属实。鲁伊斯为此专门写了一篇论文，他认为应该剥夺那些不在殖民地的西班牙人名下的印第安人。与拉斯·卡萨斯和达维拉的观点一致的是，他认为应该派遣卡斯蒂利亚人前去这些岛屿。鲁伊斯还认为新近修建的圣马尔塔（位于今天的哥伦比亚）应该成为西印度群岛的主要港口。

他又补充道："印第安人生性邪恶，他们总能想到办法伤害基督徒，但他们无法自然地做出正确的判断，也难以接受信仰，他们更不具备改宗和获得拯救所需的其他品质……他们就像马或者野兽一样，需要基督徒的指引和管理。"[49]

来自古巴的代表潘菲洛·德·纳瓦埃斯和安东尼奥·贝拉斯克斯（Antonio Velázquez）到达后，对这种不宽容的观点表示支持和认同。前者是迭戈·贝拉斯克斯的副官，此前曾是埃斯基韦尔征服牙买加时的副官，后者为总督的众多堂/表亲之一。两人控诉拉斯·卡萨斯"毫无重要性，毫无权威，缺乏可信度，喜欢谈论自己从不知晓也未曾见识过的事情，其原因是自身的相互矛盾"。[50] 西斯内罗斯立刻打断他们的话语，因为此时拉斯·卡萨斯的声誉与他紧密关联。他们两人的组合分外有趣：一位是冷峻庄重的枢机主教，另一位是足智多谋的鼓动者，但他们在一起能很好地为国王效力。

第二十七章

"回去看看情况如何"

西斯内罗斯问道："我们还能信任谁呢？亲自回去，看看情况如何吧。"

——1517年，派遣隐修会会长组成的布道团出发前往伊斯帕尼奥拉时，

西斯内罗斯这样对拉斯·卡萨斯说

1516年6月底，就如何对待西印度群岛，枢机主教西斯内罗斯收到的各方建议截然不同。面对这种形势，他做出了非同寻常的决定。他试图在王室官员中寻觅能在西印度群岛主持正义之人，却未能如愿，于是他请求圣哲罗姆隐修会的部分会长完成此项任务。他向查理写信，解释做此决策的缘由，谴责了在西印度群岛新出现的挂职行径（比如，廷臣埃尔南多·德·维加一人就占据数个闲职）。西斯内罗斯指出，印第安人即便做仆人，仍是自由人，并非奴隶，应受到相应的对待。他认为国王不应拥有印第安人或者农场，谴责天主教国王遗留下来的那些廷臣和仆人。虽未指名道姓，但这里说的廷臣显然是指丰塞卡和孔基洛斯。他说，这些人获取了太多的私人利益，已然腐化堕落。他提到拉斯·卡萨斯在斐迪南国王临终前

曾前去参拜，"可国王已经去世，再无补救之策"。

这封信的不少内容恐怕都有拉斯·卡萨斯的贡献，他精力充沛，极具魅力，坚持不懈，影响力正在与日俱增。不过，请圣哲罗姆隐修会会长组建伊斯帕尼奥拉政府是西斯内罗斯本人的主意。拉斯·卡萨斯曾建议任命安东尼奥神父以及多明我会的雷希纳尔多·德·蒙特西诺斯修士（Fray Reginaldo de Montesinos），但西斯内罗斯反对任命任何方济各会或多明我会修士，"以免他们支持或偏袒任何一方"。[1] 选择圣哲罗姆隐修会成员有以下几个好处：首先，他们在行政管理方面享有盛誉；其次，他们近期颁布的关于要求血统纯正的条令，表明隐修会中几乎没有改宗者，这点特别符合西斯内罗斯的严格要求；最后，如何调和现代派与守旧派之间的矛盾对于两大托钵修会而言都是难题，但圣哲罗姆隐修会不存在该问题，他们在新世界没有任何经验，这在西斯内罗斯看来反而是个优点。

西斯内罗斯派特使迪格尼德·德·特索雷罗（Dignidad de Tesorero）与圣哲罗姆隐修会会长佩德罗·德·莫拉（Pedro de Mora）神父进行交谈。神父身处瓜达拉哈拉的圣巴托勒莫－德卢皮亚纳（San Bartolomé de Lupiana）修道院。特使转达了枢机主教西斯内罗斯的想法，他认为此前派往西印度群岛的所有人，无一例外都表现出臭名昭著的"贪婪"。现在，或许可以真正改变这种局面了。

7月下旬，西斯内罗斯、阿德里安主教（现为托洛萨主教，兼阿拉贡的审判官，后一职位由他担任并不合适）和阿维拉的鲁伊斯主教联合起来，与库埃利亚尔附近的圣玛丽亚－德阿梅迪亚（Santa María de Armedilla）隐修会会长贡萨洛·德·弗里亚斯（Gonzalo de Frías）、托莱多附近的西斯拉隐修会会长圣克鲁斯，以及阿尔瓦－

德托梅斯（Alba de Tormes）附近的圣莱昂纳多（San Leonardo）隐修会会长进行交谈。西斯内罗斯告诉各位会长，印第安人看似理性，但文化落后，西班牙人不得不改变他们的宗教信仰，应教化他们，而不是奴役他们，让他们在合理的范围内为西班牙人服务。西斯内罗斯请朋友们向他推荐两个治理能力出众，也能改变印第安人信仰的人。他向马德里的圣哲罗姆隐修会会长也提出了类似的请求。[2]

王庭在马德里的圣哲罗姆修道院接见了这些会长。王庭成员（甚至包括丰塞卡！）坐在圣堂附近的唱诗坛的下层座椅，西斯拉（La Sisla）、阿梅迪拉（Armedilla）、马德里、圣莱昂纳多等地的隐修会会长齐聚于此。几位会长对于西斯内罗斯的建议很感兴趣，包括当时的主要神学家克里斯托瓦尔·德·弗里亚斯（Cristóbal de Frías）。很快，三位会长被任命负责改革西印度群岛：奥尔梅多市梅霍拉达（La Mejorada）的路易斯·德·菲格罗亚（Luis de Figueroa），他本人来自斐迪南和伊莎贝拉最喜爱的修道院，但最初在塞维利亚；塞维利亚城外的布埃纳文图拉隐修会会长；萨莫拉附近的圣马尔塔隐修会会长贝尔纳迪诺·德·曼萨内多（Bernardino de Manzanedo），他外貌丑陋，但道德高尚，为人稳重，年轻有为。[3]

在马德里的圣哲罗姆修道院，拉斯·卡萨斯首次发起著名的数字宣传战。他坚称巴尔托洛梅奥·科隆（Bartolomeo Colón）曾说，1492 年的伊斯帕尼奥拉有 110 万印第安人，现在只剩 1.2 万。[4]拉斯·卡萨斯的所有数据几乎都有夸大的成分，这个数据则尤为夸张。

西斯内罗斯请律师帕拉西奥斯·鲁维奥斯帮他制定管理西印度群岛的方案，并咨询了曾与雷希纳尔多·蒙特西诺斯修士合作制定出方案的拉斯·卡萨斯的建议。新方案与拉斯·卡萨斯之前建议的方案十分接近，仅对拉斯·卡萨斯的大方案进行了少许修改。[5]

1516 年 8 月初，隐修会会长、殖民地总督收到一系列命令。首先，他们要"思考并观察如何才能最好地侍奉上帝，指引印第安人信仰我们的宗教，为印第安人也为殖民者带来好处。你们认为应当做什么，就去做"[6]。要将印第安人的利益置于殖民者之前。其次，出现任何控诉基督徒虐待印第安人的案件，都要召唤印第安人作为证人。在伊斯帕尼奥拉的多明我会和方济各会修士担任译员。召集殖民者和少数酋长，宣告将维护印第安人的权利，如生存权、不受虐待、人身安全、尊严及文化等，不过不包括宗教信仰。印第安人也有权举行会议，与他人交谈。未来要建立"印第安人共和国"，人们生活在自由的社会里，还要建立"西班牙人共和国"。[7]这在当时可以说是最为人道的计划了。

1516 年 8 月 8 日，西斯内罗斯写信给位于塞维利亚的西印度贸易总署成员桑乔·德·马廷恩索，向他索求"一艘安全性能高的船，将圣哲罗姆修士运送到伊斯帕尼奥拉"。有人对如此不同寻常的任命表示抗议。安东尼奥·贝拉斯克斯和希尔·冈萨雷斯·达维拉在拉斯·卡萨斯位于马德里的住处外等着修士们，高喊拉斯·卡萨斯是他们的"主要敌人……是一个生性邪恶、执迷不悟的人"。修士们于是待在圣卡塔利娜-德洛斯-多纳多斯（Santa Catalina de los Donados）的医院，几个从西印度群岛回来的人试图说服他们站在殖民者一边，不要听从拉斯·卡萨斯的想法。

修士们返回修道院进行告别，不料布埃纳文图拉隐修会的会长决定放弃，而布尔戈斯附近，圣胡安-德奥尔特加的隐修会会长阿隆索·德·圣多明戈（Alonso de Santo Domingo）自告奋勇地补上。

1504 年，阿隆索曾以饱满的热情对乌克莱斯修道院进行改革。到 1516 年，他已经过于年老，不再适合这样的工作。还有一位与他同样年长的胡安·德·塞尔瓦蒂拉修士（Fray Juan de Salvatierra）也决定加入。梅霍拉达隐修会会长路易斯·德·菲格罗亚修士担任布道团团长。帕拉西奥斯·鲁维奥斯与三位会长进行了交谈，惊讶地发现路易斯修士似乎已经被圣多明各财政官帕萨蒙特的朋友说服，对印第安人产生了敌对的态度。帕拉西奥斯告诉西斯内罗斯，虽然任命修士能带来很多好处，但这是一个错误的选择。此时的西斯内罗斯罹患结肠炎，帕拉西奥斯·鲁维奥斯身受痛风之苦，而圣哲罗姆修士们在出发前就已经持有违背西斯内罗斯意愿的想法。政治向来如此，枢机主教深知现在反悔为时已晚。拉斯·卡萨斯拜见西斯内罗斯，陈述了他和鲁维奥斯的担忧。西斯内罗斯在震惊之余说道："我们还能相信谁呢？亲自回去，看看情况如何吧。"[8]拉斯·卡萨斯保持其一贯的积极心态，带着这条命令，准备再度出发。[9]

西斯内罗斯还任命帕拉西奥斯·鲁维奥斯的追随者阿隆索·德·苏亚索调查伊斯帕尼奥拉的高等法院法官及其他官员。阿隆索是一位来自塞戈维亚的律师，才智过人，曾就读于巴利亚多利德的枢机主教学院。他要在"虔诚的神父"指引下进行调查。西斯内罗斯和阿德里安在 9 月 18 日向隐修会会长们下达命令，但未明确要求善待印第安人："你们应该知道，我们早已得知诸多岛屿上的印第安人受到了严重伤害和错误的对待，至今他们仍受岛上基督徒如此对待。这些印第安人在很多时候甚至被当作囚犯。"西斯内罗斯希望印第安人"受到基督教的教诲，能够理性生活"。[10]隐修会会长有权将官员停职，临时填补相应职位。他们既非总督也非法官，而是"保护印第安人的高级专员"。他们要负责管理古巴、牙买加、波多黎各、大陆省（巴拿马、达连）及伊斯帕尼奥拉。[11] 从理论上来说，他们在西印度群岛拥有超过迭戈·哥伦布的权力，因为迭戈的管辖范围可从未触及地峡上的佩德拉里亚斯领地。

1516 年 10 月，圣哲罗姆隐修会会长抵达塞维利亚。他们对于西印度贸易总署的雇员十分满意，但对拉斯·卡萨斯心中存疑。拉斯·卡萨斯曾说想与会长们乘坐同一艘船前往西印度群岛，以便向他们详细介绍情况，但会长们表示拉斯·卡萨斯会扰乱他们内心的平静。他们违背枢机主教的明确指令，在塞维利亚停留了一段时间，然后登上一艘装载了 14 或 15 个黑奴的船只。这些黑奴是奴隶主托付给船长运送的。[12] 他们乘坐"圣胡安号"出发，这船由迭戈·罗德里格斯·佩皮诺和路易斯·费尔南德斯·德·阿尔法罗（Luis Fernández de Alfaro）共同所有。会长们还在桑卢卡尔－德巴拉梅达待了 11 天，于 1516 年 11 月 11 日离开，船主和西印度贸易总署的会计洛佩斯·德·雷卡尔德（López de Recalde）前去送行。拉斯·卡萨斯乘坐"特立尼达号"航行，由 4 个仆人陪同，随身还带着他的藏书。他的船计划在波多黎各的圣胡安停泊卸货。船上的随员里有一位年轻人贡萨洛·德·桑多瓦尔（Gonzalo de Sandoval），来自埃斯特雷马杜拉的梅德林（Medellin），他将会为征服墨西哥发挥重要作用。

"圣胡安号"上有一位路易斯·费尔南德斯·德·阿尔法罗，他曾经是一位船长，后转行经商。他的事业轨迹呈现出新世界第一代殖民者从塞维利亚船长上升为地位显赫之人的过程。首先，他是改宗者。[13] 文献中记载他是圣胡安的船长，曾向另一著名改宗者、银行家佩德罗·德·赫雷斯（Pedro de Jerez）借款 3.2 万马拉维第，在 1504 年前往圣多明各。[14]1506 年 8 月 29 日，年轻的埃尔南·科尔特斯向阿尔法罗支付 11 达克特（价值 4125 马拉维第），作为后者带他前往西印度群岛的费用。科尔特斯后来显然仍与阿尔法罗保持交往，向他和银匠胡安·德·科尔多瓦购买武器及其他物品。[15]同年，有人记载弗朗西斯科·德·莫拉莱斯给阿尔法罗支付 1.2 万马拉维第，作为后者带他、妻女和"一箱货物"前往圣多明各的费用。1511 年之后，莫拉莱斯将会与科尔特斯一样，前往古巴。回到1506 年，一个名叫康斯坦萨·费尔南德斯（Constanza Fernández）的人，将"一个生于几内亚的黑奴"以 8500 马拉维第的价格出售给阿尔法罗。据猜测，这位女性黑奴可能是经由里斯本过来的。[17]在接下来的一两年时间里，记录显示阿尔法罗以船主和船长身份前去新世界，有时还会为国王带回黄金。[18]

次年，当阿尔法罗再次出现在文献记录中之时，已经成功变身为商人。奥万多的秘书弗朗西斯科·德·利绍尔和法官莱西齐奥多·阿隆索·德·马尔多纳多，两位均来自圣多明各，向"商人"阿尔法罗支付了 2.7 万马拉维第金币。利绍尔曾因一项未留下记录的公共合约而向阿尔法罗欠下债务。[19]1507 年，著名船长安布罗西奥·桑切斯（Ambrosio Sánchez）与阿尔法罗达成协议，运输"所有他想要在伊斯帕尼奥拉出售的货物"。[20]1512 年，有传闻说"他、加斯帕尔·德·比利亚迭戈（Gaspar de Villadiego）和斐迪南·德·卡里翁（Fernando de Carrión）合作成立商业公司"，注册资金为 160 万马拉维第。到 1513 年，阿尔法罗还成为银行家和货币兑换商，并为佩德拉里亚斯驶向达连的船队供应大量的亚麻布，用于制作垫子、床单、枕头、帆布以及全部的水桶。这家公司在 1517 年关门，阿尔法罗从公司获利逾 60 万马拉维第。[21] 到那时，他成为"圣胡安号"的共有人之一。作为银匠胡安·德·科尔多瓦的合伙人，他又开始与科尔特斯交往甚切，且与征服墨西哥的战争有着密切的关系。

拉斯·卡萨斯和隐修会会长们出发后不久，佩德罗·德·科尔多瓦写信给王庭，希望国王在库马纳（Cumaná）附近的南美洲海岸为宗教团体（多明我会和方济各会）划分 100 里格的管辖范围。如果无法划分 100 里格，拉斯·卡萨斯将会请求 10 里格，或至少分配一座岛屿。科尔多瓦还说，如果国王无法满足这样的请求，他将召回在新世界的所有多明我会修士，因为"当印第安人看到自称为基督徒的人以有悖于基督徒信条的方式行事"，向他们布道是毫无意义的。多明我会修士们希望能在一大片领土上拥有行政权力。名誉受损、庶务修士胡安·加尔塞斯之死，这些还不足以令佩德罗修士失去信心，但历经这些事件之后，他发现关键的问题在于自己的教会在南美洲海岸没有足够的发言权。

拉斯·卡萨斯此时不在西班牙，丰塞卡读完信件，表示如不提供充足的防御力量，便不能将 100 里格属于野蛮人的海岸划分给修士。尽管他对此事极力反对，科尔多瓦后来也未将多明我会修士们召回。

迭戈·哥伦布人在西班牙，而其妻子玛丽亚·德·托莱多住在圣多明各一座类似热带官邸的地方，这导致伊斯帕尼奥拉处于无人治理的权力空白状态。财政官帕萨蒙特和法官成为实际上的管理者，他们一边等待隐修会会长们的到来，一边期待会长们能够接受他们对印第安人劳动力、奴隶和采矿相关事宜所持的观点。他们很可能已经从西班牙友人口中得知布道团团长路易斯·德·菲格罗亚的思想倾向，因此，他们寻找奴隶的远征活动还在继续。1516 年，仅圣胡安一地就有八个以南美洲北海岸为目的地的远征活动。

其中一次远征活动由安东·坎西诺（Antón Cansino）组织，他是一位来自水手之乡帕洛斯的船长。这次远征受到多明我会修士的强烈谴责，理由是远征地区禁止抓获奴隶。政府命令新任的圣胡安法官兼总督桑乔·贝拉斯克斯·奎利亚尔（他的家族成员广泛分布于西班牙政府上层）将奴隶暂时关押在监狱，等待案件审结。坎西诺向法官巴斯克斯·德·艾利翁赠送了价值 2.25 万马拉维第的珍珠，以换取法官批准自己出售抓获的奴隶。1516 年秋天，胡安·希尔和马埃塞·安东尼奥·卡塔兰（Maese António Catalan）两位船长（均来自波多黎各的圣胡安）领导的两次远征活动对印第安人采取了极为残暴的手段，甚至素以严酷闻名的圣多明各高等法院也准备判定他们有罪。希尔被关押在普通监狱，直到死去。[22]

佩德拉里亚斯管辖的中美洲海岸和北部的小片陆地成为奴隶贩子从古巴掠夺奴隶的中心地带。1516 年，两艘远征船从古巴的圣地亚哥出发，到达古哈珀（Guahabo）。一艘船成功地抓捕奴隶之后，经由哈瓦那返回。在洪都拉斯湾的圣卡塔利娜湾岛，一些被俘获的印第安人奋起反抗，杀死西班牙船员，只留下两人驾船，带领他们返回古哈珀。迭戈·贝拉斯克斯派人实行了一次报复性的远征，一场恶战随之而来。最终，西班牙人击败印第安人，带着 400 名奴隶返回古巴。[23] 从大陆地带为诸岛屿抓获奴隶，推动了西班牙的扩张活动。

1516 年夏天，伊斯帕尼奥拉当局允许一支小型舰队前往南美洲北海岸最大的岛屿特立尼达，这是 1498 年哥伦布到访此地之后的首次。船队远征的唯一目的就是搜寻加勒比人，将他们俘获为奴隶。这次远征就像所有西班牙远征一样，由王室官员（包括法官）和独立企业家合作完成。一些企业家（贝塞拉、巴尔德西和巴斯蒂达斯）也想要独立进行远征，期望能带回价格低廉的奴隶，抛弃其中的儿童和老年人。法官拒绝了他们的要求，因为他们也想分一杯羹。[24] 远征指挥官为生于圣塞巴斯蒂安的塞维利亚人胡安·博诺·德·克赫霍，他对加勒比海十分了解，曾是哥伦布第四次航行的随行人员，也曾跟随庞塞·德·莱昂前往佛罗里达，并在西班牙拥有位高权重的朋友。他的船队有三艘船，其中一位船长是迭戈·贝拉斯克斯的外甥胡安·格里哈尔瓦（Juan Grijalva），这位船长来自塞戈维亚附近的库埃利亚尔。

　　西班牙人刚一抵达特立尼达岛，便得到印第安人的热情接待，但他们还是绑架了 100 名印第安人，将他们送上开往伊斯帕尼奥拉的船只。这些印第安人奴隶一到达伊斯帕尼奥拉，立马激烈抗议，除了多明我会修士以外，一些被禁止参与奴隶贸易的造船商也提出抗议。修士们要求将印第安人送回家乡，但这些奴隶们被宣称为加勒比人（也就是食人族），因而俘获他们是合法的。

　　1516 年 12 月，博诺乘坐剩下的两艘船，运送另外的 180 名奴隶返回波多黎各的圣胡安。他抵达圣胡安时，三位圣哲罗姆隐修会会长经过一段平静的航行后刚刚到达这里。“圣胡安号”原本计划直接驶向圣多明各，结果需要停在波多黎各进行修缮。拉斯·卡萨斯在特立尼达与会长们会合。他在圣胡安的海滩上看到了博诺俘获

　　　　黄金之河：西班牙帝国的崛起，从哥伦布到麦哲伦

的 180 名印第安人，他们戴着手铐，许多人身上还有伤。博诺与拉斯·卡萨斯多年前便已相识，他热情欢迎卡萨斯，待晚饭结束后，他直截了当地说："神父，我知道，如果可以的话你会让我毁灭，但是我希望你明白，如不能以和平的方式俘获奴隶，那就只能采取战争的手段。"[25] 这里说的毁灭（destruction）实为双关语，暗指他不久前从法官，也是他的合伙人那里获得的"指示"（instruction）。隐修会会长们看起来对博诺的恶行无动于衷，这令拉斯·卡萨斯大为恼火。卡萨斯曾说"胡安·博诺就是一个恶人"，毫不掩饰他对博诺的深恶痛绝。

12 月 20 日，隐修会会长们继续乘船前往圣多明各，先是住在方济各会新建的修道院内。搬入西印度贸易总署的一栋建筑后，他们召集三位法官（巴斯克斯·德·艾利翁、比利亚洛沃斯和奥尔蒂斯·德·马廷恩索）、财政官（米格尔·德·帕萨蒙特）、代理人（胡安·德·安姆匹斯，洛佩·德·孔基洛斯的阿拉贡朋友）、地方法官（哥伦布曾经的秘书迭戈·德·阿尔瓦拉多和改宗者克里斯托瓦尔·德·圣克拉拉），以及两位顾问（弗朗西斯科·德·塔皮亚和安东·塞拉诺）前来。

会长们自然愿意了解当地的情况和问题。他们发现，到那时，奥万多建立的一些城市，如韦拉帕斯（Verapaz）、萨尔瓦德拉、比利亚努埃瓦（Villanueva）和拉雷斯，已经不复存在。1516 年，伊斯帕尼奥拉的人口中有约 4 000 名西班牙人，比奥万多时期大概减少了 6 000 人，因为大量的殖民者都已去往古巴寻找发财的机会。除了圣多明各以外，其他城市似乎都只是为金矿服务的劳动营。[26] 实际上，印第安人数量的骤降才是真正的灾难性问题。拉斯·卡萨斯曾说，1509 年的劳动人口为 6 万，迭戈·哥伦布称 1510 年为 4 万，彼得·马特尔所说的与拉斯·卡萨斯在马德里陈述的数据一致，而巴尔托洛梅奥·哥伦布在 1496 年估算的数值是，伊斯帕尼奥拉有 120 万印第安人。[27]

这些数字都来自猜测甚至是捏造，尤其是其中比较高的数据。不过，可以确定的是，自 1509 年以来，印第安人数量的确减少了。希尔·冈萨雷斯·达维拉在卡斯蒂利亚时说，这是频繁地迁移印第安人的结果。较为近期的观点则认为："原本完美但脆弱的生态平衡被打破了。"印第安人仍以木薯面包为食，却不能像以前那样捕鱼和打猎了。

起初，隐修会会长们尽心尽力改善现状。拉斯·卡萨斯对于新任管理者可能存在的偏见过于悲观。会长们竭力与殖民者和官员——比如恶名昭彰的帕萨蒙特——保持距离。他们鼓励移民，想办法说服西班牙人离开祖国，带着珍贵的种子和牛群来到西印度群岛。他们接受西斯内罗斯的领导，采取措施废除虐待，解放主人不在当地的印第安人，甚至释放了位高权重人士如丰塞卡和孔基洛斯等人的奴隶。

会长们亲自考察了岛屿中心地带的金矿，将从矿井区搬来、存活下来的印第安人重新安置在人口 400 到 500 人的城镇。那里建有教堂和医院，划分了公共用地，印第安人需要交纳固定数量的贡品，相当于交税。会长们认为，不能再安排印第安人采矿，应让他们种植西班牙的农产品。因为除了前去古巴的殖民者以外，其他卡斯蒂利亚的殖民者对于美洲的农产品，包括玉米，都了无兴趣。在那之前，甘蔗种植规模很小，而加那利群岛的甘蔗种植大获成功，证明

　　　　　黄金之河：西班牙帝国的崛起，从哥伦布到麦哲伦

在西印度群岛也能种植甘蔗。到 1515 年，加纳利群岛总共有 30 多座糖厂。很快，加勒比海地区也将兴建糖厂，热那亚人的资本将延续其在特里内费岛和大加那利岛的重要作用。加勒比海悠久的产糖历史由此开启，至今仍在继续。

很快，会长们发现了美洲的诸多困难：劳动力短缺，印第安人不愿被同化，缺乏卡斯蒂利亚的食物和酒，高温天气，挥之不去的距离感，殖民者令人难以置信的无知，以及当地美景背后的残酷现实。博诺从特立尼达运来奴隶是为了满足根基较深的殖民者们制作大炮和火药，以防御食人族的攻击，他们拥有方济各会乃至部分多明我会修士的支持。会长们认为俘获奴隶有悖于"和平的基督教化"进程，再次对这种行径进行谴责。

接受调查时，曾去往珍珠海岸的大多水手作证称，从那里带回来的印第安人是加勒比人，由当地领袖主动献给西班牙人。圣哲罗姆隐修会的会长们并不相信这种说辞，决定设法禁止西班牙人在珍珠海岸进行的所有交易。然而，在各方压力之下，他们不得不放宽限制，甚至任命胡安·德·安姆匹斯负责那片海岸。这样的决定显得非同寻常。安姆匹斯虽然见多识广，但与印第安人口贸易有着千丝万缕的联系。会长们允许两艘船驶向珍珠海岸，其中一艘船属于圣多明各的大商人和会计官迭戈·卡瓦列罗·德拉·罗萨（Diego Caballero de la Rosa），此人的父亲是改宗者胡安·卡瓦列罗（Juan Caballero），于 1488 年在塞维利亚对异教徒的审判大会上转变信仰。两艘船的船长胡安·鲁亚诺（Juan Ruano）和胡安·费尔南德斯，绑架了 150 到 200 名印第安人，返回后称这些人为加勒比人，会长们则认定他们是自由劳动者。这些人都交到安姆匹斯手中。

隐修会会长决定对殖民地的运转情况展开调查。1517 年 4 月，12 位最年长的殖民地居民被要求回答 7 个问题，[28] 其中第三个问题为，他们是否相信"印第安人拥有获得自由的能力。他们能否在与西班牙人同样的社会环境里生存下去"？未来他们能否通过自己的努力，如采矿、耕田等日常劳动来养活自己？他们是否知道或者关心他们通过这样的工作可以获得什么，能否像卡斯蒂利亚劳工那样只把钱花在必需品上？他们能不能变成很好的西班牙人？

　　来自埃西哈的首席行政司法官马科斯·德·阿吉拉尔，自迭戈·哥伦布统治时代就居住在这片殖民地，他认为通过与基督徒不断接触，印第安人或许能够学会独自生活。但地主胡安·莫斯克拉，曾在 1513 年得到阿尔武凯克分配的 257 名印第安人，认为大多印第安人恶习难改，根本不想见到西班牙人，如果发现西班牙人要来，他们经常会逃走。政务委员赫罗尼莫·德·阿圭罗（Jerónimo de Agüero），哥伦布家族坚定的支持者（他是迭戈·哥伦布和费尔南多·哥伦布年少时候的导师），他拥有 8 名印第安人，表示只有在大额报酬的诱惑下，印第安人才愿意工作，他们没有任何价值意识：印第安人居然愿意用自己最好的衣服换取剪刀或镜子！不久前以代表身份去往西班牙的安东尼奥·塞拉诺（Antonio Serrano）认为，印第安人身上缺乏对物质的渴望，如果没有西班牙人的监管，他们就无法在社会里生存。胡安·德·安姆匹斯说，印第安人即便遭到殴打，或被人割去双耳，也不会被他们的印第安人朋友轻看。另一位顾问佩德罗·罗梅罗，在与印第安人妻子生活了 14 年后，认为如果印第安人祈求自由，就应当获得自由。财政官帕萨蒙特表示，许多印第安人与黑奴建立了友谊，会带来巨大危险，因而永远都不能给

　　　　　　　黄金之河：西班牙帝国的崛起，从哥伦布到麦哲伦

予他们自由。

贡萨洛·德·奥坎波（Gonzalo de Ocampo），埃斯特雷马杜拉人，拉斯·卡萨斯的朋友，说印第安人拥有一定的自力更生的能力。西班牙人到来之前，他们曾经种植庄稼，建造房屋，制作衣服。法官巴斯克斯·德·艾利翁认为，与其让印第安人继续做自由的野兽，不如让他们成为受人约束的奴仆。埃斯特雷马杜拉人迭戈·德·阿尔瓦拉多曾担任哥伦布的秘书，是著名的阿尔瓦拉多兄弟的叔叔，未来他会在征服墨西哥的战争中发挥显著作用。他表示如若放任不管，印第安人便只懂得饮酒、跳舞和耕地。还有位地主讲述了一个悲剧：奥万多担任总督时，曾释放两位印第安人酋长，给他们分别起名为阿隆索·德·卡塞雷斯（Alonso de Cáceres）和佩德罗·科隆（Pedro Colón）。两人很快学会了读写，因为此前他们已经同西班牙人生活多年。奥万多非常喜欢这两个人，可莫斯科拉说，两人在获得自由的 1508 至 1514 年间，既未耕田也不养猪，既未缝制衣物也不自力更生。阿尔武凯克的分配政策实际上是剥夺了他们的自由，第一次给予印第安人自由的尝试，最终以"贫穷和羞耻"结束。

在另外一场调查中，证人们，比如商人哈科梅·德·卡斯特利翁（Jacome de Castellón）、胡安·费尔南德斯·德·拉斯·巴拉斯、桑乔·德·比利亚桑特（Sancho de Villasante）及贡萨洛·德·古斯曼，将伊斯帕尼奥拉的生活描绘得令人神往。古斯曼回忆了他在今天的委内瑞拉参与抓捕奴隶的经历。弗朗西斯科·德·蒙罗伊，来自埃斯特雷马杜拉的埃斯特雷马杜拉家族，提到 1516 年有一位佩德罗·德·埃雷拉（Pedro de Herrera）曾发出大逆不道的呐喊："斐迪南亲王万岁……"[29]

调查结束以后，会长们反而更为困惑不解，不知道该如何去做。之后，又有人陆续来到伊斯帕尼奥拉。第一位是法官阿隆索·苏亚索，他在 1517 年 4 月带着 14 个仆人、一头驴和价值高昂的行李抵达伊斯帕尼奥拉。他立刻对高等法院的法官们进行司法审查，而在经验丰富的辩护律师克里斯托瓦尔·莱夫龙（Cristóbal Lebrón）的帮助下，这些人都成功地逃脱了控告。

在差不多相同的时间，德高望重的法国修士雷米希奥·德·福尔（Remigio de Faulx）率领 14 位方济各会修士抵达圣多明各，他们来自皮卡第已推行改革的各个地区，壮大了圣多明各和康塞普西翁－德拉维加修道院的力量。拉斯·卡萨斯认为，他们看起来都很像罗马元老院的元老。他们来自不同的方济各会群体：里卡多·加尼·德·马努普勒萨（Ricardo Gani de Manupresa）是英国人，吉列尔莫·埃尔韦特（Guillermo Herbert）为法国诺曼底人，托马斯亲王（Thomas Infante）据说是苏格兰王后玛丽·德·洛林（Marie de Lorraine）的私生子。[30]

会长们最终得出一个饶有趣味的结论。他们或许受到了拉斯·卡萨斯的影响，不过并无直接证据证明。在来到伊斯帕尼奥拉的前 6 个月里，他们研究了劳工短缺及由此导致印第安人被迫加倍工作的问题，因此写信给西斯内罗斯，认为需要用非洲黑奴（bozales，指从非洲购买的奴隶）弥补不足，但不能使用在欧洲出生的黑奴，理由是"经验表明，非洲黑奴的优势非常明显"。他们建议国王授予许可证，承认"从这座岛上能够很便利地直接前往佛得角群岛或几内亚大陆，可以安排第三方人员从那里出口奴隶"。[31]

但是，他们的请求违背了查理五世手下的佛兰德斯廷臣的期

黄金之河：西班牙帝国的崛起，从哥伦布到麦哲伦

望，他们深知奴隶贸易的中间人能够牟取暴利。这种请求也违反了数项条约内容，因为几内亚贸易是由葡萄牙人垄断的。无论如何，他们的请求都饶有趣味。斐迪南国王在 1510 年时曾允许从非洲引进 200 名奴隶，因此每年都会运入为数不多的黑奴。他们已参与了多次远征。迭戈·委拉斯克斯征服古巴的随行人员中就有非洲奴隶，据说巴斯克·努涅斯·德·巴尔沃亚第一次看到太平洋时身边也有一位黑奴［努尼奥·德·奥拉诺（Nuño de Olano）］，1517 年黑奴还为他在太平洋海边造船。[32] 几年前，佩德拉里亚斯发现一群逃离失事船舶的同胞时，身边也有黑奴跟随。[33]

1517 年 5 月，许可证颁给豪尔赫·德·波图加尔（Jorge de Portugal），此事并不令人意外。他的父亲是遭葡萄牙流放的亲王阿尔瓦罗·德·波图加尔，在伊莎贝拉女王统治后期，阿尔瓦罗曾是王国枢密院成员。新的许可证允许购买 400 个黑奴，很可能是从里斯本或塞维利亚购入，然后直接运往西印度群岛，并且不必交税。[34] 这个人数后来降为 200 人。[35] 豪尔赫·德·波图加尔并未对此事做出任何反应，他只派出少量人手参与奴隶贸易。他那时负责管理宗教裁判所在塞维利亚的特里亚纳城堡，已经很好地融入了当地政治圈。[36]

会长们的行动过于缓慢，未能采取其他任何切实的举措，拉斯·卡萨斯再度表示不满。信件遭到拦截后，他认定会长们想要找借口将他监禁起来。他告诉会长们说要回国，实际上是躲进多明我会修道院。路易斯·德·菲格罗亚说："请不要离开，您就像一根蜡烛，为我们照亮前行的道路。"苏亚索法官告诉路易斯，如果拉斯·卡萨斯想要回国，必须放他回去。拉斯·卡萨斯故作轻松地解释说他想回去完成自己的事情。[37]1517 年 6 月 3 日，他再次起程，返回西班牙。他带了几封信件出发，一封是苏亚索法官的长信，还有两封分别是 5 月 27 日阿隆索·德·圣多明戈，以及 5 月 28 日佩德罗·德·科尔多瓦交给他的信件。阿隆索的信以拉丁文写成，多明我会修士中的改良派在信中签上自己的名字。科尔多瓦在信中写道，由于征服者的残暴行径，印第安人口直线下降，唯一的解决方式就是给予他们自由。

1517 年 6 月 15 日，针对法官的司法审查文件披露了船队掠夺奴隶的细节，揭露了法官们的高度参与，巴斯克斯·德·艾利翁首当其冲。[38]会长们不知该如何处理。曼萨内多修士与拉斯·卡萨斯一道回国，见过西斯内罗斯，表示他们难以完成使命。会长们认为自己超脱世俗，无法处理热带地区的事务。见到西斯内罗斯，将信件递交给孔基洛斯以后，曼萨内多释然地返回自己位于萨莫拉附近的圣马尔塔隐修会。他在信中的态度甚为悲观。他认为，印第安人无法像卡斯蒂利亚人那样生活，但是，假如让他们回归过去的生活方式，他们很快就会复兴古老的宗教信仰和庆祝活动。若实行监护征赋制，则会导致印第安人灭绝。如果不再频繁地更换主人，停止不间断的迁徙，或许能够延缓他们的毁灭。不久前进行的土地划拨如果不仅限于一代人，而是改为永久分配，可以更加行之有效，每个西班牙人分配的印第安人应少于或等于 80 人。伊斯帕尼奥拉的本土人口未来会走向灭绝，唯有从非洲引进黑奴才能弥补劳动力的不足。

1517 年 7 月，拉斯·卡萨斯在杜罗河畔阿兰达见到了西斯内罗斯，这位伟大的枢机主教显然已经失去了信心，此时的他还在饱受疾病困扰。拉斯·卡萨斯明白，与西斯内罗斯多说亦无意义，决定等待查理国王来到西班牙。如果查理不来西班牙，他便要亲自前去佛兰德斯。[39] 口才出众的安东尼奥修士有位弟兄叫雷希纳尔多·德·蒙特西诺斯，蒙特西诺斯主动表示愿意跟随拉斯·卡萨斯一同前往（事实上，查理正在制订首次前去西班牙的计划）。[40]

西斯内罗斯已经着手修改有关印第安人的政策。他在 1518 年 7 月 28 日的一封信中表露了自己的新想法，[41] 包括：鼓励安的列斯群岛上的主教居住在自己的教区；在波多黎各、牙买加和古巴专门安排法官进行司法审查（隐修会会长们有绝对的权力任命人选，苏亚索无权反对），在古巴建立代理人和财政官办公室；任命政府监察员巡视珍珠海岸的所有船只，以防虐待事件发生；授权商人在珍珠海岸购买奴隶，在岛上出售（前提是善待买来的印第安人）；应一位城镇公告传报员的呼吁，从安达卢西亚派遣工人；承认交易来自巴哈马群岛的奴隶是合法行为；批判多明我会修士对于监护征赋制的谴责；将卡斯·拉萨斯派往卡斯蒂利亚，同意暂时不必派宗教裁判所审判官前往西印度群岛搜寻异教徒或改宗者。该政策很可能是出自"阿维拉人"弗朗西斯科·鲁伊斯，拉斯·卡萨斯不在时，西斯内罗斯总是向鲁伊斯寻求有关西印度群岛事宜的建议。这些政策标志着枢机主教做出了巨大让步。

至于如何处理进口黑奴之事，西斯内罗斯让会长们等查理国王到西班牙以后再做定夺。或许睿智的枢机主教预想到了允许进口非洲黑奴的一系列后果。[42]

西斯内罗斯放弃了受拉斯·卡萨斯启发而制定的开明帝国政策，比如，不再考虑如何为自卡斯蒂利亚派往伊斯帕尼奥拉的工人支付薪酬，如何回应有人对于海关税，一种沦为阿拉贡利益团体牟取私利的销售税的不满，以及如何兑现查理国王允许豪尔赫·德·波图加尔向各岛屿运送 400 个黑奴的承诺。

在斐迪南亲王和阿德里安主教的陪伴下，西斯内罗斯带领手下离开马德里。他将前去西班牙北海岸，在那里拜见新任国王。西斯内罗斯一行人在托雷拉古纳（Torrelaguna）停留些许时间，穿过索莫桑乔（Somosierra）的关口，于 8 月 15 日抵达杜罗河畔的阿兰达。离开马德里之前，西斯内罗斯看到了自己命人用七种语言编写的《圣经》的第一版，部分印刷费用来自西印度群岛的黄金。3 世纪博学多识的奥利金（Origen）编撰了多语种的《圣经·旧约》，西斯内罗斯从他身上获得灵感，编成七种语言的《圣经》，这成为他留给后人的不朽纪念。前四卷为希腊语、拉丁语、希伯来语的《旧约》，以及用迦勒底语写成的《摩西五经》，第五卷为希腊语和拉丁语的《新约》，最后一卷为词典和希伯来语的语法知识。[43]

西斯内罗斯遵从查理国王的命令，替换了斐迪南亲王的随行人员。9 月 7 日，查理启程前往西班牙的那一天，他以严厉的言辞向斐迪南写信说："通过各种途径，我经常听闻你家中有人伤害了天主教女王——我母亲的名誉，也破坏了我们兄弟二人的和谐。"他说，已经下令让斐迪南最亲近的三位朋友，指挥官马约尔·德·卡拉特拉瓦（Mayor de Calatrava）、阿吉拉尔侯爵（佩德罗·曼里克，Pedro Manrique）及阿斯托加（Astorga）主教，离开王庭，由卡拉特拉瓦修道会的克拉韦罗（El Clavero，档案保管员）、迭戈·德·格瓦拉和查理的顾问，佛兰德斯人夏尔·玻佩·德·拉克西奥（Charles Poupet de Laxao）取而代之。与此同时，查理信任的安达卢西亚人阿隆索·特列斯·希龙（Alonso Téllez Girón），维也纳侯爵的兄弟，将会陪在斐迪南亲王身边，等待上述三位抵达西班牙。[44]

西斯内罗斯搁置西印度群岛的改革事宜，或许是受到苏亚索法官从圣多明各来信的影响。信中说："这令人感到难过，艾利翁等法官到来以前，整座岛屿上到处都是人，现在只能看到牧羊人的棚屋了。"圣多明各以外最大的城市人口也不超过 30 或 40 人。圣胡安－德拉马瓜纳的居民为 25 人，阿苏阿 37 人，萨尔瓦－德拉萨瓦纳 15 人，康塞普西翁－德拉维加 40 人，拉雷斯－德瓜哈巴则彻底消失。[45]

9 月 7 日，查理终于准备好动身前往西班牙，他在次日率 40 艘船自米德尔堡（Middleburg）扬帆起航。船帆上的十字装饰于海格力斯之柱（Pillars of Hercules）[*] 和拉丁文写就的格言"走向更远"（Plus Oultre）之间。[46] 查理坚持带妹妹埃莱娜公主（Infanta Elena）同行，因为他发现埃莱娜与自己的马上长枪好友普法尔茨伯爵腓特烈相爱了。查理的随行人员还有纽伦堡的沃尔夫·哈勒（Wolf Haller），他代表奥格斯堡（Augsburg）的银行业大家族富格尔，这也是富格尔家族首次参与西班牙的事务。[47] 沃尔夫·哈勒后来将会为查理当选神圣罗马皇帝发挥重大作用。随行人员还包括查理的大管家劳伦特·德·若勒沃（Laurent de Gorrevod），他在萨伏依的布雷斯（Bresse）任总督，自 1504 年起在女大公玛格丽特的朝廷就是重要人物。他同时也是佛兰德斯海军上将和勃艮第元帅，这些仅是他的部分头衔。若勒沃在西班牙和美洲的事务中将会发挥短

---

[*] 如今的西班牙国徽上就有海格力斯之柱。——译者注

暂而重要的作用。

1517年9月18日，查理国王和廷臣抵达阿斯图里亚斯的海岸。他们的船队此前曾遭遇过暴风雨，一艘装载马匹的船不幸沉没。瞭望员说看到了前方的坎塔布里亚山，于是他们朝陆地驶去。第二天，他们发现坎塔布里亚还在很远的地方，必须当下决定返回拉雷多还是在阿斯图里亚斯登陆。鉴于当时的天气状况，他们决定在阿斯图里亚斯登陆。国王的船驶入近海，在下午5点，查理和为爱憔悴的埃莱娜公主，以及王室大臣，如地位日趋重要的弗朗西斯科·德·洛斯·科沃斯等人，乘船经过塔索内斯（Tazones），沿通往比利亚维西奥萨（Villaviciosa）的潮汐河流一路向上。他们在距离比利亚维西奥萨1英里的地方下船，步行前往目的地。这些佛兰德斯人，包括查理在内，对当地阿斯图里亚斯人的粗蛮行径大感惊异。这些阿斯图里亚斯人最初看到查理的船队时，还误以为是土耳其人或法兰西人来犯。

比利亚维西奥萨的一众人等已经全副武装。当时常用"海岸上的摩尔人"形容西班牙海滩地带人民对于外来者的恐惧之感。不过，比利亚维西奥萨的这群人看到宫廷里女士高贵优雅，廷臣们几乎未带任何武器，心中的恐惧感便烟消云散了。国王一行人在夜晚抵达比利亚维西奥萨，阿斯图里亚斯人以皮囊盛满美酒，篮子装满面包，奉上美味火腿和羊肉，竭力表达他们的热情。据说埃莱娜公主享用了果酱蛋饼，而国王的大多数随从只要能睡在长凳或草席上就已心满意足了。由于在海上失去了所有马匹，廷臣们忙着寻找新的马来弥补损失。比利时人劳伦特·比塔尔（Laurent Vital）说，为了回报他们的热情招待，感谢他们"绅士般的举动"，国王免去了

　　　　黄金之河：西班牙帝国的崛起，从哥伦布到麦哲伦

比利亚维西奥萨的所有税收。虽然阿斯图里亚斯人以绅士风度待人，但他们的生活水平并不高，连鞋都是一种奢侈品。[48]

查理在比利亚维西奥萨住了四晚，他住过的房子一直保留到今天。接着，他经过 10 英里的艰难跋涉，抵达科伦加，到这儿他和公主住进了相对而立的两座房子里。查理一行有时步行，有时坐牛车前进。跟随国王出行的 200 名廷臣大多来自阿拉贡，部分是改宗者，也有很多是佛兰德斯人，他们看到阿斯图里亚斯该有多惊异啊！他们中间从未有人到过卡斯蒂利亚王国的诞生地。与此同时，国王的舰队向位于桑坦德的朝廷出发。比塔尔描述这里的乡村说："仿佛荒芜的沙漠一般，不适宜人类居住。穿越这片地带无比艰难，随时可能遇到危险。"[49] 接下来，他们抵达了美丽的海港里瓦德塞利亚（Ribadesella），当地人们正吹奏风笛，拍打德意志铃鼓，欢庆橘子大战。

9 月 26 日，一行人抵达阿斯图里亚斯东部的港口小镇利亚涅斯（Llanes），国王受到热烈欢迎，并住了两晚。其间，他在马格达莱纳的教堂参加弥撒，也欣赏了公牛狂奔的盛况。途中，他给西斯内罗斯写了几封语气和蔼的信，由谢夫尔以法语草拟，科沃斯（他不久前刚控诉西斯内罗斯非法扣留王室租费，牟取私利）翻译。查理在一封信中要求枢机主教待在阿兰达，因为国王还未决定最终的路线。他正在去往桑坦德的途中，计划与其余随行人员在桑坦德会合。

据阿隆索·德·圣克鲁斯说，那些等级较低的佛兰德斯人以征服者的姿态行事，甚至在街上以杀人取乐。[50] 为了不让查理国王知晓此事，谢夫尔"说服国王保持沉默，不与任何人交谈，以至于他所经城镇之人开始称他为德意志人，难以对话，甚至有人将他看作西班牙的敌人"[51]。西班牙人也开始认为佛兰德斯人想要窃取西班牙的财富。佛兰德斯人与西班牙人有着巨大差别，比如，佛兰德斯人热衷作乐的样子与庄重严肃的西班牙朝廷格格不入。

西斯内罗斯在阿兰达不远处的阿吉莱拉，待在一座方济各会修道院内，希望能在巴利亚多利德见到国王。到 9 月中旬，他的身体逐渐康复，收到更多查理致以亲切问候的信件。9 月 27 日，查理为表示对主教身体抱恙的关心，希望他能专心调养身体。[52] 后来，国王患病，在港口城市圣比森特－德拉瓦尔克拉（San Vicente de la Barquera）多停留了几日，接见了王室司库弗朗西斯科·德·巴尔加斯。他带着钱过来觐见国王。国王也接见了违反西斯内罗斯命令而离开阿兰达来此的王国枢密院院长、大主教安东尼奥·德·罗哈斯（António de Rojas）。医生们为查理诊断过后，下了一个令人匪夷所思的结论，认定是接近海洋导致他身体不适。谢夫尔向已抵达桑坦德的船队发去消息，命令他们将王室成员的行李物品送到圣比森特－德拉瓦尔克拉。船队在海上经历了不少困难之后将行李送达，然后向南方的内陆城市巴利亚多利德进发。

国王身体仍未康复，粒米不进，天气状况也十分糟糕。接着，他们抵达介于桑坦德和巴利亚多利德之间的雷诺萨（Reinosa），谢夫尔的追随者、勃艮第公国大臣让·勒·绍瓦热（Jean Le Sauvage）从布鲁塞尔经由陆路来到这里迎接他们。一行人继续前往阿吉拉尔－德坎波（Aguilar de Campo），丰塞卡主教、主教的兄弟安东尼奥（他们家族的军队成员），以及枢密院成员萨帕塔、加林德斯·德·卡瓦哈尔博士和埃尔南多·德·维加前去迎接。由于朝廷位于自己的主教教区，布尔戈斯主教丰塞卡竭尽全力隆重招待。如果西斯内罗斯看到廷臣们讨好逢迎新国王的姿态，定会致以讥讽的微笑。查理此时已恢复健康，他在 10 月 22 日接见了几位重要贵族。一些弓箭手以及 100 位德意志贵族专门从桑坦德来到此地。大臣们询问谢夫尔自己是否能够保留原职，谢夫尔表示要等国王一行抵达巴利亚多利德才能决定。然而，由于担心那座城市拒绝承认自己的国王身份，借布尔戈斯可能暴发瘟疫的传闻之机，查理决定放弃访问巴利亚多利德或塞戈维亚，而是前去托德西利亚斯，看望自己的母亲胡安娜。胡安娜女王不久前开始受到希尔·德·瓦拉卡尔多（Gil de Varacaldo，西斯内罗斯秘书的父亲）和埃斯特拉达公爵埃尔南的控制。

与此同时，从阿兰达出发前往巴利亚多利德的西斯内罗斯目前正缓缓前往罗亚（Roa）。西斯内罗斯罹患痔疮和结肠炎，住进西鲁埃拉伯爵（Count of Siruela）的宅邸。多年前，他曾跟随西鲁埃拉的一位神父学习拉丁语。现在，所有来自塞维利亚的信使都要将信息传达给新朝廷，而不再是西斯内罗斯。乌特勒支的阿德里安可能已经受重振势力的丰塞卡主教的影响。诸圣日那天，在王室成员的陪同下，查理身披金衣，在贝塞里尔（Becerril）接见了卡斯蒂利亚总治安官伊尼戈·费尔南德斯·德·贝拉斯科（Íñigo Fernández de Velasco）。国王一行人于 11 月 4 日抵达托德西利亚斯。查理 5 岁时，母亲就离开了佛兰德斯，这是他和妹妹埃莱娜公主自那之后第一次见到母亲。他们不仅见到了胡安娜女王，还瞻仰了父亲尚未下葬的棺椁，棺椁安放在圣克拉拉修道院。他们也见到了妹妹卡塔利娜，她终身都与母亲相伴左右。那时年仅 11 岁的卡塔利娜穿着土气的裙子，上身为皮质夹克，头上缠着围巾，一副当地农民的打扮。

谢夫尔与胡安娜促膝长谈，告诉她查理已经成熟起来，能够为她分担统治国家的责任。他事先无法确定这场谈话会有怎样的结果。假如胡安娜足够理智，坚持要维护自己的统治权力呢？不过，查理离开时已经知晓，胡安娜对于国事丝毫不感兴趣，他无须担忧。比利时廷臣比塔尔说，胡安娜第一次看到查理和埃莱娜时问道："这是我的孩子们吗？他们这么快就长这么高了！"[53] 德尼亚（Denia）侯爵桑多瓦尔，胡安娜的堂／表亲，自此以托德西利亚斯总督的身份控制了女王。查理写信给西斯内罗斯（信上有科沃斯的副署*），感谢枢机主教过去尽心尽力为国家服务，期待在小城莫哈多斯（Mojados）与主教见面，共议时事，并希望之后西斯内罗斯能够安心歇息。

1517 年 11 月 8 日，西斯内罗斯去世，几乎可以肯定他生前未能收到这封信，去世前自然也没有机会领会其中的暗喻。有传言称，国王曾另行写信给西斯内罗斯，具体的内容现在无从得知，但信中的失礼之处或粗鲁态度令身份高贵的枢机主教蒙羞，因而他相信死亡才是化解未来冲突的最好方式。这封信的内容、新国王毫无感激之情的态度、佛兰德斯人的肆意作恶（越来越多的人认为他们是将西班牙看作新的西印度群岛而进行大肆洗劫）、怯懦的大公们为向新国王示好而无情地抛弃枢机主教，这一切令西斯内罗斯失去了活下去的希望。[54] 不过，并没有证据证明国王曾为西斯内罗斯另行写过信。

西斯内罗斯是一位意志坚定、冷峻严酷之人，对伊莎贝拉女王

---

* 正式法令或文书上有关负责人在正职人员签署之后连同签署，谓之副署。——译者注

黄金之河：西班牙帝国的崛起，从哥伦布到麦哲伦

有着决定性的影响。他真诚坦率，历来竭力做出正确的决策。他对犹太人和穆斯林毫不容忍，也坚信应对印第安人实行友善的政策。他是那个时代最伟大的卡斯蒂利亚人之一。他十分虔诚，行政能力出众，勤勉努力，不知疲倦，大胆无畏，从不畏惧统领军队投入战斗。即便是那些曾经痛恨西斯内罗斯的人，在回忆起主教的时候，心中亦是充满敬佩之情。

第七卷

查理、国王与皇帝

早期的墨西哥绘画（1520 年）：位于湖畔的首都特诺奇提特兰城（Tenochtitlan）的景象

第二十八章

"世界上最适合黑人的地方"

> 应当颁发进口黑奴的许可证，与体质虚弱、仅能从事轻体
> 力劳动的当地人不同，他们是理想的劳动力……（伊斯帕尼奥
> 拉）是世界上最适合黑人的地方。
>
> ——苏亚索法官，1518 年

年轻的查理国王身边围绕着一群佛兰德斯贵族，他们希望自枢机主教去世后，阻碍他们拥有统治权的主要障碍便已清除。实际上，卡斯蒂利亚统治权力的核心随着主教之死已瓦解。查理与佛兰德斯人都不会为西斯内罗斯的去世哀悼，哪怕枢机主教摄政统治的这 18 个月保证了政权的和平过渡，帮助来自外国的年轻新国王查理顺利接手王国。对于许多西班牙人而言，这些北欧人的到来意味着本国王室统治的结束，堪比一场灾难。不过，查理与他的新顾问，以及在佛兰德斯和勃艮第新结识的朋友，合力将席卷欧洲的文艺复兴运动进一步带入西班牙。佛兰德斯人中不乏贪腐堕落之辈，也多见品德高尚、思想开明、温文尔雅之士。

1517 年 11 月 12 日，枢机主教去世 4 天以后，查理带领廷臣

告别母亲胡安娜，离开托德西利亚斯，动身前往巴利亚多利德以南8英里的莫哈多斯，并在那里见到"永远的弟弟"斐迪南亲王。亲王行事从来都是完美无缺的，但查理仍担忧他的本性并非如此。谢夫尔也第一次会见了王国枢密院成员：行事平稳的院长、大主教罗哈斯；"西印度大臣"丰塞卡主教；学识渊博、恪尽职守的埃斯特雷马杜拉人洛伦索·加林德斯·德·卡瓦哈尔；"奇基托王"路易斯·萨帕塔；阴郁的财政官弗朗西斯科·巴尔加斯。谢夫尔满足他们的期望，允许他们继续担任现职。会谈期间，可能是由科沃斯负责将法语译为西班牙语。有的西班牙官员或许难以理解为何此事需要谢夫尔的首肯，不过他们愿意忠于君主制，在他们看来这是最能保证生活井然有序的体制。他们可能同意新朝廷继续前去巴利亚多利德以南的阿夫罗霍圣哲罗姆隐修会，这座城市正在为国王的正式到访做着精心准备。天主教国王的君主制深得阿夫罗霍人之心，他们喜欢待在阿夫罗霍的心情不亚于留在梅霍拉达的喜悦。

1517年11月18日，查理率领一队人马，声势浩大地挺进巴利亚多利德，卡斯蒂利亚的非正式首都。他住在贝纳文特伯爵堂/表亲贝尔纳迪诺·皮门特尔（Bernardino Pimentel）的豪宅，毗邻圣保罗-德科勒德拉教堂，其他随行人员大多住在加利西亚贵族里瓦达维亚伯爵的府邸。随后，查理在豪宅里参加宴会，欣赏比赛、马上比武、舞蹈，甚至还观看了模拟审判。两组律师在国王面前进行辩论，查理这才知晓律师在卡斯蒂利亚不仅是种职业，还能提供娱乐。所有的表演仿佛是一场戏剧性的仪式。[1]

巴托洛梅·德·拉斯·卡萨斯和多明我会修士雷希纳尔多·德·蒙特西诺斯低调地抵达巴利亚多利德，他们此行带着坚定的决心。拉斯·卡萨斯曾提议以雷希纳尔多修士取代圣哲罗姆会会长，前去管理殖民地。两人抵达之后，在王室大臣萨帕塔的帮助之下，马不停蹄地去拜见国王。萨帕塔是王国枢密院的成员，虽未亲眼见过任何印第安人，却坚信他们无法接受基督教的信仰。不过，萨帕塔也拜倒在拉斯·卡萨斯过人的口才之下，似乎原谅了雷希纳尔多修士曾称他对印第安人所持的观点根本就是异端邪说。[2]

巴托洛梅修士和雷希纳尔多修士都参加了 12 月 11 日的会议，会上与王国枢密院成员商议西印度群岛事宜，丰塞卡、萨帕塔、孔基洛斯和加林德斯·德·卡瓦哈尔悉数出席。两位修士都是印第安人的朋友，他们当众宣读备忘录，主要观点与 1513 年巴利亚多利德的"印第安人自由"宣言一致。[3]他们建议伊斯帕尼奥拉在内的所有西班牙殖民地都应与印第安人村落进行重组，包括至少 10 个基督教（西班牙）家庭和 60 名印第安人。西班牙在西印度群岛的领土将会划分为行省，两位巡访官（visitor）和一位治安官（constable）每年都要巡访各个城镇一次。不论印第安人奴隶还是黑奴，都应得到善待。如果得到主人同意，他们还可以结婚。

这些提议由拉斯·卡萨斯与雷希纳尔多·蒙特西诺斯修士合作提出，两人可能都受到托马斯·莫尔前一年在鲁汶出版的作品《乌托邦》影响。他们或许是从巴利亚多利德的圣格雷戈里奥图书馆阅读了拉丁文版的《乌托邦》，[4]又或许是深受给莫尔以深刻触动的柏拉图的影响。无论是出于何种原因，他们制定了一个旨在发展西班牙新世界的"乌托邦式"方案，以豪壮的笔触写成，由雄辩的修士提出。[5]

然而，会上的各种交流并未带来太多实质性的结果。正如拉斯·卡萨斯所言，"刚刚登上王位的国王正忙于将管理卡斯蒂利亚和阿拉贡的权力全部交给佛兰德斯人，而佛兰德斯人无法分清西班牙人员的地位轻重，为了不被虚假的信息蒙蔽，他们选择不去相信任何人。于是，国家的许多事情暂时搁置下来，距离遥远、相较不太了解的西印度群岛更是被忽视了"[6]。

到 1517 年 12 月，谢夫尔将西印度群岛的管理权从丰塞卡手中转交给勃艮第公国大臣让·勒·绍瓦热。谢夫尔是一个富有智慧的人，第六感似乎告诉他丰塞卡的决定往往显得狭隘，而且是为了谋取个人利益。

勒·绍瓦热出身于一个依靠谢夫尔支持的下层贵族家庭，他切实贯彻了谢夫尔的亲法政策。[7]他也有自己的局限：希门尼斯·费尔南德斯（Giménez Fernández）教授晚年时认为他是"现代国家官员的典型，只知盲目协助国家进行绝对控制。他的诚信笃实比以前那些官员的谎话连篇对社会更有危害"。[8]与之相反的是，拉斯·卡萨斯认为他"极为出众，行事谨慎，尤为擅长谈判，拥有权威，品性优良，堪比古罗马的元老"。将他与古罗马元老相提并论，是拉斯·卡萨斯能够给出的最高评价。[9]拉斯·卡萨斯和雷希纳尔多修士对勒·绍瓦热致以热烈欢迎之忱，并以拉丁文给他写去大量信件。

勒·绍瓦热善于接受意见。他在 1517 年 12 月读完拉斯·卡萨斯和蒙特西诺斯的备忘录后，接受了第一个有关西印度群岛的文件，这份"意见"很可能是出自伊斯帕尼奥拉前财政官希尔·冈萨雷斯·达维拉之手，并得到多位刚好回到西班牙的"印第安西班牙人"（indianos）签名。"印第安西班牙人"很快将会用来形容在西印度群岛牟得暴利的西班牙人。[10]

上述文件的主要内容是说"印第安人天生并无自主生活的能力"[11]。虐待印第安人的都是来自西班牙的普通人或农民，这些人毫无道德可言。国王若想改变对待印第安人的方式，将会面临投入大于收益的困境。[12]

印第安西班牙人称，伊斯帕尼奥拉的印第安人口锐减有四大原因：第一，频繁更换总督；第二，迁移印第安人；第三，殖民者之间的法律诉讼；第四，谣言夸大了西印度群岛的黄金数量，吸引了过多的西班牙白人来到伊斯帕尼奥拉。解决方案之一是"允许大量黑人从卡斯蒂利亚来到伊斯帕尼奥拉"[13]。后来，卡斯蒂利亚的国家政策也慢慢践行了这一提议。

"意见"中提到未来的新西班牙或者说"墨西哥"时，指出："若陛下放任定居地人口减少，势必遭受严重损失。随着新的远征活动继续，还将发现比现有定居地更为富有的岛屿和陆地。"[14]

此处是在暗指弗朗西斯科·埃尔南德斯·德·科尔多瓦（Francisco Hernández de Córdoba）从古巴出发前往尤卡坦半岛的首次远征。他在 1517 年春天经由佛罗里达返回古巴。[15]埃尔南德斯·德·科尔多瓦在与玛雅印第安人的冲突中身受重伤，不过他发现了极具吸引力的东西，尤其是黄金珠宝。[16]

次年，总督迭戈·贝拉斯克斯的外甥胡安·德·格里哈尔瓦率领 4 艘船及 200 人开启了从古巴出发的第二次远征活动。[17]之前，他曾陪伴胡安·博诺·德·克赫霍在特立尼达耗费数月搜寻奴隶。他们在外远征长达数月，直到 6 月，有位魅力过人的船长，佩德罗·德·阿尔瓦拉多（Pedro de Alvarado）返回古巴。最后，格里哈尔瓦也决定返回。[18]第三十四章将详细记叙本次远征，不过，这场于 1518 年进行的远征还有一点特别值得注意，就是它发生在查理国王来到西班牙的第一年。

1518 年 2 月，格里哈尔瓦为远征做准备之时，查理的大管家劳伦特·德·若勒沃在几个西班牙人（如弗朗西斯科·德·利绍尔，他已成为廷臣夏尔·德·拉克西奥的西印度群岛事务顾问）的鼓动下，请求国王授予他对埃尔南德斯·德·科尔多瓦新发现的岛屿，也就是尤卡坦半岛的贸易垄断权。他想要与佛兰德斯人合力将尤卡坦开拓为殖民地。[19]

国王并未同意。若勒沃是查理家族的忠实朋友，因此，查理心里或许想要满足他的要求，可是要授予一个面积大小未定、富庶程度未知的新地区的贸易垄断权，显然并不合理。后来，若勒沃还会再度试图进入西班牙市场。他家位于布雷斯城堡（Bourg-en-Bresse）的府邸建于 15 世纪，足以令观者惊叹。早在玛格丽特女大公以萨伏依的菲利贝尔公爵妻子的身份过着幸福的生活时，身为公爵总管家的若勒沃就已经成为她的朋友。在她的影响之下，人们修建了一座华丽的天主教教堂，与佛兰德斯的一众教堂形成鲜明对比。这座教堂位于布雷斯城堡外的布鲁，有着勃艮第风格屋顶，是女大公嫁妆的一部分。玛格丽特在梅赫伦管理自己的领地，以纪念曾经幸福的婚姻时光，身为当地总督的若勒沃则为她提供财力等支持。佛兰德斯人让·佩里亚尔（Jean Perréal）和德意志人康拉德·梅特（Konrad Meit）刚为查理雕刻了一个著名的头部雕塑，就收到委托，给女大公、她的丈夫及婆婆制作大理石和雪花石墓。紧挨着教堂的是阿古斯丁修道院。若勒沃的兄弟路易被玛格丽特任命为城堡的首位（也是唯一的）主教。[20] 敬献给圣托马斯的彩色玻璃窗是为了纪念他和两位妻子，从彩绘玻璃可以看到这位成功的管家双膝跪地。他的墓室在法国大革命期间毁于无知的激进派手中，这些人恐怕根本不知道若勒沃究竟为何人。1518 年，他经常写信给玛格丽特，讲述自己的所见所闻和所做之事。他向女大公描述了查理在巴利亚多利德宣布就任国王时那些贵族的衣着，其用词足以令时尚作家捧腹大笑。[21]

从约 1518 年 1 月起，萨帕塔、阿德里安、丰塞卡和勒·绍瓦热等人也加入了关于西印度群岛的激烈讨论当中，他们向西印度贸易总署官员签发一项命令，"在我（表示国王）告诉你们如何行动之前"，禁止任何人前往西印度群岛。关于西印度群岛的事宜，大家各执一词，难以达成共识，于是勒·绍瓦热请胡安·德·萨马诺（Juan de Samano），曾与孔基洛斯共事的王室大臣之一，在古巴挂着几份闲职，将不同的观点做了总结。萨马诺照做了。拉斯·卡萨斯为此事又专门写了一份备忘录，表示"唯一能杀死印第安人的就是忧郁，他们身陷被奴役的命运，遭到囚禁，经受虐待，眼见妻子被抓，又不得不从事超负荷的工作，连温饱都无法满足，自然会生出如此情绪"[22]。拉斯·卡萨斯说，每年新大陆或巴哈马群岛有 7 000—8 000 名印第安人遭到绑架，被带到伊斯帕尼奥拉。我们之前也提到过，他的数字往往不准确。他又补充道："恳请国王为殖民者颁发许可证，允许他们按照需求运输黑奴过去。"[23] 勒·绍瓦热仅仅是对拉斯·卡萨斯的提议稍做考虑，便激怒了巴利亚多利德的印第安西班牙人。他们联名撰写"备忘录"，攻击拉斯·卡萨斯处事轻率。在这里可以看到，即便是拉斯·卡萨斯也未认真对待过非洲奴隶贸易的问题。

接着，丰塞卡主教也提出意见，[24] 他公开反对那些给予印第安人自由的主张。与西印度贸易总署官员洛佩斯·雷卡尔德一样，丰塞卡认为应当向新建的西班牙殖民地指派西班牙代表进行管理。他赞同"国王、丰塞卡、迭戈·哥伦布和法官们应当首先放弃属于自己的印第安人"[25]，但是，那些按照监护征赋制已分配了印第安人的西班牙人应当不受影响。丰塞卡认为，其他岛屿和大陆上的印第安人奴隶贸易应维持现状，并予以合法化。

隐修会会长们也参与了交流。1518 年 1 月 18 日，来到圣多明各已经超过一年的会长们写信表示，仍在努力让印第安人定居在400 至 500 人的城镇，要求印第安人种植庄稼，蓄养牲畜（此为一项新的工作），重新允许狩猎和钓鱼。会长们补充道，他们推动了三座糖厂的修建，并在最后向国王提出另一请求："请给我们必要的航行设备，让我们可以直接抵达佛得角群岛和几内亚海岸，寻找黑奴。"[26] 难道驶向帕利亚湾的船只不能继续开往几内亚吗？会长们提出该请求，可见他们的航海知识并不丰富，因为从帕利亚湾前往几内亚航行属于逆风。不过，这一请求反映出从非洲进口黑奴的想法正在日趋加强。

除了隐修会会长以外，塞戈维亚的司法审查法官阿隆索·苏亚索也于 1518 年 1 月 22 日向国王写信，指出他一年前抵达塞戈维亚时，当地人的处境就像"医生放弃治疗、奄奄一息的病人，手里仅仅握着一根蜡烛"。苏亚索建议让西班牙的已婚夫妇来到西印度群岛，将真正的爱带到这个地方。"现在，三分之二的征服者们都没有携妻来此（如果他们已婚的话），所以在这里没有真正的家。"他建议设立农场，取代人口稀疏的矿区，放开移民人数限制，但仅限基督徒。苏亚索想要彻底开放西印度群岛的商业市场。他将伊斯帕尼奥拉描绘成天堂般的地方，盛产糖、棉花、清泻山扁豆、东方辣椒及野生肉桂等。与此同时，这里需要大量劳动力。苏亚索认为，伊斯帕尼奥拉的所有问题都是殖民者的贪婪造成的。他希望迭戈·哥伦布回来履行总督责任，解雇所有其他官员，尤其是腐败堕落的米格尔·德·帕萨蒙特。

他补充说道，伊斯帕尼奥拉的土壤肥沃，气温适宜，四季如春，万物繁茂。[27]"基督降临这片圣地，拯救旧世界。"法官接着奉承道，查理国王的到来就像基督一样，可以拯救新世界。

与隐修会会长和拉斯·卡萨斯一样，苏亚索也认为，解决加勒比海地区劳动力短缺的办法只有从非洲引进黑奴。他坚称伊斯帕尼奥拉是"世界上对于黑人而言最好的地方"。他建议颁发"进口黑奴"的通用许可证，"当地人身体虚弱，仅能完成轻体力劳动，如看管土地或种植园，而黑人是理想的劳动力"。

苏亚索接着说："有人认为黑奴被带到加勒比海就会反叛，这个观点愚蠢至极。（马德拉或是亚速尔）岛上的一位葡萄牙寡妇有800个（非洲）奴隶，安然无事，所以一切都要看如何管理。我一来到这里就发现有些黑人惯于盗窃，有些逃进山里。我对一些黑奴施以鞭刑，判决割去一些人的耳朵，从此再无人提出不满。"苏亚索继续说，圣多明各附近已经建立起产量很高的甘蔗种植园，有的甘蔗有男人手腕那么粗，如能建起大型糖厂该有多好！[28]

他指出，从巴哈马群岛带到伊斯帕尼奥拉的 1.5 万印第安人奴隶中，1.3 万已经死亡。那些打着发现新大陆旗号的远征活动，很多时候只是为了俘获奴隶。苏亚索说他已经召集岛上的所有代表开会，专门讨论这一问题。这个号称伊斯帕尼奥拉议会的会议一直持续到 4 月。

　　多方各执一词的激烈争执令谢夫尔不胜其烦，他在巴利亚多利德找到拉斯·卡萨斯，请他与自己一起用餐。佛兰德斯人似乎喜欢在餐桌上谈论公事。[29] 拉斯·卡萨斯受到亲切的接待。另外几位顾问也参加了饭局。拉斯·卡萨斯告诉劳伦特·德·若勒沃，想要得到关于尤卡坦的合同，最好去找古巴总督迭戈·德·贝拉斯克斯，总督对于新大陆的事务有着密切的关注。他还提到埃尔南德斯·德·科尔多瓦和格里哈尔瓦近期的重要发现，若勒沃称对此非常满意。不出数月，若勒沃将派出装满佛兰德斯劳工的船只，抵达桑卢卡尔－德巴拉梅达和瓜达尔基维尔河口，劳工们会居住在"尤卡坦领地"[30]。不过最后这一点显然是不大可能完成的任务，因为西班牙人迄今尚未探索，更惶论征服尤卡坦，他们现在还只是把尤卡坦说成一座岛屿而已。

　　迭戈·哥伦布听闻尤卡坦被赐给若勒沃，表示他已从父亲手中继承了尤卡坦的所有权，无人能够获得这样的赐予。为避免漫长的法律纠纷，国王放弃赐给萨瓦友人尤卡坦，转而以其他福利代替。

　　弗朗西斯科·德·洛斯·科沃斯接受任命，继任孔基洛斯的西印度大臣一职。孔基洛斯本人似乎对此表示同意：1518 年 4 月 5 日，他在托莱多写信给王国枢密院，说明自己在"为国王效力"期间，"身体抱恙"，需要辞去职务。他建议由科沃斯继任，因为科沃斯"比任何大臣都了解什么对于西印度群岛是最好的，也能提出相应政策。我恳请陛下将我的职务交付给这位大臣"[31]。

　　科沃斯年近 40 岁，来自乌韦达，他积攒的财富在家乡得到进一步的扩充。弗朗西斯科利用伊莎贝拉女王会计官，姑姑/姨妈马约尔（Mayor）的丈夫迭戈·维拉·阿利德（Diego Vela Alide）的关系，进入朝廷。埃尔南多·德·萨弗拉曾给他安排过多个职位，包括在佩皮尼昂任王室公证员。之后的1510年，他接任萨弗拉的格拉纳达会计官职位，不过这并不代表他离开了朝廷。与之相反，他承担了记录国王所有支出、拨款和收益的职责。到1515年，他开始签署国王的文件，后为孔基洛斯效力，专门在艰巨的协商程序中进行斡旋。他的年收入高达6.5万马拉维第。1515年，他被任命为国王寝宫的侍臣。1516年，科沃斯找了个理由前往布鲁塞尔，西斯内罗斯摄政期间一直停留在那里。此举实在英明。阿拉贡枢密院（Council of Aragon）的成员之一乌戈·德·乌列斯（Ugo de Urríes）将他引荐给位高权重的谢夫尔，科沃斯很快便深得喜爱，得到重用。他开始站在反对西斯内罗斯的立场，而枢机主教似乎并未意识到这一点。谢夫尔喜欢科沃斯，他仪表堂堂，为人随和，热情友好，最重要的一点是，他一丝不苟，勤勤恳恳。而且，他完全不是知识分子的样子，永远不会与谢夫尔为敌。他不通拉丁文，现存出自科沃斯的信件中，他不会动不动就引用伊拉斯谟（Erasmus）的话语。他也是布鲁塞尔的西班牙公职人员中为数不多的非改宗者之一。

1517年年初，谢夫尔运作科沃斯成为国王的大臣，年薪达27.8万马拉维第，远远高于其他大臣。查理告诉西斯内罗斯，他安排科沃斯"**按照你制定和讨论过的规定，记录并保存收入收益及给财政官等人支付和交付的款项**"[32]。

拉斯·卡萨斯说科沃斯"是谢夫尔最为器重的大臣，地位远超他人，因为他确实拥有过人的资质，外貌和身材也都相当出众"[33]。洛佩斯·德·戈马拉说他"工作勤奋，也充满了神秘感……他喜欢玩一种反常规的纸牌游戏，每张纸牌的点数与牌面上的数值毫无关系"[34]。他特别爱与女性聊天，可以说他确实对女人很感兴趣，不过他的情妇姓甚名谁并未流传下来。人人都说他浑身散发着魅力，但处事极为谨慎，从不散播流言蜚语。在他受命管理西印度群岛的25年里，整个行政系统的运转卓为有效。

2月初，查理的首届议会在巴利亚多利德召开。国王命令国务大臣让·勒·绍瓦热主持会议，鲁伊斯·德拉·莫塔主教提供辅助。布尔戈斯的代表胡安·苏梅尔（Juan Zumel）表示抗议，谴责外国人，尤其是让·勒·绍瓦热以议长身份在场。在一两周的短暂时间里，他成为国家英雄，不过这种英雄并不可靠，因为他是卡斯蒂利亚总治安官、辖制布尔戈斯的弗里亚斯公爵伊尼戈·费尔南德斯·德·贝拉斯科的傀儡。此后，由于他的抗议，勒·绍瓦热未能继续参加会议，由来自布尔戈斯的鲁伊斯·德拉·莫塔代为主持，加西亚·德·帕迪利亚（García de Padilla）提供协助。加西亚是王国枢密院成员，已故斐迪南国王的忠实追随者。与许多人一样，在斐迪南去世后，他也移居佛兰德斯，"以图永保职位"[35]。

本次议会与在英国等国家召开的议会类似，主题就是为国王筹资。此外议会还就其他88项事务做出决议，部分仅在重复过去提出的诉求，但有一条是恭请国王以西班牙语与国民对话。[西班牙政务委员，如佛兰德斯的路易斯·德巴卡（Luis de Vaca）等，对此做出了不少努力，但这个时候查理的卡斯蒂利亚语还不流利。]议会恳请查理能尽早成婚，为王国诞下继承人。他们希望查理迎娶葡萄牙公主伊莎贝拉，不要继续等待法国的露易丝长大成人。他们请求查理延续对纳瓦拉南部的统治，绝不将它还给法国。

议会认为，谢夫尔年仅 16 岁的外甥 / 侄子在接管西斯内罗斯的托莱多大主教区（即便在那个年代也是非同寻常的一种安排）之后，如不能住在主教教区，至少也要住在西班牙。谢夫尔同时也将自己运作为卡斯蒂利亚的总会计官，但没过多久便以 1.1 亿马拉维第的价格将该职位转让给富有的贝哈尔公爵（Duke of Bejar）。谢夫尔虽然做出了这些非比寻常的任职安排，但他游刃有余地设法应付了代表们的质疑，包括那些尤为难以应对的人。更为重要的是，他利用辛勤的努力和出色的口才，帮助国王从议会中得到了未来三年每年 2.25 亿马拉维第的补贴。议会对于本次会议的结果不甚满意，因为谢夫尔和佛兰德斯人仍在西班牙居于主导地位，[37] 由此，不难推断出 20 世纪的人们为何憎恨"布鲁塞尔人"[*]的统治。

随后，查理在巴利亚多利德的圣保罗大教堂宣布登上国王之位。圣保罗大教堂是一座多明我会教堂，由曾在那里担任神父的枢机主教胡安·德·托克马达（Juan de Torquemad，神学家，第一任宗教裁判所大法官的叔叔）主持重建。西班牙的高级贵族们步行陪同国王前往参加登基典礼。1518 年 2 月 7 日，斐迪南亲王、埃莱娜公主、议会代表、主教和贵族宣誓效忠于查理。不久之后，庆祝国王登基的第一场斗牛比赛举行，"场面蔚为壮观"。据说仅绸缎和金丝布就花费了 1.5 亿马拉维第。历史学家圣克鲁斯不无讥讽地写道："国王陛下开始表现出自己的慷慨大方。"[38]

查理、王庭和谢夫尔忙于确立他们在西班牙统治的正统性时，不断听到各种声音，提醒他们要去处理国外领地的麻烦。贝尔纳迪

---

[*] 谢夫尔来自布鲁塞尔，人们用"布鲁塞尔人"指代他，以便表达对其的憎恨。——编者注

诺·曼萨内多（Bernardino Manzanedo）修士从萨莫拉的隐修会写信，重申他的请求，要求给各位会长授予向伊斯帕尼奥拉进口黑奴的许可证，"原因是印第安人不足以供养岛上的西班牙人"。他建议向伊斯帕尼奥拉运送同等数量的黑人女性和男性。所有黑奴都应从非洲直接运来，因为生于卡斯蒂利亚的奴隶往往容易反叛。应当从非洲最好的地方寻找黑奴，也就是冈比亚河（River Gambia）以南，那里的人们还未受到伊斯兰教影响。[39]他一再重申，伊斯帕尼奥拉的稳定离不开劳动力的输入，而现在的劳动力显然不足。

还有一个更加引人关注，但其意义可能没有那么深远的事件：弗朗西斯科·德·圣罗马修士（Fray Francisco de San Romá）在塞维利亚多明我会学院的圣托马斯教堂做了一次布道，反对佩德拉里亚斯在巴拿马运河的达连地区实行暴政。修士带着那个时代宗教狂热分子的夸张倾向说，他本人就亲眼看到4万印第安人死在刀剑之下或被放狗咬死。[40]雷希纳尔多·德·蒙特西诺斯将布道内容写信告知拉斯·卡萨斯，卡萨斯又转告让·勒·绍瓦热，后者要求卡萨斯将信件呈给丰塞卡主教，他照做了。3月20日，深受震撼的让·勒·绍瓦热告诉拉斯·卡萨斯："国王陛下令，命你我二人整治西印度群岛，请将你的建议交给我。"[41]

两人进行对话前，拉斯·卡萨斯刚从巴利亚多利德的贝尔纳迪诺－皮门特尔豪宅的国王寝宫出来。此次交谈让拉斯·卡萨斯重燃希望，激发了再次为印第安人——但不含非洲黑奴——争取利益的斗志。印第安人的命运仿佛再次握在他的手中。他的雄辩能力、他的不懈辛劳、他的个人魅力，终将会获成功！

国王率一众廷臣离开巴利亚多利德，前往阿拉贡。[42]他们所及之处几乎都受到精心招待，因此行程缓慢。国王此次仍然先去托德西利亚斯拜访母亲胡安娜女王，接着依次抵达杜罗河畔的阿兰达、阿尔马桑（他过世的叔叔胡安的朝廷曾位于此地）及卡拉塔尤德（与弟弟告别）。[43]4 月 20 日，忠心耿耿但注定悲剧人生的斐迪南亲王从桑坦德出发，前往佛兰德斯，在那里获任奥地利大公，永远告别了心爱的姐妹埃莱娜，也永远失去了成为西班牙国王的机会。两兄弟以拥抱作为告别。斐迪南亲王总是关注和维护他在西班牙的利益，在那里他度过了欢乐的童年。我们应该感谢他后来凭借其直觉和本能收藏的很多与西班牙相关的绝妙物品。[44] 从 1522 年开始，他在西班牙的代理人马丁·德·萨利纳斯（Martín de Salinas）源源不断地为他传递西班牙朝廷的消息。[45]

1518 年 5 月 9 日，国王带领廷臣们抵达萨拉戈萨，召集阿拉贡议会，详尽讨论了在查理的母亲胡安娜女王还在世的情况下，称呼查理为"国王"是否恰当，也商议了阿拉贡人按要求向查理——无论他的身份为国王还是摄政王——所缴纳的 7.5 亿马拉维第的津贴数额是否合理。议会的讨论一直持续到 1519 年 1 月 7 日，查理的朝廷也一直在萨拉戈萨待到那个时候。[46]

拉斯·卡萨斯回到杜罗河畔阿兰达的一处修道院，按照让·勒·绍瓦热的要求，继续撰写备忘录。[47]他主要提及新大陆，而非其他岛屿的相关事宜，并提出他未来几年都以各种方式坚持的方案。可是，这份备忘录不像出自政治革新家之手，更像骑士小说。拉斯·卡萨斯建议沿着加勒比海岸，即今天的西属美洲地带，建立一连串相互间隔 100 里格的堡垒和城市。每个地方分派 100 位基督徒殖民者，由一位首领管理。人们不得随意进入堡垒内部，否则将

　　　　　　　黄金之河：西班牙帝国的崛起，从哥伦布到麦哲伦

受到严惩。印第安人将获得自由，该地区内所有曾被俘为奴的印第安人都将恢复自由身。允许商业自由，不过西班牙人会告诉印第安人，他们最想要的是黄金和珍珠。任命主教，派多明我会或方济各会修士前往这一地区传播福音。在伊斯帕尼奥拉、古巴、牙买加和波多黎各，废除所有的监护征赋制，告知印第安人他们有绝对的自由来选择居住地。每个前往西印度群岛的西班牙劳工也有权选择居住地。成功引入育蚕技术以及糖、香料、葡萄树、小麦和肉桂等新作物的，给予奖赏。每个在西印度群岛的基督徒"都可拥有一个男性黑奴和两个女性黑奴"[48]。这些计划为非洲奴隶贸易做了进一步的铺垫。

在拉斯·卡萨斯梦想着乌托邦式的未来时，伊斯帕尼奥拉似乎即将迎来专制统治的末日。两位留在伊斯帕尼奥拉的隐修会会长菲格罗亚和圣克鲁斯积极承担职责，试图让这里的代表由殖民者直接选举产生。人民代表可按照自认为正确的方式联合请愿，一种有限的选举机制似乎即将产生，不过选举者从未超过 20 名左右的男性殖民者。他们都是帕萨蒙特或"哥伦布家族"的男性追随者。这些人不算极致的人道主义者，但代表着在伊斯帕尼奥拉的西班牙社会。1518 年 4 月，他们聚集在圣多明各的圣方济各修道院，首要任务是任命一位总代表，前去卡斯蒂利亚陈述他们的想法。5 月 18 日，经过投票，"帕萨蒙特派"法官巴斯克斯·德·艾利翁以 7 票战胜获得 5 票的"哥伦比亚派"商人洛佩·德·巴尔德西。司法审查官阿隆索·苏亚索判定投票结果违反法律，原因在于身为法官的巴斯克斯·德·艾利翁不能离开该岛屿。帕萨蒙特、法官比利亚洛沃斯、会计官阿隆索·达维拉和巴斯克斯·德·艾利翁表示反对，指控苏亚索"在执行迭戈·哥伦布的想法",违背了善良人民的诉求。

代表们在圣多明各提出众多要求,最重要的一点就是重申对于从非洲直接运输黑奴的请求。他们认为,国王将会从此类奴隶贸易中间获益。与此同时,也应允许从巴哈马群岛和新大陆进口印第安人奴隶,允许海滨城镇的殖民者能够不受阻碍地为自己寻找奴隶。[49] 还应废除按照监护征赋制给国王、不在当地的地主(如埃尔南多·德·维加和丰塞卡主教)及塞维利亚官员们分配印第安人的制度,以提高印第安人的待遇。应停止向金矿输送印第安人,如果这一点无法实现,至少应缩短印第安人的工作时长。同时,改善印第安人的境况。殖民者希望(针对当地人部分的)监护征赋制永远维持下去,且允许后代继承,但应将分配印第安人的数量降低至不超过 80 人。此后,代表应由政务委员自由选举产生,削弱圣多明各的中央集权,但当地政府还是继续负责修建道路。商人们可以在西印度群岛的任何地方开展贸易。从卡斯蒂利亚出发的所有船只都要运载葡萄藤和谷物种子,国王应向制糖工厂提供无税贷款,鼓励工厂发展。[50]

前有拉斯·卡萨斯感染斑疹伤寒,后有勒·绍瓦热在 1518 年 6 月 7 日不幸死于该疾病,对于上述提议的详细考量于是被搁置了。

勒·绍瓦热的去世并未引起西班牙人的悲叹。据说,他在来到西班牙的时间里敛取了近 2 000 万马拉维第财富。但是,他的离世对拉斯·卡萨斯的事业带来巨大的挫折,因为不朽的主教丰塞卡,(据传)在他本人和他的兄弟安东尼奥,卡斯蒂利亚总会计官,向谢夫尔行贿之后,又开始重掌大权。安东尼奥代表主教出面行贿,甚至,西印度群岛的一群改宗者希望削减宗教裁判所的权利,也向谢

　黄金之河:西班牙帝国的崛起,从哥伦布到麦哲伦

夫尔的妻子赠送了 160 马克的珍珠。[51] 她和一位朋友，查理的侍从官夏尔·德·拉诺伊的妻子，也获得了通行证，将 300 匹马和 80 头骡子及满载的珠宝、黄金和衣物运出西班牙。[52]

丰塞卡迅速展开行动。在勒·绍瓦热去世的当天，他和他的追随者科沃斯就准备好了 18 道命令。据说命令是由勒·绍瓦热制定的，但没来得及签字，实际上这些命令都出自科沃斯之手。苏亚索法官遭到停职，不再领取任何薪水。1518 年 6 月，他被命令不得离开伊斯帕尼奥拉，除非针对他的司法审查已经结束。讽刺的是，苏亚索当初来到西印度群岛的目的就是对其他法官进行司法审查。丰塞卡似乎是在一夜之间又重掌西印度群岛的大权，他如此行事得到谢夫尔的纵容和让·卡龙德莱特（Jean Carondelet）的无视。后者是佛拉芒贵族、贝桑松（Besancon）大教堂的院长和巴勒莫（Palermo）大主教的当选人，当时任代理国务大臣。玛格丽特女大公的追随者之一，萨瓦人梅库里诺·加蒂纳拉（Mercurino Gattinara）收到任命，即将从低地国家出发前往西班牙，接替勒·绍瓦热的职位。丰塞卡和科沃斯知悉后，决定在受到限制之前火速行动。在此情况之下，拉斯·卡萨斯在一段时间里是无法接近当权者了。在为期几周的时间里，王室大臣加西亚·德·帕迪利亚和萨帕塔不遗余力地摧毁西斯内罗斯的改革计划。[53] 隐修会会长们失去了司法权，孔基洛斯重获西印度群岛熔金收益的份额，能为旧官僚带来利益的许多新的奴隶贸易许可证也趁机颁发出去。

不过，拉斯·卡萨斯的建议很快又得到聆听的机会，第一位聆听者是枢机主教阿德里安。主教人在西班牙，卡萨斯向他做了简单汇报，结果尚未可知。查理抵达西班牙后，阿德里安无法继续担任

"共治者"（co-Regent）一职了。第二位聆听者是佛兰德斯廷臣夏尔·德·拉克西奥，查理派他接近西斯内罗斯，但他却被斐迪南国王的旧友——包括阿尔瓦公爵和丰塞卡主教——收买。[54]

拉斯·卡萨斯向阿德里安枢机主教转述了佩德罗·德·科尔多瓦修士从圣多明各寄来的信件内容，信中揭露了特立尼达近期大屠杀中幸存的印第安人在圣多明各又遭到贩卖。科尔多瓦费尽力气说服会长们将这些印第安人从市场上解救出来，但他们又被带回奴隶贩子的住处，他相信这些印第安人还是被偷偷出售了。因此，他建议应该让所有印第安人居住在距离西班牙人定居点100里格以外的地方。[55]

接到这封信后，拉斯·卡萨斯向丰塞卡和王国枢密院陈述其中的内容时，不禁动情地哭泣。与之相反，丰塞卡主教则冷冷地回应说，国王得知佩德罗的建议后定会大怒。没有了印第安人，西班牙人该如何生存下去？他告诉拉斯·卡萨斯："你也曾参与过这些暴行，也犯下过如此罪恶，现在却这般施以谴责。"拉斯·卡萨斯回答说："如果非说我曾模仿或犯下这般罪行，那我现在只能承认，我已改过自新，不再继续这样的罪行，以及其他到今天仍未休止的抢劫、谋杀和暴行！"[56]拉斯·卡萨斯不愿谈起年轻时自己在西印度群岛的所作所为，不过他从未试图逃避指责。

到1518年夏天，西班牙和西印度群岛的所有相关人士都确信，解决新帝国劳动力不足的唯一方式就是进口非洲黑奴。他们在热带疾病面前比西班牙人更强壮，也能更好地适应高温下的劳动。人们对于使用旧世界包括非洲的奴隶毫不在意，对于奴役新世界的印第安人却有许多质疑的声音，这真是个奇怪的现象！实际上，非洲人

　　　　　　　黄金之河：西班牙帝国的崛起，从哥伦布到麦哲伦

对于动物和农业的了解比欧洲人要更胜一筹。

无人提出反对意见。在西印度群岛的相关事宜上，查理国王和顾问们很愿意倾听据说十分仁慈的苏亚索法官、善良的拉斯·卡萨斯和智慧的隐修会会长们提出的建议。如果他们一致提出建议，恐怕是难以反驳的。现在，唯一的问题似乎就是，到底需要多少非洲黑奴？

丰塞卡、卡龙德莱特、科沃斯必定要咨询位于塞维利亚的西印度贸易总署，会计官胡安·洛佩斯·德·雷卡尔德将建议反馈回去。他提出，帝国的四座主要岛屿（伊斯帕尼奥拉、波多黎各、古巴和牙买加）初步需要 4 000 名非洲奴隶。拉斯·卡萨斯对此表示同意。[57]

国王为了安抚阿拉贡人，仍携廷臣们留在萨拉戈萨。当时的他只有 18 岁，未来将会成为极其尽职的帝王。他现在还只是西班牙的卡洛斯一世国王，因为他的祖父马克西米利安皇帝尚且健在。在制定美洲政策时，他的顾问们才是真正的主导者。1518 年 8 月 18 日，丰塞卡和科沃斯签署一项命令，允许玛格丽特女大公的追随者若勒沃和拉布雷斯（La Bresse）总督进口 4 000 个非洲黑奴。“西班牙人认为，若勒沃的贪婪程度在佛兰德斯人中堪居第二（仅次于谢夫尔），他想要（之前已经介绍过）获得尤卡坦的市场，为自己创造商业机会。”埃尔南德斯·德·科尔多瓦和格里哈尔瓦曾到访尤卡坦。[58] 查理为了弥补未将尤卡坦赐予他的遗憾，允许他从非洲直接运输 4 000 个奴隶到西班牙帝国的新领地。[59] 随后的一份文件（由国王、丰塞卡、科沃斯和加西亚·德·帕迪利亚共同签署）禁止王室官员从这些奴隶贸易中征收任何税。[60] 此次的 4 000 个奴隶比之前运往新世界的奴隶总数还要高得多。

年轻的查理签署文件，批准了若勒沃的奴隶贸易合同（asiento）。如果他确实仔细考虑过此事，那么他大概认为同意隐修会会长的请愿、臣服于拉斯·卡萨斯的雄辩，就是在拯救美洲印第安人。所有了解西印度情形的人，也是常持不同意见之人，在谈及岛上的黑奴需求时却都持有相同的观点。查理此举帮助了他的姑姑玛格丽特的朋友和支持者，自然深感欣慰。但是，若勒沃在写给玛格丽特的信中并未提及合同之事。1518 年 7 月，合同签署的一个月前，他在一封信的最后写道："目前没有其他重要事情需要向您报告。"[61]

若勒沃似乎只对利用许可证能够牟取的利益感兴趣，对其是否会带来正面或恶劣的社会影响毫不在意，于是他很快便将许可证转售给位于塞维利亚的西印度贸易总署成员洛佩斯·德·雷卡尔德，此人正是提出所需奴隶数量为 4 000 个之人。雷卡尔德利用改宗者出身的马德里银行家阿隆索·古铁雷斯作为谈判代表，将许可证转售他人。雷卡尔德从一开始就参与了西印度群岛的商业活动。1506 年，他负责解决了 1492 年陪同哥伦布远征的骑士们的财产结算问题。他未来将会在宗教裁判所遇到麻烦，但目前以他的财富、影响力和公众形象，不用担心会陷入此类困境。[62]

我们可以猜到，若勒沃将他赚得的暴利存进布雷斯城堡的小金库，其中一部分会投入玛格丽特女大公热爱的项目，也就是她决心在布鲁修建的教堂和修道院。

从雷卡尔德手中买走若勒沃合同的是两位热那亚商人和一位定居塞维利亚的西班牙人。他们分别是多明戈·德·福尔纳里（Domingo de Fornari，他购买了向新世界运输 1 000 个非洲黑奴的许可）、阿戈斯廷·德·比瓦尔迪（Agostín de Vivaldi）和费尔

南多·巴斯克斯（两人合力购买了 3 000 个奴隶的运输许可），[63]
后两人又将许可转售给布尔戈斯的胡安·德拉·托雷（Juan de la
Torre）、加斯帕尔·森图里翁（一个更著名的热那亚人，不过他
在各方面都已经与卡斯蒂利亚人别无二致），以及布尔戈斯的胡
安·费尔南德斯·德·卡斯特罗（Juan Fernández de Castro，当时人
在塞维利亚）。[64] 他们以 900 多万马拉维第的价格买到许可，平均
一个奴隶 2250 马拉维第。[65]

　　福尔纳里所属的热那亚家族长久以来都活跃于从希俄斯岛贩卖
奴隶的贸易活动，他本人经常从几内亚湾的热带岛屿圣多美（Sān
Tomé），将奴隶运送到葡萄牙，[66] 所以他对于贩卖黑奴早已得心应
手，也因此为人们所熟知。阿戈斯廷·德·比瓦尔迪（西班牙人有
时也称他为里保尔多）的背景与福尔纳里接近。巴斯克斯来自托莱
多，在塞维利亚从事多种商业活动。胡安·德拉·托雷几十年前就
成为塞维利亚家喻户晓的人物，他是冒险家弗朗西斯科·巴里奥努
埃沃（Francisco Barrionuevo）的伙伴，未来将在伊斯帕尼奥拉担任
军事指挥官。卡斯特罗是一位商人，与布尔戈斯所有重要的贸易家
族皆有来往。到 1518 年时，森图里翁已经成为塞维利亚最为重要
的热那亚商人，他在圣多明各有着多年的商业活动经历。1507 年前
后，他以商人身份自那不勒斯来到塞维利亚时，从豪尔赫·德·波
图加尔手中租赁了豪华的住宅 ［位于今天的唐娜－埃尔维拉广场
（Plaza de Doña Elvira）］，这座豪宅现在变成了广场。现在的他已
经转型为银行家，涉猎多项贸易活动，比如与胡安·德·科尔多瓦
从瓜达尔卡纳尔岛（Guadalcanal）进口红酒，向地理学家马丁·费
尔南德斯·德·恩西索乃至曾参与佩德拉里亚斯远征的著名船长

埃尔南多·德·索托提供贷款。[67]他甚至与丰塞卡主教都有经济往来。森图里翁与同为热那亚人的胡安·弗朗西斯科（乔瓦尼·弗朗切斯科）·德·格里马尔迪往来密切，两人通过向船长或前往西印度群岛的商人提供贷款赢利。就连教士，如伊斯帕尼奥拉的康塞普西翁－德拉维加教堂的大司祭胡安·德·圣玛丽亚，[68]以及胡安·庞塞·德·莱昂，也欠他的钱。

拉斯·卡萨斯向若勒沃抱怨了关于合同之事，他认为应将许可证转让给不如热那亚人和佛兰德斯人富有的西班牙人。[69]

从各个方面来看，欧洲各国都参与了第一次将非洲黑奴大规模运往美洲的活动。佛兰德斯出生的国王将许可证授予萨瓦人，萨瓦人经卡斯蒂利亚人之手转卖给热那亚人和西班牙人，后者又安排位于非洲或里斯本的葡萄牙人运输奴隶。这里要讲到的很重要一点是，法律禁止西班牙船舶驶往几内亚。两国的君主当时已结为盟友，而且实际上只有葡萄牙人才可以一次性提供 4 000 个非洲黑奴。参与者中，古铁雷斯，可能还有胡安·费尔南德斯·德·卡斯特罗和胡安·德拉·托雷，都是改宗者。

这并不是唯一的一张许可证，很快，西班牙又颁发了一些涉及奴隶数量较少的奴隶进口许可，例如，1520 年佩德罗·德·贝拉斯科获准运送 10 名奴隶，次年王室大臣科沃斯和比列加斯各获准 50 名，阿尔瓦罗·德·卡斯特罗获准 200 名。阿尔瓦罗曾在1510 年已获得过贩运许可，由另一热那亚人贝尼托·德·巴斯尼奥那（Benito de Basiniana）为他供应奴隶。[70]阿斯托加侯爵阿尔瓦罗·佩雷斯·奥索里奥（Álvaro Pérez Osorio）在 1518 年获得向新世界运输 400 名奴隶的许可，又转手卖给热那亚银行家。[71]若勒沃的许可证是一个重要的转折点。在此后的很多年里，西班牙政府都未签署数量更大的合同。加勒比海的定居者们认为，他们的劳动力不足的问题已经解决，而查理和若勒沃在不自知的情况下，开启了大西洋的奴隶贸易。在未来的350年间，数以百万计的非洲人被贩卖到其他地区。

第二十九章

"这是毋庸置疑的……"

若非我提供帮助，你不可能登上神圣罗马帝国皇帝之位，
这是毋庸置疑的。

——1523 年 4 月 24 日，雅各布·富格尔（Jacob Fugger）

向查理五世如是说

　　勒·绍瓦热的去世和丰塞卡主教的顺利重返卡斯蒂利亚统治地位，并未能阻止关于改善西印度群岛的提议不断地涌现。1518 年 9月 10 日，主教亲自发布了关于"西印度群岛劳工特权和自由"的命令，为西班牙贫民移民至西印度群岛提供了良机。所有前往西印度群岛的人，不论男女，均可免费通行，获得免费的药物、土地、动物、种子和一切及至庄稼成熟的生活必需品。他们拥有免税 20 年的特权（不包括交给教堂的税），政府给为定居者修建屋舍的印第安人提供协助，奖励生产出前 12 磅牛奶、丁香、生姜、肉桂或其他香料的农民。

　　查理国王批准该提议，命令位于塞维利亚的西印度贸易总署官员洛佩斯·德·雷卡尔德为所有前去塞维利亚，自那里转往新世界

的农民提供上述特权。雷卡尔德负责审查申请者的资料，"鼓励劳工"前去新世界，并介绍种种可能性。他要确保每位农民获得所需的帮助。[1]

拉斯·卡萨斯从斑疹伤寒康复，不甘心失败，尤其不愿败在丰塞卡手下。他成功取得国王授权，为自由的印第安人建造城镇，让他们的"政治地位比肩西班牙人"。他们要像封臣那样交纳贡品，但不再受监护征赋制管理。他还获得一项法令，告知官员、法官、绅士及西班牙"所有城镇的好人"，有关丰塞卡派遣农民前去西印度群岛的目的。所有愿意前往的人都不会受到任何阻碍。

拉斯·卡萨斯还为达连和珍珠海岸间的人间天堂——也就是乌拉瓦湾（Gulf of Urabá）到委内瑞拉远处的玛格丽塔岛之间的地带——酝酿着一个有趣的计划。他认为，这片广阔的地域应该留给托钵修会。这不是第一次有人提出如此惊人的观点。佩德罗·德·科尔多瓦早就提出过这一理念，拉斯·卡萨斯也曾经提及。现在，他坚称这里是卡斯蒂利亚在西印度群岛拥有的最好的地方，其间蕴藏着难以计数的财富。接着，他重提前一年4月修建多座堡垒，每座由100人驻守的建议。西班牙人为堡垒提供充足的物资，方便与当地人交换黄金和绿宝石。堡垒指挥官慢慢地扩张管辖范围，加大传教力度，增强卡斯蒂利亚的统治。废除传统的"殖民开拓队"，任何印第安人都不再受到奴役。实施这些政策的成本来自没收西班牙人掠夺的部分金银财物。[2]

拉斯·卡萨斯将计划递交给王国枢密院，然后着手招聘人员，实行丰塞卡的殖民计划。他和一些朋友在1518年10月骑着骡子离开萨拉戈萨，亲自前往卡斯蒂利亚的众多城镇，在教堂里宣讲殖民计划的裨益。他们在布道台上宣称国王将要在西印度群岛的新地区建造定居点，说这些地方土地肥沃，没有疾病，极为富有，国王将会为前去这些地方的人大方地赐予物品，施以帮助。他们讲完以后，拉斯·卡萨斯说："现场的所有人都心潮澎湃。"[3] 毕竟他非常了解新世界，能够引用实际经历打动人心。他到了阿尔马桑附近的贫穷小镇雷拉（Rello），镇上只有 30 家人，由桑蒂拉纳侯爵的孙子科鲁尼亚伯爵（Count of Corunna）统治。拉斯·卡萨斯在雷拉征召了 20 人，包括两位年长的兄弟和他们的 17 个孩子。"您如此年迈，看起来又如此疲惫，真的要去西印度群岛吗？"老人回答："我会死在那里，但我的孩子们将会生活在一片自由的土地上。"[4] 拉斯·卡萨和科鲁尼亚伯爵都没有料想会听到如此极端的回答。

路易斯·德·贝里奥（Luis de Berrio）陪同拉斯·卡萨斯穿梭于各地。他来自哈恩，曾在意大利参军，鲁伊斯·德拉·莫塔主教将他介绍给拉斯·卡萨斯。[5] 贝里奥在得到丰塞卡批准的情况下，从安达卢西亚招收 200 人，拉斯·卡萨斯称他们为"痞子、流浪汉、游手好闲之辈，根本不是会工作的人"。西印度贸易总署将他们送往圣多明各，由于当地官员事先并未得知他们将会到来，他们在圣多明各遇到了不少麻烦。有人在等待批准行程期间死亡，有人沦为小偷，抢劫印第安人，还有人重操旧业，开起了酒馆。

拉斯·卡萨斯为招募人员在卡斯蒂利亚各地奔走了两个月。12 月，他抵达贝兰加，一个位于布尔戈德奥斯马和阿尔马桑之间的村庄。这里归卡斯蒂利亚总治安官伊尼戈·费尔南德斯·德·贝拉斯科管辖，居住着 200 人，雄辩的拉斯·卡萨斯在这里一下子招募了 70 人。这些人说，他们前往西印度群岛不是因为"当地生活贫困，或为了得到每人 10 万马拉维第乃至更多的资助，而是为了让后代生活在自由的土地上"[6]。这与拉斯·卡萨斯在雷拉听到的缘由出奇地一致，给他带来深刻的触动。听闻此事，费尔南德斯·德·贝拉斯科派出一名步兵，命令拉斯·卡萨斯离开当地，还要求他开除从其他地方招收的助手。拉斯·卡萨斯返回萨拉戈萨，向丰塞卡主教报告，称他已集结了 3 000 名劳工，如果不是因为害怕得罪权贵，他本可以征召 1 万人。当时，已经有 2 000 名志愿者做好准备，随时待命。丰塞卡问道："你确定吗？你真的确定吗？"拉斯·卡萨斯回答道："是的，我确定，我很确定！"丰塞卡说："上帝啊，这可真是了不起啊！"[7]

到这时，又有一位官员开始公开参与西印度群岛的相关事务，他就是被任命为国务大臣的梅库里诺·加蒂纳拉。他在 10 月 8 日抵达朝廷，10 月 15 日跪拜国王，正式就职。西印度群岛对于他的重要性不如西班牙，更比不上意大利或德意志，不过加蒂纳拉很快就清楚地认识到，新世界亟须推行连续性的政策。

1465 年，加蒂纳拉出生于皮埃蒙特（Piedmont）维切里（Vercelli）的小贵族家庭。他以律师的身份为都灵（Turin）的萨伏依公爵工作时，开始声名鹊起。他后来担任公爵议会的议长，在法国孔泰（Comté）的谢维尼（Chévigny，距贝桑松市不远）购置庄园，成为玛格丽特女大公管辖的勃艮第国民。勃艮第人的荣誉观对他的决策起到了决定性的作用。威尼斯驻西班牙大使康达里尼认为他本质上还是意大利人，而且他在意大利北部也拥有财产。他深受玛格丽特与她的父亲马克西米利安皇帝的信赖。1509 年，马克西米利安皇帝任命他为驻佛兰德斯大使。他任大使期间，试图针对佛兰德斯贵族实行古典的，甚至于可以说是严苛的司法体系，免去贵族们的职务，此举引发了人们对他的猜疑。

加蒂纳拉被查理任命为国务大臣时，已经担任多尔（Dôle）的议会议长，也在玛格丽特的枢密院任院长一职多年。他对于神圣罗马帝国持人文主义理想。他希望查理美化帝国，为它增添新的文艺复兴内涵。纽伦堡的克里斯托弗·谢尔（Christopher Scheurl）对他的印象是：

> 一流的演说家，学富五车的法学家，忠心耿耿的顾问，勤勉、温和、开朗，极富个人魅力，精通古典教育。他单身但从不独自用餐，喜欢宾客的陪伴。用餐时，他热衷于讲笑话，时常开怀大笑，十分健谈，擅长以戏谑的口吻讲述严肃的事情。他举止有度、平易近人、热情体贴，尊重每个到访之人，善于聆听。[8]

从此时起，加蒂纳拉成为查理的顾问，对国王的政策乃至个人性格都产生了深远影响。他所提的建议标志着对谢夫尔和勒·绍瓦热亲法倾向的改变。此外，他大力宣扬查理继承神圣罗马帝国王位的权利。他从神灵感应的角度指出，查理继位将带来庄重的提升意义。他为查理继任皇帝卖力地奔走，确保他能够拥有"正义者"（iustisimus）的头衔，从而能够拥有主宰世界的权力。他擅长以整洁清晰的笔迹书写备忘录。他梦想有人能一统全球，一人守护世界。[9]加蒂纳拉尚不了解西印度群岛的情形，但他拥有热情奔放的个性、富于想象的天赋、辛勤努力的品质，很快便为所有

　　　　　　　黄金之河：西班牙帝国的崛起，从哥伦布到麦哲伦

与美洲相关的问题带来启发式的影响。

在加蒂纳拉全面投入海外问题之前，丰塞卡主教做出了一系列重要决定。他知道圣多明各的统治体系已经形同虚设，说服国王将其彻底终结，建议由罗德里戈·德·菲格罗亚（Rodrigo de Figueroa，与仍在伊斯帕尼奥拉的隐修会会长路易斯·德·菲格罗亚毫无关联）接管总督一职。罗德里戈47岁，来自萨莫拉，曾在骑士团任职，也曾在塞维利亚担任海关总署（征收进出口关税）的法官。国王同意丰塞卡的建议，向隐修会会长们写信，感谢他们寄来的多封信件，表示西班牙的动荡不安导致他此前无法回信。最后，他希望会长们在继任者抵达前，继续管理圣多明各。

拉斯·卡萨斯被任命为新总督菲格罗亚的总助理，显然，丰塞卡希望这位爱惹事的教士尽快离开西班牙。他对于将要永远告别拉斯·卡萨斯兴奋不已，以致有一段时间对拉斯·卡萨斯的态度都温和了不少。菲格罗亚收到长达40段的任职命令，[10] 主要内容还是惯常的说教，其中讨论了田间的劳动、印第安人在金矿的工作，确保他们不受虐待，要求让他们学习基督教教义，印第安男人只能娶一位妻子，保护妇女儿童，每位监护主最少分配40人，最多分配150个印第安人。菲格罗亚还需要向国王传达殖民地所有"无利害关系之人"的意见，决定印第安人的自由是什么。[11] 这40段命令的内容可能受到阿德里安主教影响，而此时的主教对于拉斯·卡萨斯的判断也是深信不疑。[12]

关于从圣多明各出发搜寻奴隶的小船队，菲格罗亚也收到相应的命令：第一，仔细划出食人族加勒比人居住的地区；第二，不能强行俘获非加勒比部落的印第安人；第三，查明胡安·博诺远征特立尼达岛的实际情况；第四，巴哈马群岛、巴巴多斯和委内瑞拉以外的吉甘蒂斯群岛上的人应当看作自由人（现在也是如此）；第五，清楚说明在珍珠海岸上寻找珍珠的过程。[13]

这位新总督在卡斯蒂利亚为就职做准备时，得到无数善意的建议。而与此同时，圣多明各的隐修会会长们遭遇了又一场灾难：1518年冬天，天花在岛上肆虐，会长们新建的城镇里尤为严重。[14]此前新世界曾遭遇流感、斑疹伤寒和麻疹，这是第一次暴发大规模的流行性疾病。会长们新建城镇的出发点是好的，只是在无意间加剧了疾病的传染。当地人原本仅仅遭受过劳之苦，或是对未来失去希望，此时面对这种来自欧洲的传染病，他们可能会彻底灭绝。奇异的是，强壮的西班牙人，无论是新来此地的还是已定居的，似乎都对天花完全免疫。印第安人和西班牙人共同在圣多明各举行宗教游行，寻求上帝的庇护。然而，祈祷和游行并不足以解救他们。

传染病暴发的直接结果是对巴哈马群岛的卢卡人和珍珠海岸的奴隶需求量上升。热那亚裔塞维利亚人哈科梅·德·卡斯特利翁继续派出船队，往北驶向巴哈马群岛，朝南航行至珍珠海岸。在珍珠海岸，福音传道和犯罪行为不和谐地并存着。与此同时，他们也从事传统贸易，如贩卖武器和红酒，尤其是红酒。1518年，南美洲的奇里比齐人手里出现红酒，[15]这也成为会长们要求运送更多黑奴的原因之一。[16]

萨拉戈萨对于西印度群岛问题的商议因故中断了。首先，1519年1月7日，阿拉贡议会表示支持查理，向国王交付了钱款。查理深感欣慰，决定前往加泰罗尼亚，与位于巴塞罗那的议会见面。他们一行人经由莱里达（Lérida）低调前行。抵达加泰罗尼亚后，他在

　　　　　　　黄金之河：西班牙帝国的崛起，从哥伦布到麦哲伦

1月24日收到一则改变了西班牙历史和领土范围的消息：1月12日，国王的祖父，似乎为不朽之人的马克西米利安皇帝，在上奥地利州的韦尔斯（Wels）驾崩。皇帝在生命的最后几个月里备受梅毒煎熬，唯有使用一种来自美洲——也是梅毒发源地——的"印第安人"木头（圭亚那木头），才能使病情稍得缓解。[17]

在来自梅迪西家族的利奥十世（Leo X）教皇支持下，法国国王弗朗索瓦一世立刻被宣布为帝位继承人。不过，查理也是很重要的继承人。在长达数月的时间里，查理国王无暇顾及西班牙国内的任何事务，更不用说西印度群岛了，而国务大臣加蒂纳拉比查理本人更加执着于帝王梦。在这种情况下，新世界虽发生了很多事情，它的宗主国对此却未给予任何关注。

1519年年初，阿尔瓦雷斯·德·皮内达（Álvarez de Pineda）开始探索位于今天佛罗里达和密西西比之间的海岸，他将这一地区称为阿米奇勒（Amichel）。他是第一个看到密西西比河的人，由此在同时代的探险家中间独占鳌头。不过，他似乎未留下对于密西西比河的任何描述。古巴总督迭戈·贝拉斯克斯向西开启了远征活动，在费尔南德斯·德·科尔多瓦和胡安·格里哈尔瓦发现的基础之上，继续探索。他派遣自己的一位前任秘书埃尔南·科尔特斯（见第三十五章）指挥远征。埃尔南是一位经验丰富的埃斯特雷马杜拉人。西班牙鲜有人知晓此次远征，即便是有人得知消息，也未给予任何关注，就连拉斯·卡萨斯也同样毫不知情，或者说是漠不关心。

人在圣多明各的苏亚索法官也认为，伊斯帕尼奥拉需要更多的印第安人劳力。春天，他向殖民地的总会计官迭戈·卡瓦列罗颁发许可证，同意他与安东·坎西诺前往"禁忌之地"搜寻奴隶。这是苏亚索在司法审查中的描述。苏亚索还为著名商人如巴斯蒂达斯和胡安·费尔南德斯·德·拉斯·巴拉斯颁发了类似的许可。[18]

隐修会的会长们还在等待菲格罗亚的到来，以卸下重任。他们对于上述远征并未提出异议，但也拒绝在没有国王同意的情况下给予正式的批准。1 月 24 日，丰塞卡签署法令，允许另外两位在塞维利亚的热那亚人亚当·德·维巴尔多（Adán de Vibaldo）和多明戈的兄弟托马斯·德·福尔纳里（Tomas de Fornari）在西印度群岛指定一位代理人，赋予代理人出售他们从若勒沃合同中分得的黑奴的专属权。[19]

国王前往巴塞罗那附近的佛得恩塞拉（Valdoncella）修道院，为正式访问该城做准备。大臣科沃斯和帕迪利亚提前与当地官员开始讨论。回到莫林斯－德雷伊（Molins de Rey）之后，他们与加林德斯·德·卡瓦哈尔博士返回巴塞罗那。[20] 次日晚上，查理乔装打扮，亲自进城考察。第三天，他盛装挺进巴塞罗那。不过，此时他最为关切的仍是神圣罗马帝国的皇位。他在天主教堂参加仪式，为 10 个西班牙贵族授予勃艮第金羊毛勋章，他的重心何在由此可见一斑。[21]

加蒂纳拉和拉克西奥继续与拉斯·卡萨斯进行讨论，他们似乎很是喜欢聆听拉斯·卡萨斯的讲话。国王也开始倾向于拉斯·卡萨斯的观点。查理决定成立一个顾问委员会，讨论拉斯·卡萨斯关于南美洲北海岸的相关建议。拉斯·卡萨斯选择了胡安·曼努埃尔（Juan Manuel，经验丰富、小心谨慎的外交家，曾是腓力国王的得力干将）以及受过良好教育的阿隆索·特列斯·希龙和路易斯·曼里克（Luís Manrique）。此外，还有卡斯蒂利亚财政大臣弗朗西斯科·德·巴尔加斯。在筹建委员会期间，拉斯·卡萨斯积极修改计划，使得这计划更富有梦幻气息。他想要派出 50 位殖民者，称他们为"黄金骑士"，这较第一份提议更具有骑士文化的气息。他们将在 12 位多明我会或方济各会修士和 10 位印第安人翻译的陪同下，寻找珍珠。如在已知地区找到珍珠，向国王上交产量的五分之一；如在新地区发现珍珠，向国王交纳产量的二十分之一。他设想了几种财务安排，国王和殖民者都能从中获得额外收益。他建议颁发许可证，允许每位伙伴在开始时拥有 3 个非洲黑奴，后增加至 7 个。[22]

随后，王国枢密院就拉斯·卡萨斯的提议进行讨论，由于丰塞卡与他的朋友们反对拉斯·卡萨斯，这次讨论的进程拖延了。

这些事在当时看来似乎都微不足道，西班牙帝国的头等大事发生在法兰克福的圣巴塞洛缪教堂（Church of St Bartholomew）。西班牙卡洛斯一世国王在本人缺席的情况下，被推选为神圣罗马帝国皇帝，称为查理五世。（总共有 7 位选帝侯，4 位竞争世俗君主，3 位争夺主教之位。）

查理在激烈的竞争中并未拥有绝对的胜算。法国国王弗朗索瓦一世也在觊觎帝位，近期他在军事方面战功赫赫，同样是一位有力的竞争者。英国的亨利八世励精图治，这时候与查理国王的姑妈，阿拉贡的凯瑟琳相处愉快，也有可能夺得帝位。此外，个别选帝侯也是皇位的潜在争夺者，比如萨克森的腓特烈（Frederick of Saxony）或勃兰登堡的约阿希姆（Joachim of Brandenburg）。教皇眼见法国国王可能失利，便转而支持这两位选帝侯。教皇不支持查理的原因很简单，他不希望作为那不勒斯国王的查理又担任帝国的君主。

早前，法国国王安排几位能力出众的大使，向外营造他手中握有无限资源的印象。弗朗索瓦的母亲，萨伏依的露易丝财力丰厚，给他提供了大量金钱支持。他的王国管理相比查理要更具备中央集权的特点，可以相对容易地动用国内资源。不过，弗朗索瓦在德意志筹钱有相当的难度。16世纪最富有的银行家雅各布·富格尔拒绝兑现弗朗索瓦的期票，而现金在皇帝选举中不可或缺，因为争取每位选帝侯的支持都需要金钱。

查理先后联络了奥格斯堡的威尔瑟斯（Welsers of Augsburg）和佛罗伦萨的菲利波·瓜尔特罗蒂（Filippo Gualterotti），成功获得二人的支持。通过热那亚的福尔纳里斯（Fornaris）和格里马尔迪分别获得13.3万和5.5万弗洛林贷款的承诺。贷款合同规定，唯有查理当选皇帝，才会向他发放贷款。贷款承诺信在1519年2月交由雅各布·富格尔保管。这些钱总计30多万马拉维第，但仍远远不够。[23]（福尔纳里斯是查理颁发向美洲贩卖非洲黑奴许可证的受益者之一，不过并无证据表明他与国王在1518年存在经济关系。）

玛格丽特女大公拥有过人的才智，她既是查理的姑妈，还曾是查理的养母。玛格丽特直接找到德意志银行体系的核心人物雅各布·富格尔，经过漫长的交谈，他同意向查理提供50万弗洛林。四年后，富格尔写信给查理说："若非我提供帮助，你不可能登上神圣罗马帝国皇帝之位，这是毋庸置疑的，也是众所周知的。"[24]女大公也完全可以这样说。她凭借自己强大的说服力，帮助查理登上帝位，这无疑是极其伟大的成就。[25]

查理如何使用这些费尽力气得来的钱格外有趣。选帝侯勃兰登堡的阿尔布雷希特（Albert of Brandenburg），美因茨（Mainz）大主教，获得了11.32万弗洛林金币，他自己留下10万，其余

黄金之河：西班牙帝国的崛起，从哥伦布到麦哲伦

赐给随从。他可能就是使用这些钱在同年雇用阿尔布雷希特·丢勒（Albrecht Dürer）为自己制作了精致的人像雕塑。科隆大主教赫尔曼·冯·维德（Hermann von Wied）获得 5 万弗洛林，将其中的 1.28 万赏给随从。特雷夫斯（Trevès）大主教理查德得到 4 万多弗洛林，其中近 2 万都赐予手下。莱茵－普法尔茨（Palatine of the Rhine）选帝侯，埃莱娜公主的旧爱，收到 18.4 万弗洛林。[26]

萨克森的腓特烈获得 3.2 万弗洛林，他是唯一拒绝明示投票对象的选帝侯。西班牙大使将赐予随从的金额增加至 8 万弗洛林，并偿还了前些年皇帝马克西米利安在世时，与萨克森议会签订的借款合同的一半款项。他也是丢勒的客户，几年后丢勒为他创作了以他为原型的雕塑作品。波希米亚（Bohemia）国王获得 4 万多弗洛林，他的大臣拉迪斯拉斯·施特恩贝格（Ladislas Sternberg，获赐 1.5 万弗洛林）代他行使了投票权。国王本人得到刚刚超过 2 万达克特的财富，又将 5 000 赠予富格尔的老友，芬夫基兴（Fünfkirchen）主教乔治·萨特马里（George Szathmary）。

直到选举（约阿希姆称之为"干草市场"）行将结束之时，勃兰登堡选帝侯约阿希姆一世（Joachim I）都坚定地支持法国国王。弗朗索瓦承诺，如果他顺利当选，自己外出不在时由约阿希姆一世任摄政王。然而，最终约阿希姆还是将票投给了查理，他宣称临时改变主意是出于"极大的恐惧"。有趣的是，他的堂／表亲，勃兰登堡的卡齐米日侯爵（Margrave Casimir），收到了 2.5 万弗洛林。卡齐米日曾为查理的朝廷效力。[27]

普法尔茨选帝侯收到的钱数增加了 3 万弗洛林。

选帝侯们总共得到近 50 万弗洛林。[28]

7月6日，查理在巴塞罗那得知自己赢得帝位的消息。[29]加蒂纳拉同样也是这场激烈角逐的胜者。他一直盼望查理成为皇帝，总是说查理生来高贵，想要让查理成为"自前辈的查理大帝（Charlemagne）创建的帝国被分割以来最伟大的皇帝和国王，一统全球，一人守护世界"，这是加蒂纳拉最喜欢的说法。[30]接着，根据教授帝王之术的《统治原则》（De Regime Principium），他告诉查理，出色的官员对于管理国家至关重要。[31]

帝国大使普法尔茨伯爵和巴伐利亚公爵的兄弟很快抵达巴塞罗那，带来了指定查理为皇帝继承者的原始文件，请他前去德意志接受皇冠。

卡斯蒂利亚对此提出批判性的意见：他们的君主怎么能在未咨询卡斯蒂利亚人的情况下就接受外国的帝位呢？他们的怀疑是合理的。如果查理没有当选为皇帝，他就能将更多的时间花在西班牙。不过，他对勃艮第和佛兰德斯也十分关注，无论能否成为帝国皇帝，他都是整个欧洲的政治家，不会仅限于西班牙半岛。如果胡安娜介入此事，一切将会完全不同，但她并没有。假如西班牙王室的重要分支——梅迪纳塞利家族（Medinacelis）或恩里克库泽斯（Enríquezes）家族成员——在1516年登上西班牙王位，局面也必然会大为不同，只是他们对此事毫无兴趣。

黄金之河：西班牙帝国的崛起，从哥伦布到麦哲伦

第三十章

"我这样做是出于怜悯之心"

> 我这样做并非因为我是比别人高尚的基督徒，而是出于怜
> 悯之心。
>
> ——1519 年，巴托洛梅·德·拉斯·卡萨斯向国王如是说

1519 年，西班牙的国王对于成为皇帝甚是欣喜，于是他将整个欧洲都视为自己的领地。他和西班牙即将在西印度群岛建立庞大的帝国，只是目前尚未意识到这一点。9 月，查理将会宣布："在罗马教皇的馈赠之下，根据其他公正合法的权利，我们是西印度群岛、已发现和未来发现的所有大洋的统领者。"[1] 伊斯帕尼奥拉的殖民者和征服者请求确认查理对于新领地的统治权，此政令便是回应。[2] 这似乎是第一次使用西印度群岛（the West Indies）这种说法，而不再是以印度群岛（the Indies）指代。

近期，西印度群岛殖民地在王庭的重要性骤增，这要归功于自1510 年以来大幅上涨的进口黄金数量。官方数据表明，900 多万克的黄金进入西班牙。可以推测这要低于实际数据。1515 年以前，大多数黄金进口来自伊斯帕尼奥拉，1515 年之后从波多黎各和古巴也

进口了不少黄金。某些年间，波多黎各的产量甚至赶上了伊斯帕尼奥拉，古巴的产量也达到伊斯帕尼奥拉的一半。[3]

罗德里戈·德·菲格罗亚，来自萨莫拉的法官，接受任命，前去西印度群岛，接替圣哲罗姆隐修会会长。他没有与巴托洛梅·德·拉斯·卡萨斯同行，因为擅长煽动的拉斯·卡萨斯还在积极动员西班牙农民前去新世界，而且他心中尚有无数想法想要陈述给王庭。在驶向西印度群岛的船上，菲格罗亚与多个阅历丰富的同行乘客，如胡安·德·比略里亚聊天，了解苏亚索法官与迭戈·哥伦布的关系。闲聊帮助打发了漫长的航行时间。

抵达圣多明各后，菲格罗亚在岛上只看到约 1 000 名殖民者，其余都已去往古巴。印第安人口的数量仍在减少。他与会长们进行深入交谈，得知他们的某些尝试也取得了成功。比如，他们出售那些主人不在当地的印第安人之后，将收益借给了埃尔南多·德·戈尔洪（Hernando de Gorjón）等企业家。这位埃尔南多曾跟随奥万多离开西班牙，通过做生意发了财，现在正在努力创办大学，这所大学后来发展成为圣多明各大学。在会长的帮助下，戈尔洪在自己位于阿苏阿的监护征赋地建起糖厂。奥万多任总督时，埃尔南多·科尔特斯曾是阿苏阿的公证员。菲格罗亚也给予了帮助，他请特里内费总督阿隆索·费尔南德斯·德·卢戈（Alonso Fernández de Lugo）为糖厂派来技术人员，并免去糖厂所有机械设备的税费。[4]

菲格罗亚发现殖民地的西班牙人普遍反对给予印第安人任何自由权。他释放了在金矿劳作的印第安人，但殖民者们对此抱怨颇多，称此举会导致当年的黄金产量跌至上年度的三分之一。[5] 他们深知，这样的说法能够在西班牙国内得到支持。

　　　　　　　　　　黄金之河：西班牙帝国的崛起，从哥伦布到麦哲伦

回看西班牙，1519 年夏末，拉斯·卡萨斯成功地让王国枢密院通过了他的又一提议。此项新提议对他之前不切实际的观点进行了修改，他说要在 10 年的时间里，让南美洲北海岸——"西印度群岛最好最富有的地区"——的印第安人开始向西班牙进贡，以 10 座城市为模板建立起进贡国。按照他的计划，国王需要向这些地方补贴 900 万马拉维第，支付市民的旅费和设备的运输费，并暂时免去税收，放松对于进口非洲黑奴的管理，禁止实施监护征赋制。迭戈·哥伦布将管理所有这些人。他的提议被呈给当时人在巴塞罗那的国王。

他的计划打动了国务大臣加蒂纳拉。迭戈·哥伦布也为计划提供了赞助，部分原因是他认为这将增加他自己的权力。不过，丰塞卡深知如何进行反击。现在，丰塞卡对拉斯·卡萨斯的所有提议都持批判态度，向他提出多达 30 项指控，指责他缺少政府管理经验，欺骗庇护人西斯内罗斯，批评他是个"轻浮的神父"。无论如何看待拉斯·卡萨斯的提议，人们都很难证实最后一项指控。丰塞卡甚至批判了他对古巴发生盗窃的指责，称他与威尼斯人和热那亚人密谋反对西班牙。身为军职人员的主教兄弟安东尼奥·德·丰塞卡也对拉斯·卡萨斯大加指责："神父，您已经解散了为西印度事务委员会各位绅士工作的印第安人，那就不能再控诉他们杀死了印第安人。"

拉斯·卡萨斯回应道："这些财产和人员分配并未直接害死印第安人，这一点是真的。可是，一些西班牙人残杀大量的印第安人，这些绅士则是背后的推手。"旁观双方论战的委员会对此番言论大感震惊，连丰塞卡也甚为吃惊。主教讽刺地说："国王陛下的委员会成员们何其有幸啊！一旦进入委员会，必将面临拉斯·卡萨斯的指控！"拉斯·卡萨斯回应说："更加幸运的一点是，拉斯·卡萨斯冒着重重危险，穿越 2 000 里格的距离，就是为了劝告国王和委员会，恳请他们不要走进西印度群岛。历经暴政统治，当地的社会和体系已悉数被毁，已然成为人间地狱。"忧心的加蒂纳拉告诉拉斯·卡萨斯："主教已经怒不可遏，祈求上帝保佑最后一切安好。"[6]

到了这个时候，西班牙的西印度事务委员会，这个由王国枢密院成员组成的非正式机构事实上已组建成形，其成员包括丰塞卡（主席）、鲁伊斯·德拉·莫塔主教、加西亚·德·帕迪利亚和路易斯·萨帕塔两位大臣、加蒂纳拉（来去随意）和科沃斯（委员会秘书）。[7]很快，王国枢密院开始重组为三个委员会，分别是国务委员会（Council of the State）、西印度事务委员会和佛兰德斯委员会。加蒂纳拉负责机构改革事宜。

1519 年 9 月底的一个晚上，加蒂纳拉在巴塞罗那请佛兰德斯人同僚玻佩（拉克西奥）和拉斯·卡萨斯用餐。他向拉斯·卡萨斯展示了他桌子上的一份文件，内容是丰塞卡对于拉斯·卡萨斯的攻击。加蒂纳拉说："你必须回应这些诽谤和其他一切关于你的说辞。"拉斯·卡萨斯说："阁下，他们恐怕花了三个月的时间来准备这些攻击材料，我如何能立马给出回应呢？请给我五个小时！"[8]拉斯·卡萨斯得到允许开始准备为自己辩护。他请加蒂纳拉逐一读出丰塞卡的攻击性内容，然后一一给予回应。谈话正在进行时，信使报告说国王要求召见拉斯·卡萨斯。拉斯·卡萨斯离开一会儿后又返回。接下来，国务大臣和教士连续约谈四晚，拉斯·卡萨斯做了自我辩护。最后，他成功洗脱了指控，且禀报了国王。其间，国王先去了巴达洛纳（Badalona），在得知巴塞罗那暴发疫情后，国王又返回

莫林斯 – 德雷伊。

　　丰塞卡此时已经离开巴塞罗那，到达科鲁尼亚，为国王准备前往德意志的船队。筹备和管理船队是丰塞卡的专长。他不在的时间里，国王批准了拉斯·卡萨斯提议的所有计划。拉斯·卡萨斯认识到，自己必须做出让步，改变与丰塞卡及其党羽持久的对立局面。他决定删除计划中在库瓦瓜岛——今天的委内瑞拉——寻找珍珠的部分，减少在这片地方可能发现的财富总量，虽然其所占的比重并不高。他说要"从各岛屿（古巴、伊斯帕尼奥拉和波多黎各）"雇用 50 位助手，协助执行计划。他们主要由"出身良好之人、骑士或品德高尚之人"组成。他未说明如何寻找这些绅士。位于库马纳的方济各会和多明我会布道团也将参与。在拉斯·卡萨斯提及的领域，除了卡塔赫纳附近塞努人居住的地方，其余地带据他所知没有黄金。拉斯·卡萨斯想要将西边的这块陆地包括进去，加之圭亚那的埃塞奎博河（River Essequibo，也称为里约杜尔塞）作为东方的边界。这片地带疆域辽阔，包含今天的委内瑞拉全境和哥伦比亚的大片地区。这令人不得不对丰塞卡的批判言论感到些许赞同。就算拉斯·卡萨斯再出名，一个欠缺经验的教士和 50 个友人如何管辖这般幅员辽阔的地域？而且，拉斯·卡萨斯似乎醉心于将改革西印度群岛变成一段传奇故事。

　　国王并未向西印度群岛的官员们咨询相关事宜。人在圣多明各的菲格罗亚目前正在积极地为公众利益奔走。他将对官员们进行大换血，如他的助手安东尼奥·弗洛雷斯（António Flores，随他来此）将出任拉维加的首席行政司法官，调查伊斯帕尼奥拉北方非法出售卢卡人的事件。[9] 据传有很多奴隶正在被出售，而不是交换。他还要调查珍珠海岸。菲格罗亚决心要调查"加勒比人"来自何处，因为很多号称"加勒比人"的奴隶被运到伊斯帕尼奥拉，结果显然不是加勒比人。特立尼达岛上的人真的是"加勒比人"吗？许多问题似乎都是为了证明捕获奴隶的合法性而提出的。比如，"拥有奴隶的印第安人将奴隶出售给加勒比人，任由加勒比人食用或虐待，这是真的吗？"[10]食人和鸡奸都是西班牙人绑架印第安人常用的借口。

调查涉及的证人里有多次出海的水手、造船工人和商人，包括：来自莫格尔的船长弗朗西斯科·多尔塔（Francisco Dorta，他已在大西洋上往来穿梭十余年），安东·加西亚（1501年曾陪伴奥赫达去往特立尼达岛），无法言喻的胡安·博诺·德·克赫霍（在特立尼达岛非常出名，坚称所有的加勒比人皆为鸡奸者），弗朗西斯科·德·巴列霍（珍珠海岸上最富有经验之人）。他们大多是小规模的监护主。多明我会修士佩德罗·德·科尔多瓦和佩德罗·梅希亚也出面作证。当地人躁动不安的性格让这些心存高远的教士也深感传教的艰难。后者说："教士们在这里确有好处，不过并不多。"一位现代历史学家猜测："修士们似乎不再彻底反对俘获当地人了。"[11]

调查首次揭示了南美洲北部人口的多样性：委内瑞拉海岸有8个主要部落，其中4个部落的人为阿拉瓦克人，另外4个部落为"加勒比人"。"加勒比人"居住的地区，以及加勒比海所有尚未开拓为殖民地的岛屿，其中不含卢卡人所在的岛屿，后来被命名为4个"帕利亚湾行省，即巴巴多斯、吉甘蒂斯、特立尼达和玛格丽特"。抓捕加勒比人得到允许，但需要申请有效的许可证。

调查还表明了向珍珠海岸派遣人员的危险性。当地方济各会布

　　　　　黄金之河：西班牙帝国的崛起，从哥伦布到麦哲伦

道团已经停止工作，新的多明我会布道团也因聆听弥撒的西班牙人过少，可能即将停止布道。到 1519 年 10 月，珍珠海岸只剩一位多明我会修士和为数不多的庶务修士。

菲格罗亚开启了对苏亚索法官的司法审查，借此还调查了众多殖民者，如前任财政官克里斯托瓦尔·德·圣克拉拉。苏亚索面临的主要指控是他在未告知圣哲罗姆隐修会会长的情况下，授予俘获奴隶的许可，以及给朋友谋取利益。[12] 他还被指控引诱一位印第安女孩，后又将其出售给克里斯托瓦尔·莱夫龙法官。莱夫龙曾负责审查已去世的首席行政司法官马科斯·德·阿吉拉尔。苏亚索又转而控诉这些证人，比如：克里斯托瓦尔·德·圣克拉拉喜饮酒作乐，并试图隐瞒（弗朗西斯科的兄弟）胡安·皮萨罗被帕萨蒙特杀害的事实；单身的胡安·罗尔丹（Juan Roldán）与巫师生活在一起；埃尔南·卡瓦列罗既是改宗者，也是受罚者之子，根本不应来到西印度群岛；埃尔南·德·拉斯·马拉斯是巫师。苏亚索坚称他发放的所有许可都是捕获"加勒比人"作为奴隶，符合法律规定。[13]

菲格罗亚最大的焦虑与会长们一致：如果善待印第安人，就要废除监护征赋制，而这将会导致大多数卡斯蒂利亚人回国。若勒沃获得许可运送的 4 000 个非洲黑奴，至此未有一人抵达，教士们规划的 30 个印第安人城镇也只建起 4 座。[14] 菲格罗亚亲自创建起几处城镇，[15] 不过由于劳动力不足，他很快也不得不接受监护主的意见，允许在巴哈马群岛和珍珠海岸无差别地奴役印第安人。

很快，他收到一份报告，其中详述了 108 位由哈科梅·德·卡斯特利翁的船舶运送至圣多明各的印第安人来源。他是众多西班牙化的热那亚人之一，对于西班牙早年控制西印度群岛做出了重大贡献。[16] 报告显示，108 人中，28 人为男性，其余均为女性，有的还在给孩子哺乳。他们的年龄大多在 7—30 岁，3 位女性超过 70 岁，2 位男性年纪更大。菲格罗亚请博诺·德·克赫霍、多尔塔船长和安东·加西亚负责调查这些印第安人，库马纳的一位酋长担任翻译。他们总共询问了 78 个印第安人，其中，可以证实自己不是加勒比人的，即可被认定为印第安仆人（naborías），以这样的身份交给代理人安姆匹斯。然而，博诺·德·克赫霍宣称他们都是加勒比人，3 位审查员对此表示同意。总督表示怀疑，要求熟悉这片地区的法官弗朗西斯科·德·巴列霍和安东尼奥·德·奥赫达另行调查。如此往复，西班牙官员们对于此类调查感到司空见惯。

所有的调查都得出这样的结论：国王允许官员参与抓捕奴隶活动，前提是独自进行，不掺杂其他商业活动。调查时也会重申，出售印第安仆人违反法律。[17]

菲格罗亚虽一心向善，但他自己也想在贸易中获利，并将之前的所有造船商排除在外。他与经验丰富的种植园主、阿苏阿人阿隆索·古铁雷斯·德·阿吉隆（Alonso Gutíerrez de Aguilón）合作建立协会，创办糖厂，并派侄子阿隆索·德·阿吉拉尔在岛上北部地区创办糖厂；1519 年和 1520 年，约 34 支小型船队向北或南出发，搜寻珍珠和奴隶，后来带回 1 500 名左右的奴隶。从圣胡安出发前往珍珠海岸的约 20 艘小船队运回 500 多马克的珍珠。殖民地代表安东尼奥·奥塞拉诺从西班牙回来时，忙于制订计划，允许卡斯蒂利亚船只从巴西新建的葡萄牙殖民地将奴隶运送到伊斯帕尼奥拉。[18] 在来自马尔斯的访客眼中，1519 年新西班牙帝国最为关心的就是在南美洲大陆寻找印第安人奴隶。

菲格罗亚激怒了众多圣多明各造船商，而他们在西班牙都不乏位高权重的友人。尽管出身低微，或许正因如此，他素来为人高傲，宣称"这里的商人中间无任何拥有良知或真诚之人"。[19]此话或许属实，但显然会激起众怒。造船商拥有三位高等法院法官马廷恩索、比利亚洛沃斯和巴斯克斯·德·艾利翁的支持，在王庭也不缺朋友。不过，菲格罗亚在王庭也不缺朋友，负责制订西印度群岛政策（或决定相关活动）的拉斯·卡萨斯时刻都跟随着王廷。

1519 年 10 月，王庭仍在巴塞罗那城外的莫林斯–德雷伊。拉斯·卡萨斯见到了胡安·德·克韦多主教，他是曾经的桑坦德山区男孩，后来跟随佩德拉里亚斯前去达连任主教，曾受王室施赈吏鲁伊斯·德拉·莫塔主教之邀共进晚餐。胡安·德·萨马诺，公证员兼孔基洛斯的庇护者也在场。他在孔基洛斯失势后成功地保住了自己的地位，很快被科沃斯任命为西印度群岛事务助理。拉斯·卡萨斯走近胡安·德·克韦多，说："主教，出于对西印度群岛的关切，我一定要亲吻您的双手。"[20]克韦多问在古巴挂有闲职的萨马诺："这位教士是谁？"[21]"拉斯·卡萨斯先生。"克韦多又转而问道："拉斯·卡萨斯先生，今天您要向我们做什么布道呢？"拉斯·卡萨斯说："我一直想要给主教您布道，我保证只要您愿意聆听，仔细考量，定会发现我的布道远比您从西印度群岛带回的金钱更有价值。"[22]克韦多恼羞成怒，说："你已迷失，迷失了……"萨马诺插话道，王国枢密院对于拉斯·卡萨斯的意见甚是满意。克韦多说："人即使带着好心，也可能会欺世盗名，乃至犯下弥天大罪。"[23]

拉斯·卡萨斯正要回应时，鲁伊斯·德拉·莫塔主教从国王寝宫出来，邀请克韦多前去用餐。他还邀请了迭戈·哥伦布和胡安·德·苏尼加（Juan de Zuniga）。苏尼加曾是已故腓力国王的廷臣，未来将会担任腓力二世的导师。[24] 晚饭结束后，拉斯·卡萨斯走向正在玩纸牌游戏的鲁伊斯·德拉·莫塔。大家正在关注游戏时，曾经到过伊斯帕尼奥拉的拉斯·卡萨斯说，那里或许可以种植小麦，克韦多表示反对。拉斯·卡萨斯从口袋中掏出种子，据他说是来自圣多明各果园的橘子树。克韦多以挑衅的语气说道："你到底懂什么？你到底要做什么？你知道自己在说什么吗？"

拉斯·卡萨斯以问题作为回答："我所做之事是善还是恶？"克韦多又问："你对人文和科学有多深入的认识啊，居然胆敢涉猎这些事情？"拉斯·卡萨斯回击道：

> 主教啊，您是否知道，我对于这些事务知之甚少？您是否了解，我的认知还不及您认为我能达到的高度？但我的想法就是结论，第一个结论，便是您已经犯下千次罪恶，甚至更多，因为您的灵魂不在您守护的羊群身上，您不愿将他们从具有摧毁性的暴君手中解救出来。第二个结论，您吞噬了须由您守护的羊群的血肉。第三个结论，如您不返还所有从西印度群岛偷窃的任何财物，您将不能拯救任何人，或许可以拯救犹大。

主教眼见无法战胜言辞愈发激烈的拉斯·卡萨斯，便放声大笑。拉斯·卡萨斯高呼："主教，您居然笑了！您该为自己和羊群的悲惨哭泣……要是您能流下眼泪就好了！"[25]

两人激烈对话之际，鲁伊斯·德拉·莫塔主教仍在玩纸牌游戏。迭戈·哥伦布和苏尼加表达了对于拉斯·卡萨斯的支持，而鲁伊斯·德拉·莫塔走至国王面前，转述了拉斯·卡萨斯与克韦多之间的交谈，建议国王亲耳聆听"巴托洛梅先生"有关西印度群岛的见解。国王表示同意，建议主教和拉斯·卡萨斯在三天后都前来觐见。

三天后，主教与拉斯·卡萨斯在查理的正殿见面。主教惊呼："神父，您来了？修士在王宫里四处闲逛，这样合适吗？修士们应该待在自己的小屋里，而不是擅入王宫吧。"拉斯·卡萨斯说："事实上，所有修士都能待在自己的小屋里是最好不过了！"（克韦多是多明我会修士，而拉斯·卡萨斯目前是神父。）克韦多主教建议拉斯·卡萨斯离开，以免被国王发现他人在王宫，拉斯·卡萨斯则回应说："请安静，主教！静待国王来临，看看会发生什么。"[26]

国王不一会儿进入正殿，登上简易的王座，身边有谢夫尔、加蒂纳拉、鲁伊斯·德拉·莫塔和三四个其他人［其中有历史学家奥维多和阿古斯丁·阿吉雷（Agustín Aguirre）］。阿古斯丁·阿吉雷正在寻找土地，他将在哥伦比亚的圣马尔塔得偿所愿。他曾请求派遣100位圣地亚哥骑士团成员同行，但未获批准。拉斯·卡萨斯对他的计划嗤之以鼻，不过他其实并没有理由这样嘲讽。奥维多刚从佩德拉里亚斯的领地返回，主教前不久也从那里回国。奥维多对于朝廷事务也是了然于心。阿古斯丁·阿吉雷是阿拉贡的副国务大臣（不过他的名字出自巴斯克语），自1517年就陪在国王左右。斐迪南国王曾对他处以监禁，可能是因为他反对由卡拉塔尤德（Calatayud）议会发放津贴，也可能是因为他与年轻的王后杰曼·德·富瓦（Germaine de Foix）过从甚密。1518年，芳龄29岁的王后似乎与年仅18岁的查理有过短暂的风流韵事。说来有趣，查理的外祖父斐迪南国王曾要求他好好照顾王后。[27]

加蒂纳拉告诉主教："主教阁下，皇帝陛下说，若您对西印度群岛有何要陈述的，请尽管说。"[28]根据加蒂纳拉的主张，国王在西班牙语中被称为"陛下"（Majesty），而非"殿下"（Highness）。科沃斯写信给所有的西班牙贵族和官员，澄清改变称呼并不意味着国王在西班牙的地位会受损。此后，写给国王的信件不再称呼"高贵伟大的阁下"，而是"SCCR（神圣的、恺撒般的、天主教的、真正的）陛下"。加蒂纳拉希望查理废弃西班牙王室署名"朕、国王"（yo, el rey），只是简单写成"卡洛斯"，不过查理可能在回忆斐迪南国王来信的传统之后，拒绝了该提议。[29]

克韦多以拉丁语对国王大加赞美，说他的脸就像《伊利亚特》（*Iliad*）中的普里阿摩斯（Priam）那样俊美，光是他的外表就足以配得上统领帝国。在场的人都迎合这种说法，国王更是龙心大悦（他忘记了特洛伊国王普里阿摩斯的结局）。接着，克韦多说关于西印度群岛他有很多话要说，恳请国王让王国枢密院之外的人离开大殿。

加蒂纳拉在国王耳边低语，接着重复道："主教阁下，国王命您现在就说出心中所想。"主教重申，他所言内容属于机密。加蒂纳拉再次询问国王，并再次说道："主教阁下，国王命您现在就说出心中所想。"

于是，主教只能在死对头拉斯·卡萨斯在场的情况下，开始陈述。他恭恭敬敬地提到查理的外祖父斐迪南，天主教国王，最早派出船队驶向新世界。他在达连居住了5年，由于远征队未能携带足够的供给，很多朋友都死于饥饿。达连的第一任总督努涅斯·德·巴尔沃亚生性邪恶，但第二任总督佩德拉里亚斯更为糟糕，因此"我决心回国，向国王陛下证实我的所见所闻"。关于印第安人，他说"那些人天生就是奴隶"，从哲学家亚里士多德的观点中也可推导出这一点。

接下来请拉斯·卡萨斯按要求进行陈述。他说自己是去往西印度群岛的西班牙人中最为年长的人士之一，1502 年首次抵达，看到"天性温和、热爱和平的当地人遭受了惨无人道的残暴对待，只因征服者的贪得无厌和对黄金的无尽渴求，我的父亲［加布里埃尔·德·佩纳洛萨（Gabriel de Peñalosa）］也在征服者之列"。他说，征服者用两种方式犯下罪恶：发动侵略战争，摧毁无数人的性命、城镇和国家；迫使印第安人从事繁重的劳动，为征服者开采黄金。"我这样做并非因为我是比别人高尚的基督徒，而是出于怜悯之心。"他回忆了自己向斐迪南国王讲述这些事情，后又找到西斯内罗斯及让·勒·绍瓦热的经历。他重申："印第安人……能够信仰基督教，生为自由之人，有自己的国王和上帝……即便主教阁下所言属实，我们也不能忘记，那位哲学家（他引用的是亚里士多德的观点）是一位毫无信仰之人，现在恐怕正在地狱遭受烈火焚烧。"[30]这句话显然很有分量。一般而言，没有人会对亚里士多德提出批判。拉斯·卡萨斯补充道，基督教宣扬人人平等，没有人是"天生的奴隶"，不要忘记耶稣也是为众生而死的。

他的讲话持续了 45 分钟。拉斯·卡萨斯擅长演讲，将在场这群地位显赫的听众们彻底征服了。他讲完以后，刚从圣多明各返回的方济各会修士克里斯托瓦尔·德尔·里奥（Cristóbal del Río）又进来，以饱满的热情短暂陈述了印第安人口锐减的残酷现实，迭戈·哥伦布也不得不补充了印第安人遭受的苦难。

海军上将语罢，克韦多主教起身请求对上述言论做出回应，但加蒂纳拉询问国王的意见之后说："主教阁下，请将您想说的话写下。"国王返回房间，无人继续说话。

此次对话实在意义重大！我们只能从拉斯·卡萨斯那里得知对话内容，因此对其准确性须持谨慎态度。不过，拉斯·卡萨斯以出色的口才说服了世故的加蒂纳拉和稚嫩的年轻国王，让他们确信新世界存在严重的问题。

克韦多后来将建议以书面形式陈述。令所有人震惊的是，这些建议与拉斯·卡萨斯的观点十分接近。首先，他描述了在达连目睹的大屠杀；其次，提出结束罪恶行径的建议，要彻底终结已明令禁止但仍在继续的内陆远征。

1519 年圣诞节前，加蒂纳拉召唤拉斯·卡萨斯，带领他进入自己的房间，然后把桌子上的一盏烛台移给他，让他阅读主教的备忘录。随后，拉斯·卡萨斯告诉加蒂纳拉，他愿意在这些文件上签下自己的名字："我描述了多少比这还要残酷的事实？"

最后的结果是，查理和加蒂纳拉表示支持拉斯·卡萨斯的计划，为这位来自塞维利亚的神父开创了重大机遇。问题在于，尽管他在争辩中获胜，但他的计划并不切合实际。他在自己的著作《历史》中写道："如果不是国王在当选皇帝之后忙于加冕，确立帝位，西印度群岛的未来将会一片光明。"[31] 这是一种自我欺骗。拉斯·卡萨斯仍在奋力争取选派"黄金骑士"，他认为需要 50 名骑士，为每位骑士提供 7.5 万马拉维第的资金，用于创建殖民地。他们将身穿印有红十字的白袍，与卡拉特拉瓦骑士团的着装类似。他们将管控圣马尔塔和帕利亚湾之间 1 000 里格的地区。

奥维多对此提出反对，表示他有类似的计划，但能够带来更好的收益。他已经对拉斯·卡萨斯的狂热有些反感，这种情绪将体现在他关于西印度群岛的历史书中。迭戈·哥伦布与许多人一样，拜倒在神父的观点之下，向加蒂纳拉写信表达了自己的支持。

　　另一反对者写道："谁也不能保证拉斯·卡萨斯的提议能够成功，它违背了在伊斯帕尼奥拉的人们的利益，加上其他那些有悖于拉斯·卡萨斯但又十分重要且难以明说的原因，我建议反对他的计划。"加蒂纳拉成功地说服国王，无视奥维多和丰塞卡的意见。1519年圣诞节前夕，克韦多死于很可能是从西印度群岛感染的高烧，局势由此得以缓和。拉斯·卡萨斯提出的问题还是悬而未决，尤其是其计划的实施需要王国枢密院做出决策。枢密院应该很快就会在布尔戈斯开会。[32]

第三十一章

"帝国只能由上帝赐予"

> 上帝将神圣罗马帝国交于我的手中，既是意愿所致，也是
> 心怀重托。有人以为通过人力、财富、非法游说或计谋，世界
> 帝国之位就会落入他人手中，这种认识完全错误。帝国只能由
> 上帝赐予。
>
> ——国王－皇帝查理，1520 年，圣地亚哥－德孔波斯特拉

一些重大国际事件的发生，使得西班牙王庭正在进行的上述讨
论开始显得不是那么紧要了。

神圣罗马帝国当前究竟发生了什么事情，以及如何处理神圣
罗马帝国的相关事宜，开始引起查理、加蒂纳拉和谢夫尔的关注，
并成为他们心中的头等大事。乌尔里希·冯·胡腾（Ulrich von
Hutten）在对话作品《罗马教廷》（*Vadiscus*）中阐述了天主教带给
德意志的罪恶，无疑是以爱国之心向罗马教廷发出的抨击，书中
对古代德意志的自由生活大加赞赏。1520 年 2 月 20 日，美因茨和
萨克森的选帝侯写信给查理，敦促他速来相助，否则将会发生前
所未有的灾难。[1]3 月，冯·胡腾吁请查理五世来领导反对罗马教

廷压迫的斗争。

同年，苏莱曼一世（Suleiman Ⅰ）成为奥斯曼帝国的苏丹，一改其父亲塞利姆一世（Selim Ⅰ）的怀柔政策。塞利姆一世此前只有攻打波斯和埃及的打算，并无侵袭基督教帝国的计划。查理与土耳其人一直处于交战状态，后者又常与法国结盟，法国因此为所有欧洲国家所不齿。巴巴罗萨（Barbarossa），叛变的希腊海盗，也成为地中海西部地区一个日益强大的敌人［他在1516年占领了阿尔及尔（Algiers）］。[2]

加蒂纳拉决心要让查理直面所有挑战，有效地管理广阔的领土。1520年年初，他又给皇帝（查理现在已经成为皇帝）写下一封信，提出更多建议："陛下统治的所有国家都有权按照过去的法律和习俗进行自治，也应保证国家开支不超过收入。"[3]加蒂纳拉还认为，应当安排一位总审计官监督王室的所有财政。[4]他在信中未提及西印度群岛。

1月23日，查理和西班牙王庭出发前往布尔戈斯。途经门多萨多年的领地卡拉奥拉，大臣科沃斯召集卡斯蒂利亚议会于3月20日在圣地亚哥－德孔波斯特拉开会。国王需要更多的钱。为什么是圣地亚哥呢？主要原因在于国王希望选择科鲁尼亚附近的地方，他将从那里的港口登船。还有一个可能的原因是他想要远离危机四伏的城市，如布尔戈斯。谢夫尔试图说服独立于议会的巴利亚多利德市政当局直接拨款给国王，但巴利亚多利德的时局动荡不安，因为托莱多的代表们到来后，试图说服当地的代表，提出除非国王满足他们的所有要求，否则反对向国王拨款。

巴利亚多利德谣言四起：国王前往科鲁尼亚，是想要彻底抛弃西班牙吗？圣米格尔教堂的钟声响起，民众走向街头表示抗议。国王接见了托莱多的代表阿隆索·苏亚雷斯（Alonso Suárez）和佩德罗·拉索（Pedro Laso），二人恳请国王聆听他们的祈求，但查理表示他必须即刻出发，前往托德西利亚斯看望母亲胡安娜。他深知巴利亚多利德是西班牙最为分裂的城市。谢夫尔听到街上民众的喧闹声，决心冒着大雨离开。有人关闭大门，以防国王的人员离开，但国王的小型卫队成功地冲破阻拦，查理和谢夫尔狂奔15英里，在当天晚上抵达托德西利亚斯。王庭其余人员随后赶至国王身边，发现他们的国王身心受到重创。130年后，他的玄孙路易十四遭遇投石党暴动后也将同样大受打击。[5]

查理再次见到可怜的母亲，将她托付给堂/表亲德尼亚侯爵（侯爵根本未精心照料女王），在3月9日离开托德西利亚斯，前往加利西亚。途中他在比利亚尔潘多（Villalpando）暂停歇息，这里曾是圣殿骑士团的堡垒。查理在那里再次遭到托莱多市政委员们的纠缠，萨拉曼卡的代表也加入抗议者的队伍。鲁伊斯·德拉·莫塔主教和加西亚·德·帕迪利亚（斐迪南国王的大臣）接见了这群人。帕迪利亚已经想方设法回到查理身边，继续对他施以影响。（1518年，他开始在西印度群岛的相关文件上签字，并在丰塞卡领导的卡斯蒂利亚枢密院中，任负责处理帝国事务小组的临时主席。丰塞卡及其领导的卡斯蒂利亚枢密院位于科鲁尼亚。）鲁伊斯·德拉·莫塔说，除非托莱多人能够清楚地表述他们的请求，否则不予接见。托莱多人表达了部分愿望：他们想要得到国王的咨询，这是议员们的普遍诉求。主教告诉他们下午两点回来。他们按时抵达，陈述了自己的请求。

然后，鲁伊斯·德拉·莫塔告诉他们，国王将要出发前往贝纳文特。再次接见他们的是格拉纳达大主教、王国枢密院院长安东尼奥·德·罗哈斯和帕迪利亚。帕迪利亚蛮横地告诫他们，不要干涉国王的事务。这群人决定继续前往圣地亚哥，国王和王庭将在 3 月 24 日到达此地。自离开托德西利亚斯到这时为止，国王每晚都待在不同的地方，造访了加利西亚的诸多荒夷之地。丰塞卡主教的堂/表亲阿隆索接待了国王、王庭和代表们。阿隆索继承父亲和祖父的事业，担任圣地亚哥的大主教。他安排盛宴招待，奉上加利西亚远近闻名的鱼、水果及其他美味佳肴。[6]

在大多数廷臣看来，选在圣地亚哥－德孔波斯特拉举办议会实属错误，这里位置偏远，只有朝圣者才会来。不过，议会 4 月 1 日如期在圣方济各修道院内召开。据说是圣方济各亲自创建了这家修道院。[7]与会者们奉行的是折中主义，因为代表中有不少是国王的朋友：鲁伊斯·德拉·莫塔主教的兄弟加西亚·鲁伊斯·德拉·莫塔、胡安·佩雷斯·德·卡塔赫纳（Juan Pérez de Cartagena，出身于著名的改宗者家族，来自布尔戈斯），以及王室大臣科沃斯（格拉纳达的两位代表之一）。[8]无处不在的廷臣埃尔南多·德·维加，多年的加利西亚副王，也参加了会议。此外，在场的还有帕迪利亚和路易斯·萨帕塔，后者也是王室大臣。

鲁伊斯·德拉·莫塔主教发表了一番令人震惊的讲话，阐释了国王的想法。讲稿显然是由加蒂纳拉的挚友、博学聪慧的王室顾问、米兰人卢多维科·马尔连诺（Ludovico Marliano）写成的。彼得·马特尔认为他占据了"加蒂纳拉一半的灵魂"。他为查理想出了著名的格言"超越极致"。（据传）作为回报，他被任命为图伊（Tuy）和罗德里戈城（Ciudad Rodrigo）两个西班牙教区的主教。图伊是最美丽的边疆城镇之一。鲁伊斯·德拉·莫塔说，查理比任何君王都更具国王的风范，因为他统治王国或领域最为广阔。[9]"卡斯蒂利亚是查理统治的根基和保护伞，也是查理推动帝国其他王国或领域前行的引擎。"他回首遥远的过去，西班牙君主图拉真（Trajan）、哈德良（Hadrian）和狄奥多西（Theodosius）都曾统治罗马帝国。现在，帝国再次在西班牙寻觅皇帝，统领罗马人。[10]"他快乐的果园、防御的堡垒、进攻的对象，他的财富和刀剑，都传承自他的西班牙祖辈。"[11]鲁伊斯·德拉·莫塔竭尽全力给查理教授西班牙语，他是非常出色的老师，因为"他对西班牙语运用之灵活，遣词之高明，无人能及"。[12]

接着，查理开始演讲。他的讲稿很可能是由加蒂纳拉写成的。

> 最终，上帝将神圣罗马帝国交于我的手中，既是意愿所致，也是心怀重托。有人以为通过人力、财富、非法游说或计谋，世界帝国之位就会落入他人手中，这种认识完全错误。帝国只能由上帝赐予。我并非为了自己去掌管如此庞大的帝国；仅仅管理西班牙，或巴利阿里群岛和撒丁岛，或西西里王国，或意大利、德意志和法国的大片地区，或其他地带，比如盛产黄金的地方（想必指的是西印度群岛，这是查理首次公开提及新世界），我也会感到满足。
>
> 但是，现在我必须动身出行。我的决定出于对宗教的尊重，可它的敌人日益壮大，人民的安稳生活、西班牙的尊严、王国的福祉都不允许此种威胁存在。唯有将西班牙与德意志联合起来，将恺撒之名加诸西班牙国王，上述三者才能存在并维持下去。[13]

查理做出了两大承诺：第一，他现在不得不前去德意志，但三年内一定会返回西班牙；第二，不会安排更多的外国人在西班牙担任官职。查理补充说，他同意鲁伊斯·德拉·莫塔的一切说法。

萨拉曼卡的代表们饶有兴趣地倾听国王的高谈阔论，只是他们有着更加实际的要求。他们不希望加蒂纳拉这样的外国人继续主持圣地亚哥的议会，更期望勒·绍瓦热能留在巴利亚多利德。如果诉求得不到满足，他们将拒绝宣誓效忠于国王。然后，他们被要求离开。萨拉曼卡的佩德罗·拉索坚持要求国王关注各城市爆发的抗议，加利西亚的贵族们也一改沉默，要求他们的城市派代表进入卡斯蒂利亚议会。凭什么议会只包含代表少数卡斯蒂利亚城市的成员，却将圣地亚哥和科鲁尼亚排除在外？

谢夫尔派遣科沃斯和王国枢密院的大臣胡安·拉米雷斯前往托莱多代表们的住处，转达国王让他们离开圣地亚哥的命令。代表们在阿隆索·奥尔蒂斯（Alonso Ortiz）的带领下见到谢夫尔，后者接受了一个折中方案：代表们去往圣地亚哥以西 12 英里的帕德龙，詹姆斯的石棺陈于此地，经受着乌拉河（River Ulla）的冲刷。但国王还是拒绝接见他们。国王前去圣洛伦索历史悠久的方济各会修道院，度过了圣周。奥尔蒂斯继续给谢夫尔、萨帕塔和科沃斯施压。争论还在继续。科沃斯假装站在格拉纳达一边（这种伪装的可信度并不高），提议给国王大额补贴。加蒂纳拉在随后的回忆录中写道，他反对查理要求的德意志旅费补贴。记录却显示他多次表示支持补贴国王。[14] 这位皮埃蒙特人在西班牙人面前讲话时向来强劲有力，毫无畏怯之感。

复活节过后，王庭离开圣地亚哥，前往科鲁尼亚。查理命令议会的议员跟随他前去科鲁尼亚港口，这个港口完好地建在半岛两边。国王计划从东边的良港驶向他那位于北方的帝国，途中为外交目的在英国稍作停留。在加利西亚两座城市的会议间隔期间，查理的廷臣成功地说服了大多数代表，支持向国王支付津贴。

国王在出发前去欧洲北部的最后几天里，大多时间都在商讨西印度群岛的相关事宜。1520 年 5 月 17 日，查理让迭戈·哥伦布恢复西印度群岛的总督职位，但未明确他的权力范围。他在担任总督之后，还将在伊斯帕尼奥拉及海军上将哥伦布发现的其他岛屿上就任副王。这似乎表明，迭戈不但要恢复对加勒比海诸岛、古巴、牙买加、波多黎各和伊斯帕尼奥拉的统治，还会统治南美洲北海岸从奥里诺科河（Orinoco）到今天的洪都拉斯区域，他的父亲曾在 1498 年至 1502 年间的第三次和第四次航行期间到访过这些地方。

这一任命看似会改变之前由贝拉斯克斯、埃斯基韦尔和庞塞任副总督时，古巴、牙买加、波多黎各在一定程度上的独立状态。然而，实际上什么都没有改变。副总督才是事实上的总督，迭戈·哥伦布在远处承担类似上诉法院的职能。国王赋予迭戈另外特权，保证他在卸任时不会受到司法审查，但又宣布他要接受监察官的调查，这其实是另一种形式的司法审查。[15]

5 月 17 日这一关于迭戈·哥伦布的法令内容详尽，由加蒂纳拉、科沃斯、鲁伊斯·德拉·莫塔、路易斯·萨帕塔和胡斯博士（Dr. Joose）签字。胡斯博士来自加泰罗尼亚，学识渊博。法令的第 12 条宣称，上帝创造的印第安人是自由人，不应屈服于任何人之下，更不用为西班牙人服务，这听起来像是由拉斯·卡萨斯写成。[16] 第 13 条的基调与第 12 条同样积极，表示国王和委员会都同意"印第安人是自由人，应受到相应的对待，应学习并接受基督奠定的基督教教义"。[17]还有一条规定，唐·哥伦布有权获得西印度群岛所有金银、珍珠、宝石及其他产品的十分之一。未经迭戈批准，不得修建新城。帝国由自由人建立，为自由人服务，但他们的行动自由要受到卡斯蒂利亚法规的限制。

枢机主教阿德里安在很长时间里都保持沉默，甚至可以说完全受到忽视，现在却被任命在国王离开西班牙的时间里担任摄政王。该任命既出乎常理，也不英明。任命之事由谢夫尔负责。阿德里安在科鲁尼亚发表了庄重而高深的讲话，他说："出于自然原因，通过神圣的律法和圣父的努力，借由人类和教会的法律，以和平的方式，而非穆斯林的方式，将上帝带给印第安人。"这里所说的"穆斯林的方式"可能是指强行传教。[18]拉斯·卡萨斯认为，这一陈述能够助力他实现所有的殖民计划。到这时为止，迭戈·哥伦布与拉斯·卡萨斯已经结盟，使他能够顺利地在新大陆向印第安人宣扬基督教。

拉斯·卡萨斯现在还是想把圣马尔塔到帕利亚湾的地带，相当于今天的哥伦比亚大部分国土和委内瑞拉全境，作为自己的特别开发区。他未能获得珍珠贸易的垄断权，现在决心再次提出请求。南美洲所有针对印第安人的暴力行为都将遭到禁止。拉斯·卡萨斯再次做出承诺，过去在这片地区和现在在伊斯帕尼奥拉被俘为奴隶的印第安人都将获得自由，重返家园。

同时，拉斯·卡萨斯保证他将帮助安抚印第安人，改变他们的信仰，组织他们住进城镇，未来两年内将为国王新增1万左右的纳税人。拉斯·卡萨斯将在3年之后向国王缴纳550万马拉维第的租金，6 年后缴纳 1 125 万马拉维第，10 年后缴纳 2 250 万马拉维第。

50 位"黄金骑士"将会担任行动的中枢，实现这些宏伟的梦想。拉斯·卡萨斯说，骑士的选拔标准是"谦逊、理性、善良，因为高尚的道德和服务上帝的诚心而参与这项事业，而非出于贪婪。不过，他们也能从中以合法的方式获得财富"。[19] 然而，在 16 世纪的西印度群岛，实在难觅如此"谦逊"之人。

国王命令伊斯帕尼奥拉总督菲格罗亚"以合理的进度"，给符合条件的印第安人自由。首先，给予脱离非常住监护主的印第安人自由。也要给予监护主去世后无所依靠的印第安人自由。在这些印第安人中安排"善良的西班牙人"，教会他们未来如何生活。在印第安自由人生产出农作物以前，为他们供应食物和工具。每个地方都要指派一位教士和管理者。菲格罗亚将要寻找其他有意愿且有能力在这些城镇上生活的印第安人，不管他们的监护主是否对此不满。新任法官安东尼奥·德拉·伽马（António de la Gama），塞维利亚人，将在波多黎各重申上述安排。[20]

1520 年 5 月在科鲁尼亚做出的所有决策中，有一项短期内看似毫不紧迫，从长远看则具备重大意义。上一年秋天，两个西班牙征服者，来自萨拉曼卡的弗朗西斯科·德·蒙特霍，和来自埃斯特雷马杜拉的梅德林的阿隆索·埃尔南德斯·德·波托卡雷罗（Aloson Hernández de Portocarreros），从西印度群岛来到塞维利亚。蒙特霍在 1514 年跟随佩德拉里亚斯第一次抵达西印度群岛，埃尔南德斯·波托卡雷罗在 1516 年到达古巴。1518 年，他们跟随埃尔南·科尔特斯向西航行。后来，科尔特斯命令他们从韦拉克鲁斯出发，经由佛罗里达返回，著名领航员阿拉米诺斯负责指引方向。阿拉米诺斯曾跟随庞塞·德·莱昂远征至佛罗里达，也参加了哥伦布的第四次航行。

刚开始，蒙特霍似乎是迭戈·贝拉斯克斯的朋友，结果成为科尔特斯坚定的支持者，他将余生的重心都放在未来的新西班牙。埃尔南德斯·波托卡雷罗是梅德林伯爵的堂/表亲，他出生于梅德林，很可能与科尔特斯是老相识。他的母亲是阿隆索·德·塞斯佩德斯［塞维利亚拉斯格拉达斯（Las Gradas）的法官］的姐妹，这对于改宗者来说是极为有用的关系。

这些人，包括阿拉米诺斯在内，带着重要的消息、非凡的财富，以及印第安人奴隶来到西班牙。根据他们的报告，科尔特斯似乎正带领约600人开辟新的殖民地。科尔特斯曾因反抗贝拉斯克斯总督被定罪，后者也曾向西班牙的丰塞卡主教等人写信表达愤怒。丰塞卡刚好想要逮捕，甚至是处决科尔特斯手下两位无礼的代表，而他们实质上是科尔特斯在加勒比海岸新建殖民地韦拉克鲁斯城镇的代表。

鲁伊斯·德拉·莫塔和科沃斯均是观念比较传统之人，但也不会时刻保持慎之又慎的态度。他们认为，王庭应该静静等待，看科尔特斯和贝拉斯克斯两人的矛盾如何化解。科尔特斯送来的财宝令他们和同僚大为震撼，国王几周之前在圣地亚哥发表讲话时，曾将这片地域称为"新的黄金之地"。科尔特斯的代表们从严寒的冬日到温暖的春天，跟随王庭四处旅行。他们携带的财宝在塞维利亚，也在托德西利亚斯得以展示。黄金由西印度贸易总署保管。展示的重头戏是两个做工精致的巨型木轮，覆以金银，由墨西哥统治者蒙特祖马（Moctezuma）赠送给科尔特斯。

西班牙征服者带回的印第安人［他们是托托纳克人（Totonaca），见第三十三章］也被展示给王庭，国王不得不关心他们是否拥有暖和的衣物抵抗卡斯蒂利亚的寒冬。蒙特霍和波托卡雷罗由埃尔南的父亲马丁·科尔特斯（Martín Cortés）陪同，这位父亲曾参加格拉纳达的战争（也曾参与葡萄牙王后胡安娜和伊莎贝拉的内战）。马丁·科尔特斯的堂／表亲弗朗西斯科·努涅斯（Francisco Núñez），是一位来自萨拉曼卡的律师，他安排科尔特斯的使者和卡斯蒂利亚枢密院的重要成员洛伦索·加林德斯·德·卡瓦哈尔（马丁·科尔特斯的一位远亲）见面。[21] 对于卡瓦哈尔而言，这场会面的重要性仅次于他在斐迪南国王临终前与之相见的那一次。

4月30日，王国枢密院就使者的要求进行讨论。使者们请求科尔特斯能够得到允许，继续在不受贝拉斯克斯总督限制的情况下进行远征。参与讨论的人员可能有枢机主教阿德里安、加蒂纳拉、埃尔南多·德·维加、格拉纳达大主教安东尼奥·德·罗哈斯、丰塞卡、佛兰德斯人卡龙德莱特，以及卡斯蒂利亚的公职人员，如迭戈·贝尔特兰、萨帕塔、弗朗西斯科·德·阿吉雷和加西亚·德·帕迪利亚。加林德斯·德·卡瓦哈尔也参与了部分讨论。枢密院现在虽然没有明显倾向于科尔特斯，至少对他不持有敌意。他们未就关键问题做出决断，但要求西印度贸易总署承担科尔特斯的父亲和朋友们的开销，支付他们450万马拉维第。[22] 科尔特斯未得到褒奖，也未受到谴责，他的朋友们感觉这一次取得了胜利。[23]

1520年5月19日，科鲁尼亚的王室领航员宣布，风向适宜驶向英国，于是，国王、杰曼王后和她的新婚丈夫（勃兰登堡侯爵）、普法尔茨伯爵腓特烈以及阿尔瓦公爵在出发去往那个北方的国度

　　　　黄金之河：西班牙帝国的崛起，从哥伦布到麦哲伦

时，由以下贵族和廷臣陪同：阿吉拉侯爵、迭戈·德·格瓦拉、胡安·德·苏尼加、加林德斯·德·卡瓦哈尔、鲁伊斯·德拉·莫塔主教、加西亚·帕迪利亚、曼里克主教、科沃斯，当然还有加蒂纳拉和谢夫尔。"在单簧管和笛子演奏的响亮音乐声中，带着巨大的喜悦，（王庭）起锚离开"，乘着100艘船驶往英国和德意志。

在他们的身后，"处处是悲伤和不幸"的西班牙，组建了新的王国枢密院，院长仍由格拉纳达大主教罗哈斯担任，成员包括"永远的廷臣"加利西亚副王埃尔南多·德·维加、丰塞卡主教、丰塞卡的指挥官兄弟安东尼奥·德·丰塞卡及财政大臣弗朗西斯科·德·巴尔加斯。而阿拉贡枢密院则由萨拉戈萨大主教胡安〔已故大主教唐·阿隆索（Don Alonso）的私生子和继承人，实际上唐·阿隆索本身也是私生子〕主持，巴伦西亚枢密院院长是大主教迭戈·德·门多萨，他是梅利托伯爵、枢机主教门多萨的私生子。[24] 丰塞卡和萨帕塔作为西印度群岛事务的高级官员，与巴尔加斯、佩德罗·德·洛斯·科沃斯（弗朗西斯科的堂/表亲）、公证员胡安·德·萨马诺，以及来自意大利的廷臣彼得·马特尔（为了写好寄到罗马的信件，曾与众多亲往西印度群岛的人交谈）共同负责西印度群岛的事务。丰塞卡现在非常喜欢彼得·马特尔。马特尔在1518年9月写道："我十分信任的布尔戈斯主教对我很是亲切。"这些人实际上已经承担了王国枢密院附属委员会的职能，但他们将与其他王室委员会成员一道，经受前所未有的剧变带来的重大挑战，甚至几乎被推翻。

第三十二章

"新的黄金宝地"

我看到了他们从新的黄金宝地带给国王的物品。

——阿尔布雷希特·丢勒，1520 年

1520 年 5 月 20 日，国王 – 皇帝查理离开西班牙，以亨利国王（他的姻亲姨父）的宾客身份在多佛（Dover）、坎特伯雷（Canterbury）和桑威奇（Sandwich）稍作停留。他在英国高调展示了从西班牙"新的黄金宝地"获得的财宝，而能够获得这些财物都是科尔特斯的功劳。[1] 不过，英国人对此如何看待，尚未找到历史记录。查理在 6 月份抵达佛兰德斯，计划 10 月 20 日在亚琛（Aix-la-Chapelle）加冕为"神圣罗马帝国皇帝"。[2]

查理在德意志被视作新的救世主，受到热烈的欢迎，马丁·路德（Martín Luther）亦对他寄予厚望。1520 年 8 月，这位改革家在《致德意志贵族书》（An Address to the Nobility of the German Nation）中，称查理为人们期盼已久的"年轻而高贵的"领袖。同年，马丁又发表了另外两篇著名文章：《论教会的巴比伦之囚》（On the Babylonian Captivity of the Church of God）和《论基督徒的自由

　　　　黄金之河：西班牙帝国的崛起，从哥伦布到麦哲伦

（On the Liberty of a Christian Man）。到初秋时节，较为激进的乌尔里希·冯·胡腾再次呼吁人民支持查理五世。他告诉查理，罗马教廷是德意志君主的天敌。查理对此未做回应。他是否错过了一次机会？或许是。但作为虔诚的天主教徒，他不愿刻意煽动情绪。

　　查理忙于在亚琛，之前所有皇帝就任的地方，举办加冕仪式时，[3] 科尔特斯从墨西哥运回的财宝正在布鲁塞尔市政厅展示。匈牙利裔德意志人阿尔布雷希特·丢勒，女大公玛格丽特最为喜爱的画家，面带喜色地审视这些财宝，并在《荷兰旅程日记》（Diary of His Journey to the Netherlands）中以恭维的语气进行了描述。丢勒曾在一封名为《信件摘录》（Ein Auszug Ettlicher Sendsbriefe）的信中看到了科尔特斯的征服历程。这封信由科尔特斯家乡纽伦堡当地的印刷商弗里德里希·普尔（Friedrich Poel）出版。因此，丢勒对此已有心理准备。他写道："我看到了他们从新的黄金宝地带给国王的物品。"[4] 一时之间，就连新任国王身边难以被打动的廷臣们也认为，新世界能够带来令人眼花缭乱的奇异财富。丢勒会见了伊拉斯谟。当年秋天，伊拉斯谟建议教廷妥协，也就是让教皇收回针对马丁·路德的诏书，将此事全盘交给由皇帝查理、查理的妹夫路易、匈牙利国王以及他的叔叔英国国王（这个未来的教廷反叛者此时在罗马享有极高的声誉）任命的智囊团处理。在智囊团开会期间，任何人都要避免诉诸武力解决矛盾。[5]

　　安抚政策曾在一段时间内起到了效果，但仍有行将剧变之势。在著名的沃尔姆斯会议（Diet of Worms）期间，查理召见了路德。查理亲自出面，路德也应召而来，他在参会前要求签署安全协议，使自己受选帝侯萨克森的腓特烈保护。查理似乎将路德视作异教徒，不过他暗示自己并不完全反对宗教改革。所有人都在关注查理和教廷的保守派，后者持怀疑态度，教廷大使赫罗拉莫·阿里安德罗（Gerolamo Aleandro）甚至向帝国宫廷抱怨查理同意在沃尔姆斯会议倾听路德观点。谢夫尔回答道："请教皇履行教皇的职责，不必关切我们的国事，我们会按照皇帝的意愿行事。"[6]

4月16日，路德出现在沃尔姆斯，做了一场糟糕的演讲，但他两天后的演讲却大获成功，展现出革命领袖的风度，给众人留下深刻的印象。改革大幕由此拉开。但是，他给查理带来的是完全负面的印象。

4月19日，查理以法语发表了一份个人声明，以阐述其观点，声称他从先辈身上继承了对天主教的虔诚信念，并决心永远忠于先辈的信念。他以自己的领土（包括帝国）、财产、身体、血液、朋友、生命和灵魂起誓，永远忠于天主教。他认为，如果听众听信任何异端邪说，那将是极大的羞辱。"我们听完了路德的演讲，很遗憾我未能及早发出反对他的声音。我永远不会再听他的说法。虽然他拥有安全的保障，但从此刻开始，他在我眼中永远都是臭名昭著的异教徒。我希望你们能够认真履行基督徒的职责……"[7]

梅嫩德斯·皮达尔（Menéndez Pidal）认为查理的演讲深受虔诚的天主教徒、他外祖母伊莎贝拉的影响。[8]她绝不会停止与邪恶的对抗。无论如何，任何形式的妥协已经成为过去。利奥十世将路德逐出教会的决定得到查理的认可。5月4日，路德被选帝侯萨克森的腓特烈的士兵抓住，押往萨克森的瓦特堡（Wartburg），他在那里平静地继续写作。

除此以外，查理还有更多烦心事。1521年4月，弗朗索瓦一世

黄金之河：西班牙帝国的崛起，从哥伦布到麦哲伦

宣战。不久后，三艘驶向新世界的快帆船被法国拦截。加强新帝国的防御势在必行，尤其到了次年，首次发现有法国船舶开往圣多明各。西班牙在西印度群岛只有葡萄牙一个敌人的时代就此终结，外交事务开始变得纷繁复杂。西班牙驻罗马大使胡安·曼努埃尔为人精明，自带威严，他运用出色的外交手段，协助查理实现外交反转，与教皇利奥十世结成反法联盟。针对路德的诏书也已写好。到 5 月底，查理的弟弟斐迪南大公与匈牙利国王路易的妹妹安妮，国王路易与查理和斐迪南的妹妹玛丽亚，同时在林茨（Linz）成婚。

西班牙与法国的友谊前景一片暗淡。查理的导师谢夫尔曾长期居住在王室寝宫，一直期望能与法国（谢夫尔认为法国是勃艮第的宗主国）和平共处，但他却于 5 月去世了。拿骚（Nassau）的亨利接替谢夫尔担任内廷大总管，不过亨利未能对国家政策产生太多的影响力。国务大臣加蒂纳拉现在大权在握。1521 年 7 月，他在加来（Calais）逗留数月，约见另外几位大臣，包括高傲的英国枢机主教沃尔西（Wolsey）和法国的杜普拉特（Du Prat）。查理开始形成自主做决定的习惯，同时又比较依赖枢密院大臣，如经验丰富的阿拉贡人乌戈·德·乌列斯和佩德罗·加西亚（Pedro García），以及魅力过人的勃艮第人让·拉勒曼德（Jean Lalemand）。拉勒曼德是布克朗勋爵（Lord of Bouclans），曾任职多尔议会，加蒂纳拉也曾担任过该议会的议长。在加蒂纳拉的庇护下，拉勒曼德的势力不断增长，等待时机成熟时又反过来挑战自己的庇护人，这在官僚体系中倒并不罕见。[9] 自那时起，科沃斯也经常拜见皇帝，商讨西班牙和西印度群岛事宜。5 月底，宫廷从沃尔姆斯出发前往布鲁塞尔，中途在科隆稍作停留时，皇帝送给科沃斯一份礼物。据传公元 1 世纪该城市有 1.1 万名处女被杀，皇帝赠予科沃斯的便是其中 4 个处女的头骨。科沃斯将这份礼物视作珍宝，保存在位于乌韦达的家中。（遗留下来的头骨总共只有 8 个。）

查理在德意志看似逐渐成长为伟大的皇帝，但他在西班牙的统治却出现了分崩离析的迹象。1520 年 5 月 29 日，五旬节星期二（Whit Tuesday），国王从科鲁尼亚出发后的第九天，由市政官员领导的城市叛乱从塞戈维亚拉开序幕。[10] 坚决果断的胡安·布拉沃（Juan Bravo）迎娶了门多萨家族的一位女性为妻，成为塞戈维亚反叛者的领袖。他高举起义大旗，聚集了众多抗议者。他们有人希望国王一直留在西班牙，有人痛恨担任顾问的佛兰德斯人和勃艮第人，有人想要维持西班牙城市曾经拥有的更高的独立性，有人则认为天主教国王的中央集权改革矫枉过正。与大多抗议运动一样，城市叛乱涉及的问题纷繁复杂，造成了重大危机。

6 月 6 日，由查理任命的摄政王（此项任命非同寻常）、枢机主教阿德里安，与王国枢密院共同抵达巴利亚多利德。枢密院院长、格拉纳达大主教安东尼奥·德·罗哈斯与卡斯蒂利亚总治安官伊尼戈·费尔南德斯·德·贝拉斯科已经先一步抵达。他们就塞戈维亚令人震惊的城市叛乱的态势及可能造成的问题进行讨论，一致认为必须果断行动，以阻止叛乱扩散。

然而，叛乱还是扩散到了其他地区。胡安·内格雷特（Juan Negrete）在马德里宣布起义，就连偏远的穆尔西亚也以和平的方式宣布自治（自治意味着逐步达到实质上的独立）。木匠佩德罗·德·科卡（Pedro de Coca）和砖瓦匠迭戈·德·梅迪纳（Diego de Medina）在门多萨家族的大本营瓜达拉哈拉高举起义大旗。在布尔戈斯，深受欢迎的市长迭戈·德·奥索里奥（Diego de Osorio）原本只是想回家看望妻子伊莎贝拉·德·罗哈斯（Isabel de Rojas），结果竟在整个城市里煽动起叛乱。一群暴民要求焚烧鲁伊斯·德拉·莫塔主教的住宅，因为他在科鲁尼亚议会投出了毁灭性的一票。

布尔戈斯的几处豪宅遭到洗劫，拉腊城堡（Castle of Lara）指挥官霍夫雷·德·科塔内斯（Jofre de Cotanés）的住宅也未能幸免。（盛怒之下，霍夫雷扬言要用布尔戈斯改宗者的头颅重建房屋，被毁的每块石头都要用两颗头颅弥补；他逃亡以后被叛乱者抓获，并处以绞刑。）犹太人与暴乱无关，传统的基督徒是暴动的主要驱动者，他们还成功地煽动起卡斯蒂利亚其他城市和埃斯特雷马杜拉的叛乱。阿维拉城的代表声称，谢夫尔、鲁伊斯·德拉·莫塔、帕迪利亚和科沃斯都有挪用国库的嫌疑，应撤销他们的职位。阿德里安向查理写信说，城市叛乱领导人坚持要求"卡斯蒂利亚的钱财必须为卡斯蒂利亚服务，不能用在德意志、阿拉贡和那不勒斯等国；国王陛下应当使用各国的钱管理各国"[11]。加蒂纳拉对此表示同意。

9月，各叛乱城市的代表在托德西利亚斯会面，组建革命政府。这一政府代表13座城市：托莱多、萨拉曼卡、塞戈维亚、托罗、布尔戈斯、索里亚、阿维拉、巴利亚多利德、里昂、萨莫拉、昆卡（Cuenca）、瓜达拉哈拉和马德里。他们宣布解散王国枢密院，宣称查理于母亲胡安娜在世期间无权称王。这个军事政府随后以"自治区"和胡安娜女王，而非查理国王的名义颁布法令。

古老的王权遇到前所未有的深重危机，结局将走向何处？枢机主教阿德里安做出了明智的妥协：国王放弃在科鲁尼亚经投票获得的补贴，不再任命外国人承担重要职务。第二条令叛乱者甚是满意。

加蒂纳拉在佛兰德斯任命两位卡斯蒂利亚人（卡斯蒂利亚总治安官费尔南德斯·德·贝拉斯科和海军上将费德里科·恩里克斯）与阿德里安共同出任摄政王，大贵族得以重回高位。

在这一命令送达西班牙前，城市叛乱领导人派遣一队士兵前往巴利亚多利德逮捕王国枢密院的成员。他们未能抓获全部成员，只是成功俘获了王室大臣巴托洛梅·鲁伊斯·德·卡斯塔涅达（Bartolomé Ruiz de Castaneda）和胡安·德·萨马诺。王国枢密院的其他成员纷纷潜逃，包括高傲的丰塞卡主教。丰塞卡主教的兄弟安东尼奥集结保王党军队，计划攻打塞戈维亚。安东尼奥之前在与纳瓦拉的战争中，曾以作战谨慎而闻名。但是，他们对塞戈维亚的攻城计划失败，转而前往富有的城镇梅迪纳－德尔坎波搜寻大炮，结果再次遭遇失利，反被城民进攻。战争期间，梅迪纳－德尔坎波着火，赫赫有名的市场和王室宫殿大部分都被烧成平地。此事为保王派带来了几近致命的后果。市场被毁，在之前尚风平浪静的南方诸城激起民愤，因为梅迪纳－德尔坎波一直都是西班牙经济的命脉。

1520 年 9 月，阿科斯公爵的兄弟胡安·德·菲格罗亚在西印度群岛实际上的首府塞维利亚企图发动政变。自治区的矛盾冲突更像向来不和的庞塞·德·莱昂家族和古斯曼家族之间爆发出的新一轮争斗。庞塞·德·莱昂家族不满当权的市财政官弗朗西斯科·德·阿尔卡萨（Francisco de Alcázar）及一些改宗者的贪得无厌，阿尔卡萨等人被认为在为古斯曼家族提供庇护。代表国王的市长不敢从科鲁尼亚返回，因为他曾在那里投票同意向国王支付补贴，而该权利本属于首席行政司法官安德烈斯·德·贝尔加拉（Andrés de Vergara）。安德烈斯将总部设在梅迪纳－西多尼亚公爵的府邸内。

西班牙其他城市也经历了类似的过程:一开始似乎是在迸发全新的理念,可传统政治很快便占据上风。[12]

9月2日,在塞维利亚的圣巴勃罗市多明我会修道院,胡安·德·菲格罗亚与一群心怀不满的贵族,包括被罢黜的财政官路易斯·德·梅迪纳(Luis de Medina)、弗朗西斯科·庞塞·德·莱昂、佩德罗·德·比利亚西斯(Pedro de Villacis)及培拉法·德·比利亚西斯(Perafan de Villasis),对改宗者实行大屠杀。难道不是因为这些信仰成疑的基督徒身居要职,使得许多市民毫无收入吗?[13]他们的第一个目标就是阿尔卡萨家族,起因是财政官弗朗西斯科·德·阿尔卡萨前不久要求提高当地的税收。[14]

菲格罗亚率400人左右的追随者沿西尔皮斯街浩浩荡荡地走向天主教堂,现在前往塞维利亚参加圣周活动的人对这条路都很熟悉。他们在圣方济各修道院附近遭到一群武装人员的阻拦,但他们有人高呼要对敌人处以绞刑,营造出令人恐慌的氛围。热那亚街上忧心忡忡的著名改宗者,如银匠、银行家胡安·德·科尔多瓦和书商胡安·巴雷拉(Juan Varela)向国王写信表明忠心,请求得到庇护。[15]许多著名人士如出版商托马斯·乌恩古特(Tomas Ungut)、迭戈·德·塔拉韦拉(Diego de Talavera)、贡萨洛·德·罗埃拉斯(Gonzalo de Roelas)和胡安·德·巴利亚多利德也在信中签名,他们中好几位是改宗者,还有人是受罚者。[16]

菲格罗亚在指挥官豪尔赫·德·波图加尔的帮助下进入阿尔卡萨,不料他的许多追随者弃他于不顾,很快他便陷入包围。大主教德萨提出折中之策,遭到他的拒绝。王室军队突袭阿尔卡萨,造成五人死亡,菲格罗亚受伤。菲格罗亚被俘,遭大主教囚禁,他的两位追随者，奶酪商人弗朗西斯科·洛佩斯（Francisco López）和音乐家胡安·贝拉斯克斯（Juan Velázquez）分别在 10 月 23 日和 11 月 6 日被绞死。

在西班牙其他地方，这场内战还在如火如荼地进行。萨莫拉主教阿库纳率领两千武装人员在邻近自己教区的地方开启反贵族统治的运动，声势浩大，广受支持。阿库纳由教皇尤利乌斯二世任命为主教，他是 15 世纪末布尔戈斯主教的私生子，曾在罗马任天主教国王的代理人。[17]1521 年，他出发前往手下攻占的托莱多，说服当地人民，推举他为大主教。1521 年 2 月，胡安·德·帕迪利亚攻占了几处重要地点。叛军势力不断增强，不过他们不知应该如何运用一夕之间获得的权力。他们一致认定，必须打击乃至于摧毁旧统治，但无人知晓用什么来接替王权统治。极端分子的权力日益增强，一场社会革命看似势在必行。这必定是一场全国性的革命，全力反对佛兰德斯人，反对查理的皇帝身份。许多商人初期支持抗议者，事态发展至此，连他们也感到恐惧。城市叛乱领导人想要觐见托德西利亚斯的胡安娜女王，他们愿为女王提供她想要的一切。女王犹豫不决，不知所措，在表达了感谢以后，不失高贵地，或许也是愚蠢地（从她的角度来看）拒绝了。她拯救了儿子查理，却导致自己在未来 35 年的时间里在恶劣的条件下过着近乎监禁的生活。[18]

4 月 23 日，已经发展成为军队、俨然一方政党代表的叛军，在托罗附近的小村庄比利亚拉尔（Villalar）与新任摄政王、卡斯蒂利亚总治安官和卡斯蒂利亚海军上将临时拼凑的王室军队作战。叛军战败，他们的三位主要领导人胡安·德·帕迪利亚、胡安·布拉沃和弗朗西斯科·马尔多纳多（Francisco Maldonado）被捕，即刻遭到处决。在仅仅几周的时间里，大多数反叛城市都落入保王派手中。托莱多在帕迪利亚遗孀玛丽亚·帕切科（María Pacheco）的带领下，抵抗的时间最长。最后，阿库纳主教被捕，关押于西曼卡斯城堡（Simancas Castle）。

巴伦西亚正在爆发一场类似于此但更加危险的抗议运动。一群主要由工匠组成的市民建立兄弟会，控制了整座城市。胡安·洛雷纳（Juan Lorena）等人渴望创建"威尼斯式的共和政体"，比森特·佩里斯（Vicent Peris）等人则想要彻底摧毁贵族统治。当地贵族，如穆尔西亚行省总督佩德罗·德·法哈多和洛斯·贝莱斯（Los Vélez），曾考虑支持反叛分子，但很快改变了主意。1522 年年初，反叛分子失败，那时洛雷纳已经死亡，佩里斯被捕并遭到处决。[19]

城市叛乱平息之后，西班牙王权加强了专制统治。直到 19 世纪，各城市才重新拥有自治权。叛乱结束以后，重要的决定全部由王庭和君主做出。回顾西班牙帝国大西洋两岸的制度，似乎未曾发生任何变化。君主竭尽所能，进一步限制议会的权力。代表仍由选举产生，但并无太多的实际权力。

1520 年 5 月 20 日，也即国王离开科鲁尼亚的那一天，拉斯·卡萨斯前去拜访枢机主教阿德里安。阿德里安与阿尔梅里亚主教弗朗西斯科·德·索萨从住处出来时，拉斯·卡萨斯见到了他。索萨曾是王国枢密院成员，也曾与丰塞卡共事。他对拉斯·卡萨斯说："亲吻（阿德里安）阁下的双手吧，因为是他给予你们所有印第安人的自由。"拉斯·卡萨斯大笑，用他和阿德里安同样精通的拉丁语给予回应。[20]

国王四处奔波，西班牙动荡不安，阿德里安忙于应对叛乱，西印度群岛的统治权仍握在丰塞卡手中，不过他已有几十天未履行该职责了。王庭的统治秩序重建以后，拉斯·卡萨斯也做出了一定让步：

所有跟随拉斯·卡萨斯探索西印度群岛的人都将获得特别补助金。他承诺在不采取胁迫措施的前提下，在两年的时间内安抚 1 万印第安人；每年上交给国王的收入数量会不断上涨；建造三处由 50 位居民组成的殖民地，"报告发现的所有黄金"；完全服从国王的统治。任命一位富有学识之人进行管理，选出一位会计官和财政官。王庭可随时派人检查和监督拉斯·卡萨斯的工作进展。拉斯·卡萨斯在做出让步时，暴露出早年以殖民者身份前去古巴时养成的商人特质。

他已做好万全的准备，计划再次前往新世界，不过由于受内战影响，他连离开巴利亚多利德都无法实现。西班牙的政治一片混乱，在丰塞卡的朋友们都忙于寻求庇护时，拉斯·卡萨斯借机在枢机主教阿德里安的支持下改进计划。

1520 年 8 月初，王庭于 5 月 17 日下达的恢复迭戈·哥伦布在新世界之职位的命令送达圣多明各。从前的法官官复原职，王室官员请求对他们所痛恨的菲格罗亚展开司法审查。菲格罗亚的助手安东尼奥·弗洛雷斯很快就被指控在库瓦瓜，即今天的委内瑞拉，犯下无数错误，主要与搜寻珍珠有关。不过，菲格罗亚曾向王庭报告，珍珠海岸发展兴旺，都是他的功劳。实际上，弗洛雷斯在珍珠海岸建立的专政统治，对曾给过他帮助的当地酋长梅尔乔（Melchor）等人处以绞刑，引发当地人的反叛，导致两名传教士和九个西班牙人被杀。

负责司法审查的法官莱西齐奥多·莱夫龙（Licenciado Lebrón）以滥用职权的缘由给菲格罗亚定罪。（莱夫龙曾在伊斯帕尼奥拉负责针对阿吉拉尔的司法审查，在执行此次司法审查之前他在特里内费担任副总督，拥有相当大的权力。）

由于塞维利亚爆发骚乱，人们对那里的安全存疑，拉斯·卡萨斯的想法便得到了更多新移民的青睐，在波多黎各的圣胡安建立起航行船只的停靠点之后尤为如此。如果按照拉斯·卡萨斯规划的航线，在南美建立殖民地的计划不尽如人意，他们还能返回波多黎各。波多黎各的现任总督为安东尼奥·德拉·伽马，这一点令塞维利亚人很是满意。安东尼奥是国王在塞维利亚新任市长[*]的副手，桑乔·马丁内斯·德·莱瓦（Sancho Martínez de Leiva）之子。[21]

1520 年 12 月 14 日，拉斯·卡萨斯终于从塞维利亚起程驶向西印度群岛，总共有 35 人陪他出行，[22] 另外有大约 20 人在桑卢卡尔加入。这些人"抛下铁锹和耕牛，幻想自己成为绅士，尤其是在周日和假期休息时，拥抱自己的妻子和财产……（包括）国王出资提供给他们的许多饼干、红酒、火腿等各类礼物"[23]。

1521 年 1 月 10 日，拉斯·卡萨斯历经两个半星期的航行，再次抵达波多黎各的圣胡安。他可以说是穿越大西洋频率最高的人了。梅尔乔酋长被杀后，1520 年 9 月南美洲海岸的当地人爆发了"叛乱"，几位教士在圣菲海湾（Gulf of Santa Fe）的奇里比齐惨遭杀害。该消息已经传至圣胡安。弗洛雷斯仍在库瓦瓜岛，他试图镇压叛乱，但未能成功。3 位船长、50 多个西班牙人，包括经验丰富的

---

[*] 此处市长（asistente）由王室任命，是国王在相应城镇的代表，等同于塞维利亚之外其他地区的行政官（corregidor）。——编者注

弗朗西斯科·多尔塔船长在内，尽数被印第安人杀死。弗洛雷斯打算离开库瓦瓜岛，当地的其他殖民者也计划扔下房屋逃走。

圣胡安也遭到加勒比人进攻，这些人很可能是圣克鲁斯岛上的当地人。13个西班牙人被杀，加勒比人还抓获了50个泰诺人。西班牙人在圣多明各准备进行一场惩罚性的远征，由埃斯特雷马杜拉人贡萨洛·德·奥坎波率领，首站就选在圣胡安。奥坎波与拉斯·卡萨斯是多年好友，他在2月27日抵达圣胡安，两人刚好能够见面。

奥坎波是卡塞雷斯人，生于1475年，1520年已经45岁。他有很多兄弟，父亲是有名的大地主。他与牙买加总督弗朗西斯科·德·加拉伊有姻亲关系。拉斯·卡萨斯说他很喜欢奥坎波，两人的交谈从来都充满欢乐和笑声。[24]1502年，奥坎波与拉斯·卡萨斯都跟随奥万多去往伊斯帕尼奥拉，两人就在那时结为朋友。奥坎波后来从事珍珠海岸上的贸易，也在巴哈马群岛搜寻奴隶。从1504年到1507年，他是热那亚银行家格里马尔迪在圣多明各的代表。1517年，隐修会会长展开调查期间，他曾就印第安人是否能从自由中获益提供证据，而他本人在伊斯帕尼奥拉的布埃纳文图拉以监护主的身份拥有33名印第安人。[25]

拉斯·卡萨斯恳请老友放弃镇压新大陆叛乱的打算，因为国王命令南美洲的北部归他管理。奥兰波说，拉斯·卡萨斯（他很欣赏拉斯·卡萨斯）传达的国王命令对他产生了很大的影响，但他必须完成在圣多明各接受的使命。3月1日，他继续出发。奥坎波镇压叛乱的手段可谓残酷，但相当全面，也卓有成效。他将俘获的所有当地人运往圣多明各，当作奴隶卖出。

与此同时，拉斯·卡萨斯与圣胡安总督拉加马发生争吵之后，以 500 比索的价格购置了一艘轻快帆船，同他的助手弗朗西斯科·德·索托一起驶向圣多明各，将他从西班牙带来的大部分人都留在圣胡安，曾经深深吸引皇帝和主教的伟大计划似乎将要走向失败。一个想要统治 1 000 英里海岸线的伟大企业家需要被迫自己购买船只了吗？抵达圣多明各之后，拉斯·卡萨斯的新朋友迭戈·哥伦布已返回此地，不过跟随他一道归来的还有前财政官帕萨蒙特，一如既往地提出各种蛮横的要求。迭戈·哥伦布发现，虽然附近修建天主教堂的工程已经铺设了第一块石头，但他的旧总部看起来令人沮丧。（教堂施工开始于 1512 年，到 1527 年北门的修建将会结束，到 1541 年将会成为神址。）[26] 圣多明各的当权者们为阻止拉斯·卡萨斯返回卡斯蒂利亚并随意谴责任何可能的人（发生这种事情的可能性很高），想方设法夺走他的船，还让巴斯克造船者多明戈·德·格塔里亚（Domingo de Guetaria）破坏他的船只，使其无法正常航行。[27]

随着保王派在比利亚拉尔战胜城市叛军，枢机主教阿德里安重掌大权。得知这些消息以后，圣多明各的当权者们认为必须佯装帮助拉斯·卡萨斯，因为拉斯·卡萨斯深受阿德里安器重。还好那时他们尚不知晓国王给丰塞卡（和科沃斯）的追随者胡安·洛佩斯·德·伊迪亚克斯（Juan López de Idíaquez）和胡安·德·卡德纳斯（Juan de Cardenas）颁发了许可证，允许这两位商人在拉斯·卡萨斯的部分管辖区域搜寻珍珠，此举无疑削弱了拉斯·卡萨斯的势力。这两位商人还是塞维利亚的轻快帆船监察员。很显然，主教想要从他们的生意中分得一杯羹。

拉斯·卡萨斯成功地与当权者们达成了一定的共识。他的好友奥坎波继续惩戒那些顽固不化的印第安人，拉斯·卡萨斯作为"珍珠海岸上印第安人的管理者"将出任总督。他的伟大事业将以贸易公司的形式重组，公司总共分为 24 股，奥坎波替国王持有 6 股，拉斯·卡萨斯和他的合作伙伴 6 股，迭戈·哥伦布 3 股，圣多明各的重要人物，如法官巴斯克斯·德·艾利翁、比利亚洛沃斯和奥尔蒂斯·德·马廷恩索，各持 1 股。所有这些人中既有拉斯·卡萨斯的好友，也不乏他的宿敌。

拉斯·卡萨斯需要决定哪里是搜寻奴隶和珍珠的最佳地点，他昔日的敌人多明戈·德·格塔里亚将提供两艘船。拉斯·卡萨斯还将获得 120 个士兵。西班牙人想要与印第安人协商谈判，承诺唯有在拉斯·卡萨斯确证他们为食人族或拒绝接受信仰时才会诉诸武力。

胡安·德拉·巴雷拉（Juan de la Barrera）正从库瓦瓜岛源源不断地运回大量珍珠。巴雷拉是一位改宗者，来自里奥廷托河畔的港口城市莫格尔，他逐步成为那个时代最为重要的企业家之一，似乎是与圣多明各的当权者们在私下（可能是单独地）达成了某种共识。

1521 年 7 月，拉斯·卡萨斯终于启程驶向他的乌托邦，陪同他前往的只有寥寥数人：会计官米格尔·德·卡斯特拉诺斯（Miguel de Castellanos）、教士埃尔南德斯、助手弗朗西斯科·德·索托（来自巴利亚多利德的奥尔梅多）、卡斯蒂利亚人胡安·德·萨莫拉（Juan de Zamora），以及另外 6 人。对于素来深受命运女神垂青的拉斯·卡萨斯而言，这不可谓不是重大挫折。他的宏图壮志似乎已经被热带地区的船蛆吞噬殆尽了。

拉斯·卡萨斯的远征队先后在莫纳（Mona）和圣胡安停留过。

他在圣胡安没有看到从西班牙带来的"谦恭而勤劳的农民"，这些人本是助他实现殖民化的宏图大业的。原来他们中的一些人已经去世，有些混迹于新近发展起来的波多黎各，还有几人跟着胡安·庞塞·德·莱昂参加新一轮的佛罗里达远征。他和留在圣胡安的农民继续驶向南美洲北海岸上的库马纳，并于 8 月 8 日抵达目的地。那里风景如画，同时也是蛮夷之地。

他们在库马纳找到了方济各会的木制修道院。这里曾爆发过当地人的叛乱，好在胡安·加尔塞托（Juan Garceto）与其他神父大都毫发未伤。他们还发现了一个命名为"托莱多"、由奥坎波建造的城市，不过这个托莱多遭到毁灭，印第安人也四散逃走了。

拉斯·卡萨斯向海岸上为数不多的西班牙人发表讲话，告知他们自己将要发起改革。[28] 然而，这些人中没有几个想要继续留在西印度群岛，愿意待在拉斯·卡萨斯的梦幻世界之人更是寥寥无几。拉斯·卡萨斯反复运用自己的雄辩演讲能力，他曾成功地说服卡斯蒂利亚从国王往下的每一个人，然而除了在库马纳以赞美诗和祈祷接受"西印度群岛的信徒"的方济各会修士，所有人都选择了离开。在卡斯蒂利亚可以轻易保持客观，到南美洲的荒原里继续保持这种状态就很难了。拉斯·卡萨斯用稻草和木头为自己搭建房屋，又开发果园，种植橘子、葡萄、蔬菜和瓜类。酋长唐·迭戈的妻子"唐娜·玛丽亚"（Doña María）为他担任翻译，并告诉印第安人他的计划。为防止库瓦瓜岛上的其他西班牙殖民者使用库马纳河里的水，拉斯·卡萨斯计划修建堡垒，但有些西班牙人贿赂建造堡垒的采石匠，让他们无限拖延工期，致使堡垒竣工遥遥无期。拉斯·卡萨斯也未能成功地控制以非法手段秘密从事奴隶和珍珠贸易的人。

库瓦瓜岛上的西班牙人用美酒收买当地人，因为酒是"印第安人最为珍爱的财物"。[29]印第安人喝醉后，总爱拿起弓和毒箭，难以预料他们会做出些什么。

拉斯·卡萨斯与弗朗西斯科·德·巴列霍也发生了冲突。巴列霍就是之前被任命到圣多明各任职的修士，身在几英里以外的他声称自己才是迭戈·哥伦布在那片海岸上的副手。巴斯蒂达斯、费尔南德斯·德·拉斯·巴拉斯及赫罗尼莫·德·里韦罗（Jerónimo de Riberol）等商人的小型船队继续航行至此，寻找奴隶。拉斯·卡萨斯前去库瓦瓜，要求巴列霍放弃指挥权，返回圣多明各，遭到对方拒绝。拉斯·卡萨斯写信向圣多明各政府表达不满，结果毫无作用，他决心亲自前去抗议。

他在1521年12月乘坐费尔南德斯·德·拉斯·巴拉斯前来寻找奴隶的船舶离开，将指挥权交给弗朗西斯科·德·索托。拉斯·卡萨斯外出期间，索托在未向他报告的情况下，指挥仅剩的两艘船出海寻找黄金、珍珠和奴隶。建造一个拥有骑士精神的乌托邦显得愈发遥不可及了。拉斯·卡萨斯刚一离开，库马纳的印第安人就转而与修士们敌对。修士们请求翻译"唐娜·玛丽亚"介入调停，她嘴上说修士没有人身危险，却用手势暗示确有威胁存在。这时，一艘奴隶船出现，拉斯·卡萨斯的追随者们试图上船寻找庇护，但在印第安人的阻拦下，船只根本无法靠岸。西班牙人准备以火炮进行防御，结果火药由于变潮而无法使用。印第安人发起进攻，杀死拉斯·卡萨斯的五位追随者和一名方济各会修士，烧毁拉斯·卡萨斯的房屋，屋内的人也未能幸免于难。索托受伤，与仅剩的几位修士一起乘独木舟逃走，身后的印第安人还在追击。西班牙人驶向远海，躲藏在蓟丛遮蔽的海滩上，印第安人没有注意到这里。最后，一艘经过的西班牙运奴船救了他们。索托在去往伊斯帕尼奥拉的途中死在加勒比海。[30]

拉斯·卡萨斯耗时两个月才返回圣多明各，途中遭遇船只失事，他不得不在伊斯帕尼奥拉以西的亚奎莫着陆，步行前往"首府"。抵达圣多明各以后，他写信给国王，希望提出的问题能够得到解决。当时国王仍在德意志，故未给予任何回复。

计划破灭，四处碰壁，拉斯·卡萨斯转而寻求多明我会的援助。圣多明各的多明我会领袖，或称行省会长，多明戈·德·贝坦索斯是一个智慧过人的加利西亚人，他尖锐地告诉拉斯·卡萨斯，他已经受够了拯救印第安人的灵魂，现在该想办法救赎自己的灵魂了。贝坦索斯并非在胡言乱语。经历了放荡的青年时代，他成为多明我会修士，在1514年去往伊斯帕尼奥拉。时年大约38岁的拉斯·卡萨斯躲进了圣多明各的多明我会修道院，到年底时，再无任何意见或任何行动的他决定留下来。他的幻想已经彻底破灭。之后十年间，他不断进行着反思。[31]殖民者从此可以免受"巴托洛梅神父"（拉斯·卡萨斯）的训斥，开始为所欲为，遥远的卡斯蒂利亚虽常有精彩的备忘录和高尚的演讲，但对这些人而言却毫无意义。

1521年，胡安·庞塞·德·莱昂再次出海远征。他在波多黎各的权力遭到桑乔·贝拉斯克斯（Sancho Velázquez）压制，后者成为实际上的总督，还在开始寻找新的岛屿进行征服。[庞塞在波多黎各空有"上将"（captain–general）的称号。]他成为早期加勒比海殖民地的唯一幸存者，至今仍对佛罗里达饶有兴趣。1521年2月，他率领 250 人乘坐 4 艘船，自圣胡安再度出发。他的船上有几位方济各会修士，还装载了大量农业设备，用于开拓殖民地。他想在佛罗里达西边、卡鲁萨哈切河口（River Caloosahatchee）的萨尼贝尔岛 [Sanibel Island，今天的迈尔斯堡（Fort Myers）附近] 建立殖民地，但在着陆时遭到印第安人的阻拦。庞塞被毒箭所伤，同行人员将他送回古巴。7 月，他在今天的哈瓦那港附近痛苦地死去。他的遗体最后被送到波多黎各，安息于圣胡安大教堂。[32]

他的远征以及建立殖民地的计划，就此终结。

1522 年 5 月底，国王 - 皇帝查理从布鲁塞尔动身，经由英国返回西班牙。这一次他在英国停留了数周，直到 7 月 6 日才从南安普顿起程，十天后抵达桑坦德。四千名德意志和佛兰德斯士兵跟在他的身后。查理自桑坦德出发，陆续抵达雷诺萨、阿吉拉尔 - 德坎波及帕伦西亚。他在 8 月 5 日到达帕伦西亚以后，召集了城市叛乱以来的首次王国枢密院会议。会上就如何惩罚叛乱分子展开讨论，弗朗西斯科·德·洛斯·科沃斯、鲁伊斯·德拉·莫塔、丰塞卡主教和埃尔南多·德·维加的观点一致，建议采取强势政策，而那些真正拯救王国的有功人士，如总治安官贝拉斯科和卡斯蒂利亚上将恩里克斯，则倾向于特赦。[33]

会后，西班牙开展了短期的镇压行动，处决了领导城市叛乱的主要议会议员及其他领导者，包括巴利亚多利德的阿隆索·德·萨拉维亚（Alonso de Saravia）、马德里的佩德罗·德·索托马约尔（Pedro de Sotomayor）及塞戈维亚的胡安·德·索列尔（Juan de Solier）。8 月 16 日，佩德罗·马尔多纳多·皮门特尔（Pedro

Maldonado Pimentel）成为第一份名单中最后遭到处决的人之一。他的叔叔贝纳文特伯爵恳求赦免对他的惩罚，且得到摄政王贝拉斯科和恩里克斯的支持，但未能获得批准。另外一些有煽动嫌疑的人也遭到处决。现代读者熟知 20 世纪西班牙和欧洲其他国家内战之后那些长长的死亡名单，定会对上述名单的人数之少感到讶异，因为 1522 年死于刽子手的斧头和在监狱死于疾病的人数总共在 100 人左右，而在 1939 年西班牙内战结束后的日子里，战争中的死亡人数经常超过这个数字。[34]

在未来的帝国首府塞维利亚，人们强烈支持重建传统的统治体系。坎帕斯－德曼西比亚（Campás de Mancebía）的妓女在天主教堂的台阶上跳舞，公牛在圣方济各广场狂奔，河上举办热热闹闹的赛舟会，黄金时代似乎就要来临了。

第八卷

新西班牙

征服者在美洲的一大武器就是交流。

图中科尔特斯正在通过翻译玛丽娜（Marina）与蒙特祖马交谈

第三十三章

"我将如鲜花凋零般消失"[1]

> 我将如鲜花凋零般消失，
>
> 我的声名将一文不值，
>
> 我的声名将无迹可寻。
>
> **——墨西哥古诗，神父加里拜（Garibay）翻译** [2]

16 世纪初期，西班牙帝国在加勒比海地区大举投入之时，大陆上两个强盛的大国——墨西哥（阿兹特克，Aztecs）和印加（Incas）正在蓬勃发展。从财富和文明程度来看，与地中海各国相比，它们更接近古代的地中海东部。1518 年之前，欧洲对这两个国家尚且一无所知。

大约在 1950 年，德国学者理查德·科内茨克（Richard Konetzke）为哥伦布到来之前的中美洲墨西哥创造了一个名词：美索亚美利加（Mesoamerica，音译，指中美洲）。这一稍显冗长的词语未能得到学者的普遍采用，不过它体现了民族的多样性，自有其重要意义。1500 年前后，不同种族的人们居住在中美洲，操着 500 多种迥异的语言。1519 年，大约有 1 000 万人生活在这些岛上。[3]

古代中美洲的历史可分为两个时代：只能通过考古或壁画等其他手工艺品进行了解的时代，如在波南帕克（Bonampak）或卡西卡拉（Caxcala）发现的壁画；墨西加人（Mexica）时代，他们的统治持续到 16 世纪，能够通过传统的历史途径进行了解，比如 16 世纪那些流有当地人血液之人编纂的编年史。[4]

古墨西哥许多独特的元素都诞生于这片炎热的土地，也就是今天的墨西哥湾附近的塔巴斯科（Tabasco）和韦拉克鲁斯。这些地方孕育了作为仪式中心的金字塔、金字塔顶端的活人献祭、球类运动、泥塑艺术、象形文字、二十左右的算法、阳历、对玉石的喜爱及市场上的复杂商业活动等。后来，地势较高、气候温暖的地方也建立起国家，而他们似乎永远需要或者说渴望获得热带产品，如美洲豹皮、美丽的羽毛或棉花。这些人虽然居住在炎热的海岸或气候温暖的地区，虽然属于不同民族，但他们共同参与了同一历史进程。[5]

奥尔梅克人（Olmec）在大约公元前 1200 年到前 600 年活跃在历史舞台。墨西哥的许多博物馆内，尤其是夸察夸尔科斯（Coatzacoalcos）的花园博物馆里，陈列着巨型石雕头像、玉雕和石质祭台，展现了奥尔梅克人心灵手巧的特质。他们上知天文，创造出富有想象力的木刻作品，以涂料和染料精心装饰陶器。到公元前 650 年，他们开始在圆柱形印鉴上刻出图像字符，这似乎是他们早期的文字形式。[6]他们的乐器包括鼓、原始的长笛和海螺壳，也会使用锤子、钩子、针和铲子等工具。奥尔梅克人居住在沿海地带，这里在 20 世纪末期因盛产石油和橡胶而声名大噪；"奥尔梅克"在纳瓦特尔语（Nahuatl）中就是橡胶的意思。16 世纪初期，纳瓦特尔语是墨西哥中部的通用语言。[7]奥尔梅克人在很多方面都留下了谜团，我们不知道他们是否由皇帝统治，外表是否接近最为著名的那些石雕头像。奥尔梅克文明尽管高度发达，但缺乏两样必需品：家畜和车轮。

人们对奥尔梅克人第一次实现"跳跃式"发展的原因存在争议，埃及和巴比伦的原因就比较清晰。或许是因为奥尔梅克人学会了利用河流、潟湖或是降雨。河流促进交流，潟湖则遍布猎物和野禽。当时，疟疾和黄热病等热带疾病还未被带到中美洲，不像后来那样在沼泽地区肆虐。

玛雅人建立了古代中美洲的第二个强大文明。玛雅人的黄金时代是公元 250 到 900 年。许多富有玛雅特色的成就早于该时间段，甚至有人相信玛雅人"对于奥尔梅克文明的出现发挥了相当重要的作用"。[8] 无论玛雅人到底何时出现在历史舞台上，他们似乎都称得上欧洲人最为文明的先人。帕伦克（Palenque）的灰泥浅浮雕、波南帕克的壁画及精心绘制的花瓶，无不令人联想到古希腊文明。玛雅人的成就还包括石灰岩宫殿（内有建在假拱之上的拱形房屋）[9] 和陈放于屋前的雕刻石柱。玛雅人也是伟大的数学家，运算能力堪与巴比伦人媲美。他们的阳历开始于公元前 3133 年，每年只存在一天的万分之三的误差。玛雅书吏制作了精美的图画书，有 5 本保存至今。他们会用火鸡羽毛笔蘸上黑色或红色涂料写字。[10] 玛雅人能够制作美轮美奂的石刻作品，修建气势恢宏的典礼城，至今已找到 230 座，其中规模最大的古城蒂卡尔（Tikal）占地面积 6 平方英里，位于今天的危地马拉，拥有 3 000 座建筑，居住着 1 万—4 万人。玛雅农业主要依靠刀耕火种，可能还采用了极具创造力的浮园耕作法（*chinampas*），在水上园圃进行耕作，这或许就是他们以睡莲作为象征的原因。

巅峰时期，玛雅人的人口数量很可能多达 100 万。他们敬奉 160 位神明，频繁进行贸易活动。玛雅人最辉煌的成就莫过于在帕伦克建设的太阳神庙（Temple of the Sun），帕伦克的碑铭神庙（Temple of the Inscriptions）是中美洲唯一墓葬合一的金字塔。神庙内的墓葬属于帕克王，他的尸体上覆满顶级玉石。

玛雅文明如何走向灭亡至今是谜。我们可以确定的是，天赋异禀的玛雅人经常内斗，这与人们对玛雅人曾经的认知截然相反。波南帕克的壁画描绘了战斗的场面，小型玛雅部落的史册也记载了类似主题。好战并非玛雅人灭绝的缘由，在未来的欧洲亦不会造成毁灭。玛雅人可能被来自北方特奥蒂瓦坎（Teotihuacan）的民族征服。公元 7 世纪末期，玛雅人似乎还经历过干旱和飓风等自然灾害的侵袭，并由此引发社会动荡，经常举办典礼的城市遭到遗弃。西班牙人抵达尤卡坦海岸时，玛雅人只剩下文化水平较低的些许城市，无法与 500 年前先祖们的成就媲美。正如许多欧洲当代学者不通拉丁语那样，玛雅祭司似乎也无法读懂黄金时代的铭文。

玛雅文明消失前，广阔的特奥蒂瓦坎城已经屹立于今天墨西哥首都东北部的山谷，那里土壤肥沃。这座城市显然与玛雅人没有什么关联。特奥蒂瓦坎城诞生于耶稣时代，在公元 600 年人口可能有 20 万，占地 2 000 英亩。它是重要的商业中心，建有球场、宫殿、数座市场及排水系统。技艺卓群的手工艺人利用羽毛和黑曜石制作艺术品、绘制陶器，商人前往四面八方的遥远地带从事贸易活动。特奥蒂瓦坎的死亡大道是当时最受欧洲人尊崇的道路，大道上建有太阳金字塔和月亮金字塔（太阳金字塔与埃及的大金字塔同样庞大，只是高度略低些）。城内小街小巷的设计构思精巧，若罗马建筑师维特鲁威（Vitruvius）亲眼看见，必会大感惊喜。特奥蒂瓦坎人与玛雅人不同，并不注重雕塑，但他们的壁画呈繁荣发展之势。这里似乎实行神权政治，羽蛇神奎兹特克（Quetzalcoatl）在万神殿内居于神圣的位置，西班牙人抵达此地时还可辨认出殿内其他不同的神明，比如雨神特拉洛克（Tlaloc）。特奥蒂瓦坎的资源由农业提供，与奥尔梅克人一样，这里的人们也是在水上园圃、梯田和灌溉农田里劳作。

特奥蒂瓦坎的政治与奥尔梅克一样成谜，虽然其规模庞大、文化发达，可无人知晓谁曾居于此地，不了解他们与玛雅人有无关联，也不知道他们是否建成了帝国。即便如此，对特奥蒂瓦坎古城的记忆仍激发了人们对其后继文化的无尽想象，这种对后世的影响如同古罗马之于欧洲的中世纪和文艺复兴时期。特奥蒂瓦坎的影响力一直延续到今天，南至洪都拉斯，北抵科罗拉多。在墨西哥城以东的乔鲁拉（Cholula）和海岸边的塔兴（Tajín）巍峨矗立着的大金字塔，很可能就是由来自特奥蒂瓦坎的殖民者建成的。

特奥蒂瓦坎的结局成谜，堪比玛雅文化的神秘消失。有一种猜测是连续多年未见降雨，人们失去信仰，城市分崩离析，沦陷在来自北方的野蛮人手中。

特奥蒂瓦坎成为后世乃至现代墨西哥境内的城市原型。崇尚武力的托兰城（Tollan）建于特奥蒂瓦坎的遗址。通过托兰，特奥蒂瓦坎直接影响了墨西哥的特诺奇提特兰城。

托尔特克人生活在托兰城，他们的创造性相较于特奥蒂瓦坎人和玛雅人都显得逊色。在 20 世纪 40 年代以前，学界普遍认定他们的首都是特奥蒂瓦坎，到今天更倾向于认定是特奥蒂瓦坎以西的现代城市图拉（Tula），那里极尽荒凉，疾风肆虐。可以确定的是，欧洲中世纪盛期，即公元 1000 年到 1200 年，托尔特克人称霸墨西哥谷。他们的地位之高体现在四个方面：第一，当地普遍使用他们的语言纳瓦特尔语；第二，他们十分好战，部分托尔特克人在公元 10 世纪占领了尤卡坦半岛的大片地区，创立了新型的玛雅式文明，打造了奇琴伊察（Chichén Itzá）等著名城市，他们的远征故事有时会涉及羽蛇神的逃亡，据传羽蛇神因为反对活人献祭而从托兰逃走；第三，托尔特克人将所有的中美洲古老文化传递至墨西哥；第四，他们崇拜死亡，活人献祭愈演愈烈，并开启了以头骨修筑仪式性城墙的奇异习俗。

12 世纪，托兰可能遭遇旱灾，引发了政治动荡。据说北方的野蛮人又一次乘虚而入，大肆掠夺。据传，托兰在 1175 年沦陷。墨西哥谷的另一托尔特克人城市——夸尔胡阿坎（Cualhuacan）存续了较长时间。

也正是在这个时候，一支来自北方、历史久远的游牧民族抵达山谷中央的大湖，一开始他们被居住在湖边的人们当作野蛮人看待。1521 年西班牙征服美洲时的传奇故事，将这个游牧民族与相传的一处发源地——阿兹特兰（Aztalán），或者叫"鹤之地"——联系起来（欧洲人抽干了墨西哥湖的水）。

按照同行祭司的建议，这些墨西加人一路向南行进。他们分为不同氏族（*calpulli*），耗费约一百年之久才抵达墨西哥谷。谷内的村庄星罗棋布，主要依托于托尔特克人生存，此前依靠的则是特奥蒂瓦坎人。这个民族的史前历史不为人所知，因为在 15 世纪，人们为满足当时的政治需求对它进行过重塑。然而，墨西加人抵达山谷时，湖边居住的主要民族为特帕内克人（Tepaneca），他们擅长通过强索贡品、威胁开战，给其他民族施以压力。他们抢占了所有的好地方，新来者难以觅得栖身之所。传说称，墨西加人最先抵达的是查普特佩克山（Chapultepec），素称"蝗虫之山"，此地位于今天的墨西哥城中心，但当时是在一座大湖的湖畔。他们后来遭到驱逐，迁移至湖中央地势崎岖的特诺奇提特兰岛。祭司告诉墨西加人，他们注定要定居于此，因为他们曾在岛上看到一只老鹰坐在仙人掌之上，吞噬一条蛇。按照神话传说，这是在明确告知人们定居地的位置。

墨西加人在随后的百年间都臣服于特帕内克人，从后者身上吸收了众多成为阿兹特克文明象征的东西，比如，崇拜羽蛇神和雨神特拉洛克，在金字塔进行献祭，祭司阶层得到发展，从事黑曜石和羽毛的相关贸易，制作玉石工艺品，使用日历。西班牙人后来发现，墨西加人擅长模仿其他民族的发明，同时也保留了自己的部分传统，如崇拜残暴的战神和狩猎神惠齐洛波契特利（Huitzilopochtli）。这位战神与特拉洛克并列为至高神明，实为非同寻常的一种组合。[11]

墨西加人从特帕内克人手中夺取政治统治权，与哥特人成功反抗罗马人的残酷统治如出一辙。他们在 15 世纪 20 年代发动了一场决定胜利的政变。墨西加人的领袖伊兹科阿图（Itzcoatl，托尔特克人）先后杀死了一心求和的前任统治者和最后一位特帕内克君王。他和他的后代，即从他到蒙特祖马二世（Moctezuma Ⅱ，1519年时在位），总共有六位君主进行统治。他们在墨西哥中部建立了这一地区史上规模最为庞大的帝国，北起瓜纳华托－克雷塔罗

黄金之河：西班牙帝国的崛起，从哥伦布到麦哲伦

（Guanajuato–Querétaro），南抵特万特佩克半岛（Tehuantepec）。帝国内居住着约 30 个民族，为寻求墨西加人的庇护而缴纳贡品，这种所谓庇护其实就是免受墨西加人攻击。

特诺奇提特兰与罗马类似，均为城邦制，统治权力的中心在首都。首都特诺奇提特兰是城市规划的耀眼明珠，中心广场为萨拉曼卡或科尔特斯广场的两倍，运河、市场和宫殿蔚为壮观，在征服者看来竟与威尼斯别无二致。[12]1519 年的墨西哥－特诺奇提特兰面积大于包括当时威尼斯在内的欧洲任何城市，也许君士坦丁堡除外。

西班牙人称墨西加人的领袖为“皇帝”，这一说法虽备受诟病，但仍沿用至今。称他们为“皇帝”也有一定道理，因为墨西哥的统治者凌驾于众多其他君主，也就是常说的“国王”之上，他们之间的关系类似于神圣罗马帝国的皇帝和选帝候、德意志各公爵之间的关系。墨西加人对“皇帝”（*hueytlatoani*) 的称呼直译过来就是“高级别发言人”，较小国家由“发言人”（*tlatoanis*) 统治。由此可以推断，墨西哥统治者首先必须口才出众。16 世纪中期，方济各会修士贝尔纳迪诺·德·萨阿贡（Bernardino de Sahagún）编撰了人类学的开创性著作《佛罗伦萨法典》（*Florentine Codex*），书中列举了众多皇帝，以及可能由他的同僚在墨西哥朝堂上发表的出色演讲。

墨西加人使用纳瓦特尔语。该语言内容丰富，在鼎盛时期曾用来写成铿锵有力的布道，也用于创作感人至深的诗歌，翻译后类似于 15 世纪的法国诗歌。西班牙诗人豪尔赫·曼里克（Jorge Manrique）善于模仿这种诗体，他的诗歌充满了对美丽逝去、青春不再、战士羸弱的感伤。

我将如鲜花凋零般消失，

我的声名将一文不值，

我的声名将无迹可寻。

或

雄鹰与虎豹般的骑士啊，

哪怕你出身玉石，也终将破碎；

哪怕你通体黄金，也终将破裂；

哪怕你是绿咬鹃羽毛，也终将凋谢。

我们在这世界之中，

无不是匆匆过客。

对比豪尔赫·曼里克的诗歌：

数不胜数的礼物，巍峨雄宏的高楼，

堆积如山的黄金，明光烁亮的餐盘，

国库里的黄金如恒河沙数，

盛装打扮的马匹昂首挺立：

他们如今去了何处？

竟如那草地的露珠般悄然消散。[13]

评论家从上述诗歌的相似性中可以判断出，那些设法记录墨西加人诗歌的知识分子肯定受到欧洲的影响。事实或许如此，不过墨西加人与同时代大西洋另外一端的人们拥有同样丰沛的情感。墨西加人的政治或经济制度，与征服者们已经知道的或可以想象得到的制度略有相似之处。比如，墨西哥帝国是由军队支撑的，他们的先祖曾征服属城；也正是由于受到武力威胁，附属国每年两次向帝国上缴丰厚的贡品。此举招致部分属国不满，心生怨恨（征服者将会利用这点）。到西班牙人抵达时，墨西加人仍定期收纳车载斗量的贡品。西班牙在墨西哥的首任副王安东尼奥·德·门多萨在 1540 年前后完成《门多萨抄本》(*Codex Mendoza*)的编撰，该书详尽分析了上述纳贡体系。安东尼奥的父亲滕迪利亚伯爵思想开明，是格拉纳达的首任总督。

《门多萨抄本》中列举了墨西哥 – 特诺奇提特兰人高度依赖的物资：布匹，用于制作衣物，因为墨西哥山谷中无法种植制作布匹的原料，但当地人（主要是女性）能够以复杂的工艺织布；羽毛，仪式性的装饰；热带食物，当地的主食是玉米，都城附近分布有玉米田，可远远无法满足需求。运送至首都的其他墨西哥物品还有：巧克力，很快成为在欧洲风靡的美食；胭脂虫红（一种红色染料，也在欧洲得到广泛使用）；西红柿，成为“旧大陆”饮食的重要组成部分；火鸡，英国人如此称呼是因为这种鸟的外表具有异国特色，实际上它来自西方，而非东方。[14] 中世纪的欧洲人普遍对于纳贡体系知之甚少，该体系倒是与东方蒙古人或鞑靼人所建专制国家的做法接近，部分西班牙征服者对此也有着相当了解。

墨西哥的皇帝从出身同一家族、为数不多的贵族中遴选而出，苏格兰在麦克白国王之前的家族选举继承制与此类似。有人对比了古墨西哥皇帝的继承制度与当今墨西哥总统均出自制度革命党（Institutional Revolutionary Party）的"革命家族"成员的现状。皇帝是专制君主，同时又与所有人一样，要受到一系列复杂法律和规则的限制，但代表宗教实施世俗文明的统治权。

墨西加人的社会体系对于征服者而言很容易理解。贵族阶层，与皇帝有血缘关系，1500 年之前的最后几代贵族似乎都享受过前所未有的奢靡生活，这是得益于纳贡体系；手工艺人阶层，属于世袭制，主要是石匠或画匠，这与古埃及一样；农民，每年被召集到城市提供公共服务，服务范围和强度随时间推移呈上升趋势，还要在田间种植玉米；工人，似乎相当于农奴；奴隶，或是战俘，或是因犯罪而被降为奴隶之人。祭司和将军也分别属于各自的阶层。墨西加人既非奴隶也非农奴，但他们必须在皇帝召唤之时出征作战。

墨西加人不是中美洲唯一的统治民族。他们的近东部地区有一个未被征服的小片地区特拉斯卡拉（Tlaxcala），16 世纪初墨西加人曾围攻此地，最后未能占领。特拉斯卡拉社会类似于邻邦墨西哥，规模较小，由于与墨西哥帝国十分接近，行动自由极为受限。北部地区是塔拉斯科人（Tarascan）建立的君主国，对他们的称呼是西班牙人命名并一直沿用的。塔拉斯科人的国家中心位于今天的米却肯（Michoacan），15 世纪 70 年代，他们用头部镀铜的武器逼得墨西加人落荒而逃。远处的东南方向有古国玛雅，到 16 世纪，曾经的强国只能荫蔽于过去的荣光之下，这在之前已经讲过。墨西加人与玛雅人存在贸易往来，似乎从未试图征服玛雅。哥伦布第四次航海途中遇到了一些似乎是来自玛雅的商人，给他和同伴们留下深刻的印象。[15]

古墨西哥的许多方面都足以令现代人感到惊异，尤其是他们杰出的艺术成就。比如，墨西加人的雕塑成就卓越，善于制作浮雕和逼真的头像和饰品，以及其他伟大的作品。他们设计的黄金石头或纯黄金首饰美丽精巧，至今仍有部分保存在墨西哥（有些在 20 世纪 30 年代出土自瓦哈卡州大名鼎鼎的 7 号墓）。他们将鸟类的羽毛编织成镶嵌画，还有少数这样的羽毛艺术品保留至今（维也纳博物馆所藏羽毛艺术品最具代表性）。[16] 正如诗歌是英国的代表性成就，羽毛艺术品是墨西加人最了不起的成就。

墨西加人还会用珍贵的宝石或次等宝石制作镶嵌画，所有宝石中，绿松石价值最高。[17] 墨西加人也是出色的木工艺家，从他们制作精良的鼓和矛都可以看出。他们有时为石雕加上涂料，进行美化，有时也会直接将涂料染在未雕刻的石头之上。墨西加人还会在书籍或法典上涂色，这些书不是以字母写成，而是充满了符号和图案，描绘家庭宗谱，介绍征服战争，记载贡品数量。墨西加人使用乐器（西班牙人称之为风笛，但它实际上更接近直笛）、海螺壳和至少两种鼓来演奏音乐。他们常雀跃起舞。与新世界其他地方一样，古墨西哥的任何场合都离不开音乐和舞蹈。墨西加人会踢橡胶球，其质量远比加勒比诸岛带有围墙的球场里所用的球类高级。[18]

古墨西哥文明具有高度的纪律性：街道定期清理和打扫，表明这个社会为奴隶和农奴以外的所有人提供了受教育的机会，能做到这一点实属伟大，很可能也是独一无二的。这也表明人人都像古埃及那般拥有自己特定的社会地位。

墨西加人的宗教之纷繁复杂难以用简短的篇幅介绍。[19] 对于普通人而言，宗教意味着各种节庆活动，每个月至少有一个庆祝某位神明的节日，游行、舞蹈和音乐是必备元素，此外还有献祭活动。有时用鹌鹑等鸟类，后来越来越多地使用奴隶和俘虏作为祭品。墨西加人统治期间与之前的政权一样，会在不同神殿前方的金字塔顶端，举行活人献祭。祭司、君主和贵族要按照特定的方式，从耳朵、手腕，甚至阴茎等处滴出鲜血，作为祭品。西班牙人对于活人献祭大感震惊，但它是当地宗教仪式中不可或缺的一道程序。

除了敬拜常见的神明以外，墨西加人，尤其是大湖北边的德斯科科（Texcoco）贵族，开始崇拜抽象的神明——人类无法将这种神的形象画在纸上。[20]

> 生命的给予者，
> 四海皆为您的家。
> 我亲手织成鲜花地毯，
> 供贵族们对您瞻仰敬拜。

大部分墨西加人生活艰难，上层阶级则与世界大多地方的上层人士一样，过着饮酒作乐的生活。他们喜爱的酒里有一种叫龙舌兰的植物，以龙舌兰仙人掌的汁液制成；还有迷幻蘑菇、鲜花和仙人掌。酒或许可以在献祭开始前抚慰牺牲者的心情，也能为即将奔赴战场的士兵壮胆。

回顾西班牙人到来以前的墨西哥历史能够激发起不少反思，尤其是它与旧世界的相似性。不论在墨西哥还是旧世界，历史书上都记载了城市的兴盛和衰败、游牧民族对于定居民族的侵略、喜爱装饰的习惯，以及节日和典礼。当时的墨西哥与旧世界也有云泥之别：

没有战争用或农业用的家畜，导致将人（男女皆有）作为驮兽；没有车轮；金属只作装饰用；会用图形讲述故事，但远不如欧洲的字母系统高效。

墨西哥（也包括秘鲁）印第安人的发展进程与亚洲类似，导致许多人认为美洲人与中国人早前曾有过接触。据说墨西加人从中国传来织布技艺，从日本传来制陶工艺，以色列消失的部落则将对法律的喜爱传递给他们。据传，圣托马斯带来象征宗教的十字架。所有这些说法都没有事实依据。公元前3世纪的秦朝，中国人的巨型船舶有能力航行至美洲，但他们并未这样做。一切证据都显示，美洲印第安人是在与世隔绝的情况下孕育出璀璨的文明。

墨西加人相信他们是"世界的主宰"，正如蒙特祖马宣称的那样。[21] 然而，他们并未花很多时间思考北方的荒野部落奇奇梅克（Chichimeca）和南方的玛雅以外还有什么。不过，墨西加商人清楚，在奇奇梅克更远的地方有绿松石，玛雅以南居住着从事玉石生意的人，更远地带的人们贩卖绿宝石和黄金，墨西加人的属国与这些人建立起卓有成效的合作关系。特诺奇提特兰的统治者从南方和北方都能俘获奴隶。

墨西加人对东海——今天的墨西哥湾——另一端的世界也了无兴趣。传说，智慧过人、具有改革精神的羽蛇神多年前曾乘坐由蛇搭建的筏子消失于此。缺少好奇心是古墨西哥与欧洲的重大区别。

从约1500年开始，源于东方的传闻在墨西哥散播开来。1502年，一些当地商人，可能是来自玛雅的杰卡奎斯（Jicaques）或帕亚斯（Payas）在洪都拉斯湾的海湾岛，见到了第四次远洋航行时的哥伦布。由此推断，是玛雅人向身在特诺奇提特兰的墨西加人皇帝报告，欧洲人衣着讲究、蓄着胡子，哥伦布和同伴则向西班牙人讲述了在洪都拉斯遇到商人的经历。[22]

1508 年，两位杰出的塞维利亚水手，比森特·亚涅斯·德·平松（曾在哥伦布的第一次远洋航行时任"平塔号"船长）、胡安·迪亚斯·德·索利斯（后来发现了普拉塔河），抵达尤卡坦半岛。他们正在寻找一处海峡，从那里进入太平洋，然后抵达香料群岛和中国。也许他们沿墨西哥海岸抵达了韦拉克鲁斯或者坦皮科（Tampico）。或许同时代一位墨西加商人所述海上的巨大独木舟上矗立着三座神庙，漂泊于大洋间，指的就是两位水手的船队。关于该场景的草图被送到特诺奇提特兰，蒙特祖玛召集顾问和祭司进行商讨。[23]

1512 年前后，牙买加土著民族泰诺人的独木舟在科苏梅尔岛（Cozumel，远离尤卡坦半岛）附近海域失事，幸存者们可能利用手势，告诉人们他们观察到欧洲人在加勒比海的所作所为。[24] 不久后，一个箱子经由墨西哥湾冲到西卡兰科（Xicallanco），今天的坎佩切（Campeche）附近，那是一处墨西加人的贸易据点。箱子内装着几套欧洲衣服、珠宝和一把剑。当地人从未见识过这些东西，它们是什么？是谁的东西？据说蒙特祖玛与堂/表亲德斯科科和塔库瓦（Tacuba）的国王瓜分了箱子内的物品，但对它们是何物一无所知。

正如前文所述，1510 年西班牙人在巴拿马的定居点达连是由巴斯科·努涅斯·德·巴尔沃亚率队建立的，他也是第一个见到太平洋的欧洲人，之后佩德拉里亚斯也来此驻留。佩德拉里亚斯领导下的西班牙征服者残酷暴虐，有关传闻或许传到了墨西加人耳中。达连与特诺奇提特兰间的直线距离为 1 800 英里，商人折返两地之间

　　　　　　　黄金之河：西班牙帝国的崛起，从哥伦布到麦哲伦

时实际需要穿过更远的距离。

1511 年，商人兼探险家迭戈·德·尼库萨自达连航行至圣多明各的途中，在尤卡坦半岛遭遇船只失事。几位西班牙水手幸存，其中贡萨洛·格雷罗（Gonzalo Guerrero）和赫罗尼莫·德·阿吉拉尔两人被玛雅人监禁多年，贡萨洛后来与俘虏自己的玛雅人站在同一阵营。如此看来，后来被西班牙人称为马丁·奥塞洛特（Martín Ocelotl）的特诺奇提特兰巫师曾预言"长着胡子的人要来到这片土地"，也就显得不足为奇了。[25]

1513 年，胡安·庞塞·德·莱昂因前去佛罗里达探寻不老泉未果，决定返回，在途中登陆尤卡坦半岛。1515 年，西班牙人还与中美洲发生过奇妙的接触。达连的西班牙法官科拉莱斯（Corrales）宣称自己遇到了"来自西方内陆地区的逃犯"，此人看着法官阅读文件，提出一个神奇的问题："你，也有书？你也能够看懂向不在场之人传达信息的符号吗？"[26]墨西哥人的图画书远不如欧洲先进，但都是为同一目的服务的。

古墨西哥的最后时期充满了关于彗星、预言和奇异景象的故事，更为重要的是，距离西班牙人来到这里已经越来越近了。

1518 年，一个劳动者走上蒙特祖玛的朝堂，他因犯下某项未经记载的罪名而被处以切断拇指、耳朵和脚趾。[27]他禀报皇帝说，自己看到了"山脉抑或是山岗漂浮于海上"。蒙特祖玛很可能将此人监禁，以防他继续传播如此惹人惊恐的故事，但他也安排信任的顾问前去海岸一探究竟。他们回来后向皇帝禀告道：

> 一群我从未见过的人确实到了海岸。海上漂浮着山脉，许

多人从那座山上下来，走向海岸。他们坐在小船上用钓竿或渔网捕鱼，接着登上独木舟，返回海上那个拥有两座塔的物体，走了进去。他们大概有 15 个人……有人缠着绿色头巾，有人戴着红色帽子，有的帽子很大，呈圆形，在太阳下形如煎锅。这些人皮肤雪白，比我们要白得多。他们所有人都蓄着胡须，头发长至耳朵处。[28]

这些人在 1518 年从西班牙属古巴岛出发，乘坐四艘船舶组成的船队，遵照总督的侄子胡安·德·格里亚尔瓦的指挥，抵达墨西哥。拉斯·卡萨斯认为胡安·德·格里亚尔瓦是一位"充满魅力的年轻人，外表出众，举止优雅，道德高尚，服从权威，并且……完全听命于上级指示"。[29]

一位英国诗人曾写下有关这些发现和征服之旅的诗歌，他在开头中这样写道：

> 载满厄运的船驶向海边，
> 所有水手纷纷上岸。

美洲历史上最为惊心动魄的事件行将拉开序幕。

第三十四章

"这里是世界上最富有的地方"

> 我们相信这里是世界上最富有的地方，遍布珍贵玉石，许
> 多都被我们带回了西班牙。
>
> ——神父胡安·迪亚斯如此描述格里亚尔瓦的墨西哥之旅，1519 年

1517 年，西班牙人首次向今天的墨西哥地区发起远征。弗朗西斯科·埃尔南德斯·德·科尔多瓦统率一百多人，指挥三艘船（两艘轻快帆船和一艘双桅帆船）组成的船队，出海捕获印第安人，将他们带回古巴作为奴隶（此次航行前文已介绍）。埃尔南德斯·德·科尔多瓦来自科尔多瓦的一个大家族，该家族诞生了赫赫有名的大将军贡萨洛。他是拉斯·卡萨斯的"密友"，曾在 1511 年跟随贝拉斯克斯从圣多明各前往古巴。[1]1517 年，可能已经 42 岁的埃尔南德斯说服两位船长与他同行，[2]并帮助承担航行的开支。两位船长分别是：来自梅迪纳－德尔坎波的科里斯托巴尔·德·莫伦特（Cristóbal de Morante），他在 1514 年抵达圣多明各；同为科尔多瓦人的洛佩·奥乔亚·凯塞多（Lope Ochoa de Caicedo），他于 1512 年离开西班牙。同行的希内斯·马丁（Gines Martín）说，他

们本来打算驶往巴哈马群岛，因天气糟糕，转向尤卡坦半岛。[3]决定改变方向的人可能是帕洛斯人安东尼奥·德·阿拉米诺斯，庞塞·德·莱昂的金牌领航员，他在1502年跟随哥伦布航行时曾到过中美洲海岸，对这里比较了解。据阿拉米诺斯说，他受埃尔南德斯·德·科尔多瓦及其朋友邀请，"寻找新大陆"。[4]由此可见，此次航行背后的动机并不是单一的。

远征队伍向穆赫雷斯岛——今天的坎昆（Cancún）不远处——出发。然后，沿着墨西哥海岸向西航行，停泊于卡托切角（Cape Catoche）。西班牙人与印第安人相处友好，印第安人告诉西班牙人，这里是尤卡坦半岛。[5]埃尔南德斯·德·科尔多瓦在公证员米格尔·德·莫拉莱斯的见证下，宣布此地为胡安娜女王和她的儿子查理国王所有。[6]

然而不久后，西班牙人与玛雅人在今天的查姆波顿（Champotón）附近开战，幸存者佩德罗·普列托（Pedro Prieto）回忆称25名西班牙人被杀，埃尔南德斯放弃了占领的打算，身受重伤的他不得不返回西班牙。不过他的小型火绳枪兵队伍令当地人大为震惊，这是他们首次闻到火药味。埃尔南德斯·德·科尔多瓦带着做工精良的黄金物品、小小的银质圆盘和泥塑返回古巴。"这是世界上最好的地方。"远征队成员，来自梅迪纳-德尔坎波的士兵贝尔纳尔·迪亚斯·德尔·卡斯蒂略如是说。[7]埃尔南德斯·德·科尔多瓦一抵达古巴，便表示意欲返回卡斯蒂利亚，向国王和女王报告自己的发现，可惜尚未动身人便去世了。[8]

1518年，前往新西班牙的第二次远征开始，总督贝拉斯克斯的侄子胡安·德·格里亚尔瓦任统帅，带领规模大于埃尔南德斯的队伍，乘坐四艘船出发。船上装运的大炮能够发射出 20 磅重的炮弹，射程可达 400 码左右。[9]他也带领火绳枪兵、弓箭手和几只战犬（可能是马士提夫獒犬），但未带马匹。他的任务很简单，就是沿尤卡坦半岛的海岸航行，寻找奴隶，并不定居。他的远征本应得到圣哲罗姆隐修会会长的批准，但他并未获得许可。[10]他的船队招募到金牌领航员安东尼奥·德·阿拉米诺斯，后者当时对墨西哥湾海域已经甚为了解。四艘船的船长分别是胡安·德·格里亚尔瓦、巴达霍斯（Badajoz）的佩德罗·德·阿尔瓦拉多、萨拉曼卡的弗朗西斯科·德·蒙特霍及雷亚尔城的阿隆索·德·阿维拉（Alonso de Ávila）。由于后来在科尔特斯远征墨西哥的行动中发挥了重要作用，他们被历史书描绘成宛如不朽神明的存在。每个船长都为远征出资，迭戈·贝拉斯克斯也有参与。[11]与埃尔南德斯·德·科尔多瓦不同的一点是，格里亚尔瓦的队伍中还有塞维利亚神父胡安·迪亚斯，他用简短的日记记录了远征的见闻。远征队伍总共有 300 人之多。[12]

格里亚尔瓦似乎是在 1508 年首次抵达圣多明各。他在 1516 年跟随胡安·博诺·德·克赫霍前去特立尼达岛，参与了俘获奴隶的不光彩行动。除却这段经历，他素有诚实守信、值得尊敬的声誉。

远征队于 1518 年 1 月出发，与埃尔南德斯·德·科尔多瓦一样在科苏梅尔岛登陆，并将那里称为圣克鲁斯。他们惊异地发现，那里的房屋奢侈豪华，辅以石柱（他们说是大理石）和石板屋顶，还有高耸的神庙、宏伟的楼梯、雕塑，以及动物陶器。岛上四处飘散着醉人的香气，令人不禁回想起过去的科西嘉岛（Corsica）。格里亚尔瓦跟随埃尔南德斯·德·科尔多瓦的步伐，向北和西进发，抵达位于今天坎佩切附近的地方。他们遇到一位玛雅人酋长，西班牙人称他为"拉萨罗"（Lazaro）。他要求西班牙人离开："我们不欢迎你们来做客。"或许他就是曾与埃尔南德斯·德·科尔多瓦对战的酋长。双方爆发冲突，印第安人一听到大炮的声响便四散逃走。在战斗中损失两颗牙齿的格里亚尔瓦并未选择追击，而是继续沿着今天墨西哥的海岸航行，或许1508年迪亚斯·德·索利斯和平松曾来过这里。

格里亚尔瓦很快抵达了欧洲人从未到过的地方。在位于今天被称为德塞亚多（El Deseado）的港口，在以他的姓名命名的河上，见到了使用黄金鱼钩的渔夫。西班牙人俘获一人，当地人愿以等同于此人重量的黄金将其赎回，但格里亚尔瓦"不顾同伴的意见"，断然拒绝。不久后，海岸上的酋长送给他不计其数的装饰品，包括黄金制成的鞋、长筒橡胶靴、黄金胸甲及黄金盔甲。

远征队接着抵达献祭岛（Isle of Sacrifices），格里亚尔瓦和同伴发现了看似不久前才供奉的活人祭品。他们应该在尤卡坦半岛见识过活人献祭，但此处的受害者数量众多，散落着斩落的头颅，还有明显的食人痕迹。一位当地酋长——很可能是托特纳可人（Totnac），赠给格里亚尔瓦黄金罐、手镯、黄金球及其他珠宝。另一位被西班牙人称为"奥万多"的酋长送给他们美丽的黄金物品，如小型人体雕像、扇子和面具，制作精致，边缘均镶嵌了宝石。西班牙人与酋长共同进餐，酋长还送给格里亚尔瓦一位外表美丽、盛装打扮的奴隶女孩。现在，他们已经到达距离后来称之为韦拉克鲁斯不远的地方，随后将抵达现在的图斯潘（Tuxpan）。格里亚尔瓦和同伴们首次听闻蒙特祖玛统治的伟大帝国和墨西加人位于深山当中。

远征队的部分成员，如马丁·米连·德·甘博（Martín Millan

de Gambo），想要留在原地创建殖民地，格里亚尔瓦则明令禁止，因为这违背了贝拉斯克斯总督的指令。他命令佩德罗·德·阿尔瓦拉多乘坐其轻快帆船返回古巴，向贝拉斯克斯报告在墨西哥的发现。佩德罗·德·阿尔瓦拉多携带格里亚尔瓦得到的部分黄金，包括一具胸甲和一张面具，返回古巴。他的报告在古巴引起轰动，墨西哥的黄金、蒙特祖玛的帝国，无不令人震撼。墨西哥帝国虽不是中国王朝，但两者似乎有很多相似之处。

格里亚尔瓦沿海岸航行，远达卡托切角，最后在 6 月 28 日返回古巴。返回古巴圣地亚哥以后，贝拉斯克斯却指责他未留在新发现的陆地开拓殖民地。其实总督心中十分清楚，格里亚尔瓦并无这样的权力。

格里亚尔瓦的炮声给印第安人带来巨大的震撼，大炮远距离摧毁物体的能力也令他们甚为惊叹，而它在近距离瞄准时欠准确的缺点似乎并不那么重要。

另一方面，西班牙人对墨西哥地区人们精湛的手工技艺也印象深刻，这与加勒比海地区常见的手工艺品完全不在一个水平之上。格里亚尔瓦返回古巴，可能也传达了纳贡的印第安人——比如居住于后来的韦拉克鲁斯附近的托托纳克人——对于墨西加人皇权的憎恨，或许西班牙人可以借此与他们结盟。西班牙人在韦拉克鲁斯附近的乌鲁亚岛（Ulua）上发现活人献祭的详细证据，这无疑令所有人都感到难受。他们的发现当中不乏积极的方面，尤其是众多精湛的工艺品，这一点也是无法否认的。

1518 年 7 月，格里亚尔瓦返回古巴仅一个月之后，彼得·马特尔以热情洋溢的笔触向学生洛斯·贝莱斯侯爵，以及蒙德哈侯爵

（Marquise of Mondéjar）写信道：

> 从西印度群岛传来许多消息。西班牙人从古巴岛——他们
> 称那里为"费尔南迪纳"——出发，向西挺进。临近中午之
> 际，经过了一些人民遵纪守法、商业欣欣向荣的城市。那里的
> 人们会以衣物蔽体。他们的书在字里行间穿插着国王和神的画
> 像，就像历史学家在出版的书籍或法典中所做的那样，为了提
> 高销量，书里的描绘都生动有趣。这些地方有其他城市那样的
> 街道、辅以石灰的石砌房屋、巍峨的宫殿和恢宏的神庙（用于
> 祭神），美得仿佛夜间的幻觉。每年，他们用数不清的小孩、
> 少女以及从市场买来的奴隶进行献祭。[14]

一个名副其实的新世界即将展现在加勒比海的西班牙人面前：
富有——因丰富的黄金储备，野蛮——因活人献祭的习俗，富有教
养——因创作了具有启示意义的书籍、雕塑及其他艺术品。这一切
对于身处古巴的西班牙人而言都是巨大的诱惑，他们渴望荣耀，垂
涎黄金，想要带异教徒认识真正的上帝。

第三十五章

"尊贵的阁下，您历经千辛万苦"

> 尊贵的阁下，您历经千辛万苦，忍受旅途劳顿，终于抵达了这里。

——1518 年 11 月，蒙特祖玛在通往特诺奇提特兰的堤道上向科尔特斯说 [1]

西班牙人向今天的墨西哥地区发起第三次远征，统帅为埃尔南，或者说埃尔南多·科尔特斯，当时他以这个名字为人们所熟知。他生于 1480 年前后，来自埃斯特雷马杜拉的小城梅德林，1506 年第一次去往西印度群岛，此次远征时已年近四十。科尔特斯出自埃斯特雷马杜拉的蒙罗伊家族，但他所属的家族分支并不正统，且穷困潦倒。他与伊斯帕尼奥拉总督奥万多以及卡斯蒂利亚枢密院成员洛伦索·加林德斯·德·卡瓦哈尔都是远亲。科尔特斯的堂表亲众多，但无任何亲兄弟姐妹。15 世纪 70 年代的内战期间，他的父亲和外祖父都支持胡安娜女王一方，祖父迭戈·阿方·阿尔塔米拉诺（Diego Alfon Altamirano）曾是失败方的领导者之一梅德林女伯爵的管家。这位女伯爵是恩里克四世宠臣胡安·帕切科的女儿。梅德林的城堡在 1476 年遭到王室军队围攻，科尔特斯的祖父当时可能就在城堡中。[2] 由此可见，墨西哥的征服者是一个从叛乱、战争和阴谋中成长起来的人物。

梅德林归属梅德林伯爵统辖，位于比利亚努埃瓦－德拉塞雷娜（Villanueva de la Serena）以西 8 英里，地处美丽的塞雷纳山谷口。梅德林保存着梅斯塔委员会的档案，委员会里的几百位成员每年在这里会面一次。[3] 所以，梅德林人习惯于与外界接触。科尔特斯曾在萨兰德大学（University of Salaand）学习，掌握了拉丁语。[4] 他可能与萨拉曼卡天主教教长阿尔瓦罗·德·帕斯（Álvaro de Paz）有亲戚关系。[5] 他曾以公证员的身份在塞维利亚居住过一段时间。在梅德林生活期间，因为自童年起小城里就同时存在犹太人和穆斯林居住区，他接触了不同于卡斯蒂利亚的文化。接任祖父城堡管家一职的人也是犹太人，1492 年，科尔特斯大约 12 岁时，这个犹太人改信基督教，这一年犹太教堂的所在地开始修建圣则济利亚教堂（Church of Santa Cecilia）。

1506 年秋天抵达阿苏阿至 1510 年或 1511 年间，科尔特斯曾在位于伊斯帕尼奥拉岛南岸的这座新城担任亲戚奥万多的公证员。后来，他成为迭戈·贝拉斯克斯·德·奎利亚尔的秘书，跟随贝拉斯克斯前往古巴，深受宠幸。贝拉斯克斯在古巴修建各大城池之时，科尔特斯肯定也在场。1516 年到 1518 年之间，他担任当时西班牙在古巴的首府圣地亚哥的法官之一。他通过淘金赚得盆满钵满。[6]

科尔特斯为人谨慎，性情平静，从不过度追求物质享受。他文笔出众，写给查理五世的信件措辞巧妙，西班牙人远征期间创作的大量文学作品中，只有他的信件至今仍值得一读。不过与此同时，他还是个耽于酒色之徒。在征服墨西加人的战争期间，与他发生关系的女性不胜枚举，其中许多都是墨西哥当地人。斯特拉斯堡人克里斯托夫·韦迪茨（Christoph Weiditz）的圆形浮雕作品中对他的刻画最为形象。[7]

　　科尔特斯率领的第三次远征远比前两次规模更大，他带领20艘船，近600人（包括水手在内）出发。与埃尔南德斯·德·科尔多瓦一样，他带来了火绳枪兵；与格里亚尔瓦一样，他运来了大炮。不过，与两者皆不同的一点是，他还有马匹。除了陪同格里亚尔瓦远征，来自塞维利亚的神父胡安·迪亚斯外，他还带上了机敏的梅塞德会修士巴尔托洛梅奥·德·奥尔梅多（Bartolomé de Olmedo）。巴尔托洛梅奥来自卡斯蒂利亚的巴利亚多利德附近，他必定曾协助科尔特斯预估过西班牙王庭对于此次远征的反应。科尔特斯的远征队中似乎有约20位女性，她们的身份有战士、护士或情妇（*conquistadora* 一词指代的角色值得深究）。他的队伍也招募了众多西班牙青年男子，其中贡萨洛·德·桑多瓦尔和安东尼奥·德·塔皮亚（Antonio de Tapia）均来自他的家乡梅德林。此外，还有一位自由的黑人战士胡安·加里多，此前曾在加勒比海地区、波多黎各、瓜德罗普、佛罗里达（跟随庞塞·德·莱昂）及古巴（跟随贝拉斯克斯）参加过多场战事。

　　远征队伍的大多数成员都曾在古巴待过几年，也有从圣多明各专门前来之人，如胡安·德·卡塞雷斯，他是未来科尔特斯的管家。此外，还有之前跟随埃尔南德斯·德·科尔多瓦或格里亚尔瓦去过尤卡坦半岛的人，比如希内斯·马丁·贝尼托·德·贝哈尔（Ginés Martín Benito de Béjar，擅长铃鼓）、佩德罗·普列托及三位副官（阿尔瓦拉多、阿维拉和蒙特霍）。弗朗西斯科·德·蒙特霍和贝尔纳尔·迪亚斯·德尔·卡斯蒂略等人最初跟随佩德拉里亚斯到过西印度群岛，后因无法忍受达连的恶劣环境，转而去了古巴。

佩德罗·德·阿尔瓦拉多刚与格里亚尔瓦结束远征返回，就任命科尔特斯指挥这次新的远征。科尔特斯根据贝拉斯克斯的指令将格里亚尔瓦发现的地区设置为定居点，宣扬基督教教义，描绘尤卡坦半岛及其以北的海岸线（也就是让他确认那里是否有海峡可以通往当时称为"南海"的太平洋），并以西班牙君王的名义占领所及之处。除此以外，贝拉斯克斯还为格里亚尔瓦安排了几项奇异的任务：寻找"耳朵宽大之人和狗面人，在带去的印第安人帮助下，探索附近的亚马孙人所在位置"。[8]

科尔特斯的队员来自卡斯蒂利亚各个地区，其中占比最高（可能为 36%）的人来自安达卢西亚，来自塞维利亚的人数最多。可能有 16% 来自埃斯特雷马杜拉，略低于来自旧卡斯蒂利亚的人数。队伍中的领导者大多来自埃斯特雷马杜拉，科尔特斯与有些人自幼便相识，他们会在关键时刻坚定不移地支持他。在第一代征服者中，忠于本地领导人的情形相当常见。科尔特斯的队员中还有几位来自阿拉贡和加泰罗尼亚，一两位来自巴伦西亚，几乎无人来自格拉纳达。[9]科尔特斯购买了为数众多的古巴印第安人作为奴仆或奴隶，这件事得到贝拉斯克斯的批准。[10]

军队的领导者包括：巴达霍斯人佩德罗·德·阿尔瓦拉多，他的叔叔是迭戈·德·阿尔瓦拉多——伊斯帕尼奥拉岛上最资深的西班牙定居者之一；卡斯蒂利亚的梅迪纳-德尔坎波人迭戈·德·奥尔达斯；雷亚尔城人阿隆索·德·阿维拉；或许出自梅德林某家族的安东尼奥·德·塔皮亚；后来加入的贡萨洛·德·桑多瓦尔，亦为梅德林人，最后的实际地位相当于副指挥。这些人并无丰富的作战经验，只有部分人曾参与西班牙统治古巴的战斗。迭戈·德·奥尔达斯跟随奥赫达进行远征时，曾在 1509 年参与图尔瓦科的灾难性战役——胡安·德拉·科萨就死于这场战斗。科尔特斯曾在古巴，还可能在伊斯帕尼奥拉参与过作战。这些人大都出身于崇尚武力的家族，还有人像科尔特斯那样，其父亲参加过格拉纳达战役。

阿尔瓦拉多自然向科尔特斯详述了弗朗西斯科·埃尔南德斯·德·科尔多瓦和格里亚尔瓦发现的新世界，科尔特斯对此也是认真聆听。

科尔特斯远征队的第一站为尤卡坦半岛，他们在那里找到了庶务修士赫罗尼莫·德·阿吉拉尔。他在 1509 年跟随尼库萨远征时遭遇沉船事故，不得不与玛雅印第安人生活数年。[11] 科尔特斯的一位下属安赫尔·丁托雷罗（Angel Tintorero）说他正在尤卡坦附近的一座岛上寻找野猪（他是这样描述的），遇到阿吉拉尔穿着印第安人的衣服，紧握着破旧不堪的《祈祷书》（*Book of Hours*）。[12] 阿吉拉尔与印第安人非常相似，说着玛雅语，乍看上去根本无法辨认出他是西班牙人。科尔特斯派出墨西加人奴隶玛丽娜丽（Mallinalli）或称玛丽娜，她能说流利的玛雅语和纳瓦特尔语（墨西加人的语言），阿吉拉尔才在略显笨拙但又卓为高效的翻译帮助下与西班牙人成功地交谈。[13]

历经墨西哥海岸几处地方的小规模战斗，科尔特斯在韦拉克鲁斯附近建立起基地。这违反了迭戈·贝拉斯克斯的意愿。科尔特斯成功平息了远征队伍里贝拉斯克斯总督支持者的叛乱，这些人似乎想要返回。居住于海岸地区的托塔纳克人要按时为墨西加人纳贡，科尔特斯对他们有了深入的认知。他和他的朋友也像格里亚尔瓦那样，发现了活人献祭的痕迹。他们在尤卡坦半岛上看到"凝固的血迹覆盖的祭坛"，感到十分不舒服。

墨西加人的皇帝蒙特祖玛主动接近科尔特斯，在赠送礼物给他之余，也想要尽可能地了解这些蓄长发、持尖刀、体形健壮的新来者。他的巫师，应该也是他的间谍，报告称西班牙人的领导者们会彻夜长谈，天亮时又翻身上马。蒙特祖玛向科尔特斯馈赠了两件做工精良的礼物：沉重的金轮和银轮，几乎可以肯定它们描绘的是墨西加人的日历［均有浮凸（repoussé）纹饰］。礼物显然是为格里亚尔瓦制作的，但在完工前他已离开。[14] 这对于征服者而言是一份再丰厚不过的礼物。

科尔特斯极为幸运，在他抵达墨西加人统治的领土时，祭司们刚好要纪念仁慈友善的羽蛇神，而他和其他征服者穿越的海洋正好是传说中羽蛇神乘坐由蛇搭建的筏子消失的地方。于是，科尔特斯将这些传说为自己所用。还有传说称，人们一直期待羽蛇神有一天能够返回，但没有证据显示征服者到来之前存在这样的说法。墨西加人似乎将科尔特斯误认为羽蛇神，隆重地为他穿上特制衣服，作羽蛇神的打扮。

科尔特斯派遣两位代表，梅德林人阿隆索·埃尔南德斯·德·波托卡雷罗（Alonso Hernández de Portocarrero），与萨拉曼卡人弗朗西斯科·德·蒙特霍返回西班牙，向国王报告自己的发现。两人的身份体现了"代表"一词最简单的含义。他们由科尔特斯而非韦拉克鲁斯任命，作为科尔特斯的代表，而且无疑是在西班牙王庭时就已经选中。科尔特斯丝毫未曾提及要向迭戈·贝拉斯克斯报告，但蒙特霍在古巴拥有房产，所以他在返回西班牙的途中于古巴停留了一二日。总督的一位朋友刚好在此期间看到科尔特斯获得的部分财富，将此事告知了总督。

他们的任务之前已经介绍过。[15] 他们带回蒙特祖玛赠送的金银轮、富有特色的墨西哥艺术品，如木雕、绿松石、镶嵌画（包括羽毛镶嵌画）、金饰和玉石，但并无墨西哥著名的大型雕塑，也带回找到赫罗尼莫·德·阿吉拉尔的消息。此人曾在尼库萨的一次远征途中失踪，现在一切安好，将以翻译的身份为国王继续效力。[16]（关于他们返回西班牙后受到的接待，见第三十一章。）

8月，科尔特斯将 100 人左右留在海岸，交由托托纳克人照顾，他率领其余人等深入墨西哥佩罗特（Perote）附近气候温和的热带低洼地区，穿过群山，前往屹立于东边的墨西加人首都特诺奇提特兰。

在去往特诺奇提特兰的途中，科尔特斯和麾下的士兵历经几场激战，其规模远胜此前欧洲人在新世界参加的所有战斗。不过，他们与特拉斯卡拉人在战斗后反而成为朋友。特拉斯卡拉城邦被墨西哥帝国包围，常与墨西加人发生冲突。西班牙人以为乔鲁拉人要进攻他们，于是与对方开战。乔鲁拉人进攻的可能性微乎其微，但他们人数众多，西班牙人显然惧怕自己的担忧成为现实。"如果我们不主动出击，恐怕性命堪忧。"科尔特斯的远征队员贝尔纳尔·迪亚斯·德尔·卡斯蒂略写道。[17]

然后，蒙特祖玛皇帝接待了科尔特斯及其同伴，将他们奉为座上宾。他们能受到如此热情的招待，是历史上最令人称奇的事件之一。双方的会面发生在 1519 年 11 月，地点是在从大陆经由墨西哥湖通往特诺奇提特兰的南堤道。科尔特斯带着四五百号欧洲人，在当地人组成的信使和仆人群体（蜂拥而来为他效命，但没有阿兹特克人）簇拥下抵达。这些当地人乐于支持外国军事领袖，希冀依靠他推翻墨西加人的统治。

科尔特斯和各位指挥官们，包括佩德罗·德·阿尔瓦拉多和贡萨洛·德·桑多瓦尔，盔甲护身，身骑骏马，令墨西加人大受震动。科尔特斯为数不多的那些战犬也令墨西加人甚为恐惧，托塔纳克人可能还用车拉着几尊大炮，炮口正对特诺奇提特兰。这是北美洲人第一次见识轮子的重大用途。火绳枪兵也在场，即便未瞄准目标，也能形成威慑。

或许墨西加人早已风闻西班牙人的凌厉长剑。西班牙人挥舞长剑，自海岸一路直达特诺奇提特兰，造成了致命的伤害。

蒙特祖玛亲自接见了科尔特斯，皇帝身边的墨西加贵族们均以羽毛作华丽装扮。皇帝前方走着一人，高举图腾柱，以示皇帝的权威。西班牙人可能对于仪式中的某些环节感到熟悉，有人或许对图腾柱上的雕刻之精美感到惊叹。皇帝也许并不情愿如此接待科尔特斯，但不得不遵守当地热情好客的传统。墨西加人礼节周到，"像墨西哥印第安人那样彬彬有礼"是 17 世纪西班牙人常说的一句话。

蒙特祖玛走下绿色的轿子，年代史记载称这顶轿子以当地著名的珠宝、雕刻和羽毛艺术品等精心装饰。皇帝可能身穿绣花斗篷，头顶绿色羽毛头饰，也许与维也纳人类博物馆收藏的头饰大小相当，脚踩以黄金装饰的凉鞋。他触摸了大地，然后亲吻了科尔特斯的手。

科尔特斯问道："尔为何人？可是蒙特祖玛？"语罢，递给皇帝一串珍珠项链，珍珠很可能来自委内瑞拉附近的玛格丽塔岛，寻找珍珠的西班牙人活跃于那座岛屿。

作为回礼，蒙特祖玛送给科尔特斯以红色蜗牛壳制成的双圈项链，缀着八只黄金做成的虾。由此项链的颜色或许可以判断出，蒙特祖玛相信科尔特斯就是羽蛇神的化身，因为红色是羽蛇神最为钟爱的色彩。

皇帝向科尔特斯发表了一番演说。按照方济各会修士圣贝尔纳迪诺·德·萨阿贡（1526 年抵达墨西哥后，他将毕生精力投入探寻墨西哥文明的本质）的说法，这或许称得上史上最为精彩的欢迎辞。蒙特祖玛可能是这样说的：

> 尊贵的阁下，您历经千辛万苦，忍受旅途劳顿，方才抵达这里啊。您是来管理您的墨西哥城市，踏上我为您悉心守护的坐垫……我不是在做梦，在梦中是无法得见的，因为我在梦中也不敢想到会见到您，直视您的面容……仙逝的统治者们坚信，您将亲临您的城市，坐在您的座位之上。[18]

萨阿贡在 16 世纪时将这段话从墨西哥语（纳瓦特尔语）译为西班牙语，译文招致诸多批评，尽管如此，肯定会有一些这样精心设计的欢迎词。"这里就是你家"（This is your house）至今仍是西班牙人欢迎客人和陌生人时会说的话。

科尔特斯和属下被安排住宿在蒙特祖玛寝宫的对面，中间隔着一片圣地，他们住过的地方今天成了国营典当行。几天过后，为防止墨西加人得空时杀害自己，科尔特斯俘获了蒙特祖玛，将他拘禁在这片住所。1519 年 11 月至 1520 年 4 月是一段不同寻常的时期，处于拘禁状态的皇帝在管理国家，科尔特斯则在控制蒙特祖玛。科尔特斯教会皇帝使用火绳枪，两人还进行了无数已载入史册的有趣对话。

蒙特祖玛与科尔特斯关系亲近，有一次科尔特斯声称，凭他的武器和将士，加上墨西加人的人力，他们将能携手征服世界，或者至少能征服中国。[19]科尔特斯和安德烈斯·德·塔皮亚等人将圣母马利亚和圣马丁的画像放进金字塔上的主神庙，破坏了部分墨西哥神明的雕像，将碎片信手扔下神庙台阶，这一系列事件导致征服者们和墨西加人的关系变得紧张。[20]

1520年1月，蒙特祖玛正式宣布自己为西班牙国王查理五世的封臣。科尔特斯时期，这一举动连同许多其他事件都受到质疑，有理由认为墨西哥和西班牙对于附庸国的理解大相径庭。墨西加人在15世纪之前是特帕内克人的附庸国，就像科尔特斯从此认定他们就是卡斯蒂利亚的附庸国那样。有几个人证明说亲眼见证了上述场景，蒙特祖玛可能将最高统治权交出，[21]甚至还可能同意转信基督教。[22]有可能，科尔特斯自始至终的目的就是说服蒙特祖玛承认自己是查理五世的封臣。[23]

西班牙人与墨西加人和平共处的局面在1520年4月画上了句号。久经沙场的征服者、征服牙买加的胜利者、担任古巴副指挥官的潘菲洛·德·纳瓦埃斯，率领约1 000名西班牙人，从韦拉克鲁斯登陆，决心俘虏或杀死科尔特斯，为古巴总督树立权威。纳瓦埃斯麾下拥有众多历经艰险、经验丰富的冒险者，有人在征服伊斯帕尼奥拉和古巴的战斗中得名。他的队伍里也不乏古巴印第安人作为奴隶或奴仆。[24]科尔特斯告诉蒙特祖玛，这些新来者主要是巴斯克

　黄金之河：西班牙帝国的崛起，从哥伦布到麦哲伦

人，[25] 此话并不属实。纳瓦埃斯的队伍中仅有为数不多的巴斯克人，如胡安·博诺·德·克赫霍。1515年，在胡安·庞塞·德·莱昂那次臭名昭著的特立尼达抓捕奴隶的远征期间，他担任船长之一。

科尔特斯将副手佩德罗·德·阿尔瓦拉多留在特诺奇提特兰，出发前往海岸，在韦拉克鲁斯不远处的森波阿拉（Cempoallan），对纳瓦埃斯的队伍发动夜袭，这是在美洲的西班牙人之间的首次激战。纳瓦埃斯手下有十几人被杀，自己负伤后被俘，被囚禁在韦拉克鲁斯长达数月。

科尔特斯返回特诺奇提特兰，新来的西班牙人别无他法，只能选择为科尔特斯效忠，因而扩充了他的力量。他还斩获了多匹战马。与此同时，留在特诺奇提特兰的阿尔瓦拉多因担心遭到攻击，与前一年秋季在乔鲁拉时一样，主动出击，在一次宗教节日中屠杀了众多墨西加贵族，后遭到围攻。从现代战略家的角度来说，他此举实为先发制人。科尔特斯进入特诺奇提特兰，试图解除围困，却未能成功。墨西加人的心情较上个冬季时已大为不同。蒙特祖玛登上屋顶规劝昔日的臣民，而他在读完弗朗西斯科·阿吉拉尔修士的陈述之后，被墨西加人群投掷的石头砸中身亡。[26] 科尔特斯与阿尔瓦拉多协商后，决定晚上秘密离开该城。

一位挑水的妇女发现了他们。于是，1520年6月30日晚，一个悲伤的夜晚，一场激战在连通达库巴（Tacuba）与特诺奇提特兰的堤道上爆发，多名西班牙人被杀。有人似乎是在屋内睡觉时被俘，后被送上主金字塔顶端作献祭用。

西班牙人在达库巴——今天的洛斯-雷梅迪奥斯教堂重整旗鼓，一路朝墨西哥湖口进击，于奥登巴（Otumba）附近的正面对战中击溃墨西加人。随后，他们在山脉另一侧的特拉斯卡拉彻底恢复元气。那里住着墨西加人的宿敌（西班牙在这片新地区的盟友），他们热情欢迎西班牙人，积极提供援助，以图换取管辖墨西哥谷的条约。[27]

特拉斯卡拉城邦成功抵制了被墨西哥帝国吞并的命运。其他民族被征服以后，不得已屈从于墨西加人，心存怨恨却又别无他法。一些民族似乎将西班牙人的到来看作恢复独立的天赐良机。许多特拉斯卡拉人将西班牙人当作可助自己一臂之力的雇佣兵，为获得对方帮助，他们做出了自认为是吃亏的交易。[28]

科尔特斯伤情康复，指挥官们也恢复健康。他在随后几个月的时间里专注于征服墨西哥帝国的小型城市，如首都以东的特佩卡（Tepeaca）。他特意实行恐怖手段，以防人们反抗。当地盟友和更多自愿从圣多明各过来的西班牙人极大地充实了他的军队规模。1521 年春，他举兵围攻特诺奇提特兰。[29] 科尔特斯的两位改宗者友人从西班牙派遣远征队，途中经过加那利群岛。这两位朋友分别是塞维利亚知名银匠胡安·德·科尔多瓦和商人路易斯·费尔南德斯·德·阿尔法罗，后者曾是船长，在 1506 年带领科尔特斯抵达西印度群岛；后续将会介绍他的生平。[30] 罗德里戈·德·巴斯蒂达斯也从圣多明各派出一支大规模远征队伍。

科尔特斯委托塞维利亚人马丁·洛佩斯制作 12 艘双桅帆船，从湖面进攻特诺奇提特兰。帆船在特拉斯卡拉制造，他们将零件经由山路运输到墨西哥湖附近的一处小型河口进行组装，这是一项了不起的工程，堪比巴尔沃亚在巴拿马地峡完成的壮举。

围城战旷日持久，西班牙人历经多次挫败。后人经常回忆这场战争，其规模之大在新世界前所未有，也是欧洲人经历的最为血

黄金之河：西班牙帝国的崛起，从哥伦布到麦哲伦

腥的战役之一。毫无疑问，它也是世界上具有决定意义的一场战争。西班牙人利用双桅帆船的优势控制湖面，切断城内粮食及其他必需品的供应。战争最后摧毁了特诺奇提特兰，众多墨西加人死于饥饿或是战斗。几乎可以肯定，墨西加人会摄食致幻的圣菇和佩奥特掌，以提升士气，[31] 但蒙特祖玛的堂 / 表亲，年轻的库奥特穆斯（Cuauhtemoc）皇帝，还是在 1521 年 8 月 13 日举城向科尔特斯投降。成千上万的墨西加人遭到杀害，墨西加人从此再未能恢复元气。少数幸存者加入西班牙人队伍，参与随后的征服战争。自 1518 年以来，西班牙人的伤亡数量在 500 名左右。[32]

科尔特斯能够战胜人数远多于己方的墨西加人，有多重原因。西班牙军队训练有素、组织有序、层级分明、团结一致，从而完胜墨西加军队。科尔特斯的领导能力出众，总是镇定自若，尤其是在困难时期；勇敢无畏，敢于冲在前线；情势急转直下时，总能临时想出应对良策。在他的领导下，军队进退有方，而他尤为擅长以沉着冷静又不失激情的语调鼓舞士气。他能够以"非常出色的方式……将神圣的信仰"解释给印第安人听。[33]

他与属下的交流也甚为有效。贝尔纳尔·迪亚斯曾回忆说，围攻特诺奇提特兰期间，科尔特斯与阿尔瓦拉多保持通信，收效极好："他总会写信指示我们做什么，以及如何战斗。"[34]16 世纪征服战争期间，通信是西班牙人的"文字优势"，或"可能是"西班牙人和当地人之间"最为重要的"区别。[35] 科尔特斯的翻译玛丽娜，后来成了他的情妇，她也至关重要。

对战双方都自信于各自的优势。西班牙人坚信，他们必须将自己独特的宗教信仰传递给这群以活人进行献祭的人。到最后，科尔特斯身边只剩三四位圣职人员（修士胡安·迪亚斯、庶务修士赫罗尼莫·德·阿吉拉尔、梅塞德会修士巴尔托洛梅奥·德·奥尔梅多和方济各会修士佩德罗·德·梅尔加雷霍），但他队伍中的所有人都信仰宗教。随着征服的推进，深入了解当地的活人献祭习俗，他们的虔诚与日俱增。

西班牙人临时想到的解决之策在墨西加人眼里可谓无与伦比。比如，征服之后弹药匮乏，科尔特斯派出三位最可靠的追随者，命令弗朗西斯科·德·蒙塔诺（Francisco de Montano）和迭戈·德·佩纳洛萨，将弗朗西斯科·德·梅萨（Francisco de Mesa）从热浪翻滚的波波卡特佩特（Popocatepetl）火山吊下，以桶盛装沥青，然后返回。[36]

不过，科尔特斯制胜的决定性因素实为武器和动物。为防止首都的墨西加人躲在屋顶往下扔石块，西班牙人用大炮或火枪发射炮火，无论能否瞄准目标，总能发挥作用。在城内的肉搏战中，马匹的作用不大，但在野外战斗，如登巴战役中，马匹的决定性作用就显现出来了。墨西加人初见马匹时，被这种从未见过的动物震慑。手枪，如火绳枪，及其他历史较久的武器，如十字弩，对于战争的进程影响不大，而卡斯蒂利亚的锐利长剑是西班牙在新世界取胜的关键。与之相比，墨西加人在木杆上安装的尖利石剑无法杀死敌人，因为这种剑原本不过是用于打伤对手，而非杀人，将受伤的俘虏用作节庆时候的献祭。

大炮需要运输，西班牙人的印第安人盟友为此出力不少。起初，可能由古巴印第安人帮助运输。科尔特斯自韦拉克鲁斯向特诺奇提特兰进发时，很有可能是带领一众当地佣兵随行。步兵也带着奴仆，他们与指挥官一样，经常同印第安人女孩发生性关系。这些情事显然有助于提升西班牙军队的士气，也繁衍出墨西哥的梅斯蒂索混血儿（mestizo）。

西班牙人旗开得胜还有一个原因是，1520 年秋季，古墨西哥暴发了天花传染病，在削弱当地人抵抗的同时，还造成几位著名领袖染病致死。另一边，西班牙人似乎对该疾病完全免疫。这给墨西加人带来了巨大的心理压力，也损耗了不少人力优势。1518 年西班牙暴发天花，次年在圣多明各造成毁灭性伤害，后被纳瓦埃斯的一名奴隶带到新西班牙 / 墨西哥。

蒙特祖玛对于将他拘禁的西班牙征服者态度不甚坚定，也为国民带来不少负面影响。

征服战争结束以后，科尔特斯开始着手重建特诺奇提特兰。他雇用存活下来的墨西加人和盟友，如以擅长建筑闻名的查科人（Chalco），他们曾在 15 世纪参与墨西加人首都的建设。特诺奇提特兰是文艺复兴时期城市规划的伟大成就。1518 年，特诺奇提特兰惨遭摧毁以前，可能比所有西欧城市的规模都要大，这一点之前已经讲过。按照科尔特斯的朋友——巴达霍斯人阿隆索·加西亚·布拉沃的规划，它在三年的时间里就重建至与旧时相当的规模。[37] 方济各会修士蒙特利尼亚回忆称，印第安人建城时投入了无比的热情，展示了令人难以置信的毅力，这无疑是因为他们在重建曾经的骄傲。

西班牙人引入的两种设备令当地人大为震撼：带轮子的马车和滑车。西班牙人在战争期间用马车牵拉枪炮。墨西加制陶工人也会使用轮子，但他们从未想到将轮子用于运输工具。墨西加人也没有家畜。马车和滑车变革了重建特诺奇提特兰城（它很快就会成为"墨西哥"）的方式，给了当地人诸多启示，加速了他们转信基督教的进程。在他们看来，如果外国人拥有如此科技，他们的神明（圣母、圣马丁、圣克里斯托弗及三位一体）或许也是真实存在的。

军事征服墨西哥以后，西班牙人进入精神征服当地人的阶段。他们劝诱当地人转信宗教的努力大获成功。许多墨西加人认为，科尔特斯的胜利便是上帝和基督教众圣人的胜利。从大多数方面来看，这种想法是正确的。

科尔特斯很快开始依照监护征赋制分封追随者。在写给国王查理的信中，他解释称这并非本意，但苦于没有足够的金银财富以资奖励，只得如此。[38] 首批监护主自然少不了征服战争中的大功臣安德烈斯·德·塔皮亚、佩德罗·德·阿尔瓦拉多及胡安·哈拉米略（Juan Jaramillo）。

1521 年春天，一份详述特诺奇提特兰城（彼得·马特尔说征服者们将它称为"富庶的威尼斯"）的文件送达西班牙。马特尔在写给自己最喜欢的通信对象德·蒙德哈和德·洛斯·贝莱斯侯爵的信中提及此事。[39] 到秋季，科尔特斯的两名新使者，阿隆索·德·门多萨和迭戈·德·奥尔达斯，抵达塞维利亚。前者为梅德林人，与科尔特斯是多年老友，但看似与权势极大的贵族科尔特斯家族没有什么关系。后者生于旧卡斯蒂利亚，1518 年时与科尔特斯同在古巴的圣地亚哥任地方法官，是科尔特斯最早的指挥官之一。两人讲述了他们围攻的那座伟大的城市，介绍了墨西加人的帝国，现在科尔特斯已将那里重新命名为"新西班牙"。他们讲述了科尔特斯是如何下定决心，要为国王查理和国王的母亲胡安娜女王占领那个地方的。卡斯蒂利亚仍在思忖这些消息时，6 个月后的 1522 年 3 月 1 日，科尔特斯占领墨西加人首都的消息传来。来自塞维利亚的德意志出版商雅各布·克罗姆伯格（Jacob Cromberger），将科尔特斯围城的故事以附言的形式，加在科尔特斯写给国王的第二次远征报告《关系信函》（Cartas de Relación）之后出版发行。

　　1522 年 5 月，科尔特斯从新西班牙写来第三封信，报告了围攻及征服特诺奇提特兰的过程。这封信在 1522 年 11 月抵达塞维利亚，于 1523 年 3 月出版发行。托德西利亚斯一个历史悠久的家族成员胡利安·德·阿尔德雷特（Julian de Alderete）、身在特诺奇提特兰的王室司库及另外两名声名显赫的征服者阿隆索·德·格拉多（Alonso de Grado）和贝尔纳迪诺·巴斯克斯·德·塔皮亚联合签字，证明信中的内容属实。信中所述事件令《骑士蒂朗》与《高卢的阿玛迪斯》黯然失色，而《高卢的阿玛迪斯》也是由克罗姆伯格出版发行的。西班牙人对西印度群岛的态度和看法从此得到彻底改观。

　　很久以前人们就发现，由参战人员亲笔写下的大量文字记录，大大方便了对于征服墨西哥历史的研究。科尔特斯、贝尔纳尔·迪亚斯·德尔·卡斯蒂略、安德烈斯·德·塔皮亚、阿吉拉尔神父、贝尔纳多·巴斯克斯·德·塔皮亚和胡安·迪亚斯神父（迪亚斯只记叙了格里亚尔瓦的远征历程）都为我们留下了珍贵的文字记载。巴托洛梅·德·拉斯·卡萨斯修士和奥维多也记录了相关人士在征服过程中的个人经历及体会。这些名字仅仅是冰山一角。有人在科尔特斯接受司法审查时作证，有人在征服过后的 40 年间还因为自身行为接受调查，或在他人的调查期间担任证人。通过这种方式，另外还有 350 名左右的征服者将自己在 1519—1520 年亲历的事件以书面形式留存下来。所有主要的船长也都留下了记录。所以说，这次远征算得上历史上文字记载最完善的征服战争。在 20 年乃至更久以后，法官询问一位中年征服者时说："你是如何知道的？"对方答道："我亲自去过，我亲眼见过。"这种事情发生的概率能有多高呢？[40]

第九卷

麦哲伦与埃尔卡诺

托马斯·莫尔的《乌托邦》一书最早于 1516 年出版。上图为 1518 年版中的插图，很可能是出自汉斯·荷尔拜因（Hans Holbein）之手

第三十六章

"带着好运出发"

你将带着好运出发，在我们的界限内寻到这片海洋……在接下来的十年里，我们不会允许任何（其他）人……沿着你的路线找到那里。

——1520 年，给麦哲伦的命令

1518 年 3 月，葡萄牙船长费尔南多·德·麦哲伦（西班牙语为 Magalhaes，英语为 Magellan），与自称占星家的朋友鲁伊·法莱罗（Ruy Faleiro）走进国务大臣让·勒·绍瓦热位于巴利亚多利德的房子时，巴托洛梅·德·拉斯·卡萨斯也在场。他们得以拜见勒·绍瓦热，要感谢行事腐败但为人和蔼的布尔戈斯商人、改宗者胡安·德·阿兰达（Juan de Aranda）的安排。[1] 麦哲伦带来地球仪，在上面用彩色标出他计划的向西航行线路。他看似胸有成竹，定能发现一处海峡，由那里抵达远在南方、瓦尔德泽米勒称之为美洲的地方，再前往"盛产香料的"马鲁古群岛（Moluccas）。他和法莱罗两人研究认为，葡萄牙和西班牙之间的分界线如果延续至全球，将会把香料群岛划给西班牙。两人对于自己的方案甚是满意。

拉斯·卡萨斯问道："如果不能找到海峡，你将如何抵达'南海'？"[2]麦哲伦说，如若不能找到海峡，他将沿以前从葡萄牙出发的路线，经由南非抵达目的地，他曾亲自沿这条线路航行过。安东尼奥·皮加费塔（António Pigafetta）来自威尼斯共和国的维琴察市（Vicenza），曾陪伴麦哲伦航行，他后来说麦哲伦在葡萄牙国王的图书馆见过马丁·德·贝海姆（Martín de Behaim）描绘的地图，因此能找到这样一个海峡。[3]不过，贝海姆在纽伦堡制作的地球仪上并没有描绘出海峡，甚至都没有美洲。瓦尔德泽米勒的地图上有太平洋，但没有海峡。麦哲伦看到的肯定是其他地图。[4]麦哲伦脑中或许还回想着堂/表亲——在马鲁古群岛任指挥官的弗朗西斯科·塞拉诺的建议，后者说他在东方时得知，沿着一条线路，经由西印度群岛，可以抵达马鲁古群岛。

之前已有人沿此方向踏上发现之旅。比如，接替弗洛伦廷·韦斯普奇（Florentine Vespucci）成为首席领航员的胡安·迪亚斯·德·索利斯，拥有丰富的航海经验，也曾经出海寻找从大西洋进入"南海"的海峡。[5]1516年年初，迪亚斯·德·索利斯就发现了普拉塔河的河口，他将那里称为玛尔杜尔塞（El Mar Dulce）。他的发现也具有伟大意义，但普拉塔河并非他们想要找的海峡，这条河也并不美好。索利斯与另外八人在岸边休息时，被瓜拉尼印第安人俘获，后惨遭吞食。对于伟大的水手而言，这实为再悲惨不过的结局。[6]远征队其他成员被关押在圣卡塔利纳岛（Santa Catalina），用于日后食用。后来，有些人成功地逃脱了，其中有阿莱霍·加西亚（Alejo García），他可能是葡萄牙人，身上具有哥伦布时代之后典型的第一代欧洲人特色。他与四位同胞乘着临时制作的独木舟抵达南美洲，前去寻找"白人"，当地人告诉他们这个神秘的内陆人物拥有无尽的财富。《高卢的阿玛迪斯》的作者都无法编出如此精彩的故事。他成功安抚甚至吸引了一大群印第安人，他们千里迢迢跟随加西亚，抵达秘鲁安第斯山脉，与印加人有了接触，这在欧洲历史上属于首次。接下来，他踏上归途，到了今天的亚松森，落得个与迪亚斯·德·索利斯同样的结局，在 1525 年前后被瓜拉尼人（Guaranís）杀害。[7]

麦哲伦与查理国王就他的航行计划达成协议（查理朝廷研究"印第安人"的专家科沃斯、加蒂纳拉、丰塞卡、鲁伊斯·德拉·莫塔及加西亚·德·帕迪利亚也在这份文件上签字）。麦哲伦先后见到了勒·绍瓦热、丰塞卡和谢夫尔。1519 年 4 月 19 日签署的这份和约规定，麦哲伦在约定的西班牙控制领域内向国王效力，其中还指出：

> 你将带着好运出发，在我们的界限内寻到这片海洋……在接下来的十年里，我们不会允许任何（其他）人……沿着你的路线找到那里……或许你将发现未知的事物，但不能在葡萄牙国王、我亲爱的叔叔和兄弟的领域里探索或做任何事情。[8]

麦哲伦要将发现和交换得来物品中的二十分之一上交国王，商人胡安·德·阿兰达获得航行收益的八分之一，作为他引荐麦哲伦的好处费。麦哲伦获得授权，如在岛上或海洋出现争议，可当场进行裁决。麦哲伦和法莱罗在出发前，均获封"圣地亚哥骑士"称号。[9]

麦哲伦出生于葡萄牙北部达拉斯-奥斯-蒙达斯省（Trás-os-

Montes），雷阿尔（Villa Real）的萨布罗萨（Villa de Sabroza），家乡距离波尔图不远。他出身于低阶贵族家庭，父亲鲁伊·罗德里戈·麦哲伦（Ruy Rodrigo Magalhaes）曾担任阿韦罗（Aveiro）的首席行政司法官，祖父佩德罗·阿方索（Pedro Aforso）也曾任职省政府。麦哲伦幼时便入宫担任葡萄牙王后埃莱娜的侍从，王后是天主教双王的女儿。1505 年，麦哲伦加入曾代表卡斯蒂利亚与格拉纳达战斗的弗朗西斯科·德·阿尔梅达的队伍，远征印度。他参与了征服马六甲海峡（Malacca）的战争，后乘船驶向马鲁古群岛。他曾跟随阿方索·德·阿尔武凯克（Afonso de Albuquerque）海军上将到过印度，后去往摩洛哥的阿萨莫尔（Azamour）。他是经验丰富的航海家，更是善于作战之人。但他惹恼了曼努埃尔国王，一方面可能由于他与阿尔武凯克决裂，另一方面也可能由于他未上交从摩洛哥阿拉伯人手中俘获的牛群。因此，他向葡萄牙国王提出沿西行线路驶往马鲁古群岛的计划时，国王并未表示支持。

在里斯本遇挫的麦哲伦在鲁伊·法莱罗的陪伴下前往塞维利亚，这位法莱罗脑袋里装满了有趣的想法。麦哲伦抵达塞维利亚后，得到葡萄牙商人迭戈·巴尔沃索（Diego Barbosa）的招待。此人为豪尔赫·德·波图加尔麾下阿尔卡萨的副手，他将麦哲伦引荐给西印度贸易总署，等于将麦哲伦介绍给塞维利亚上流社会。他还将女儿贝亚特丽斯嫁给麦哲伦。

曼努埃尔国王继续竭尽所能地为麦哲伦制造障碍，国王的一位顾问巴斯孔塞洛斯（Vasconcellos）主教甚至提议杀死麦哲伦。葡萄牙国王在塞维利亚的代理人塞巴斯蒂安·阿尔瓦雷斯（Sebastián Álvarez）前去麦哲伦的住所拜访，麦哲伦正在用箱子和篮子为旅程装载食物。

阿尔瓦雷斯告诫麦哲伦道，他已经踏上了一条荆棘密布的道路，其危险之多堪比圣凯瑟琳之轮*上的辐条，所以他应当回国。麦哲伦说，"为了荣誉，他只能完成自己承诺的事情"。阿尔瓦雷斯称，伤害自己的国王不可能是一种荣誉。麦哲伦反对道，很遗憾，国王在里斯本拒绝了自己的请求，现在他只能为卡斯蒂利亚国王效力，别无他法。曼努埃尔国王的另一代理人写信说，他已经亲自告知查理国王，"国王在另一国王兼朋友反对的情况下接受其臣民效力，这极为罕见，不符常理，在骑士当中也很少出现如此情形"。[10]

1519 年 9 月 20 日，麦哲伦率领 5 艘船、约 250 人，从桑卢卡尔－德巴拉梅达起程。首先，他们沿着所有探险者的航线，朝加那利群岛驶去。两周以后，他们再带着新加入的 26 人离开特里内费岛，船员总数达到 276 人，这些人中有近三分之一不是西班牙人，许多人的姓氏本身就代表出生地，如哈科梅·德·梅西纳（Jacome de Messina）和西蒙·德拉·罗科拉（Simon de la Rochola）等。其中约 15 人来自葡萄牙。船上一部分人对于巴西海岸十分熟悉，如意大利人胡安·卡拉瓦乔（Juan Caravaggio）。罗德里格斯·塞拉诺（Rodrízguez Serrano）曾在 1500 年与贝莱斯·德·门多萨（Vélez de Mendoza）去过巴西。[11] 麦哲伦有一位手下，"安德烈斯大师"，一个"治安官"，似乎来自英国的布里斯托尔。船上没有女性。维琴察人皮加费塔说，麦哲伦"没有宣布航行的整个规划，以防船员们心生震惊或恐惧，不愿陪他踏上如此漫长的旅程"。[12]

---

* 圣凯瑟琳之轮是一个基督教圣徒符号，属于圣凯瑟琳。圣凯瑟琳在罗马皇帝马克西姆斯的宴会上宣布自己信仰基督教，并指责马克西姆斯苛待基督徒。马克西姆斯恼怒之下要用辐条上插满刀的轮子处死圣凯瑟琳，结果圣凯瑟琳毫发无损，轮子反而裂开了。——编者注

麦哲伦的船队将会塑造能够比肩哥伦布远征队伍的伟大传说。麦哲伦的第一艘船为轻快帆船"特立尼达号"（110吨），由麦哲伦担任船长。皮加费塔和麦哲伦的堂/表亲阿尔瓦罗·德拉·梅斯基塔（Álvaro de la Mezquita）都以旅客身份参与航行。麦哲伦用燃烧的木头作为火炬，放置在船尾，以防其他人找不到他所在的船只。麦哲伦的船上装载了精良的铁枪。第二艘船为"圣安东尼奥号"（120吨），船长为船队的检察员胡安·佩雷斯·德·卡塔赫纳，此人据说是丰塞卡主教的外甥/侄子。[13] 第三艘船为"康塞普西翁号"（90吨），船长加斯帕尔·克萨达（Gaspar Quesada）曾为丰塞卡工作。[14] 巴斯克水手胡安·塞巴斯蒂安·德·埃尔卡诺（Juan Sebastián de Elcano）为舵手，他足智多谋，在历史上拥有不可动摇的地位。[15] 第四艘船为"维多利亚号"（Victoria，85吨），船长路易斯·德·门多萨（Luis de Mendoza）为德萨大主教的门徒。第五艘船为"圣地亚哥号"（75吨），船长是胡安·罗德里格斯·塞拉诺。

麦哲伦的船队装载有充足的火炮与武器弹药：62门重炮、10门隼炮、约50支火绳枪、1 000根长矛、220面盾牌、60个十字弩、50架轻型枪（卡宾枪）及50公担的桶装火药。他已笃定要在远征途中防御外来危险。此外，船上还有1万多个鱼钩、400多桶酒或水、20多幅羊皮纸地图、6个罗盘、约20个象限仪、7个星盘、18个沙漏，以及大量用于同未知的当地人进行交换的物品：鹰铃、刀、镜子、水银和剪刀等。船上运载了超过2 000千克的饼干，还有鱼干、培根、豆子、扁豆、面粉、大蒜、奶酪、蜂蜜、杏仁、凤尾鱼、白色沙丁鱼、无花果、糖和大米。总共载有6头奶牛（"特立尼达号"2头，其余每艘船各1头）和3头猪。有人说麦哲伦在桑卢卡尔－德巴拉梅达的曼赞尼拉（一种口味清淡的强化葡萄酒）上花费了比弹药更多的钱。[16] 药箱装在"特立尼达号"上。[17]

　　船队总共花费了 878 万马拉维第，国王出资 640 万，布尔戈斯的大香料商人克里斯托瓦尔承担其余费用——他一直都想寻找通往香料群岛的西行航线。因此，远征是由王室主导的。（此前只有哥伦布的第二次航行，以及佩德拉里亚斯的远征如此。）王室经费大多来自从加勒比海进口的黄金。[18]

　　麦哲伦率领船队首先驶向佛得角，然后抵达塞拉利昂（Sierra Leóne），在那里遭遇了连日的阴雨。船队途中遭到鲨鱼尾随，队员们用鱼叉捕获了几条，但除体形较小的以外，都不甚美味。船员们经常说看到了圣艾尔摩之火（Santo Elmo），[19] 有时圣人似乎亲临，有时无尾鸟突然出现，有时天堂鸟盘踞半空，有时还有飞鱼。麦哲伦向东南方向的"韦尔津"（Verzin）出发，该词在意大利语中是红木之意，也就是指巴西。

　　航行 60 天后，他抵达了巴西海岸，这次连续无间歇的航行创下了当时的记录。皮加费塔发现新大陆资源丰富，但当地人居然看似没有崇拜任何神明。他按照自己的想象，称这些人的寿命能长达 125—140 岁。当地人无论男女均不着衣物，住在大房子内的棉花吊床上，一间房里可能容纳 100 人。他们的独木舟用单块木头制成。他们食用敌人的肉，显然不是因为人肉鲜美，而是当地习俗所致，认为这样可以获取他人的才能。当地的鹦鹉非常美丽。为了换取一把小斧或刀子，当地人愿意用任何东西进行交换，甚至愿给出一两名女儿做奴隶，或五六只家禽；用两只鹅换一把梳子；用"十个人都吃不完的"鱼交换一块镜子或一把剪刀；用一种名叫巴塔特

　　　　　　　黄金之河：西班牙帝国的崛起，从哥伦布到麦哲伦

（*battate*）的水果换一枚鹰铃；用五只鸡换取一副纸牌。

一个漂亮女孩登上船，在低级别船员的柜子里发现了丁香，按照他的示范，"她鼓起巨大的勇气，将丁香放在双唇之间"。丁香是麦哲伦想要在马鲁古觅得的香料之一，女孩的行为对他们而言是一种吉兆。

对于巴西当地人的关注带来了回报。他们是德莱登（Dryden）最早所述"高贵的野蛮人"的原型，后来的欧洲作家热衷于对他们进行描述，尤其是卢梭。德莱登的剧作《格拉纳达的征服》（*The Conquest of Granada*）中，有一人这样描述自己：

> ……自由自在，仿佛自然初创人类时，
>
> 奴役的规则尚未出现，
>
> 高贵的野蛮人在森林里自由奔跑。

启蒙运动时代的许多人从 16 世纪富有智慧的观察者身上寻找思想的灵感。彼得·马特尔向教皇说道："从巴西归来的人们报告说，当地人生活在黄金时代……生性善良。"伊拉斯谟的《愚人颂》（*In Praise of Folly*）灵感源于巴西，托马斯·莫尔的《乌托邦》也接近巴西社会，因为人们将那里描述为新世界"赤道以南"的地方。拉伯雷（Rabelais）创作《巨人传》（*Pantagruel*）时同样也受到了对于巴西所闻的影响。首批欧洲访客之一的韦斯普奇描述道，这些印第安人生性善良，仿佛生活在共产主义的原始阶段，共同拥有一切，无金钱流通，无贸易活动。皮加费塔回忆说，赤身裸体的印第安人女孩爬上西班牙船只，天真烂漫的她们将身体献给欧洲人。法国水手帕尔芒捷（Parmentier）不久后确认了该说法的真实性，他在16世纪20年代描述这些女孩时说，"她们仿佛从未受到约束的马驹"。[20]

法国作家蒙田（Montaigne）在著名的《论食人族》（On the Cannibals）一文中，回忆了自己在巴西遇到当地人的经历，以及在麦哲伦航行至巴西40年后的16世纪60年代，有些当地人被带到法国国王查理九世面前，那时法国已经有译员帮助沟通。蒙田问那些当地人在说什么，原来他们在惊叹法国如此辉煌，而她的领导者却这般渺小。[21]

葡萄牙人到访时的巴西印第安人之间存在巨大差异，这种差异性现在依然存在。居住在那片广阔区域（属于今天巴西的一部分）的原始人口可能有250万，到现在只有10万。[22]过去的几百年间，巴西印第安人口遭遇了灾难性的减少。

麦哲伦和手下在巴西停留了13天，航行经过普拉塔河，抵达今天的阿根廷时，皮加费塔说他们遇到了巨人，并对他们进行了生动描述。那时，他们已经到达欧洲人此前未曾见过的远方海岸。

由于船只遇到巨大困难，远征队在圣胡利安（San Julián）的海湾和港口停泊长达五个月之久，那里在合恩角（Cape Horn）以北500英里。船舶未能恢复到理想状态，麦哲伦不想在结冰的海面上航行，船员们久久无事可干，对找到海峡深感无望，加之食物只能按额分配，当地的贫瘠与寒冷令他们难以忍受。麦哲伦认为应当待到春天再出发，许多追随者则渴望即刻返家，他们认为这次远征恐怕将毫无意义可言。船上的西班牙人与葡萄牙人也产生了重大分歧。西班牙人，如"康塞普西翁号"上的巴斯克人埃尔卡诺，听到统帅麦哲伦直呼国王名讳，感到甚为奇怪。麦哲伦与来自西班牙的船长们，尤其是与克萨达和卡塔赫纳也产生了争论，不过这并不令人感到意外。起初，就是否应该以及如何向麦哲伦行礼就出现过争执。实际上，伟大帝国的命运往往与此类琐碎事务息息相关。

1520 年 4 月 1 日，棕枝主日当天，麦哲伦命令船员上岸聆听弥撒，结束后邀请官员和领航员登上"特立尼达号"与他共进午餐。不料仅有两人，科卡和阿尔瓦罗·德拉·梅斯基塔（已接管"圣安东尼奥号"）现身弥撒现场，最后只有梅斯基塔前去赴宴。当晚，克萨达和卡塔赫纳登上"圣安东尼奥号"，抓住梅斯基塔，告知船员，这艘船从此听由他们二人的命令，不再受控于麦哲伦。舵手吉普斯夸人（Guipuzcoa）胡安·德·埃洛里亚加（Juan de Elorriaga）因支持麦哲伦，遭克萨达毒打，两个月后去世。

起初，无人胆敢接管"圣安东尼奥号"，直到埃尔卡诺在克萨达的支持下挺身而出。卡塔赫纳登上"康塞普西翁号"，路易斯·德·门多萨则登上"维多利亚号"。

叛乱分子掌控了大部分船只，他们给麦哲伦送去消息，要求他按照他们的解读执行国王的命令，另外又增加了不少大不敬的言论。麦哲伦勃然大怒，下令让所有船长来到"特立尼达号"，而反叛者则要求他登上"圣安东尼奥号"。他派遣治安官贡萨洛·戈麦斯·德·埃斯皮诺萨（Gonzalo Gómez de Espinosa）带领六人登上"维多利亚号"，给路易斯·德·门多萨送去一封信。门多萨读罢，面露邪恶的笑容。见状，埃斯皮诺萨用刀捅向他的喉咙，另一水手从旁边出击，两人合力杀死门多萨。治安官与同来的一众人成功占领了"维多利亚号"。

"圣地亚哥号"上的情形与此类似。"圣安东尼奥号"和"康塞普西翁号"的叛军意欲逃跑，克萨达派遣梅斯基塔向麦哲伦求和，遭到拒绝，埃尔卡诺还在犹豫不决。麦哲伦炮轰"圣安东尼奥号"，随后，他的手下登上该船，逮捕埃尔卡诺、科卡和克萨达，"康塞普西翁号"上的卡塔赫纳放弃抵抗，直接投降。

黎明时分，麦哲伦将门多萨的尸体送上岸，切成四段，公开斥责他图谋不轨。克萨达被绞死，亦切作四段。其他人的结局相对没有这么恐怖，卡塔赫纳与一位神父［很显然是法国人卡尔梅特（Calmette）］遭到放逐，弃于孤岛。彼得·马特尔后来写道，他认为麦哲伦"有权这样处置，不过也有人持相反的意见"。[23] 麦哲伦原谅了 40 个在反叛期间求和的手下，包括埃尔卡诺在内。[24] 与此同时，埃斯特万（Esteban）和戈麦斯驾驶"圣安东尼奥号"潜逃，带着俘获的"巨人"，打算驶回西班牙。赫罗尼莫·格拉（Jerónimo Guerra）自封船长，将阿尔瓦罗·德拉·梅斯基塔监禁于船上同行。他们在 1521 年 5 月抵达西班牙。

"圣地亚哥号"沉没了，不过船上的所有人都获救了。叛乱终结后，剩下的船只继续航行，经过所谓的"一万一千维尔京角"（Cape of the Eleven Thousand Virgins），进入通往麦哲伦所寻"海峡"的狭窄航道。

这处海峡凝聚了西班牙人的大量心血，此前多年的多次远征都以它为目的地，它的发现无疑是个胜利。皮加费塔说海峡长 110 里格，约 350 英里，两侧都矗立着冰山。远征队起初认为它只是一处海湾，但麦哲伦并不这样想，或许因为他此前在里斯本收集到相关信息。他坚持领导船队向前航行，那里的风势极为复杂，但麦哲伦坚持继续航行。他们穿过希望角（Cabo Deseado），进入海面平静的"南海"，不禁喜极而泣。后来他将这片海洋称为"太平洋"。他们抵达那里是在 10 月，夜晚只有三个小时。他们为海峡起名"巴塔哥尼科海峡"，该名称来自巴塔哥尼亚，后者的名字则来自小说《艾斯普兰人的功绩》（*Sergás de Esplandián*）中的神秘国家。《艾斯普兰人的功绩》于 1510 年由克罗姆伯格出版，它的作者也是《高卢的阿玛迪斯》的作者，抑或是重新创作者——加尔西·蒙塔尔沃。[25]

麦哲伦一行人在太平洋停留了 3 个月 20 天，皮加费塔称一路风平浪静，他们航行了 4 000 里格（约 1.2 万英里）。他先是沿着智利海岸朝北航行，然后转至西北方向，19 人死于后边这段航行，包括"巨人"在内。他们继续在大洋上航行，向西朝今天智利附近的巴迪维亚（Valdivia）驶去。

麦哲伦似乎拥有天生的直觉，深谙如何利用风势。显然他在东印度群岛时已经对风势有了许多认知。不过，此时船上食物不足，远征队员只能食用老鼠和发霉的饼干，饮用脏水，导致多人染上败血症。当时无人知道吃柠檬是最好的治疗手段。一位远征队员写道："若非慈悲的上帝与圣母赐予我们好天气，所有人都会因饥饿死在那片无垠的海面。我坚信无人会再次踏上这样的航程。"[26]

1521 年 3 月，麦哲伦终于抵达日本以南的马里亚纳群岛（Marianas），他们给这里起名"盗贼群岛"（Islas de Ladrones），因为从未见过欧洲人的当地人将他们的所有物品抢劫一空。有一段时间，欧洲人也认为这里是"拉丁帆群岛"（Islas de Velas Latinas），源于当地人出海钓鱼时所用船帆的形状。〔直到 17 世纪末，西班牙王后玛丽亚·安娜（María Ana）给这里派来耶稣会布道团时，它才得名"马里亚纳"。〕

皮加费塔以高度的热情详细描述了当地人，称他们生活自由，不敬拜神明，赤身裸体（大多女性会用薄树皮遮盖私处）。有人的胡须留至腰间，以棕榈树叶做帽子，"仿佛阿尔巴尼亚人（Albanian）那样"。他们用木头搭建房屋，覆以厚木板和无花果树叶，睡于棕榈垫和棕榈草上。当地人与麦哲伦正式交换了大量礼物，前者主要提供鱼、棕榈酒、无花果、香蕉，后来提供的大米、椰子是当地人最为重要的物品，再后来还有少量黄金、甜橙和鸡，丰富了远征队的储备。当地还有一个民族的统治者食用盛在瓷盘里的米饭，喝猪肉汤，饮用一种高级的棕榈酒。麦哲伦曾与该民族有过一段时间的接触。

远征队继续航行。他们在萨提汉岛（Satighan）见到了体形与鹰相当的鸟类，在今天菲律宾宿务岛的祖布（Zzubu），第一次听闻葡萄牙远征队曾先于他们抵达当地。麦哲伦的翻译以坚定的语气向当地人解释说，西班牙国王要远比葡萄牙国王强大。他们沿路都在交换礼物，皮加费塔送给祖布国王一件黄色和紫色相间的丝质长袍、一顶红色帽子、若干片玻璃及两盏镀金玻璃杯，国王对这些礼物或许深感满意，因为麦哲伦的船员初见他时，他只是在腰间缠着一块布，头上也是松散地缠着一块布，脖间戴着重重的项链，耳朵挂着两个巨大的金耳环。他的脸上涂着颜料，正在吃乌龟蛋。他的国民们用奇异的乐器演奏音乐，欧洲人也随之起舞。

除了礼物以外，皮加费塔回忆称他们以 14 磅铁换得 10 磅重的黄金，用其他小商品换回了山羊、猪和大米。

麦哲伦想要说服所遇统治者们信奉基督教。他身体力行地证明，只要俘获统治者的灵魂，人民自会跟随。他告诉祖布国王，如果国王想要成为基督徒，必须焚烧所信奉神明的像，高举十字架，人人都要双膝跪地，用手画十字，敬拜基督教的上帝。国王表示同意，他受洗时，得到新名字"唐·卡洛斯"，他的兄弟得名"唐·斐迪南"。王后与一众侍女被圣母怀抱小耶稣的画面吸引，也接受了洗礼。王后化着浓妆，嘴唇和指甲都涂成艳丽的红色，与现代的摩登女郎无二，她的新名字为"胡安娜"，她的姐妹为"伊莎贝拉"，她的女儿为"卡塔利娜"。在受洗的不同阶段，麦哲伦的属下们发射炮火，庆祝仪式顺利进行。

在皮加费塔的记叙中，这仿佛是出自《骑士蒂朗》或其他骑士小说的场景：

> 盛装打扮的王后走进来，她前方的三位少女手持王后的三顶帽子徐徐而行。王后着黑白相间的衣物，以金色条纹的丝质纱巾遮盖头部和肩膀，身后跟随多位女性，以较小纱巾遮盖头部，纱巾上方又覆以帽子。她们全身赤裸，只用小片棕榈布包裹私处。头发倾泻而下，直落肩膀。王后朝着圣坛俯首鞠躬，然后坐上绣花丝绸坐垫。船长为王后和侍女撒上玫瑰水和麝香，这种香水令她们极为……沉醉。[27]

后来，国王和家人宣布忠于西班牙国王。欧洲人围观了一场为猪祈福的典礼，还观赏了一场祖布葬礼。

为了取悦祖布国王，麦哲伦同意与附近的马坦人（Matan）作战。此次战斗毫无必要，也注定了悲剧结局。1521年4月27日，战争在群岛南方的宿务岛爆发，最终走向灾难性的结局。麦哲伦亲自参与战斗，但他完全低估了其残暴性。没过多久，他便被皮加费塔所述的"短弯刀"砍伤，躺倒在地，"无数铁矛、藤条落在他的身上，我们的镜子、我们的光、我们的安慰者、我们的向导，就这样失去了生命"。[28]

麦哲伦的堂/表亲，同为葡萄牙人的杜阿尔特·巴尔沃索（Duarte Barbosa）接管船长一职。皮加费塔说他是经过选举成为船长的，很可能是通过举手投票。首席领航员胡安·塞拉诺也成为管理者之一，但他很快便被麦哲伦视作盟友的"基督教国王"杀害。[29]

皮加费塔对于麦哲伦的性格做出了贴切的描述："他最大的优点就是在逆境中的坚韧。漂浮在大洋中之时，他比我们任何人都能忍受饥饿。他熟悉航海图，也比我们所有人都精通航海术。他凭借自己的聪明才智和大无畏的精神，首开环球航行的先例……"[30] 拉斯·卡萨斯对于麦哲伦有一点了解，评价他外表虽不高大，"体形较小"，看似没有什么震慑力，但"充满活力，勇敢无畏，是一位能成就大业之人"。[31] 麦哲伦未能完成计划之事，不过他的航行开启了环球航行的历史，他以广阔的视野做出规划，以过人的英勇率领船队驶过以他的名字命名的麦哲伦海峡，穿越了地球上最大的海洋。

远征队成员认为，他们剩下的人手只能驾驶两艘船，于是烧毁了"康塞普西翁号"。在菲律宾与当地人发生了多次有趣的相遇（根据皮加费塔的记载，也是富有价值的，其传奇程度堪比《高卢的阿玛迪斯》或《骑士蒂朗》）。之后，他们驾驶"维多利亚号"和"特立尼达号"穿过印度洋，返回西班牙。归途中，婆罗洲（Borneo）最令皮加费塔印象深刻，或许是因为他和他的某些同伴被迫骑着大象在当地国王的面前走过。在这里，有船员偷偷逃走；在这里，远征途中基督教与伊斯兰教首次相遇，不过东方化的伊斯兰教并没有太多旧格拉纳达的影子。

他们还发现了低矮的肉桂树、柠檬树和甘蔗（本土作物），这些都是麦哲伦航行伊始的目标。他们找到了中间有孔的硬币，听说存在鸡蛋那么大的珍珠，看到了来自中国的瓷器以及橡胶，用铜、铁、刀，尤其是眼镜进行交换。

接下来，远征队抵达马鲁古、塔多尔（Tadore）和德那地（Ternate），"生长着丁香的地方"。皮加费塔充满喜悦地说，他们在那里找到了比葡萄牙人所走之路容易得多的通道。香料群岛 50 年前曾被穆斯林占领，但塔多尔时年 45 岁的穆斯林国王很快便答应成为西班牙国王的属臣，甚至同意将自己统治的岛屿改名为"卡斯蒂利亚"。在西班牙人看来，这些穆斯林远比中世纪的穆斯林温顺。

虽然旅途漫漫，但这些船员们还有大量的物品可做礼物：一件土耳其黄色天鹅绒长袍、一块织锦、一把红色的天鹅绒椅子、四厄尔（45 英寸）长的深红色布匹、黄色锦缎、白色的坎巴雅粗布、帽子、玻璃珠、刀子和大镜子等。他们的物品向东方人展示的不仅仅是西班牙或葡萄牙，更是整个欧洲，尽管亚麻布是产自印度的。玻璃珠来自威尼斯，深红色的布匹可能来自英国的科茨沃尔德（Cotswolds）。诺斯利奇（Northleach）*或许以这样的方式为早期的"全球化"做出了贡献。

远征队成员向当地的国王演示了如何使用十字弩和回旋枪射击，回旋枪是一种体形大于火绳枪的武器。这位国王很高兴能与西班牙人谈判，因为他此前同葡萄牙统帅麦哲伦的朋友弗朗西斯科·塞拉诺发生过争吵，甚至于想用槟榔叶将那人毒死。

远征队员成功地用手中商品换回大量丁香。他们以 10 厄尔上好的红布换得 1 巴哈尔（超过 4 千克）的丁香，用 15 把短柄小斧（欧

---

* 英格兰科茨沃尔德地区的城镇。——编者注

洲的短柄小斧在东方与在巴西一样价值颇高）、15 厄尔中等质量的布匹、35 个玻璃杯、26 厄尔亚麻布、17 厄尔朱砂、17 厄尔水银＊、125 把刀、50 把剪刀或 1 千克黄铜，换取 1 巴哈尔的丁香。远征队打算离开之际，每位成员都尽可能多地获得丁香。有人卖掉自己的衬衫、披风和大衣，以换取这种在欧洲销路极好的神奇香料。欧洲人细心观察丁香，发现它生长在高大浓密的灌木上，每年收割两次。丁香树能够存活于山间，而非平原，雾气是促进丁香生长的关键因素。他们看到了肉豆蔻树和灌木丛。他们终于到了无数欧洲人梦寐以求的天堂！香料群岛（Spice Islands），他们就在这里！

西班牙人也得悉令人不安的消息：葡萄牙船长迭戈·洛佩斯·德·西凯罗斯（Diego López de Siqueiros）将派出六艘船组成的船队朝他们开来，而葡葡牙人尚不知道麦哲伦已死。现在，"特立尼达号"已经交由塔多尔国王维修（船上尚有大约 53 人），所以现在只有"维多利亚号"一艘船可用，其上剩下的 47 人希望尽可能避免引起葡萄牙人的关注，在 1521 年 12 月 21 日逃离了塔多尔。

远征队在向西驶回西班牙的途中，经过爪哇（Java）和马六甲，直接穿过印度洋，然后沿西非海岸一路往北。意大利人皮加费塔简要记录了这段了不起的旅程。不过，他很少提及来自吉普斯夸的格塔里亚、45 岁的巴斯克人胡安·塞巴斯蒂安·德·埃尔卡诺，他在远征队抵达非洲前成为新任统帅。[32] 皮加费塔细述了航行时听到的有关中国的传闻：人们将荔枝放在某种特别的猫身上，提取麝香；皇帝谁也不见；皇帝去往任何地方时，都要由六位与他穿着一模一

＊ 原文可能有误，厄尔（ell）是长度单位。——译者注

样的女子陪伴，刻意制造混淆，以防遭到暗杀。他还记叙道，王宫周围建有七道围墙，每层都由手持长鞭、牵引狗的侍卫守护。读着他的这些描述，仿佛是在阅读骑士小说。皮加费塔说是一位曾居住在北京的穆斯林将这些奇闻趣事告知于他。

"维多利亚号"终于抵达"好望角"，"世界上最危险的角"。一部分幸存的葡萄牙船员从那里乘独木舟出发，向北航行至莫桑比克。但是，"我们中的大多数人，将荣誉看得比生命还要重要，不畏艰险，誓死返回西班牙"。他们向西北方向航行，抵达佛得角群岛，从当地获取大米和淡水，供回国的最后一段旅程使用。船队沿非洲海岸一路航行，途中不得已将已死船员的尸体抛进大海。对此，皮加费塔只是不带感情地记载道："我们发现一件有趣的事情，基督徒死后脸部朝下漂浮在海上，印第安人（据猜测俘获自菲律宾）则面部朝上。"[33] 他们还发现，由于一直向西航行，他们多出来一天：星期四变成星期三。佛得角群岛当时归葡萄牙管理，当地管理者给他们出了不少难题，所幸最后还是顺利离开了。

1522 年 9 月 6 日，星期六，"维多利亚号"抵达桑卢卡尔 – 德巴拉梅达，船上仅剩 18 人（出发时有 276 人），大多数都处于患病状态。据说，埃尔卡诺抵达之后，提出的第一个要求是喝当地精酿的曼赞尼拉酒。[34] 在桑卢卡尔 – 德巴拉梅市卡维尔多广场（Plaza del Cabildo）老市政大厅的墙上可以看到乘"维多利亚号"返回的远征队员名单，他们或许已被人遗忘，但永远值得骄傲。

两天之后的 9 月 8 日，18 位幸存的船员抵达塞维利亚，从船上发射象征胜利的炮火。随后，他们前往巴利亚多利德觐见国王。国王不久前才从德意志返回西班牙，来自维琴察、具有坚毅精神的皮加费塔为他生动地详述了史上的第一次环球航行。国王赏赐给塞巴斯蒂安·德·埃尔卡诺 500 金币，并为他授予"首次环球航行"的徽章。1524 年，意大利的威尼斯出版发行了皮加费塔关于此次航行的记载。

"特立尼达号"上的船员在 1522 年 3 月被埃尔卡诺留在塔多尔，船舶修缮之后，他们历经艰辛穿过太平洋，计划驶往巴拿马，不料中途船舶沉没，他们落入野蛮民族手中，大多数人被杀，仅有少数人返回印度。这些人中还有部分死在果阿（Goa），只剩个别人返回里斯本，却立刻遭到囚禁。53 人中的 4 人抵达西班牙，包括领航员希内斯·德·马夫拉（Ginés de Mafra）。

在哥伦布首次航行的 30 年之后，麦哲伦，或者应该说是埃尔卡诺，找到了向西航行通往东方的路线。他们的航行证明地球是球形的。这是一项无与伦比的伟大成就。它被称为西班牙的胜利，也是实至名归。不过，所有远征队员仰仗的船长为葡萄牙人，最出色的记录者是意大利人，这在 16 世纪的航海冒险中并不罕见。大多数船员来自安达卢西亚，率领船员们安全返回的却是巴斯克人。英国布里斯托尔人"安德烈斯大师"的结局成谜，他是跟随船队出发的 276 人之一，或许后来死在菲律宾。可以说，这是欧洲人的又一次胜利远航，由欧洲最伟大的统治者之一查理五世皇帝批准，他既是西班牙人、佛兰德斯人、德意志人、勃艮第人，更是欧洲人。麦哲伦和埃尔卡诺引导远征队员航行到了世界的尽头，而那里竟是他们出发的港口。桑卢卡尔－德巴拉梅达是一座充满活力的城市，瓜达尔基维尔河自此汇入大洋，它处于梅迪纳－西多尼亚公爵宅邸的阴影下，也处于盛产雪莉酒的西班牙的边缘地带，足以担负世界中心的地位。

第十卷

新帝国

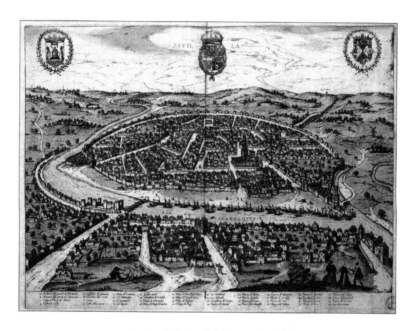

16世纪，塞维利亚成为新世界的"首府"

第三十七章

"新皇帝"

这片土地上物产如此丰盛，成为王国的新皇帝，其荣耀之盛堪比陛下已然获得的上帝恩典——成为德意志君主。

——埃尔南·科尔特斯向国王查理五世说

1520 年 10 月 30 日

1520 年 4 月，巴达霍斯主教鲁伊斯·德拉·莫塔，查理五世的导师、朋友及顾问，在圣地亚哥－德孔波斯特拉的圣方济各修道院举办的卡斯蒂利亚议会上发表了著名的演讲。当时，查理已被推选为皇帝，但尚未举行加冕仪式，他计划在大约一个月以后前去德意志，正式登上帝位。国王的廷臣、心怀不满的卡斯蒂利亚代表，以及科尔特斯的代表弗朗西斯科·德·蒙特霍和阿隆索·埃尔南德斯·波托卡雷罗也都来到加利西亚。波托卡雷罗带着闪闪发光的战利品而来：金银、绿松石、羽毛镶嵌画、木质雕刻品、武器、乐器，甚至还有活人。科尔特斯的这些朋友在当时总是众人关注的对象。

主教宣布，查理是"胜于所有其他国王的国王"。查理不同于其他国王之处在于，西班牙只占据其"统辖范围的三分之一"。他是国王中的国王，国王之位来自 70 位国王的传承。西班牙人民对于国王前往德意志似乎感到难过，但为何要如此呢？查理接受了皇帝的任命，将要前往德意志加冕帝位，难道是为了追逐野心吗？不！他是为了西班牙人的荣耀！他不仅是神圣罗马帝国的皇帝、罗马人的皇帝，更是世界之王！所谓世界，自然包括"属于他的黄金之地"新西班牙，因为"它直到我们抵达以后才真正诞生"。[1]

鲁伊斯·德拉·莫塔为何要以这种方式演讲，为何反复强调"皇帝"？西班牙人并不常用这个说法。语言学家内夫里哈曾说过，语言也是帝国的伙伴。[2]1513 年发布"要求"的作者，帕拉西奥斯·鲁维奥斯曾说，西班牙国王从不屈服于更高的权威："他在自己的王国就是皇帝。"廷臣兼历史学家加林德斯·德·卡瓦哈尔曾写道："西班牙从不承认（神圣罗马）帝国，所谓的世界帝国于她也无意义。"[3]中世纪的西班牙君主从未臣服于神圣罗马帝国的统治，阿方索十世倒是曾考虑过争夺帝国皇帝之位。

确实，天主教双王也曾经一次或两次考虑过在他们自己的国土上称帝。13 世纪的托莱多大主教罗德里戈·希梅内斯·德·拉达（Rodrigo Ximénez de Rada）曾想要将卡斯蒂利亚国王统辖的国家称为"帝国"。于他而言，"皇帝"是凌驾于其他君主之上的统治者。或许鲁伊斯·德拉·莫塔读过《高卢的阿玛迪斯》一书中阿伯顿得到"希腊帝国"的情节？[4]拉斯·卡萨斯记叙哥伦布第二次航行的历程时也曾说过，天主教双王可以在所有西印度群岛的国王和贵族面前自称为高于他们的皇帝和最高统治者。[5]格拉纳拉战役的英雄人物罗德里戈·庞塞·德·莱昂以类似的骑士文学风格宣称，"一位知识渊博的天主教基督徒"曾向他保证，斐迪南不但会将穆斯林从西班牙驱逐出去，"还会征服整个非洲，摧毁伊斯兰世界，重新征服耶路撒冷，成为罗马、土耳其和西班牙的皇帝"。[6]（在很长一段时间里，斐迪南都希望此生能够"解放"耶路撒冷。）

内夫里哈写道："现在'皇帝'称号虽然仅限于德意志境内，但真正的皇帝在西班牙，他们统治着意大利大片地区和地中海诸岛屿，将战火蔓延至非洲，派遣船队出海航行，跟随星辰的轨迹，远达西印度群岛和新世界，将东方世界与西方前沿地带的西班牙以及非洲连通。"

鲁伊斯·德拉·莫塔在圣地亚哥的演讲中也追忆了修道院院长和先知菲奥雷的约阿基姆的浪漫主义愿景，他在1300年前后提出了梦幻般的"世界皇帝"概念，天主教国王斐迪南的仰慕者也曾这样描述过他。查理既是勃艮第公爵，还是神圣罗马帝国皇帝，统辖范围甚至涵盖他自己都知之甚少的地带，所以他更配得上"皇帝"的称号。[8]在斐迪南和伊莎贝拉统治时期，哥伦布不是唯一一个设想未来将出现一位皇帝，整顿世界秩序，避免它走向终结的人。

鲁伊斯·德拉·莫塔的堂弟赫罗尼莫同样来自布尔戈斯，他在1520年8月向西印度群岛出发。赫罗尼莫的父亲加西亚·鲁伊斯·德拉·莫塔在布尔戈斯任政务委员，曾担任过迭戈·哥伦布的管家，可能也曾陪同哥伦布觐见君主。1520年时，加西亚·鲁伊斯·德拉·莫塔在科尔特斯任议会议员，此前他也曾担任过数个议员职位。赫罗尼莫或许也聆听了堂兄的演讲。[9]

赫罗尼莫在圣多明各稍作停留，于1521年3月出发，陪同托德西利亚斯的胡利安·德·阿尔德雷特，未来的墨西哥王室司库，前往新西班牙，所乘船只由资深商人罗德里戈·德·巴斯蒂达斯资助。他们的船上还有几位值得一提的乘客：科尔特斯的一位堂/表亲——莱西齐奥多·胡安·阿尔塔米拉诺（Licenciado Juan Altamirano），他将会在针对迭戈·贝拉斯克斯的司法审查中任法官；塞维利亚人阿隆索·卡诺（Alonso Cano），他开辟了在新西班牙使用驴的先河；赫罗尼莫·洛佩斯（Jerónimo López），后来给国王（皇帝）写了一封著名的信，揭露新西班牙管理不当的状况；迭戈·德·马莫莱霍（Diego de Marmolejo），参加过非洲战争的老兵。他们肯定向科尔特斯报告了卡斯蒂利亚的近况。或许他们在科尔特斯向查理五世寄送第二封信之前及时抵达了新西班牙，与他进行交谈。这封长信由科尔特斯的朋友阿隆索·德·门多萨保管，生动地详述了科尔特斯在特诺奇提特兰受到蒙特祖玛的欢迎，以及在纳瓦埃斯抵达后情势恶化的经历。这封信的落款日期为1520年10月30日，同月查理在亚琛加冕，不过科尔特斯不可能知晓此事。由于通信困难，这封信直到1521年3月才送出。科尔特斯将查理称为"陛下"而非"殿下"，表明他十分了解朝廷的新动向。

科尔特斯深感抱歉地解释自己未能定期向查理汇报进展："连上帝也知道我是多么忧心难安，多么希望向陛下汇报这里发生的一切，正如我在另一份报告里所述，这片土地上物产如此丰盛，成为王国的新皇帝，其荣耀之盛堪比陛下已然获得的上帝恩典——成为德意志君主。"[10]

这些话出现在科尔特斯信件的开头，他在写完信以后或许对这部分又进行了修改。因此，有关西班牙帝国的想法也许出自鲁伊斯·德拉·莫塔主教，经过主教的堂弟、科尔特斯新招募的人员赫罗尼莫，或其他陪同他来到新西班牙的人员的传递，科尔特斯得以知晓并予以重申。

科尔特斯的信息或许更加有趣，不过不是包含皇帝的骑士小说。《骑士蒂朗》和《高卢的阿玛迪斯》的书中虽提及希腊帝国，但两本小说中的皇帝与其他国王的地位相当。在现实中，科尔特斯击败了"伟大的蒙特祖玛"，他在写给查理五世的第一封信中将其称为"伟大的领主"（*un grandísimo senõr*）。[11]16 世纪的人们通常将蒙特祖玛称为"领主"，但按照大主教希梅内斯·德·拉达的定义，他是一位统治其他王国的"皇帝"，因为蒙特祖玛统治着塔库瓦人、德斯科科人、卡尔卡人、奥托米人和托托纳克人的国王。之前我们曾讲到，科尔特斯报告说蒙特祖玛同意成为西班牙皇帝的属臣，征服蒙特祖玛的成就可能影响了科尔特斯的表述方式。[12]

因此科尔特斯提出了西班牙帝国的概念。在相当长的一段时间里，这个词并未得到普遍使用，自然也无法律上的意义。新西班牙是"君主政体"（王国），很快也会征服其他印第安人王国，这片地域最终成为西班牙人的帝国，虽然西班牙国王从未接受这个皇帝头衔。卡斯蒂利亚国王对西印度群岛领地不但拥有主权，更包括财产权，他是美洲领土的绝对拥有者。[13]1504 年伊莎贝拉女王去世后，许多来自阿拉贡 / 加泰罗尼亚和巴伦西亚的人前往西印度群岛，阿拉贡在地中海地区有过类似"帝国统治"的经历，因而国王行事谨慎，竭力杜绝这些地区的复杂情势蔓延至新世界。[14]16 世纪头 20 年成长起来的这些经受过良好教育的人或许是"文艺复兴人士"，所有人都期待重现古罗马的昔日荣光，不过所有睿智的人都相信这个古老的帝国是无法超越的。[15]

1522 年，西班牙对新世界的权利已经受到质疑。法国的弗朗索瓦一世国王宣称想要看到"亚当的遗嘱"中不许法国分割世界的条款。[16] 法国的海盗 1521 年虏获了两艘从西班牙出发前往西印度群岛的轻快帆船，佩德罗·曼里克率领舰队（费用来自一种特殊的税收 averia），前去解决此次危机。次年，由西印度贸易总署资助的三艘武装轻快帆船在多明戈·阿隆索·德·阿米利维亚（Domingo Alonso de Amilivia）率领下出发，在驶向西印度群岛的途中护送 11 艘船前往加那利群岛。数月过后，法国船长让·弗洛林在亚速尔群岛附近俘获了科尔特斯的两艘来自维拉克鲁斯的船只，获得丰厚的战利品，大部分为来自墨西哥的羽毛镶嵌画。[17] 由此可见，新帝国亟须加强防护。西班牙迅速巩固防御工事，比如提升对塞维利亚的守卫——一位现代历史学家曾说，在这里能够感受到"世界的心跳"。[18]

第三十八章

"女士，我来自白杨林"

女士，我来自白杨林，

微风轻柔抚过树叶；

我来自塞维利亚的白杨林，

来此寻觅我美丽的友人，

女士，我来自白杨林，

和风徐徐吹动树叶。

——赞美诗，1500 年前后[1]

1522 年，塞维利亚成为西班牙新帝国在新世界的非官方首府。几十年后，塞维利亚的神圣诗人费尔南多·德·埃雷拉（Fernando de Herrera）写下这样的诗句："你不是一座城市；你是整个宇宙。"[2] 塞维利亚的赫雷斯门（Gate of Jerez）上刻着："大力神建成了我，恺撒给予我城墙和塔楼，圣徒国王率领加西亚·佩雷斯·德·巴尔加斯赢得了我。"[3] 1248 年，斐迪南三世（后来被尊奉为圣人）从穆斯林手中征服塞维利亚——基督徒认为是"解放"。不过，伊斯兰教在塞维利亚居于统治性地位历时弥久，遗留的痕迹随处可见，比如，天主教教堂旁边屹立的橘子庭院（Patio de las Naranjas），教堂上方高耸的吉拉尔达塔——穆安津（宣礼员）在塔上通知信徒进行祷告——现在看来仍是一座美丽的塔楼。伊斯兰教的痕迹在其他地方也触目可及，比如位于新改名为萨尔瓦多广场（Plaza del Salvador）的地方矗立的教堂，曾经是清真寺。城内许多房屋由穆斯林建造，那些墙不是由恺撒，而是阿尔摩哈德王朝（Almohades）建造。这个王朝是一个狂热的宗教派系，相当于中世纪的"基地组织"，曾在 12 世纪占据半个西班牙。伊斯兰势力统治时期的塞维利亚建有众多澡堂，慢慢才废弃不用。胡安娜女王和圣胡安·德拉·帕尔马（San Juan de la Palma）曾使用过的澡堂直到 16 世纪 20 年代仍深受欢迎，包括基督徒。

基督徒从穆斯林那里继承的最重要的建筑是卡尔莫纳那些引流泉水的渡槽，为塞维利亚运送水资源。渡槽从卡尔莫纳门通入城内，直指东边。

塞维利亚也四处弥漫着东方的气息，不过能明显感觉到文艺复兴的步调：道路愈发开阔，宫殿前方的广场越显宽广，奢华的建筑不断拔地而起。在此以前，道路大多也是铺好路面的，但普遍狭窄曲折，很快这里便会出现"开阔的、令人愉悦的"道路，给威尼斯大使纳瓦格罗（Navagero）留下深刻印象。此外，塞维利亚也不乏精美的广场，不过广场上时常堆满了垃圾。[4]

基督徒征服塞维利亚以后，绝大多数穆斯林离开此地，其中大多数人去了北非。国王将他们留下来的财产分配给自己的追随者和士兵，区域分配由抽签决定。大部分新居民，"新卡斯蒂利亚，即安达卢西亚的创始人"，[5] 都来自旧卡斯蒂利亚。[6]

15 世纪，两大家族来到塞维利亚——古斯曼和庞塞·德·莱昂家族，在相互竞争的情况下共同统治这座城市。古斯曼家族是桑卢卡尔－德巴拉梅达（河流经由该港口汇入大西洋）的领主，在 13 世纪末期以后对瓜达尔基维尔河下游两侧的地带十分关注。该家族成员在 1445 年以后开始成为梅迪纳－西多尼亚公爵。庞塞·德·莱昂家族源于费尔南·佩雷斯·庞塞（Hernán Pérez Ponce），此人在 14 世纪初期成为塞维利亚以西的马切纳的领主，他的后代们在 1440 年成为阿科斯－德弗朗特拉（Arcos de la Frontera）伯爵，还有加的斯的侯爵和公爵。现代游客在维多利亚公爵广场的英国宫百货，以及第三方济各会教堂（Church Los Terceros）的后边，仍能看到这些家族的宅邸遗迹，不过必须依靠强大的想象力才能体会其昔日的辉煌。

15 世纪，德拉·塞尔达斯（de la Cerdas）家族加入塞维利亚的权力争夺。德拉·塞尔达斯家族成员是王室伯爵，后来成为梅迪纳塞利公爵，也是圣玛丽亚港的领主。梅迪纳塞利公爵的彼拉多官邸（Casa de Pilatos）至今仍备受关注和喜爱。其他在塞维利亚占据重要地位并在其他地方根基深厚的家族，包括波托卡雷罗、苏尼加、达瓦洛斯（Davalos）、萨阿韦德拉（Saavedra）及重要性日益增长的阿凡斯·德·里韦拉斯（Afans de Riberas）。[7]

随着新商业的发展，古斯曼和庞塞·德·莱昂这两大家族之间的矛盾逐渐缓解。15 世纪 70 年代，伊莎贝拉女王曾让阿科斯伯爵罗德里戈·庞塞·德·莱昂出面干预，缓和两大家族之间的关系，不过在城市叛乱期间，他们的矛盾重新燃起。拥有两大家族姓氏的人，或是年轻的子孙，或是私生子，成为早期前往西印度群岛定居的移民。[8] 罗德里戈的女儿弗朗西斯卡·庞塞·德·莱昂（Francisca

Ponce de León）——格拉纳达战役中的红发英雄，在 1509 年为迭戈·哥伦布的船队资助了一艘船，梅迪纳塞利女公爵门西亚也资助了一艘。前面的章节多次提及胡安·庞塞·德·莱昂在加勒比海地区扮演的多重角色，古斯曼家族的一位成员则在伊斯帕尼奥拉和古巴的早期历史里发挥了重大作用。

同卡斯蒂利亚其他城市一样，塞维利亚的权力也集中在市政委员会。安达卢西亚及后来西印度群岛的市政委员会本拥有众多特权，到 16 世纪逐渐消解。在 1522 年的塞维利亚，市长（asistente，塞维利亚之外的其他地方称为 corregidor）*是执掌城镇中心权力的职位。市长的权力虽不断壮大，但市政委员会仍具有相当大的话语权。市长的职位集（小城镇的）市长、首席行政司法官、城市民兵领导者和地方总督于一身，实际上行使着所在行政区的最高权力。

市政委员会拥有的司法职责在 1553 年走向终结。首席行政司法官及其助手与格拉达斯（Gradas）的法官（理论上的职责是在大教堂的台阶上裁决关于市场销售的争端，但实际上获得的权力不止于此）共同行使审判权。司法权力的核心在圣方济各广场上的法庭，市政委员会在毗邻的橘子庭院、大主教广场的科拉尔－德洛斯奥尔莫斯（Corral de los Olmos，可直译为"榆树院落"，不过不甚准确）办公。

市长通常拥有贵族头衔，领导一个由约 40 人规模的高级政务委员组成的市政委员会［在塞维利亚，曾称他们为"24 委员"，因为委员人数以前是 24 个］。陪审团（恩里克三世称他们为"人民

---

* 市长由国王任命，代表国王管理所在的城市。——编者注

的代表"，由教区选民选出）成员必须出身良好，但非贵族。六位首席行政司法官均为大贵族，由国王任命（这一职位很快变成明码标价）：1522 年时，其成员为梅迪纳－西多尼亚公爵、贝哈尔公爵、阿科斯公爵，塔里法侯爵和比利亚努埃瓦侯爵，以及平民马丁·塞隆（Martín Cerón，此人的贵族派头反而胜过其他所有公爵）。警长也是极重要的城市行政官员，由国王任命，终身任职，居住在市政委员会。警长负责执行司法程序，在首席行政司法官不在场时主持相关会议，还负责组织夜间巡逻、管理监狱。

塞维利亚的上述贵族们把控了所有市政职位，几代人以来，出现这样的情形也就不足为奇了：首席公证人均出自皮内达家族（Piñeda family），警长助理（*alférez mayor*）素来由阿尔加巴侯爵担任，阿尔卡萨城堡的指挥官通常来自古斯曼家族［奥利瓦雷斯伯爵（Count of Olivares）］，特里亚纳城堡指挥官则属于梅迪纳－德拉斯托雷斯公爵。负责日常执行市政委员会决策的官员们，两个人由市政委员会指定，两个人由陪审团指定，两个人直接由市民选任。他们控制度量衡，负责捕鱼权等事务，探访监狱，检查共 500 名左右囚犯的餐食如何，还要监督惩罚的执行，如公开鞭笞或处决，确保不出现滥用酷刑的情况。除了他们以外，公众也可以观看这些刑罚的执行过程。从宗教裁判所学来的火刑，也在圣塞巴斯蒂安城外的草地上公开执行。

市政工作所需资金来源于地方税收，比如货物税（*almojarifazgo*）、商业税（*alcabala*）和什一税抽成（*tercia*）。第一种税为进出口税，第二种是针对进入城市的商品的购买税，最后一种是国王从教堂什一税中分得的三分之一。

塞维利亚四周的摩尔式城墙，部分源于阿尔摩拉维德王朝（Almoravid），大多源于阿尔摩哈德王朝，绵延约 4 英里，建有大概 200 个塔楼、12 道大门、[9]三四扇小窗。部分城墙保留至今，如玛卡莲娜（Macarena）大门附近的城墙，只是这些墙体内里遍布弹孔，提醒人们 20 世纪西班牙内战时期这里曾发生过大规模的处决，如此规模在查理五世时代并未发生过。16 世纪的塔楼中间，当数河流附近码头的黄金塔（Torre del Oro）及赫雷斯门上的塔楼最为重要，圣埃尔梅内希尔多的囚徒曾被关押于此地的监狱。实际上，每道门上都建有塔楼，大多居住着官员们的亲戚或朋友。他们通过签订租赁协议或其他协议，从而获得这些地方的居住权。[10]阿尔摩哈德王朝建立黄金塔的初衷是将其作为瞭望塔，后用作宝库。1522 年，西印度贸易总署曾将从新世界运来的珍贵金属存储于此。科尔特斯的代表们将他的珠宝运回后，也曾贮藏在这里长达数月，引起他父亲和友人的极大愤怒。据说，塞维利亚位于"美洲一条河流"的河口，河流会为它带来源源不断的金银。[11]16 世纪初期时，黄金塔旁边总有一架简易起重机，卸载修建大教堂所需的石头及其他材料。[12]

　　自城墙向东，可以看到设计精巧、长达 300 码的桥梁，这座桥起初亦由穆斯林建造。17 艘船浮于河面，以厚重的铁链捆绑，连通塞维利亚与航运始发地特里亚纳。特里亚纳实质上早已成为塞维利亚的郊区，对于制作瓷器和肥皂至关重要，许多前往新世界的水手都出生于此。一半被毁的摩尔式圣豪尔赫（San Jorge）城堡阴郁昏暗，成为当地宗教裁判所的总部——既是监狱，也是秘密的地方法院。

　　这座桥梁须不断修复，木头多来自康斯坦提那的莫雷纳山区。经常有人向市政委员会或国王提议，修建石桥取而代之，但出于当地河床的特性，石桥可能会坍塌，该提议便未能获得同意。富有远见的市民们希望瓜达尔基维尔河有一天能够像古罗马时那样与科尔多瓦通航。

塔里法侯爵费尔南多·恩里克斯·德·里韦拉（Fernando Enríquez de Ribera）任城墙指挥官，亦为危急时刻的防御者。1522年，他经由意大利前往耶路撒冷朝圣，从那片多灾多难的土地带回少许圣土，不久后还建造了彼拉多官邸以纪念此次旅程。陪他同行的有一位诗人胡安·德尔·恩西纳（Juan del Encina），资助人恩里克斯提议在塞维利亚重建彼拉多官邸时，诗人丰富的想象力发挥了重大作用。

立于城墙，可以看到城外的几处修道院：拉斯奎瓦斯，其秀美的花园令威尼斯人纳瓦吉埃罗（Navagiero）流连忘返；美丽的圣伊西多罗（San Isidoro）；洛斯－雷梅迪奥斯（Los Remedios）。从城墙还可望见多处果园：科索果园（Huel del Corso），诗人巴尔塔沙·德尔·阿尔卡萨（Baltasar del Alcázar）未来将会居住于此地；特里亚纳的鲜花果园（Huel de la Flor），是"通向阿尔哈拉菲（Aljarafe）的钥匙"。城墙以北的地方是罗马古城意大利加遗址，东南较近处为圣塞巴斯蒂安草地上的刑场，以及普埃尔塔－德拉卡尔尼（Puerta de la Carne）附近的犹太人墓地。从城墙上还能看到费尔南多·哥伦布——第一任海军上将的私生子，一位学富五车、热爱藏书之人——在普埃尔塔－德戈尔斯（Puerta de Goles）以外，距离自家不远的地方修建的花园。迷人的国王花园（Huerta del Rey）通往坎帕纳（Campana）的乡间，塔里法侯爵在那里有一座漂亮的乡村住宅，四周橘子树繁盛，湖水清澈。

不过，最值得一看的景观是位于东方的瓜达尔基维尔河，它是连通大西洋和新旧世界的关键。从七鳃鳗到鲈鱼，河流中的鱼类品种繁多。河岸上有阿雷纳尔（Arenal），这个词的字面意思为"有沙子的地方"，不过此处意指"世界"。每年，随着塞维利亚与新世界的贸易活动日益频繁，这里的海上活动规模也越发宏大。这种活动已超过阿雷纳尔的承载能力，码头（那里仅有一处石头码头）和停泊处俱不足敷用，也欠缺扩张的空间。每年都会出现新的造船者，试图加入造船的竞争，有人很快便获得暴富的机会。[13] 商人、水手、船长、苦役犯、出售航行至美洲所需物品的小贩、进行记录的公证员、乞丐、朝圣者、意欲逃脱的罪犯，以及梦想发财的冒险家，纷纷聚集阿雷纳尔。那里不乏诗人和妓女，也随处可见苦役犯和水手的妻子。

到 1522 年，商人们纷纷将目光投向西印度群岛。驶往西印度群岛的贸易船比定期往来于地中海地区的大型划桨船的体形小，负重很少超过 100 吨，但胜在数量众多：1506—1515 年，共有 289 艘船驶往西印度群岛；1516—1525 年，总计 499 艘。[14] 从在塞维利亚登记的船只来看，这些年间航行的主要目的地为加纳利群岛和新世界。[15]

驶向新世界的船只类型众多，但装载的食物与佩德拉里亚斯时期大抵相同，还有鸡和马，不过少了牛和其他大型动物。一个水手平均每天可以喝一升酒，可能吃半千克的饼干。此外，或许还有油、醋、鹰嘴豆、菜豆、肉干、腌肉以及鱼。[16] 在城墙上每天都能看到这些食物被人包装起来。

商人们陆续从美洲带回"巴西"染料木、黄金、珠宝和奴隶，不久后还有由加勒比甘蔗加工而制成的糖、凤梨及西红柿。最后三种食物当时尚且鲜为人知，斐迪南国王曾食用过西红柿，品尝过一个凤梨，不过它们很快都会出现在阿雷纳尔。

塞维利亚城墙内矗立的主要建筑均与宗教有关，基督教主宰着人们的生活。人们修建教堂，希望它能给予启迪，展示力量，给人强烈的印象，既做宣传之用，也满足精神抚慰的需求。塞维利亚的私人住宅和官邸，无论属于何等尊贵之人，与之相比都显得普通。这些建筑并非面向大街，而是以阿拉伯的方式藏身于巷弄，仅有少数选址于广场后方，比如梅迪纳－西多尼亚公爵的宅邸就位于今天的维多利亚广场。阿尔卡萨的奢华府邸是个例外，基督教国王"残忍的佩德罗"（Pedro the Cruel）为这座梦幻般的摩尔式建筑进行了扩建和改造。

最大的广场很可能是拉古纳广场（La Laguna），即今天的大力士广场（Alameda de Hercules），斗牛活动通常在这里举行。圣方济各广场建有拱廊，在尽头建有眺望台和喷泉，毗邻市政厅、最高法院、圣方济各修道院和监狱。广场上有一家市场，出售面包、鱼、肉、水果及蔬菜。附近的圣萨尔瓦多广场位于旧清真寺前方，绳索商贩、蜡烛制作者和蔬菜水果商热情售卖手中商品。

这座城市随处可见喷泉，一些为公共场地，一些则属于私人所有，建在大型宅邸的露天之上。喷泉数量加起来可能有 300 处，[17]水由渡槽自卡尔莫纳引来。

塞维利亚最为恢宏的建筑当数大教堂，它拥有 7 条走道，高耸巍峨（中殿高达 145 英尺，穹顶达到 170 英尺），直至今天看上去仍令人心生敬畏。16 世纪初期的一段时间里，它曾是欧洲最大型的建筑。大教堂完工于 1506 年，次年开放使用。教堂修建工程始于

1402 年，因为由曼苏尔（Al–Mansur）下令修建、自 1248 年起用作教堂的阿尔摩哈德清真寺已被摧毁。负责修建工作的大主教决心要建造一座规模宏大的教堂，据传他曾这样说过："后代们欣赏竣工以后的教堂时，将会忍不住惊呼，设计如此规模工程的，必定为疯癫之人。"大教堂比当时罗马的旧圣彼得大教堂还要大，后来尤利乌斯二世教皇修建的新教堂才超越了这所大教堂。

大教堂在长方形的旧清真寺遗址上重建，建筑过程中也受到该清真寺的影响：长 430 英尺、宽约 300 英尺。首位建筑师可能是鲁昂人查尔斯·盖特（Charles Gaiter）。大教堂设计的诸多细节灵感源于法国。大主教计划建造 100 扇窗户，1522 年完工的那一批最为精美，工匠大师克里斯托瓦尔·阿莱曼（Cristóbal Aleman）的作品赫然在列。原本设计了许多附属小教堂，部分未能完工，传说安提瓜教堂里安提瓜圣母手持玫瑰的画像（哥伦布非常欣赏）是由圣卢克自己画成的，在伊斯兰势力统治的 500 年间奇迹般地隐藏完好。（浪漫主义者称她在圣费尔南多解放城市的过程中也发挥了作用。）哥伦布为加勒比海地区背风群岛上的一座岛屿起名安提瓜，巴尔沃亚在达连的首府也以圣母为名。

大教堂内还有一幅画像为雷梅迪奥斯圣母，画在教堂的主屏风上，由锡耶纳画派的一位画家在 1400 年前后创作完成。这位圣母是埃尔南·科尔特斯的最爱，他的一位梅德林朋友胡安·罗德里格斯·比利亚富埃特（Juan Rodrízguez Villafuerte）将圣母的一幅画像带到特诺奇提特兰，在 1519 年将其悬挂于惠齐洛波契特利的神庙。[18]科尔特斯曾在特诺奇提特兰湖西岸的塔库瓦附近向她祈祷。1522年，他们计划在那里为她建造圣殿，未过多久这座圣殿便成为墨西哥混血们最喜爱的教堂。

塞维利亚大教堂与新世界的贸易活动一样，得到世界各国人们的共同参与。圣坛后方的黄金屏风由卡斯蒂利亚人豪尔赫·费尔南德斯（Jorge Fernández）和佛兰德斯人彼得·丹卡特（Pieter Dancart）合作制成。大主教死于 1504 年，他的墓地于 1510 年完工，位于附近，由意大利人米格尔·弗洛伦蒂诺（Miguel Florentino）建造。外部的雕塑出自法国人米歇尔·佩林（Michel Perrin）之手。

伊斯兰塔楼吉拉尔达塔毗邻大教堂，建于阿尔摩哈德王朝统治晚期，在长达 250 年的时间里，塔楼的钟声以圣贾斯蒂娜（St. Justina）和圣鲁菲娜（St. Rufina）的名义召唤基督徒举行弥撒。这二人均为塞维利亚的庇护者，是特里亚纳制陶匠的女儿，信奉基督教。戴克里先（Diocletian）统治时期，她们因亵渎萨兰勃（Salambo）女神而被处死刑。[19] 大教堂可能雇用了 300 人（不含仆人），包括来自附近城镇的领班神父及当地隐修会会长。教堂拥有 40 位教士、20 位受俸神父、230 位助理受俸神父、29 位神职人员，以及众多的唱诗班少年。大教堂全体教士在塞维利亚城外拥有大量城镇。[20]

大教堂四周的台阶上，曾用于罗马神庙和伊斯兰清真寺的石柱跟前，可以看到珠宝等饰品商、大商人、小店主，尤其是货币兑换商。兑换商在 15 世纪大多为犹太人，16 世纪初期多为热那亚人。善于观察的威尼斯人纳瓦格罗后来描述了这些商人如何整日流连于"塞维利亚最吸引人的角落"。下雨时，商人们会自动带着马和其他动物进入大教堂避雨。

在大教堂的遮蔽之下（这是比喻的说法），分布着近 30 座教区教堂及 40 座修道院或女修道院，其中最为重要的当数库埃瓦斯的加尔都西会修道院，建于 1400 年。（哥伦布及其兄弟们都长眠于此，[22] 哥伦布的挚友加斯帕尔·戈里其奥修士在这里度过了人生的最后一段时间。）[23] 纳瓦格罗记载道，这里的公园极其美丽迷人，堪称通往天堂最好的阶梯。还有，300 名方济各会修士居住在两个修道院内，其中最著名的一栋就在旧墙外（现在的圣方济各广场处）；大约 250 位多明我会修士分居于圣巴勃罗、马格达莱纳、圣托马斯和纳斯特拉 – 塞诺拉 – 德尔瓦列（Nuesta Señora del Valle，1107 年重建）4 处的修道院。两个教会为加勒比海岛上的帝国带来了重要影响。多明我会的圣托马斯修道院与宗教裁判所过从甚密，15 世纪 80 年代的前两位异端审判官都曾在该修道院担任修士。

马格达莱纳的梅塞德会修士曾致力于解救关押在伊斯兰监狱的基督徒，科尔特斯的朋友巴尔托洛梅奥·德·奥尔梅多是该教会的杰出成员。加尔默罗修道院（Carmelite）位于雷梅迪奥斯，在河岸以南、面朝赫雷斯的方向。14 世纪时圣伊西多罗 – 德尔坎波（San Isidoro del Campo）和圣阿古斯丁（San Agustín）修道院居于重要地位，位于卡尔莫纳门附近一处旧时的女修道院。1301 年，梅迪纳 – 西多尼亚公爵的先祖阿隆索·佩雷斯·德·古斯曼与妻子玛丽亚·阿隆索·科罗内尔（María Alonso Coronel）在桑蒂蓬塞（Santiponce，归属教会的村庄）创立圣伊西多罗，作为熙笃会（Cistercian）的据点。1431 年后，熙笃会被圣哲罗姆隐修会取而代之。第二大教派圣阿古斯丁由庞塞·德·莱昂家族创建，家族府邸就在不远处。庞塞·德·莱昂是圣阿古斯丁修士的主要资助人，家族许多成员死后都埋在该修道院。圣阿古斯丁修道院可能有 1 500 名修士。

塞维利亚一半的修道院是为女性而建的，其中最为重要的是加尔默罗会的圣克莱门特（San Clemente）和圣玛丽亚修道院，此外还有圣伊内斯的贫穷修女会（Poor Clares），是由玛丽亚·费尔南德斯·科罗内尔创立的又一修会。据说，创始人的遗体完好无损地保存于圣伊内斯，不过也有传说称，她为了在淫荡的国王"残忍的佩德罗"面前保全自己，在脸上泼了滚烫的热油。马德雷－德迪奥斯（Madre de Dios）于1486年创立于今天的圣荷西街（Calle San José），宗教裁判所将修会所在建筑从原本的主人手中没收。哥伦布和科尔特斯的后代都有人葬在这里的墓地。

这些修道院是塞维利亚的主要建筑，占据了城市一半的空间，修道院机构也是劳动力的主要雇主。教士们与贵族一样，依靠附近农场的农产品为生，他们自然也能享用卡萨利亚红酒和阿拉塞纳（Aracena）火腿。

1522年的宗教裁判所是势力强大的宗教机构，在特里亚纳城堡拥有众多职员，地方官员有宗教裁判所总审判官、三四名助理审判官、一名检察官、一名法官（负责处理从受罚人员手中没收的财物，比如马德雷－德迪奥斯修道院所在地的原主人财产便遭到没收）、数位律师、一名管理"秘密监狱"的法官，以及关注永久监禁之人的专员。此外，还有一位公证员负责记录秘密审讯，以及一位会计、一个守门人、两位神父、六名神学家及大约五十个线人。1481—1522年，塞维利亚可能有一千多人遭受火刑处罚，另有两千人被定罪，公开宣布放弃原本的宗教信仰。塞维利亚的火刑处决人数大概占据西班牙整个国家的二分之一，由此引发的恐惧开始荼毒这座城市人们的思想生活。

2001年仍存在的一些宗教兄弟会创始于1500年之前，[24] 不过今天大部分重要的兄弟会都诞生于 16 世纪中叶，与游行规范化的时间差不多：一群专门人士，比如面包师或搬运工，将圣母和耶稣置于彩车（paso）之上，重现最后的晚餐或耶稣在十字架上受难的场景。他们身后跟随着悔罪者，这些人为了赎罪会当众鞭打自己。当时，8 月份举行的基督圣体节比圣周还要隆重。另一重要节庆是所谓的"小主教节"（obispillo），在圣尼古拉斯节当天庆祝。[25] 当时也不乏非常规游行，比如 1 500 名半裸体的福音派基督徒从卡尔莫纳一路走向大教堂的安提瓜小教堂。[26] 此外，还有巨人以及身着奇装异服的小孩的游行，称之为莫贾里拉斯（mojarillas）。这些活动也传播到新世界。1519 年，科尔特斯及其手下在墨西哥湾的波顿昌（Potonchan）战胜玛雅人以后，庆祝棕枝主日。他们举行弥撒，上街游行，还在广场上架起十字架。[27]

市政委员会想要建造一所大学，到 1502 年，终于获得王庭批准，建立起学习神学、教会法、法律、医学及其他人文学科的机构。在当时的时代背景下，此事少不了教会的支持：1505 年，一纸教皇诏书宣布，塞维利亚缺少大学，也需要大学。一位富有的改宗者马埃塞·罗德里戈·费尔南德斯·德·圣埃利亚（Maese Rodrigo Fernández de Santaella）购置屋舍，按照计划进行建设。他本人学识渊博，曾将《马可·波罗游记》译为西班牙语。1515 年，大主教德萨（时常有人暗指他的犹太人血统），创办了圣托马斯·阿奎那学院（College of St. Thomas of Aquinas）。

与此类似，修建医院也需要教会支持。当时已有许多小型医院，比如拥有将近 12 张病床的德尔雷医院（Hospital del Rey）。塞维利亚可能总共有 76 座医院，一些是专科医院，其中一家专门诊治新型疾病——梅毒，它是新世界给欧洲人带来的一大灾难性疾病，只能通过涂抹汞得到一定程度的缓解。

塞维利亚的规模在那些年不断扩大。1475 年，它的人口可能仅有 4 万。[28] 到 1520 年，已经达到 6 万甚至更多。由于人口流动性大，很难统计出确切的数字。瘟疫、飓风、干旱、饥荒和洪水无不引起疾病和死亡。[29]1505—1510 年，塞维利亚尤其受到瘟疫的侵害。历史学家贝纳尔德斯估计，瘟疫夺去 2.8 万人的性命。[30]1507 年的洪水也令塞维利亚损失惨重。1503 年的饥荒带来的是灾难性的伤害，1522 年的又一次饥荒危害更甚。梅毒在上层社会和河流附近地区的曼希比亚（Mancebía）的妓女中频发，市政委员会运营的妓院相对而言健康一些。[31]

塞维利亚常有人移居其他地方。1492—1519 年，迁移至新世界的移民三分之一来自安达卢西亚，其中的三分之二出自塞维利亚，不过人数总计应该不超过 2 000。

另一方面，人口不断增长，热那亚和佛罗伦萨商人携家带口移居此地，还有许多已完全西班牙化的外国人，也扩充了城市居民的数量。根据市政文件记载，1472—1480 年，16 位热那亚商人活跃于塞维利亚，到 1489—1515 年，骤增至 400 人。[32] 他们许多人为自己起了卡斯蒂利亚名字：马里尼（Marini）改为马林（Marín），卡斯蒂格朗（Castiglione）改为卡斯特利翁（Castellón）。自 13 世纪起，热那亚人便在塞维利亚享有权利。为感谢他们帮助解除阿尔赫西拉斯（Algeciras）的围攻（乔叟对此记忆深刻），阿方索十一世免除了他们的税费。许多卡斯蒂利亚人怀着前去新世界寻求名望与财富的梦想来到塞维利亚，其中一些人最后留在这里。很多巴斯克人和加利西亚人也纷至沓来，大多成了水手。布尔戈斯的移民多从事贸易，他们也是受加勒比海美好前景的吸引而来此地。

塞维利亚的奴隶人数众多，其数量超过 15 世纪 90 年代。这座欧洲南部的城市以其奴隶规模彰显着它的富庶。几千名黑奴或是柏柏尔（Berber）奴隶，许多是从里斯本买来的，或是属于在塞维利亚定居的商人，比如巴尔托洛梅奥·马尔基奥尼，或是商人的代表，比如彼罗·隆迪（Piero Rondi），与塞维利亚当地的穆斯林奴隶一起从事劳动，这些穆斯林奴隶遗留自曾经的格拉纳达王国。塞维利亚城内也有几百个加纳利群岛的俘虏、一些美洲土著和为数不多的东欧人，他们是中世纪时意大利和西班牙最主要的奴隶来源。[33] 贩卖奴隶的地点大都在橘子庭院或大教堂的台阶上。奴隶脸上一般都刻有符号：鸢尾花、星星、圣安德鲁十字，或者主人的名字。他们从事着各种劳动：家仆、搬运工、奶妈、浇铸贵重金属的工人、制革工人、制陶工人、建筑工人、信使乃至妓女。奴隶不是富人的专属，工匠、艺术家和船长也可能是奴隶主。如果美洲的奴隶比其他地方——如热那亚——的奴隶工作能力更强，就可以大规模进口那里的奴隶，但美洲奴隶并未表现出强大的竞争力。

一少部分自由的前穆斯林仍居住在自 14 世纪起就是自己家园的阿达韦霍（Adarvejo），距离圣保罗教堂不远。他们通常仅与同族婚配。16 世纪初期，他们主要从事建筑行业的工作，也有人是蔬菜水果商、杂货店店主、香料商、小酒馆老板、面包师或看门人。

犹太改宗者的境遇大为不同。他们虽危险不断，但好在素有影响力。犹太人多富有之人，社会关系深厚。1511 年，经过运作，他们获准去往新世界，如能支付总计 300 万马拉维第的费用，便能加入轰轰烈烈的移民大潮。还有一部分犹太人担任重要官职，如弗朗西斯科·德·阿尔卡萨，深受梅迪纳－西多尼亚公爵信任，成为塞维利亚的财政官，而他在 1493 年曾经是受罚者。阿尔卡萨与梅迪纳塞利公爵夫人和弗朗西斯卡·庞塞·德·莱昂一样，名下也拥有一艘商船"圣萨尔瓦多号"，在西印度群岛从事贸易。他还从迭戈·哥伦布手中买到瓜达尔基维尔河上游的拉帕尔马岛的领主身份。他和同为改宗者的银行家阿隆索·古铁雷斯·德·马德里都是塞维利亚市政委员。[34]

众多这样的改宗者都会出现在新世界，其中最为著名的来自圣克拉拉家族，该家族成员克里斯托瓦尔曾在圣多明各担任财政官，他的兄弟贝尔纳迪诺曾帮助科尔特斯。布尔戈斯商人佩德罗·德·马卢恩达（Pedro de Maluenda）人脉广泛，曾为科尔特斯远征的后半段供应粮食和物品，后在征服特诺奇提特兰之后死于一种不知名的热症。另一位来自桑卢卡尔－德巴拉梅达的改宗者阿隆索·卡瓦列罗（Alonso Caballero），在 1520 年之后成为科尔特斯麾下的一名海军上将。佩德罗·德·坎帕纳（Pedro de Campaña）为他及其兄弟迭戈绘制的画像很快将会挂在塞维利亚大教堂的"埃尔马里斯卡尔"（El Mariscal）小教堂。胡安·费尔南德斯·德·瓦拉斯（Juan Fernández de Varas）和罗德里戈·德·巴斯蒂达斯等改宗者纷纷跻身于圣多明各最为富有的企业家行列，印第安人不屈不挠的好朋友拉斯·卡萨斯亦为改宗者。

在人生的最后几年，斐迪南国王对于改宗者的政策趋于严厉。比如，深受人们痛恨的科尔多瓦检察官卢赛罗（Lucero）在 1511 年6 月耀武扬威地回归故乡，他因在宗教裁判所的行径而遭到宽容人士的指控，结果指控均被撤销。1515 年 2 月，由大主教德萨任主席的塞维利亚神职人员委员会要求通过法令，禁止受宗教裁判所定罪之人的后代进入教堂成为教士。这一不符基督教精神的声明获得许多似乎是改宗者的人签字，或许他们希望此举能够摆脱其他同类的关注。[35] 后来，塞维利亚市政委员会和宗教裁判所里接收财物之人佩德罗·德·比利亚西斯发生争执，国王的裁决最终偏袒后者。[36]

商人古铁雷·德·普拉多曾以向教会收取租金为生，他因"犹太人行径"遭到逮捕之后，一场危机随之爆发。他的被捕引发了巨大震荡，因为普拉多不但与众多显贵家族有着千丝万缕的联系，更是欠下多笔钱款。[37] 此事甚至超过塞维利亚之前最著名的犹太人案件。那是 1494 年，阿尔瓦罗·德尔·里约——乌尔塔多·德·门多萨大主教曾经的秘书，后来成为乌尔塔多·德·门多萨的公证员，在塞戈维亚遭到火刑处罚。[38]

许多塞维利亚大贵族的管家都是改宗者，比如梅迪纳·西多尼亚的管家弗朗西斯科·德·拉斯·卡萨斯，蒙特马约尔侯爵的管家戈麦斯·德·科尔多瓦，他们此时都感到甚为不安。这些改宗者中的一部分人——如迭戈·加西亚，曾是加的斯公爵的代理人——为求自保，也不得不发声谴责犹太人。

自罗马时代起，塞维利亚便以橄榄油、葡萄酒和小麦闻名。16 世纪，橄榄油尚未普遍用于烹饪，但与穆斯林时期一样，它是最重要的出口商品，被运往佛兰德斯、伦敦、热那亚、希俄斯和墨西拿。现在，橄榄油还要大规模出口至新世界。"塞维利亚的一切都要归功于橄榄。"一位现代历史学家写道。他的这句结论虽然简单，但也无可辩驳。[39]15 世纪中期，橄榄油年产量约为 650 万千克；16 世纪，产量在此基础上增加了四分之一。[40]塞维利亚以西，位于塞维利亚和韦尔瓦之间的阿尔哈拉菲土地肥沃，生产的橄榄油品质最为上乘，农民出身的小企业家与贵族和教会均有往来。橄榄的收割始于万圣节，持续两个月，主要由安达卢西亚各地的妇女完成。收割者们居住在特别的农舍，每收获一篮橄榄可获得5个或6个马拉维第，收割季每位劳动者大概总共能赚得300马拉维第。

热那亚人与素常一样，仍是商人中的佼佼者，预期购买的商品有一大半都是他们买走的。最大的热那亚商人为哈科波·索普拉尼斯（Jacopo Sopranis）。[41]塞维利亚大部分地区都建有大型橄榄油仓库，尤其是大教堂和阿雷纳尔中间的埃尔马尔（El Mar），不过它在当时并未受到重视。橄榄油装在橡木制成的大桶里，橡木桶可在其他任何地方制作，特别是科里亚德里奥（Coria del Rio）制作的橡木桶。科里亚德里奥位于瓜达尔基维尔河边，在通往桑卢卡尔－德巴拉梅达的沿路地带。从事橄榄油贸易的商人都是来自旧塞维利亚的社会名人，其中包括所有著名的热那亚商人，以及西班牙当地的贵族——梅迪纳－西多尼亚公爵、阿科斯公爵、费里亚伯爵及普利耶哥侯爵。[42]

除了烹饪之外，橄榄油还能用于何处呢？它可配面包吃，但最主要的是用于制作肥皂。得益于橄榄油，塞维利亚是卡斯蒂利亚最重要的肥皂产地。传统的肥皂以橄榄油和草碱制成，颜色较深。主要的橄榄油制作工厂位于圣萨尔瓦多广场的清真寺附近。西班牙君主垄断了橄榄油贸易，将其租给占贸易份额比重最大的塔里法侯爵，其他份额属于加的斯侯爵路易斯·庞塞·德·莱昂，他们又转租给热那亚人，这种做法在当时非常普遍。

到 1520 年，另一种肥皂也大受欢迎。弗朗切斯科·索普拉尼斯·里帕罗勒从垄断者手中租赁了一间仓库，那时他已经引进一种用橄榄油和苏打制作的白色肥皂。他在特里亚纳从阿尔蒙特（Almonte）家族手中租赁工厂，在塞维利亚城外的桑蒂蓬塞，圣伊西多罗－德尔坎波的圣哲罗姆会修道院附近租赁仓库。他与占据第三大份额的热那亚人马可·卡斯蒂廖内（Marco Castiglione）合作，共同控制肥皂市场，直到他于 1514 年去世。1517 年之后，弗朗切斯科的堂亲哈科波·索普拉尼斯（Jacopo Sopranís）开始在这项贸易中占据决定性的地位。将这一重要产品销往新世界也非常重要，而这些热那亚商人又将很快在新世界稳稳立足。不久，西属美洲各地的人都能将手脚和衣服洗得干干净净。哥伦布曾经允许自己的朋友佩德罗·德·萨尔塞多（Pedro de Salcedo）在伊斯帕尼奥拉出售肥皂。

紧随橄榄油的是谷类贸易。塞维利亚的小麦来自卡尔莫纳和埃西哈的麦田。小麦的产量高低存在起伏。普利耶哥侯爵是最富有的小麦商，为他提供资金的银行家是无处不在的加斯帕尔·森图里翁和朱利亚诺·卡尔沃（Giuliano Calvo），他自己还是斯特凡诺·森图里翁（Stefano Centurione）的合伙人。1516 年，小麦种植的规模超过 15 世纪，森图里翁家族成为受益者。西印度群岛对于面粉的需求量逐年上涨，商人们深知，定居者们或许会无力购买任何物品，但面粉是必需品。在征服墨西哥并在随后殖民热带区域以前，当地的小麦产量都不足以取代卡斯蒂利亚的进口。[第一个在新世界种植小麦的人是自由的葡萄牙黑人胡安·加里多，他曾参与多项战事，在科约阿坎（Coyoacan）拥有自己的农场。][43]

塞维利亚及其周边地区还是西班牙重要的葡萄酒产地。在前几十年间，为满足当地需求，北方的里奥哈河（Rioja）、杜罗河、加利西亚美丽的米诺河两岸的葡萄酒产业实现了新的发展。西印度群岛的贸易活动极大地增加了葡萄酒的需求。旅客们需要提神的东西，于是莫雷纳山区、康斯坦提那、卡萨利亚、瓜达尔卡纳尔岛的烈性葡萄酒深受欢迎，其中又属卡萨利亚的葡萄酒最为人喜爱，它给美洲当地人留下了深刻印象。[44] 赫雷斯的雪莉酒和桑卢卡尔 - 德巴拉梅达（瓜达尔基维尔河口的梅迪纳 - 西多尼亚公爵港口）的曼赞尼拉酒，可以很方便地装船运走。

　　从事葡萄酒贸易的大多为热那亚人［贝尔纳多·格里马尔迪、贝内德托·多里亚（Benedetto Doria）及安东尼奥·皮内洛］，或佛罗伦萨人［彼罗·隆迪内利（Piero Rondinelli）］，不过，胡安·德·布尔戈斯，一个为科尔特斯运输补给，并肩战斗，最后留在新西班牙的商人（或许是出于对自己改宗者身份的担忧），在葡萄酒贸易中亦占据重要地位。最大的葡萄酒买家为改宗者加西亚·德·哈恩和费尔南多·德·塞维利亚，后者在 1494 年受到宗教裁判所的惩罚。[45]

　　在塞维利亚也很容易买到香料、糖和大米。欧洲香料贸易之都是里斯本，不过安达卢西亚的商人们对香料生意也兴趣浓厚。彼罗·隆迪内利是著名的香料商人，他常从在里斯本站稳脚跟的克雷莫纳（Cremona）商人手中购买胡椒。[46] 香料是又一种被热那亚人几近垄断的贸易。[47] 使用葡萄牙属大西洋岛屿的甘蔗制作的糖，同为塞维利亚市场的重要商品，1485 年之后，来自加纳利群岛的糖，也开始出现在塞维利亚，而热那亚人也几乎垄断了糖类贸易。哥伦布

黄金之河：西班牙帝国的崛起，从哥伦布到麦哲伦

年轻时曾受雇从事糖类贸易。未来的加勒比海地区将发展出欣欣向荣的糖类贸易。[48]

塞维利亚城内拥有约 3 000 台织布机，源源不断地生产布匹，但产量远远无法满足需求。于是，塞维利亚市民与西印度群岛居民一样，寻求从北欧地区进口布匹。自 14 世纪起，英国的羊毛纺织品就开始出现在塞维利亚市场，势力强大的商人普拉托·弗朗切斯科·塔提尼（Prato Francesco Datini）是该项贸易的中间商。[49]到 1500 年，塞维利亚的大多数英国织品商人为英国人，比如托马斯·梅拉德（Thomas Maillard）和约翰·戴（John Day）。佛兰德斯省富裕的中心地带科特赖伊（Courtrai）生产的黑布也广受喜爱。鲁昂、米兰、佛罗伦萨、巴伦西亚、塞戈维亚和巴埃萨（Baeza）也出产少量布匹。鉴于塞维利亚与这些北欧地区的贸易活动，时不时有个别北欧人跟随远征队前往西印度群岛也就不难理解了，比如来自布里斯托尔的"安德烈斯大师"，我们介绍麦哲伦时曾提过他。

塞维利亚的又一重要商品为胭脂虫红染料，主要产自梅迪纳－西多尼亚公爵的岛屿，比如奇克拉纳（Chiclana）和奇皮奥纳（Chipiona），位于桑卢卡尔附近，不过这里的染料质量要次于克里特岛（Crete）和科林斯（Corinth）。很快，墨西哥也会生产出胭脂虫红染料。之前已经介绍过，其他染料来自亚速尔群岛和加纳利群岛（红色染料）。为了更好地销售染料，布尔戈斯那些富有冒险精神的商人与南方的商人达成愉快的相处模式。

塞维利亚到处都是小作坊，为当地市场生产小商品。这里有一家重要的皮革厂，原料不仅来自安达卢西亚，还有巴巴里海岸。靴子、皮衣和轻便的皮质盾牌在西印度群岛销路甚广。热那亚人垄断了山羊皮的进口贸易，他们的仓库位于加的斯。一些手工艺人自己也是商人，比如佩德罗·洛佩斯·加维兰（Pedro López Gavilán）。佛罗伦萨人彼罗·隆迪内利也活跃于该项贸易。最受欢迎的织物可能要属羽纱，以骆驼毛和丝绸制成，极为精致。羽纱原产自埃及，可用山羊毛或骆驼毛制作。塞浦路斯在很长一段时间里都是生产羽纱的中心，从事棉布生意的热那亚家族会在希俄斯岛出售羽纱，塞维利亚的羽纱商人也几乎都是热那亚人，卢卡·巴蒂斯塔·阿多尔诺（Luca Battista Adorno）是其中最为重要的羽纱商。从事天鹅绒生意的也大多为热那亚人。特里亚纳一家规模接近工厂的作坊里生产火药，显然也是为了满足新世界的需要。[50]

自罗马时代至今，特里亚纳一直都是瓷器和陶器的中心。16世纪初期，塞维利亚有50个陶窑，生产釉陶、砖、瓦和盘子。圣佩德罗、圣比森特和塔夫拉达（Tablada）也建有黏土厂。其制作工艺源于古代，不过才智过人的托斯卡纳人弗朗切斯科·尼库罗塞（Francesco Niculoso）对工艺进行了改进。陶器与肥皂、火药和布匹一样，成为西印度群岛需求旺盛的商品。例如，向伊斯帕尼奥拉圣胡安附近的卡帕拉（Caparra）的早期殖民地出口的陶器尤其引人注目。

除了黏土，还有黄金贸易。塞维利亚与伊斯兰教的联系源远流长，自15世纪起便是卡斯蒂利亚的黄金贸易之都。它的重要性辐射欧洲各地，当时的大多数黄金最初都来自西非［班布克（Bambuk）、布雷（Buri）、洛比（Lobi）和阿坎（Akan）］，以金条或金粉的形式运至塞维利亚中转。

图书业亦占据重要地位。许多著名的传奇故事，之前已经介绍过部分，都是由技术精湛的雅各布·克罗姆伯格印刷。他是纽伦堡

　　黄金之河：西班牙帝国的崛起，从哥伦布到麦哲伦

人，自 1500 年便生活在塞维利亚。在塞维利亚的阿雷纳尔，或自大教堂通往阿雷纳尔的马尔街［Calle del Mar，今天的加西亚－德比努埃萨街（Calle García de Vinuesa）］，均有雅各布印制的精美书籍出售。买书的人中有许多是在出发前往西印度群岛冒险之前，买几本传奇故事书看看，对于他们而言，这些书比味道与白兰地齐肩的曼赞尼拉酒还要醉人。[51] 由埃尔南·德尔·卡斯蒂略负责编纂的民间叙事诗集《诗歌集》（Cancionero General），在 1511 年出版并大获成功。贝尔纳尔·迪亚斯可能通过这本书了解了卢比孔河（River Rubicon）的重要性，科尔特斯也从中看到了苏拉（Sulla）和马略（Marius）的英勇事迹，这些记载对于他们二人来说意义重大。贝尔纳尔·迪亚斯写道，科尔特斯深入墨西哥腹地时，"穿过了卢比孔河"。科尔特斯骄傲地说，贡萨洛·德·桑多瓦尔和加西亚·奥尔古因（García Holguín）之间争执到底是谁俘获墨西加人皇帝瓜特穆斯（Cuauhtémoc），这令他回想起罗马人苏拉和马略关于是谁抓获了努米底亚（Numidia）国王朱古达（Jugurtha）的争论。

在大西洋贸易中，圣像、便携式祭坛、祭坛屏风，以及描述圣母马利亚、基督和圣克里斯托弗的文本也相当重要，圣人如此之多，以至于许多美洲当地人在与卡斯蒂利亚人接触时，都以为基督教信奉多个确确实实存在的神祇。

16 世纪初期，塞维利亚商铺众多。从皮革梳妆台商、丝绸商、帽子商到裁缝，通常都属于行业协会，行业协会的性质一半为工会，一半为宗教兄弟会，位于各条"作坊街"。许多商人（比如重要的石膏商）不属于任何协会，但与其他商人（比如建筑商和石匠）关系紧密。走在城区里，可在热那亚街看到马裤和紧身短上衣，在马尔街找到帽子和十字弓，卡斯特罗街有马蹄铁，大教堂前的台阶上可见帽子和鞋，弗兰科斯街主营香水、服装和女士饰品，埃斯科瓦尔街为内衣街，西尔皮斯街则出售木、铁、钢、金质物品及轻型武器。1526 年，威尼斯人纳瓦格罗称，塞维利亚向西印度群岛输送的不只是粮食和葡萄酒等必需品，还有所有必需的衣物。[52]

木材在那个时代极为重要。在塞维利亚，建房，制造马车、船和桶，支撑桥梁，以及为陶窑生火，都要用到木材，它是许多工程的基础。当地的橡木几乎已全部用光，康斯坦提那的橡树林亦消耗殆尽。松木质量不如橡木，因此塞维利亚需要从英国、加利西亚、德意志乃至斯堪的纳维亚进口木材。此外，制作绳索用的大麻产量也急剧上升。大麻主要种植于瓜达尔基维尔河两岸。

16 世纪 20 年代初，西班牙已拥有帝国的必备品之一——统一的语言。语言学家内夫里哈坚称，统一的语言至关重要。此外，大批人做好了移民的准备，而塞维利亚已具备担任新世界首府的条件。哥伦布 1493 年完成伟大的航行之后返回此地，埃尔卡诺结束环球航行之后亦回到这里。科尔特斯的代表们，后来还有科尔特斯本人，在征服了不起的墨西哥帝国以后，也会来到该城市。佩德拉里亚斯、博瓦迪利亚、奥万多及圣哲罗姆隐修会会长们都是从塞维利亚出发。人们从这里启程前往西印度群岛，从西印度群岛返回时；仍要回到此地。后来的几百年间，无数副王、总督、总司令、指挥官、探险家、传教士和殖民者，乘坐数千艘船只，往返于两地。他们带回了金银、巧克力、绿松石镶嵌画、糖、咖啡，以及关于西班牙人征服美洲大陆和那些不可思议的冒险经历的回忆。这在几十年前是无法想象的，或许只有浪漫主义作家曼德维尔爵士的读者们，才会生出

　　　　　　黄金之河：西班牙帝国的崛起，从哥伦布到麦哲伦

如此大胆的想象。

征服者们追求的不仅仅是荣耀和财富。他们大多数人相信，发现美洲大陆带来的长远益处便是让当地人接受基督教，实现文化层面的升华。他们坚信，正如 1504 年西班牙国王所说，他们在用基督教教义使得新大陆"变得崇高"。他们心安理得地征服新大陆，确信自己为美洲带去了文明，最终将带领当地人摆脱落后的条件。他们谴责基于活人献祭的宗教信仰，或是反对单纯地崇拜太阳或雨，现在看来，谁能质疑他们的正确性呢？一位 20 世纪的法国将军在法国自北非撤退后写道："每个时代看待事物的方式，都依前后发生之事而大为不同。这样的变幻无常给我们带来的影响远超想象。我们相信自己通情达理、自由自在，然而，不论喜欢与否，我们不过是历史前行浪潮手里的玩物罢了。"[53]

1500 年那一代西班牙人亦是如此。他们深知，自己的任务是寻找新的基督徒之灵魂。黄金和荣耀是盾徽的根基，基督教才是盾牌的主宰。

阅读 16 世纪的书籍时，不难发现，命运之轮总会在一段时间眷顾某个对象。1515 年前后，丢勒为一件雕刻品设计了美丽的轮盘。"命运女神福尔图娜（Fortuna）是在以怎样的傲慢和狂暴折磨我们的时代啊！"学识渊博的彼得·马特尔在 1521 年写给梅库里诺·加蒂纳拉国务大臣的信中如此感慨。[54]1520 年夏，为庆祝当时欧洲最具前景的年轻英雄查理五世即将登上帝位，有人预订了一批以凡·奥利（van Orley，来自当时文明程度极高的荷兰，是王庭的著名画家）的画作为基础，以"荣誉"为标题的挂毯。这些挂毯中的一幅现在悬挂于西班牙塞戈维亚城外的农场王宫（palace of La Granja），它代表着命运之轮。幸运女神向一边抛掷石头，向另一边轻撒玫瑰。在她抛撒玫瑰的那一侧，可以看到恺撒坐在船上，这里的恺撒很可能象征着最为著名的征服者埃尔南·科尔特斯。幸运女神现在开始为西班牙抛撒鲜花，这种幸运将会萦绕数个世代。其间，来自卡斯蒂利亚、阿拉贡、加利西亚、阿斯图里亚斯、巴斯克地区和格拉纳达的西班牙人，将势力扩张至新世界各处，把新近统一的西班牙发展成为无可比拟的伟大国度。[55]

黄金之河：西班牙帝国的崛起，从哥伦布到麦哲伦

附录 A

家　谱

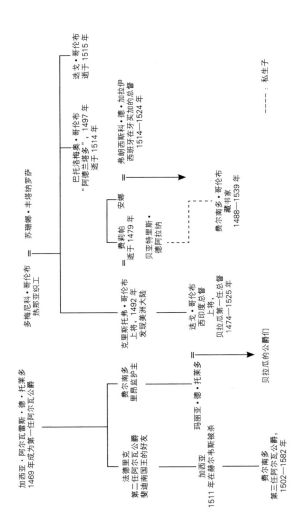

阿尔瓦和哥伦布家族

多梅尼科·哥伦布 织工　＝　苏珊娜·丰塔纳罗萨

巴托洛梅奥·哥伦布
"阿德兰塔多"，1497 年
逝于 1514 年

迭戈·哥伦布
逝于 1515 年

弗朗西斯科·德·加拉伊
西班牙在牙买加的总督
1514—1524 年

费莉帕
逝于 1479 年
＝ 贝里特里斯·
德阿拉纳

安娜

克里斯托弗·哥伦布
上将，1492 年
发现美洲大陆

费尔南多·哥伦布
藏书家
1488—1539 年

迭戈·哥伦布
西印度总督
上将，
贝拉瓜第一任总督
1474—1525 年

贝拉瓜的公爵们

加西亚·阿尔瓦雷斯·德·托莱多
1469 年成为第一任阿尔瓦公爵

费尔南多
里昂监护主

玛丽亚·德·托莱多　＝

法德里克
第二任阿尔瓦公爵
斐迪南国王的好友

加西亚
1511 年在赫尔韦斯被杀

费尔南多
第三任阿尔瓦公爵，
1502—1582 年

－－－－：私生子

附录 A 家　谱

715

西班牙王室

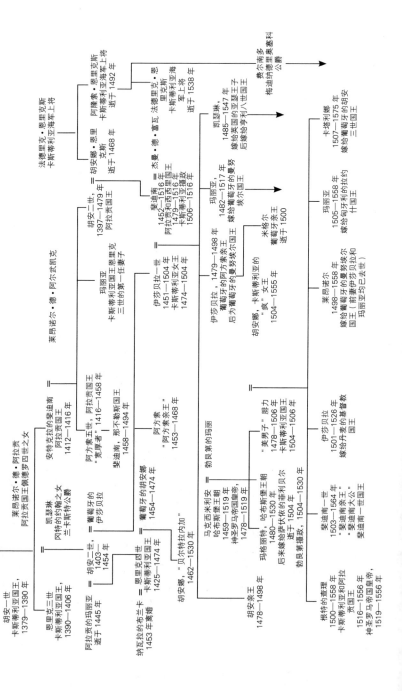

门多萨家族

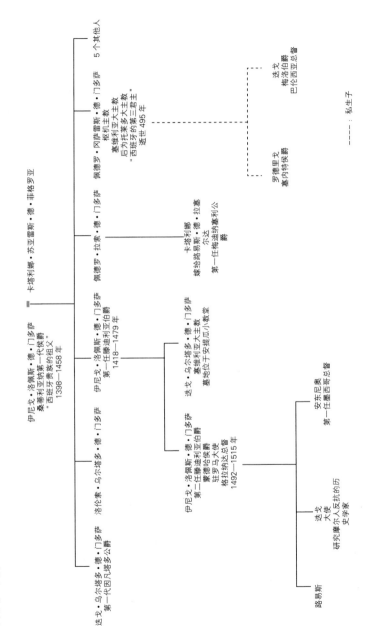

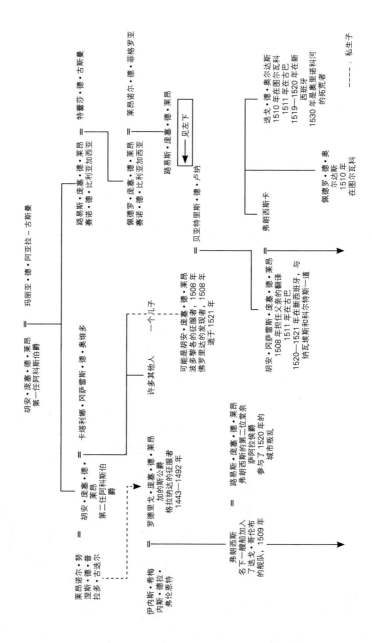

庞塞·德·莱昂家族

黄金之河：西班牙帝国的崛起，从哥伦布到麦哲伦

丰塞卡家族

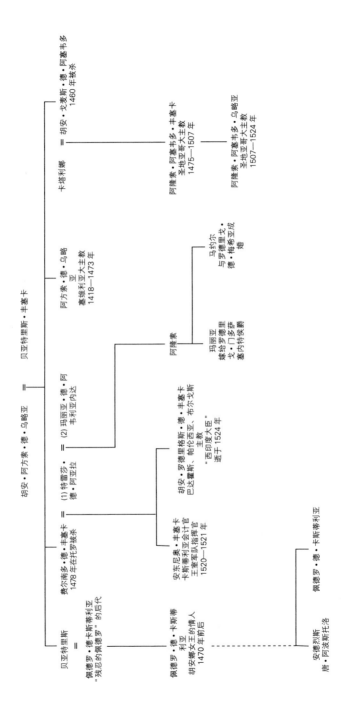

附录 B

登上帝位的代价，1519 年

开支：	莱茵弗罗林币
赠予美因茨大主教的礼物	103 000.00
手下顾问	10 200.00
赠予科隆大主教的礼物	40 000.00
手下顾问	12 800.00
赠予特雷夫斯大主教的礼物	22 000.00
手下顾问	18 700.00
赠予萨克森选帝候的礼物	32 000.00
手下顾问	8 000.00
赠予普法尔茨选帝候的礼物	139 000.00
手下顾问	8 000.00
赠予波兰、波西米亚、匈牙利大使的礼物	41 031.18
大臣职位的花费（勃兰登堡）	100.00
赠予普法尔茨的腓特烈伯爵（谈判者）的礼物	31 108.00
赠予勃兰登堡的马格雷夫·卡西米尔（Margrave Casimi）的礼物	25 843.28
赠予伯爵、男爵、勋爵、贵族和各城代表	31 029.00
支付给专员、议员、秘书的费用	39 965.00
支付给廷臣、信使的费用	3 542.11

支付给马克西米利安皇帝顾问们的费用	5 600.21
在瑞士的费用	29 160.00
购买符腾堡（Wurttemberg）的费用	171 359.47
各种开支	55 760.52
银行费用	17 493.24
上述费用来自：	
哈科韦·福格（奥格斯堡）	543 585.34
巴托洛梅·威尔斯（奥格斯堡）	143 333.00
菲利波·瓜尔特罗蒂（佛罗伦萨）	55 000.00
贝内德托·福尔纳里斯（热那亚）	55 000.00
洛伦索·德比瓦尔迪（热那亚）	55 000.00
总计	851 918.34

来源：莱昂·希克（Léon Schick），UN GRAND HOMME D'AFFAIRES AU DEBUT DU XVIÈME SIÈCLE：哈科韦·福格，巴黎，1957。

附录 C

登记的船只：往返于西印度群岛，1504—1522 年

年份	驶出	返回
1504（自 8 月 14 日）	3	–
1506	22	12
1507	32	19
1508	46	21
1509	21	26
1510	17	10
1511	21	13
1512	33	21
1513	31	30
1514	30	46
1515	33	30
1516	42	10
1517	63	31
1518	51	47
1519	51	41
1520	71	37
1521	33	31
1522	18	25

词汇表

adelantado	类似罗马行省总督的官员，兼具军事和政治职能。
alcaide	要塞指挥官。
alcalde	主持市议会的市长或法官。
alcalde mayor	首席法官。
alguacil	治安官。
alhama, aljama	犹太人或摩尔人聚居区。
arroba	重量单位，相当于 11502 克。
asiento	合约。
asistente	相当于塞维利亚的行政司法官。
audiencia	高等法院。
bergantín/brigantín	一种低矮的小船，通常有两根桅杆，可以扬帆航行也可以划行；容易沿海岸操控。
bozales	直接来自非洲的黑奴。
brazilwood	用作红色染料的坚硬的红木。
caballero	骑士。
cabildo	大教堂宗教团体，也可以是市议会。
cacique/cacicazgo	泰诺语，一般指酋长，在西班牙通常指政治领袖。
camarera mayor	宫廷女侍。
Camarero	管家。
capitulación	双方之间严肃的协议。
caravel	有三根桅杆的轻型圆船，通常装有船尾帆。
castellano	价值 485 马拉维第的金币。
cédula	法令、政令。
comendador	指挥官，但用来表示骑士团中的高级官员。
comitre	在海军上将手下服役的海军上校，有时是王室成员。
comunero	城市叛乱（由市政官员或议员发动和领导的城市平民抗议运动，旨在反抗查理五世大量任用外国人，加重税收，加强专制统治等）。

contador mayor	总会计官。
contador mayor del reino	王国总会计官。
continuo	廷臣。
contramaestre	水手长。
converso	自愿改宗基督教的犹太人或穆斯林。
corregidor	由国王任命的控制开支的司法行政官员等。
criado	家庭成员、王室成员或其他成员。
ducado/ducat	价值 375 马拉维第的金币。科尔特斯为他 1506 年的印度群岛之行向阿尔法罗支付了 11 杜卡特。也可用作重量单位。

encomienda In the Indies a number of Indians were allocated to a
settler (the *encomendero*) who would use their services and their land in return for looking after them
and teaching them Christianity. In Spain an *encomienda* was more to do with land than with people.

entrada	向内陆的探险。
escribano	公证人。
escudero	步兵。
fanega	容量为 55 升的干量器。
fundador	铸造工人。
fundición	熔化。
galeón	有三根桅杆的大船。
hermandad	警察。
hidalgo	出身优渥但并非贵族的人。
judería	犹太人聚居区。
justicia	地方执法官。
lateen	一种三角帆，常用于船的后桅，使船易于转向。
letrado	受过良好教育的人。
libra de oro	一种古老的卡斯蒂利亚重量单位，可划分为 16 盎司，等同于 460 克。西班牙其他地区也有同类的重量单位。
maestresala	乘务员。
maravedí	一种铜币，是卡斯蒂利亚货币的最小单位，也是使用最多的货币。埃斯特雷马杜拉总督奥万多，1502 年的薪水是一年 36 万马拉维第；西印度贸易总署代理商皮内洛，1503 年的薪水是一年 10 万马拉维第；主领航员韦斯普奇在 1508 年的收入是 7.5 万马拉维第。大约在 1492 年，拉斯奎瓦斯的修道院一年的收入大约是 111.1 万马拉维第。
marrano	皈依犹太教或秘密践行犹太教礼法的人。

mayorazgo	附带拨款。
mestizaje	混血群体。
montañés	坎塔布里亚原住民。
monteros de Espinosa	王室警卫。
morería	穆斯林聚居区。
morisco	改宗基督教的穆斯林。
mozárabe	在伊斯兰地区生存下来的基督徒。
mudéjar	待在基督教地区的穆斯林，也可表示他在那里做的工作，特别是建筑。
naboría	在加勒比海被招募为仆人（但不是奴隶）的印第安人。
peso	被认为价值 450 马拉维第的银币。
procurador	提到议会时指议会代表。
reconciliado	被宗教裁判所严惩或罚款的人。
regidor	市政官员。
relación	报告。
repartimiento	划分领土。
repostero	内侍，看守御用盘子和亚麻布的人。
residencia	对即将离任的治安官或总督的行为调查，之所以这样命名（*residencia* 词根与 residence 一样），是因为该官员在其继任者抵达后，必须继续居住 30 天，以便进行调查。
tierra firme	大陆。
veedor	监察官。
vega	肥沃的山谷。
veinticuatro	塞维利亚二十四个地区之一和安达卢西亚的一个或两个其他地方。
vihuela	吉他的早期版本。

西班牙货币，约 1500 年：

西班牙人在征服新大陆时使用了许多货币面值，但没有明确的使用规则。比索、卡斯蒂拉诺、达克特和马拉维第都会使用。最常用的硬币是马拉维第，它是一种铜币，价值相当于西班牙金币的 1/96，1 马拉维第重量等于 230.045 克。

1 real（里亚尔）= 34 马拉维第

1 ducat（达克特）= 375 马拉维第

1 peso（比索）= 450 马拉维第

1 castellano（卡斯蒂拉诺）= 485 马拉维第

索利多（*sueldo*，演变自 *solidus)*）是一个很小的货币单位（sou），其价值也许不超过我们说出这个词时用的力气。

马克是一种大约等同于 11 盎司的度量单位，可用来称量珍珠和黄金。

参考书目

手稿来源

Archivo Ceramelli Papiani (for Berardi, Rondinelli)

Archivo General de Indias

    I used the following sections:

        Contratación

        Indiferente General

        Justicia

        México

        Panamá

        Patronato

    The documents concerned are indicated in the references.

Archivo Histórico Nacional (Madrid)

Archivo de Protocolos de Sevilla

Archivo del Stato, Florence

Archivio Mediceo avanti il principe Fondo Guerra de Piccolomini de Aragona, Rondinelli papers

其他主要资料来源
影印文件、一手资料、16 世纪图书

Aguilar, Fr. Francisco, *Relación breve de la Conquista*, written c. 1565, 1st ed. Mexico 1892; new ed. Germán Vázquez in *La Conquista de Tenochtitlan, Historia 16, Crónicas de América*, 41, Madrid 1988. Eng. tr. Patricia de Fuentes, intr. Ross Hassig, Norman, OK, 1993.

Alfonso X, *Las Siete Partidas*, ed. Francisco López Estrada, Madrid 1992.

Anales de Tlatelolco, Mexico 1948.

Andagoya, Pascal de, *Relación de documentos*, ed. Adrián Blázquez, *Crónica de Américas*, Madrid 1986.

Baeza, Gonzalo de, *Tesorero de Isabel la Católica*, 2 vols., ed. Antonio and E. A. de la Torre, Madrid 1956.

Bergenroth, Gustav Adolf, *Calendar of Letters ... Relating to the Negotiations Between England and Spain*, London 1862.

Bernáldez, Andrés, *Cura de Los Palacios*, ed. Manuel Gómez-Moreno and Juan de M. Carriazo, *Historia del Reinado de los Reyes Católicos*, 2 vols., Seville 1969.

Catálogo de los fondos americanos del Archivo de Protocolos de Sevilla, ed. Fundación Rafael G. Abreu, 8 vols., Madrid and Seville 1930–2000, most reprinted recently.

Chacón y Calvo, José María, *Cédulario Cubano, 1493–1512 (Los origenes de la colonización)*, Madrid 1929 (Colección de documentos inéditos para la historia de Hispano-América, vol. 6).

Colección de documentos inéditos relativos al descubrimiento, conquista, y organización de las antiguas posesiones españolas de ultramar [CDIU], 25 vols., Madrid 1880–1932.

Colección de documentos inéditos relativos al descubrimiento, conquista, y organización de las posesiones españolas en américa y oceania [CDI], ed. Joaquín Pacheco and Francisco Cárdenas, 42 vols., Madrid 1864–89.

Collection des voyages des souverains de Pays-Bas, ed. M. Gachard, 4 vols., Brussels 1876 onward (vol. 1 covers the journeys of Philip the Fair and vol. 2 those of Charles V).

Colón, Cristóbal, *Autógrafos de Cristóbal Colón y papeles de América*, Madrid 1892 (papers from the Palacio de Liria).

——, *Diario de libro de la primera navegación*, ed. Francisco Morales Padrón, Seville 1992.

——, *The Four Voyages of Columbus*, tr. J. M. Cohen, Harmondsworth 1969. Includes extra material such as the will of Diego Méndez.

——, *Libro de las profecías*, Madrid 1992.

——, *Textos y documentos completos*, ed. Juan Gil and Consuelo Varela, 2nd enl. ed., Madrid 1992.

Colón, Fernando, *Historia del Almirante*, ed. Luis Arranz, Madrid 2000. There is a translation by Benjamin Keen, *The Life of the Admiral Christopher Columbus by His Son Ferdinand*, New Brunswick, N.J. 1959.

Córdoba, Fray Martín de, *Jardín de las nobles mujeres*, Valladolid 1500; also ed. H. Goldberg, Chapel Hill, NC, 1974.

Cortés, Hernán, *Cartas de relación*, ed. Angel Delgado Gómez, Madrid 1993. Eng. tr. Anthony Pagden, New Haven, CT, 1986, with introduction by Sir John Elliott.

Cortes de los Antiguos Reinos de León y Castilla, vol. 4:*1476–1537*, Real Academia de la Historia, Madrid 1882.

Cota, Sancho, *Memorias*, ed. Hayward Keniston, London 1964.

Cuevas, Mariano, S. J. *Documentos Inéditos del Siglo XVI para la Historia de México*, Mexico 1914.

D'Ailly, Pierre, *Ymago Mundi*, ed. Antonio Ramírez de Verger, Madrid 1992.

Díaz, Fr. Juan, *Itinerario de la armada del Rey Católico a la Isla de Yucatán, en la India, en el año 1518*. (See Aguilar, above.) Díaz del Castillo, Bernal, *Historia Verdadera de la Nueva España*, 2 vols., Madrid 1982; *The True History of the Conquest of New Spain*, tr. A. P. Maudslay, 5 vols., Hakluyt Society, 2nd series, 23–25, 30, 40, London 1908–16. Abbreviated ed. for the twentieth century, tr. J. M. Cohen.

Documentos de los Reyes Católicos, 1492–1504, ed. Antonio Gomáriz Marín, Murcia 2000.

Fernández Álvarez, Manuel, *Corpus documental de Carlos V*, vol. 1: *1516–39*, 5 vols., Salamanca, 1973.

Fernández de Navarrete, Martín, *Colección de viajes y descubrimientos que hicieron por mar los españoles*, Carlos Seco Serrano, 4 vols., Madrid 1954.

Fernández de Oviedo, Gonzalo [Oviedo], *Libro de la Cámara Real del Príncipe Don Juan*, Madrid 1870.

——, *Las Quinquagenas de la nobleza de España*, Real Academia de la Historia, Madrid 1880, vol. 1 (the only one published).

——, *Historia general y natural de las Indias*, 5 vols.; 117–21 in *BAE*, ed. Juan Pérez de Tudela, Madrid 1959, 2nd ed. Madrid 1992.

Fita, Fidel, Fray Bernardo Boyl, and Cristóbal Colón, *Nueva colección de cartas reales*, *BRAH*, vols. 19–20, 1891, 1892.

Gachard, M., *Correspondance de Charles V et d'Adrien VI*, Brussels 1859.

Galíndez de Carvajal, Lorenzo, *Anales Breves de los Reyes Católicos*, in *Colección de documentos inéditos para la historia de España*, vol. 18, Madrid 1851, 237ff.

García Icazbalceta, Joaquín, *Colección de documentos para la historia de México*, new ed., 2 vols., Mexico 1980.

García Mercadal, J., *Viajes de extranjeros por España y Portugal*, 3 vols., Madrid 1952–59.

Gil, Juan, and Consuelo Varela, *Cartas de particulares a Colón*, Madrid 1984.

Gómez de Castro, Alvar, *De las hazañas de Francisco Jiménez de Cisneros*, Madrid 1984.

Guevara, Antonio de, *Epistolares Familiares, BAE*, Madrid 1850.

Guicciardini, Francesco, *The History of Italy*, tr. Sidney Alexander, New York 1969.

Lalaing, Antoine de, *Relation du premier voyage de Philippe le Beau en Espagne, en 1501*, Brussels 1876. (See, too, García Mercadal above.) La Marche, Olivier de, *Le Chevalier Délibéré*, new ed. Paris 1946.

Landa, Fray Diego de, *Relación de las Cosas de Yucatán*, ed. Miguel Rivera, Madrid 1985.

Las Casas, Bartolomé de, *Apologética Historia Sumaria*, ed. Juan Pérez de Tudela, 2 vols., Madrid, *BAE*, vols. 95, 96, Madrid 1957.

——, *Historia de las Indias* [Las Casas], 3 vols., ed. Agustín Millares Carlo, intr. Lewis Hanke, Mexico 1986.

——, *Brevísima relación de la destrucción de las Indias*, ed. Consuelo Varela, Madrid 1999.

La Torre, Antonio de, *Documentos sobre relaciones internacionales de los Reyes Católicos*, 3 vols., Barcelona 1949.

León-Portilla, Miguel, *La Visión de los Vencidos*, Madrid 1985. Eng. tr. *The Broken Spears*, New York 1992.

López de Gómara, Francisco, *Hispania Victrix, Historia General de las Indias*, in *BAE*, 22, Madrid 1852.

——, *Anales de Carlos*, Spanish with Eng. tr. and intr. by R. B. Merriman, London 1912.

—— *La conquista de México*, Saragossa 1552, new ed. José Luis Rojas, Madrid 1987. Eng. tr. L. B. Simpson, Berkeley, CA, 1964.

López de Mendoza, Íñigo, Count of Tendilla, *Correspondencia del Conde de Tendilla*, vol. 1, Madrid 1974.

Macchiavelli, Niccoló, *The Prince*, tr. and ed. George Bull, London 1961.

Mandeville, Sir John, *The Travels of Sir John Mandeville*, ed. A. W. Pollard, London 1900.

Marco Polo, *El Libro de*, ed. Juan Gil, Madrid 1992.

Marineo Siculo, Lucio, "Don Hernán Cortés," in *De Rebus Hispaniae memorabilibus libri*, vol. 25, Alcalá de Henares, 1530, new ed. Miguel León-Portilla, *Historia*, 16, April 1985.

Martorell, Joanot, and Martí Joan de Galba, *Tirant lo Blanc*, first pub. in Catalan 1490, first pub. in Castilian 1511; Eng. tr. David H. Rosenthal, London 1984.

Martyr, Peter, *Epistolario, Documentos inéditos para la historia de España*, vols. 9–12, Madrid 1953.

——, *De Orbe Novo*, tr. Francis MacNutt, New York 1912. There is a good new Spanish ed. by Ramón Alba, *Décadas del Nuevo Mundo*, Madrid 1989.

——, *Cartas sobre el Nuevo Mundo*, Madrid 1990.

Montaigne, Michel de, *The Essays of Michel de Montaigne*, tr. M.A. Screech, London 1981.

Morales Padrón, Francisco (ed.), *Primeras Cartas sobre América*, Seville 1990.

Morel-Fatio, Alfred, *Historiographie de Charles Quint;* includes a French translation of the autobiography of Charles (as well as the 1620 ed. in Portuguese), Paris 1913.

Muñoz, *Catálogos de la Colección*, ed. Real Academia de la Historia, 2 vols., Madrid 1955.

Murga Sanz, Mgr. Vicente, *Cedulario puertorriqueño*, vols. 1 and 2, Río Piedras 1964.

——, *Puerto Rico en los manuscritos de Don Juan Bautista Muñoz*, San Juan 1960.

Palencia, Alfonso de, *Crónica de Enrique IV, Historia de la Guerra de Granada*, tr. A. Paz y Melia, *BAE*, vols. 257, 258, Madrid 1973–75.

Paso, Francisco del, *Epistolario de Nueva España, 1505–1818*, 16 vols., Mexico City 1939 onward.

Paz y Mélia, A., *Nobilario de Conquistadores de Indias*, Madrid 1982.

Pérez de Guzmán, Fernán, *Generaciones y Semblanzas*, London 1965.

Pigafetta, Antonio, *Primer viaje alrededor del mundo*, ed. Leoncio Cabrero, Madrid 1985. See also the Hakluyt Society's translation, ed. Lord Stanley of Alderley, London 1874.

Popol Vuh: The Mayan Book of the Dawn of Life, tr. Dennis Tedlock, New York 1985.

Pulgar, Hernando del, *Crónica de los Reyes Católicos*, Madrid 1770.

Quiroga, Vasco de, *Utopia en América*, ed. Paz Serrano Gassent, Madrid 1992.

Rodríguez de Montalvo, Garcí, *Amadís de Gaula*, 2 vols., ed. Juan Bautista Avalle-Arce, Madrid 1991. There is a fine English translation by Edwin B. Place and Herbert C. Behm, Lexington, KY, 1964.

Rodríguez Valencia, Vicente, *Opinión de Españoles y extranjeros, Isabel la Católica*, 3 vols., Valladolid 1970.

Rodríguez Villa, Antonio, *El emperador Carlos V y su corte, según las cartas de don Martín de Salinas*, Madrid 1903.

Saco, José Antonio, *Historia de la esclavitud de la raza africana en el nuevo mundo*, 4 vols., Havana 1938.

Sahagún, Fr. Bernardino de, *Florentine Codex: General History of the Things of New Spain*, tr. Charles Dibble and Arthur J. Anderson, 12 vols., 1952 onward. Spanish ed. tr. Fr. Angel Garibay, 4 vols., Mexico 1956.

——, *Historia General de las Cosas de la Nueva España*, ed. Angel María Garibay, Mexico 1981.

Sandoval, Fray Prudencio de, *Historia de la vida y hechos del Emperador Carlos V*, 2 vols., Valladolid 1604–6.

Santa Cruz, Alonso de, *Crónica del Emperador, Carlos V*, 5 vols., Madrid 1920–25.

——, *Crónica de los Reyes Católicos*, ed. Juan de Mata Carriazo, Seville 1951.

Santa Teresa, *Vida, BAE*, 53–54, Madrid 1861.

Sanuto, Marino, *Diarii*, 55 vols., Venice 1887.

Serrano y Piñeda, Luciano, *Correspondencia de los Reyes Católicos con el Gran Capitán durante las campañas de Italia* in *Revista de Archivos, Bibliotecas y Museos*, vols. 20–29, 1909–13.

Splendeurs de la Cour de Bourgogne, Récits et Chroniques, Paris 1995.

Tapia, Andrés de, *Relación de algunas cosas de la que acaecieron al muy ilustre señor Hernando Cortés*, 1st ed., in Joaquín García

Icazbalceta above. Eng. tr. in Patricia de Fuentes, *The Conquistadors*, Norman, OK, 1993.

Tlaxcala, Relación de, Mexico 1876.

Valera, Diego de, *Crónica de los Reyes Católicos*, Madrid 1927.

Vázquez de Tapia, Bernardino, *Información de Servicios y Méritos*, in Aguilar, Fr. Francisco, *Relación breve de la Conquista* (see above).

Warren, J. Benedict (ed.), *La Conquista de Michoacan, 1521–30*, tr. Agustín García Alcaraz, Morelia 1979.

Weiditz, Christoph, *Trachtenbuch*, 1529, facsimile ed. by Dr. Theodore Hampfe, Berlin 1927.

Zúñiga, Francescillo de, *Crónica, 1504–1527*, and *Epistolario*, in *BAE*, 36.

Zurita, Gerónimo, *Historia del rey Don Fernando el Cathólico* [*sic*], Saragossa 1610.

Secondary Sources, Books, and Articles

Acosta Saignes, Miguel, *Los Caribes de la Costa Venezolana*, Mexico 1946.

Addy, George M., *The Enlightenment in the University of Salamanca*, Durham, NC, 1966.

Aguado Bleye, P., " 'Tanto Monta': la Empresa de Fernando el Católico," *Revista Santa Cruz*, vol. 8, Valladolid 1949.

Aguedo Méndez, María, "Política y discurso en la conquista de México," *AEA*, 45, 1986, 67–82.

Alcalá, Ángel et al., *Inquisición Española y Mentalidad Inquisitorial*, Barcelona 1984.

Alegría, Ricardo E., "El uso de la terminología etno-histórica para designar las culturas aborígenes de las Antillas," *Cuadernos prehistóricos*, Valladolid, 1981.

Alonso, Pilar, and Alberto Gil, *La memoria de las Aljamas*, Madrid 1994.

黄金之河：西班牙帝国的崛起，从哥伦布到麦哲伦

Altman, Ida, "Spanish Hidalgos and America: The Ovandos of Cáceres," *The Americas*, 43, 3 (1957).

Altolaguirre, Angel de, *Vasco Núñez de Balboa*, Madrid 1914.

Alvar Ezquerra, Alfredo, *Isabel la Católica*, Madrid 2002.

Álvarez Rubiano, Pablo, *Pedrarias Dávila*, Madrid 1914.

Andalucía Americana: edificios vinculados con el descubrimiento y la carrera de indias, Consejería de Cultura, Junta de Andalucia, Seville 1989.

Angulo Íñiguez, Diego, "La Ciudad de Granada, visto por un pintor flamenco," *Al-Andalus*, 5, 1940.

——, *Pedro de Campaña*, Seville 1951.

Arcienegas, Germán, *Amerigo and the New World*, tr. Harriet de Onis, New York 1955.

Argenti, P., *The Occupation of Chios by the Genoese, 1346–1566*, 3 vols., Cambridge, England, 1958.

Arostegui, Cruz, *Piratas en el Caribe*, Madrid 2000.

Arranz, Luis, *Don Diego Colón*, Madrid 1982.

——, *Repartimientos y encomiendas en la isla española*, Madrid 1991.

Arrom, Juan José, *Fray Ramón Pané: Relación acerca de las antigüedades de los Indios*, Mexico 1988.

Auke, Pieter Jacobs, *Pasajeros y polizones sobre la emigración española en el siglo 16*, 1983.

Ávila, Carlos Lázaro, "Un freno a la conquista: la resistencia de los cacizagos indígenas," *R de I*, 1992.

Avilés Moreno, Guadalupe, "El arte mudéjar en Nueva España, en el siglo XVI," *AEA*, 37, 1980.

Azcona, Tarsicio, *Isabel la Católica, vida y reinado*, Madrid 2002.

Baer, Yitzak, *History of the Jews in Christian Spain*, New York 1961–66.

Ballesteros Gaibrois, Manuel, *La fundación de Buenos Aires y los indígenas*, Buenos Aires 1980.

Bataillon, Marcel, *Estudios sobre Bartolomé de las Casas*, Barcelona 1976.

——, *Erasmo y España, estudios sobre la historia espiritual del siglo XVI*, Mexico 1998 (original French ed. *Erasme et l'Espagne*, Paris 1937).

Batllori, Miguel, *La familia de los Borjas*, Madrid 1999.

Belenguer, Ernest, *El Imperio Hispánico, 1479–1665*, Barcelona 1994.

——, *Fernando el Católico*, Barcelona 1999.

——, *La corona de Aragón en la monarquía hispánica*, Barcelona 2001.

Beltrán, Juan, "Bojeo de Cuba por Sebastián de Ocampo," *Revista Bimestre Cubana*, 3, vol. 19, May–June 1924.

Benito Ruano, Eloy, *Los Orígenes del problema converso*, Barcelona 1976.

——, "La participación en la guerra de Granada," *I Congreso de la Historia de Andalucía*, Córdoba 1978.

——, *Un cruzado inglés en la guerra de Granada*, AEM, 9, 1979.

Bennassar, Bartolomé and Lucile, *Valladolid au siècle d'or*, Paris 1964.

——, *Inquisición Española*, Barcelona 1981.

——, *Le Voyage en Espagne*, Paris 1998.

——, *Hernán Cortés*, Madrid 2002.

Bermúdez Plata, C., *Catálogo de pasajeros a indias*, 3 vols., Seville 1946.

Bernal, Antonio-Miguel, *La Financiación de la Carrera de Indias, 1492–1824*, Seville 1992.

Bernal, Ignacio, *The Olmec World*, Berkeley, CA, 1969.

Bernand, Carmen, and Serge Gruzinski, *Histoire du nouveau monde*, Paris 1991.

Bernís, Carmen, *Trajes y modas en la España de los Reyes Católicos*, vol. 1: *Las Mujeres;* vol. 2: *Los Hombres*, Madrid 1979.

Borah, Woodrow, and Sherburne F. Cook, *Essays in Population History*, 3 vols., Berkeley, CA, 1979.

Bordejé y Morencos, Fernando de, *Tráfico de Indias y Política Oceánica*, Madrid 1991.

Bosch García, Carlos, *La esclavitud prehispánica entre los Aztecas*, Mexico 1944.

Boyd-Bowman, Peter, *Índice geobiográfico de más de 56 mil pobladores de la América Hispánica*, vol. 1:*1493–1519*, Mexico 1985.

Brading, David, *The First America: The Spanish Monarchy, Creole Patriots, and the Liberal State, 1492–1867*, Cambridge, MA, 1991.

Brandi, Carl, *Carlos V, Vida y fortuna de una personalidad y un imperio*, Madrid 1937.

Bullón y Fernández, Eloy, *Un colaborador de los reyes católicos. El doctor Palacios Rubios y sus obras*, Madrid 1927.

Cadenas y Vicent, Vicente, *Carlos I de Castilla, Señor de las Indias*, Madrid 1988.

Calderón Quijano, José Antonio, "Colón, sus cronistas e historiadores en Menéndez Pelayo," Seville, *AUH*, XVIII, 1956.

——, *Toponimia Española en el Nuevo Mundo*, Seville 1988.

Cantera Burgos, F., *Alvar García de Santa María y su familia de conversos, Historia de la judería de Burgos y de sus conversos más egregios*, Madrid 1952.

Carande, Ramón, *Homenaje a*, Madrid 1963.

——, *Galería de raros*, Madrid 1982.

——, *Carlos V y sus banqueros*, 3 vols., 3rd ed., Barcelona 1987.

——, *Estudios de Historia*, vol. 2: *Sevilla, fortaleza y otros temas sevillanos*, Barcelona 1990.

Cardaillac, Louis, *L'Espagne des Rois Catholiques, Le Prince Don Juan, symbole de l'apogée d'un règne, 1474–1500*, Paris 2000.

Caro Baroja, Julio, *Los Judeos en la España moderna*, 3 vols., Madrid 1961.

Carolus (Charles Quint), 1500–1558, Ghent 2000.

Carolus V, Imperator, Madrid 1999.

Carretero Zamora, Juan Manuel, *Cortes, monarquía, cuidades: Las Cortes de Castilla a comienzos de la época moderna, 1476–1515*, Madrid 1988.

Carril, Bonifacio del, *Los Mendoza*, Buenos Aires 1954.

Castillo Utrilla, María José del, "Temas iconográficos en las fundaciones Franciscanos en América y Filipinas en el siglo XVI," *AEA*, 38, 1981.

Castro, Americo, *La realidad histórica de España*, Mexico 1962.

——, *The Structure of Spanish History*, tr. Edmund L. King, Princeton, NJ, 1954.

Cedillo, Count of, *El Cardenal Cisneros, gobernador del reino*, 2 vols., Madrid 1921 (vol. 2 contains documents).

Cerezo Martínez, Ricardo, *La Cartografía náutica Española en los siglos XIV, XV, y XVI*, Madrid 1994.

Chabod, Federico, *Carlos Quinto y su imperio* (*Carlos V e il suo imperio*), Spanish tr. from the Italian by Rodrigo Ruza, Madrid 1992.

Chacón y Calvo, José María, *Cédulario Cubano*, in *Colección de documentos inéditas para la historia de Hispano-America*, Madrid 1929.

Chagny, André, *Correspondance politique et administrative de Laurent de Gorrevod, 1517–1520*, 2 vols., Lyons 1913.

Chamberlain, Robert S., *Castilian Backgrounds of the Repartimiento-Encomienda*, Washington, DC, 1939.

Chaunu, Pierre and Huguette, *Séville et l'Atlantique, 1504–1650*, 7 vols., Paris 1955–59.

Collantes de Tirán, A., *Sevilla en la alta baja edad media*, Seville 1977.

Colón y Carvajal, Anunciada, and Guadelupe Chocano, *Cristóbal Colón, Incógnitas de su muerte, 1506–1902*, 2 vols., Madrid 1992.

Congreso de Historia de Andalucía, Córdoba 1978.

Congreso de Historia del Descubrimiento, Actas, 4 vols., Madrid 1992.

黄金之河：西班牙帝国的崛起，从哥伦布到麦哲伦

Congreso la Historia de la Corona de Aragón, Saragossa 1955.

Cooper, Edward, *Castillos señoriales de la Corona de Castilla*, 4 vols., Salamanca 1991.

Cortés Alonso, Vicenta, "La conquista de Canarias a través de las ventas de esclavos," *AEA*, 1, 1955.

——, "La producción documental en España y América en el siglo XVI," *AEA*, 41, 1984.

——, "La imagen del otro, blancos, indios, negros," *R de I*, 51, 1991.

Cotarelo y Valledor, A., *Fray Diego de Deza*, Madrid 1902.

Coury, Charles, *La médecine de l'Amérique précolombienne*, Paris 1969.

Crane, Nicholas, *Mercator: The Man Who Mapped the Planet*, London 2002.

Crosby, Alfred, W., *The Columbian Exchange*, Westport, CT, 1972.

——, *Ecological Imperialism: The Biological Expansion of Europe, 900–1900*, Cambridge, MA, 1986.

Curso de Conferencias sobre la Política Africana de los Reyes Católicos, Madrid 1953.

Deagan, Kathleen, "El impacto de la presencia europea en la Navidad (la Española)," *R de I*, 47, 1987, 713–87.

Defourneaux, Marcelin, *La vie quotidienne en Espagne au siècle d'Or*, Paris 1964.

Deive, Carlos Esteban, *La Española y la esclavitud del Indio*, Santo Domingo 1995.

Delgado Barrado, José Miguel, "Las relaciones comerciales entre España e Indias durante el siglo XVI," *R de I*, 50, 1990.

Delmarcel, Guy, *Los Honores: Flemish Tapestries for the Emperor Charles V*, Mechelen (Malines), Belgium 2000.

Diccionario de historia eclesiástica de España, ed. Quintín Aldea Vaquero et al., 4 vols., Madrid 1972.

Domínguez, L. L. (ed.), *The Conquest of the River Plate*, London 1891.

Domínguez Ortiz, Antonio, *La clase social de los conversos en la edad moderna*, Madrid 1955.

——, *Los judeo-conversos en la España moderna*, Madrid 1992.

Doussinague, José María, *Fernando el católico y el cisma de Pisa*, Madrid 1946.

——, *El testamento político de Fernando el Católico*, Madrid 1950.

Durán, Fr. Diego, *Historia de las Indias de la Nueva España*, new ed., 2 vols., Mexico 1867–80.

Duviols, J. Paul, *L'Amérique espagnole vue et revée*, Paris 1985.

Edwards, John, *The Spain of the Catholic Monarchs, 1474–1520*, Oxford 2000.

Eisenstein, Elizabeth L., *The Printing Revolution in Early Modern Europe*, Cambridge, MA, 1983.

Elliott, J. H., *Imperial Spain*, London 1963.

Enríquez de Guzmán, Alonso, *Libro de la Vida de*, ed. H. Keniston, *BAE*, 126, Madrid 1960.

Evans, Mark, *The Sforza Hours*, London 1992.

Ezquerra, Ramón, "El viaje de Pinzón y Solís al Yucatán," *R de I*, 30, 1970, 217–38.

Fernández Álvarez, Manuel, *Carlos V, el César y el Hombre*, Madrid 1999.

——, *Juana la Loca, La Cautiva de Tordesillas*, Madrid 2000.

Fernández Álvarez, Manuel, and Luis Suárez Fernández, *La España de los Reyes Católicos*, vol. 17 in the series *Historia de España*, ed. Ramón Menéndez Pidal, Madrid 1978.

Fernández-Armesto, Felipe, *The Canary Islands After the Conquest*, Oxford 1982.

——, *Before Columbus: Exploration and Colonisation from the Mediterranean to the Atlantic, 1229–1492*, London 1987.

——, *Columbus*, Oxford 1991.

Fernández Duro, Cesáreo, *Nebulosidades de Cristóbal Colón*, Madrid 1900.

Fernando el católico, pensamiento político, V Congreso de Historia de la Corona de Aragón, Saragossa 1956.

Fletcher, Richard, *Moorish Spain*, London 1992.

Ford, Richard, *A Handbook for Travellers in Spain*, 3rd ed., London 1855.

Foronda, Manuel de, *Estancias y viajes de Carlos V*, Madrid 1910.

Freyre, Gilberto, *The Mansions and the Shanties: The Making of Modern Brazil*, tr. Harriet de Onis, New York 1963.

——, *The Masters and the Slaves*, tr. Harriet de Onis, New York 1968.

García de Prodián, Lucía, *Los Judios en América*, Madrid 1966.

García de la Riega, Celso, *¿Colón español?*, Madrid 1914.

García Genaro, *Documentos inéditos o muy raros para la historia de México*, Mexico 1907, esp. vol. 15.

García Oro, J., *Galicia en los siglos XIV y XV*, 2 vols., Ponteverda 1987.

——, *El cardenal Cisneros, vida y empresas*, 2 vols., Madrid 1992–93.

——, *Cisneros, el cardenal de España*, Barcelona 2002.

García Sánchez, Francisco, *El Medellín Estremeño en América*, Medellín 1992.

García Valdecasas, Alfonso, *El Hidalgo y el honor*, Madrid 1948.

Garibay, Fr. Angel, *Historia de la literatura nahuatl*, 2 vols., Mexico 1953.

Gerbert, Marie-Claude, *Les noblesses espagnoles au Moyen Age*, Paris 1994.

Gerhard, Peter, *Geografía histórica de la Nueva España, 1519–1821*, tr. Stella Maestrangelo, Mexico 1986.

Gibson, Charles, *The Aztecs Under Spanish Rule*, Stanford, CA, 1964.

Gil, Juan, "Marinos y mercaderes en Indias, 1499–1504," *AEA*, 42, 1985, 297ff.

——, "Historiografía Española sobre el descubrimiento y los descubrimientos," *R de I*, 49, no. 187, Sept.–Dec. 1989.

——, *Mitos y utopías del descubrimiento*, 3 vols., Madrid 1989.

——, "Una familia de mercaderes sevillanos: los Cisbón," *Studi Storici in Memoria de Alberto Boscolo*, 3, Rome 1993.

——, "Las Cuentas de Cristóbal Colón," *AEA*, 41, 425ff.

——, *Los conversos y la Inquisición Sevillana*, 5 vols., Seville 2000–02.

Gilman, Stephen, *The Spain of Fernando de Rojas*, Princeton 1972.

Gil Munilla, Ladislao, "Diego de Lepe, descubridor del Marañón," *AEA*, 9, 1952, 73–99.

Giménez Fernández, Manuel, "Las bulas alejandrinas de 1493 sobre la historia y el sentido de las letras referentes a las Indias," *AEA*, 1, 1944.

——, "Hernán Cortés y su revolución comunera en la Nueva España," *AEA*, 5, 1948.

——, "El alzamiento de Fernando Cortés," *Revista de la Historia de América*, 31, Mexico, June 1951.

——, *Bartolomé de las Casas, Bibliografía crítica*, Santiago de Chile 1954.

——, *Bartolomé de las Casas*, 2 vols., Seville 1953, 1961.

——, *Breve biografía de Fray Bartolomé de las Casas*, Sevilla 1966.

Gómez, Thomas, *L'Invention de l'Amérique*, Paris 1992.

González, Julio, *Repartimiento de Sevilla*, Madrid 1951, new ed. Seville 1993.

González Jiménez, M., "Genoveses en Sevilla (siglos XIII–XV)" in *Presencia Italiana en Andalucía, siglos XIV–XVII*, Seville 1985.

González Olmedo, Félix, *Vida de Fray Fernando de Talavera, primer arzobispo de Granada*, Madrid 1931.

——, *Nebrija, debelador de la barbarie, 1441–1522*, Madrid 1942.

Gould, Alice B., *Nueva lista documentada de los tripulantes de Colón en 1492*, Madrid 1984.

黄金之河：西班牙帝国的崛起，从哥伦布到麦哲伦

Gounon-Loubens, J., *Essais sur l'administration de la Castile au XVIe siècle*, Paris 1860.

Greenblatt, Stephen, *Marvelous Possessions*, Chicago 1991.

Griffin, Clive, *Los Cromberger, la historia de una imprenta de siglo XVI en Sevilla y México*, Madrid 1991.

Grunberg, Bertrand, *L'univers des conquistadores*, Paris 1993.

Guerra, Francisco, "La epidemia americana de influenza en 1493," *AEA*, 45, 1985.

Guillén, Claude, "Un padrón de conversos sevillanos," *Bulletin Hispanique*, 65 (1965).

Gutiérrez de Santa Clara, Pedro, *Historia de las guerras civiles del Perú*, 6 vols., Madrid 1904–29.

Hamilton, Earl J., *American Treasure and the Price Revolution in Spain, 1501–1650*, Cambridge, MA, 1934.

Hanke, Lewis, *The Spanish Struggle for Justice in the Conquest of America*, Philadelphia 1949.

——, *Aristotle and the American Indians*, London 1959.

——, *All Mankind Is One*, De Kalb, IL, 1974.

Haring, C. H., *Trade and Navigation Between Spain and the Indies in the Time of the Habsburgs*, Cambridge, MA, 1918.

——, *The Spanish Empire in America*, New York 1947.

Harrisse, Henry, *The Discovery of North America*, London 1892.

Harvey, L.P., *Islamic Spain, 1250 to 1500*, Chicago 1990.

Hazañas y la Rua, Joaquín, *Maese Rodrigo Fernández de Santaella*, Seville 1909.

——, *La Imprenta en Sevilla*, Seville 1945.

Headley, John M., *The Emperor and His Chancellor*, Cambridge 1983.

Heers, Jacques, *Gènes au XVème siècle*, Paris 1961.

——, *Christophe Colomb*, Paris 1981.

Hemming, John, *Red Gold*, London 1978.

Henige, David, *Numbers from Nowhere*, unpublished, Madison, WI, c. 1996.

Heredia, Beltrán de Vicente, "Un precursor del maestro Vitoria," in *La Ciencia Tomista*, 40, 1929.

Hill, R. R., "The Office of Adelantado," *Political Science Quarterly*, 28, 1913.

Hillgarth, Jocelyn, *The Spanish Kingdoms, 1250–1516*, 2 vols., Oxford 1976–78.

Hinojosa, R., *Los despachos de la diplomacia pontificia en España*, 2 vols., Madrid 1896 (up till 1603).

Huizinga, J., *Erasmus of Rotterdam*, London 1952.

——, *The Autumn of the Middle Ages*, new tr. Rodney J. Payton and Ulrich Mammitzsch, Chicago 1996.

Hulme, Peter, *Colonial Encounters: Europe and the Native Caribbean, 1492–1797*, London 1986.

Hume, David, *History of England*, 8 vols., Dublin 1775.

Ibarra, Eduardo, "Los precendentes de la Casa de Contratación," *R de I*, 3, 4, 5, 1945.

Infessura, Stephanus, *Diario della città de Roma*, ed. Oreste Tommasini, Rome 1890.

Jacquot, Jean (ed.), *Les Fêtes de la Renaissance*, vol. 2: *Fêtes et cérémonies au temps de Charles Quint*, Paris 1960. This includes Bataillon's essay "Plus Outre: La Cour découvre le Nouveau Monde," 13–27.

Jones, R. O., *The Golden Age: Prose and Poetry*, London 1971.

Jongh, Jane de, *Margaret of Austria*, tr. from the Dutch by M. D. Herter Norton, London 1954.

Kagan, Richard (ed.), *Students and Society in Early Modern Spain*, Baltimore 1974.

——, *Ciudades del siglo de oro, las vistas Españolas de Antón van den Wyngaerde*, Madrid 1986.

Kamen, Henry, *The Spanish Inquisition: A Historical Revision*, New Haven, CT, 1997.

Kedourie, Elie (ed.), *Spain and the Jews*, London 1992.

Kellenbenz, Hermann, *Los Fugger en España y Portugal hasta 1560*, Junta de Castilla y León, Salamanca 1999.

Kendrick, T. D., *St James in Spain*, London 1960.

Keniston, Hayward, *Garcilaso de la Vega*, New York 1922.

——, *Francisco de los Cobos*, Pittsburgh 1959.

Khaldun, Ibn, *Histoire des Berbères et des dynasties musulmanes de l'Afrique septentrionale*, tr. and repr. Paris 1969.

Klein, Julius, *The Mesta: A Study in Spanish Economic History*, Cambridge, MA, 1920.

Kobayashi, José María, *La educación como conquista, empresa franciscana en México*, Mexico 1974.

Konetzke, Richard, *El Imperio Español: Origenes y Fundamentos*, tr. from the German, Madrid 1946.

——, "La emigración española al Río de la Plata," in vol. 3 of *Miscelánea Americanista*, CSIC, Madrid 1953.

——, *The Americas*, vol. 14, 1958.

Kriegel, Maurice, "La prise d'une décision, l'exclusion des juifs de l'Espagne en 1492," *Revue Historique*, 260, 1978.

Kubler, George, *Arquitectura Mexicana del siglo XVI*, Mexico 1983.

Kubler, George, and Martin Soria, *Art and Architecture in Spain and Portugal and Their American Dominions, 1500 to 1800*, Harmondsworth 1959.

Ladero Quesada, Miguel Angel, *Castilla y la conquista del reino de Granada*, Valladolid 1967.

——, "Les finances royales de Castille à le vieille des temps modernes," *Annales*, May–June 1970, 775–88.

——, *Los señores de Andalucía*, Seville 1973, Cadiz 1998.

——, *La Ciudad Medieval, historia de Sevilla*, Valladolid 1980.

———, *España Colombina*, Barcelona 1990.

———, *Andalucía en torno a 1492*, Madrid 1992.

———, *La Incorporación de Granada en la corona de Castilla, actas de symposium*, Granada 1993.

———, *La paz y la guerra en la época del Tratado de Tordesillas*, Valladolid 1994.

———, *La España de los Reyes Católicos*, Madrid 1999.

———, *Isabel la Católica y la política*, Instituto de Historia, Simancas, Valladolid 2001.

———, *El primer oro de América*, Madrid 2002.

———, *Grandes batallas: Las guerras de Granada en el siglo XV*, Barcelona 2002.

Ladero Quesada, Miguel Angel, with Manuel González Jiménez, *Diezmos eclesiásticos y producción de cereales en el reino de Sevilla, 1408–1503*, Seville 1979.

Lafaye, Jacques, *Los albores de la imprenta: el libro en España y Portugal, y sus posesiones de ultramar*, Mexico 2002.

Lamb, Ursula, "Una biografía contemporánea y una carta de frey Nicolás de Ovando ... [November 1509]," *Revista de Estudios Extremeños*, vols. 3–4, Badajoz 1951, 693–707.

———, "Cristóbal de Tapia vs. Nicolás de Ovando", in *HAHR*, 33, Aug. 1953, 427–42.

———, *Frey Nicolás de Ovando*, introduction by Miguel Muñoz de San Pedro, Madrid 1956.

La Peña y de la Camera, José María de, "A list of Spanish *residencias* in the Archivo de Indias, 1516–1775," Library of Congress reference dept., Washington, DC, 1955.

La Torre, A. de, *Documentos sobre las relaciones internacionales de los Reyes Católicos*, 6 vols., Madrid 1949–51.

Lawson, Edward W., *The Discovery of Florida and Its Discoverer Juan Ponce de León*, St. Augustine 1946.

Lea, H. C., *A History of the Inquisition of Spain*, 3 vols., New York 1906.

Leonard, Irving, *Books of the Brave*, New York 1949.

Levene, Richard, "Introducción a la historia del derecho indiano," *BRAH*, 1924, 56–57.

Levenson, Jay A. (ed.), *Circa 1492: Art in the Age of Exploration*, New Haven 1991.

Lewis, C. S., *Studies in Mediaeval and Renaissance Literature*, Cambridge 1998. Liss, Peggy, *Isabel the Queen*, Oxford 1992.

Llorente, Juan Antonio, *Historia crítica de la inquisición de España*, 10 vols., Madrid 1822.

Lobo Cabrera, Manuel, *La Esclavitud en las Canarias orientales en el siglo XVI*, Santa Cruz de Tenerife 1982.

——, "Esclavos negros a Indias a través de Gran Canaria," *AEA*, 45, 1985.

Lockhart, James M., *The Men of Cajamarca*, Austin 1972.

Lohmann, Guillermo, *Les Espinosa: une famille d'hommes d'affaires en Espagne et aux Indes à l'époque de la colonisation*, Paris 1968.

López, Lorenzo E., and Justo del Río Moreno, "Commercio y azúcar en la economía del azúcar antillano durante el siglo XVI," *AEA*, 49, 55–87.

Lorenzo, Eufemio Sanz, *Historia de Medina del Campo y su tierra*, 2 vols., esp. vol. 2: *Auge de las Ferias*, Valladolid 1986.

Los Franciscanos y el Nuevo Mundo, La Rábida 1992.

Lovén, Sven, *Origins of the Taino Culture*, Göteborg 1935.

Lynn, Caro, *A College Professor of the Renaissance*, Chicago 1937.

Mackay, Angus, *Spain in the Middle Ages, from Frontier to Empire, 1000–1500*, London 1977.

——, *Society, Economy and Religion in Late Mediaeval Castile*, London 1987.

Magnaghi, Alberto, *Americo Vespucci*, Studio Crítico, Rome 1926.

Mahn-Lot, Marianne, *Bartolomé de las Casas*, Paris 1982.

Mallett, Michael, *The Borgias: The Rise and Fall of a Renaissance Dynasty*, London 1969.

Manareu, Mahn, *Bartolomé de las Casas*, Paris 1966.

Manzano y Manzano, Juan, *La incorporación de las Indias a la corona de Castilla*, Madrid 1948.

——, *Cristóbal Colón, siete años decisivos de su vida, 1485–1492*, Madrid 1964.

——, *Colón y su secreto: el predescubrimiento*, Madrid 1976, 3rd ed. 1989.

——, *Los Pinzones y el descubrimiento de América*, 3 vols., Madrid 1988.

Maravall, José Antonio, *Carlos V y el pensamiento político del Renacimiento*, Madrid 1960.

Marcus, Raymond, *El primer decenio de las Casas en el Nuevo Mundo*, Ibero-American Archives, 1977.

Mariejol, J. H., *The Spain of Ferdinand and Isabella*, tr. Benjamin Keene, New Brunswick 1961.

Marrero, Levi, *Cuba: economía y sociedad*, vol. 1, Barcelona 1972.

Martínez, José Luis, *Hernán Cortés*, with 4 vols. of *Documentos cortesianos*, Mexico 1990.

Martínez del Peral Fortón, Rafael, *Las armas blancas en España e Indias*, Madrid 1992.

Martínez del Río de Redo, Marita, *La Fuerza y el Viento: La piratería en los mares de la Nueva España*, Mexico 2002.

Martínez-Hidalgo, José María, *Las naves del descubrimiento y sus hombres*, Madrid 1992.

Martínez Shaw, Carlos (ed.), *Sevilla, siglo XVI*, Madrid 1993.

Mattingly, Garrett, *Renaissance Diplomacy*, London 1973.

Maura Gamazo, Gabriel, *El Príncipe que murió de amor*, Madrid 1944.

黄金之河：西班牙帝国的崛起，从哥伦布到麦哲伦

Mayr-Harting, Henry, and R. I. Moore (eds.), *Studies in Medieval History Presented to R. H. C. Davis*, London 1985.

McNeill, W. H., *Plagues and Peoples*, Oxford 1977.

Méchoulan, Henri, *Les juifs d'Espagne, histoire d'une diaspora, 1492–1992*, Paris 1992.

Melis, F., *I mercanti italiani nell' Europa medievale e rinascimentale*, introduction by Hermann Kellenbenz, Florence 1990.

Mena García, Carmen, "El traslado de la Ciudad de Nombre de Dios a Portobelo," *AEA*, 40, 71–102.

———, *Pedrarias Dávila*, Seville 1992.

———, *Sevilla y las flotas de Indias*, Seville 1998.

Méndez Bejarano, M., *Histoire de la juiverie de Séville*, Madrid 1922.

Menéndez Pidal, Ramón (ed.), *La Idea Imperial de Carlos V*, Buenos Aires 1941.

———, *La Lengua de Cristóbal Colón*, Madrid 1958.

———, *Historia de España*, vol. 18: *La España de los Reyes Católicos*, Madrid 1978, pt. 1 by Luis Suárez Fernández and Juan de la Mata Carriazo; pt. 2 by Luis Suárez Fernández and Manuel Fernández Álvarez.

Mercado Sousa, Elsa, *El hombre y la tierra en Panamá* (*siglo XVI*) *según las primeras fuentes*, Madrid 1959.

Merriman, R. B., *The Rise of the Spanish Empire in the Old World and in the New*, 4 vols., New York 1918–38.

Milhou, Alain, *Colón y su mentalidad mesiánica*, Valladolid 1903.

Mira Caballos, Esteban, "Las licencias de esclavos negros a Hispanoamérica, 1544–50," *R de I*, 44, 1994.

Modica, Anne-Marie, *Discussions actuelles sur l'origine de syphilis*, Marseilles 1970.

Molina Martínez, Miguel, "El soldado cronista y su impresión del mundo indígeno," *AEA*, 41, 1984.

Moorhead, Max, "Hernán Cortés and the Tehuantepec Passage," *HAHR*, vol. 29, 321–80, 1949.

Morales Padrón, Francisco, *Jamaica Española*, Seville 1952.

——, "Descubrimiento y toma de posesión," *AEA*, 12, 1955.

——, *Historia de Sevilla, La ciudad del quinientos*, Seville 1989.

Morell Peguero, B., *Mercaderes y artesanos en la Sevilla del descubrimiento*, Seville 1986.

Morison, Samuel Eliot, *Admiral of the Ocean Sea*, 2 vols., Boston 1942.

——, *The European Discovery of America: The Northern Voyages*, Oxford 1971.

——, *The European Discovery of America: The Southern Voyages, 1491–1616*, New York 1974.

Mörner, Magnus, *La mezcla de razas en la historia de América Latina*, Buenos Aires 1969.

Moulin, Anne-Marie, and Robert Delort, "Syphilis: le mal américain," *L'Histoire*, 63, 1984, 87.

Muñoz de San Pedro, Miguel, *Francisco de Lizaur, hidalgo indiano de principios del siglo XVI*, Madrid 1948.

——, *Extremadura del siglo XV en tres de sus paladines*, Madrid 1964.

Murga Sanz, Vicente, *Juan Ponce de León*, San Juan 1971.

Muro Orejón, Antonio, "El problema de los reinos Indianos," *AEA*, 28, 45–56.

——, *Ordenanzes Reales sobre las Indias. Las leyes de Burgos, 1512–1513*, Seville 1956.

Nader, Helen, *The Mendoza Family in the Spanish Renaissance, 1350–1550*, New Brunswick, NJ, 1979.

Netanyahu, Benzion, *The Marranos of Spain*, New York 1966.

——, *Isaac Abravanel*, Philadelphia 1972.

——, *The Origins of the Inquisition in Fifteenth-Century Spain*, New York 1995.

———, *Toward the Inquisition*, Ithaca 1997.

Nordenskjöld, E., "The Guaraní Invasion of the Inca Empire in the Sixteenth Century," *Geographical Review*, New York 1917.

Núñez Jiménez, Antonio, *El Almirante en la tierra más hermosa. Los viajes de Colón a Cuba*, Cadiz 1989.

Obregón, Mauricio, *Colón en el Mar de los Caribes*, Bogota 1990.

———, *The Columbus Papers*, New York 1991.

O'Connor, John J., *Amadís de Gaula and Its Influence on Elizabethan Literature*, New Brunswick, NJ, 1970.

O'Gorman, Edmundo, *La idea del descubrimiento de América*, Mexico 1951.

Olmedo, Félix González, *Nebrija, 1441–1522*, Madrid 1942.

Olschki, Leonardo, "Ponce de León's Fountain of Youth," *HAHR*, 21, August 1941.

———, "Hernán Pérez de Oliva's 'Ystoria de Colón,' " *HAHR*, 23, May 1943, 165–96.

El Oro y la Plata de las Indias en la Época de los Austrias, Fundación ICO, Madrid 1999.

Orti Belmonte, Miguel A., *Ovando y Solís de Cáceres*, Badajoz 1932.

———, *La vida de Cáceres en los siglos XIII y XXVII*, Cáceres 1949.

Ortiz, Fernando, "La 'leyenda negra' contra Bartolomé de las Casas," *Cuadernos Americanos*, 45, 5, 1952, 146–84.

Otero Enríquez, Santiago, *Noticias genealógicas de la familia Velázquez Gaztelu*, Madrid 1996.

Otte, Enrique, "Documentos inéditos sobre la estancia de Gonzalo Fernández de Oviedo en Nicaragua," *R de I*, 74–75, 1958.

———, "Aspiraciones y actividades heterogéneas de Gonzalo Fernández de Oviedo, cronista," *R de I*, 71, 1958.

———, "El joven Carlos y América," in *Homenaje a Don Ramón Caranda*, Madrid 1963.

——, "La flota de Diego Colón," *Españoles y Genoveses en el comercio transatlántico, 1509; R de I*, 95–96, 1964, 475ff.

——, "Die Negersklavenlizenz des Laurent de Gorrevod," in *Spanische Forschungen der Görregesellschaft*, Erste Reihe, 22, 283–320, Münster 1965.

——, *Las Perlas del Caribe*, Caracas 1977.

——, "Cartas de Diego de Ordaz," in *Historia Mexicana, Cartas privadas de emigrantes a Indias*, Seville 1988.

——, "Los mercaderes transatlánticos bajo Carlos V," *AEA*, 47, 1990.

——, *Sevilla y sus mercaderes a fines de la Edad Media*, Seville 1996.

Pagden, Anthony, *The Fall of Natural Man: The American Indian and the Origins of Comparative Ethnology*, Cambridge 1982.

——, *European Encounters with the New World*, New Haven 1993.

Parish, Helen, with Harold Weideman, S. J., "The Correct Birthdate of Bartolomé de las Casas," *HAHR*, 56.

Parker, John (ed.), *Merchants and Scholars: Essays on the History of Exploration and Trade, Collected in Memory of James Ford Bell*, Minneapolis 1965.

Parry, John H., *The Establishment of the European Hegemony*, London 1961.

——, *The Spanish Seaborne Empire*, London 1966.

Pastor, Ludwig von, *History of the Popes*, tr. by Frederick Ignatius Antrobus, London 1898.

Paz y Melia, A., *El Cronista Alonso de Palencia*, Madrid 1914.

Pérez, Joseph, *Carlos V*, Madrid 1999.

——, *Los comuneros*, Madrid 2001.

Pérez de Tudela, Juan, "Política de contratación," *R de I*, 15, 1955.

——, *Las armadas de Indias, y los orígenes de la política de la colonización*, CSIC, Instituto Jerónimo Zurita, Madrid 1956.

——, *Mirabilis in altis*, Madrid 1983.

Phillips, Carla Rahn, *Ciudad Real, 1500–1750*, Cambridge, MA, 1979.

——, *Six Galleons for the King of Spain*, Baltimore 1986.

Pike, Ruth, *Enterprise and Adventure: The Genoese in Seville*, Ithaca, 1966.

——, *Aristocrats and Traders: Sevillean Society in the Sixteenth Century*, Ithaca 1966.

——, *Linajudos and Conversos in Seville*, New York 2000.

Pohl, Frederick J., *Amerigo Vespucci*, London 1966.

Poiret, Marie Françoise, *Le Monastère de Brou*, Paris 2001.

Porrás Muñoz, Guillermo, "Un capitán de Cortés, Bernardino Vázquez de Tapia," *AEA*, 5, 1948, 325–62.

Prescott, William H., *The Art of War in Spain: The Conquest of Granada, 1481–1492*, ed. Alfred D. McJoynt, London 1995 (and the chapters dealing with war in Prescott's *History of the Reign of Ferdinand and Isabella*, 3 vols., 1838).

Pulido Rubio, José, *El piloto mayor de la Casa de la Contratación de Sevilla*, Seville 1950.

Ramos Gómez, Luis, "Castillo del Oro," *AEA*, 37, 1980, 45–67.

——, "Los Lucayos guías náuticas," *R de I*, 49, 1986.

——, *El conflicto de las lanzas jinetes*, Santo Domingo 1992.

——, "El Repudio al Tratado de Tordesillas," Congreso Nacional de la Historia, Salamanca 1992.

——, (ed.), *La carta de Colón sobre el descubrimiento*, Granada 1983.

Ranke, L. von, *The Ottoman and the Spanish Empires in the Sixteenth and Seventeenth Centuries*, London 1843.

Real Díaz, José J., *El sevillano Rodrigo de Bastidas*, Archivo Hispalense, 2nd epoch, 36, 1962, 63ff.

Reitz, Elizabeth J., "Dieta y alimentación hispano-americana en el caribe … en el siglo XVI," *R de I*, 51, 1991.

Remesal, Agustín, *1494, La Raya de Tordesillas*, Valladolid 1994.

Resplendence of the Spanish Monarchy, New York 1991.

Reverte, Javier (ed.), *Exploradores españoles olvidados de los siglos XVI y XVII*, Madrid 2000.

Reyes y Mecenas, Madrid 1992.

Ricard, Robert, *The Spiritual Conquest of Mexico*, tr. Lesley Byrd Simpson, Berkeley 1974.

Rodríguez Demorizi, Emilio, *Los dominicos y las encomiendas en la Isla Española*, Santo Domingo 1971.

Rodríguez González, Ricardo, *Mercaderes castellanos del siglo de Oro*, Valladolid 1995.

Rodríguez Moñino, A., *Los pintores badajoceños del siglo XVI*, Badajoz 1956.

Rodríguez Prampolini, A., *Amadises de America. La hazaña de Indias como empresa caballeresca*, Mexico 1948.

Rodríguez Sánchez, Angel, *La población cacereña en el siglo XVI*, Salamanca 1976.

Rodríguez Villa, Antonio, *Bosquejo biográfico de la reina Juana*, Madrid 1874.

Romoli, Kathleen, *Balboa of Darien*, New York 1953.

Rosa Olivera, L. de la, "Francisco de Riberol y la colonia genovesa en Canarias," *AEA*, 18, 1972, 61–198.

Rosenblat, Angel, *La población indígena y el mestizaje en América*, 2 vols., Buenos Aires 1954.

——, *La población de América en 1492*, Mexico 1967.

Rouse, Irving, *The Tainos: Rise and Decline of the People Who Greeted Columbus*, New Haven 1992.

Ruiz-Domènec, José Enrique, *El Gran Capitán*, Barcelona 2002.

Ruiz Rivera y Manuela, Julián, and Cristina García Bernal, *Cargadores a Indias*, Madrid 1992.

Rumeu de Armas, Antonio, "Colón en Barcelona," *AEA*, 1944, 437–511.

——, *Piraterías y ataques navales contra las Islas Canarias*, vol. 1, CSIC, Instituto Jerónimo Zurita, Madrid 1947.

——, "Cristóbal Colón y doña Beatriz de Bobadilla," *AEA*, 28, 343–78.

——, *Alonso de Lugo en la corte de los Reyes Católicos, 1496–1497*, Madrid 1952.

——, *Itinerario de los Reyes Católicos, 1474–1516*, Madrid 1974.

Rummel, Erika, *Jiménez de Cisneros*, Tempe 1999.

Russell, Peter, *Prince Henry the Navigator*, New Haven, CT, 2000.

Saco, José Antonio, *Historia de la Esclavitud de la Raza Africana en el Nuevo Mundo*, 4 vols., Havana 1938.

Sáenz de Santa María, Carmelo, "La hueste de Alvarado en Perú," *AEA*, 43, 1983.

Salas, Alberto, *Tres Cronistas de Indias*, Mexico 1986.

Sale, Kirkpatrick, *The Conquest of Paradise*, London 1991.

Sánchez Blanco, Francisco, "Descubrimiento de la variedad humana … el impacto del nuevo mundo," *AEA*, 45, 1985.

Sánchez Gonzalez, António, *Medinaceli y Colón*, Madrid 1995.

Santillana, el Marqués de, *Los albores de la España Moderna*, 4 vols., Hondarribia 2001.

Sauer, Carl Ortwin, *The Early Spanish Main*, Berkeley, CA, 1966.

Sayous, A. E., "Les débuts du commerce de l'Espagne avec l'Amérique d'aprés de minutes inédites des archives notariales de Seville," *Revue Historique*, 1934.

Scelle, Georges, *La Traite négrière aux Indes de Castille*, 2 vols., Paris 1906.

Schäfer, Erns, *El Consejo Real y supremo de las Indias*, 2 vols., Seville 1935.

Schick, Léon, *Un grand homme d'affaires au début du XVIème siècle: Jacob Fugger*, Paris 1957.

Schwaller, John, "Tres familias mexicanas del siglo XVI," *Historia Mexicana*, 122, 1981.

Serrano, F. Luciano, *Los conversos D. Pablo de Santa María y D. Alfonso de Cartagena*, Madrid 1942.

Serrano y Sanz, Manuel, *Los amigos y protectores aragoneses de Cristóbal Colón*, Madrid 1918, reissued Barcelona 1991.

——, *Las orígenes de la dominación española en las Indias*, Madrid 1918, reissued Barcelona 1991.

Sicroff, Albert A., *Les Controverses des statuts de pureté de sang en Espagne du XVe au XVIIè siècle*, Paris 1960.

Simpson, L. B., *The Encomienda in New Spain, 1492–1550*, Berkeley, CA, 1934.

Skinner, Quentin, *Visions of Politics*, vol. 2: *Renaissance Virtues*, Cambridge 2002.

Soisson, Jean-Pierre, *Marguerite, Princesse de Bourgogne*, Paris 2002.

Spivakovsky, Erika, *Son of the Alhambra: Don Diego Hurtado de Mendoza, 1504–1575*, Austin 1970.

Suárez Fernández, Luis, *Historia de España: La España de los Reyes Católicos*, Edad Media, Madrid 1969.

——, *Documentos acerca de la expulsión de los judíos de España*, Madrid 1991.

——, *La expulsión de los judios de España*, Madrid 1991.

——, *Homenaje* (essays), Valladolid 1991.

——, *Isabel I, Reina*, Barcelona 2000.

——, *Enrique IV de Castilla*, Barcelona 2001.

——, *Nobleza y Monarquía*, Madrid 2002.

Subirats, Eduardo, *El Continente Vacío*, Mexico 1994.

Super, John C., *Food, Conquest, and Civilization in Sixteenth-Century Spanish America*, Albuquerque, NM, 1988.

Sweet, D. G., and Gary B. Nash (eds.), *Struggle and Survival in Colonial America*, Berkeley 1981.

Tate, Robert B., *Joan Margarit i Pau, Cardinal-Bishop of Gerona*, Manchester 1955.

Thomas, Henry, *Spanish and Portuguese Romances of Chivalry*, Cambridge 1920.

Thomas, Hugh, *The Conquest of Mexico*, London 1993.

——, *Quién es quién en la conquista de México*, Barcelona 2001.

Tibesaar, Fr. Antonino, "The Franciscan Order of the Holy Cross of Española, 1505–1559," *The Americas*, vol. 43, 3, 1957.

Tío, Aurelio, *Nuevas Fuentes para la historia de Puerto Rico*, San Germán 1961.

Todorov, Tzvetan, *La conquête de l'Amérique*, Paris 1982.

Tordesillas 1494, Madrid 1994.

Touissant, Manuel, *La conquista de Pánuco*, Mexico 1948.

Tra siviglia e Genova: notaio, documento e commercio nell'eta colombina, Milan 1994.

Trueba, Eduardo, *Sevilla Maritima*, Seville 1990.

Trueta Raspall, J., *The Spirit of Catalonia*, London 1946.

Valdeón Baruque, Julio, *España y el sacro imperio*, Valladolid 2001.

——, (ed.), *Isabel la Católica y la Política*, Instituto de Historia Simancas, Valladolid 2001.

Valdivieso, María, *Isabel la Católica, Princesa*, Valladolid 1974.

Vaquero Serrano, María Carmen, *Garcilaso, poeta de amor, caballero de la guerra*, Madrid 2002.

Varela, Consuelo, "El rol del cuarto viaje colombino," *AEA*, 42, 1985.

——, "El testamento de Amerigo Vespucci," *Historiografía y Bibliografía Americanistas*, 30, 2, Seville 1986.

——, "La Isabela," *R de I*, 47, 3, 1987, 733ff.

——, *Colón y los florentinos*, Madrid 1988.

——, *Cristóbal Colón, retrato de un hombre*, Madrid 1992.

Vasari, *Lives of the Painters*, Everyman ed., London 1927.

Velasco Bayón, Balbino, "El conquistador de Nicaragua, Gabriel de Rojas," *AEA*, 1985.

——, *Historia de Cuéllar*, 4th ed., Segovia 1996.

Verlinden, Charles, *L'esclavage dans l'Europe mediévale*, vol. 1, Bruges 1955.

——, "La population de l'Amérique précolombienne: Une question de méthode," in *Mélanges Fernand Braudel*, Toulouse 1973.

Vicens Vives, J., *Política del rey Católico en Cataluña*, Barcelona 1940.

——, *Historia Social*, Barcelona 1959.

——, *Historia crítica de la vida y reinado de Fernando II de Aragón*, Saragossa 1962.

Vincent, Bernard, *1492, "L'Année admirable,"* Aubier 1991.

Voche, Henri de, *John Dantiscus and His Netherlandish Friends as Revealed by the Correspondence*, Louvain 1961.

Walls y Merino, Manuel, *Primer viaje alrededor del mundo*, Madrid 1899.

Washburn, Wilcomb, "The Meaning of 'Discovery' in the Fifteenth and Sixteenth Centuries," *AHR*, Oct. 1962.

Wauchope, Robert (ed.), *Handbook of Middle American Indians*, 16 vols., Austin 1964–1976.

Weber, David J., *The Spanish Frontier in North America*, New Haven 1992.

Weckman, Luis, "Las bulas alejandrinas de 1493 y la teoría política del papado medieval," *Publicaciones del Instituto de Historia*, 2, Mexico 1949.

——, *La Herencia medieval de México*, Mexico 1984.

Wilson, Edward M., and Duncan Noir, *A Literary History of Spain: The Golden Age of Drama*, London 1971.

Wright, I. A., "The Commencement of the Cane Sugar Industry in America," *AHR*, 21, 1916.

——, *The Early History of Cuba*, New York 1916.

Zavala, Silvio, *Sir Thomas More in New Spain*, New York 1955.

——, *Recuerdo de Vasco de Quiroga*, Mexico 1965.

——, *Las instituciones jurídicas en la conquista de América*, 3rd ed., Mexico 1988.

Zweig, Stefan, *Magellan*, Barcelona 1955.

注　释

注释中，引文来源通常用缩写表示。引用文献首次出现时会给出完整标题；后文再次出现时，该书籍、文章或其他文献则按照以下体例表示：作者姓名、方括号、章节、注释编号。按照这一体例，Azcona [1:21] 表示：文献作者为 Azcona，完整标题参阅第一章的 21 号注释。以下缩写表示参考文献的版本，我参考的不一定是最佳版本。

注：西班牙语中的许多脚注已被包括在内，因为西班牙黄金时代的语言常常具有自己的魅力。

第一章　"城市是妻子，山丘是丈夫"

1. L. P. 哈维译，《伊斯兰西班牙 1250—1500》，芝加哥 1990 版，219 页。
2. 西班牙驻军地是座城镇，穆斯林称之为 Atqua，基督徒称之为 Ojos de Huescar。据彼得·马特尔记述，火灾是由一块"烛材"引起的，那是种用于燃烧照明的树脂木。这块烛材掉在女王的帐篷上了 [《西班牙历史上未出版的文件》(*Documentos ineditos para la historia de Espana*) 中的书信集，马德里 1953 年版 (后文简称为"马特尔")，第 9 章，注释 160]。
3. 1483 年，他率领 350 名骑兵与摩尔人交战，摩尔人撤退后，他被任命为哈恩市要塞的指挥官。他还是著名王室官员阿尔瓦罗·德·卢纳的亲戚。本书第九章记载了他后来的事迹。
4. 马特尔 [1:2]，91 页。
5. "el de las hazañas"。有趣的是，有位历史学家也叫普尔加。
6. 马特尔 [1:2]，91 页。
7. 路德维希·冯·帕斯特著，《教皇史》(*History of the Popes*)，弗雷德里克·依纳爵·安特罗布斯译，伦敦 1898 年版，5，338 页。
8. 参阅佩特鲁斯·克里斯蒂二世的《格拉纳达圣母》，年代通常标注为"约 1500 年"；现存于佩拉塔利亚达的卡斯蒂略博物馆。参阅迭戈·安古洛·伊尼格斯的著作《评安达卢斯》(*Al-Andalus*) 中的 "La Ciudad de Granada，vista por un pintor flamenco"，5，1940 年，460—470 页。
9. 安托万·德·拉兰（Antoine de Lalaing），《腓力一世 1501 年第一次去西班牙的故事》

　　　　　　　　黄金之河：西班牙帝国的崛起，从哥伦布到麦哲伦

（*Relation du premier voyage de Philippe le Beau en Espagne, en 1501*），布鲁塞尔 1876 年版，204—208 页。

10. 逃离安特克拉的人们聚居在格拉纳达的 La Antequerela 区。

11. 见伊本·哈顿（Ibn Khaldun），*Histoire des Berberes et des dynasties musulmanes de l'Afrique septentrionale*，译本、重印本，巴黎 1969 年版，4，74 页。

12. 《格拉纳达国王优素福三世的通函》，约 1415 年，发现于阿拉贡，由 J. 里韦拉和 M. 阿辛出版，*Manuscritos arabes y aljamiados de la Biblioteca de la Junta*，马德里 1912 年版，259 页，引自 L. P. 哈维 [1:1]，59 页。

13. 这些数据来自拉德罗·克萨达（Ladero Quesada）的 "Isabel y los musulmanes"，*Isabel la Cat6lica y la politica*，*Instituto de Historia de Simancas*，巴利亚多利德 2001 年版。

14. 另一个通用说法是 moros，这些人的居所被称作 morerias。改信基督的穆斯林则被称为 moriscos。Mudejares 在阿拉贡被称为 sarracenos。

15. Abu' l'-Abbas Ahmad al-Wanshari，约 1510 年，转引自哈维 [1:1]，58 页。

16. 拉斯·谢特·帕蒂达斯（Las Siete Partidas）著，弗朗西斯科·洛佩斯·埃斯特拉达（Francisco Lopez Estrada）和玛丽亚·特雷莎·洛佩斯·加尔达·博多伊（Maria Teresa Lopez Garda Berdoy）编辑，马德里 1992 年版，420 页："deben vivir los moros entre los cristianos en aquella misma manera que ... lo deben hacer los judios; guardando su ley y no denostando la nuestra ... en seguridad de ellos no les deben tomar ni robar lo suyo por fuerza."

17. *Historia del Abencerraje y la hermosa Jarifa*，作者大概是安东尼奥·比列加斯（Antonio Villegas），马德里 1551—1565 年版。

18. 683 名奴隶被送给主教或骑士，70 名给了枢机主教门多萨，另一些则被被送给了教皇。

19. 阿方索·德·帕伦西亚（Alfonso de Palencia）著，《恩里克四世的编年史，格拉纳达的战争史》（*Crónica de Enrique IV, Historia de la guerra de Granada*），A. 帕兹·米利亚（A. Pazy Melia）编辑，《西班牙作家图书馆》（*Biblioteca de Autores Espaiioles*，后称 BAE），第 257 和 258 卷，马德里 1973—1975 年版，57 页。梅洛（Merlo）是王室在塞维利亚的仆从。

20. 路易斯·苏亚雷斯（Luis Suárez），《伊莎贝拉一世，雷纳》（*Isabel I, Reina*），巴塞罗那 2000 年版，221 页。

21. 塔西西奥·德·阿斯科纳，《天主教徒伊莎贝拉的生活与统治》（*Isabel la Católica, Vida y Reinado*），马德里 2002 年版，184 页。

22. J. 马西亚·比拉努埃瓦（J. Masia Vilanova）著，"Una politica de defensa mediterranea en la Espana del siglo XVI"，*Fernando el Católico, pensamiento político, V Congreso de Historia de la Corona de Aragón*，萨拉戈萨 1956 年版，99 及以后各页。另见 W. H. 普雷斯科特著，《西班牙的战争艺术：征服格拉纳达 1481—1492》（*The Art of War in Spain: The Conquest of Granada, 1481-92*），伦敦 1995 年版（其中讲述了他追随斐迪南和伊莎贝拉征战的事迹），181 页。

23. L. P. 哈维 [1:1]，228 页、256 页。

24. 埃尔南多·德尔·普尔加，《天主教双王纪事》(*Crónica de los Reyes Católicos*)，马德里 1770 版，177—179 页

25. 马基雅维利著，《君主论》，乔治·布尔翻译和编辑。1961 年伦敦版，119 页。马基雅维利写道："在我们的时代里，阿拉贡国王斐迪南，即当今的西班牙国王，就是一个例子。他依靠自己的盛名与光荣，从一个弱小的君主一跃而为基督教世界首屈一指的国王。因此，他基本上可以说是一位新君主。如果注意观察他的行动，将会看到它们全部都是最伟大的，而且其中有些是卓越非凡的。在他开始统治的时候，他进攻格拉纳达；这项事业就奠定了他国家的基础。"约翰·埃利奥特爵士（《西班牙帝国》，伦敦 1963 年版，34 页）也写道："征讨格拉纳达的战争让国家面貌一新，整个国家在新统治者周围空前团结起来。"

第二章 "唯一的乐土"

1. 20 世纪，唐璜告诉儿子唐璜·卡洛斯，自己"注定四处迁徙"[《国家报》(*El Pais*)，2000 年 11 月 20 日，29 页]。

2. 安东尼奥·鲁梅乌·德·阿马斯（Antonio Rumeu de Armas），《天主教双王的行程》(*Itinerario de los Reyes Católicos 1474—1516*)，马德里 1974 年版，157—164 页，179—183 页。

3. 参阅鲁梅乌·德·阿马斯 [2:2] 的行程表，14—15 页，脚注 3—18。

4. 此观点引自阿斯科纳 [1:21]，371 页。

5. 按照传统，两位君主生前四处携带的那些 15 世纪佛兰德斯挂毯，就挂在他们格拉纳达教堂的墓葬旁。不过，据说伊莎贝拉有 370 块挂毯。

6. 苏亚雷斯，[1:20]，120 页，文中作者用"戏剧性"形容这一场景。

7. 查理五世的王室廷臣加蒂纳拉认为，巡回王廷制度最早出现于古罗马。参阅 A.H. M. 琼斯著，《后罗马帝国》(*The Later Roman Empire*)，牛津 1964 年版，第一卷，366—367 页。"comitatus"是指罗马皇帝下属各部门构成的"实际上四处迁徙的组织"。勃艮第公爵也四处迁徙，马克西米利安皇帝也是如此。有关他们的巡回旅行，请参阅 *Collection des voyages des souverains des Pays-Bas*, M. 加沙尔（M. Gachard）著，第一卷，布鲁塞尔 1876 年版，9—104 页。

8. 该教派发端于 14 世纪，到 1490 年时，已建立了大约 35 座修道院。

9. 我独自探访梅霍拉达修道院时，深有时过境迁之感。昔日雄伟的露台，如今长满了锦葵，野狗在其间漫游："当年特洛伊古城矗立的地方，如今已经种满了谷物。"

10. 洛伦索·加林德斯·德·卡瓦哈尔这样记述道 [《天主教双王简史》(*Anales Breves de los Reyes Católicos*)，《未公开发表的西班牙历史》(*Colección de documentos ineditos para la historia de Espana*)，马德里 1851 年版，第 18 卷，229—230 页]："国王们有一本书，用来纪念这些人的大量事迹，已经阵亡的这些人的能力与生平，教会中也有类似的文档来记录主教们与令人尊敬的神父们的事迹。"

11. 和附近著名的豪华酒店一样，它也留存了下来。

12. 1517 年，查理五世曾无奈前往阿斯图里亚斯，在他之前，唯一去过那里的就只有暴君佩德罗了。

13. 参阅路易斯·苏亚雷斯（Luis Suárez），《贵族和君主政体》（*Nobleza y Monarquia*），马德里 2002 年版，145 页。

14. 理查德·卡根（Richard Kagan）编，《黄金世纪的城市：安东·范登·温加德笔下的西班牙风景》（*Cuidades del Siglo de Oro: Las vistas españolas de Anton van den Wyngaerde*），马德里 1986 年版，70 页。

15. 克里斯托弗·魏迪茨（Christoph Weiditz），《服装之书》（*Trachtenbuch*），1529 年，藏于德意志博物馆，纽伦堡。摹本由西奥多·汉普博士（Dr. Theodore Hampe）编辑，柏林 1928 年版。

16. 勃艮第朗格勒的费利佩·德·比加尔尼是布尔戈斯大教堂的雕塑大师。他可能是布尔戈斯人。此人很长命，作品类型多样。

17. 多数人都认为，女王最传神的肖像是送给观花修道院（Cartuja de Miraflores）的那幅。那幅画像出自无名画家之手，现存于马德里王宫。伊莎贝拉的其他精美肖像，则存于西班牙皇家历史学院，普拉多博物馆还有一幅她和斐迪南两人的肖像，英国温莎的王室藏品中也有她的肖像。此外，格拉纳达的伊莎贝拉陵墓旁还有尊她的雕像，这雕像出自多梅尼科·范切利之手（约 1514 年时），但这尊雕像不是根据她本人雕刻的。参阅阿斯科纳 [1:21]，18—19 页，内有详细论述。

18. 伊莎贝拉的母亲 1496 年去世，死前她已疯癫了很多年。

19. 阿斯科纳 [1:21]，89 页中，曾说她"美丽但没有嫁妆"。

20. 路易斯·苏亚雷斯的著述十分精到，参阅《卡斯蒂利亚的恩里克四世》（*Enrique IV de Castilla*），巴塞罗那 2001 年版。

21. 通过这样的联姻安排，婚后，阿方索将成为"卡斯蒂利亚亲王"以及"阿斯图里亚斯和莱昂亲王"。如果两人生下子嗣，子嗣也可以继承这些头衔。他们的孩子将在卡斯蒂利亚长大，家庭内部都是卡斯蒂利亚人。恩克去世后，两人将统治卡斯蒂利亚。之后，如果伊莎贝拉先去世，阿方索将继续当卡斯蒂利亚的国王。如果计划没能实现，阿方索就会娶胡安娜。

22. 参阅阿斯科纳 [1:21]，68 及以后各页和 75 页。作者指出："无可辩驳的事实是，胡安娜公主被指定为合法继承人，（1460 年时）她出身的合法性没有受到任何质疑。"记述伊莎贝拉生平的文献中，路易斯·苏亚雷斯坚持认为，伊莎贝拉本人十分确信胡安娜不是合法继承人。其一，因为胡安娜之母有不少情人，生下了不少私生子女（都是卡斯蒂利亚血统）。其二，更重要的是，恩里克承认，他和胡安娜的婚姻没有经过教皇批准，因为他们夫妇是表亲。根据教会法，"拉·贝尔特拉内加"不是合法继承人。参阅路易斯·苏亚雷斯 [2:20]，235—236 页。后来成为伊莎贝拉秘书的历史学家阿方索·德·帕伦西亚报告称，谣传恩里克也是私生子。

23. 圣地亚哥骑士团大团长阿隆索·德·卡德纳斯的侄子古铁雷·德·卡德纳斯曾长期寄居卡里略大主教家中；后来，他和帕切科一道，当了阿方索的随从。1468 年，他接班托罗斯·德·吉桑多，成了伊莎贝拉的管家。1469 年，他与帕伦西亚一起去了萨拉戈萨，把阿拉贡王子斐迪南带回了巴利亚多利德。1474 年，女王在塞戈维亚加冕时，他手执出鞘的利剑，为伊莎贝拉开道，震慑为非作歹之徒。1475 年起，他成为第二任王国财务总管。格拉纳达战争后期，他表现活跃；一开始他兵败马拉加，但1492 年 1 月，他率西班牙军队攻入了阿尔罕布拉宫。此后，他就"一直住在宫殿里"，他是莱昂的总会计官，手握大笔财富。后来，他率代表团前往英格兰，与阿拉贡的凯瑟琳结了婚。托德西利亚斯会议中，他是谈判代表，但表现不佳。约 1502年，他寿终正寝。

24. 阿方索·德·帕伦西亚（1423—1492）早年师从阿方索·德·卡塔赫纳。他通晓拉丁语，1456—1474 年，为两位卡斯蒂利亚君主记录编年史。他的《恩里克四世统治史》（*Crónica de Enrique cuarto*，BAE 第 257 和 258 卷）是影响深远的西班牙历史文献。他对恩里克颇多批判，称恩里克草率动用权力，带来了内战，还颁布了对穆斯林有利的法案。然后，帕伦西亚成了伊莎贝拉的秘书。1469 年，他和古铁雷·德·卡德纳斯一起将斐迪南带到了巴利亚多利德。他的著述是贝纳尔德斯、普尔加、巴莱拉等历史学家的史料来源。普雷斯科特编写的《斐迪南和伊莎贝拉当政史》（*History of the Reign of Ferdinand and Isabel*，3 卷，1938 年）也参考了帕伦西亚的著述。

25. 约翰·爱华德兹（John Edwards），《天主教君主的西班牙 1474—1520》（*The Spain of the Catholic Monarchs, 1474-1520*），牛津 2000 年版，266 页。

26. 参阅玛丽亚·伊莎贝尔·德尔·巴尔迪维索（Maria Isabel del Valdivieso）的《伊莎贝拉公主，梅迪纳·德尔·坎波夫人》（La Infanta Isabel, Señora de Medina del Campo），中世纪历史研究（*Estudios de Historia Medieval*），收录于《向路易斯·苏亚雷斯致敬》（*Homenaje a Luis Suárez*），巴利亚多利德 1991 年版。亦可参阅《梅迪纳 - 德尔坎波的历史》（*Historia de Medina del Campoy su tierra*），欧费米奥·洛伦索·桑斯（Eufemio Lorenzo Sanz）编，第 2 卷，巴利亚多利德 1986 年版。

27. 阿斯科纳 [1:21]，115 页。文件由阿拉贡人发起，由安东尼奥·威尼利斯草拟，据说，1464 年时，教皇庇护二世颁布过类似的文件。

28. 参阅恩斯特·贝伦格尔（Ernest Belenguer），《西班牙君主制下的阿拉贡国王》（*La Corona de Aragón en la monarquia hispanica*），巴塞罗那 2001 年版，2—3 章。

29. 即 La hermandad de las marismas。

30. 早期的西印度西班牙帝国中，阿拉贡不如卡斯蒂利亚重要，因此这里并未详细论及阿拉贡。

31. 参阅胡安·埃马努埃尔·卡雷特罗·萨莫拉（Juan Manuel Carretero Zamora），*Cortes, monarquía ciudades: Las cortes de Castilla a comienzos de la época moderna, 1476-1515*，马德里 1988 年版。

32. 帕伦西亚 [1:19]，287—296 页。文中详细记述了这段旅程。

33. 1505 年 5 月，伊莎贝拉去世后，她女儿胡安娜告诉某位英国外交官，她和她母亲都有这种想法。引自阿斯科纳 [1:21]，25 页，"Notorio es que no fue otra cosa que los

celos y no sólo se halla en mí esta pasión, más la Reyna, mi señora...fue asimisma celosa"。

34. "Suplico a vuestra señoría que más a menudo vengan las cartas que, por mi vida muy tardías vienen" [Vicente Rodríguez Valencia, Isabel la Católica en la Opinión de Espanoles y Extranjeros, 3 vols., 巴利亚多利德 1970, 3,108]。

35. 阿方索当上了萨拉戈萨大主教，他自己也有几个非婚生子女。后来，胡安娜与卡斯蒂利亚治安官贝尔纳迪诺·费尔南德斯·德·贝拉斯科结了婚。

36. 1500 年前后，伊比利亚半岛总人口为 600 多万，其中葡萄牙人口约有 100 万。见阿斯科纳 [1:21]，323 页。

37. 阿斯科纳 [1:21]，115 页中，作者如是坚称。

38. 普尔加 [1:24]，36 页：" É habia una gracia singular, que cualquier que con él fablase, luego le amaba é le deseaba servir."

39. 曼努埃尔·希门尼斯·费尔南德斯，《巴托洛梅·德·拉斯·卡萨斯》，第一卷，塞维利亚 1953 年版。

40. 斐迪南的"风流放纵"在曼努埃尔·费尔南德斯·阿尔瓦雷斯（Manuel Fernández Álvarez）的《"疯女"胡安娜：托尔德西利亚斯的俘虏》（Juana la Loca: La Cautiva de Tordesillas），马德里 2000 年版，57 页及以后各页中有所论述。

41. 其他画像藏于普瓦捷的里昂美术馆和温莎的英国王室藏品馆（未知画家）。另见迭戈·德拉·克鲁兹（Diego de la Cruz）所绘《圣母怜悯》（Virgen de la Merced）及其工作室，画上有他们一家和枢机主教冈萨雷斯·德门多萨，藏于布尔戈斯的圣玛丽亚修道院。

42. 佩吉·利斯（Peggy Liss），《伊莎贝拉女王》（Isabel the Queen），牛津 1992 年版，76 页。

43. 1476 年，阿隆索·德·金塔尼利亚（Alonso de Quintanilla）在马德里议会提出，设立国家警察机构或"兄弟会"。15 世纪 80 年代，他借助热那亚人的支持（皮内利）征服了加那利群岛。1493 年，梅迪纳塞利公爵给枢机主教门多萨写信说，金塔尼利亚也支持了哥伦布航海计划。由于枢机主教门多萨的引见，哥伦布经常去金塔尼利亚家吃饭。

44. 安德烈斯·德·卡夫雷拉（Andres de Cabrera）是恩里克四世的宫相，约 1472 年当了塞戈维亚城堡的司令，也是塞戈维亚改宗者的领袖。获封莫亚侯爵后，他与伊莎贝拉的侍女贝亚特丽斯·德·博瓦迪利亚结婚。苏亚雷斯 [1:20] 曾提及他这"决定性的一步"（162 页）。伊莎贝拉一直任用他，到 1492 年，他就发了财。

45. 门多萨就任大主教可能是罗德里戈·博尔贾（Rodrigo Borgia）安排的，这是一种政治上的等价交换。1472 年 6 月 18 日至 1473 年 9 月 12 日，博尔贾一直在西班牙，入境和出境都取道巴伦西亚，1458 年以来，他一直是巴伦西亚主教。参阅米格尔·巴特洛里（Miguel Batllori），《博尔贾家族》（La familia de los Borjas），马德里 1999 年版，92 页。

46. 贝伦西亚 [1:19]，156—157 页："la señora Princesa dançó allí e el señor Rey cantó delante de ella e estovieron en su gajasa do gran parte de la noche..."

47. 在卡斯蒂利亚，君主加冕的形式与英法不同。

48. 帕伦西亚 [1:19]，154 页。

49. 门多萨主教出任枢机大臣，查孔出任总会计师，卡德纳斯则是查孔的副手。罗德里戈·德·乌略亚（Rodrigo de Ulloa）此前曾效力恩里克国王，如今成了新内阁的第三号人物。加布里埃尔·桑切斯是一个阿拉贡改宗者，他负责管理王室财务。

50. 巴托洛梅·德·拉斯·卡萨斯，*Historia de las Indias*, 3 vols.（后文简称"拉斯·卡萨斯"），墨西哥 1986 年版，1，156 页："Su gran virtud, prudencia, fidelidad a los reyes y generosidad de linaje y de ánimo."

51. 理查德福特（Richard Ford），《西班牙旅行者手册》（*A Handbook for Travellers in Spain*），第 3 版，伦敦 1855 年版，1，320 页。

52. 参阅托莱多大教堂的门多萨陵墓。门多萨遗嘱要求，自己的陵墓应当"透明、开放、两侧立雕像"。雕像的设计者或是圣索维诺（Sansovino）。那里有一幅枢机主教的肖像，肖像中，主教与布尔戈斯拉斯韦尔加斯（Las Huelgas）天主教双王的家族成员一起，站在慈悲圣母身前。另一幅肖像中的主教是个秃头，这幅画像藏于瓜达拉哈拉圣希内斯 San Ginés 的托莱多大教堂，其作者显然是胡安·罗德里格斯·塞戈维亚（Juan Rodríguez de Segovia），"el maestro de los Luna"。此人设计了西班牙首座文艺复兴建筑，巴利亚多利德的圣十字宫（Colegio de Santa Cruz）。圣十字宫也是一所学校，专门培养为王室效力的律师。这些律师必须血统纯净，最好就是没有犹太血统。枢机主教的画像就放置在拱门下方。

53. 苏亚雷斯 [1:20]，115 页。

54. 利斯 [2:42]，122—123 页。

55. 伊莎贝拉的藏书有：《耶稣生平》（*Life of Christ*），作者是兰杜尔福·德·莎索尼亚（Landulfo de Saxonia）；《贵族少女的花园》（*el Jardín de las nobles doncellas*），作者是马丁·德·科尔多瓦修士；《独白》（*Soliloquies*），作者是佩德罗·德·瓜达拉哈拉修士（Fray Pedro de Guadalajara）；《灵性生活的操练》（*Exercitorio de la vida espiritual*），作者是加西亚·西门尼斯·德·西内罗修士（Fray Garcia Ximenez de Cisneros）；此外还有许多（早期）骑士小说。

56. 胡安·德尔·恩西纳为阿尔瓦公爵效力，1492 年平安夜，他创作的一部音乐剧在托尔梅斯河畔阿尔瓦的公爵城堡演出。阿尔瓦是一位音乐和诗歌大师。

57. 就此事，她对自己的告解神父塔拉韦拉说："No reprehendo las dádivas y las Mercedes...No el gasto de las ropas y nuevas vestiduras, aunque no carezca de culpa en lo queen ello ovo de demasiado."（参阅 Rodríguez Valencia [2:34]，3，5 for a discussion.）德国旅行家蒙策尔看到她总穿着黑色衣服，J.加西亚·梅卡达尔（J. García Mercadal）《外国人在西班牙和葡萄牙的旅行》（*Viajes de Extranjeros por España y Portugal*）中的"西班牙之旅"（Viaje por España），马德里 1952 年版，404 页。1501 年，安托万·德·拉兰也记述道："我说的不是国王和王后的衣服，因为他们只穿羊毛衣裳。"

58. 马特尔 [1:2]，信件 150。

59. 例如，彼得·罗素爵士，引自爱德华兹 [2:25]，1 页。

60. 爱德华兹 [2:25]，23 页及以后各页，文中详细解释了这场战争。

61. 另一个预言参阅本书第三十七章。

62. 举例来说，斐迪南对加泰罗尼亚社会问题的良性解决方案，就体现了这一点（他结束了农民和地主间长期以来的政治矛盾）。

63. 卢西亚诺·塞拉诺 - 皮内达（Luciano Serrano y Piñeda），*Correspondencia de los Reyes Católicos con el Gran Capitán durante las campañas de Italia*，参阅 *Revista de Archivos*，图书馆和博物馆，卷 20—29，1909—1913 年，1505 年 7 月 10 日。

64. "De semblante entre grave y risueño"，加西亚·梅卡达尔 [2:57]，6 页中关于蒙策尔的内容。出现在斐迪南的传记中，最近的是 *Fernando el Católico*，巴塞罗那 1999 年版。

65. 马特尔 [1:2]，50 页。

第三章 "安宁与秩序"

1. 亚历山大大帝到达戈尔迪乌姆（Gordium）后，看到了一个绳结，这个绳结十分复杂，谁都解不开。人们相信，解开这个结的人，必能征服世界。亚历山大手起剑落，砍断了这个结，口中说道："（用剑砍断和用手解开）二者一样。"（Tanto Monta）15 世纪时，这句话在西班牙语里的意思是："这是一回事。"（da lo mismo）换言之，斐迪南可以行使权力，采用直接手段解决问题。参阅 P. Aguado Bleye，" 'Tanto Monta': la Empresa de Fernando el Católico"，《圣克鲁斯》杂志（*Revista de Santa Cruz*），第 8 期，巴利亚多利德 1949 年版。

2. 例如，贝纳尔德斯认为，卡斯蒂利亚充满 "mucha soberbia, é de mucha herejia, é de mucha blasfemia é avarica, é rapina, é de muchas guerra é bandos, é parcialidades, é de muchos ladrones é salteadores, é rufianes é matadores, é tahures, é tableros públicos"（安德烈斯·贝纳尔德斯，Historia del Reinado de los Reyes Católicos，2 卷版，塞维利亚 1869 年版，25 页）。

3. 阿斯科纳 [1:21]，214—215 页中，作者指出，议会的社会地位不高，往往由谋求上位的聪明人组成。

4. 卡斯蒂利亚大城市的市长由王室任命，因此，卡斯蒂利亚的城市政府不会像意大利城市那样寻求独立（自 14 世纪以来，市长就一直存在，但直到 15 世纪 80 年代，市长制度才得到普遍应用）。

5. 他的侄子豪尔赫·曼里克（Jorge Manrique）是个更为知名的诗人。到 1494 年，西班牙已有 54 个城市配备了市长。

6. 弗朗切斯科·圭恰迪尼，《意大利史》（*The History of Italy*），西德尼·亚历山大（Sidney Alexander）译，纽约 1969 年版。

7. 根据克莱因的数据（Julius Klein, *The Mesta*, Cambridge 1920, 27）。克莱因估计，1477—1512 年，梅斯塔约控制着 260 万只美利奴羊。向王室交纳 "servicio y montazgo" 后，羊群即获准沿 85 码宽的 "峡谷区域" 迁徙。

8. 厄尔·汉密尔顿（Earl Hamilton），《美洲财宝和西班牙革命的代价，1501—1605》

（*American Treasure and the Price Revolution in Spain, 1501-1650*），剑桥 1934 年版，157 页。

9. 1492 年后，格拉纳达代表也加入了议会。拥有席位的城市有：阿维拉、布尔戈斯、科尔多瓦、昆卡、瓜达拉哈拉、哈恩、莱昂、马德里、穆尔西亚、萨拉曼卡、塞戈维亚、塞维利亚、索里亚、托莱、托罗、巴利亚多利德和萨莫拉。萨莫拉也代表加利西亚的利益！

10. 有关中世纪的背景概况，参阅爱德华兹 [2:25]，42 页。

11. 概述参阅阿斯科纳著作的第 7、8、11 章。阿斯科纳 [1:21]，87 页。

12. 此时的军队人数几乎是 1486 年、1487 年马拉加陷落时的两倍。见拉德罗·克萨达，《〈托尔德西利亚斯条约〉时期的和平与战争》（*La Paz y la guerra en la época del Tratado de Tordesillas*），巴利亚多利德 1994 年版，270 页。

13. "La bien cercada, tu que estas en par del río."

14. 数据来自拉德罗·克萨达 [1:13]，271—272 页

15. 大卫·休谟，《英格兰史》（*History of England*），8 卷本，都柏林 1775 年版，卷 3，278 页。

16. 见拉德罗·克萨达 [1:13]，266 页。

17. 有一回，在台伯河岸边，门多萨为库里亚提供晚餐。就像佩特罗尼乌斯的盛宴一样，每道菜都用不同银器盛放，晚餐结束后，这些银器就都被扔进河里。来客不知道，其实滕迪利亚早在河里布置了渔网，除了一个勺子和两把叉子之外，所有银器都被捞了回来。后来，梵蒂冈不再给他供应木柴，他就买下了几间旧房子，然后把这些房子拆成了木柴。1486 年，他得到了一枚奖章，奖章上有他的肖像。

18. 关于 16 世纪世人的面貌，请参阅约翰·波普 - 亨尼西（John Pope-Hennessy）的著作《文艺复兴速写》（*The Portrait of the Renaissance*），纽约 1963 版。有关 16 世纪人的着装，请参阅卡曼·贝米斯（Carmen Bemis）的著作《西班牙天主教双王的服饰与时尚》《*Trajes y modas en la España de los Reyes Católicos, vol. 1: Las Mujeres*》，第 2 卷：男性，马德里 1979 版。

19. 我采信了马特尔的数据（[1：2]1，113 页），也参考了拉德罗·克萨达 [1:13]，266 页。

20. 参阅何塞·恩里克·鲁伊斯 - 多梅内奇（José Enrique Ruiz-Domenec）新近写成的精彩传记《伟大的船长》（*El Gran Capitán*），巴塞罗那 2002 年版。"大将军"在安达卢西亚的活跃只是个前奏，他后来又在意大利大展拳脚。

21. 10 世纪时，埃斯皮诺萨有个猎人（蒙特罗），救了卡斯蒂利亚桑乔·加西亚伯爵的命。后来，蒙特罗就成了王室的保镖。

22. A. 德拉·托雷，*Documentos sob re las relaciones internacionales de los Reyes Católicos*，6 卷本，马德里 1949—1951 年版。

23. 米格尔·安赫尔·拉德罗·克萨达（Miguel Angel Ladero Quesada），《安达卢西亚的领主们》（*Los señores de Andalucía*），加的斯 1998 年版，247—248。

24. 关于中世纪西班牙（和意大利）奴隶制的详情，请参阅夏尔·韦尔兰当（Charles Verlinden）的《中世纪欧洲的奴隶制》（*L'Esclavage dans l'Europe médiévale*），第一卷，布尔戈斯 1955 年版。另见本人的著作，《奴隶贸易》（*The Slave Trade*，伦敦

1977 年版），书中第四章有详细论述。关于奴隶在基督教西班牙的地位，请参阅拉斯·谢特·帕蒂达斯 [1:16]，第 4 部分，标题 21，"Delos siervos" [原文如此].

25. 马特尔 [1:2]，2，120 页。

26. 奥维多 [2:43]，1，52 页："Cuanto más que han acá pasado diferentes maneras de gentes; porque, aunque eran los que venían, vasallos de los reyes de España, ¿quién concerta al vizcaino con el catalán, que son de diferentes provincias y lenguas? Cómo se avernán el andaluz con el valenciano, y el de Perpiñan con el cordobés, y el Aragónés con el guipuzcoano, y el gallego con el castellano ... y el asturiano e montanés con el navarro?"

27. 斯凯尔斯勋爵又称"艾斯卡拉伯爵"，引自马特尔 [1:2]，1，93 页，"大不列颠"。

28. 拉德罗·克萨达 [3:15]，270 页。

29. 这个词来源于德国的 Hakenbiihse，即"钩镰枪"。

30. 大概是石炮的别称。

31. 其别称还有 cerbatana、falconet 和 ribadoquin。

32. 参阅赫尔曼·克伦本茨（Hermann Kellenbenz）著，*Los Fugger en España y Portugal hasta 1560*，*Junta de Castilla y León*，萨拉曼卡 1999 年版，8 页。该商业体系中，西班牙产出珊瑚、棉花、兔子皮、芳香水果，最重要的还是藏红花。

33. 首版加泰罗尼亚语译本由德国印刷商尼古拉斯·斯宾德勒（Nicolas Spindeler）出品，他应召来到巴伦西亚，出版胡安·里克斯·德·库拉（Juan Rix de Cura）的著作。在葡萄牙的斐迪南王子授意下，1511 年，本书在卡斯蒂利亚出版。1460 年和 1466 年，本书用巴伦西亚语写成，参阅《堂吉诃德》，1，第六章。

34. 见欧文·伦纳德（Irving Leonard）的《勇者之书》（*Books of the Brave*），纽约 1949 年版，115 页。

35. 1469 年，范切利出生于塞提格纳诺（Settignano），年轻时就移居西班牙，1519 年在萨拉戈萨去世。

36. 弗朗西斯科·塞维利亚诺·科隆（Francisco Sevillano Colom），"La Cancillería de Fernando el Católico"，*V Congreso de Historia de la Corona de Aragón*，萨拉戈萨 1956 年版，215—253 页。

37. 胡安·希尔（Juan Gil），《改宗者和塞维利亚宗教裁判所》（*Los conversos y la Inquisición Sevillana*）（五卷本），塞维利亚 2000 年第二版，2 页、11 页。天主教双王的改宗者大臣中，有托莱多市长的儿子费尔南多·阿尔瓦雷斯·德·托莱多、安德烈·德·卡夫雷拉、胡安·迪亚斯·德·阿尔科赛尔、胡安·德·拉帕拉和埃尔南多·德尔·普尔加。当然也不能忘了埃尔南多·德·塔拉韦拉神父和迭戈·德·巴莱拉。

38. 参阅帕伦西亚 [1:19]，15 页。

39. 参阅约翰·爱德华兹《对科尔多瓦犹太教基督徒的屠杀 1473—1474》（The "Massacre" of Jewish Christians in Córdoba, 1473-74），收录于马克·莱文（Mark Levene）和彭妮·罗伯茨（Penny Roberts）的《历史上的屠杀》（*The Massacre in History*），纽约 1999 年版。

40. 路易斯·苏亚雷斯, *Isabel la Católica y la Política* 中的 "La Salida de los Judíos", 胡利奥·巴迪翁·巴鲁克（Julio Valdeón Baruque）编, 巴利亚多利德 2001 年版, 86 页。作者从另一个角度解释了针对改宗者的指控。内塔尼亚胡认为, 宗教法庭的目的是"摧毁马拉诺人的社群。宗教法庭的拥护者当然知道这一点, 改宗者也很清楚"。改宗者是指那些自愿该宗的人, 而马拉诺人则是那些被迫改宗的人。

41. 参阅苏亚雷斯的《伊莎贝拉一世》（*Isabel I*）[1:20], 299 页。

42. 内塔尼亚胡,《走向宗教裁判所》（*Toward the Inquisition*）, 纽约 1997 年版, 198—199 页。

43. 虽然很多人引用的数字都是 2 000, 但这个数字存有争议。例如, 阿尔弗雷德阿尔瓦埃斯克拉（Alfredo Alvar Ezquerra）的《天主教徒伊莎贝拉》（*Isabel la Católica*, 马德里 2002 年版, 98 页）表明在天主教双王统治时期, 这个数字是总共 1 万改宗者中有 9 000 人死于非命。

44. 税务官是代表上级机构征税的人。

45. J. 比森斯·比韦斯, *Historia critica de la vida y reinado de Fernando II de Aragón*, 萨拉戈萨 1962 年版, 654 页。此前, 伊莎贝拉的御用医生是所罗门·拜顿（Salomon Byton）。

46. 16 位在阿拉贡, 31 位在卡斯蒂利亚, 1 位在纳瓦拉。

47. 爱德华兹 [2:25], 197 页。

48. 西班牙境内共有大约 200 座修道院, 其中 50 座是熙笃会修道院, 6 座是普雷蒙特雷会修道院, 其余大部分是本笃会修道院, 有些以克吕尼派为基础。大约有 200 座方济会修道院, 还有一些多名我会修道院, 以及 34 座哲罗姆会修道院。

49. 参阅路易·卡达亚克（Louis Cardaillac）, *L'Espagne des Rois Catholiques, Le Prince Don Juan, symbole de l'apogée d'un règne 1474-1500*, 巴黎 2000 年版, 113—223 页, 以及海伦·纳德（Helen Nader）的《西班牙文艺复兴时期的门多萨家族》（*The Mendoza Family in the Spanish Renaissance*）, 新不伦瑞克, 纽约 1979 年版, 109 页。

51. 曼努埃尔·费尔南德斯·阿尔瓦雷斯, *Corpus documental de Carlos V*, 萨拉曼卡 1973 年版, 5 卷本, 1, 167 页脚注, 62。

52. 苏亚雷斯·费尔南德斯 [1:20], 28 页。

53. 普尔加 [1:24], 313—314 页。

54. 参阅米格尔·安赫尔·拉德罗·克萨达, "Les finances royales de. Castille a la vieille des temps modernes", *Annales*, 1970 年 5—7 月。

55. 马特尔 [1:2], 3 页。

56. 马德里海军博物馆的哥伦布肖像是最传神的一幅。另参阅阿莱霍·费尔南德斯在塞维利亚阿卡萨的著作 *La Virgen de los Mareantes*, 其中反映了哥伦布居住在科尔多瓦时, 费尔南德斯对他的印象。我的描述参考了几份不同的资料。例如拉斯·卡萨斯 [2:50], 1, 29 页。奥维多 [2:43], 1, 8 页; 拉斯·卡萨斯 1493 年时见到了哥伦布, 他说哥伦布 "de buena estatura e aspecto, más alto que mediano y de recios miembros; los ojos vivos e las otras partes del rostro de buena proporción; el cabello muy bermejo, y la cara algo encendida e pecoso; bien hablado, cauto, e de gran ingenio, e gentil latino ...

graciosa cuando quería, iracundo cuando se enojaba"。此外，塞巴斯蒂安·德尔·皮翁博（Sebastián del Piombo）还画了一幅精美的哥伦布肖像，藏于纽约大都会博物馆，不过画上的人实在不像哥伦布。

第四章 "唯有君主能为"

1. 拉斯·卡萨斯 [2:50]，1，163 页："tal empresa como aquella no era sino para reyes."

2. *Anon in Poesie*，L. 科西托（L.Cocito）编辑，1970 年，566 页，引自费莉佩·费尔南德斯 - 阿梅斯托（Felipe Fernandez-Armesto）的著作《哥伦布之前》（*Before Columbus*），伦敦 1987 年版，106 页。

3. 奎恰迪尼 [3:6]，9 页。

4. 帕斯托尔 [1:7]，5，241 页。

5. 乔诺特·马托雷尔（Joanot Martorell）和马丁·霍安·德·加尔巴（Marti Joan de Galba）著，*Tirant lo Blanc*，戴维·H. 罗森塔尔（David H. Rosenthal）译，伦敦 1984 年版，198 页。

6. 费尔南德斯 - 阿梅斯托 [4:2]，119 页。

7. 有关希俄斯的热那亚人，参阅菲利普·阿亨蒂（Philip Argenti）著，《热那亚人对希俄斯岛的占领，1346—1566》（*The Occupation of Chios by the Genoese, 1346-1566*），3 卷本，剑桥 1958 年版。

8. 雅克·黑斯（Jacques Heers），《15 世纪的基因》（*Gènes au XVème siècle*），巴黎 1961 年版，68—71 页。

9. 彼得·罗素爵士，《航海者亨利王子》（*Prince Henry the Navigator*），纽黑文 2000 年版，249 页，揭示了热那亚商业的这一侧面。

10. 阿亨蒂 [4:7]，333 页中告诫我们，不要想当然地认为姓森图里翁、格里马尔迪、皮内利等的人，都是这一姓氏的后代。有时，这些人只是碰巧同姓。

11. 苏亚雷斯 [1:20]，121 页。

12. 这位枢机主教经常待在鼓室，不像个主教，反倒像个银行家。佩吉·利斯 [2:42]，260 页中如是写道。

13. 贡萨洛·费尔南德斯·德·奥维多，*Las Quinquagenas de la Nobleza de España*，皇家历史学院，1，马德里 1880 年。

14. 引自苏埃洛·巴雷拉（Consuelo Varela），《克里斯托弗·哥伦布，回到人间》（*Cristóbal Colon, retrato de un hombre*），马德里 1992 年版，124 页。参阅埃图瓦·德·贝尼托·鲁阿诺（Etoy de Benito Ruano），"La participación en la guerra de Granada"（*I Congreso de Historia de Andalucia*），2，科尔多瓦 1978 年。

15. 范例见塞尔索·加西亚·德拉·里加（Celso Garcia de la Riega），*¿Colón español?*，马德里 1914 年版。亨利·维尼奥（Henri Vignaud）是犹太传奇的首创者，后来马达里亚加（Madariaga）继承了其衣钵。

16. 克里斯托瓦尔·科隆（哥伦布的西班牙语名字，为方便识别，后面写作"哥伦布"），

《文本及文件》(*Textos y documentos completos*)，胡安·希尔及孔苏埃洛·巴雷拉编，马德里 1992 年版，423 页。

17. 最完备的传记是孔苏埃洛·巴雷拉 [4:14]，以及费莉佩·费尔南德斯-阿梅斯托写的英文版《哥伦布传》(*Columbu*s)，牛津 1992 年版，还有热那亚历史学家雅克·黑斯写的法文版《克里斯托弗哥伦布》(*Christophe Colomb*)，巴黎 1981 年版。胡安·希尔发表于 *Revista de Indias* 的文章 "Historiografía Española sobre el descubrimiento y descubrimientos"，49，187, 1989 年 9—12 月刊，也是对哥伦布其人的精要介绍。

18. 哥伦布 [4:16]，356 页，"我出生在热那亚"。

19. 哥伦布 [4:16]，356 页。

20. 拉斯·卡萨斯 [2:50]。1493 年，哥伦布第一次航行返程时，拉斯·卡萨斯很可能见到了哥伦布，并听他说了几句话。至于后来，比如 1497—1498 年或 1500—1502 年，拉斯·卡萨斯有没有再见到哥伦布，就不得而知了。

21. "很小的时候"，哥伦布 [4:16]，444 页。

22. 哥伦布 [4:16]，89—91 页，以及拉斯·卡萨斯 [2:50]，1，31 页。

23. 拉斯·卡萨斯 [2:50]，1，31 页。

24. 贝纳尔德斯 [3:2]，1，357 页："hombre de alto ingenio sin saber muchas letras."

25. 1495 年，哥伦布给国王和女王写了封信，讲述了自己去爱尔兰的见闻。见哥伦布 [4:16]，285 页。

26. 见彼得·罗素的名作《航海者亨利王子》[4:9]，也许那里实际是胡比角。

27. 那就是威廉·博斯曼（Willem Bosman），《对几内亚河岸全新且准确的描述》(*A New and Accurate Description of the Coast of Guinea*)，英文译本，伦敦 1705 年版。

28. 斯特拉波（公元前 64 年—公元 21 年）是希腊地理学家，不过他有部分亚洲血统。他是斯多葛派学者，相信那里有一块陆地。他这部著作是个杂学知识库，其中内容都很有趣，但并非全部准确。

29. 塞缪尔·艾略特·莫里森（Samuel Eliot Morison），《欧洲人对美洲的发现：北部的航行》(*The European Discovery of America: The Northern Vayages*)，牛津 1971 年版，61—62 页。

30. 拉斯·卡萨斯如是说 [2:50]，1，144 页。

31. 拉丁帆是三角形的，挂在一根长的横桅上，与纵桅呈 45 度角。

32. 莫里森 [4:29]，8 页。

33. 参阅 *El libro de Marco Polo*，胡安·希尔编，马德里 1992 年版。

34. "不要相信海洋覆盖了地球的一半"：见皮埃尔·达哀里 *Ymago Mundi*，安东尼奥·拉米雷斯·德·贝赫尔（Antonio Ramirez de Verger）编，马德里 1992 年版，150 页。有关达哀里其人，见 J. 赫伊津哈（J. Huizinga），《中世纪之秋》(*The Autumn of the Middle Ages*)，芝加哥 1996 年版，124 页。

35. 参阅斯蒂芬·格林布拉特（Stephen Greenblatt），《奇妙的财产》(*Marvelous Possessions*)，芝加哥 1991 年版，26 页及以后各页。

36. 罗素 [4:9]，99 页。

黄金之河：西班牙帝国的崛起，从哥伦布到麦哲伦

37. 亨利·哈里斯（Henry Harrisse），《发现北美洲》（*The Discovery of North America*），伦敦 1892 年版，378 页、381 页。这封信由拉斯·卡萨斯以西班牙文重印 [2:50]，1，63 页。

38. 马丁·费尔南德斯·德·纳瓦雷特（Martín Fernández de Navarrete），*Colección de viajes y descubrimientos que hicieron por mar los españoles*，4 卷本，马德里 1954 年版，1，299 页、300 页。详细日期见黑斯 [4:17]，88 页。其他人认为，这封信是 1492 年发出的。其实，从加那利群岛到中国的直线距离为 1.2 万英里。

39. 纳瓦雷特 [4:38]，1，300 页中记述，托斯卡内利对彗星特别感兴趣，当时，他在佛罗伦萨为年轻学者主持了开放式研讨会，参与者包括莱昂纳多·达芬奇，也许还有阿梅里戈·韦斯普奇。

40. 费尔南多·哥伦布，《海军上将的故事》（*Historia del Almirante*），路易斯·阿兰斯（Luis Arranz）编，马德里 2000 年版，66 页。

41. 费尔南多·哥伦布 [4:40]，62 页。

42. 对于此错误的讨论，详见莫里森的著述，《欧洲人对美洲的发现：南部的航行 1491—1616》（*The European Discovery of America: The Southern Voyages, 1491-1616*），纽约 1974 年版，30—31 页。

43. 见埃德蒙多·奥戈尔曼（Edmundo O' Gorman），*La Idea del descubrimiento de America*，墨西哥城 1951 年版。以及胡安·曼萨诺 - 曼萨诺（Juan Manzano y Manzano），*Colón y su secreto: el predescubrimiento*，马德里 1976 年、1989 年版。奥维多 [2:43] 则持反对意见，1，16。

44. 参阅曼萨诺 [4:43]，21 页。

45. 有关奥尔蒂斯主教其人，参阅拉斯·卡萨斯 [2:50]，1，151 页。费尔南多·哥伦布 [4:40]，64—67 页，则将其称作奥尔蒂斯·"卡萨迪利亚"（Ortiz "Calzadilla"）。

46. 若昂·德·巴罗斯（João de Barros）引自黑斯 [4:17]，101 页。

47. 阿尔弗雷德·W. 克罗斯比（Alfred W. Crosby），*Ecological Imperialism*，剑桥 1986 年版，79 页。他认为早在 1342 年，就有人从加那利群岛和马略卡岛运来奴隶。

48. 当时，西班牙属加那利群岛由迭戈·德·埃雷拉（Diego García de Herrera）及其妻在佩拉萨统治。迭戈的祖父将戈梅拉岛也纳入了西班牙统治范围。后来，迭戈的儿子费尔南多·埃雷拉及其妻贝亚特丽斯·德·博瓦迪利亚继承了统治权。

49. 费莉佩·费尔南德斯 - 阿梅斯托，*The Canary Islands After the Conquest*，牛津 1982 年版；比森塔·科尔特斯·阿方索（Vicenta Cortés Alonso），"La conquista de Canarias a través de las ventas de es clavos"，*Anuario de estudios Americanos*（后文简称 AEA），1，1955 年版，498 页。

50. 费尔南德斯 - 阿梅斯托总结了这些证据 [4:49]，10 页。

51. 参阅费尔南德斯 - 阿梅斯托 [4:2]。

52. 曼萨诺说，马切纳也听过"无名领航员"的秘密，因此支持哥伦布。见其著作 [4:43]，22 页。至于贝拉斯科，见拉斯·卡萨斯 [2:50]，1，68 页。

53. 一位朋友写信对我说："ya que una neblina caprichosa todo la tapa y muchas veces se

confunden con unas nubes bajas que parecen formar montañas, colinas y valles."

54. 帕洛斯博士加亚西·埃尔南德斯（García Hernandez）在纳瓦雷特 [4:38]，2，330—331 页中可查。

55. 他们从属于葡萄牙的阿尔瓦罗家族，阿尔瓦罗是被处决的布拉甘扎公爵的子嗣之一，不久前才逃到西班牙。

56. 这次会面记载于鲁梅乌 [2:2]，19 页。

57. 奥维多 [2:43]，1，22 页确认，门多萨和金塔尼利亚牵线搭桥，让哥伦布见到了两位君主。

58. 大主教宫殿的巨大地桩，在阿尔卡拉仍依稀可辨，宫殿的面积十分宽广，足以供任何一位近代主教避世隐居。

59. 阿方索·德·帕伦西亚 [1:19]，205 页。

60. 贝纳尔德斯 [3:2]，1，359 页："los mostró el mapa-mundi, de manera que puso deseo de saber de aquellas tierras."

61. "E les fizo relación de su imaginación." 贝纳尔德斯 [3:2]，1，358 页。

62. 拉斯·卡萨斯 [2:50]，1，149 页。

63. 对于卡斯蒂利亚所有离港船只，他们都有权使用三分之一的货舱空间，用于装载王室的货物。对于所有王室船舶，他们有权获得航海所得利润的三分之一。此外，他们还有权获得企业上缴之王室伍一税的三分之一。参阅 1416 年 8 月 17 日的特许状（Privilegio），引用于纳瓦雷特 [4:38]，1，262—293 页，列出了旧海军上将的所有权利，以上文件来自贝尔加拉公爵拥有的哥伦布档案。1512 年时法德里克的权利在1512 年的文件中也有记载，见同上著作 293—295 页：

（1）每艘塞维利亚的离港船只都必须向海军上将缴纳税款，每吨货物须缴纳 20 块西班牙金币，单次累计税款上限为 3 000 西班牙金币；

（2）在塞维利亚购买的商品，须向海军上将每吨缴纳 8 块西班牙金币的税款；

（3）每 100 吨压舱物须向海军上将缴纳 5 雷亚尔的税款；

（4）在塞维利亚购买的葡萄酒或油，每瓶须向海军上将缴纳 5 布兰卡的税款；

（5）每艘吃水 100 吨的船只，须缴纳 1 450 雷亚尔的停靠费；

（6）绳索、麻绳等靠港用品，须缴纳 25 西班牙金币的耗材费；

（7—19）小麦、铁、饼干、谷物、沙丁鱼、羊毛、牡蛎、蛤蜊等，皆须向海军上将缴纳各类税款。

64. 拉斯·卡萨斯 [2:50]，1，156 页。

65. 西曼卡斯总档案（Archivo General de Simancas，后文简称 AGS），王室赞助，28—31，引用于阿斯科纳 [1:21]，491 页。

66. 曼萨诺 [4:43]，24 页。

67. 名单中的一些人没有参与讨论。不过萨拉曼卡的法学教授罗德里戈·马尔多纳多·德·塔拉韦拉无疑参与了讨论，后来他还出席了同葡萄牙的谈判，对地理探索了解渐深，后来还成了国务会议（Consejo Real）的成员。

68. 拉斯·卡萨斯 [2:50]，1，157—158 页。

黄金之河：西班牙帝国的崛起，从哥伦布到麦哲伦

69. 曼萨诺 [4:43]，xvii 页、104 页，认为哥伦布把从"无名领航员"口中听到的秘密告诉了德萨。

70. 贝纳尔德斯 [3:2]。胡安娜是佩德罗·贝拉斯克斯的妹妹，1479 年，她被任命为女王的秘书。安东尼奥·德托雷则参加了哥伦布的第二次美洲航行。后来，胡安娜与胡安·达维拉结了婚。

71. 纳瓦雷特 [4:38]，2，348 页。拉斯·卡萨斯认为，塔拉韦拉是最大的阻力，彼得·马特尔则持相反意见。这一争论中，孔苏埃洛·瓦雷拉站在马特尔一边。见拉斯·卡萨斯 [2:50]，1，167 页。

72. 拉斯·卡萨斯 [2:50]，1，145 页、155 页。

73. 鲁梅乌 [2:2]，426 页。

74. 哥伦布 [4:16]，92 页；安东尼奥·桑切斯·冈萨雷斯（Antonio Sanchez Gonzalez），《梅迪纳塞利和哥伦布》（*Medinaceli y Colón*），马德里 1995 年版，172。

75. 拉斯·卡萨斯 [2:50]，1，153 页说巴尔托洛梅奥："de menos simplicidad-que Cristóbal ... no mucho menos docto en cosmografía."

76. 拉斯·卡萨斯 [2:50]，1，161 页

77. 纳瓦雷特 [4:38]，1，302 页："algunas cosas cumplideras a nuestro servicio."

78. 1505 年的信。

79. 桑切斯·冈萨雷斯 [4:74]，133 页。最后一位德拉·塞尔达家族后裔名叫伊莎贝拉，她嫁给了贝尔纳多·德·富瓦（Bernardo de Foix）。这个贝尔纳多是首位梅迪纳塞利伯爵，也是加斯顿·弗布斯（Gaston Phoebus）之子贝恩（Bearne）的私生子。之前，加斯顿·弗布斯"白色军团"来到西班牙，支援特拉斯塔玛拉家族。1368 年，国王恩里克二世建立了梅迪纳塞利州，将此地划为伯爵领。1479 年，这块封地升格为公爵领。

80. 如普雷斯科特 [1:22]，182 页的引文所述。

81. 拉斯·卡萨斯 [2:50]，1，164 页。

82. 参阅约翰·爱华德兹，《15 世纪西班牙的战争与和平》（*War and Peace in Fifteenth-Century Spain*），收录于《呈交 R.H.C. 戴维斯的中世纪史研究》（*Studies in Medieval History Presented to R.H.C. Davis*），亨利·马特尔-哈廷（Henry Mayr-Harting）和 R.I. 摩尔编，伦敦 1985 年版，65 对开页。

83. 同上，60 页。

84. 拉斯·卡萨斯 [2:50]，1，162—163 页。

85. "Tal empresa como aquella no era sino para reyes"，拉斯·卡萨斯 [2:50]，1，163 页。这些信件佚失了。梅迪纳塞利基金会的档案管理员桑切斯·冈萨雷斯认为这些信件是被人偷走的。

86. 这两人是亲家关系，公爵的女儿莱昂诺尔嫁给了大主教的儿子，塞尼特侯爵罗德里戈。

87. AGS，埃斯塔托（Estado），卷档 1—2，收入纳瓦雷特 [4:38]，1，310 页。

88. "Protesté a vuestras altezas que toda la ganancia d'esta mi empresa se gastase en la conquista de

Hierusalem, y vuestras altezas se rieron, y dixeron que les plazía y que sin esto tenian aquella gana"（第一次航行的日记，1492 年 12 月 26 日，收录于哥伦布 [4:16]）。

第五章 "告诉我，你在唱什么歌？"

1. 哈维 [1:1]，310 页。

2. *Nubdha-Kitah nubdhat al-asr ft Akhabar muluk Baní Nasr*，卡洛斯·基罗萨（Carlos Quiros）和阿尔弗雷多·巴斯塔尼（Alfredo Bustani）编译，"Fragmentos de la época sobre noticias de los reyes nazaritas"，*BAE*，1905—1929 页，转引自哈维 [1:1]，310—311 页。

3. 有关大将军的详细事迹，可参阅鲁伊斯 - 多梅内奇新近写成的精彩传记 [3:20]，200 页及以后各页。

4. 此次的投降协议被称作 *capitulación*，通常来说，根据这种协议，王室将保留领土主权，但探险队领袖也会得到相应奖赏。

5. "Aquella santa conquista que el nuestro muy esforçado rey hizo del reino de Granada..." 《高卢的阿玛迪斯》序言，加尔西·罗德里格斯·德·蒙塔尔沃（Garcí Rodríguez de Montalvo）著，胡安·包蒂斯塔·阿瓦莱 - 阿尔塞（Juan Bautista Avalle-Arce）编辑，马德里 1991 年版，128 页。

6. 贝纳尔德斯 [3:2]，1，302.

7. 阿方索·德·圣克鲁斯（Alonso de Santa Cruz）著，《天主教双王纪事》，胡安·德·玛塔·卡索里亚（Juan de Mata Carriazo）编辑，2 卷本，塞维利亚 1951 年版，第一卷，47 页。

8. 应以伊莎贝拉《日课经》第 6 页的视角看待盾徽的这一部分。这并非穆斯林标记。

9. 鲁梅乌 [2:2]，190 页。

10. 马特尔 [1:2]，172 页。

11. 博尔贾的盾徽上有一头斗牛。

12. 帕斯特 [1:7]，4，334 页。

13. 哈维 [1:1]，326 页。

14. 首任侯爵是枢机主教门多萨婚生子。

15. "con determinada voluntad de pasarse a Francia..." 拉斯·卡萨斯 [2:50]，第一卷，167 页。曼努埃尔·塞拉诺 - 桑斯（Manuel Serrano y Sanz），*Los amigos y protectores Aragoneses de Cristóbal Colón*，马德里 1918 年版，巴塞罗那 1991 年再版，书中认为此事发生于 1492 年 1 月。拉斯·卡萨斯 [2:50]，第一卷，167 页。

16. 阿亚拉致天主教双王的信，1498 年 7 月 25 日，记载于贝根罗特（Bergenroth），*Calendar of Letters ... Relating to the Negotiations Between England and Spain*，伦敦 1862 年版，第一卷，176 页，转引自哈里斯 [4:37]，2 页。

17. 费尔南多·哥伦布 [4:40]，93 页。

18. 桑切斯·冈萨雷斯 [4:74]，229 页。

19. 拉斯·卡萨斯 [2:50]，第一卷，168—170 页："haber intentado saber las grandezas y

secretos del universo."

20. "las reglas o limites de su oficio." 但他有 "animo notificarle lo que en mi corazón siento"。拉斯·卡萨斯 [2:50]，第一卷，168 页。

21. 巴雷拉 [4:14]，7 页。

22. 费尔南多·哥伦布 [4:40]，93 页

23. 塞拉诺 - 桑斯 [5:15]，136—138 页。

24. 塞拉诺 - 桑斯 [5:15]，117 页。哈里斯研究哥伦布生平时认为，桑坦格尔从未干预此事。巴雷拉说，桑坦格尔在佛罗伦萨的合伙人胡安诺托·贝拉尔迪也参与了贷款事宜。

25. 这座古桥至今仍在，提醒人们，同一座桥也会通向不同的道路。

26. 纳瓦雷特 [4:38]，1，303 页。

27. 费尔南多·哥伦布 [4:40]，94 页。参阅理查多·索拉金·贝库（Ricardo Zorraquin Becú），"El gobierno superior de las Indias"，*Congreso de Historia del Descubrimiento, Acta*，4 卷本，马德里 1992 版，第三卷，165 页及以后各页，文中详细解析了对哥伦布许诺条件时的取巧措辞。

28. "las dichas mares oceanas."

29. "aquellas islas e tierra firmes."

30. "ha descubierto."

31. 参阅拉斯·卡萨斯 [2:50]，第一卷，172—173 页。

32. 桑切斯·冈萨雷斯 [4:74]，230 页。

33. 贝纳尔德斯 [3:2]，1，280 页。

34. 赎罪券是一种证明原罪已获赦免的文书。

35. 弗雷德里克·波尔（Frederick Pohl）著，《阿梅里戈·韦斯普奇》（*Amerigo Vespucci*），伦敦 1966 年版，31 页，书中引用了 1489 年洛伦索·迪·皮尔弗朗斯西科·德·美第奇致韦斯普奇的信件，信中提到了贝拉尔迪。

36. 这几位大臣是罗德里格斯博士、塞巴斯蒂安·德·奥朗诺和弗朗西斯科·德·马德里。最后这位弗朗西斯科是王室廷臣，他是个犹太改宗者，他母亲是犹太人。参阅希尔 [3:37]，3 页和纳瓦雷特 [4:38]，1，305 页。

37. 纳瓦雷特 [4:38]，1，307 页。

38. 转引自巴雷拉，《克里斯托弗·哥伦布，回到人间》[4:14]，104 页："Sohre el maravilloso descubrimiento de! nuevo Mundo."

39. 拉斯·卡萨斯 [2:50]，1，343 页。

40. 内夫里哈（Nebrija）是什么时候把这本书献给女王的？具体日期已无法确定。据说地点是在萨拉曼卡的王庭；不过，1492 年时，王庭并不在萨拉曼卡，直到 1497 年，王庭才来到萨拉曼卡。据说那时候塔拉韦拉还在做阿维拉主教，是他把内夫里哈介绍给了女王，不过，当时塔拉韦拉应该正忙于哥伦布第一次航行的准备工作。而且，1491 年时，塔拉维拉就去格拉纳达做大主教了。所以，内夫里哈献书的事很可能发生在 1492 年 8 月，当时王庭在巴利亚多利德停留了两个月，并不在萨拉曼卡。根

据梅嫩德斯·皮达尔的说法，罗马语言最重要的语法规则就是："en esperanza cierta del Nuevo Mundo, aunque aún no se había navegado para descubrirlo." 女王问内夫里哈，这本书的主旨是什么，内夫里哈回答："Después que vuestra Alteza meta debajo de su yugo muchos pueblos bárbaros y naciones de peregrinas lenguas, y con el vencimiento aquellos tengan necesidad de recibir las leyes que el vencedor pone al vencido, y con ellas nuestra lengua, entonces por esta arte gramatical podrían venir en conocimiento de ella, como agora nosotros deprendemos el arte de la lengua latin para desprender el latin."（拉蒙·梅嫩德斯·皮达尔，*La Lengua de Cristóbal Colón*，马德里 1958 年版，49 页。）参阅费利克斯·冈萨雷斯·奥尔梅多（Félix González Olmedo），*Nebrija, Debelador de la barbarie*，马德里 1942 年版。

41. 莫里斯·克里格尔（Maurice Kriegel），"La prise d'une décision: 1' expulsion des Juifs d' Espagne en 1492"，《历史》杂志（*Revue Historique*），260 期，1978 年。克里格尔强调，1492 年西班牙驱逐犹太人的事十分突然。1492 年 2 月 28 日时，斐迪南还为萨拉戈萨犹太区的贷款提供了担保。

42. 两位君主把法令副本分发给了许多城市和贵族，梅迪纳塞利公爵也收到了一份（贝纳尔德斯 [3:2]，332—340 页）。法令副本由菲德尔·皮塔（Fidel Pita）印制，参阅 *Boletín de la* 西班牙皇家历史学院（后文简称 *BRAH*），11，512—528 页。

43. 马特尔 [1:2]，173 页。马特尔认为，犹太人是"虚伪的族裔"（raza falaz）（引自其著作第 177 页）。

44. 路易斯·苏亚雷斯·费尔南德斯，*Documentos acerca de la expulsion de los judfos de España*，巴利亚多利德 1964 年版，177 号文件。这封信是讲布尔戈斯的情形。

45. 具体总结见爱德华兹 [2:25]，226 页。

46. 如苏亚雷斯在著作中的总结，《伊莎贝拉一世》[1:20]，292 页。

47. 见 F. 埃特拉（F. Cantera），《费尔南多·德尔·普加尔和改宗者》（Fernando del Pulgar y los conversos），《塞法迪犹太人》（*Sefarad*），4，1944 年，296—299 页。

48. 马特尔 [1:2]，1，101 页

49. 马特尔 [1:2]，1，201 页，

50. 这就是苏亚雷斯 [1:20]，354 页中的想法。

51. 马特尔 [1:2]，1，201 页

52. 最近的两部著述：埃丽卡·鲁梅尔（Erika Rummel），《希门内斯·德·西斯内罗斯》（*Jiménez de Cisneros*），坦佩 1999 年版，以及 胡安·J. 加西亚·奥罗（Juan J. García Oro），《枢机主教西斯内罗斯：事业与生活》（*El cardenal Cisneros: vida y empresas*），2 卷本，马德里 1992—1993 年版。后者又出了版简写本，巴塞罗那 2002 年版。

53. *Cortes de las Antiguos Reinos de Leon y Castilla,* vol. 4: *1476-1537*，真正的历史学术（马德里 1882 年版），149—151 页。

54. 本齐奥·内塔尼亚胡（Benzion Netanyahu），《15 世纪宗教法庭的起源》（*The Origins of the Inquisition in Fifteenth-Century Spain*），纽约 1995 年版，842 页。

55. 希尔 [3:37]，2，12 页。

56. "¿Creéis que esto proviene de mí? El Señor ha puesto este pensamiento en el corazón del *rey.*" Y luego prosiguió: "El corazón del rey está en las manos del Señor, como los ríos de agua. Él los dirige don de quiere"（苏亚雷斯 [1:20]）。另参阅本齐奥·内塔尼亚胡，《艾萨克·阿布拉瓦内尔》（*Isaac Abravanel*），费城 1972 年版，55 页，以及《犹太季刊》（*The Jewish Quarterly Review*）20 期（1908），254 页。我在此感谢内塔尼亚胡教授就此事提供的帮助。

57. Julio Caro Baroja, *Los Judios en la Espana Moderna,* 3 vols., 马德里 1961 年版，1，178 页；《西班牙与犹太人》（*Spain and the Jews*），伊莱·凯杜里（Eli Kedourie）编，伦敦 1992 年版，14 页。克里格尔 [5:41] 讨论了 1492 年以前塞内奥的社会地位，并暗示塞内奥的行为让他失去了整个犹太群体的支持。

58. 凯杜里编著中关于卡门的内容 [5:57]，85 页。拉德罗·克萨达认为，卡斯蒂利亚有 9.5 万名犹太人，阿拉贡有 1.2 万名犹太人。苏亚雷斯 [1:20] 认为，总共有 7 万—10 万名犹太人。阿斯科纳（[1:21]，446）认为有 20 万名。阿尔瓦·埃斯克拉认为有 20 万名犹太人，其中有 10 万人改信了基督教（[3:43]，99）。内塔尼亚胡（5:56）认为 1391 年时，有 60 万犹太人，到了 1490 年只剩下 30 万犹太人。

59. 哈伊姆·伯纳特（Haim Bernart）和凯杜里 [5:57]，114 页。见艾略特 [1:25]，98 页。

60. 见皮拉尔·阿方索（Pilar Alonso）和阿达尔韦托·希尔（Alberto Gil），*La Memoria de las Aljamas*，马德里 1994 年版。不过最重要的文献是亨利·米库兰（Henri Mechoulan），*Les Juifs d'Espagne, histoire d'une diaspora 1492-1992*，巴黎 1992 年版。

第六章　"一片白色土地"

1. 具体人口数量参阅米格尔·安赫尔·拉德罗·克萨达的著述，*La Ciudad Medieval, Historia de Sevilla*，巴利亚多利德 1980 年版，73 页。

2. 纳瓦雷特 [4:38]，1，309 页。

3. 纳瓦雷特 [4:38]，1，307 页。

4. 拉斯·卡萨斯 [2:50]，1，176 页。平松兄弟的具体情况参阅胡安·曼萨诺 - 曼萨诺的著述，*Los Pinzones y el descubrimiento de América*，3 卷本，马德里 1988 年版。

5. 莫格是诗人胡安·拉蒙·希门内斯（Juan Ramón Jiménez）的出生地，时至今日，莫格街巷中仍随处可见他的诗作。有关此地的人口数量，参阅拉德罗·克萨达 [6:1]，73 页。

6. 又称 *La Gallega*，制造于加利西亚。

7. 伊莎贝拉女王让胡安·德·塞佩达（Juan de Cepeda）接替了胡安·德·波雷斯（Juan de Porres）担任堡垒指挥官一职，因为波雷斯给女王写信说 "Ay dos o tres bocas de infierno donde se adora el diablo"（阿斯科纳 [1:21]，255 页）。

8. 据说船上还有个爱尔兰人，名叫威廉·伊内斯（William Ines）；有个英国人，名叫塔拉特·德·拉日什（Talarte de Lajes）。现在看来，这多半是个讹传。见艾丽斯·B. 古尔德, *Nueva lista documentada de las tripulantes de Colón en 1493*, 马德里 1984 年版, 364 页。

9. 有关这些船员的详情, 参阅上条文献。另参阅塞拉诺 - 桑斯 [5:15]；纳瓦雷特 [4:38], 1, 310 页。

10. 纳瓦雷特 [4:38], 2, 329 页。这位翁布里亚可能是贡萨洛·德·翁布里亚的兄弟, 1519 年, 他在科尔特斯的探险队中挑起事端, 结果被人切掉了脚后跟。

11. R. 拉米雷斯·德·阿雷利亚诺（R. Ramírez de Arellano）, "Datos nuevos referentes a Beatriz Enríquez de Arana y los Arana de Córdoba", *BRAH*, 37（1900）, 对开页 461 页, 40（1902）, 41—50 页。

12. AGI, 合约, 引自汉密尔顿 [3:8], 45 页。

13. 中世纪时, 阿尔瑙·德·比拉诺瓦（Arnau de Vilanova）在加泰罗尼亚发明了第一款白兰地。当时, 他正在研究炼金术, 结果却有了意外发现。最开始, 他用酒来治疗伤口；后来, 他往酒里加入香草, 当作饮料来喝。J. 特鲁塔的著作中提到了此事, 参阅《加泰罗尼亚精神》（*Cataluña*, 英文为 *The Spirit of Catalonia*）, 伦敦 1946 年版, 63 页。另参阅 E. 尼凯斯, *La grande Chirurgie de Guy de Chauliac*, 巴黎 1890 年版, 45 页。根据尼凯斯的著述, 发明白兰地的决定性人物应该是阿拉伯医生拉泰（讽刺的是, 他是个穆斯林）。

14. 在西班牙被称作 *ampolletas* 或 *relojes de arena*。

15. 拉斯·卡萨斯的著述中提到过这个星盘, 参阅 [2:50], 1, 189 页, 当时有船员密谋叛变, 要把哥伦布扔下船, "publicar que había el caido, tomando el estrella con su cuadrante o astrolabio: "Behaim's globe influenced a generation of mariners""。

16. 参阅柯克帕特里克·塞尔（Kirkpatrick Sale）,《征服天堂》（*The Conquest of Paradise*）, 伦敦 1991 年版, 19 页。我们今天看到的航海日志是拉斯·卡萨斯印制的, 附在其著作第 35—77 章（[2:50], 1, 179 页及以后各页）。这是段引用的日志摘要, 可能参考了 1540 年代某位无名抄写员制作的哥伦布日志原稿副本。

17. 黑斯 [4:8], 184 页。

18. 据莱昂诺尔·奥尔蒂斯（Leonor Ortiz）说, 这位贝亚特丽斯是马德里阿尔卡萨雷斯堡垒指挥官兼市长胡安·费尔南德斯·德·博瓦迪利亚的女儿。而胡安·费尔南德斯则是莫亚侯爵夫人的堂亲。参阅安东尼奥胡安·费尔南德斯鲁梅乌·德·阿马斯, *Cristóbal Colón y Doña Beatriz de Bobadilla*, 加那利群岛博物馆, *AEA*, 28, 343—378 页。

19. 有关哥伦布与"女主人"情谊的唯一记述来自米格尔·库内奥（Miguel Cuneo）, 他给杰罗尼莫·阿纳里（Geronimo Annari）写过一封信, 信中写道："la señora del lugar de la cual nuestro almirante estuvo una vez prendado."（*Primeras Cartas sabre America*, 塞维利亚 1990 年版, 弗朗西斯科·莫拉莱斯·帕德龙编, 141 页）。

20. 这一说法来自约翰·埃利奥特（John Elliott）[1:25], 46 页。

21. 拉斯·卡萨斯 [2:50], 1, 191；哈里斯 [4:37], 401 页。

22. 拉斯·卡萨斯 [2:50], 1, 189 页。

23. "Así que muy necesario me fue la mar alta que no pareció salvo el tiempo de los judíos cuando salieron de Egipto contra Mosen que las sacava del cautiverio."

24. 纳瓦雷特 [4:38]，2，333 页。

25. 纳瓦雷特 [4:38]，2，334 页。1513 年的证明问卷中，马丁·阿方索说道："Adelante, adelante, que esta es armada e embajada de tan altos principes como los Reyes nuestros señores de España, e fasta hoy nunca ha venido a menos, nunca plegue a Dios que por nosotros vengan estas a menos; que si vos, señor, quieres tornaros, yo determino de andar fasta hallar tierra o nunca volver a España; e que por su industria e parecer, pasaron adelante..." 有几个水手听到了这些话，就把这事告诉了罗德里格斯·德拉·卡尔瓦，马丁·努涅斯和胡安·翁格里亚等人，但这些人都没有站出来作证。

26. 哥伦布 [4:16]，108 页。

27. 曼萨诺 [4:43]，355 页及以后各页。

28. 马德里的陆军博物馆中有几件这样的船炮实物。

29. 据说，后来特里亚纳没受到什么关注，为此他很痛苦，于是他放弃了基督教信仰，去非洲生活了（奥维多 [2:43]，26 页）。特里亚纳和罗德里格斯·贝尔梅霍一度被认为是两个人，不过艾丽斯·古尔德已经基本确定，这两个名字指的是同一个人。

30. 关于用圣萨尔瓦多命名华特林岛的详情，参阅毛里齐奥·奥夫雷贡（Mauricio Obregón）的著作，*Colón en el Mar de los Caribes*，波哥大 1990 年版，87 页及以后各页。

31. 有关泰诺人的研究，参阅本书第八章。其他岛上也有原住民：比如新普罗维登斯海峡入口处的萨马纳岛和蛋岛。

32. 弗朗西斯科·莫拉莱斯·帕德龙，"Descubrimiento y toma de posesión"，收录于 AEA，12，1955 年，333 页。莫拉莱斯·帕德龙指出，哥伦布从未声称自己"发现"了新世界。这一说法是 1526 年时奥维耶多提出来的。

33. "ligeramente se harían cristianos."

34. 彼得·马特尔，*De Orbe Novo*，弗朗西斯·麦克纳特（Francis MacNut）译，纽约 1912 年版，另参阅 *Décadas del Nuevo Mundo*，拉蒙·阿尔巴编，马德里 1989 年版，34，37 页。

35. 哥伦布 [4:16]，113 页。

36. "buenos servidores" 转引自卡洛斯·埃斯特万·代韦（Carlos Esteban Deive），*La Española y la esclavitud del Indio*，圣多明各 1995 年版，43 页。对于这种奴役计划，拉斯·卡萨斯这样评价（[2:50]，1，208 页）："Yo no dudo que si el almirante creyera que había de suceder tan perniciosa jactura y supiera tanto de las conclusiones primeras y segundas del derecho natural y divino como supo de cosmografía y de otra doctrinas humanas, que nunca el osara introducir ni principiar cosa que había de acarrear tan calamitosos daños porque nadie podrá negar de ser hombre bueno y cristiano; pero los juicios de Dios son profundísimos y ninguno de los hombres los puede ni debe querer penetrar."

37. 哥伦布 [4:16]，114 页："tomada de una, se puede decir de todas."

38. 哥伦布 [4:16]，121 页。

39. 哥伦布致桑坦格尔的信 [4:16]，223 页。

40. 哥伦布 [4:16]，124 页。

41. 哥伦布 [4:16]，125—126 页。

42. 有关赫雷斯家族，参阅希尔 [3:37]，4，273 页。

43. 费尔南多·哥伦布 [4:40]，119 页；哥伦布 [4:16]，132 页。

44. 哥伦布 [4:16]，151 页。

45. 拉斯·卡萨斯 [2:50]，1，240 页。

46. 费尔南多·哥伦布 [4:40]，125 页；哥伦布 [4:16]，157 页。

47. 哥伦布 [4:16]，163 页。

48. "El Almirante ... cree que esta gente de Caniba no ser otra cosa sino la gente del Gran Khan ..." 拉斯·卡萨斯 [2:50]，1，257 页。

49. 格林布拉特 [4:35]，63 页认为，这是个"可怕的不幸"，如果没有这件事，"破坏性力量就不会这样来势凶猛，当地原住民也许就来得及防备"。

50. 哥伦布 [4:16]，180—199 页；见纳瓦雷特 [4:38] 的表格。这天，据哥伦布记录，他曾对土著的 alteza（殿下）说过："toda la ganancia d'esta mi empresa se gastase en la conquista de Hierusalem." "Vuestras altezas se rieron y dixieron que les plazia ..."

51. 费尔南多·哥伦布 [4:40]，120 页。

52. 同上。

53. 拉斯·卡萨斯 [2:50]，1，288 页。

54. 费尔南多·哥伦布 [4:40]，82 页。而彼得·马特尔和安德烈斯·贝纳尔德斯 [3:2]，1，367 页中记载的人数是 40 人。

55. 不过，哥伦布到底是仅仅向酋长展示了硬币，还是把硬币送给了酋长，就不得而知了。

第七章 "国王和女王眼含热泪"

1. 马丁·努涅斯、胡安·德·温格里亚、佩德罗·拉米雷斯、胡安·卡尔沃、埃尔南多·埃斯特万、加西亚·埃尔南德斯、克里斯托瓦尔·加西亚、迭戈·费尔南德斯·科梅内罗、弗朗西斯科·加西亚·巴列霍，以及平松的儿子阿里亚斯·佩雷斯，其中只有加西亚·巴列霍参加了航行。

2. 纳瓦雷特 [4:38]，2，338 页。

3. 马特尔 [6:34]，14 页；哥伦布 [4:16]，198 页及以后各页。

4. 见以下评论 曼萨诺 [4:43]，338 页。

5. 哥伦布 [4:16]，194—195 页。

6. 马特尔 [6:34]，12 页。

7. 塞拉诺 - 桑斯 [5:15]，146—148 页。

8. 拉斯·卡萨斯 [2:50]，1，313 页。

9. 拉斯·卡萨斯 [2:50]，1，316—318 页。

10. 黑斯 [4:8]，200 页计算得出的结论。

11. 费尔南多·哥伦布 [4:40]，226 页。

12. 信的内容表明，3 月 4 日才是他们的抵达日期，而非 3 月 14 日。否则，哥伦布一定会告诉国王和女王，说自己见过了国王和女王的葡萄牙亲戚。

13. 哥伦布 [4:16]，233 页："suplico queen la carta que escriva d'esta victoria, que le demanden un cardenalato para mi hijo y que, puesto que no sean en hedad idónea, se le dé, que de poca diferencia ay en el tiempo d'él y del hijo del Oficio de Medizis de Florencia a quien se dió el capelo sin que aya servido ni tenga propósito de tanta honra de la cristianidad."

14. 当然，收件人正是哥伦布的寄信对象。

15. 哥伦布 [4:16]，148 页；拉斯·卡萨斯 [2:50]，1，323 页及以后各页。

16. 阿古斯丁·雷梅萨尔（Agustín Remesal），*1494, La Raya de Tordesillas*，巴利亚多利德 1994 年版，85 页。

17. 哥伦布 [4:40]，216 页脚注，172 页。

18. 詹纳罗的信现存于摩德纳的国家档案馆。莫拉莱斯·帕德龙 [6:19]，105—107 页，复印的版本收录于 M. 班尼尼的 *El mar de los descubridores*，卡拉卡斯 1974 年版。雅各布·特罗蒂（Jacopo Trotti）将一份副本寄给了埃库莱斯一世，后者是费拉拉公爵暨大使。埃库莱斯一世不仅看到了这封信，还听到了人们对这封信的讨论。不过，这封信的日期已无从确证。

19. "porque siendo el mundo redondo devia forzosamente dar la vuelta y encontrar la parte oriental."

20. AGS，埃斯塔托，卷档 1—11，对开页 342 页，由纳瓦雷特出版 [4:38]，1，310 页。

21. 巴雷拉 [4:14]，169 页。

22. 鲁梅乌 [2:2]，200 页。

23. 马特尔致滕迪利亚和塔拉韦拉，马特尔 [1:2]，226—227 页。

24. 12 月 12 日，巴塞罗那一座高台上，刺客的右手被斩下，因为他用右手握持匕首；他的双脚也被斩下，因为双脚带他来到了会议厅；他的双眼被剜出，因为双眼引导他来到这里；然后，他的心脏也被剜出，并烧成了灰，因为他的心鼓动他行刺。行刑者用钳子把他的肉撕下来，扔给众人用石头砸，用火烧。不过伊莎贝拉对此并不知情，参阅苏亚雷斯 [1:20]，123 页。

25. "Pues vemos cómo los reyes pueden morir en cualquier desastre. Razón es aparejar a bien morir."（苏亚雷斯 [1:20]，119 页。）

26. 洛伦索·加林德斯·德·卡瓦哈尔在他的《天主教双王简史》[2:10]，277 页中提到了哥伦布，但只说了 1491 年的事。

27. 圭恰迪尼 [3:6]，91 页。亚历山大选举的事，详情参阅一封致洛佩·德·奥坎波（Lope de Ocampo）的信件，收录于巴特洛里 [2:45], 251 页。

28. 马特尔 [1:2]，1，210 页。

29. 马特尔 [1:2]，1，218 页。

30. 巴特洛里 [2:45]，149 页及其后各页。

31. 圭恰迪尼 [3:6]，10 页；他的生平概况参阅巴特洛里 [2:45]，91 页及其后各页。写到这里，我不由想起了这位幸存者的精彩经历。20 世纪 60 年代，我的罗马朋友奥雷斯特斯·费拉拉（Orestes Ferrara）也出版了相关著述 *Il Papa Borgia*，米兰 1953 版。

32. 斯特凡努斯·因凡苏拉（Stephanus Infessura），*Diario della città di Roma*，奥雷斯特斯·托马西尼（Oreste Tommasini）编，罗马 1890 年版；*Fonti per la storia d'Italia*，5，288 页；转引自 帕斯特 [1:7]，5，389 页。

33. 纳瓦雷特 [4:38]，1，311 页。这封信上的日期是 1493 年 3 月 30 日。

34. 拉斯·卡萨斯 [2:50]，1，332 页。

35. 拉斯·卡萨斯 [2:50]，1，333 页。然而，根据"哥伦布在巴塞罗那"，AEA，1，1944 年，安东尼奥·鲁梅乌·德·阿马斯提醒我们，拉斯·卡萨斯并不在场。不过，历史学家费尔南德斯·奥维耶多在场，哥伦布的儿子费尔南多和国王的亲戚"福尔图纳亲王"（Infante Fortuna）多半也在场。

36. 马特尔 [6:34]。

37. 纳瓦雷特 [4:38]，1，316 页。

38. 拉斯·卡萨斯 [2:50]，1，334 页。

39. 弗朗西斯科·洛佩斯·德·戈马拉，"Hispania Vitrix, Historia General de las Indias"，收录于 BAE，22，马德里 1852 年版，167 页。

40. 鲁梅乌 [7:35]，43 页。

41. 巴雷拉 [4:14]，168 页；黑斯 [4:8]，202 页。

42. 1493 年 4 月印刷的这封信，现存唯一副本就在纽约公共图书馆。1995 年时，保罗·莱克莱雷（Paul Leclerc）向我展示了这封信。*La carta de Colón sobre el descubrimiento*，德梅特里奥·拉莫斯（Demetrio Ramos）编辑，格拉纳达 1983 年版也提到了这封信。这封信是王室伪造出的虚假信件吗？另参阅费尔南多·哥伦布 [4:40]，219 页脚注，毫无疑问，这里也提到了这封信。

43. 费尔南多·哥伦布 [4:40]，222—223 页。

44. 费尔南多·哥伦布 [4:40]，224 页。

45. 费尔南多·哥伦布 [4:40]，226 页。

46. 转引自费莉佩·费尔南德斯 - 阿梅斯托 [4:2]，97 页。

47. 马特尔 [1:2]，1，236—237 页。致胡安·博罗梅奥（Juan Borromeo）的信件，1493 年 3 月 14 日。

48. 马特尔 [1:2]，1，242 页。

49. 马特尔致布拉加大主教，1493 年 10 月 1 日，收录于 *Cartas Sobre el Nuevo Mundo*，马德里 1990 年版。

50. 马特尔 [7:49]，33—34 页。

51. 致桑坦格尔的信，参阅哥伦布 [4:16]，220 页："Cómo en treinta y tres dias pasé a las Indias con la armada que los ilustrisimos Rey e Rema Nuestros Señores me dieron..."

52. 威尔科姆·沃什伯恩（Wilcomb Washburn），《15 和 16 世纪发现的意义》（The

Meaning of Discovery in the Fifteenth and Sixteenth Centuries），《美国历史评论》（*American Historical Review*，后文简称 AHR），1962 年 12 月。

53. 费尔南多·哥伦布 [4:40]，63—65 页。

第八章 "他们爱邻如己"

1. 2002 年，利物浦人西尔维娅·冈萨雷斯（Silvia González）在墨西哥城附近发现了一具 1.3 万年前的女人骨架。有些人认为，公元前 40000 或 25000 年前后，就已经有人类到达了现今的美洲大陆。

2. 理查多·E. 阿莱格里亚（Ricardo E. Alegría），"El uso de la terminologia etno-histórica para designar las culturas aborigenes de las Antillas"，*Cuadernos Prehistóricos*，巴利亚多利德 1981 年版。

3. *Colección de documentos inéditos relativos al descubrimiento, conquista organización de las posesiones españoles en América y Oceania*，42 卷版，马德里 1864—1882 年版（以下称 *CDI*），11，413 页。

4. 她可能以某种方式反映了西班牙人在加勒比地区的行为。

5. 卡尔·奥尔特温·索尔（Carl Ortwin Sauer），《早期西班牙美洲大陆》（*The Early Spanish Main*），加利福尼亚州伯克利 1966 年版，24 页。

6. *CDI*，11，417 页。

7. *CDI*，11，428 页。

8. 伍德罗·波拉（Woodrow Borah）和舍伯恩·F. 库克（Sherburne F. Cook），《人口史文集》（*Essays in Population History*），3 卷本，加利福尼亚州伯克利 1979 年版。

9. 这些学者是韦尔兰当、罗森布拉特（Rosenblatt）和阿兰斯。

10. *CDI*，7，400 页。

11. 参阅西尔维奥·萨瓦拉（Silvio Zavala）的讨论，*Las instituciones jurídicas en la conquista de América*，第 3 版，墨西哥 1988 年版，667 页；亦见于拉斯·卡萨斯 [2:50]，2，558 页。

12. 见戴维·海涅格（David Henige），《没有出处的数字》（*Numbers from Nowhere*），未出版的手稿，威斯康星州麦迪逊 1996 年版。夏尔·韦尔兰当认为，1492 年时伊斯帕尼奥拉岛上有 4 万人（参阅他的文章 "La population de l'Amerique precolombienne. Une question de méthode"，收录于 *Mélanges Fernand Braudel*，图卢兹 1973 年版，2，453—452 页）。

13. 欧文·劳斯（Irving Rouse），《泰诺人》（*The Tainos*），康涅狄格州纽黑文 1992 年版，9 页。

14. 拉斯·卡萨斯，*Apologetica Historia Sumaria*，佩雷斯·德·图德拉（Pérez de Tudela）编辑，2 卷本，BAE，95 页、96 页，马德里 1957 年版，44 页。

15. 哥伦布 1492 年 12 月 13 日的日记。

16. 米格尔·库内奥、拉莱斯·帕德龙编辑 [6:19]，143 页。

17. 哥伦布 [4:40], 183 页。

18. Sven Loven, *Origins of the Taina Culture*, 哥德堡 1935 年版。卡尔·索尔在其著作《早期西班牙美洲大陆》[8:5] 中总结了一章，他说："哥伦布和彼得·马特尔记述的热带风物，基本上都符合实情。那里的原住民丰衣足食。他们种植作物，善于捕鱼，勇敢地驾驶独木舟或游泳。他们设计的房子很美观，而且清洁。他们的木质工艺品很有美感，还有闲暇时间享受球赛、舞蹈和音乐等娱乐。这样的判断完全忽略了加勒比食人族的威胁。"

19. 索尔 [8:5], 56 页。

第九章 "我们承认，你们发现的岛屿和土地，皆归你们所有"

1. 费尔南德斯 - 阿梅斯托 [4:2], 221 页。阿莱格雷蒂来自锡耶纳，是巴格尼迪佩里奥洛的代主教，后来当了市长。

2. 洛佩斯·德·戈马拉（López de Gomara）[7:39], 242 页；赫罗西莫·苏里塔（Gerónimo Zurita），*Historia del Rey Don Fernando el Cathólico* [原文如此]，萨拉戈萨 1610 年版，30—32 页。

3. 雷梅萨尔 [7:16], 61 页。

4. 洛佩·德·埃雷拉是一名低级官员，被两位君主任命为特使。参阅 *CDI*, 21, 372 页，亦参阅 *CDI*, 38, 201 页。

5. 雷梅萨尔 [7:16], 85 页。

6. 纳瓦雷特 [4:38], 1, 312 页。

7. 雷梅萨尔 [7:16], 86 页。

8. 舰队的任务和经费情况参阅纳瓦雷特 [4:38], 1, 346 页及其后各页。

9. 参阅加西亚·德·利森达（Garcia de Resenda），*Cronica dos feitos del Rey Dom João*, 2, 里斯本 1622 年版。

10. 就是 300 英里。有关卡瓦哈尔生平，参阅巴特洛里 [2:45], 263 页及其后各页。1493 年 9 月，他当上了枢机主教。

11. 据因凡苏拉 [7:32] 所述，帕斯特认为这种说法未必属实。

12. 哥伦布 [4:16], 1, 466 页。

13. 拉斯·卡萨斯 [2:50], 1, 336 页。

14. 帕斯特 [1:7], 6, 177 页这样记述，但有什么证据？参阅曼努埃尔·希门尼斯·费尔南德斯，"Las hulas alejandrinas de 1493 sobre la historia y el sentido de las letras referentes a las Indias"，*AEA*, 1, 1944 年版，171—429 页，另参阅 L. 韦克曼，"Las hulas alejandrinas de 1493 y la teoria politica del papado medieval"，*Publicaciones del Instituto de Historia*, 2, 墨西哥 1949 年版。

15. 原文为拉丁语，见纳瓦雷特 [4:38], 1, 312 页及其后各页；译本，1, 315 页。

16. *CDI*, 16, 356—362 页。

17. 帕斯特 [1:7], 6, 162 页。

18. 参阅曼努埃尔·希门尼斯·费尔南德斯，《巴托洛梅·德·拉斯·卡萨斯》（*Bartolome de Las Casas*），马德里 1953 年、1961 年版，2，142 页。

19. 纳瓦雷特 [4:38]，1，329—330 页。参阅阿德莱德·萨加拉·加马索（Adelaida Sagarra Gamazo），"La formación política de Juan Rodríguez de Fonseca"，收录于《议会》（*Congreso*），[5:27]，1，611 页。有关这一知名家族的更多详情，参阅爱德华·库珀（Edward Cooper），*Castillos señoriales de la corona de Castilla*，4 卷本，巴利亚多利德 1991 年版，1，176 页及其后各页；恩斯特·沙费尔（Ernst Schafer），*El Consejo Real y Supremo de las Indias*，2 卷本，塞维利亚 1935 年版，1，2；以及 *Reyes y Mecenas*，马德里 1992 年版，324 页。帕伦西亚大教堂祭坛后的装饰陈列中，有一幅丰塞卡的肖像。此外，巴达霍斯大教堂中也有丰塞卡年轻时的肖像。

20. 西班牙在西印度做了什么错事，都能怪到丰塞卡头上，其实丰塞卡根本就不了解加勒比海的实际情况。

21. 纳瓦雷特 [4:38]，1，320 页。

22. 纳瓦雷特 [4:38]，1，326 页。

23. "visoreyes y gobernadores que han sido e son de los dichos nuestros reynos de Castilla y León."

24. 引自雷梅萨尔 [7:16]，72 页："por una linea o raya que hemos hecho marcar qua pasa desde las islas de los Azores a las islas Caho Verde, de septentri6n al austro, de polo a polo."

25. 纳瓦雷特 [4:38]，1，336 页。

26. 鲁梅乌·德·阿马斯 [7:35]，38 页。

27. 纳瓦雷特 [4:38]，1，327—328 页。不出所料，索里亚和这事脱不了干系，宗教裁判所审判了他，有关这出惨剧，参阅希尔 [3:37]，3，339 页。

28. *CDHR*，30，68 页；另参阅纳瓦雷特 [4:38]，1，323 页。有关兄弟会，参阅路易斯·苏亚雷斯·费尔南德斯和曼努埃尔·费尔南德斯·阿尔瓦雷斯的著作，*La España de las Reyes Católicos*，这是《西班牙史》（*Historia de España*）的第十七卷，由拉蒙·梅嫩德斯·皮达尔编辑，马德里 1978，232—250 页。

29. 纳瓦雷特 [4:38]，1，321 页、324 页。在当时，萨弗拉算是典型的新派律师或公务员——他没什么辉煌历史，也并非名门望族。他的姓氏是个地名，他也许有犹太血统。塞维利亚的一名裁缝名叫费尔南多·德·萨弗拉，1510 年，这个裁缝出现在塞维利亚的 "padrón de los habilitados" 中，也证实了这一点（希尔 [3:37]，5，493 页）。

30. 纳瓦雷特 [4:38]，1，329 页。

31. 纳瓦雷特 [4:38]，1，352 页。

32. 纳瓦雷特 [4:38]，1，321 页。这里的比利雷亚尔可能就是托莱多的比利雷亚尔家族，参阅希尔 [3:37]，5，482 页及其后各页。

33. 希尔 [3:37]，1，386 页。

34. 纳瓦雷特 [4:38]，1，322 页。

35. 纳瓦雷特 [4:38]，1，339 页。

36. 同上。

37. 拉斯·卡萨斯 [2:50]，1，338 页。

38. 帕斯特 [1:7]，6，163 页。

39. C. H. 哈林（C. H. Haring），《哈布斯堡王朝时期西班牙与印度群岛之间的贸易与航海》（*Trade and Navigation Between Spain and the Indies in the Time of the Habsburgs*），剑桥 1918 年版，4 页；胡安·佩雷斯·德·图德拉，*Las armadas de Indias, y los origenes de la politica de la colonización*，西班牙高等科学研究理事会，马德里 1956 年版，31 页。

40. 纳瓦雷特 [4:38]，1，342 页；参阅 *CDI*，39，165 页。

41. 纳瓦雷特 [4:38]，1，344 页。

42. 雷梅萨尔 [7:16]，74 页："Plugo a Nuestro senor Jesus Cristo sujetar al imperio de los reyes de España las Islas Afortunadas cuya admirable fertilidad es tan notoria, Y hasta ahora mismo les ha dado otras muchas hacia la India hasta aqui desconocidas, que se juzga no las hay más preciosas y ricas en todo lo que del mundo se conoce."

43. *CDI*，30，164—165 页。

44. *CDI*，30，183 页、184—186 页。

45. *BRAH*，1891 年，19 页、187 页，等等，转引自帕斯特 [1:7]，6，163 页。

46. 帕斯特 [1:7]，5，410 页。

47. 巴雷拉 [4:14]，155 页。

48. 纳瓦雷特 [4:38]，1，345 页。

49. 雷梅萨尔 [7:16]，93 页。

50. 纳瓦雷特 [4:38]，1，356—357 页。

51. 纳瓦雷特 [4:38]，1，363—364 页。这封信另收录于拉斯·卡萨斯 [8:16]，1，350—351 页。

52. 纳瓦雷特 [4:38]，1，362 页。

53. 纳瓦雷特 [4:38]，1，354 页。

第十章 "仿佛那里就是他们的祖国"

1. 孔苏埃洛·巴雷拉 [4:14]，109 页。拉斯·卡萨斯 [2:50]，1，346，认为有 1 500 名船员。费尔南多·哥伦布说，当时他和他兄弟迭戈目送着父亲的舰队离港。

2. 拉斯·卡萨斯 [2:50]，1，347 页，拉斯·卡萨斯认识迭戈（贾科莫），他说迭戈是"一个有德行的人，非常理智、平和，比恶毒的人更有修养"。

3. 黑斯 [4:17]，200 页。

4. 孔苏埃洛·巴雷拉 [4:14] 的评论，参阅《克里斯托弗·哥伦布，回到人间》。拉斯·卡萨斯 [2:50]，1，347 页；拉卡萨斯说，哥伦布被任命为舰队都督。

5. 费尔南多·哥伦布 [4:40]。

6. 拉斯·卡萨斯 [2:50]，1，347 页。后来，哥伦布写了封信（写给胡安娜·德拉·托雷，哥伦布 [4:16]，265 页），信中说，有 200 人"没有薪水"。有关四兄弟的犹太血统，

参阅希尔 [3:37]，3，120 页及其后各页。佩德罗是巴托洛梅教士的父亲。见拉斯·卡萨斯 [2:50]，《历史》（*Historia*），30 页。

7. 参阅罗伯特·B. 泰特（Robert B. Tate），*Joan Margarit i Pau, Cardinal-Bishop of Gerona*》，曼彻斯特 1955 年版。

8. 参阅希尔 [3:37]，1，33 页；德梅特里奥·拉莫斯，*El conflicto de lanzas jinetes*，圣多明各 1992 年版，对开页 16 页，7，以及塞拉诺 - 桑斯 [5:15]，227 页。

9. 费尔南多·哥伦布 [4:40]，"habían acudido tantos caballeros e hidalgos y otra gente noble, que fue necesario dismunir el numero"。

10. 拉斯·卡萨斯 [2:50]，1，348 页。"Todas las perfecciones que un hombre podía tener corporals."

11. 德梅特里奥·拉莫斯的名单上有弗朗西斯科·德·奥尔梅多、迭戈·德·塞普尔韦达、安东尼奥·金特拉、安东尼奥·德·佩纳洛萨、迭戈·德·莱瓦、阿里亚斯·贡萨洛、弗朗西斯科·德·埃斯特拉达、罗德里戈·巴斯克斯、洛佩·德·卡塞雷斯、贡萨洛·帕切科、迭戈·奥索里奥、安东尼奥·罗曼、罗德里戈·德·阿雷瓦洛、阿方索·塞拉诺、克里斯托瓦尔·德·莱昂、佩德罗·科罗纳多和迭戈·卡诺，还有一个叫作比利亚尔瓦（*veedor*）的人。此外，还有 7 个拉莫斯没能核实的名字。

12. 参阅胡安·希尔和孔苏埃洛·巴雷拉的合著 *Cartas de particulares a Colón*，马德里 1984 年版。

13. 菲德尔·菲塔（Fidel Fita）、贝尔纳多·波伊修士和克里斯托弗·哥伦布，*Nueva Colección de cartas reales*，*BRAH*，19，20，1891—1892 年版，173 页及其后各页，184 页。

14. 这一说法来自孔苏埃洛·巴雷拉 [4:14]，113 页。

15. 波伊的启悟者，弗朗西斯科·德·保拉（Francisco de Paola）于 1519 年受封为圣徒，这位圣徒出生于 1416 年，受封日与他的诞辰相隔一个多世纪。

16. 帕斯特 [1:7]，6，163 页。

17. 同上。

18. 拉斯·卡萨斯 [2:50]。

19. 1571 年在威尼斯首次出版，由收录于迭戈·德·兰达（Diego de Landa）撰写的 *Relation des Choses de Yucatan* 中，由布拉瑟尔·德·布尔布尔格（Brasseur de Bourbourg）出版。另见胡安·何塞·阿罗姆（Juan Jose Arrom）的墨西哥 1988 年版；马特尔 [6:34]，80 页。

20. 方济各会改革后的分支——守规派，于 5 月 26 日在佛罗伦萨集会。新发现的大片土地上，人们将信仰基督，这一前景让教士们十分振奋。参阅安东尼诺·蒂贝萨修士（Fr. Antonino Tibesar）的著述，最小兄弟会，《西班牙圣十字方济各会 1505—1559》（The Franciscan Order of the Holy Cross of Española, 1505-1559），收录于《美洲》（*The Americas*），第 43 卷，3，1957 年。

21. "Castilla y le mandé dar a una muger que de Castilla acá benía ... "

22. 马特尔 [6:34]，22 页。

23. 希门尼斯·费尔南德斯 [9:18]，2，551 页写道："parece cierta la especie, no documentalmente comprobada, de que ya en el segundo viaje de Colón fueron algunos negros o loros esclavos ..."有关佛罗伦萨最有趣的商人马尔基奥尼，参阅作者本人的著作，《奴隶贸易》(*The Slave Trade*)[3:24]，83—85 页。

24. 贝纳尔德斯 [3:2]，301 页。

25. 纳瓦雷特 [4:38]，1，321 页。

26. 哥伦布 [4:16]，236 页。

27. 拉斯·卡萨斯 [2:50]。

28. 莫拉莱斯·帕德龙 [6:19]，183 页。

29. 费尔南德斯-阿梅斯托 [4:49]，42 页。

30. 莫拉莱斯·帕德龙编著中关于阿尔瓦雷斯·昌卡的内容 [6:19]，111 页；库内奥，见同一文献，141 页。

31. 库内奥，记载于莫拉莱斯·帕德龙 [6:19]，141 页。

32. 阿尔瓦雷斯·昌卡，记载于莫拉莱斯·帕德龙 [6:19]，113 页。

33. 库内奥，记载于莫拉莱斯·帕德龙 [6:19]，142 页。有关拉德西亚达岛，参阅奥维多 [2:43]，1，34 页。另参阅胡安·德·罗哈斯 (Juan de Rojas)的证据，载于曼萨诺 [4:43]，480—481 页。

34. 马特尔 [6:34]，20 页。

35. 阿尔瓦雷斯·昌卡，参阅莫拉莱斯·帕德龙 [6:19]，114—116 页。

36. 马特尔 [6:34]，19 页。

37. "Al final, nos encontramos de acuerdo de tan manera, que os digo que eso parecía amaestrada en una escuela de rameras"；语出自库内奥，参阅莫拉莱斯·帕德龙 [6:19]，144 页。

38. 哥伦布 [4:16]，239 页。

39. 直到 10 世纪，讹传的数字才定格为 11 000 名，一切都始于对"十一位处女"的误读。

40. 阿尔瓦雷斯·昌卡，记载于莫拉莱斯·帕德龙 [6:19]，121 页。

41. 费尔南多·哥伦布 [4:40]，241 页。

42. 马特尔 [6:34]，22 页。

43. 费尔南多·哥伦布 [4:40]，167 页，以及 拉斯·卡萨斯 [2:50]，1，355 页。

44. 阿尔瓦雷斯·昌卡，记载于莫拉莱斯·帕德龙 [6:19]，130 页。

45. 马特尔（也许参照了安东尼奥·德·托雷斯的报告）[6:34]，23 页。

46. 阿尔瓦雷斯·昌卡，记载于莫拉莱斯·帕德龙 [6:19]，132 页。别忘了，根据孔苏埃洛·巴雷拉和胡安·希尔的记述（哥伦布 [4:16]，243 页脚注，16），1508 年后，死者的继承人才拿到抚恤金。

47. 根据费尔南多·哥伦布 [4:40] 和拉斯·卡萨斯 [2:50]，1，362 页的记述，是 12 月 7 日，而库内奥说是 12 月 8 日。

48. 昌卡，记载于莫拉莱斯·帕德龙 [6:19]，130 页。

49. 拉斯·卡萨斯 [2:50]，1，362 页。

50. 拉莫斯 [10:8]，70 页。

51. 贝纳尔德斯 [3:2]，2，21 页。很难确定具体日期。阿尔瓦雷斯·昌卡说是 1494 年 1 月 1 日，当时他决定上岸睡觉。不过莫里森说 1 月 2 日这天，舰队抵达了伊莎贝拉。

52. 莫拉莱斯·帕德龙 [6:20]，134—135 页。

53. 拉斯·卡萨斯 [2:50]，1，363 页。

54. 哥伦布 [4:16]，248 页。

55. "Memorial que para los reyes dió el almirante don Cristóbal Colón en la ciudad de la Isabela"，1494 年 1 月 30 日，安东尼奥·托雷斯，收录于纳瓦雷特 [4:38]，195—202 页、262 页，另参阅拉斯·卡萨斯 [2:50]，1，365 页。

56. 阿尔瓦雷斯·昌卡，收录于莫拉莱斯·帕德龙 [6:19]，137 页。

57. 库内奥，记载于莫拉莱斯·帕德龙 [6:19]，146："la busqueda de oro" 是 "por lo que, principalmente, había emprendido un viaje tan largo! "

58. 同上，147 页："por la codicia de oro, todos no mantuvimos fuertes y gallardos."

59. 奥维多 [2:43]，2，123 页。

60. 阿梅里卡·卡斯特罗（Américo Castro），《西班牙历史的结构》（*The Structure of Spanish History*），纽约州普林斯顿 1954 年版，130 页。

61. 拉斯·卡萨斯 [2:50]，1，366 页；塞尔 [6:16]，145 页脚注。参阅塞缪尔·艾略特·莫里森，《海洋上将》（*Admiral of the Ocean Sea*），2 卷本，波士顿 1942 年版，附录 1，其中有详细论述。

62. 纳瓦雷特 [4:38]，1，196—205 页。

第十一章 "陆地，而非岛屿"

1. 哥伦布 [4:16]，291 页。有关此次航行，参阅安东尼奥·努涅斯·希门内斯（Antonio Núñez Jiménez），*El Almirante en la tierra más hermosa. Los viajes de Colón a Cuba*，加的斯 1985 年版："yo tenía esta tierra por firme, no isla."

2. 莫拉莱斯·帕德龙编著中关于库内奥的内容 [6:19]，146 页。

3. 同上，147 页。

4. 费尔南多·哥伦布 [4:40]，122 页。

5. *CDI*，21，365—366；拉斯·卡萨斯 [8:14]，1，367 页。

6. 拉莫斯 [10:8]，209 页。

7. 纳瓦雷特 [4:38]，1，196 页。

8. 库内奥，收录于拉莱斯·帕德龙 [6:19]，147："y también, mientras España sea España, no faltarán traidores; asi el uno denunció el otro, de manera que casi todos fueron descubiertos, ya los culpables muy fuertemente azotados: a unos les cortaron las orejas, a otros la nariz, y daba compasión verlos."

9. 费尔南多·哥伦布 [4:40]，176 页。

10. Ramos [10:8]，95 页；纳瓦雷特 [4:38]，1，365 页及其后各页。

11. 哥伦布 [4:16]，270 页。

12. "la justicia sea mucho temida."

13. 哥伦布 [4:16]，281 页。

14. 拉斯·卡萨斯 [2:50]，1，408 页。

15. 代韦 [6:36]，15 页。

16. 拉斯·卡萨斯 [2:50]，1，383 页。

17. 哥伦布 [4:16]，254 页及以下各页。

18. 据传闻，伊莎贝拉曾说过，如果她有三个儿子的话，她会让老大当卡斯蒂利亚国王，让老二当托莱多大主教，让老三当麦地那坎波的公证人。

19. 利斯 [2:42]，277 页。

20. 希尔（3:37），1，188 页。

21. 希尔 [3:37]，1，107 页。

22. 利斯 [2:42]，297 页。

23. 马特尔 [6:34]，41 页。马拉加陷落那年之前，梅尔乔一直是驻教廷王室大使。

24. 纳瓦雷特 [4:38]，1，368 页；*CDI*，16，560 页。

25. 纳瓦雷特 [4:38]，3，485 页。

26. *CDI*，36，178 页。

27. "en lo de las carnes, vea cómo las que se enviaren sean buenas."

28. *Consuegro* 是西班牙语，意思是"岳父"，这一说法应该来自英语。这封信上标注的日期是 1494 年 5 月 21 日，出版者是巴特洛里 [2:45]，222—224 页。

29. 鲁梅乌 [2:2]，210—211 页。

30. 纳瓦雷特 [4:38]，1，369 页。

31. "una raya, o linea derecha de polo a polo del polo arctico al polo antartico que es del norte al sur, la cual raya o linea e señal se haya de dar y de derecha como dicha es, a 370 leguas de las islas de cabo verde para la parte de poniente por grados o por otra manera ..." 纳瓦雷特 [4:38]，1，378 页及其后各页。

32. 德梅特里亚·拉莫斯（Demetria Ramos），*El Repudio al Tratado de Tordesillas*，全国历史大会，萨拉曼卡 1992 年版。

33. 约翰·帕里（John Parry），《西班牙海洋帝国》（*The Spanish Seaborne Empire*），伦敦 1966 年版，46 页。

34. 其他名字收录于纳瓦雷特 [4:38]，1，387 页及其后各页。

35. 库内奥，这封信收录于莫拉莱斯·帕德龙 [6:19]。

36. 哥伦布 [4:16]，291 页。

37. 贝纳尔德斯 [3:2]，49 页。

38. I. A. 赖特（I. A. Wright），《古巴早期历史》（*The Early History of Cuba*），纽约 1916 年版，18 页。

39. 安东尼奥·努涅斯·希门内斯 [11:1] 这样记述道。

40. 这起事件并未记载于拉斯·卡萨斯，第 96 章；但可参阅黑斯 [4:17]，219 页。

41. 莫拉莱斯·帕德龙 [6:19]，217 页；纳瓦雷特 [4:38]，1，387 页及其后各页。

42. 拉斯·卡萨斯 [2:50]，1，345 页。

43. 马特尔 [6:34]，92 页。有关此次航行，参阅弗朗西斯科·拉莱斯·帕德龙，*Jamaica Española*，塞维利亚 1952 年版，5—10 页和贝纳尔德斯 [3:2]，2，71 页及以后各页。

44. 费尔南多·哥伦布 [4:40]，191 页。除了痢疾之外，塞斯尔 [6:16] 又将其称为"反应性关节炎"。

45. 费尔南多·哥伦布 [4:40]，198 页。

46. 奥维多 [2:43]，1，49—50 页。

47. 拉斯·卡萨斯 [2:50]，1，378 页。

48. 奥维多 [2:43]，1，49 页。

49. 同上。

50. AGI，合约，5089，1，对开页 106 页右页，转引自费尔南多·哥伦布 [4:40]，284 页脚注，20。

51. 有关巴尔托洛梅奥·哥伦布其人，参阅拉斯·卡萨斯 [2:50]，1，153 页。

52. 奥维多 [2:43]，1，51 页，另参阅塞拉诺 - 桑斯 [5:15]，233 页；拉斯·卡萨斯 [2:50]，1，427 页。

53. "todos sus principales males eran de hambre."

54. 拉斯·卡萨斯 [2:50]，1，425 页："Así Dios me lleve a Castilla."

55. 费尔南多·哥伦布 [4:40]，194 页。

56. 同上。

57. 费尔南多·哥伦布 [4:40]，200 页。

58. 参阅阿罗姆 [10:19]，全书各处。

59. 佩雷斯·德·图德拉 [9:39]，89，尤其是脚注 37。

60. 纳瓦雷特 [4:38]，1，394 页。

61. 拉 斯 · 卡 萨 斯 [2:50]，1，411 页："Una de las principales cosas porque esto nos ha placido tanto es por ser inventada, principiada y habida por vuestra mano, trabajo e industria y parécenos que todo lo que al principio nos dixistes que se podía alcanzar por la mayor parte, todo ha salido como si lo hubiérades visto antes... "

62. 纳瓦雷特 [4:38]，1，392 页："quiere que se le envien todos los más halcones que se pudiese."

63. 黑斯 [4:17]，317 页。

64. Rumen [2:2]，212 页及以后各页。

65. 纳瓦雷特 [4:38]，3，501 页。

66. "que era burla ... no era nada el oro que había en esta isla y que los gastos que sus altezas hadcín eran grandes, nunca recompensables."（拉斯·卡萨斯 [2:50]，1，421 页）

67. 查理对那不勒斯王位的宣称，来自其祖母玛丽亚。他祖母玛丽亚是那不勒斯"善王勒内"的同胞姐妹。不过，"善王勒内"一直在法国生活，从未在意大利秉政。

68. 德拉博尔德，324 页，转引自帕斯特 [1:7]，5，432 页。

69. 圭恰迪尼 [3:6]，44 页。

70. 圭恰迪尼 [3:6]，72 页。

71. 萨加拉·加马索，参阅议会 [5:27]，636 页。

72. 有关美洲梅毒的起源，参阅莫里森 [10:61]，附录 1，不过，欧洲或旧世界也可能出现过梅毒的变种。参阅阿尔弗雷德·W. 克罗斯比，《哥伦布变革》(*The Columbian Exchange*)，康涅狄格州韦斯特波特 1972 年版，122—156 页，以及 W. H. 麦克尼尔，《瘟疫与人》(*Plagues and Peoples*)，牛津 1977 年版；上述文献充分讨论了引起雅司病和梅毒的螺旋体的相似之处。

第十二章 "这些奴隶到底能不能卖？"

1. 1495 年 1 月，主教门多萨死于阿尔卡拉。

2. R. O. 琼斯，《散文与诗歌的黄金年代》(*The Golden Age, Prose and Poetry*)，伦敦 1971 年版，7 页。

3. 拉斯·卡萨斯 [2:50]，3，277 页："era mucho más experimentado el senor obispo en hacer armadas que en decir misas de pontifical... "

4. 拉斯·卡萨斯 [2:50]，2，90 页。

5. "abrigó continuamente mortal odio al almirante y sus empresas y estuvo a la cabeza de quienes le .. malquistaron con el rey."

6. 安东尼奥·德·格瓦拉，*Epistolares Familiares*，BAE，马德里 1850 年版，36 页。查理五世的弄臣弗朗切斯科·德·祖尼加曾评价他是 "herrero de Tordelones and vasija llena de polvora"。

7. 参阅 *Reyes y Mecenas* [9:20]，234 页及以后各页。

8. 拉斯·卡萨斯 [2:50]，1，416—417 页；奥维多 [2:43]，1，64—68 页。

9. 库内奥，收录于莫拉莱斯·帕德龙 [6:20]，160："creo por el aire más frio el cual no estaban acostumbrados."

10. 库内奥，同上。

11. 有关这个理论，参阅代韦 [6:36]，58 页。

12. 劳斯 [8:13]，14 页。

13. 拉莫斯 [10:8]，130 页。

14. 拉斯·卡萨斯 [2:50]，1，378 页。

15. 参阅佩雷斯·德·图德拉，他在 *Las Armadas* [9:39]，259 页中发表了这个想法。对于佩雷斯·德·图德拉而言，哥伦布是个典型的在地中海构思，于加勒比落实的意大利商人。而对于哥伦布而言，西印度贸易总署的目标在于建立一个剥削东方财富的机制，渠道是通过与君主垄断合作。任何有关殖民的念头，都要为之让路。由雇佣军负责维护的贸易站点当然是不可或缺的。但情况恰恰相反，这里延续的是卡斯蒂利亚的传统，公仆们想的是占据新领地，这种想法源于西班牙本土的再征服运动，其中的区域划分制度（repartimiento）使得征服者们分担风险与回报。

16. 费尔南多·哥伦布 [4:40]，535 页。

17. 佩雷斯·德·图德拉发现了一份记录此事的匿名报告；引述路易斯·阿兰斯，*Repartimientos y Encomiendas en la Isla Española*，马德里 1991 年版，34 页。

18. 佩雷斯·德·图德拉 [9:39]，101 页。

19. 天主教双王于 1495 年 4 月 12 日写给丰塞卡的信件，存档于西印度群岛综合档案馆（AGI），企业主，卷档 9，分卷 1. 纳瓦雷特 [4:38]，1，401 页。

20. "cerca de lo que nos escribisteis de los indios que vienen en las carabelas, paréscenos que se podran vender mejor en esa Andaluda que en otra parte, debeislo facer vend er como mejor os paresciere ... " 纳瓦雷特 [4:38]，1，402 页。亦见孔苏埃洛·巴雷拉 [4:14]，128 页，及佩雷斯·德·图德拉 [9:39]，107 页脚注 80 页。

21. 纳瓦雷特 [4:38]，1，404 页。

22. 代韦 [6:36]，69 页。

23. 莫拉莱斯·帕德龙 [6:19]，151 页："hay en todas las islas tan to de canibales como de indios." 真是份见面大礼！

24. 纳瓦雷特 [4:38]，1，399—401 页。

25. 佩雷斯·德·图德拉 [9:39]，103 页。

26. 纳瓦雷特 [4:38]，1，397 页。佩雷斯·德·图德拉 [9:39]，107 页。

27. 参阅哈林 [9:39]，5 的评述。

28. BRAH，19，199，引用于佩雷斯·德·图德拉 [9:39]，93 页。

29. 纳瓦雷特 [4:38]，1，394 页。

30. 希尔 [3:37]，I，387.

31. 安东尼奥 - 米格尔·贝尔纳尔（Antonio-Miguel Bernal），*La financiación de la carrera de Indias,1492-1824*, 塞维利亚 1992 年版，152 页。

32. *Colección de documentos relativos al descubrimiento, conquista y organización de las antiguas posesiones españolas en América y Oceania*，25 卷本，1880—1932 年版（以下简称为 CDIU），1，241 页。不是 1512 年而是 1495 年，引用于佩雷斯·德·图德拉 [9:39]，95 页。

33. 纳瓦雷特 [4:38]，1，406 页。

34. 佩雷斯·德·图德拉 [9:39]，110 页。

35. "在这一整年中，治安官佩德罗·德·马塔和检察官弗朗西斯科·德·西曼卡斯在审判官的命令下，不仅向丰塞卡主教支付巨款（共 896 800 马拉维第），还得向主教的一些主要管事付款，比如威尼斯人贝尔纳多·皮内洛和卢科·皮内洛（分别是 100 万马拉维第和 12 939.040 马拉维第）；改宗者希梅诺·德·布里维耶斯卡支付了 606 000 马拉维第。这一笔钱是在桑卢卡尔交付的，之后加西亚·德·坎波、克里亚多·贝尔纳多·皮内洛会将这笔款项送至圣玛丽亚港"；希尔 [3:37]，1，387 页。

36. 领航员们包括胡安·德·莫格尔、巴托洛梅·罗尔丹、鲁伊·佩雷斯·德拉·莫拉及弗朗西斯科·德尔·卡斯蒂略（佩雷斯·德·图德拉 [9:39]，114 页）。

37. 也有寻常货物，比如小麦、大麦、红酒、橄榄油、醋，还包括和莴苣一起装在大篮子里的 300 只兔子。在途中，他们还从戈梅拉岛和加那利群岛购买了 100 只山羊和绵羊。

38. 费尔南德斯-阿梅斯托 [4:2]，114 页。

39. 哥伦布 [4:16]，316—330 页："algunos frailes devotos y fuera de codicia de cosas del mundo."

40. 卡瓦哈尔在 1493 年 9 月 20 日成为枢机主教，但仍留在西班牙的卡塔赫纳任主教一职，后来他从此教区换到了西贡萨。

41. 《歌曲集》，引用于琼斯 [12:2]，29 页："porque según dice el maestro Antonio de Lebrija, aquel que desterró de nuestra España los barbarismos que en la lengua latina se habían criado, una de las causas que le movieron a hacer arte de romance fue que creía nuestra lengua estar agora más empinada y polida que jamás estuvo, de donde mas se podía temer el decendimiento que la subida; y así yo por esta misma razón creyendo nunca haber estado tan puesta en la cumber nuestra poesia y manera de trobar, parecióme ser cosa nmy provechosa poner en el arte y encerrarla debaxo de ciertas leyes y reglas, porque ninguna antigüedad de tiempos le pueda traer olvido ... "

42. 拉斯·卡萨斯 [2:50]，1，431 页；AGI，合约，卷档 3249 分卷，引用于佩雷斯·德·图德拉 [9:39]，116 页。

43. 哥伦布 [4:16]，368 页。

第十三章 "命运女神的恶作剧"

1. 马特尔 [1:2]，1，330 页。

2. 莫里森认为，哥伦布穿教士服是不希望引人注目，而是此举有悔改赎罪之意。不过可以肯定的是，这和拉比达修道院脱不开干系，哥伦布在此处受到启发，开始穿着教士服饰。希尔 [3:37]，3，94 页认为贝纳尔德斯可能曾是个改宗者：当时西班牙的聪明人无不例外，看来确实如此！

3. 船长包括加西亚·阿尔瓦雷斯·德·莫格尔、圣胡安·德·安奎斯、布列塔尼人的船长费尔南多·德·帕洛马雷斯，其船主是胡安·费尔南德斯·德·阿尔科瓦。领航员分别是尼诺、胡安·德·温布里亚和佩德罗·桑斯·德拉·普埃夫拉。

4. 安东尼奥·鲁梅乌·德·阿马斯，*Alonso de Lugo en la Corte de los Reyes Católicos,* 马德里 1952 年版。1496 年 7 月，巡回王庭离开后，王子在阿尔玛桑自立。王宫曾是城镇领主 Pedro Mendoza 的宅邸。关于这个小宫廷，参阅卡达亚克 [3:49]，136 页及其后各页，另参阅贡萨洛·费尔南德斯·德·奥维多，*Libra de la Cámara Real del Príncipe Don Juan,* 马德里 1870 年版，见于全书各处。

5. 纳瓦雷特 [4:38]，1，408 页。

6. 拉斯·卡萨斯 [2:50]，1，435 页："Hizoles un buen presente de oro por fundir ... muchas guaycas o car'tulas ... con sus ojos y orejas de oro y muchos papagayos."

7. 贝纳尔德斯 [3:2]，2，78 页："Traía un collar de oro el dicho D. Diego, hermano del dicho Caonaboa, que le facia el almirante poner cuando entraba por las ciudades ó lugares, hecho de eslabones de cadena, que pesaba seicientos castellanos, el cual vi y tuve en mis manos ... "

8. 马特尔 [1:2]，1，316 页。

9. 费尔南德斯 - 阿梅斯托 [4:17]，25 页。马可·波罗的著作在 1502 年才被塞维利亚大学的建立者罗德里戈·费尔南德斯·德·圣埃利亚翻译成西班牙文。

10. 哈里斯 [4:37]，3 页。1496 年 3 月 5 日亨利七世准许了卡沃特想要穿过北冰洋的请求。卡沃特的小船重 50 吨，共有船员 18 名，他们夏天从布里斯托出发，到达了"新发现的大陆"（纽芬兰），还在此处发现了大量的鳕鱼。英国王庭处的西班牙大使佩德罗·德·阿亚拉和鲁伊·冈萨雷斯·德·普埃夫拉告知亨利七世，这些领域属于西班牙。而后他们回报西班牙君主："他很不高兴。"

11. "Si convenit"这份教皇诏书赋予了君主们这个头衔。教皇在书中还提到了斐迪南和伊莎贝拉驱逐犹太人的事。

12. 马特尔 [1:2]，1，332 页；参阅卡达亚克 [3:49]，170 页及其后各页。

13. 1496 年 11 月 5 日玛格丽特正式完婚，当时在梅赫伦圣皮埃尔修道院代表胡安亲王出席婚礼的是 Francisco de Rojas，驻佛兰德斯大使，国王的一个侄子。有关亲王之死，参阅卡达亚克 [3:49]，206 页。

14. 1498 年 3 月，西斯内罗斯为阿尔卡拉大学奠基（后由佩德罗·德·古米耶尔建设完成）。天主教双王仍停留在此地。10 年之后，大学才开始投入使用。Complutense 是阿尔卡拉的拉丁语名。

15. ... papas y emperadores

    y prelados

    Así los trata la muerte

    Como a los pobres pastores

    De ganados.

    或者

    Nuestras vidas son los ríos

    Que van a dar en la mar,

    Que es el morir:

    Alli van los señoríos.

    （"Coplas a la muerte de su padre", xiv.）

    这几乎是最有名的西班牙语诗句。

16. 玛格丽特将最终为了嫁给萨伏依公爵而回到佛兰德斯，她在他死后成为低地国家的摄政王。如此聪慧的公主却无子嗣，真是个悲剧！她的诸多肖像画，比如让·海伊（Jean Hey）画的儿时的她，以及伯纳德·凡·奥利（Bernard van Orley）的创作，还有在布尔格的布鲁教堂中纪念她和她来自萨伏依的丈夫的大理石像和玻璃花窗，都向后世展现着她的魅力。

17. 拉斯·卡萨斯 [2:50]，2，531 页："daría dos o tres tumbos en el infierno." 奎利亚尔可能效命于胡安·贝拉斯克斯·德·奎利亚尔，其侄是亲王的财务主管。奥维多评价奎利亚尔是一个"persona de bien ataviado e zeloso e avisado en lo tocava a la limpieza e lealtad de su oficio"。（奥维多 [13:4]，86 页。）

18. 拉斯·卡萨斯 [2:50]，1，439 页，他说共有 300 名。

19. 拉斯·卡萨斯 [2:50]，1，445 页。

20. 奥维多 [2:43]，1，49 页："cuando tornaban a España algunos de los que venían en esta demanda del oro, si allá volvían, era con la misma color del; pero no conaquel lustre ... "

21. 纳瓦雷特 [4:38]，1，408—409 页。

22. 纳瓦雷特 [4:38]，1，410 页。

23. 纳瓦雷特 [4:38]，1，423 页。

24. 拉斯·卡萨斯 [2:50]，1，480 页："pidió tantas condiciones y preeminencias, si había de tener aquel cargo, se enojaron los reyes y lo aborrescieron."

25. "Paresceme se deva dar licencia a todos los que quisieren yr."（莫拉莱斯·帕德龙 [6:19]，5 页。）

26. 贝纳尔德斯 [3:2]，334："se dió licencia a otros muchos capitanes ... e fueron e descubrieron diversas islas."

27. 纳瓦雷特 [4:38]，1430 页："facultad a vos, don Cristóbal Colón, nuestro almirante del mar Oceano, e nuestro visorrey e gobernador en la dicha isla para en todos los termmos della podades dar e repartir, e dades e repartades a las tales personas e a cada uno de los que agora viven e moran en la dicha isla e a los que de aqm adelante fueren a vivir e morar en ella ... "

28. 胡安·佩雷斯·德·图德拉的评论。

29. 纳瓦雷特 [4:38]，1，409 页。

30. 鲁梅乌 [2:2]，235—236 页。

31. "pasó a las dichas islas y tierras firmes de India."

32. "se movió con muchas prisa a enbiar una armada suya estas islas y tierras firmes ... [with the help of] pilotos y marineros y gentes que venian con el dicho almirante."

33. 由安东尼奥·鲁梅乌·德·阿马斯出版, Un escrito desconocido de Cristóbal Colón, 马德里 1972 年版，也参阅哥伦布 [4:16]，333 页及以后各页。鲁梅乌认为其间可能和托德西利亚斯有所关联。

34. 利斯 [2:42]，295 页。

35. 此后将有：
     （1）布兰卡（*blanca*），低级银合金制成（铜和银混合），价值 1/2 马拉维第；
     （2）里亚尔（*real*），银质，价值 34 马拉维第；
     （3）达克特（*ducat*，或称 *excelente*），金质，价值 375 马拉维第，是模仿了威尼斯的货币。
     巴伦西亚和加泰罗尼亚有了不同的货币；它们也都有一种叫 *excelente* 和一种叫 *principal* 的货币。
     参阅汉密尔顿 [3:8]，51 页。有关于巴伦西亚的货币，同样见 104 页及以后各页。

36. 费尔南多·哥伦布 [4:40]，186 页。

37. 哥伦布 [4:16]，430 页。

38. 见他在 Pierre d'Ailly 页边的评注，被引用于哥伦布 [4:16]，90 页。

39. Pierre d'Ailly [4:34]，43 页。

40. 哥伦布 [4:16]，351 页。

41. 哥伦布 [4:16]，353 页及以后各页。

42. "ciudad noble y poderosa por el mar."

43. "me hicieron su almirante en la mar con todas las preheminecias que tiene el almirante don Enrique en el almirantazgo de Castilla ... "

44. 哥伦布 [4:16]，353 页及以后各页。亦见纳瓦雷特 [4:38]，1，436 页。

45. 费尔南多·哥伦布 [4:40]，363—364 页。"Tu padre que te ama más que a sí."

46. 同上。

47. 同上，365 页。

48. 支出原本是 600 万马拉维第，其中 400 万用于补给，200 万当作工资发放。

49. 参阅 M. 冈萨雷斯·西希内罗斯，"Genoveses en Sevilla (siglos XIII-XV)"，收录于 *Presencia Italiana en Andalucia, siglos XIV-XVII*，塞维利亚 1985 年版。

50. 纳瓦雷特 [4:38]，1，498 页。

51. 同上。

52. 拉斯·卡萨斯 [2:50]，1，497 页，说他是 "hombre muy capaz yprudentey de autoridad"。

53. 马特尔 [6:34]，55 页。马特尔说他另外的目的还有避开 "某些法国海盗"。

54. 费尔南德斯 - 阿梅斯托 [4:49]，14 页。

55. 哥伦布 [4:16]，408 页。

56. 费尔南多·哥伦布 [4:40]，371 页。

57. *CDI*，39，413 页："e allí en nombre del Reye de la Reina nuestros Señores, tomamos la posesión de la dicha provincia, la que tomó el dicho Pedro de Terreros ..."

58. 纳瓦雷特 [4:38]，2，344 页。

59. 纳瓦雷特 [4:38]，2，344 页。

60. 哥伦布 [4:16]，373 页。

61. 同上，380—381 页。

62. 有关这一节，我参考的是保罗·基希霍夫（Paul Kirchhoff）在《中美洲印第安人手册》(*The Handbook of the Middle American Indians*) 中的章节，罗伯特·沃科普（Robert Wauchope）编，16 卷本，1964—1976 年版，4，481—493 页。

63. 哥伦布 [4:16]，383 页。当然 *Margarita* 在西班牙语中是 "珍珠" 的意思。

64. 贝尔纳尔的一个出色观点 [12:31]，101 页。

65. 哥伦布 [4:16]，403 页，摘自拉斯·卡萨斯 [2:50]，2，33 页。

66. 马特尔 [6:34]，50 页。

67. 巴尔托洛梅奥可能是用了他海军上将父亲的名字，热那亚的多梅尼科·哥伦布，不过更有可能是因为这座城市是在 8 月 8 日圣多米尼克诞辰日建立的。

68. 佩雷斯·德·图德拉 [9:39]，163 页。

69. 奥维多 [2:43]，1，72 页。

70. 拉斯·卡萨斯 [2:50]，1，449 页。

71. 佩雷斯·德·图德拉 [9:39]，161 页。参与者有佩德罗·德·巴尔迪维索（Pedro de Valdivieso），布尔戈斯人；阿德里安·德·穆西卡（Adrián de Muxica），巴斯克人；以及迭戈·德·埃斯科瓦尔（Diego de Escobar），塞维利亚人。

72. 马特尔 [6:34]，54 页。

73. 费尔南多·哥伦布 [4:40]，246，195 页。

74. 乌尔苏拉·兰布（Ursula Lamb），*Frey Nicolás de Ovando,* 马德里 1956 年版，126 页，他写道，"把这样占有土地的殖民者认定为叛军，有些小题大做了。不过王室也知道，不能指望他们推进印度群岛的建设工作"。

75. 佩雷斯·德·图德拉 [9:39]，157 页。

76. 拉斯·卡萨斯 [2:50]，2，70 页。

77. 拉斯·卡萨斯 [2:50]，2，173：*"¿Qué poder tiene el Almirante para dar a nadie mis vasallos?"*

78. 记录于费尔南多·哥伦布 [4:40]，407 页，通过返程船寄给两位君主的信。

79. 哥伦布 [4:16]，407—108 页。

80. "mugeres atan hermosas que es maravilla."

81. 哥伦布 [4:16]，409 页。

82. 哥伦布 [4:16]，408 页。

83. Cesareo Fernández Duro, *Nebulosidades de Cristóbal Colón*，马德里 1900 年版，182 页。

84. 拉斯·卡萨斯 [2:50]，1，1151 页中的文本。

85. 哥伦布 [4:16]，412 页："cada uno pudiese venir a mi y dezir lo que les plazía."

86. 罗伯特·S. 张伯伦，*Castilian Backgrounds of the Repartimiento Encomienda*，华盛顿 1939 年版。理查德·科内茨克（Richard Konetzke）指出"向异教徒传教是美洲大陆早期发现史的推进因素"的观点是一个错误，"将再征服战争和十字军战争混淆后，很容易得出这样的结论"。（科内茨克，《美洲》，14，1958 年版，182 页）。

87. 参阅 C. H. 哈林，《美洲的西班牙帝国》（*The Spanish Empire in America*），纽约 1947 年版，43 页，以及费尔南德斯 - 阿梅斯托 [4:17]，139 页。

88. 纳瓦雷特 [4:38]，1 44 页。

第十四章 "为了航行在较为平静的水面"

1. 出任国王恩里克三世和胡安二世的内廷大臣，或是堡垒指挥官。

2. 阿尔瓦尔·戈麦斯·德·休达·雷亚尔（Alvar Gómez de Ciudad Real）写过一首诗，后来贴在枢机主教门多萨家中，这首诗"描述了新世界的壮景"，在贝亚特丽斯后裔之中广为流传——看到这首诗，人们就会想起，有个姓博迪利亚的人驱逐了海军上将（弗朗西斯科，1500 年），另一个姓博瓦迪利亚的人则帮助海军上将得到了探险的机会。

3. 纳瓦雷特 [4:38]，443。拉斯·卡萨斯 [2:50]，2，176 页。天主教双王、米格

尔·德·阿尔马桑和戈麦斯·华雷斯都在这份指令书上签了名。阿尔马桑是起草这份文件的秘书，戈麦斯·华雷斯则是个律师，当时已经当上了卡斯蒂利亚的大臣。

4. 纳瓦雷特 [4:38]，1，444，445 页。

5. 纳瓦雷特 [4:38]，1，446 页。

6. 马特尔 [6:34]，67 页。

7. 拉斯·卡萨斯 [2:50]，1，465 页。

8. 拉斯·卡萨斯 [2:50]，2，173 页。

9. 哥伦布 [4:16]，409 页。

10. 转引自费尔南德斯 - 阿梅斯托 [4:2]，25 页。

11. 贝纳尔德斯 [3:2]，2 页如是说。

12. 胡安·德·特拉西埃拉修士（Fray Juan de Trassiera），他担任领队；弗朗西斯科·鲁伊斯修士和胡安·罗夫莱斯修士；还有两名佛兰德斯世俗兄弟，胡安·德·勒德尔修士（Fray Juan de Leudelle，或称 de la Duela），人称"贝尔梅霍"；还有胡安·德·蒂辛修士（Fray Juan de Tisin），1493 年哥伦布第二次航行时他也在探险队中，与神秘的波伊同行。参阅提比萨（Tibesaar）的著作，*The Franciscan Promise*，378 页。方济各会守规派修士热衷于前往新大陆，他们的代理主教奥利维尔·梅拉德（Olivier Maillard）也鼓励他们前往。

13. 马德里圣胡安博物馆有一幅鲁伊斯（鲁伊斯）的肖像。

14. 马特尔 [1:2]，1，200 页。

15. 苏里塔 [9:2]，转引自利斯 [2:42]，318 页。苏里塔做过查理五世的内阁大臣；之后，他担任了宗教裁判所的秘书，还是《*Anales de la Corona de Aragón*》的作者。

16. 科内茨克 [14:86]。

17. 拉斯·卡萨斯 [2:50]，1，469 页。

18. 代韦 [6:36]，70 页。

19. 纳瓦雷特 [4:38]，1，318 页；拉斯·卡萨斯 [2:50]，2，146 页；莫里森 [4:42]，104—108 页。

20. 马特尔 [6:34]，70 页。

21. 马特尔 [6:34]，7 页："tierra continente."

22. 1501 年 12 月 2 日的公文，来自埃西哈，收录于 *CDI*，31，104—107 页。

23. 参阅塞拉诺，"El Viaje de Alonso de Hojeda en 1499, Congreso" [5:15]，2，11—136 页。

24. 此次航行的重要文件收录于 *Autógrafos de Cristóbal Colón y papeles de América,* 马德里 1892 年版，帕拉西奥·德·利里亚（Palacio de Liria）的文献。

25. 有关此人的生平事迹，参阅第二十章。

26. 拉斯·卡萨斯 [2:50]，2，115 页，文中记述，出发日期是 5 月 20 日，这样的话，韦斯普奇的假设（实为错误假设）就不成立了，哥伦布的名声也得到了保全。本书第二十章详细讨论了韦斯普奇。有关此次航行，参阅莫里森 [4:42]，186 页及其后各页。

27. 波尔 [5:35] 文中这样记述。有关韦斯普奇此次航行，还有一些问题悬而未决，尚待考证。

28. 同上，46 页。

29. 莫拉莱斯·帕德龙 [6:19]，213 页。

30. 有关巴西印第安人的讨论，参阅本书第三十六章。

31. 莫拉莱斯·帕德龙 [6:19]，218 页。

32. "dad la cara a vuestros enemigos que Dios os dará la Victoria"，参阅波尔 [5:35]，60—61 页。

33. "tentar el mar y la fortuna."

34. 拉莫斯，*Audacia*，74 页。

35. 曼萨诺 [6:4]，1，268 页。

36. 莫拉莱斯·帕德龙 [6:19]，223 页。

37. 顺便一提，这封写给洛伦索的信，字里行间透露出韦斯普奇似乎并没有去过美洲。韦斯普奇的支持者（例如哈里斯 [4:37]，355 页）则声称韦斯普奇 1496 年或 1497 年就去过美洲。

38. 莫拉莱斯·帕德龙 [6:19]，224 页。

39. 波尔 [5:35]，137 页。

40. 拉斯·卡萨斯 [2:50]，2，154 页。参阅莫里森 [4:42]，211 页及其后各页。

41. 马特尔 [6:34]，75—78 页。

42. 拉斯·卡萨斯 [2:50]，2，156 页；马拉尼翁是洛格罗尼奥省的一个小镇，当时还没有征服者去过那里。这个词在加利西亚语中意为"皮条客"。其中是否有些渊源？

43. 纳瓦雷特 [4:38]，2，328 页："todo lo que hoy esta ganado desde la isla de Guanaja hacia el norte, e que estas tierras se llaman Chabaca e Pintigrón e que llegaron por la vía del norte fasta 23. grados e medio e que en esto no andubo el dicho don Cristóbal Colón ni lo descubrió ni lo vido."（莱德斯马的证据）

44. 纳瓦雷特 [4:38]，2，325 页。拉斯·卡萨斯 [2:50]，2，159，208 页。这件事后来有些争议。1513 年，莱佩声称自己首先发现了"la vuelta de levanter"，与他同行的有：胡安·冈萨雷斯，他是个出生于帕洛斯的葡萄牙人；胡安·罗格里格斯，他是大副；阿隆索·罗德里格斯·德·卡尔科（AlonsoRodríguez de Calco）、加西亚·德拉·蒙哈（García de la Monja）、费尔南多·埃斯特万、克里斯托弗·加西亚、佩德罗·梅德尔（Pedro Medel）和路易斯·德·巴列（Luis del Valle）。参阅 L. 希尔·穆尼利亚（Munilla），*Diego de Lepe, descubridor del Marañón*；*AEA*，9（1952 年），73 页及其后各页。另参阅 J. 希尔，*Marinos y mercaderes en Indias, 1499-1504*；*AEA*，42（1985 年），313 页及其后各页。

45. 希尔 [3:37]，4，336 页，文中记载了他的家谱。他是阿隆索·费尔南德斯·奥霍斯（Alonso Fernández Ojos）和安娜·巴斯蒂达斯（Ana Bastidas）的儿子。他与伊莎贝尔·罗德里格斯·德拉·罗梅拉（Isabel Rodríguez de la Romera）结了婚。这些人都出生于特里亚纳。

46. 纳瓦雷特 [4:38]，1，447 页。参阅 J. J. 里亚尔，"El sevillano Rodrigo de Bastidas"；《西班牙档案》，111—112 页，1961 年，另参阅 J. 希尔 [14:44]，317 页、387 页。

47. 拉斯·卡萨斯 [2:50]，2，302 页。

48. 参阅本书第十五章。

49. 奥维多（[2:43]，1，63 页），文中对这次旅程的记述不太准确。巴斯蒂达斯有个 "informacion de servicios y meritos"，其中没有提到任何有关探险队的细节。

50. 其中有些著名探险家站在门多萨一方，包括尼古劳·德·科埃略、巴尔托洛梅乌·迪亚斯、杜瓦蒂·帕切科和佩德罗·德·阿泰德。*CDI*，38，441—450 页；纳瓦雷特 [4:38]，1，449 页。拉斯·卡萨斯没有提到这次旅程。

51. 参阅希尔 [14:44]，304 页及其后各页，433 页及其后各页。

52. 船队中还有巴尔托洛梅乌·迪亚斯（他是参加过 1487 年探险队的英雄）、尼古劳·德·科埃略、桑乔·托尔、迭戈·迪亚斯（他是巴尔托洛梅乌的兄弟）、阿方索·里韦罗、西芒·德·米兰达、奥雷·戈梅斯和加斯帕尔·德·莱穆斯。

53. 没有任何证据表明卡布拉尔的巴西之行是故意为之。不过，葡萄牙却流传着这样的谣言。1500 年 5 月 12 日，曼努埃尔国王给亚速尔群岛出身的探险家加斯珀·科尔特 - 里亚尔（Gasper Corte-Real）颁发了一封授权信，信中有以下字句："此前，加斯珀·科尔特 - 里亚尔出于自由意志，自行负担费用、自发组织人员，冒着生命危险去探索岛屿和大陆。"另参阅莫里森 [4:42]，217—229 页。

54. 1499 年 9 月，阿隆索·德·奥赫达来到哈拉瓜附近，局面因此更加复杂。但他明确表示，他反对海军上将和罗尔丹，最后，他撤退了，回到了西班牙。后来，比森特·亚涅斯·平松也航行来到这里，局面更加复杂了，几天后，亚涅斯撤退了。

55. 阿斯科纳 [1:21] 如是记述，511 页。

56. 纳瓦雷特 [4:38]，1，447 页。这是哥伦布签署的有关自己西印度副王和总督的最后几个文件之一。迭戈·德·阿尔瓦拉多也签了名，他是哥伦布的秘书，出生于埃斯特雷马杜拉，第二次航行中曾和哥伦布同行。

57. 哥伦布 [4:16]，420 页。

58. 费尔南多·哥伦布 [4:40]，428 页。

59. 此事的详尽记录参阅 哈维 [1:1]，最后一章。

60. 拉斯·卡萨斯 [2:50]，2，183 页。

61. 拉斯·卡萨斯 [2:50]，2，185 页。

62. 拉斯·卡萨斯 [2:50]，2，188 页。

63. 吉列尔莫·塞斯佩德斯·德尔·卡斯蒂略（Guillermo Cespedes del Castillo），收录于 *Historia Social*，J. 比森斯·比韦斯编辑（巴塞罗那 1959 年版），2，532 页。

64. 拉斯·卡萨斯 [2:50]，2，203—204 页。

65. 哥伦布 [4:16]，440 页。

66. 拉斯·卡萨斯 [2:50.]，2，199 页。

67. "Si me quexa del mundo es nueva, su usar de maltratar es de antiguo."

68. "Llegué yo y estoy que no ay nadie tan vil que no piense de ultrajarme."（哥伦布 [4:16]，430 页。）

69. 拉斯·卡萨斯 [2:50]，2，190 页。

70. *CDI*，24，22—25 页。原文用拉丁文写成，上述文献记载了它的西班牙文译本。

71. 弗朗西斯科（弗朗切斯科）·里韦罗（里帕罗勒，里瓦罗洛）是彼得罗·乔瓦尼·索普拉尼斯·里瓦罗洛和比安基纳的儿子，而比安基纳是彼得罗·格里马尔迪的女儿。里帕罗勒家族把自己的姓氏西班牙化，成为里韦罗。这个家族出生于热那亚后山的里瓦罗洛村。弗朗切科这一辈有四兄弟，弗朗切斯科是个热那亚商人，他在塞维利亚经营银行、布料、染料和蔗糖生意。他从佩德罗·德·里瓦德内拉手中购买了一部分布料销售权，后来与马里奥·卡斯蒂廖内合作，成了塞维利亚肥皂业的大生产商。两年后，卡斯蒂廖内把特里亚纳肥皂厂一半的所有权卖给了里韦罗。作为回报，里韦罗在加那利群岛建起甘蔗种植园，帮助卡斯蒂廖内征服加那利群岛。在加那利群岛一带，他似乎是 15 世纪 90 年代最富有的商人。他和两位兄弟——科斯莫、吉安诺托——接替了卢戈家族，成为群岛一带红苔染料的主要经销商。最开始他们和戈梅拉岛的伊内斯·德·佩拉萨合作，后来又和特内里费岛的古铁雷·德·卡德纳斯合作。他和科斯莫娶了索普拉尼斯·德·安多拉家族的两姐妹吉阿康梅塔（Giacometta）和贝尼德蒂娜（Benedetina）。他们家族的两姐妹萨瓦吉娜（Salvaggina）和巴丽奥拉则分别嫁给了卡萨纳家族的尼科洛和詹格雷戈里奥。里韦罗是哥伦布第四次航行的资助人，1501 年 5 月，哥伦布寄给戈里西奥（哥伦布 [4:16]，456 页）的信中提到过他，在寄给迭戈（1502 年 5 月，哥伦布 [4:16]，478）的信中也提到过他。1519 年，科尔特斯把一颗珍珠赠给了墨西哥皇帝蒙特祖玛的侄子，而把这颗珍珠卖给他的可能就是里韦罗。后来，里韦罗和儿子巴尔托洛梅奥垄断了塞维利亚肥皂业，直到 1514 年弗朗切斯科去世。然后，他侄子彼德罗·乔瓦尼·里帕罗勒和他女婿（贝尔纳多·卡斯蒂廖内的外甥）彼得罗·贝内代托·巴西吉纳，加上后来的雅各布·索普拉尼斯，继续垄断塞维利亚的肥皂行业直到 1521 年。

72. 1485 年，萨拉戈萨宗教审判官桑奇斯在教堂祈祷时，遭犹太改宗者谋杀。桑奇斯家族被卷入了这桩谋杀案。加布里埃尔被指控犯有谋杀罪。经过长时间调查后，许多犹太改宗者被杀，包括加布里埃尔的岳父路易斯·德·桑坦格尔，此人与哥伦布的资助人同名。

73. 贝尔纳尔 [12:31]，178 页。

74. 哈里斯 [4:37]，60 页。

75. 拉斯·卡萨斯 [2:50]。

76. 哈里斯 [4:37]，59—76。1502 年 10 月 11 日，米格尔·科尔特 - 里亚尔从纽芬兰归来，带回了几名原住民和一些货物。10 月 18 日，驻里斯本的费雷拉大使阿达尔韦托·坎蒂诺（Alberto Cantino）向主公埃莱斯公爵写信汇报，讲述了他们的旅程、新发现的土地和掳掠来的原住民。这些原住民被带给葡萄牙国王，加斯珀·科尔特 - 里亚尔则转道向南航行，此后再无音讯（莫拉莱斯·帕德龙 [6:19]，253—265 页）。

77. *Chronology of Voyages*，72 页，转引自哈里斯 [4:37]，128 页。

第十五章　"我们希求的至善"

1. "Mediano de cuerpo y la barba muy rubia y bermeja ... De codicia y avaricia muy grande enemigo."（拉斯·卡萨斯 [2:50]，2，214 页。）

2. 乌尔苏拉·兰布 [13:74]，23 页。

3. *CDI*，31，13—25 页。

4. "oficios de justicia e juridición civil e criminal, alcaldías e alguacildalgos dellas de las Indias, Islas, y Tierra Firme del Mar Oceano."

5. 埃斯特万·卡瓦洛，胡安和阿尔瓦罗·罗德里格斯，胡安弗拉巴，以及加西亚·奥索里索。AGI，一般作综述，418 页，lib. 1，对开页 77 页，引用于佩雷斯·德·图德拉 [9:39]，196 页。

6. "otros esclavos que hayan nacido en poder de cristianos nuestros súbditos y naturales."

7. 比如，哥伦布第三次航行中停留在佛得角的时候。

8. *CDI*，30，523 页。

9. 哈林 [9:39]，26 页。

10. *CDI*, 31, 13 页以后各页，50 页及以后各页。

11. 纳瓦雷特 [4:38]，1，546 页。皇家分红——最终的"皇家伍一税"，将西班牙王室和新大陆矿业的成功紧密联系起来。

12. "de manera que ellos conozcan que no se les hace injusticia."

13. 这些被称为 *residencias* 的审问流程似乎在布鲁塞尔被重新启用，对象是现今的总理、大使及政府官员。

14. 希门尼斯·费尔南德斯 [2:39]，196 页、236 页；也参阅拉斯·卡萨斯 [2:50]，2，452 页、557—558 页、562 页。

15. 纳瓦雷特 [4:38]，1，456—558 页。

16. 拉斯·卡萨斯 [2:50]，2，227 页。

17. *CDI*，30，527 页。希门尼斯·费尔南德斯书中有一份 37 人的名单，记录了陪同阿里亚加的人 [2:39]，2，594 页。其中包括：迭戈·德·尼库萨，他之后声名鹊起；迭戈·拉米雷斯，唯一一名劳工，可能在墨西哥跟随过纳瓦埃斯；贡萨洛·德·奥坎波；还有罗德里戈·德·梅希亚。

18. *CDI*，30，526 页。希门尼斯·费尔南德斯 [2:39]，2，590—591 页。另参阅佩雷斯·德·图德拉 [9:39]，194 页。

19. 纳瓦雷特 [4:38]，2，349 页、351 页。奥赫达自己说第二次远征是在 1501 年，但纳瓦雷特研究 AGS（西曼卡斯）的存档表明远征肯定是 1502 年的事。

20. 哥伦布 [4:16]，473—476 页。

21. 哥伦布 [4:16]，473—476 页："plazer y holgura: pesadumbre y hastío."

22. 费尔南多·哥伦布 [4:40]，277 页。然而这并未阻止伊莎贝拉和斐迪南在 1501 年 9 月 5 日和亚涅斯·平松签订新的合约。合约中规定亚涅斯将向王室支付所发现的五分之一。他航信的主要目的将是定居，而非探索土地。他将成为"新发现的土地"的总督。然后，大概一个星期后，君主们在 9 月 14 日达成了一项协议，这次是跟迭戈·德·洛佩——马拉尼翁河的发现者——有关。决策有一个新变动：与刚和亚涅斯·平松签订的协议不同，他的主要目标是鼓励探索未知。之前西班牙人造访过的土地上的货物和财宝中的一半应上交给王室，但新发现的土地上只须缴纳六分之一。

他们 10 月 5 日与 Juan de Escalante 签订的协议也很相似。*CDI*，31，5—12 页。

23. 纳瓦雷特 [4:38]，1，548 页。

24. 哥伦布 [4:16]，479—480 页；纳瓦雷特 [4:38]，1，471—472 页。

25. 佩雷斯·德·图德拉 [9:39]，见于全书各处。

26. *CDI*，31，121 页。

27. 参阅佩德罗·梅希亚·德·奥万多，*Libra o memorial...* 藏于西班牙国家图书馆，3183 号手稿，对折页第 2 页，引述米格尔·穆尼奥斯·德·圣佩德罗，"Francisco de Lizaur"于 *BRAH*，c. 23，1948 年。

28. *CDI*，39，13—14 页。

29. 有关这个家族，参阅希尔 [3:37]，1，247 页，以及希门尼斯·费尔南德斯 [2:39]，2，953 页。巴托洛梅·德·阿尔卡萨是其家族成员，他因诗句"A uno muy gordo de vientre y muy resumido de valiente"而闻名。

30. 希门尼斯·费尔南德斯 [2:39]，2，696 页。奥万多和蒙罗伊是远房亲戚，而且我没有搞清楚弗朗西斯科是如何被列在蒙罗伊家出现的。也许他是个私生子？

31. 哥伦布 [4:16]，268 页

32. 拉斯·卡萨斯 [2:50]，2，214 页、368 页。

33. AGI，一般概述，卷档 418，f. 64，讨论参阅佩雷斯·德·图德拉 [9:39]，200 页。

34. 几位曾跟随奥万多的人后来和科尔特斯一起出航，包括弗朗西斯科·达维拉、胡安·苏亚雷斯（他未来的大舅子）、克里斯托瓦尔·马丁·米连·德·甘博亚、胡安·佩雷斯·德·阿特尔加、葡萄牙人洛伦索·苏亚雷斯、老弗朗西斯科·拉米雷斯（其妻胡安娜·德·戈多伊）、贝尼托·德·昆卡、多明戈·迪亚斯（一个记不起自己父母是谁的意大利人）、胡安·德·加马拉、迭戈·桑切斯·德·索普埃尔塔、贝尔纳迪诺和安东尼奥·德·圣克拉拉，以及胡安·德·卡塞雷斯，还有贡萨洛·贝拉斯克斯·德·拉拉和古铁雷·德·巴达霍斯，他们的儿子们弗朗西斯科和古铁雷也都是科尔特斯的手下。

35. 阿隆索·德·埃斯皮纳尔修士、巴托洛梅·德·图雷加诺修士、安东尼奥·德·卡里翁修士、弗朗西斯科·德·波图加诺修士、安东尼奥·德·洛斯·马尔蒂斯修士、马塞斯·德·扎夫拉修士、佩德罗·德·奥纳丘埃洛斯修士、巴托洛梅·德·塞维利亚修士、胡安·德·伊诺霍萨修士、阿隆索·德·奥纳丘埃洛斯修士、胡安·德·埃斯卡兰特修士、胡安·德·法朗斯、皮埃尔·法朗斯修士，以及四位民间修士胡安、马丁、路易斯·桑切斯和佩德罗·马丁内斯。

36. 佩德罗·迪亚斯·德拉·科多纳、阿隆索·德·伊列斯卡斯、费尔南多·吉拉尔和阿隆索·费尔南德斯。

37. 佩雷斯·德·图德拉引自穆尼斯 [9:39]，201 页，兰布 [13:74]，73 页，脚注 43。

38. 桑卢卡尔的魅力依旧，而梅迪纳 - 西多尼亚的宫殿亦然。

39. 拉斯·卡萨斯 [2:50]，2，215 页。

40. 2 月 12 日，君主们颁布了一条法令，意图完成卡斯蒂利亚的基督化。根据法令，在两个半月的时限内，所有超过 14 岁的穆德哈尔（再征服运动后未离开西班牙也未改

宗的安达卢西亚穆斯林；女人则超过 12 岁），要么受洗，要么移民。

41. 利斯 [2:42]，335 页。

42. 这是卡斯蒂利亚王位的成年继承人的通用头衔，与威尔士亲王类似。

43. 利斯 [2:42]，336 页。

44. 费尔南德斯 - 阿梅斯托 [4:49]，14 页。

45. 据迪亚斯·德·卡斯蒂略所述，加拉伊 1506—1510 年在西班牙，两人年少时，曾是埃尔南·科尔特斯的朋友（*Historia Verdadera de la Nueva Espana*，2 卷版，马德里年 1982 年版）。

46. "调查"引用了西班牙一项传统制度。

47. 费尔南德斯 - 阿梅斯托 [4:49]，26 页。这个家族的其他成员，比如巴蒂斯塔，在特内里费岛生意兴隆。

48. 哥伦布 [4:16]，482—483 页。

49. 这个家族涉足了从卡法的克里米亚前哨站到英国的所有热那亚贸易活动，他们将成为在圣多明各率先建立企业分部的热那亚人。

50. 哥伦布 [4:16]，476—478 页。

51. 纳瓦雷特 [4:38]，1，223 页。

52. 纳瓦雷特 [4:38]，2，328 页。1520 年，埃尔南·科尔特斯和弗朗西斯科·德·蒙朗霍、阿隆索·埃尔南德斯·波托卡雷罗一起在 1519 年带到西班牙的奴隶，将他运回新大陆，他们的故土。主领航员胡安·桑切斯和水手安东·多纳托都在"桑托号"上。

53. 昵称"百慕大"。

54. 参阅希尔 [3:37]，3，84 页。

55. 哥伦布 [4:16] ，487 页。

56. 参阅赫苏斯·巴雷拉·马科斯，"Antón de Alaminos, 'El piloto del Caribe'"，于 *Congreso* [5:27]，2，49 页及以后各页。我们从拉斯·卡萨斯处得知阿拉米诺斯在 1502 年是个"船舱男侍" [2:50]，3，157 页。

57. 纳瓦雷特 [4:38]，2，328 页。

58. 他们的店铺在纳瓦雷特书中被提到过 [4:38]，1，229—231 页。孔苏埃洛·巴雷拉和她的"El rol del cuarto viaje colombino"一起做得不错。*AEA*，42，1985 年，243 页及以后各页。

59. 拉斐尔·多诺索·阿诺谈到这个奴隶是领薪水的。反正他是个"黑奴"。

60. 拉斯·卡萨斯 [2:50]，2，209—210 页。

61. 哥伦布 [4:16]，485—486 页。

62. 哥伦布 [4:16]，494 页。

63. 费尔南多·哥伦布 [4:40]，279 页。

64. 哥伦布 [4:16]，485 页。

65. 拉斯·卡萨斯 [2:50]，2，220—224 页。

66. 希门尼斯·费尔南德斯 [2:39]，1，224 页。

67. 乌尔苏拉·兰布，"Cristóbal de Tapia versus Nicolas de Ovando"，《西班牙语美国历史

评论》（后文简称 *HAHR*），第 33 期，1953 年 8 月。

68. 拉斯·卡萨斯 [2:50]，2，226 页："el oro no era el fruto de arboles para que llegando lo cogiesen!"

69. 引用于佩雷斯·德·图德拉 [9:39]，218 页。

70. 拉斯·卡萨斯 [2:50]，2，226 页。

71. 同上。

72. 厄尔·汉密尔顿 [3:8]，123 页。

73. 佩雷斯·德·图德拉 [9:39]，219 页。

74. 拉斯·卡萨斯 [2:50]，2，231—232 页。

75. 希尔 [3:37]，1，155 页，也见于 4，28 页。我认为埃斯基韦尔是和奥万多——但可能是和哥伦布一起在第二次航行——来到伊斯帕尼奥拉的。

76. 我们很快发现，其中一位名叫胡安的受洗奴隶被卖给了住在卡斯蒂利亚城内奥尔梅多的弗朗西斯科·贝拉斯克斯。此人 30 岁时试图逃跑，不过被抓了回来。

77. 拉布 [13:74]，128 页。

78. 拉斯·卡萨斯 [2:50]，2，213 页。

79. 与阿尔瓦拉多在特诺奇蒂特兰，以及科尔特斯在乔鲁拉比较。

80. 迭戈·门德斯似乎目击了这桩悲剧。他在岛上寻求帮助，找人解救困在牙买加的哥伦布。拉布 [13:74]，130 页。

81. 拉斯·卡萨斯 [2:50]，238—239 页。奥维多 [2:43]，1，83 页。

82. 参阅玛丽亚·路易莎·拉维亚纳（María Luisa Laviana）及安东尼奥·古铁雷斯·埃斯库德罗（Antonio Gutiérrez Escudero），"Las primeras obras públicas en el nuevo mundo y su financiación: Santo Domingo 1494-1572"，记载于《议会》[5:27]，551 页、523 页及以后各页。

83. 恩里克·奥特（Enrique Otte），*Las Perlas del Caribe*，加拉加斯 1977 年版，251 页；拉斯·卡萨斯 [2:50]，2，235 页。

第十六章 "教之公序，授之良俗"

1. "阿苏阿"看起来应该是个当地语言的词汇，因为那里有个加利西亚人，西班牙人就给它加了个黄金后缀"德·孔波斯特拉"。

2. 纳瓦雷特充满怀疑地讨论过这个观点 [4:38]，2，350 页。不过他承认，哥伦布可能看到过一篇指出美洲南海岸没有海峡的报告。

3. 哥伦布 [4:16]，487 页。

4. 这些印第安商人几乎肯定提起过遇到哥伦布的事。有关这些大胡子西班牙人的传言散布到了墨西哥 / 特诺奇提特兰。见本书第三十三章。

5. 哥伦布 [4:16]，488 页。

6. 这些段落来自保罗·基希霍夫的《中美洲印第安人手册》[13:62]，4，219—229 页。

7. *CDI*，39，416 页。

8. 费尔南多·哥伦布 [4:40]，284 页。

9. 费尔南多·哥伦布 [4:40]，285 页。

10. 有关玛雅印第安人，将在本书第三十三章详细探讨。

11. 费尔南多·哥伦布 [4:40]，286 页。哥伦布好像没有提到过此事，不过，他提起"香烟"（Ciguare）的时候，也许指的是它。可能其中一些玛雅人卷入了科尔特斯在墨西哥的征服活动中。

12. 费尔南多·哥伦布 [4:40]，288 页。

13. 1985 年，最近的一位贝拉瓜公爵在萨尔瓦多的西班牙使馆任职时，被恐怖分子无端杀害。

14. 引述（Lewis Hanke），《征服美洲过程中西班牙的正义斗争》（*The Spanish Struggle for Justice in the Conquest of America*），费城 1949 年版，25 页。

15. 参阅纳瓦雷特著作中门德斯的意愿 [4:38]，1，240—247 页，J. M. 科恩译于其《哥伦布的四次航行》（*The Four Voyages of Columbus*），哈蒙兹沃思 1969 年版，305 页及以后各页。

16. 哥伦布 [4:16]，491 页。

17. 哥伦布 [4:16]，492 页。

18. 参阅他的遗嘱，载于纳瓦雷特 [4:38]，1，245 页。

19. 费尔南多·哥伦布说门德斯和菲耶斯基乘两艘独木舟离开了。每艘船上都有 6 个基督徒和 10 名印第安桨手，他们从牙买加行至圣多明各。

20. 哥伦布 [4:16]，501 页。

21. 费尔南多·哥伦布 [4:40]，328 页；门德斯的账目，315 页。

22. "在这段时间里，他将 84 名在任的酋长处以火刑或绞刑，其中就包括安纳可安纳女士，岛上最伟大的部落酋长。"

23. 费尔南多·哥伦布 [4:40]，328 页。

24. 门德斯提到此事 [16:15]，316 页。

25. 哥伦布 [4:16]，504—505 页。斐迪南说他没有收到任何信件。

26. 哥伦布 [4:16]，18，脚注 4。

27. 引用于费尔南德斯 - 阿梅斯托 [4:49]，98 页。1504 年 11 月 4 日，圣谕 "Illius fulciti presidia" 传到西班牙，接受了西班牙在西印度设立一位大主教、两位主教的请求。大主教圣座被定在 "Hyaguatensis"，此地从来没有被确定过坐标。Maguacensis（康塞普西翁—德拉维加）和 Bayunensis（靠近拉尔 - 德古哈巴东北部）是两位主教的辖区。不过反正这些都没有落实。主教辖区迟迟没有被定下来，直到 1511 年阿隆索·曼索、加西亚·德·帕迪利亚和佩德罗·德·德萨被任命管理这三个区域。（哥伦布 [4:16]，516 页。）

28. 乌格特（Huguette）和皮埃尔·肖尼（Pierre Chaunu），*Séville et l'Atlantique*，7 卷本，巴黎 1956 年版，1，116 页，他们提出，1501 年有 3 艘，1506 年有 23 艘（12 艘返航），1507 年有 33 艘（19 艘返航），1508 年有 45 艘（21 艘返航）。

29. 希尔 [3:37]，3，384 页。

30. 佩雷斯·德·图德拉 [9:39]，239 页引述《穆尼奥斯选集》，西班牙皇家历史学院，马德里 A-102，对开页 210 页右页；也参阅费尔南多·奥尔蒂斯，"La 'leyenda negra' contra Bartolomé de las Casas"，*Cuadernos Americanos*, 65, 5，墨西哥 1952 年版，155 页。

31. 米格尔·拉德罗·克萨达和贡萨洛·希门内斯，*Diezmo eclesiástico y producción de cereales erz el reino de Sevilla, 1408-1503*，塞维利亚 1979 年版，91 页。

32. 黑斯 [4:8]，20 页；利斯 [2:42]，327 页。

33. 希尔 [3:37]，2，12 页。

34. 希尔 [3:37]，1，211 页。

35. 纳瓦雷特 [4:38]，1，321 页。

36. 有关古铁雷斯，参阅拉蒙·卡兰德（Ramón Carande），*Carlos Vy sus banqueros*，3 卷本，第 3 版，巴塞罗那 1987 年版，2，85 页及以后各页，以及克伦本茨 [3:32]，41 页。

37. 担保人有马丁·森图里翁、阿方索·德拉·托雷和迭戈·德拉·富恩特。

38. 恩里克·奥特，*Sevilla y sus mercaderes a fines de la Edad Media*，塞维利亚 1996 年版，169 页。

39. "Lo que parece se debe proveer, para poner en orden el negocio y contratación de las Indias"，存档于 AGS（西曼卡斯），由伟大的学者恩斯特·沙费尔（Ernst Schäfer）出版，收录于 *Investigación y Progreso*，第 8 年，注释 2。

40. AGI，一般概述，卷档 120，lib. 3，对开页 4f；纳瓦雷特 [4:38]，1，472 页及以后各页，以及 *CDIU*，5，29—42 页。

41. 厄尔·汉密尔顿 [3:8]，13，脚注 1。

42. 沙费尔 [9:19]，1，12 页及米格尔·安赫尔·拉德罗·克萨达，*El primer oro de América*，马德里 2002 年版，10 页。

43. 1507 年卡萨被重新组织起来，以应对诈骗行为，确保王室得到分红（参阅 *CDI*，39，159—162 页，1507 年 11 月 29 日）。

44. *CDI*，31，139 页及以后各页（摘自阿尔卡拉 - 德埃纳雷斯）；参阅爱德华多·（Eduardo Ibarra），"Los precendentes de la Casa de la Contratación"，导言，3，4，5，1941 年。

45. 引用于沙费尔 [9:19]，1，13 页脚注 1。

46. *CDI*，31，212 页，时间是 1504 年 1 月 8 日，地点是梅迪纳 - 德尔坎波。

47. 18 世纪时迁至加的斯。.

48. 佩雷斯·德·图德拉，"Política de Contratación"，导言，15，1955 年，380 页。

49. *CDI*，31，174—79 页。

50. *CDI*，31，156—74 页。

51. AGI，一般概述，418 页，1，对开页 95 左页。最后提到的是最古老的圣母颂之一，它一直是最流行的祷告词。

52. *CDI*，31，176 页。

53. 1503 年，西斯内罗斯召集了一群学者，准备修订一部七种语言的圣经：伟大的拉丁学家和语文学家内夫里哈将负责武加大本；克里特的德梅特里奥·杜卡斯、迭戈·洛佩斯·德·斯图尼加，以及埃尔南·努涅斯将负责希腊语文本；三名改宗者阿方索·德·阿尔卡拉、巴勃罗·科罗内尔及阿方索·德·萨莫拉将负责希伯来语的文本。

54. 公告有数个书记署名：格里希奥、萨帕塔、约翰尼斯许可、特略许可、德拉·富恩特许可及波朗科许可。参阅纳瓦雷特 [4:38]，2，414 页。

55. "donde estaba una gente que se dice canibales."

56. "prendiendose para los comer como de fecho les comen."

57. "los dichos canibales sean castigados por los delitos que han cometido contra mis súbditos."

58. "los pueden cautivar e cautiven para los llevar a las tierras e islas donde fueron e para que los pueden traer e traigan a estos mis reinos e señoríos," 纳瓦雷特 [4:38]，1，550—551 页。

59. 汉克曾总结过 [16:14]，26 页。

60. *CDI*，31，209—212 页。参阅阿兰斯 [12:17]，92 页；亦见于纳瓦雷特 [4:38]，1，481 页。

61. 至少皇家学院的词典里是这么讲的。

62. 拉斯·卡萨斯 [2:50]，3，28 页。

63. 奥特 [16:38]，140 页。

64. 桑那扎罗祖上是西班牙人，但住在那不勒斯。

65. 鲁梅乌 [2:2]，300—308 页。

66. 参阅鲁伊斯 - 多梅内奇 [3:20]，341 页及以后各页。帕斯特 [1:7]，6，241 页。

67. 关于教皇亚历山大的死因，马特尔的记录十分有趣：其他枢机主教认为他是被毒杀的，但教皇和他的儿子塞联雷认为是他不小心喝多了（马特尔 [1:2]，2 69 页）。

68. 马特尔 [1:2]，2，86 页。

69. 巴列斯特罗斯·加布罗伊（Ballesteros Gabrois），收录于 *Fernando el Cat6lico, pensamiento* [1:22]，133 页。

70. 参阅苏亚雷斯 [1:20]。

71. L. B. 辛普森，*The Encomienda in New Spain, 1492-1550*，加州伯克利 1934 年版，32 页。女王遗嘱执行人的名单毫无悬念，他们是：国王斐迪南；理所当然有西斯内罗斯；王国总会计官，"西印度大臣"丰塞卡主教的兄弟安东尼奥·德·丰塞卡；女王的财政官胡安·贝拉斯克斯·德·奎利亚尔，他是著名官宦世家的成员，也是当时奥万多在伊斯帕尼奥拉的执行官迭戈·贝拉斯克斯的侄子；迭戈·德萨修士，胡安亲王的导师，他刚刚被任命为塞维利亚大主教，接任枢机主教乌尔塔多·德·门多萨，他也是哥伦布的朋友；以及胡安·洛佩斯·德·拉萨拉加，他从 1503 年起任职王室秘书。

72. 奥维多 [2:43]，3，130—137 页，纳瓦雷特 [4:38]，2，39 页。

73. 哥伦布 [4:16]："con tanta diligencia y amor como y más que por ganar el Paraíso."

74. 阿斯科纳 [1:21]，48 页。

75. 马特尔 [1:2]，2，91 页。

第十七章 "子女须时刻听命于父母"

1. 马特尔 [1:2]，2，213 页。"la señora del reino, corresponde elegir el lugar donde prefieres que vayamos." La reina le replicaba "los hijos deben obedecer constantemente a sus padres."
2. 伊莎贝拉遗嘱第 26 条提出，在三种情况下，由斐迪南执掌卡斯蒂利亚政府。
3. 胡安·曼努埃尔是斐迪南和伊莎贝拉的廷臣，此前，他被派往西班牙贵族马克西米利安麾下担任大使；他在佛兰德斯集结了一个政党，站在腓力一边。不过，阿尔巴公爵和滕迪利亚伯爵似乎坚定地站在斐迪南一边。此外，斐迪南也得到了表亲德尼亚侯爵、西富恩特斯伯爵，以及穆尔西亚市长佩德罗·德·法尔加多的支持。另一方面，腓力也很快得到了贝纳文特伯爵、比列纳侯爵，纳赫拉公爵和麦地那·西多尼亚公爵的支持，这些贵族都担心斐迪南（他们把斐迪南称作"蝙蝠"或"老加泰罗尼亚人"）会进一步集权，削弱他们的权力。治安官贝拉斯科、海军上将恩里克斯、门多萨家族的领袖英凡塔多公爵则持中立态度，借伊莎贝拉的名义彼此抱团取暖。
4. 埃利奥特 [1:25]，127 页。
5. 奥特 [16:38]，140 页。这一年，当局为了改善卡斯蒂利亚的邮政服务，决定筹建邮局，这项任务交给了著名的塔克西斯家族。此前，阿拉贡的邮政服务历来便利。压力之下，卡斯蒂利亚尝试做得更好。于是，经过一个世代的发展，从罗马到马德里的信件，塔克西斯家族可以保证夏季 24 天内送达，冬季 26 天内送达。
6. 鲁梅乌 [2:2]，321 页。
7. 希尔 [3:37]，1，231 页。
8. 鲁梅乌 [2:2]，318 页。
9. 希尔 [3:37]，1，232：" este negocio de la santa inquisición; lo cual, placiendo a Dios, se hará en breve tiempo."
10. 希尔 [3:37]，1，232 页。
11. 马特尔 [1:2]，3，22 页："Su puerto no conoce igual. Tiene capacidad para todas las naves que surcan por los mares." 有关腓力此次旅程的详情，参阅 A. 拉兰的著作，*Collection des Voyages des Souverains des Pays-Bas*，M. 加沙尔编，布鲁塞尔 1876 年版，389—451 页。
12. 哥伦布 [4:16]，531 页。
13. 马特尔 [1:2]，2，35；"es más duro que el diamante."
14. 马特尔 [1:2]，2，103 页。
15. 这在利斯 [2:42]，355 页中描述得很清楚。
16. 马特尔 [1:2]，2，1 页。
17. 这些地方是：圣马里纳德尔雷、阿斯托加、蓬费拉达、比耶尔索自由镇（Villafranca de Valcarcel，5 月 21 日至 6 月 4 日），再访蓬费拉达、马蒂利亚德亚尔松、圣马尔塔、里奥内格罗、阿斯图里亚斯。
18. 参阅马特尔的一手资料 [1:2]，2，139—140 页。一位无名艺术家画过一幅画，描绘这场戏剧性会面。这幅画现在腓力手下某位侍酒人的后裔手中，藏于比利时 Ecaussines d'enghien 的 Château de la Follie 酒庄。参阅本书第一部分插图。

19. 参阅曼努埃尔·费尔南德斯·阿尔瓦雷斯的著作 Carlos V, el César y el Hombre，马德里 1999 年版，810 页及脚注 20。

20. 鲁梅乌 [2:2]，325 页。

21. 帕斯特 [1:7]，8，9 页。

22. 马特尔 [1:2]，2，100 页。有关他入狱一事始末，参阅同一文献第 106 页。

23. 希尔 [3:37]，1，232 页。

24. 参阅鲁伊斯 - 多梅内奇 [3:20]，401—416 页，以及约翰·M. 黑德利，《皇帝和他的大臣》(The Emperor and His Chancellar)，剑桥 1983 年版，74 页。在查理五世统治时期内，还有一位大臣，即第三位"摄政"，他就是那不勒斯法学家西吉斯蒙多·洛弗雷多（Sigismundo Loffredo）。

25. 费尔南德斯·阿尔瓦雷斯 [2:42]，139 页。

26. 马特尔 [1:2]，2，83—84 页。

27. 费尔南德斯·阿尔瓦雷斯 [2:42]，210 页。

28. 一如往常，马特尔绘声绘色地描述了一番 [1:2]，2，163 页、173 页。

29. 汉密尔顿 [3:8]，320 页。准确说是从 87.9 马拉维第涨到了 247.6 马拉维第。六年间，橄榄油价格翻了一番：1501 年是 155 马拉维第，1507 年是 310 马拉维第。

30. 奥特 [16:38]，142 页。成就最突出的进口商是佛罗伦萨人彼得罗·巴尔托利尼，他是彼得罗·龙迪内利的代理人，龙迪内利也是佛罗伦萨人。

31. 其他商人还有：卢卡·巴蒂斯塔·阿多尔诺、西尔韦斯特雷·德·布内里、曼努埃尔·西斯本、贝尔纳多·皮内洛、西莫内·福尔纳里、加斯帕雷·绍利和弗朗切斯科·绍利、斯特凡诺·古斯蒂亚诺、多纳蒂诺·马里尼，以及安布罗西奥·斯皮诺拉。

32. 奥特 [16:38]，176 页。

33. 鲁梅乌 [2:2]，340 页。

34. 马特尔 [1:2]，2，202 页。

35. 帕斯特 [1:7]，6，291 页。

36. 鲁梅乌 [2:2]，336 页。

37. 马特尔 [1:2]，2，213 页。

38. 其间，玛格丽特曾与萨伏伊的菲利贝尔结过婚，婚姻并没维持多长时间，菲利贝尔和腓力一样英年早逝，死于运动后喝了太多的水。

39. 沙费尔 [9:19]，1，29—30 页。

40. "Supplico" 有两个 "p"，意大利语真是有趣。

41. 哥伦布 [4:16]，528 页。

42. 费尔南多·哥伦布 [4:40]，284 页。

43. 哥伦布 [4:16]，532 页。

44. 本书撰写期间，相关机构似乎要做一项脱氧核糖核酸（DNA）测试，确定遗体的位置。有关哥伦布的财务状况，参阅胡安·希尔，"Las Cuentas de Cristóbal Colón"，

AEA，41，1984 年版，425 页及其后各页。

45. 克里斯托弗·哥伦布，*Libra de las Profecías*，马德里 1992 年版，7 页。

46. 纳瓦雷特 [4:38]，1，492 页。

47. 纳瓦雷特 [4:38]，1，494 页。

第十八章 "你应当派去 100 个黑奴"

1. 塞拉诺 - 桑斯 [5:15]，48 页脚注，11。

2. *CDI*，31，233—237 页。

3. "islas inútiles de las que ningun provecho se espera."

4. 佩雷斯·德·图德拉 [9:39]，227 页。

5. 佩雷斯·德·图德拉 [9:39]，228 页。

6. 拉斯·卡萨斯 [2:50]，2，340 页。

7. *CDI*，31，214—215 页。

8. *CDI*，31，216 页，以及 1508 年 4 月 30 日内容，收录于 *CDIU*，5，138 页。

9. 有关庞塞·德·莱昂的出身，参阅比森特·穆尔加·桑斯（Vicente Murga Sanz），
   Juan Ponce de León，圣胡安 1971 年版。

10. 有关此事详情，参阅拉斯·卡萨斯 [2:50]，2，266—268 页。

11. 参阅埃利奥特 [1:25]，67—68 页。

12. AGI，一般概述，卷档 418，对开页 142 页 sig. Toro，1504 年 12 月 27 日，转引自拉
    布 [13:74]，184 页。

13. 奥特 [16:38]，251 页。

14. 奥维多 [2:43]，1，78 页。

15. AGI，合约，卷档 4674，lib. 桑乔·德·马廷恩索手稿，1，对开页 59 页右页，引自
    胡安·希尔（编），*El libro Greco-Latino en su inftuencia en las Indias*。

16. 第一版的唯一副本藏于伦敦大英图书馆——这个收藏地点再合适不过了，因为书中多
    数故事的背景地就是一个并不存在的神秘王国："大不列颠"。

17. 参阅亨利·托马斯，《西班牙和葡萄牙的骑士传奇》（*Spanish and Portuguese Romances
    of Chivalry*），剑桥 1920 年，以及欧文·伦纳德，《勇者之书》[3:34]。罗琳娜·阿多
    尔诺（Rolena Adorno）对后一版本的评介展现了教科书级别的政治正确。不过，胡
    安·包蒂斯塔·阿瓦莱 - 阿尔塞编辑版本的《阿玛迪斯》（*Amadis*）[5:5] 也很出色。

18. 伦纳德 [3:34]，25 页。

19. 转引自伦纳德 [3:34]，44 页。

20. 伦纳德 [3:34]，24 页。

21. *La Vida de Santa Teresa de Jesús*，BAE，马德里，第 2 卷，1861 年，卷 1，24 页。这
    是当之无愧的经典："Era aficionado á libros de caballerías y no tan malo tomaba este
    pasatiempo, como yo lo tomé para mi; porque no perdía su labor, sin desenvoliémonos para
    leer en ellos..."

22. 贝尔纳尔 [12:31]，178 页。

23. 同上。

24. 转引自拉布 [13:14]，156 页。

25. AGI，合约，卷约 4674，对开页 75 页。

26. AGI，一般概述，卷档 418，卷 I，对开页 180 左页（塞戈维亚，1505 年 9 月 15 日），转引自拉布 [13:14]，178 页。

27. AGI，一般概述，卷档 418，对开页 181 左页—183 页右页，转引自佩雷斯·德·图德拉 [9:39]，229 页："Paresceme que se deben enviar a conplimiento de cien esdavos negros."

28. 这一年份颇具讽刺意味。那年，1 世纪罗得岛雕塑家创作的特洛伊祭司被蛇缠死的塑像，出土于罗马的葡萄园。这座葡萄园归费利切·迪·弗雷迪所有，古时候那里曾是提图斯浴场。教皇儒略派他最喜欢的建筑师佛罗伦萨人朱利亚诺·圣加洛，前去赏阅。米凯兰杰洛和圣加洛 9 岁的儿子也一同前往。据圣加洛的儿子回忆，圣加洛一听说这件事，就脱口而出："这就是普利尼提到的拉奥孔……"于是，教皇就买下了这尊雕像，把它安置在美景宫。这尊雕像是"古典生活和精神的完美体现，举世无双"（帕斯特 [1:7]，6，489 页）。莱辛以这尊雕像为题，发论文讨论了诗歌与美术的区别（1766 年）。这一年，新世界和旧世界都发生了深刻变化，但只有罗马的变化为世人所知。

29. AGI，合约 4674，对开页 91 页右页，转引自佩雷斯·德·图德拉 [9:39]，229 页；马特尔 [6:34]，109 页。

30. 厄尔·汉密尔顿 [3:8]，42 页。

31. 参阅 *Residencia vs. Ovando*，其中有许多像问题 14 这样的问题："Si saben que en traerse muchos ganados a esta ysla ansy vacas como ovejas recibe gran bien Ia ysla e mucho servicio Dios y su Alteza ..." 得到的是像 "Es notorio en esta ysla ... los ganados se multiplan mucho en ella" 这样的回答。

32. 拉布 [13:74]，172—173 页。

33. 国王信件上的日期是 1505 年 9 月 15 日。参阅佩雷斯·德·图德拉 [9:39]，334 页，以及刘易斯·汉克，《全人类一体》（*All Mankind Is One*），伊利诺伊州迪卡尔布 1974 年版，10 页。

34. *Residencia vs. Ovando*："No cumplía las cartas que sus Altezas enviaban para que se diesen indios a algunas personas e que no trataban bien a los buenos. Los maços de los maços de los cocineros tienen indios en muchas cantidad."

35. 有关科尔特斯的到来，参阅我的著作 *Quién es quién en la conquista de México*，巴塞罗那 2001 年版。

36. 帕萨蒙特被肯齐罗斯指派上任，不过，帕萨蒙特总是偏袒阿拉贡同乡。此前，帕萨蒙特曾为国王效力，陪伴国王前往那不勒斯，1506 年被召回。人们对他争议很大。但从不虚伪的拉斯·卡萨斯记述道，帕萨蒙特是个"智慧、谨慎、经验丰富、老成持重的人，为人诚实，一辈子都保持着好名声"。（[2:50]，2，345—346 页。）

37. *CDI*，26，248 页。

38. 纳瓦雷特 [4:38]，1，495 页："he mandado al almirante de las Indias que vaya con poder a residir y estar en las dichas Indias a entender en la gobernacion dellas, segun el dicho poder sera contenido hase de en tender que el d1cho cargo y poder ha de ser sin perjuicio del derecho de ninguna de las partes."

39. 纳瓦雷特 [4:38]，1，495—497；另参阅艾达·奥特曼（Ida Altman），《西班牙领主和美洲：卡塞雷斯的奥万多斯》（Spanish Hidalgos and America: The Ovandos of Cáceres），《美洲》（The Americas），43, 3, 1957 年，323 页及以后各页。The King addressed "los concejos, justicias, y regidores, caballeros, escuderos, oficiales e homes buenos de todas las islas, Indias [sic] e tierra firme del mar oceano ea cada uno de vos salud e gracia."

40. 加西亚·加略（García Gallo），收录于 Fernando el Católico, pensamiento político [1:22]，154 页。

41. 孔苏埃洛·巴雷拉 [4:14]，116 页。

第十九章 "他们跃上陆地"

1. 劳斯 [8:13]，17 页。

2. CDI，31，309 页及其后各页；纳瓦雷特 [4:38]，2，78 页。有关波多黎各，参阅由比森特·穆尔加·桑斯编的两卷档案：其一，Puerto Rico en los manuscntos de Don Juan Bautista Muñoz，圣胡安 1960 年版；其二，Cédulario Puertorriqueño，里奥彼德拉斯 1961 年版。另参阅奥雷利奥·蒂奥的著作，Nuevas Fuentes para la historia de Puerto Rico，圣赫尔曼 1961 年版，以及穆尔加·桑斯的著作 [18:9]，3—5 页。

3. CDIU，5，148—155。

4. 弗朗西斯卡是格拉纳达战争英雄罗德里戈·庞塞·德·莱昂的女儿，1518 年 4 月 18 日的一份文件中提到过他。参阅塞维利亚协议文件（Archivo de Protocolos de Sevilla，以下称 APS），oficio 10，迭戈·洛佩斯文档，转引自穆尔加·桑斯 [19:1]，22 页，征服波多黎各的胡安·庞塞·德·莱昂是这位弗朗西斯卡的堂亲。

5. 拉莫斯 [10:8]，109；奥维多（[2:43]，2，90 页），奥维多认识这个人，还说此人参加了哥伦布的第二次航行。

6. 拉斯·卡萨斯 [2:50]，2，504 页。现在，房子跟海岸的距离远了不少。

7. oficio 15, lib. I, 贝尔纳尔·冈萨雷斯·瓦尔德西洛（Bernal González Valdesillo）文档，对开页卷档的三分之一，1508 年 5 月 20 日（APS，1，381 页）。

8. 拉斯·卡萨斯 [2:50]，2，373 页："hombre muy hábil y que le había serv1do en las guerras mucho."

9. 转引自莫里森 [4:42]，386 页。

10. 莫里森 [4:42]，504 页。

11. 参阅加里多的 Información de Servicios y Méritos，收录于 AGI，墨西哥，卷档 203，注释 3。后来，他跟随科尔特斯在古巴、佛罗里达和墨西哥征战。有关庞塞·德莱昂的其他随从，参阅穆尔加·桑斯 [19:1]，35 页。

12. R. R. 希尔，《行省总督的政府》（The Office of Adelantado），《政治科学季刊》

（*Political Science Quarterly*），第 28 期，1913 年，654 页。另参阅哈林 [13:87]，23—25 页。希尔指出，10 世纪时，旧卡斯蒂利亚多半已经有行省总督了，到了 12 世纪，肯定也有行省总督。

13. 参阅胡安·庞塞·德·莱昂的著作 *Información de Servicios y Méritos*，AGI，Mexico，卷档 203，注释 19。奥维多称赞他口才过人（*la lengua*），简直像个"口译官"，但奥维耶多应该不知道他和指挥官的关系。

14. *CDI*，34，480 页。这是庞塞·德莱昂自己的记录。参阅拉斯·卡萨斯 [2:50]，356，以及奥维多 [2:43]，2，90 页。

15. AGI，墨西哥，卷档 203，在本人转录版本的第 27 页，"por guanines colgando de las orejas y de las naryzes"。

16. 奥维多 [2:43]，2，100 页。

17. 胡安·庞塞·德·莱昂也是胡安·加里多以下记录的见证人，"Información de Servicios y Méritos"，AGI，墨西哥，卷档 204，注释 1。

18. 这是座宏伟的庄园，位于今天的圣胡安东郊，庞塞·德莱昂安排印第安人在庄园里工作，他自己则在托亚山谷中寻找黄金。参阅劳斯 [8:13]，158 页。

19. 穆尔加·桑斯 [19:1]，21，34 页。

20. 代韦 [6:36]，83 页。

21. 拉斯·卡萨斯 [2:50]，2，386—390 页。

22. 奥维多 [2:43]，2，102 页。

23. 同上，另参阅穆尔加·桑斯 [19:1]，75 页，文中有相关评论。

24. 1514 年 9 月 27 日，*Cédula*，巴利亚多利德，收录于 AGI，一般概述，卷档 419，lib. V。有关其他探险，参阅本书第二十章。有关庞塞这一阶段的工作，参阅穆尔加·桑斯 [19:1]，160 页。

25. 奥维多 [2:43]，2，107 页。

26. "La más hermosa de todas cuantas había visto en las Indias"，转引自莫拉莱斯·帕德龙 [6:19]，25 页。

27. 莫拉莱斯·帕德龙，《牙买加》（*Jamaica*）[11:43]，88 页。

28. 迪亚斯·德尔·卡斯蒂略 [15:45]，1，395 页。

29. 有关征服牙买加的始末，参阅 *CDI*，32，240 页及其后各页；*CDU*，1，1；*CDIU*，4，312 页；以及拉斯·卡萨斯 [2:50]，2，第 56 章。

30. 奥维多 [2:43]，2，184 页

31. 代韦 [6:36]，95 页和参考文献。

32. 莫拉莱斯·帕德龙 [6:19]，94 页；有关加拉伊其人，参阅 *CDI*，2，420，558 页。

33. 马特尔 [1:2]，402 页。

34. AGI，墨西哥，卷档 204，注释 3。

35. 莫里森认为有两个人叫这个名字。

36. 参阅莫里森 [4:42]，198 页。

37. 奥维多 [2:43]，3，133 页。

38. 同上。

第二十章 "将此地称作'亚美利哥'"

1. 波尔 [5:35]，35 页。

2. 波尔 [5:35]，137 页。

3. 莫里森教授说，索德里尼和阿梅里戈·韦斯普奇一起上过学。

4. 安托万·德拉·萨莱把自己那本奇怪的历史地理学著作 La Salade 题献给了儿子，卡拉布里亚公爵约翰，书中有一张世界地图，上面却没有大不列颠岛。"安茹"的玛格丽特也是"善王勒内"的女儿，她与英格兰国王亨利六世结了婚。

5. 圣迪耶及邻近各城镇位于洛林公国境内，属于"上洛林地区"，是神圣罗马帝国的一部分。1945 年，德国法西斯撤退时，曾把这里夷为平地。洛林公爵是法国后裔，出身于一个叫作沃德蒙（Vaudémond）的古老家族。洛林公爵勒内二世是一位成功的领主：他扩大了洛林的领土，而且对新事物抱有兴趣。1477 年，他还在南希帮忙打败了最后一位独立的勃艮第公爵，"大胆查理"。

6. 1901 年，有人在沃尔夫格城堡内找到了一幅保存完好的"地球平面图"副本，2001 年，美国国会图书馆出价 1 000 万美元收购了这件文物。

7. 参阅黑斯 [4:17]，220 页，文中有段有趣的讨论。

8. 此时，已经有人从欧洲航行到太平洋了？而且是个葡萄牙人？彼得·迪克森（Peter Dickson）先生认为确实如此。参阅《泰晤士报》（伦敦），2002 年 10 月 8 日，第 15 版。麦哲伦确信自己一定会发现今天的麦哲伦海峡，没人知道他为什么这样自信（参阅本书第三十六章）。我认为，在地理学中猜测很重要，在历史领域也是这样。

9. 马特尔 [6:34]，致利奥十世的信，163 页。

10. 波尔 [5:35]，174 页。

11. 参阅尼古拉斯·克兰（Nicholas Crane），《墨卡托》（Mercator），伦敦 2002 年版，97 页及其后各页。

12. 阿尔贝托·麦格纳吉（Alberto Magnaghi），*Amerigo Vespucci, Studio Critico*，罗马 1926 年版。引自波尔 [5:35]，72 页。

13. 正如波尔所说，"好名字是件艺术品"。

14. 这封韦斯普奇的信有许多版本，但第一页开头的内容都一样："Quando apud maiores nostros nulla de ipsis fuerit habita cognitio et auditibus omnibus soit nouvissima res."

15. 波尔 [5:35]，176："Ut ad perquirendas novas regiones versus meridiem a latere orientis me accingam per ventum qui Africa diciter."

16. "航位推算"是指根据日志记录的航行距离和罗盘记录的转舵情况，再考虑海域洋流等因素，估算出船舶所在位置的方法，这种方法不涉及任何天文观测。

17. 参阅哈林 [9:39]，285 页，文中有详细评述。

18. *CDI*，36，251 页及其后各页。第 197 和 287 页上再现了最早的官方地图。

19. 马特尔 [1:2]，1，271 页。

20. 他或许去了趟佛罗伦萨。瓦萨里说，莱昂纳多·达芬奇给韦斯普奇画过肖像，画上的韦斯普奇是一位"矍铄老人"。这幅画像应该是 1508—1512 年画的，除非瓦萨里记录出错——要不就是达芬奇去了趟塞维利亚，却没有留下任何记录。（瓦萨里，*Lives*，Everyman，1927 年版，2，16 页。）

21. 孔苏埃洛·巴雷拉，"El testamento de Amerigo Vespucci"，*Historiografía y Bibliografía Americanistas* 30，2，塞维利亚 1986 年版，5 页。他的遗嘱收录于 APS；参阅 Oficio 1，lib. 1，马特奥·德拉·夸德拉文档，对开页 367 页，1511 年 4 月 9 日（APS 8，711）。

22. 拉斯·卡萨斯 [2:50]，2，335 页。命令文件收录于 *CDI*，22，1—13 页。文件的日期是 1508 年 3 月 23 日。航行共花去 1 700 863 马拉维第，相关账目收录于招聘机构（Casa de Contratación），由拉德罗·克萨达出版 [16:42]，52 页。关于此次航行的唯一研究来自拉蒙·埃斯克拉，"El viaje de Pinzón y Solís al Yucatán"，导言，30 页（1970 页），217 页及其后各页。

23. 参阅拉斯·卡萨斯 [2:50]，2，374 页以及奥维多 [2:43]，2，37 页。任命文件收录于 *CDI*，22，13 页。

24. 马特尔 [6:34]，98 页。

25. 马特尔 [1:2]，1，195 页。关于塔拉韦拉，参阅 *CDI*，1，212 页；22，158，284 页及其后各页。

26. 拉斯·卡萨斯 [2:50]，406 页。

27. 拉斯·卡萨斯 [2:50]，2，504 页。

28. 1501 年，巴尔沃亚跟随巴斯蒂达斯航行，1502 年，巴尔沃亚留在了圣多明各。

29. 奥维多 [2:43]，3，143 页。

30. 马特尔 [6:34]，1，211 页。

31. 关于阿吉拉尔，参阅 *Información de Servicios y Méritos*，收录于"赞助"，卷档 150，注释 2，分卷 1。弗朗西斯科·莫拉莱斯·帕德龙慷慨地给了我一份上述文献的转录本。

32. 马特尔 [6:34]，214 页。

33. *CDIU*，17，265 页。

34. 马特尔 [6:34]，234—235 页。

35. 马特尔 [6:34]，235—236 页。

36. 劳斯 [8:13]，20—21 页。

37. *CDI*，22，26—32 页，文献中有一份 1512 年 9 月 26 日的受降书，其中提到了庞塞·德·莱昂。近年关于此事的简略研究，参阅爱华德·W. 劳森（Edward W. Lawson），《佛罗里达的发现及其发现者胡安·庞塞·德·莱昂》（*The Discovery of Florida and Its Discoverer Juan Ponce de León*），佛罗里达州圣奥古斯丁 1946 年版。更详细的研究参阅穆尔加·桑斯 [19:1]，100 页及其后各页，其中列出了这些船所属的公司。

38. 参阅 Jesus 巴雷拉 Marcos，"Anton de Alaminos: el piloto del Caribe"，收录于《议会》[5:27]，2，49 页及其后各页。

39. 参阅加里多的 *Información de Servicios y Méritos*，收录于 AGI，赞助，卷档 204，注释 3。其中的 8 名见证人似乎都和加里多一起去了佛罗里达。他们的话并不多，但他们是那次航行中少数活下来的人。

40. 马特尔 [6:34]，294 页。奥维多 [2:43]，2，105 页，奥维多对此很鄙夷，他说，寻找不老泉简直就是儿戏。传说亚历山大大帝有位 66 岁的同伴，这位老人在河里洗了个澡，就恢复成了 40 年前的样貌，这条河就在底格里斯河和幼发拉底河附近，传说这两条河的源头就是伊甸园。参阅莱昂纳多·奥尔什基（Leonardo Olschki），《庞塞·德·莱昂的不老泉》（Ponce de León's Fountain of Youth），*HAHR*，第 21 期，1941 年 8 月，362—385 页。

41. 莫里森 [4:42]，507 页。

42. 同上，511 页。这是西班牙与玛雅世界的第三次接触。第一次是在 1502 年，哥伦布到达洪都拉斯一带（见第十一章）；第二次是在 1508 年，迪亚斯·德·索利斯和平松遇到玛雅人（见第十四章）。

43. 穆尔加·桑斯 [19:1]，117 页。

第二十一章 "荒野中的哭泣声"

1. "con mucha casa."

2. 对迭戈展开的唯一研究出自路易斯·阿兰斯的《堂·迭戈·哥伦布》（*Don Diego Colón*），马德里年 1982 版，只出版了第一卷，它追溯至 1511 年的历史。这些船由塞维利亚所有最著名的船主所有：加斯帕雷和巴托洛梅·森图里翁、门西亚·曼努埃尔、梅迪纳塞利女大公、弗朗西斯卡·庞塞·德·莱昂（著名的罗德里戈的女儿）、哈科梅·格里马尔迪（部分占股）、曼努埃尔·坎西诺、弗朗西斯科·加拉伊、米格尔·迪亚斯·德·奥克斯（占一半股份）、托马斯·德·卡斯蒂廖内都是这次探险的投资者。参阅 AGS，王国枢密院，卷档 43，对开页第 5 页，查看船队登记册，恩里克·奥特在 "La flota de Diego Colón, Españoles y Genoveses en el comercio trasatlántico de 1509"，导言，95—96 页（1964 年），475 页以及以后各页进行了相关分析。

3. 参阅埃米莉娜·马丁·阿科斯塔（Emelina Martín Acosta），"García de Lerma en la inicial penetración del capitalismo mercantil en América"，收录于《议会》[5:27]，2，429 页及以后各页。

4. 拉斯·卡萨斯 [2:50]，371 页："más fué heredero de las angustias e trabajos e disfavores de su padre, que del estado, honras y preeminencias que con tantos sudores y, aflicciones gano."

5. 纳瓦雷特 [4:38]，1，498—504 页。另见阿兰斯 [21:2]，184 页。

6. "un memorial muy largo y muy particular ... de la manera que ha tendido en la buena gobernación de la dicha isla ..."

7. "muy larga y particularmente todas las cosas de alli."

8. 王室的 "要求" 印制在 *CDI*，32，55 页及以后各页。

9. 引用于胡安·希尔，*El libro Greco-Latino* [18:15]。那时的书籍以数字编号，不起名字，直到 1550 年才有了为书起名的必要。

10. 所有与人口有关的问题，请参阅大卫·海涅格出色的调查成果，《难觅的数字》（*Numbers from Nowhere*）[8:12]，作者热心地将书赠给了我。

11. *CDIU*，5，197 页及以后各页。

12. 例如，见卡洛斯·博施·加西亚（Carlos Bosch García），*La esclavitud prehispánica entre los Aztecas*，墨西哥 1944 年版。

13. 费尔南多·卡托里克写给帕萨蒙特的信，巴利亚多利德，1509 年 5 月 3 日，AGI，一般概述，418 页，lib. iii。

14. *CDI*，36，288—289 页。

15. 拉斯·卡萨斯 [2:50]，2，34 页。拉布，"Cristóbal de Tapia"，HAHR，第 33 期，1953 年 8 月。

16. 乌尔苏拉·兰布 [15:67]："las haciendas desta tierra no son nada sin indios."

17.《穆尼奥斯选集》，西班牙皇家历史学院，马德里，第 90 卷，对开页 58 页。

18. 见桑切·德·马廷恩索的记叙，由拉德罗·克萨达出版 [16:42]，27 页。

19. 见厄尔·汉密尔顿的数字 [3:8]，123 页。

20. 沙费尔 [9:19]，1，19 页

21. 纳瓦雷特 [4:38]，1，505—509 页；见哈林 [9:39]，29 页；沙费尔 [9:19]，1，178 页："no consintáis o déjeis pasar a las Indias a ninguna persona de las prohibidas."

22. 希门尼斯·费尔南德斯 [2:39]，2，673 页。修士包括佩德罗·德·阿尔瓦拉多、安东尼奥·蒙特西诺斯、贝尔纳多·德·圣多明戈和多明戈·德·门多萨，年底之前另外几位修士也加入了他们的队伍：托马斯·德·富恩特斯、弗朗西斯科·德·莫利纳、佩德罗·德梅迪纳、巴勃罗·德特鲁希略和托马斯·德·贝兰加。

23. 拉斯·卡萨斯 [2:50]，2，381—382 页。

24. AGI，赞助，卷档 11，分卷 5；*CDI*，7，43 页。

25. *Fernando el Católico*，*pensamiento politic* 中关于加西亚·加略的内容 [1:22]，154 页。

26. 纳瓦雷特 [4:38]，2，83—85 页。

27 . "Testimonio de reclamación y protesta de D. Diego Colón"等，1512 年 12 月 29 日，CDHI，7，232 页上进行了总结，引用于哈林 [13:87]，19 页。

28. 这些人是以下修士：洛佩·德·派勃、埃尔南多·德·比列纳、多明戈·贝拉斯克斯、巴勃罗·德·卡瓦哈尔、胡安·德·科尔普斯·克里斯蒂，以及更早的托马斯·德·托罗。

29 . 拉斯·卡萨斯 [2:50] 2，441 页。这当然是拉斯·卡萨斯对此事件的描述，安东尼诺·S. 蒂贝萨对此进行了批评。"蒙特西诺斯"经常被翻译成"蒙特西诺"。

30. "la cabeza no muy baja." 这可能是多明我会在新世界的座右铭。

31. 拉斯·卡萨斯 [2:50]，2，446—447 页。

第二十二章 "异教徒可以正当自卫"

1. 代韦 [6:36]，95 页。

2. 比森特·卡德纳斯（Cadenas），*Carlos I de Castilla, Señor de las Indias*，马德里 1988 年版，123 页。

3. *CDI*，32，304—318 页。

4. 代韦 [6:36]，96 页。

5. 奥特 [15:83]，116 页。

6. 何塞·马里亚和查孔 - 卡尔沃编，*Cédulario Cubano，1493-1512*，收录于 *Colección documentos inéditos para la historia de Hispano-América*，马德里 1929 年版，429 页。

7. 查孔 - 卡尔沃 [22:6]，445 页及以后各页。

8. 拉斯·卡萨斯 [2:50]，2，449 页。

9. 费尔南德斯 - 阿梅斯托 [4:49]。

10. 拉斯·卡萨斯 [2:50]，2，450 页。

11. 约翰·马霍尔（1470—1540），一生中有一半的时间在巴黎，其他时间在哈丁顿度过。

12. 马特尔 [1:2]，2，142 页。

13. 拉斯·卡萨斯 [2:50]，459—462 页中给出了演讲内容。梅萨后来被任命为古巴主教，不过他从没去过那里。1960 年，作为埃尔纳主教的他在加泰罗尼亚去世。

14. 也许他和科尔特斯有亲戚关系。科尔特斯母亲的同父异母或同母异父的姐妹正是萨拉曼卡的伊内斯·德·帕斯。大约 1490 年，上大学的科尔特斯和她在一起。

15. 贝尔特伦·德·埃雷迪亚（Beltran de Heredia），"Un precursor del maestro Vitoria"，收录于 *La Ciencia Tomista*，40，1929 年，173—190 页。

16. 见埃洛伊·布利翁 - 费尔南德斯（Eloy Bulló y Fernández），*Un colaborador de las reyes católicos. El doctor Palacios Rubios y sus obras*，马德里 1927 年版。布利翁的头衔（拉塞尔瓦侯爵）似乎是可以证实他的贵族身份的正当理由。帕拉西奥斯·鲁维奥斯于 1504 年进入皇家理事会。

17. *CDI*，7，24—25 页，拉斯·卡萨斯 [2:50]，1，442 页。拉斯·卡萨斯建议西斯内罗斯枢机主教阅读帕拉西奥斯的作品，还建议出版他和帕斯的作品。

18. 格雷戈里奥的演讲收录在拉斯·卡萨斯 [2:50]，1，471—475 页。

19. 安东尼奥·穆罗·奥雷洪（Antonio Muro Orejón），*Ordenanzas Reales sabre las Indios. Las Leyes de Burgos,1512-1513*（*AEA*），塞维利亚 1956 年。关于委员会八名成员的七项初步结论，参阅拉斯·卡萨斯 [2:50]，2，456—570 页。

20. 这里遵循了不同的策略。1504 年，一位酋长的儿子被运路易斯·费尔南德斯的船送回西班牙，学习西班牙语。他和其他几个人去世导致西班牙人后来改变了这一想法：西班牙人不再把印第安人送到西班牙接受教育，西班牙人决定前去西印度群岛。苏亚雷斯受要求去圣多明各教酋长们的儿子学习语法。他的教学基于内夫里哈的《语法》（*Gramática*），同时必须教授拉丁语，好让学生理解法理学和神学。某个名叫"迭戈·因迪奥"的人被带回塞维利亚，以"industriado en las cosas de la fe o en otras

cosas de buena crianza e conversación para cuando hobiere de tornar a la dicha isla pueda aprovechar a los vecinos e moradores della en la salud de sus animas e conciencias "。按原计划他将住在安提瓜岛圣玛利亚教堂的牧师路易斯·德·卡斯蒂利翁处，每年的费用是 8 000 马拉维第，但他没来得及回家就去世了。

21. 汉克 [16:14]，25；相关法律参阅拉斯·卡萨斯 [2:50]，2，482—489 页。

22. 成员当中的第一位是国王的告解神父。

23. 安东尼奥·罗德里格斯·比利亚（Antonio Rodríguez Villa），*Bosquejo biográfico de la reina Juana*，马德里 1874 年，33 页。

24. 修正条例概述于拉斯·卡萨斯 [2:50]，2，492 页及以后各页。

25. 费尔南德斯·德·恩西索（Fernández de Enciso），*Memorial*，in *CDI*，1，441—450 页。

26. 引自汉克 [18:33]，35 页。这最终似乎会授予卡斯蒂利亚君主除教皇最初授予的头衔之外的另一头衔，管辖范围是新大陆的领地。

27. 阿兰斯 [12:17]，196 页。

28. *CDI*，1，50 页及以后各页。

29. *CDI*，11，216—217 页。

30. 奥特 [15:83]，118 页。

31. 奥特 [15:83]，119 页。

32. 见海伦·帕里什（Helen Parish）和哈罗德·韦德曼（Harold Weideman S. J.），《巴托洛梅·德·拉斯·卡萨萨正确的出生日》（The Correct Birth Date of Bartolomé de Las Casas），*HAHR*，第 56 期，385 页。

33. 根据克劳德·纪廉（Claude Guillen）1965 年《西班牙公报》（*Bulletin Hispanique*）中的 "Un padrón de conversos sevillanos"。玛丽安娜·马恩 - 洛特（Marianne Mahn-Lot），《巴托洛梅·德·拉斯·卡萨斯》（*Bartolomé de Las Casas*），巴黎 1982 年版，12 页，也表明塞戈维亚的佩纳洛萨家族是改宗者家族。现在看希尔 [3:37]，3，121页、460 页，这些研究似乎是决定性的。巴托洛梅与塞维利亚贵族家族拉斯·卡萨斯没有什么关系。

34. 阿兰斯 [12:17]，540，564 页。

35. 希门尼斯·费尔南德斯 [2:39]，2，89，385 页。

36. 拉斯·卡萨斯 [2:50]，1，332 页。

37. 雷蒙德·马库斯（Raymond Marcus），*El primer decenio de Las Casas en el Nuevo Mundo*，伊比利亚美洲档案，1977 年，87 页及以后各页。马恩 - 洛特 [22:33]，19, 认为他也有所参与。

38. 拉斯·卡萨斯 [2:50]，1，466 页。

39. 拉斯·卡萨斯 [2:50]，3，26 页、87 页。

40. 拉斯·卡萨斯 [2:50]，2，17 页、53 页。

41. 拉斯·卡萨斯 [8:14]，164，528 页："de las flautas, este se celebraba en el treceno día de enero con gran licencia de lascivia ... andando los hombres vestidos de vestiduras de mujeres por toda la ciudad, enmascarados, haciendo bailes y danzas, y la memoria y

vestigio de ellos yo lo he visto los días que estuve el año de siete, digo quinientos y siete, que de estas Indias fui a Roma."

42. 拉斯·卡萨斯 [2:50]，2，385—386 页。"La cual fue la primera que se cantó nueva en todas estas Indias; y por ser la primera, fué muy celebrada y festejada del almirante [Diego Colon] ... porque fué tiempo de la fundición..."

43. 斐迪南曾于 7 月 22 日在莱尔马，7 月 27 日至 8 月 9 日在杜罗河畔阿兰达，8 月 11 日至 23 日在希赞的古米尔（8 月 15 日至 20 日返回阿兰达），8 月 24 日在圣埃斯特万德库埃拉尔，8 月 25 日至 9 月 15 日在塞戈维亚，9 月 29 日至 10 月 18 日在索托斯阿尔博斯、弗雷斯诺德坎特斯、平诺德圣埃斯特万、布尔戈德奥斯曼、阿尔马桑、蒙特瓜多，最后在卡拉塔尤德，参加阿拉贡的议会会议。然后去了锡古恩萨、科古鲁多、布伊特拉戈、佩德雷塞拉、阿洛科本达斯和马德里，于 10 月 29 日抵达马德里。随后，他到了莫斯托利斯、卡萨鲁比亚斯、卡扎勒加斯、塔拉韦拉、奥罗佩萨、梅西拉斯和卡斯特加达。为了寻找比卡斯蒂亚严酷的冬季气候更为温和的地方，国王断断续续在普拉斯尼亚待到年底，12 月 6 日至 11 日在拉阿巴迪亚做短暂停留，前去打猎，12 月 13 日至 18 日去了加利斯特奥。另见希门尼斯·费尔南德斯 [2:39]，2，673 页，以及戴维·布拉丁（David Brading），《第一个美洲》（The First America），剑桥 1991 年版，74 页。

44. 拉斯·卡萨斯 [2:50]，3，108—110 页。

45. AGI，合约，4675，lib. 1，引述曼努埃尔·希门尼斯·费尔南德斯，"Hernán Cortés y su revolución comunera en la Nueva España"，AEA，5，1948 年。

46. 马塞尔·巴塔永（Marcel Bataillon），Erasmo y España，墨西哥 1998 年版，56 页。

47. 阿尔瓦·戈麦斯·德·卡斯特罗（Álvar Gómez de Castro），De las hazañas de Francisco Jiménez de Cisneros，马德里 1984 年版。

48. 希尔 [3:37]，1，251 页。

49. CDIU，5，197—200 页，5，191 页及以后各页。

50. 查孔 - 卡尔沃 [22:6]，467 页。

51. 纳瓦雷特 [4:38]，1，516 页。

52. 希尔 [3:37]，1，255 页。

53. 纳瓦雷特 [4:38]，1，514 页："universal patria:rca de toda ella."

54. 鲁梅乌 [2:2]，411 页。

55. 在西班牙，纳瓦拉保留了它的议会及其他机构和习俗，甚至硬币，但它将会在 1512 年 6 月成为卡斯蒂利亚的一部分。教皇尤利乌斯此时已成为斐迪南的盟友，终于在意大利获胜，使得所有法国军队撤退，得到了法国在那里损失的财产。

56. 奥特 [15:83]，123 页。

57. 奥特 [15:83]，123 页和脚注 601。

58. 加尔塞斯曾是一名征服者，但因为妻子——来自伊斯帕尼奥拉拉维加的女酋长——涉嫌通奸而杀害了她。之后，他在山里游荡了四年，才被多明我会接纳和赦免。

59. 希门尼斯·费尔南德斯 [2:39]，2，681 页。也可参阅 AGI，司法，47，注释 3。

第二十三章 "无偏袒、无爱，亦无仇恨"

1. AGI，司法，卷档49，对于迭戈·贝拉斯克斯·德奎利亚尔的司法审查。关于本章内容，也可看查孔-卡尔沃编 [22:6]，Cedulario cubano 1493—1512。

2. 拉斯·卡萨斯 [2:50]，2，486 页。

3. 拉斯·卡萨斯 [2:50]，2，339 页。

4. *CDI*，39，11—12 页。他在赫雷斯杀死了一个名叫胡安·德·贝拉斯克斯的人。

5. 马特尔 [6:34]。其他人可能包括桑乔·卡马乔和他的兄弟。

6. *CDI*，11，414 页。见胡安·贝尔特兰（Juan Beltrán），"Bojeo de Cuba por Sebastián de Ocampo"，《古巴双月刊》（*Revista Bimestre Cubana*），3，19，1924 年 5 月。

7. 拉斯·卡萨斯 [2:50]，2，510 页。

8. 见圣地亚哥·奥特罗·恩里克（Santiago Otero Enríquez），*Noticias genealógicas de la familia Velázquez Gaztelu*，马德里 1916 年版。

9. 征服者的生平，见巴尔维诺·贝拉斯科·巴永（Balbino Velasco Bayon），*Historia de Cuellar*，第 4 版，塞戈维亚 1996 年版，326 页及以后各页。

10. 在一位市长的努力下，大部分都在复原当中。

11. 贡萨洛·德拉·托雷·德·特拉西拉，《奎利亚尔》（*Cuélla*），马德里 1896 年版，2，213 页；《莱维·马雷罗》（Levi Marrero），*Cuba: Economía y Sociedad*，巴塞罗那 1972，1，117 页，称他与大将军在意大利，但日期与所述不符。

12. AGI，一般概述，卷档419，lib. 5，94 左页，引用于阿兰斯 [12:17]，306—307 页。

13. I. A. 赖特 [11:38]，24，45 页；也可参阅马雷罗 [23:11]，1，163 页。

14. 其他与迭戈·贝拉斯克斯同行的人包括：克里斯托瓦尔·德·奎利亚尔，此人曾在伊斯帕尼奥拉任会计，也曾为胡安亲王效力；安东尼奥·古铁雷斯·德·圣克拉拉，作为熔炼工，来自移民的改宗者家族；安德烈斯·德·杜埃罗，据说曾在那不勒斯跟随大将军；已在加勒比海地区停留 7 年的迭戈和佩德罗·德·奥尔达斯；此外还有贝拉斯克斯家族的几位成员，如巴尔塔萨·贝穆德斯、贝尔纳迪诺·贝拉斯克斯、弗朗西斯科·德·贝尔杜戈、另一位迭戈·贝拉斯克斯（总督的侄子）、佩德罗·贝拉斯克斯·莱昂——此人将在征服墨西哥的过程中发挥作用。关于 1510—1516 年古巴居民的部分名单，见马雷罗 [23:11]，1，138 页。和贝拉斯克斯一同前去的还有胡安·加里多，他曾在波多黎各参加战斗。见 AGI，墨西哥，204，注释 3。

15. 拉斯·卡萨斯 [2:50]，2，524 页。

16. 艾琳·赖特（Irene Wright）的评论很有价值，她花费多年在西印度群岛档案馆寻找古巴早期历史的资料，"对拉斯·卡萨斯的描述与我手中的文件没有什么不同……数字除外" [11:38]，15—16 页。

17. 奥维多 [2:43]，2，113 页；拉斯·卡萨斯 [2:50]，2，524 页。纳瓦尔曼萨诺没有关于纳瓦埃斯的记载。

18. 赖特 [11:38]，2 页。

19. 拉斯·卡萨斯 [2:50]，2，536—537 页。

20. 拉斯·卡萨斯 [2:50]，2，539 页。

21. 拉斯·卡萨斯 [2:50]，3，95 页。

22. 拉斯·卡萨斯 [2:50]，2，542 页。令人不解的是，拉斯·卡萨斯又一次没有记叙这些人的身份。

23. 参阅马雷罗 [23:11]，110—115 页。

24. 赖特 [11:38]，40 页。

25. *CDI*，32，369 页，日期为 1512 年 3 月 20 日。

26. 见《穆尼奥斯选集》，西班牙皇家历史学院，马德里，对开页 90 页，对开页 119 左页，对开页 120 右页。

27. *CDIU*，1，32 页。

28. *CDIU*，6，4 页及以后各页。

29. 贝拉斯克斯本人获得了理想的分配。他在巴亚莫的盟友曼努埃尔·德·罗哈斯、胡安·埃斯克里瓦诺和他的兄弟胡安·德·索里亚，哈瓦那的胡安·德·阿利亚（Juan de Alia），圣皮里图斯的胡安·罗德里格斯·德·科尔多瓦，瓜尼古阿尼克的阿隆索·罗德里格斯也是如此。赖特 [11:38]，49 页。

30. 这位艺术家的母亲赫罗尼莫来自贝拉斯克斯家族；她的父亲是胡安·贝拉斯克斯，这个名字与迭戈一样，都是常与贝拉斯克斯·德·奎利亚尔搭配使用的教名。16 世纪，几个贝拉斯克斯家族成员离开库奎利亚尔，前去塞维利亚寻求名利。总督的兄弟们——安东、鲁伊或古铁雷斯——中的一个，有个儿子叫胡安也就不足为奇了。不过，因为画家特别喜欢提及自己的血统（16 世纪 50 年代针对他的调查清楚表明了这一点），所以这位胡安不可能是画家的祖父。

31. 参阅 *CDI*，11，412—429 页中列举的内容。

32. 这些教士包括：古铁雷·德·安普迪亚、贝尔纳多·德·圣多明戈、佩德罗·德·圣马丁、迭戈·德·阿尔贝卡（拉斯·卡萨斯 [2:50]，3，99—103 页）。

33. *CDI*，11，428 页。卡尔·索尔在《早期西班牙美洲大陆》[8:5] 中提到了这份报告，但没有置评。也可参阅马雷罗 [23:11]，1，107 页。

第二十四章 "他们占据了整片海洋"

1. *CDI*，39，238—263 页。注：之后我将称努涅斯·德·巴尔沃亚为"巴尔沃亚"，易于理解。他补充说，"他们拥有的黄金比健康还多"及"不要忘记我们"。还说"流淌的黄金之河"。安赫尔·德·阿尔托拉吉雷（Angel de Altolaguirre），《巴斯科·努涅斯·德巴尔沃亚》，马德里 1914，13—25 页。

2. "他决定挑选几位代表 ......" [6:34]，131 页。

3. *CDI*，39，241 页。

4. "征服世界上的很多地方。"

5. 马特尔 [6:34]，137 页："他们的脸证明了达里恩的空气有多糟糕，因为他们脸色就像得了黄疸那样，而且很是肿胀，虽然他们把这种情况归咎于之前的经历。"

6. 马特尔 [6:34]，150 页："Cavan tambien de la tierra unas raices que nacen naturalmente y los indigenas las Haman batatas; cuando yo las vi, las juzgué nabos de Lombardia o gruesas criadillas de tierra. De cualquier modo que se aderecen asadas o cocidas no hay pasteles ni ningun otro manjar de mas suavidadad y dulzura. La piel es algo mas fuerte que en las patatas y los nabos y tienen color de tierra, pero la came es muy blanca... "

7. 奥维多 [1:2]，3，206 页。

8. 拉斯·卡萨斯 [2:50]，3，15 页："la fama de que se pescaba el oro en tierra firme con redes ... para ir a pescarlo casi toda Castilla se movió."

9. 马特尔 [6:34]，1，314 页。

10. "así por mar como por tierra, a la Tierra firme, que se solía Hamar e ahora la mandamos Hamar Castilla aurifera."

11. Instructions, *CDI*, 39, 280 页，以及 Navarette [4:38]，205—241 页；也可参阅阿尔瓦雷斯·鲁维亚诺（Álvarez Rubiano），*Pedrarias Dávila*，马德里 1914 年版，49 页和卡门·梅纳·加西亚（Carmen Mena García），*Pedrarias Dávila*，塞维利亚 1992 年版，211 页。

12. 马特尔 [6:34]，138 页。

13. *CDI*，39，123 页。

14. 马特尔 [6:34]，1，282 页。

15. 马特尔 [6:34]，1，284—285 页。

16. 见埃尔莎·梅尔卡多·索萨（Elsa Mercado Sousa），*El hombre y la tierra en Panamá* (*siglo XVI*) *según las primeras fuentes*，马德里 1959 年版。

17. 马特尔 [6:34]，166 页；奥维多 [2:43]，3，210 页及其后各页；拉斯·卡萨斯 [2:50]，594 页。

18. 马特尔 [6:34]，167 页。

19. 马特尔 [6:34]，1，288 页。见拉莱斯·帕德龙 [6:33]，342 页。

20. 马特尔 [6:34]，1，292 页。

21. 马特尔 [6:34]，1，30 页。

22. 见塞缪尔·洛斯洛普（Samuel Lothrop），收录于沃科普编著 [13:62]，253—256 页。

23. 卡门·梅纳·加西亚，*Sevilla y las flotas de Indias*，塞维利亚 1998 年版，259 页。

24. 同上，67 页；也可参阅拉德罗·克萨达 [16:42]，62 页。

25. 拉斯·卡萨斯 [2:50]，3，14 页，"de mucha edad porque pasaba de sesenta años."

26. "la santa conquista de Granada e Africa...en la toma de Oran donde os señalistes muy honoradamente...en la toma de Bugía..."

27. 官员 15，贝尔纳尔·冈萨雷斯·瓦莱西洛（Bernal González Vallesillo）文档，对开页 151 页，文件的最后三分之一，1514 年 1 月 13 日（APS，1，1017 页）；这表明加斯帕雷·森图里翁和胡安·德·科尔多瓦之间存在合作。也可参阅官员 15，lib. Único，贝尔纳尔·冈萨雷斯·瓦莱西洛文档，对开页，文件的前三分之一，1514 年 1 月 30 日（APS，I，1026 页）；这说明佩德阿里亚斯从奥古斯丁和贝尔纳多·格里马尔迪手中得到了 10 599 马拉维第。

28. AGI，巴拿马，卷档 233，1513 年 9 月，引用于梅纳 [24:23]，82 页："como side subditos espanoles se trate.se."

29. APS，9，118 页，塞维利亚，1514 年 1 月 30 日，引用于梅纳 [24:23]，82 页脚注，34。

30. APS，9，107 页，塞维利亚，亦引用于梅纳 [24:23]，83 页。

31. 梅纳 [24:23]，83 页。

32. "todos escogidos entre hidalgos y personas distinguidas."

33. "la más lucida gente de Espana que ha salido." 帕斯夸尔·德·安达戈雅，*Relación de documentos*，Adrián Blázquez 编，*Crónica de Américas*，马德里 1986 年版，83 页。

34. 相关讨论见梅纳 [24:23]，73 页及以后各页。

35. 据梅纳说，共有 278 名海员，她给出了其中 226 人的名单，其中 107 人来自安达卢西亚，28 人来自巴斯克，8 名是外国人，18 人来自加利西亚，7 人来自阿斯图里亚斯，12 人来自老卡斯蒂利亚（梅纳 [24:23]，塞维利亚，133 页）。

36. 安达戈雅 [24:33]，10 页。

37. "tiene alguna experienca de las cosas de Tierra Firme y también para cosas dearmada."

38. 其他船长包括路易斯·卡里略、贡萨洛·费尔南德斯·德·拉戈、孔特雷拉斯（Contreras）、弗朗西斯科·贝拉斯克斯·科罗纳多（不是科罗拉多的发现者）及迭戈·德·布斯塔曼特 - 阿蒂恩萨（Diego de Bustamante y Atienza）。未来参与征服新西班牙的人包括：弗朗西斯科·德·蒙特霍、贝尔纳尔·迪亚斯·德尔·卡斯蒂略、胡安·平松、奥尔蒂斯·德·苏尼加、马丁·巴斯克斯、安东尼奥·德·比利亚罗埃尔（Antonio de Villarroel）、阿隆索·加西亚·布拉沃、墨西哥城的重新规划者佩德罗·德·阿拉贡，可能有胡安·德·阿科斯、巴斯科·德·波查洛（Vasco de Porcallo）、安赫尔·德·比利亚法尼亚（Angel de Villafaña）和他的父亲胡安·德·比利亚法尼亚。下等贵族有桑乔·戈麦斯·德·科尔多瓦，廷臣有弗朗西斯科·德·索托和马德里的迭戈·德·洛杜纳（Diego de Lodueña）；王室卫兵有佩德罗·德·贝尔加拉和弗朗西斯科·德·卢戈内斯（Francisco de Lugones）；有女王胡安娜的仆人，如克里斯托瓦尔·罗梅罗、胡安·鲁伊斯·德·卡夫雷拉，或国王仆人的孩子，如胡安·德拉·帕拉（Juan de la Parra，他与父亲同名，父亲是国王的大臣）、胡安·德·贝扎马（Juan de Beyzama）、佩德罗·德·戈麦斯、萨尔瓦多·希龙、米格尔·胡安·德·里瓦斯（Miguel Juan de Rivas）和加斯帕尔·德·埃斯皮诺萨，他们都是由国王本人向佩德罗里亚斯推荐的。参阅梅纳 [24:23]，778 页。

39. 关于奥维多，参阅佩雷斯·德·图德拉《历史》中的介绍，"Vida y escritos de Gonzalo Fernández de Oviedo"，马德里，*BAE*，175 页，以及他的作品 *Batallas y Quincuagenas* 的序言，皇家历史学院，1983 年。也可参阅玛丽亚·多洛雷斯·佩雷斯·巴尔塔萨（María Dolores Pérez Baltasar），《费尔南德斯·德·奥维多，历史上的创新者》（Fernández de Oviedo, Hito innovador en la historiografía），《国会》（*Congreso*）[5:27]，4，309—310 页。

40. 在马德里皇家历史学院的穆尼奥斯藏品中，还出现了其他人的名字：托里维奥·孔塔多（Toribio Contado）、加西亚·里韦罗、米格尔或马丁·费尔南德斯、胡安·德·莱昂、迭戈·奥索里奥、贡萨洛·阿隆索、胡安·鲁伊斯·德·格瓦拉、安东尼奥·德·阿兰达、胡安·德拉·普恩特、佩德罗·德·罗萨斯、学士比利亚迭戈和胡安·德·布恩迪亚（Juan de Buendía）。

41. 梅纳 [24:23]，46 页。

42. "sayo de seda e muchos de brocado"，苏亚索法官在写给谢夫尔的信中这样说。

43. *CDI*，39，280—316 页，"muy malos vicios y malas costumbres"。

44 巴利亚多利德，1513 年 6 月 18 日，收录于 AGI，帕尔马，233 页，lib. 1，引用于梅纳 [24:23]，42 页。

45. 代韦 [6:36]，105 页。

46. "它是当今世界最重要的。"

47. 其他领航员有佩德罗·德·莱德斯马、安德烈斯·德·圣马丁、安东尼奥·马里亚诺（Antonio Mariano，被特别推荐的意大利人）和安德烈斯·加西亚·尼诺。莱德斯马参与了哥伦布的第三和第四次航行。第四次航行期间，他站在叛军一边，反对海军上将和他的兄弟们。他被巴尔托洛梅奥·科隆打伤，然后与亚涅斯·平松和迪亚斯·德·索利斯一起在 1508 年去了中美洲。

48. 梅纳 [24:23]，79 页。

49. "que no consintais que ninguno pueda abogar asi como clerigo o como lego."

50. 梅纳 [24:23]，塞维利亚，333 页。

51. 梅纳 [24:23]，334 页。

52. 马特尔 [6:34]，140 页。

第二十五章 "一位过于年迈之人"

1. AGI，巴拿以，卷档 233，lib. 1，49—50 页，引用于卡德纳斯 [22:2]，147—149 页。

2. "un honbre y una mujer de quien nosostros y vosotros y todos los honbres nosotros vinieren."

3. "entraré poderosamente contra vosotros y vos haré guerra por todas las partes y maneras que pudiera y vos subjetaré al yugo y obedencía de la iglesia y sus altezas y tomaré vuestras personas de vuestras mugeres e hijos y los haré esclavos y como tales los venderé y dispondré dellos como su Alteza mandare y vos tomaré vuestros bienes y vos haré todos los males e daños que pudiere como a vassallos que no obedecen ni quieren recibir a su señor..."

4. 奥维多 [2:43]，3，230 页。

5. 拉斯·卡萨斯 [2:50]，3，31 页："y cosa es de reír ode llorar."

6. 奥维多 [2:43]，230 页："Más parésceme que se reía muchas vesces..."

7. 胡安·德·克韦多（1515 年）给学者托里维奥·辛塔多（Toribio Cintado）的指示，Altolaguirre [24:1]，104 页。

8. "像绵羊一般温顺。"

9. "长官，佩德阿里亚斯已经抵达港口，将要进入这片土地。"

10. 马特尔 [6:34]，209 页。

11. 梅纳 [24:11]，50—53 页。佩德罗里亚斯身体变得虚弱，确切病因无法确定。巴尔沃亚在 1515 年 10 月 16 日写给国王的信中总结了这些事件，收录在纳瓦雷特 [4:38]，2，225 页及以后各页中。

12. 马特尔 [6:34]，261 页。

13. 安达戈雅 [24:33]，85—86 页。

14. AGI，赞助，卷档 26，分卷 5，1516 年 1 月 18 日，引用于佩德罗·阿尔瓦雷斯·鲁维亚诺，*Pedrarias Dávila*，马德里 1944 年版，439—445 页。这本旧书的附录包含了无价的未出版文献。

15. 马特尔 [6:34]，1，403 页。

16. 梅纳 [24:11]，59 页。

17. 马特尔 [6:34]，351 页。

18. 马特尔 [6:34]，405 页。

19. "他们就像是绵羊变成了狮子。"

20 "es hombre muy acelerado en demasia."

21. 提香（Titian）为这个珍珠绘画，后珍珠被何塞·波拿巴（José Bonaparte）盗走。

22. 马特尔 [6:34]，1，404 页。

23. 梅纳 [24:11]，98 页。

24. 拉斯·卡萨斯 [2:50]，3，182 页："我已经告诉过你们，最好把那人从那个地方救出来。"

25. 拉斯·卡萨斯 [2:50]，3，85 页。

26. 拉斯·卡萨斯 [2:50]，84—86 页。

27. 比如埃斯皮诺萨、迭戈·马克斯、阿隆索·德普恩特、皮萨罗、胡安·德卡斯塔涅达、帕斯卡尔·德安达戈雅，梅纳 [24:23]，135 页。

28. 马特尔 [1:2]，3，176 页、203 页。

第二十六章 "斐迪南国王！国王驾崩了！"

1. 普尔加 [1:24]，124 页："de la fortaleza de Madrigalejo se habían fecho mayores crimenes e robos, mandola derribar."

2. 洛伦索·比瓦尔迪、弗莱戈·森图里翁、文森特·斯皮诺拉、彼得罗·尼格罗尼、朱利亚诺·卡尔沃、贝内德蒂·卡斯蒂廖内、乔瓦尼·马托斯塔·德·莫内利亚和彼得罗·乔瓦尼·萨瓦罗以及哈科波和赫罗尼莫·格里马尔迪兄弟。

3. 希门尼斯·费尔南德斯 [2:39]，1，117 页和黑德利 [17:24]，44 页。

4. 1514 年探险队的投资者包括法官比利亚洛沃斯（人们在他位于圣多明各的房子里计划了此事）、奥尔蒂斯·马廷恩索、会计官希·冈萨雷斯·达维拉和司法审查秘书佩德罗·德·莱德斯马，罗德里戈·德·阿尔武凯克负责领土的重新划分，会计官胡安·加西亚·卡瓦列罗后来参与投资。这些人都是官员。1514 年投资的商人包括胡

黄金之河：西班牙帝国的崛起，从哥伦布到麦哲伦

安·费尔南德斯·德巴拉斯和迭戈·卡瓦列罗（"El Mozo"）。

5. 16 世纪初，卡斯蒂利亚的物价很不稳定。以 1521—1530 年为基础，厄尔·汉密尔顿 [3:8]，189 页写道：1501 年价格为 6850 万马拉维第，到 1506 年上升到 1.106 亿，在 1512 年下降到 7280 千万，到 1516 年上升到 8073 万，直到 1545 年后才出现大幅度的上涨。

6. 相关猜测参阅费尔南德斯·阿尔瓦雷斯 [17:19]，67 页脚注 5。

7. 相关评论参阅哈林 [9:39]，35 页。

8. 遗嘱是在阿拉贡首席书记官贝拉斯克斯·克利门特（Velázquez Climent）在场的情况下签署的。首席书记官是梵蒂冈公证学院的成员。同样，参阅费尔南德斯·阿尔瓦雷斯 [17:19]，69 页。

9. 马特尔称这座房子"desguarnecida e indecorosa"。

10. 费尔南德斯·阿尔瓦雷斯 [3:51]，48—49 页。

11. 哈维 [1:1]，139，150 页。

12. 希门尼斯·费尔南德斯 [2:39]，1，72 页。

13. *Sancho Cota, Memorias*，海沃德·凯尼斯顿（Hayward Keniston）编，伦敦 1964 年版，77 页。也可参阅凯尼斯顿的 *Francisco de los Cobos*，宾夕法尼亚州匹兹堡 1959 年版，32 页。

14. 阿隆索·德·圣克鲁斯，《天主教双王纪事》[5:7]，215 页说，听闻 1500 年查理出生时，伊莎贝拉女王对斐迪南说："陛下，请放心，这一定是我们的继承人，王国的命运已经降临，就像使徒圣马蒂亚斯一样。"

15. 历史学家迭戈·德·巴莱拉的儿子卡洛斯·德·巴莱拉是个例外。

16. 赫伊津哈 [4:34]，75 页。

17. 1525 年，帕维亚的消息传到了位于马德里的查理，他刚刚在那里写了一封自传体的信：他希望能有一个"lesser quelque bonne memorye de moy"，因为"jusques icy n'ay fait chose qui rendonde a l'honneur de ma personne"。关于勃艮第及其影响，参阅贝特朗·施纳布（Bertrand Schnerb），《勃艮第公国 1363—1477》（*L'État Bourguignon, 1363-1477*），巴黎 1999 年版，以及他所著另一本读来感到愉快的《勃艮第朝廷的辉煌》（*Splendeurs de la cour de Bourgogne*），巴黎 1995 年版。

18. 萨克森的约翰、年轻的巴兰肯先生、普法尔茨选帝侯腓特烈克五世、菲尔斯滕伯格（Fürstenberg）和马克斯·斯福尔萨。

19. 曼里克和兰努萨的信件，引自希门尼斯·费尔南德斯 [2:39]，1，58 页。

20. 马克西米利安留给查理最为著名的遗言是："我的孩子，我欺骗了英国人，而你会欺骗法国人。"

21. "他有明显的绅士风度"，引自费德里科·查博（Federico Chabod），《查理五世和他的帝国》（*Carlos Quinto y su imperio*），由罗德里戈·里萨（Rodrigo Riza）从意大利语翻译为西班牙语，马德里 1992 年版，56 页。

22. 马里诺·桑努托（Marino Sanuto），*Diarii*，55 卷，威尼斯 1887 年版，20，422，324 页。以下是洛伦索·帕斯夸里格（Lorenzo Pasqualigo）在信中所做的描述：

"de mediocre estatura delgado hasta lo imposible, pálido, muy melancólico...con la boca siempre...abierta."

23. 这个时期的查理最好的肖像出自康拉德·莫伊（Conrad Moit），1517 年前后，布鲁日的格鲁修斯博物馆。在剑桥的菲茨威廉博物馆也收录了同一时期的精美画像。

24. 关于玛格丽特较为近期的生平出自让 - 皮埃尔·索森（Jean-Pierre Soisson），《玛格丽特，勃艮第公主》（*Marguerite, Princesse de Bourgogne*），巴黎 2002 年版。

25. 希门尼斯·费尔南德斯 [2:39]，1，16 页。康达里尼后来因研究威尼斯宪法而著名，《威尼斯法律》（*De Magistralibus Venetorum*）。

26. 关于谢夫尔影响力的最好研究出自查博 [26:21]，55—61 页。

27. "selon la raison en manière qu'ils devront raisonablement contenter."

28. 布鲁塞尔的美术博物馆里收藏有一张克罗伊的匿名照片。

29. 马特尔在 [1:2]，1，211 页和 213 页中讨论此事。

30. 塞迪略伯爵，*El Cardenal Cisneros, gobernador del reino*，马德里 1921 年版，2 卷本，2，30—31 页："my muy caro e muy amado amigo señor."

31. 塞迪略 [26:30]，2，87 页；阿隆索·德·圣克鲁斯，《皇帝纪年史，查理五世》（*Crónica del Emperador, Carlos V*），马德里 1920—1925 年版，5 卷版，1，106—110 页："no hay necesidad en vida de la reina, nuestra señora, su madre, de se intitular Rey, pues lo es; porque aquello sería disminuir el honor y reverencia que se debe por ley divina y humana a la reina nuestra señora, vuestra madre...Y porque por el fallecimiento del rey católico, vuestro abuelo, no ha adquirido más derecho de lo que antes tenía, pues estos reinos no eran suyos."

32. 塞迪略 [26:30]，2，99 页。

33. 凯尼斯顿 [26:13]，26 页。

34. 约瑟夫·佩雷斯，《查理五世》（*Carlos V*），马德里 1999 年版提出了这个词。

35. 查博 [26:21]，64 页。

36. 普鲁登西奥·德·桑多瓦尔修士（Fray Prudencio de Sandoval），*Historia de la vida y hechos del Emperador Carlos V*，巴利亚多利德，1604—1606 页，卷 1，73—74 卷。

37. 塞迪略 [26:30]，2，136—137 页。

38. 费尔南德斯·阿尔瓦雷斯 [3:51]，171 页。

39. 领导教会人员的其中几人未来将会成为城市叛乱的领导人，如托莱多的布拉沃。

40. AGI，赞助，卷档 252，分卷 1，文件 1。

41. 拉斯·卡萨斯 [2:50]，3，112 页："需要找到补救的办法。"

42 马塞尔·巴塔永，*Estudios sabre Bartolomé de Las Casas*，巴塞罗那 1976 年版。

43. 希门尼斯·费尔南德斯 [2:39]，1，128 页。

44. *CDI*，7，14—65 页。西印度群岛档案馆里的备忘录由拉斯·卡萨斯书写。见汉克 [16:14]，57 页。

45. *CDI*，10，114 页及以后各页。

46. *CDI*，1，253 页及以后各页。

47. "que Dios le dé buen paradiso."

黄金之河：西班牙帝国的崛起，从哥伦布到麦哲伦

48. *CDI*，7，428 页。

49. *CDI*，10，549—555 页。

50. AGI，赞助，卷档 252，卷档 12，第 2 篇。

第二十七章 "回去看看情况如何"

1. "por evitar lo que podía en disfavor de la una o de la otra sentirse o decirse."

2. 拉斯·卡萨斯 [2:50]，3，115 页。

3. 在 *CDI*，1，247—411 页查看完成的报告；也可参阅拉斯·卡萨斯 [2:50]，3，119 页。

4. 巴尔托洛梅奥·哥伦布，参考海涅格 [8:12] 中的引用。

5. AGI，赞助 252，卷 2，收录于 *CDI*，14—65 页。

6. *CDI*，23，310—331 页。

7. 拉斯·卡萨斯 [2:50]，3，123 页："vivir, estar y conversar los unos con los otros." 这里的"共和国"没有反对君主政体的含义。

8. 拉斯·卡萨斯 [2:50]，3，138 ："De quién nos hemos de fiar? Allá, vais, mirad por todo."

9. 日期：1516 年 9 月 16 日，参阅拉斯·卡萨斯 [2:50]，3，1，36 页。

10. 希门尼斯·费尔南德斯 [2:39]，1，220 页。

11. 拉斯·卡萨斯 [2:50]，3，138 页。

12. 同上 .

13. 希尔 [3:37]，3，226 页。

14. Oficio 4，lib. 1，弗朗西斯科·塞古拉文档，对开页 33 页，1506 年 1 月 3 日（APS，7，237）。

15. 可能是在 1506 年 8 月 29 日（参阅 oficio 4，libro 2，弗朗西斯科·塞古拉文档，对开页 102—103 页，没有日期，但是"之前和之后的公文都是 8 月 29 日写的"[APS，7，379 页]，引述我的《征服墨西哥》（*The Conquest of Mexico*），伦敦 1993 年版对西班牙文版的一些内容进行了精确复制。

16. Oficio 4，lib. 3，弗朗西斯科·塞古拉文档，对开页 286 页（1506 年）（APS，7，388）。

17. Oficio 4，lib. 4，弗朗西斯科·塞古拉文档，对开页 201 页，1506 年 10 月 20 日（APS，7，432）。

18. 比如，可以参阅西印度贸易总署相关记录，例如拉德罗·克萨达 [16:42]，34—36 页。

19. Oficio 4，lib. 1，马特奥·德拉·夸德拉文档，对开页 176v 页，1511 年 2 月 14 日（APS，7，703）。

20 Oficio 4，lib. 3，曼努埃尔·塞古拉文档，对开页卷档结尾，1506 年 9 月 23 日（APS，1/177）。

21. Oficio 4，lib. 1，曼努埃尔·塞古拉文档，对开页 493 页、496 页、499 页（1516 年）（APS，7，793）。

22. 奥特 [15:83]，134 页。

23. 拉斯·卡萨斯 [2:50]，3，144—145 页。

24. 奥特 [15:83]，133 页。

25. 拉斯·卡萨斯 [2:50]，3，141 页："A la mi fé, padre, porque así me lo dieron por destruición, conviene saber que si no los pudiese ,captivar por paz que los captivase por guerra."

26. 希门尼斯·费尔南德斯 [2:39]，1，373 页。

27. 海宁格 [8:12]，尤其是 81，详尽探讨了人口统计问题。

28. 安东尼奥·德比利亚桑特、安德烈斯·德·蒙特玛尔塔（Andrés de Montemarta）和迭戈·德·阿尔瓦拉多在 1493 年跟随哥伦布前来；佩德罗·罗梅罗似乎是 1499 年前来；贡萨洛·德·奥坎波和胡安·莫斯克拉于 1502 年与奥万多一起来到这里；赫罗尼莫·德·阿圭罗、米格尔·帕萨蒙特、卢卡斯·巴斯克斯·德·艾利翁及马科斯·德·阿拉吉尔都与迭戈·哥伦布同一天抵达，还有商人如安东尼奥·萨拉诺和胡安·德·安姆匹斯，也有几位教士（贝尔纳多·德·圣多明戈，多明我会修士，1510 年和佩德罗·德·科尔多瓦一起来到这里；还有佩德罗·梅希亚，方济各会修士）。

29. 希门尼斯·费尔南德斯 [2:39]，1，326 页及以后各页，331 页。

30. 拉斯·卡萨斯 [2:50]，3，152 页。

31. "Desde esta ysla, se arme para ir por ellos a la ysla de cabo verde y tierra de guinea o que esto se pueda hazer por otra cualquiera persona desde esos reinos para los traher acá."

32. 拉斯·卡萨斯 [2:50]，3，79 页。

33. 何塞·安东尼奥·萨科, *Historia de la Esclavitud de la Raza Africana en el nuevo mundo*，4 卷本，哈瓦那 1938 年版，1，75—78 页。

34. 希门尼斯·费尔南德斯 [2:39]，2，555 页。

35. AGI，一般概述，卷档 419，lib. 7。

36. 同上。关于波图加尔，参阅希门尼斯·费尔南德斯 [2:39]，2，35 页，脚注 103。

37. 拉斯·卡萨斯 [2:50]，3，154 页。

38. AGI，司法，卷档 43，注释 4。查看安东尼奥·坎西诺在针对苏亚索的司法调查中提供的证词。

39. 拉斯·卡萨斯 [2:50]，3，166 页。

40. 查理似乎是依靠从亨利八世借来的 10 万弗洛林才得以踏上了这趟旅程，亨利八世与查理的姑姑凯瑟琳是夫妻。见费尔南德斯·阿尔瓦雷斯 [3:51]，1，50 页。

41. 希门尼斯·费尔南德斯 [2:39]，1，359—364 页进行了总结。

42. "especto a la importación de esclavos negros a las Indias y dar licencia para llevarlos a los nuevos pobladores no es conveniente abrir la puerta para ello, y habrá que esperar a la llegada de su alteza."

43. 印刷工作于 1517 年完成，但教皇直到 1520 年才批准出版。印刷商为阿尔瑙·纪廉·德·布罗卡（Arnao Guillén de Brocar），他出版了内夫里哈的作品。内夫里哈关注圣经，但喜与人争论。西斯内罗斯花费重金购买希伯来文手稿。拉丁文版出自胡安·德·贝尔加拉和迭戈·洛佩斯·德·苏尼加；希腊文版出自克里特人德梅特里厄斯·杜卡斯（Demetrius Ducas）和埃尔南·努涅斯·德·古斯曼；希伯来文版出自两位改宗者巴勃罗·科罗内尔和阿丰索·德·萨莫拉。

44. 希门尼斯·费尔南德斯 [3:51]，1，71—78 页。

45.《穆尼奥斯选集》中苏亚索写给西斯内罗斯的信，西班牙皇家历史学院，马德里，引用于希门尼斯·费尔南德斯 [2:39]，2，121 页脚注 394。

46. 这句格言是查理的座右铭，前面的"ne"将他的领域限定于"海格力斯之柱"的这一侧。

47. 克伦本茨 [3:32]，234 页。沃尔夫希勒·冯·哈勒斯坦（WolfHaller von Hallerstein）（1492—1559），1531 年后成为匈牙利玛丽女王的总司库。他在布鲁塞尔的房子成了美术博物馆，位于现代皇家广场和摄政街的拐角处。

48. 洛朗·维塔尔（Laurent Vital），"Relación del primer viaje de Carlos Va España"，收录于 J. 加西亚·梅卡达尔 [2:57]，1，675—677 页。

49. 维塔尔 [27:48]，678 页。

50. "Se hacian muy soberbios y entraban por la fuerza en las huertas y en posadas y maltrataban a los huéspedes, mataban a los hombres por las calles tener temor alguno de la justicia y finalmente intentaban todo lo que querían se salían con ello."

51. 圣克鲁斯 [5:7]，1，165—167 页："西班牙的敌人无法对话。""无法对话"一词应该会有一个光明的前景。

52. 费尔南德斯·阿尔瓦雷斯，[3:51]，80 页。

53. 维塔尔 [27:48]，80 页。

54. 希门尼斯·费尔南德斯 [2:39]，1，80 页。

第二十八章 "世界上最适合黑人的地方"

1. 见 Bartolome 和 Lucile Bennassar, *Valladolid au Siécle d'Or*，巴黎 1964 年版，474—477 页。关于马上长枪，参阅塞兰·德富尔诺（Marcelin Defourneaux），*La vie quotidienne au Siécle d'Or*，巴黎 1964 年版，152 页。

2. 拉斯·卡萨斯 [2:50]，3，167 页。

3. AGI，赞助，卷档 170 页，分卷 22，希门尼斯·费尔南德斯 [2:39]，2，398 页及以后各页进行了广泛引用；他引用了丰塞卡等人的旁注。

4. 第一个西班牙语版的《乌托邦》直到 1627 年才问世。

5.《乌托邦》最早出版于 1516 年，1518 年在巴塞尔出版。

6. "... como el rey era tan nuevo ... y habiá cometido todo el gobierno de aquellos reinos a los flamencos sudidichos ... y ellos no cognosciesen las personas grandes ni chicas y muchas más las cosas tocantes las Indias, como más distantes y menos conocidas."

7. 布鲁塞尔的美术博物馆里收藏有女大公玛格丽特的宫廷画家贝纳德·凡·奥利（Bernard van Orley）所作的勒·绍瓦的画像，展示了一个亲和的老年人形象。

8. 希门尼斯·费尔南德斯 [2:39]，2，34 页。

9. 拉斯·卡萨斯 [2:50.]，3，168 页。

10. 这些人中包括：贝拉斯克斯在古巴的副指挥官潘菲洛·德·纳瓦埃斯；贡萨洛·德·古斯曼，他也去过古巴，不过他在西班牙还有领地；贡萨洛·德·巴达霍斯，他曾与尼库萨和佩德阿里亚斯先后同在达里恩待过；克里斯托瓦尔·德·塔皮亚，圣多明各要塞的前司令奥万多的敌人，奥万多是最早在维加亚建立糖厂的伊斯帕尼奥拉殖民者之一；还有波多黎各的议会代表桑切·德·阿朗戈。

11. "印第安人天生没有自主生活的能力。"

12. AGI，赞助，卷档 173，注释 2，分卷 2，文件 3，对开页 5 页："sería más la costa que el provecho."

13. "de Castilla vayan o dejen llevar negros a los vecinos. "

14. "Si las yslas que oy están pobladas, vuestra alteza permitiesse que se despoblas de los vezinos sería muy grand pérdida, porque por aventuras están otras ysla tierras mucho más ricas e mejores que las descubiertas, por descubrir "

15. 贝尔纳尔·迪亚斯·德尔·卡斯蒂利翁 [15:45]，86 页及以后各页。这条路线是墨西哥湾的领航员专家阿拉米诺斯选择的。拉斯·卡萨斯 [2:50]，3，156 页。

16. 见第三十四章。

17. 这些船包括旗舰"圣塞巴斯蒂安号"，一艘也起名为"圣塞巴斯蒂安号"的轻快帆船，第三艘叫"特立尼达号"，还有一艘叫"圣地亚哥号"的双桅帆船。后来，双桅帆船退出船队，取而代之的是"圣玛丽亚·德洛斯·雷梅迪奥斯号"。

18. 格里亚尔瓦旅程的细节可参阅奥维多 [2:43]，2，132 页及以后各页的详细描述，奥维多的描述之细致似乎表明他曾获得相关的私人记叙。

19. 拉斯·卡萨斯 [2:50]，3，173 页。

20 也是最后一位主教！参阅拉斐尔·德拉·别尔赫·马里神父（Father Raphael de la Vierge Marie），*Description de la belle église et du couvent royal de Brau, manuscrit*，1692—1696 年 和 1711—1715 年。Bibliothèque de la Société d' émulation de l' Ain, Bourg-en-Bresse。玛丽·弗雷谢特·佩雷茨（Marie Frarnçoise Poiret）在她出色的《布劳修道院》（*Le Monastère de Brau*），巴黎 2001 年版中刊印了总会计官艾蒂安·奇维拉里尔（Étienne Chivillaird）1512 年 1 月所写的一封信，信中他向若勒沃说自己很难做到令所有人都满意。

21. 安德烈·沙尼（André Chagny），*Correspondence politique et administrative de Laurent de Gorrevod, 1517-1520*，2 卷本，里昂 1913 年版，361 页。

22. "... ninguna cosa los mata sino la tristeza de spiritu de verse en tanta servidumbre y cautiverio y del mal tratamiento que les hazen, tomando las mujeres y las hijas que lo sienten mucho, y hazerles trabajar demasiado y el comer no en tanta abundancia como fuera menester."

23. "... ytem han dar sus altezas largamente licencia para poder llevar esclavos negros, cada uno quantos quisiere ... "

24. Giménez Fernéndez [2:39]，2，424 页及以后各页。

25. "sea quitar los yndios a Vuestra alteza, y al almirante, y a mí, y a las otras personas que no

los han de tener, y a los jueces..."

26. *CDI*, 34, 279—286 页, 希门尼斯·费尔南德斯 [2:39], 2, 139 页, 脚注 443, 讨论了转录内容的准确性。

27. "la mejor tierra del mundo donde nunca hay frio ni calor demasiado, ni que de pena. Siempre verde ... todo se crea; ninguna se muere ... cañaverales de azúcar de grandfsímo tamaño."

28. 苏亚索的信收录于 *CDI*, 1, 292—298 页。

29. 在吃饭时讨论正事也是阿拉贡人的传统——征服者豪梅一世国王经常这样做（参阅希门尼斯·费尔南德斯 [4:49], 15 页）。

30. 拉斯·卡萨斯 [2:50], 3, 174 页。

31. 凯尼斯顿 [26:13], 47 页；拉斯·卡萨斯 [2:50], 3, 170 页。孔奇略斯已被撤职。

32. 凯尼斯顿 [26:13], 33 页。

33. 拉斯·卡萨斯 [2:50], 170—171 页。

34. 弗朗西斯科·洛佩斯·德·戈马拉,《查理五世》(*Anales de Carlos V*), 英文和西文版本由 R. B. 梅里曼（R. B. Merriman）, 伦敦 1912 年版, 256 页。"Codicioso y escaso ... holgaría mucho de jugar a la primera y conversación de mugeres."

35. 圣克鲁斯 [26:31], 1, 170 页；也可参阅科尔特斯 [5:53], 4 页, 260 页及以后各页。

36. 见费尔南德斯·阿尔瓦雷斯 [17:19], 58 页。

37. 查博 [26:21], 85 页。

38. 圣克鲁斯 [26:31], 1, 169 页。

39. 引自希门尼斯·费尔南德斯 [2:39], 2, 434—445 页。

40. 拉斯·卡萨斯 [2:50], 3, 181—182 页。

41. 拉斯·卡萨斯 [2:50], 3, 172 页。

42. 这是 1518 年 3 月 22 日。

43. 在卡拉塔尤德, 查理有过不快的经历。他走在街上时, 一个工人喊道："闭上嘴吧, 殿下！这里的苍蝇可是很淘气的！"

44. 例如, 手风琴折叠抄本, 科尔特斯给查理五世国王写的信件的早期副本。

45. 见安东尼奥·罗德里格斯·比利亚（Antonio Rodríguez Villa）, *El emperador Carlos Vy su corte, según las cartas de don Martín de Salinas*, 马德里 1903 年版。

46. 查博 [26:21], 86 页。

47. 这是法比在他关于拉斯·卡萨斯生平作品的附录 4 中出版的内容。另见巴塔永 [22:46], 326—331 页。

48. 引自希门尼斯·费尔南德斯 [2:39], 2, 444 页。

49. "Para facilitar el aumento de la mano de obra esclava se preconizaba la libertad para la importación de esclavos negros bozales por mercaderes o por vecinos e incluso la organización de la trata de negros por la corona; y que concede igualmente libertad de importación de esclavos indios de las islas lucayos y de tierra firme, se organizen por la Corona la captura y venta de indios caribes."

50. 希门尼斯·费尔南德斯 [2:39]，2，156—159 页进行了总结。

51. 希尔 [3:37]，1，184 页。马克是重量单位，1 马克等于 8 盎司。

52. 埃利奥特 [1:25]，137 页。

53. 这是希门尼斯·费尔南德斯 [2:39]，2，209 页的论点。

54. 夏尔·德·玻佩（·波里尼）（·拉克西奥），"波里尼"的领主，曾在那不勒斯跟随查理八世，后来转而支持"美男子"腓力；后来他跟随马克西米利安皇帝，是斐迪南大公的导师。他也是查理五世的导师之一，后来成为查理的核心幕僚。他在 1523 年建议鼓励西班牙人以外的人前去西印度群岛，于 1520 年成为拉斯·卡萨斯的庇护者，并在 1522 年前后成为"委员会的骑士"，埃尔南·科尔特斯的支持者，后来任查理的驻葡萄牙大使，参加了 1525 年查理与伊莎贝拉的婚礼。

55. 拉斯·卡萨斯 [2:50]，3，187 页。

56. 拉斯·卡萨斯 [2:50]，185 页。

57. 拉斯·卡萨斯 [2:50]，3，177 页。

58. 关于若勒沃的野心，参阅希门尼斯·费尔南德斯 [2:39]，1，284 页和 2，613 页及以后各页。乔治·塞勒（Georges Scelle），*La Traite négrière aux Indes de Castille*，2 卷本，巴黎 1906 年版，1，149—150 页。

59. 这次的赏赐记录在 AGI，一般概述，卷档 419，lib. 7，121 页；塞勒 [28:58]，1，755 页，记录了赏赐的内容；见代韦 [6:36]，235 页。

60. AGI，一般概述，419 页 1.7，1518 年 10 月 21 日。除了文中所述签名之外，在"我，即国王"之后，还有 "Senaladas [signed by] de Obispo y de Don García de Padilla"，主教是丰塞卡。恩里克·奥特对这份合同进行了细致的研究，在 *Spanisches Forschungen der Görresgesellscha, Erste Reihe*，22，明斯特 1965 年版的 "Die Negersklavenlizenz des Laurent de Gorrevod" 一文中。

61. 沙尼 [28:21]，1，123 页："我不知道还有什么值得可写的。"

62. 见 Carande [16:36]，2，85 页及以后各页。

63. AGI，46，6，I，f. 58，qu. 塞勒 [28:58]，1。

64. 塞勒 [28:58]，1，154—156 页。

65. 奥特的文章 [28:60] 巧妙地讲述了合同转售的复杂事务。

66. 罗泽多·桑帕约·加西亚（Rozendo Sampaio García），*Aprovisionamiento de esclavos negros na América*，圣保罗 1962 年版，8—10 页。这个名字有时也会以 Forne、Fornes 或 Fomis 的形式出现。

67. Oficio 15，lib. 2，贝尔纳尔·冈萨雷斯·瓦莱西洛文档，对开页 507 页，1515 年 6 月 18 日。在这里可以知道佩德罗·德·阿拉吉尔从弗朗西斯科·德·格里马尔迪和加斯帕尔·森图里翁那里收到了八桶瓜达尔卡纳尔葡萄酒和四张以胡安·德科尔多瓦的名义托运的空皮箱，它们将被带上"圣玛丽亚 - 德拉 - 安提瓜号"（APS，1/1206）。在 Oficio 15，*lib. único, escribanía Bernal González Vallesillo*，对开页 134 页，1516 年 2 月 7 日，圣安东的船长、饼干商人路易斯·费尔南德斯被迫向弗朗西斯科·德·格里马尔迪和加斯帕尔·森图里翁支付 72.5 达克特，因为后者提供了带

黄金之河：西班牙帝国的崛起，从哥伦布到麦哲伦

他们去往古巴的船只（APS，1，1245 页）。

68. Oficio 15，lib. 2，贝尔纳尔·冈萨雷斯·瓦莱西洛文档，对开页 230 页，1517 年 8 月 17 日。胡安和塞巴斯蒂安·德·托雷斯承诺向"圣玛丽亚号船"的船主胡安·罗德里格斯支付 13 达克特，以换取将他们带到圣多明各（APS，1，144 页）。

69. 拉斯·卡萨斯 [2:50]，3，274 页。

70. AGI，46，6，I，文件 95，文件 5，引用于塞勒 [28:58]，1，190 页。

71. *CDI*，7，423 页脚注提到了这次转让。

第二十九章 "这是毋庸置疑的……"

1. 曼努埃尔·塞拉诺-桑斯，《西班牙在西印度的主权》（*Las orígenes de la dominación española en las Indias*），马德里 1918 年版，1991 年在巴塞罗那重新发行，580—582 页。这部作品包括作者最近单独出版的《克里斯托瓦尔·哥伦布的阿拉贡朋友和保护者》（*Los amigos y protectores aragoneses de Cristóbal Colon*）[5:15]。

2. 引自汉克 [16:14]，60 页。

3. 拉斯·卡萨斯 [2:50]，3，189—190 页。

4. 拉斯·卡萨斯 [2:50]，3，191—192 页。"这位父亲，为什么年迈如您还想要去西印度群岛？"他回答说："因为信仰，先生。我将会死在那里，但我的孩子们将生活在一片自由的土地上……"

5. 拉斯·卡萨斯 [2:50]，3，190 页。

6. 拉斯·卡萨斯 [2:50]，3，191 页："por falta que tenga acá, porque cada uno tenemos 100,000 maravedís de hacienda y aún más ... sino que vamos por dejar nuestros hijos en tierra libre y real."这句出自 16 世纪的陈述真是令人惊讶！

7. 拉斯·卡萨斯 [2:50]，3，193 页："上帝啊！"丰塞卡："这是件大事，大事啊！"

8. 舍尔（Scheurl），*Briefbuch*，阿伦 1562 年版，2，169 页，引自黑德利 [17:24]，80 页。也可参阅卡尔·布兰迪（Carl Brandi），*Carlos V, vida y fortuna de una personalidad y un Imperio*，马德里 1937，年版，47 页。

9. 参阅理查德·哈斯（Richard Haas）在 20 世纪 90 年代写成的一本关于美国的书《不情愿的治安官》（*The Reluctant Sheriff*），纽约 1997 年。

10. *CDI*，32，332—353；"并非没有错误！"希门尼斯·费尔南德斯 [2:39] 如此评论道。

11. 汉克 [16:14]，46 页。

12. Cadenas [22:2]，198 页。

13. 奥特 [15:83]，162 页。

14. *CDI*，31，366—368 页；拉斯·卡萨斯 [2:50]，2，272 页。

15. 代韦 [6:36]，157 页。

16. 索尔 [8:5]，203 页。

17. 见克伦本茨 [3:32]，505 页。奥格斯堡的银行家福格帮助进行采购和销售。乌尔里希·冯·胡滕（Ulrich von Hutten）后来说他的痊愈首要先感谢基督，然后是福格。

18. 希门内斯·费尔南德斯 [2:39]，2，638 页。

19. 希门内斯·费尔南德斯 [2:39]，2，375 页。

20. 莫利斯位于巴塞罗那以西几英里处，现代游客已经很难找到王室的痕迹了。

21. 这些人分别是：总治安官费尔南德斯·德·贝拉斯科；海军上将法德里克·恩里克斯；阿尔瓦公爵、贝哈尔公爵、卡多纳公爵、纳赫拉公爵、埃斯卡洛纳公爵、因凡塔多公爵和阿斯托加侯爵。贝纳文特伯爵拒绝了邀请，说"他是卡斯蒂利亚人，因此不能接受外国人的命令"。

22. AGI，赞助 252，分卷 3，文件 1，希门尼斯·费尔南德斯 [2:39]，2，730 页进行了总结。

23. 莱昂·希克（Léon Schick），*Un grand homme d'affaires au début du xvième siècle: Jacob Fugger*，巴黎 1957 年版，170—174 页。

24. 希克 [29:23]，161 页引用了 1523 年 4 月 24 日来自巴利亚多利德的信件。

25. 关于对玛格丽特所发挥的作用，见克伦本茨 [3:32]，77 页。

26. 这位选帝侯还把萨克森的腓特烈在巴伐利亚王位继承战争期间占有的阿格诺庄园归还给了他。

27. 布兰迪 [29:8]，95 页；查博 [26:21]，96 页。

28. 这些数字都是四舍五入的。详见第 484 页附表。

29. 埃利奥特 [1:25]，137 页。

30. 希门尼斯·费尔南德斯 [2:39]，2，259 页。事实上，分裂帝国的不是查理曼大帝，而是他的儿子路易·勒·德波奈尔（Louis le Débonair）。

31. "Porque, señor, tan grandes reinos, y provincias tan diversas, con la monarquía imperial, no se pueden conducir ni gobernar bien sin buen orden y buen corisejo, que consisten en la elección de las personas, pues se tiene frecuentemente más carestía de gente que de dinero. Es necesario que Vuestra Majestad [*sic*] tenga más ciudado en proveer que los oficios y beneficios sean honorados con personas virtuosas dignas y suficientes que en querer decorar personas indignas e inhabiles mediante oficios, beneficios y dignidades."

第三十章 "我这样做是出于怜悯之心"

1. Richard Levene，"Introducción a la historia del derecho indiano"，*BRAH* 1924，56—57 页。

2. 胡安·曼萨诺-曼萨诺，*La incolporación de las Indias a la corona de Castilla*，马德里 1948 年版。

3. 厄尔·汉密尔顿 [3:8]，42 页。汉密尔顿给出的数字为 9153220 克。

4. I. A. 赖特，《美国蔗糖业的开端》（The Commencement of the Cane Sugar Industry in America），*AHR*，21，1916 年，757—758 页。

5. 汉克 [16:14]，46 页。

6. 拉斯·卡萨斯 [2:50]，3，312 页。

7. 沙费尔 [9:19]，1，35—36 页进行了讨论。

8. "¿Cómo, señor, estuvieron ellos tres meses forjándolos y haciéndolos ...y tengo yo que

responder agora en un credo? Demelos ... cinco horns..."

9. 代韦 [6:36]，173 进行了总结。

10. 奥特 [15:83]，162 页。

11. 代韦 [6:36]，123 页。

12. 例如商人迭戈·卡瓦列罗、胡安·费尔南德斯·德·拉斯·巴拉斯、罗德里戈·德·巴斯蒂亚斯和胡安·莫斯克拉。

13. 代韦 [6:36]，17 页以及以后各页。

14. 圣托马斯和圣胡安包蒂斯塔，在海尼（Higney）附近的海岸；科图伊（Cotui）附近的梅霍拉达，以天主教双王喜爱的菲格罗亚修士的修道院命名，另一座未命名的修道院位于拉维加。

15. 博纳奥（Bonao）的圣胡安·德·奥尔特加；拉维加的维拉维奇萨（Villaviciosa）；圣地亚哥，位于雅克河上；韦拉帕斯，在哈拉瓜——这些名字总能令人想起旧西班牙的一些地方。

16. AGI，司法，卷档 47，注释 3。哈科梅·德·卡斯蒂廖内是热那亚商人贝尔纳多·卡斯蒂廖内和托莱多的伊内斯·苏亚雷斯的私生子（奥特 [15:83]，109、239 页；希门尼斯·费尔南德斯 [2:39]，2，1199 页）。他生于 1492 年，是圣多明各的商人。他在 1510 年去过那里。他是托马斯的一位兄弟。他参与了印第安原住民的贸易，也参与了养牛和经营庄园的活动。1513 年，卡斯蒂廖内曾是迭戈·卡瓦列罗和赫罗尼莫·格里马尔迪的合伙人，从事贩卖印第安人的奴隶贸易。1518 年，他仍然活跃在珍珠海岸，参与传教和贸易活动（商品包括葡萄酒、剑，甚至火炮等武器），并强迫人们劳动。见代韦 [6:36]，157、374 页。1522 年，他是前往库马纳海岸的舰队的船长，他受命在那里建造堡垒。1524 年他被任命为要塞司令，并支付了 900 比索，但他继续住在圣多明各，由安德烈斯·德·比利亚科尔塔任副官。他为了寻找印第安人奴隶，进行了无数次航海旅行，因此，他在 1527 年获得的盾徽上面有一个堡垒和四个印第安人的头颅。

17. 拉维加总督安东尼奥·弗洛雷斯成为珍珠海岸外库瓦瓜岛的首席治安官，以防有人违反这些规则。他是菲格罗亚信任的朋友。但事实证明，他手段残酷，任命朋友到自己统辖的重要地方，例如：葡萄牙赶骡人胡安·马丁·德特雷比霍（Juan Martin de Trebejo）担任长官，最近组建的一支舰队上的监察员加尔达·冈萨雷斯·穆列尔担任公证员（escribano del juzgado）。弗洛雷斯的目的是增加珍珠和奴隶的产量，而非改善获取奴隶的方式。拥有"库瓦瓜岛的决定权"（papa y rey y alcalde mayor de Cubagua），他自己从这两项贸易中也获得了利益，并建立了所谓的快乐原则："他的谎言比别人的真理更有价值。"他最终在 1520 年逃离，由弗朗西斯科·德·巴列霍接替，后者的薪资更高。

18. 代韦 [6:36]，235 页。

19. "No hay mercader que tenga consciencia ni verdad."

20 "Señor, por lo que me toca de las Indias, soy obligado a besar las manos de vuestra señoría."

21. "¿Que sermón os traigo para predicarnos?"

22. "Por cierto señor, días ha que yo deseo oír predicar a vuestra señoria, pero tambíen a vuestra señoria certifico que le tengo aparejados un par de sermones, que si los lusiere oír y bien considerar, que valgan más que los dineros que las Indias..."

23. 拉斯·卡萨斯 [2:50]，3，337 页。

24. 胡安·德苏尼加 - 阿韦利亚纳达（Juan de Zuniga y Avellaneda），生于 1488 年 1 月 17 日，佩德罗·德苏尼加 - 贝拉斯科的儿子，第二任米兰达伯爵，最初是腓力一世的支持者，1506—1517 在佛兰德斯王室担任不甚重要的职务。他在 1511 年成为查理五世的司库，后成为侍从，再后来成为圣地亚哥骑士，并于 1535 年开始成为腓力二世的教父和顾问。他一直深受查理五世信任，在 1520—1521 年的城市叛乱后被任命为驻葡萄牙大使，因为许多叛乱领导人都在葡萄牙避难。他在葡萄牙（和拉克西奥一起）为国王和伊莎贝拉的婚礼做准备。从 1539 年起，他就是腓力二世的总管。他似乎是科沃斯的好朋友和支持者，但查理五世说他嫉妒那位政治家，就像嫉妒阿尔瓦公爵一样。科沃斯曾经写道："堂·胡安·德·苏尼加正在为他自己努力工作。我要说明一点，他并未反对我，以免有人怀疑我这样认为。他想要获得完全的掌控权，毫不考虑忠诚和为他人服务。为了达到目的，他竭尽全力让自己成为他唯一的枢密院顾问，由此他的野心昭然若揭……他养育王子时的严厉和苛责已经化为甜蜜和温柔，所有这些都出自奉承之心，只为助他达到目标。"（科沃斯如此跟查理五世说，凯尼斯顿 [26:13]，271 页。）

25. 拉斯·卡萨斯 [2:50]，3，337—338 页。

26. 拉斯·卡萨斯 [2:50]，3，339 页。

27. 见费尔南德斯·阿尔瓦雷斯 [17:19]，97—99 页。

28. "Su majestad manda que habléis si algunas cosas tenéis de las Indias que hablar." 拉斯·卡萨斯 [2:50]，3，340 页。

29. 凯尼斯顿 [26:13]，57 页。

30. 拉斯·卡萨斯 [2:50]，3，242 页。

31. 拉斯·卡萨斯 [2:50]，3，244 页。

32. 巴塔永 [26:42]，232 页。

第三十一章 "帝国只能由上帝赐予"

1. 引自查博 [26:21]，103 页。

2. 总共有两位叫巴瓦罗萨的人：阿鲁杰（Arudj），1518 年被西班牙奥兰总督戈梅拉侯爵暗杀；哈伊尔·阿尔丁（Khayr al-Din），把阿尔及尔变成地中海土耳其海盗的主要基地，于 1536 年成为阿尔及尔的总督。

3. 查博 [26:21]，92 页。

4. 引自黑德利 [17:24]，27 页。

5. 路易十四的母亲是奥地利的安妮，西班牙国王腓力三世的女儿。

6. 圣克鲁斯 [5:7]，1，255 页。

7. 我们还可以看到这个漂亮的房间。

8. 希门尼斯·费尔南德斯 [2:39]，2，34 页有详细名单。

9. "más rey que otro, porque tiene más y mayores reynos que otro."

10. "el imperio vino a busca a la España ... Rey de Romanos y emperador."

11. "el fundamento, el amparo y la fuerza de todos los otros" ... "el huerto de sus placeres, la fortaleza para su defensa, la fuerza para atacar, su tesoro y su espada han de ser los reinos de España." Diario de las sesiones de las Cortes Españolas.

12. 马特尔 [1:2]，3，306 页。

13. 这篇演讲由奥格斯堡的雅各布斯·马佐丘斯（Jacobus Mazochiu）在罗马发表，莱比锡的马丁·兰德伯格（Martin Landsberg）还发表了德文版本。

14. 拉蒙·梅嫩德斯·皮达尔，*La Idea Imperial de Carlos V*，布宜诺斯艾利斯 1941 年版，10 页。

15. 哈林 [13:87]，20 页进行了讨论。

16. "Dios creó los indios libres e no subjetos ni obligados a ninguna servidumbre que de aqui adelante se guarde lo que sobre ello está acordado y definido."

17. 拉斯·卡萨斯 [2:50]，3，361 页："Los Indios generalmente debían ser libres y tractados como libres y traídos a la fe por la vía que Cristo dejó establecida."

18. "la via mahomética." 拉斯·卡萨斯 [2:50]，3，361 页。

19. 拉斯·卡萨斯 [2:50]，3，363 页。拉斯·卡萨斯可能想到了诸如佩德罗·德伦特里亚等人。佩德罗是他在古巴的阿里莫的前合伙人，还有加布里埃尔·德纳洛萨、他的叔叔贡萨洛·德奥坎波和胡安·德比略里亚等人，这些人都在新世界奉行人道行为，备受尊敬。

20 汉克 [16:14]，46 页。

21. 见我的《征服墨西哥》[27:15]，谱系 2。

22. 同上。

23. 相关讨论见 *CDI*，18，27 页，也可参阅 *CDI*，12，458 页。西尔维奥·萨瓦拉，*Las instituciones jurídicas en la conquista de América* [8:11]，524 页及以后各页中进行了讨论。

24. 桑多瓦尔 [26:36]，1，219 页。

25. 马特尔 [1:2]，3，335 页。

第三十二章　"新的黄金宝地"

1. 布兰迪 [29:8]，169 页这样说，但没有英语资料支持这一说法。布兰迪从哪里得到的珍贵信息不得而知。但是，正如亨利八世的传记作者斯卡里斯布鲁克（Scarisbruch）教授指出，他不可能平白捏造这个故事。

2. 也许卢卡斯·凡·莱登（Lucas van Leyden）这幅《打牌的人》(*The Card Players*)画作展示了查理和沃尔西以及姑妈玛格丽特商谈的画面，位于中间的玛格丽特或许在告诉侄子要远离法国。这幅画收藏于马德里的蒂森博物馆。

3. 阿隆索·德·巴尔德斯（Alonso de Valdés）向彼得·马特尔亲述，见马特尔 [1:2]，3，93 页。

4. 我所著《征服墨西哥》[27:15]，536—537 页对此进行了讨论。丢勒后来创作了一幅版画《城市改革》（*The Reformation in the City*），由普尔印刷。值得注意的一点是，丢勒似乎没有画出他所看到的东西。

5. 查博 [26:21]，111 页。

6. 查博 [26:21]，110 页。

7. 查博 [26:21]，113 页。

8. 梅嫩德斯·皮达尔 [31:14]，17 页。

9. 黑德利 [17:24]，35 页。

10. 桑多瓦尔，2，123 页。

11. Pérez [26:34]，53 页。

12. 如查尔斯·佩格（Charles Péguy）所言："Tout commence en mystique et se termine en potique."

13. 希尔 [3:37]，1，286 页。

14. 关于阿尔卡萨的生平及后代，见希尔 [3:37]，3，195 页及以下各页。

15. 希门尼斯·费尔南德斯 [2:39]，2，967 页出版了这封信的摹本。

16. 希尔 [3:37]，1，289 页。

17. 见库珀 [9:19]，2，1109 页。

18. 见费尔南德斯·阿尔瓦雷斯 [3:51]，第 14、15 章。

19. 旧政权至少在一个层面上还继续存在，到 1521 年 3 月 23 日，因为担心叛乱分子攻占塞维利亚的特里亚纳城堡，且担忧宗教裁判所的计划被中断，所以执行了火刑，三名男性和两名女性被烧死，其中包括曾经的市长阿隆索·特略（Alonso Tello）和贝亚特里斯·德·阿尔沃诺兹（Beatriz de Albornoz），"La cochina"，一位屠夫。不在场的人以焚烧雕像作为替代：雅克·德巴莱拉（Jacques de Valera），曾经是戏剧演员，以及他的父亲阿尔瓦罗·佩雷斯·德罗萨莱斯，两人都去了摩洛哥的菲斯，成为犹太人（希尔 [3:37]，1，291 页）。

20. 拉斯·卡萨斯说："Ad plura teneitur, reverendísima dominatio sua Deo et proximis quia unicuique mandavit Deus de proximo suo." 阿德里安也以拉丁文回应道："Ad minus debetis mihi vestras orationes." 他还补充说："Ego iam dicavi me prorsus obsequio et obedientiae vestre, reverendísima dominationis in quo proposito usque ad mortem inclusive perseverabo..."

21. 哈林 [13:87]，20 页。

22. 其中有布拉斯·费尔南德斯（Blas Fernández）、弗朗西斯科·德索托、胡安·德·瓦格鲁曼（Juan de Vagruman）、阿隆索·桑切斯、吉列尔莫·德拉·罗查（Guillermo de la Rocha）、费尔南·马丁·佩德罗·埃尔南德斯、贡萨洛·埃斯克里瓦诺和安东尼奥·布拉斯。

23. 佩德罗·古铁雷斯·德·圣克拉拉（Pedro Gutiérrez de Santa Clara），*Historia de las*

Guerras Civiles del Perú，6 卷本，马德里 1904—1929 年版，1，36—40 页。

24. 拉斯·卡萨斯 [2:50]，3，384 页。

25. 阿兰斯 [12:17]，543 页。

26. 乔治·库布勒（George Kubler）和马丁·索里亚（Martin Soria），《西班牙、葡萄牙及其美洲领土的艺术和建筑，1500—1800》(*Art and Architecture in Spain and Portugal and Their American Dominions, 1500-1800*)，哈蒙兹沃思 1959 年版，63 页；彼得·博伊德 - 鲍曼（Peter Boyd-Bowman），《56000 名西班牙裔美洲定居者的地理索引，1493—1519》(*Indice geobiográfico de más de 56. mil pobladores de la Améric Hispánica, 1493-1519*)，墨西哥 1985 年版，1，127 页。这是一个大厅教堂，北门为哥特式，西门为银匠式风格。桑坦德的罗德里戈·希尔·德·连多（Rodrigo Gil de Liendo）为建筑师。

27. 拉斯·卡萨斯 [2:50]，3，369 页。

28. *CDI*，10，32—39 页。

29. 拉斯·卡萨斯 [2:50]，3 页："la más preciosa moneda que los indios amaban."

30. 拉斯·卡萨斯 [2:50]，3，379 页。

31. 拉斯·卡萨斯 [2:50]，3，386 页。

32. 奥维多 [2:43]，36，第 1 章。

33. 圣克鲁斯 [26:31]，5，15 页。查理这次会在西班牙待七年，这是他在这个王国以及所有地方停留最长的一段时间。

34. 约瑟夫·佩雷斯（Joseph Pérez），*Los comuneros*，马德里 2001 年版，137 页。

35. 见弗朗西斯科·莫拉莱斯·帕德龙，*Historia de Sevilla, la ciudad del quinientos*，塞维利亚 1989 年版，131 页。

第三十三章 "我将如鲜花凋零般消失"

1. 这一章和接下来的两章对我来说很难写，因为不久前我才写完一部关于征服的历史 [27:15]。目前关于墨西哥文明的部分主要取自我之前作品的前五章，针对新的发现做了适当的修改。

2. 安赫尔·加里拜神父，*Historia de la literatura Nahuatl*，2 卷本，墨西哥 1953 年版，1，90 页。

3. 墨西哥现在大约有五十种这样的语言。关于哥伦布发现新大陆前的人口数量，见我的《征服墨西哥》附录 1（[27:15]，609 页）。

4. 我用"墨西加人"，而非"阿兹特克人"来描述古代墨西哥人。"墨西加人"是这些人谈论自己时使用的词语。他们可能也会自称为"阿兹特克人"。"阿兹特克人"属于他们历史的早期阶段，因为据说他们来自阿兹特克。但是，在 16 世纪，人们尚不知道"阿兹特克人"这一说法，那个时代的回忆录或编年史中也没有相关记载。西班牙征服者或编年史家都没有使用这个词。"阿兹特克人"是 19 世纪的一种用法，由耶稣会士克拉维赫罗（Clavijer）在他的《墨西哥安提瓜岛历史》(*Historia Antigua de*

Mexico）中，以及普雷斯科特和班克罗夫特（Bancroft）等北美人使用，从而成为普遍的用法。

5. 伊格纳西奥·贝尔纳尔（Ignacio Bernal），《奥尔梅克世界》（*The Olmec World*），伯克利 1969 年版，187 页。

6. 玛丽·波尔等，《中美洲著作的奥尔梅克起源》（Olmec Origins of Mesoamerican Writing），《科学》杂志，2002 年 12 月 6 日。

7. 直到 1929 年，时任美国印第安人博物馆馆长马歇尔·萨维尔（Marshall Saville）才为奥尔梅克人起了这个名字，他们可能都不知道自己被人这样称呼。

8.《科学美国人》（*Scientific American*），1977 年 3 月。

9. 他们建造了石块堆砌而成的凸拱，拱顶的两侧相连，以拱顶石填满两侧上方的空间。

10. 这里所谓的书（*códices*）得名于西班牙征服者，他们认为将折叠的布料置于木质封面之间，看起来与药剂师的药品清单非常相似。

11. 也许对于墨西哥人来说，这预示着现代墨西哥人对瓜达卢佩圣母和基督的双重崇拜。

12. 16 世纪时萨拉曼卡的主广场要比今天的面积小。我们并不确定征服者中是否有人去过威尼斯。

13. "Las dádivas desmedidas, los edificos reales,

Llenos de oro, las vaxillas tan fabridas,

Los enriques y reales del tesoro,

Los jaeces, los cavallos de su gente y atavios tan sobrados,

¿dónde iremos a buscallos?

¿qué fueron sino rocíos

de los prados?"

14. 玉米在意大利和英国被称为"印度玉米"或"大玉米"，这一事实表明欧洲文艺复兴时期的人们对于地理存在诸多困惑。

15. 见前文，第 220—221 页。

16. 维也纳的人类博物馆里有收藏。

17. 大英博物馆里的藏品最佳。

18. 希尔韦托·弗雷雷（Gilberto Freyre），《主人和奴隶》（*The Masters and the Slaves*），哈丽雅特·德·奥尼斯（Harriet de Onis）翻译，纽约 1968 年版，183 页，声称这个有用的物品属于巴西。

19 目前为止，对于古代墨西哥所作的简短描述中，最好的出自亨利·尼克尔森（Henry Nicholson），"墨西哥中部史前时期的宗教"，出自《中美洲印第安人手册》，第 10 卷，奥斯汀 1971 年版。

20 En todas partes está

Tu casa, Dador de la vida,

La estera de flores,

Tejada de flores por mí

Sohre ella te invocan los príncipes.

21. 迭戈·杜兰修士，*Historia de las indias de la Nueva España*，新版，2 卷本，墨西哥 1867—1880 年版，2，128 页。

22. *CDI*，39，415 页。一个名叫贝尼托·冈萨雷斯的巴伦西亚人在 1515 年说道："Que el dicho almirante el postrimero viaje que fizo descobrió una tierra dicha Maya..."

23 华金·加西亚·伊卡兹巴塞塔（Joaquín García Icazbalceta），*Colección de documentos para la historia de México*，新版，2 卷本，墨西哥城 1980 年版，1，65 页，关于托里比奥·德·莫托利亚修士（Fr. Toribio de Motolinia）的内容。

24. 奥维多 [2:43]，1，24 页。

25. 豪尔赫·克洛尔·德·阿尔瓦（Jorge Klor de Alva），收录于 D. G. 斯威特和加里·B. 纳什所编《美洲殖民地的斗争与生存》（*Struggle and Survival in Colonial America*），加利福尼亚州伯克利 1981 年版中的《马丁·奥塞洛特》（Martin Ocelotl）。

26. 马特尔 [6:34]，241 页，在写给教皇利奥十世的信中说："¿Eh, tambien vosotros teneis libros? ¡Cómo! También vosotros usáis de caracteres con los cuales os entendéis estando ausentes."这里的科拉莱斯可能就是来自梅迪纳德尔坎波的罗德里戈·德·科拉莱。

27. 费尔南多·阿尔瓦罗·特法莫克（Fernando Alvarado Tezozomoc），*Crónica Mexicayotl*，墨西哥 1949 年、1987 年版，684 页及以后各页。

28. 特佐莫克 [33:27]，685 页。

29. 拉斯·卡萨斯 [2:50]，3，165 页。

第三十四章 "这里是世界上最富有的地方"

1. "我受够了。"拉斯·卡萨斯 [2:50]，3，156 页写道。我的《征服墨西哥》一书对这段航行做了更加全面的描述，[27:15]，第 7 章。

2.《墨西哥百科全书》（*The Enciclopedia de México*）7，3859 页，称他生于 1475 年。

3. 1522 年证明，189 页，收录于 *BAGN*，墨西哥 1937 年版，第 9 期，E. 奥戈尔曼编。

4. "我们在新的地方有一支舰队"（阿拉米诺斯在《1522 年证明》中这样说）。

5. "con tiempo contrario que les dio no pudieron tomar las islas de los Lucayos, do daban, e aportaron en la costa que dicen que es de Yucatán."（1522 年证明，189 页。）

6. 关于"占领"的所有问题，再次参阅莫拉莱斯·帕德龙 [6:19]，见于全书各处。

7. "Otras tierras en el mundo no se habían descubierto mejores."见迪亚斯·德尔卡斯蒂利翁 [15:45]，1984 年。

8. 安德烈斯·德·蒙加拉茨（Andrés de Monjaraz）在 1522 年说："él quería ir a Castilla para hacer saber a sus altezas cómo el habia descubierto la dicha tierra de Yucatán."（1522 年证明，208 页。）

9. 贝拉斯克斯的继承人安东尼奥·贝拉斯克斯·德·巴桑的纪念碑显示，格里亚尔瓦确实是他的侄子。参阅《征服墨西哥》[27:15]，第 7 章，了解更加全面的情况。

10. "No traía licencia para poblar, sino para bojar e recatar en la dicha tierra."（1522 年证明，191 页。）

11. 奥维多 [2:43]，2，118—148 页。

12. 我尚未找到安赫尔·博萨尔（Angel Bozal），*El Descubrimiento de Méjico. Una gloria ignorada: Juan de Grijalva*，马德里 1927 年版。

13. 阿拉米诺斯回忆说："aún delante de este testigo el dicho Diego Velásquez riñó con el dicho Juan de Grijalva."（Probanza of 1522, 232）。

14. 马特尔 [1:2]，3，325 页。

第三十五章 "尊贵的阁下，您历经千辛万苦"

1. "Señor nuestro: te has fatigado, te has dado cansancio: ya a la tierra tú has llegado. Has arribado a tu ciudad: México..." 贝尔纳迪诺·德·萨阿贡，*Historia General de Las Casas de la Nueva España*，卷 4，安赫尔·马里亚·加里拜（Angel María Garibay），墨西哥 1981 年版，108 页。

2. 这位伯爵夫人是恩里克四世国王的首席大臣帕切科的女儿，帕伦西亚（[1:19], 38）形容她"残暴堕落"，曾将自己的儿子关在一口狭窄的井里。关于这些人物的关系，参阅我的《征服墨西哥》[27:15]，627 页的系谱表。

3. 会员约有 3000 人，通常有 10% 的人来参会；1519 年，羊的数量超过 300 万只。见克莱因（Klein）[3:7]。

4. 曾与科尔特斯同在萨拉曼卡的人，包括迭戈·洛佩斯教士，他曾说："había estudiado alguno tiempo en el estudio donde estudiado el dicho don Hernando."（"Audiencia en Truijillo"，*BRAH*, 1992, 199）。拉斯·卡萨斯证实了他出色的拉丁文水平："Hacia ventaja en ser latino, porque había estudiado leyes en Salamanca y era de ellos bachiller."（拉斯·卡萨斯 [2:50]，2，475 页）。卢西奥·马里内奥·西库洛评价称："Deleitaba mucho en la lengua latina."（*De los memorables de España*，埃纳雷斯堡 1530 年版，208 页及以后各页，211 分卷）。

5. 伊内斯·德帕斯是科尔特斯的姨妈，他曾住在姨妈位于萨拉曼卡的家中。

6. 1516 年，科尔特斯与阿隆索·德马库埃洛（Alonso de Macuelo）共同担任圣地亚哥的市长；1517 年与贡萨洛·德古斯曼共任，后者未来会成为他的敌人；并于 1518 年与阿隆索·德门多萨公认，门多萨未来是他的盟友。（*Residencia vs. Andrés de Duero*，AGI，司法，卷档 49，对开页 204 页。）

7. 相关讨论参阅我所著的 *Quien es quién en la conquista de México* [18:35]，77—79 页。安赫尔·德尔加多·戈麦斯，*Cartas de Relación*，马德里 1993 年版，最完整地呈现了科尔特斯的信件。安东尼·帕格顿（Anthony Pagden）的英文版 [《墨西哥的来信》（*Letters from Mexico*），由约翰·埃利奥特撰写引言，康涅狄格州纽黑文 1986 年版] 也很有价值。

8. 迭戈·贝拉斯克斯对科尔特斯的指示参阅何塞·路易斯·马丁内斯（José Luís Martínez），*Doctmientos Cortesianos*，墨西哥 1990 年版，45—57 页。

9. 参阅我所著的 *Quien es quién en la conquista de México* [18:35]。

10. 在对贝拉斯克斯进行的司法审查期间，数位目击者证实了这点。比如，罗德里戈·德塔马约（Rodrigo de Tamayo）曾说："Este testigo oyó decir al capitán Hernando Cortés cuando yva a conquistar a la Nueva España quel adelantado le avia dado licencia para llevar de esta isla ciertos yndios."（问题 23）

11. 参阅 1520 年 1 月 7 日在埃西哈针对此人进行的 *Informacion of Servicios y Méritos*（AGI，赞助，卷档 150，注释 2，分卷 1）。我对于这份文件的了解来自弗朗西斯科·莫拉莱斯·帕德龙。

12. "Y en parte donde el susdicho los mató era casi dos leguas de donde estaba el dicho marqués y su gente, a como el dicho Angel Tinterero vido al dicho Gerónimo Aguilar aun que estaba muy desconocido de ser cristiano según el traje q traya, le conoció en la habla porque le habló"（declaración de Martin López in *Información de Andrés de Rozas*, 1572）.

13. 关于阿拉吉尔的同伴贡萨洛·格雷罗，见比维亚诺·托雷斯·拉米雷斯（Bibiano Torres Ramírez），"La odisea de Gonzalo Guerrero en México"，收录于《议会》[1:22]，369 页及以后各页。

14. 萨阿贡 [35:1]，44 页。

15. 见上文，第三十一章。

16. "Por el mes de noviembre pasado halló en Sevilla un Portocarrero e Mqntejo que venían de la tierra nueva que se ha descubierto e que dixeron a este testigo como el dicho Gerónimo de Aguilar hera bibo ..."（AGI，赞助，卷档 150，注释 2，分卷 1。）

17. 迪亚斯·德尔·卡斯蒂略 [15:45]，2，21 页。

18. 萨阿贡 [35:1]，44 页。

19. 这里的对话似乎发生在 1520 年 1 月。

20 参阅我所著《征服墨西哥》[27:15]，328 页。

21. 关于对目击者证言的讨论，参阅我所著《征服墨西哥》，324 页及以后各页。

22. 此话出自他的孙儿。见萨瓦拉 [8:11]，745 页。

23. 约翰·埃利奥特在他为安东尼帕格顿所著科尔特斯致查理五世信件 *Cartas de Relación* [35:7] 所作的序言中这样说。

24. 赫罗尼莫·德塞普尔韦达（Jerónimo de Sepúlveda）在贝拉斯克斯的司法审查中举证道："quando fue Pánfilo de Nárvaez a Yucatán ... llevaba muchos yndios d'esta ysla las personas que con el yvan que unos dezian que los llevaba con licencia del adelanfado e otros syn ella."（问题 23）

25. *CDI*，27，10 页："los que venían, que heran mala xente, vizcayno..."

26. 见 J. 迪亚斯等，"La Conquista de Tenochtitlan"，*Historia*，16，赫尔曼·拉斯克斯（Germán Vázquez）编，马德里 1988 年版，191 页。战争结束后，阿吉拉尔成为埃斯科里亚尔的一名圣哲罗姆隐修会修士，并留此记载以告知他的同伴们。

27. 特拉斯卡拉永远不应向任何统治特诺奇提特兰的人上贡，哪怕是西班牙统治者；他们应分享特诺奇提特兰沦陷后的所有战利品。这些证据来自 *Información de Tlaxcala, 1565*，并在我所著《征服墨西哥》[27:15]，737 页，脚注 57 中进行了讨论。在我的这本《征服墨西哥》之前，所有历史书籍都未提及西班牙语与特拉斯卡拉签署的条约。

28. 见查尔斯·吉斯本，《16 世纪的特拉斯卡拉》(*Tlaxcala in the Sixteenth Century*)，康涅狄格州纽黑文，1952 年。

29. 纳瓦埃斯之后，韦拉克鲁斯协助科尔特斯展开了九次独立的探险活动，指挥者为埃尔南多·德·梅德尔(Hernando de Medel)、罗德里戈·莫雷洪·德·洛韦拉(Rodrigo Morejón de Lobera)、胡安·德·纳赫拉(Juan de Nájera)、弗朗西斯科·德罗萨莱斯、安东尼奥·德·卡蒙娜、弗朗西斯科·德·萨阿韦德拉(Francisco de Saavedra)、胡安·苏亚雷斯、胡利安·德·阿尔德雷特、胡安·德·布尔戈斯，以及跟随庞塞·德·莱昂最后一次远征佛罗里达而遗留下来的部分人。详情参阅我所著的 *Quién es quién* [18:35]，散见于全书各处。

30. 关于这些人的生平，参阅 *Quién es quién*[18:35], 291—294 页。希门尼斯·费尔南德斯 [2:39], 2, 963 页和莫拉莱斯·帕德龙 [32:35], 111 页，都提到科尔多瓦为科尔特斯提供资金，但他们都未提供证据。我未在塞维利亚档案馆里的希门尼斯·费尔南德斯资料中找到相关记载。另见希门尼斯·费尔南德斯的 "El Alzamiento de Fernando Cortés según los hbros del tesorero de la Casa de la Contración"，收录于 *Revista de la Historia de Améric*a, 31，墨西哥，1—58 页。

31. 比如，参阅托马斯 J. 里德林格编，《神圣的蘑菇探索者》(*The Sacred Mushroom Seeker*)，俄勒冈州波特兰 1990 年版，96 页。

32. 关于这场战争中的损失，参阅我的《征服墨西哥》[27:15]，528 页。

33. 迪亚斯·德尔·卡斯蒂略 [15:45] 1, 97 页。

34. 迪亚斯·德尔·卡斯蒂略 [15:45] 2, 515 页。

35. 塞缪尔·珀切斯(Samuel Purchas)，《关于世界上不同民族使用的不同字母的论述》(*A Discourse of the Diversity of Letters Used by the Divers Nations of the World*)，Hakluyt Posthumous, 20 卷本，格拉斯哥 1905 年版, 1, 486 页；茨韦坦·托罗多夫(Tzvetan Todorov), *La Conquete d'Amériqu*e, 巴黎 1982 年版。格林布拉特 [4:35]，9 页提醒人们注意珀切斯的评价，提到了"复杂，高度发达，尤其是可以移动的武力，以及写作、导航仪器、船舶、战马、攻击犬、有效护甲和高致命武器"。

36. 相关描述参阅 *Información de Servicios y Méritos of Francisco de Montano*，AGI，赞助，卷档 54，注释 7，分卷 1。

37. 见我的《征服墨西哥》[27:15]，561 页。另见乔治·库布勒的研究, *Arquitectura mexicana del siglo XVI*，墨西哥 1983 年版，第 1 章。

38. 埃尔南·科尔特斯 [35:7]，450 页。

39. 马特尔于 1521 年 3 月 7 日写道 [1:2], 4, 143—145 页。

40. 这些 Investigaciones de Servicios y Méritos 是我写作《征服墨西哥名人录》(*Who's Who in the Conquest of Mexico*)的基础，伦敦 2000 年版。

第三十六章 "带着好运出发"

1. 阿兰达与著名的改宗者家族成员安娜·佩雷斯·西斯本(Ana Pérez Cisbón)为夫妻。

阿兰达的女儿胡安娜与一位来自布尔戈斯的商人费尔南多·卡斯特罗结婚。见希尔 [3:37]，3，518 页。

2. "¿Y si no halláis estrecho por donde habíes de pasar a la otra mar?" 拉斯·卡萨斯 [2:50]，3，175 页。

3. 见奥维多 [2:43]，2，229 页；安东尼奥·皮加费塔（Antonio Pigafetta），*Primer Viaje Alrededo del Mundo*，莱昂西奥·卡尔贝（Leoncio Carbrero）编，马德里 1985 年版，58，27 页。英文译本由赫克鲁特社（Hakluyt Society）出版，注释 52，1992 年再版。皮加费塔是来自维琴察的意大利人，出身托斯卡纳人家族，生于 1480—1491 年。人们可以在维琴察大教堂后面看到他家的房子，上面写着"Il n'est rose sans épine"。阿古利亚罗（Agugliaro）还有一座属于皮加费塔家族的别墅，在萨拉赛诺别墅（Villa Saraceno）附近，到现在虽然也具有吸引力，但已经破旧不堪。这个小镇的历史展示了皮加费塔家族的大型家谱。安东尼奥的父亲可能是文艺复兴时期接受过良好教育的马尔科·皮卡菲塔。安东尼奥本人曾在与土耳其的战争期间效力于罗德骑士团。他前去西班牙，先到了巴塞罗那，住在罗马教廷大使弗朗斯科·切拉加蒂（Francesco Chieragati）的房间。"出于对经历和荣誉的渴望"，他申请登上麦哲伦的船队。麦哲伦可能是圣地亚哥骑士团成员，欢迎身为罗德骑士团的成员皮加费塔加入。

4. 莫里森 [4:42]，302 页，指出纽伦堡的约翰尼斯·肖纳（Johannes Schöner）绘制了另一幅地图。

5. 索利斯的指示收录于 *CDI*，39，325 页、327 页。

6. 拉斯·卡萨斯 [2:50]，3，105 页。

7. Cadenas [22:2]，107—108 页。

8. 见 *CDI*，22，46—52 页、65 页。

9. 见奥维多 [2:43]，2，229 页；皮加费塔 [36:3]，xxix。另见奥维多 [2:43]，2，217 页。

10. 1518 年 9 月 28 日的信，引自皮加菲塔 [36:3]。

11. 纳瓦雷特 [4:38]，421 页及以后各页。

12. 参阅汇编作品，*A viagem de Fernão de Magalhães ea questão das Molucas*，里斯本 1975 年版，可在纳瓦雷特 [4:38]，2，417 页及以后各页找到大量资料。

13. 莫里森暗指他是私生子 [4:42]，338 页。

14. 皮加费塔 [36:3]，iii。

15. 奥维多 [2:43]，2，237 页，称他是首席领航员。

16. 酒花费 594790 马拉维第，武器包括火药花费 564188 马拉维第。能够获得这些数字要感谢毛里西奥·冈萨雷斯（Mauricio Gonzalez）。

17. 纳瓦雷特 [4:38]，2，415 对开页。

18. 纳瓦雷特 [4:38]，2，502 对开页。厄尔·汉密尔顿 [3:8]，45 页。阿罗后来成为福格家族在西班牙的代理人，相关资料参阅克伦本茨 [3:32] 43，59 页等。

19. 有时在风暴前后可以从在船只的桅杆上看到电光。

20 保罗·加法雷尔（Paul Gaffarel），*Histoire du Brésil français au seizième, siècle*，1878 年版，引述约翰·亨明（John Hemming），《红金》（*Red Gold*），伦敦 1978 年版，

17 页。

21. *The Essays of Michel de Montaigne*，M.A. 斯克雷奇译，伦敦 1987 年版，《关于食人族》（On the Cannibals），240 页。

22. 见亨明 [36:20]，487 页。

23. 马特尔 [6:34]，2，353 页。

24. 关于圣胡利安发生的叛乱出自纳瓦雷特，*Historia de Juan Sebastián Elcano*，曼努埃尔·瓦里斯 - 梅里诺（Manuel Walls y Merino），*Primer Viaje Alrededor del Mundo...*，马德里 1899 年版。埃尔卡诺本人的记叙见于纳瓦雷特 [4:39]，2，对开页 520 页，580 页。

25. 第二好的描述出自莫里森 [4:42]，380 页及以后各页。

26. 这段旅程类似于布甘维尔（Bougainville）在 1767—1768 年的航程。

27. 皮加费塔 [36:3]，94 页。

28. 皮加费塔 [36:3]，111 页；纳瓦雷特 [4:38]，2，447 页。

29. 奥维多 [2:43]，2，223 页。

30. 皮加费塔 [36:3]，102 页。

31. 拉斯·卡萨斯 [2:50]，3，175 页。

32. 埃尔卡诺对关于此次航行的调查作出了详细的答复，具体可见纳瓦雷特 [4:38]，2，581 页及以后各页。

33. 皮加费塔 [36:3]，161 页。

34. 这也出自毛里西奥·冈萨雷斯的记载。

第三十七章 "新皇帝"

1. "Otro nuevo mundo de oro fecho para él, pues antes de nuestras dias nunca fue nascido." 这番话可见于科尔特斯的记载，*Cortes de los Antiguos Reinos de León y Castilla* [5:53]，4，285 页及以后各页。费尔南德斯·阿尔瓦雷斯 [17:19]，19 进行了讨论。

2. 见第四章。

3. 加林德斯·德·卡瓦哈尔 [2:10]。

4. *Amadís de Gaula* [5:5]，1，506 页。

5. 拉斯·卡萨斯 [2:50]，1，338，原话为 "... constituyó y cría los dichos Católicos Reyes y a sus sucesores de Castilla y León, príncipes y reinos de todas estas Indias, islas y tierras firmes, descubiertas y por descubrir ..."

6. 引自爱德华兹 [2:25]，223 页。

7. 引自利斯 [2:42]，308 页。

8. 见梅嫩德斯·皮达尔 [5:40]。

9. 关于鲁伊斯·德拉·莫塔，参阅约翰·施瓦勒（John Schwaller），"Tres familias mexicanas del sigle XVI"，*Historia Mexicana 122*，1981，178 页。他未提及该家族有改宗者基因。

10. Cortes [35:7]，161 页："porque he deseado que Vuestra Alteza supiese las cosas desta tierra, que son tantas y tales que como ya en la otra relación escribí, se puede in titular de nuevo emperador della y con título y no menos mérito que el de Alemaña que por la gracia de Dios Vuestra Sacra Majestad posee..."

11. 科尔特斯 [35:7]，160 页。

12. 科尔特斯在第四封信中 [35:7] 增加了一些内容，说明他未忘记自己的提议："Creo que con hacer yo esto, no le quedará a vuestra excelsitud más que hacer para ser monarca del mundo." 在第五封信中，科尔特斯说查理五世皇帝 "en la tierra esta ... a quien el universo por providencia divina obedece y sirve"（同上，143）。

13. 相关讨论参阅安东尼奥·穆罗·奥雷洪，"El Problema de los Reinos Indianos"，*AEA*，27，45—56 页。

14. R. B. 梅里曼在《西班牙帝国的崛起》（*The Rise of the Spanish Empire*），4 卷本，纽约 1918—1938 年版，2，221 页中强调了这点。

15. 例如，可参阅昆廷·希纳（Quentin Skinner），*Visions of Politics*，第 2 卷《文艺复兴时期的美德》（*Renaissance Virtues*），剑桥 2002 年版。

16. E.G. 托马齐勒，*Les flottes d'or*，巴黎 1956 年版。

17. 参阅我所著《征服墨西哥》[27:15]，569 页。

18. 费尔南·布罗代尔引述 *Sevilla, Siglo XVL*，卡洛斯·马丁内斯·邵（Carlos Martínez Shaw），马德里 1993 年版，115 页。

第三十八章 "女士，我来自白杨林"

1. "De los álamos vengo, madre,
De ver cómo los menea el aire.
De los álamos de Sevilla,
De ver mi linda amiga,
De los álamos vengo, madre,
De ver cómo los menea el aire."
赞美诗，1500 年前后。

2. 引自马丁内斯·邵 [37:18]，14 页。

3. "Hércules me edificó/Julio Cesar me cercó de muros y torres altas/y el rey santo me ganó con Garci Pérez de Vargas."

4. 引自莫拉莱斯·帕德龙 [32:35]，42 页。1501 年，安托万·德·拉兰与菲利普大公在塞维利亚时，注意到街道 "以砖砌成"（加西亚·梅卡达尔 [2:57]，1，473 页）。

5. 关于重新选择定居地，见胡利奥·冈萨雷斯（Julio González），*Repartimiento de Sevilla*，马德里 1951 年版，新版，塞维利亚 1993 年版。

6. "madres de la nueva Castilla que era Andalucia."

7. 见拉德罗·克萨达 [3:23]，第 1 章和第 2 章。

8. 1516 年，时任最高法院法官的胡安·卡尔韦特（Juan Calvete）写信给西斯内罗斯说："en este cabildo... los unos siguían en todo lo que ofrecía la voluntad del Duque e Duquesa de Medina Cidonia y del asistente Juan de Silva ... y la otra parte de regidores y veintecuatros...estauan en favor del Duque de Arcos..."

9. 要想了解的话，参阅加西亚·梅卡达尔 [2:57]，loc. cit. 中关于拉兰的内容。

10. 这些门分别是：德拉·卡内（之前叫德·米诺尔，外边不远处有一个 *matadero*）；赫雷斯；卡尔翁；波斯蒂戈德尔阿扎卡内斯（Postigo de Azacanes）；普埃尔塔德尔阿塞特（Puerta del Aceite）；阿雷纳尔（附近是 *almacén de sal*）；特里亚纳（小麦和大麦可以进入的三个大门之一）；普埃尔塔戈尔斯（Puerta de Goles，Goles 是 Hercules 的衍生词），之后是普埃尔托雷亚尔（Puerto Real）；普埃尔塔德圣胡安（或德尔·因赫尼奥）；比布拉格尔（BibRagel）[巴尔科艾塔（Barqueta）或阿尔门尼拉（Almenilla）]；马卡雷娜 [巴布·马库拉纳（Bab Maquarana），运输小麦的门]；科尔多瓦；普埃尔托德尔索尔 [比布·阿法尔（Bib Afar）]；普埃尔塔奥萨里奥（Puerta Osario）和卡蒙娜（运送小麦的门，也是洛斯坎托斯德卡尔莫纳的水运入的地方）。

11. 马丁内斯·邵 [37:18]，29 页关于海梅·埃斯克拉瓦·加兰（Jaime Esclava Galán）的内容。

12. 梅纳 [24:23]，236 页。

13. 见朱利安·B.鲁伊斯·里韦拉 - 马努埃拉以及克里斯蒂娜·加西亚·贝尔纳尔（Cristina García Bernal），*Cargadores a Indias*，马德里 1992 年版，第 1 章。

14. 这些数字来自乌格特和皮埃尔·肖尼 [16:28]，6 页。

15. 奥特 [16:38]，124 页。

16. 梅纳 [24:23] 出书讲述了马廷恩索的牧师与贝尼托·德·比略里亚和胡安·庞塞一起，如何经由利亚瓦德尔阿尔科尔（Villaba del Alcor）去往韦尔瓦（Huelva）的路，并在那里花了 38 天时间从商人手中购买了 500 桶红酒，返程时部分经由卡雷塔斯，部分经由水路，回到塞维利亚。

17. 莫拉莱斯·帕德龙 [32:35]，41 页。

18. AGI，墨西哥，例 203，注释 2。他是 "un amigo e persona muy piadosa del dicho don Hernando"。

19. 费尔南多·鲁伊斯在 1568 年又增加了一座 100 英尺的钟楼。

20. 地图参阅 M. 冈萨雷斯·西希内罗斯，*Propriedades y rentas territoriales*，转载于米格尔·安赫尔·拉德罗·克萨达，*Ándalucia en torno a 1492*，马德里 1992 年版，44 页。

21. 关于纳瓦格罗，见加西亚·梅卡达尔 [2:57]，1，849 页。

22. 见装帧精美的 *Historia de la Cartuja de Sevilla*，马德里 1992 年版。

23. 见孔苏埃洛·巴雷拉（孔苏埃洛·巴雷拉）的文章 [38:22]。格里西奥来自意大利北部诺瓦拉，于 1515 年去世。

24. 例如，伊西多罗·莫雷诺成功地研究了洛斯·内格里托斯（Los Negritos）。见他的 *La Antigua Hermandad de las Negras de Sevilla*，塞维利亚 1997 年版。14 世纪 90 年

代，大主教贡萨洛·梅纳 - 罗埃拉斯大主教创建了 Cofradía de los Negros。

25. 见马丁内斯·邵在 "Que la fête commence!" 中的论述，收录在他的《塞维利亚》（*Sevilla*）[37:18]，179—180 页。

26. 苏尼加引述卡洛斯·阿尔瓦雷斯·桑塔洛（Carlos Alvarez Santalo），*Le diable au corps*，马丁内斯·邵 [37:18]，149 页。

27. *CDI*，27，33 页及其他引自托马斯 [27:15]，680 页，注释 80 的证据。

28. 拉德罗·克萨达（拉德罗·克萨达）[6:1] 认为"在中世纪末期"为 4 万，参考希尔 [3:37]，1，21 页。

29. 见玛丽亚·特雷莎·洛佩斯·迪亚斯（Maria Teresa Lopez Diaz），*Famines, pestes et inondations*，参阅马丁内斯·邵 [37:18]，131 页。

30. 贝纳尔德斯 [3:2]。

31. 见米歇尔·卡维拉克（Michel Cavillac），马丁内斯·邵 [37:18]，124 页。

32. 准确地说是 437。其中有 11 名森图里翁、12 名金泰尔（Gentile）、14 名古斯汀尼（Gustiniani）、14 名索普拉尼斯（Soprani）、16 名萨尔瓦戈（Salvago）、17 名皮夫特罗（Piftelo）、19 名多里亚、26 名卡塔内奥（Cattaneo），不少于 28 名斯皮诺拉（Spinola）。不过要注意一点，这些都是商业姓氏，不一定是家族姓氏。大米和糖属于热那亚人拥有准垄断地位的产品范畴。例如，大米是从巴伦西亚进口而来，在 42 笔销售记录中只有两笔不是由热那亚人经营。

33. 见韦尔兰当的 *L'Esclavage dans l'Europe médiévale*，卷 1，布尔戈斯 1955 年版。

34. 关于阿尔卡萨家族，见露丝·派克（Ruth Pike），*Linajudos and Conversos in Seville*，纽约 2000 年版，122 页。

35. 希尔 [3:37]，2，104—105 页。

36. 希尔 [3:37]，1，258 页。

37. 希尔 [3:37]，1，261 页和 4，104 页。

38. 阿尔瓦罗的罪过能被儿子巴托洛梅·德尔·里奥对教会的贡献抵除吗？尤利乌斯二世和利奥十世统治时期，他在梵蒂冈取得巨大成功，并成为罗马的斯卡拉主教。也许并未抵除，而他后来还在塞维利亚的大教堂中建造了斯卡拉教堂来弥补过失。

39. 奥特 [16:38]，29 页。

40. 奥特 [16:38]，30 页。以橄榄油来计算，1 阿罗瓦相当于 26 升。

41. 奥特 [16:38]，35 页。

42. 奥特 [16:38]，38—39 页。

43. 参阅加里多的 *Información de Servicios y Méritos*。

44. 奥维多 [2:43] 详细记载了对于尤卡坦半岛自然环境的影响。

45. 奥特 [16:38]，43 页；希尔 [3:37]，4，258 页，301 页。

46. 其他著名的热那亚人包括乔瓦尼·托马索·斯皮诺拉、巴尔托洛梅奥·内格罗尼、赫罗尼莫·萨尔瓦戈和梅尔乔·森图里翁。

47. 马尔科·卡塔尼奥、弗朗切斯科·皮内洛、哈科波·格里马尔迪和托马索·德·莫特罗（Tomasso de Morteo）以及隆迪内利。

48. 最为主要的人物有安东尼奥·索普拉尼斯、西尔维斯特雷·本托（Silvestre Vento）、莱昂纳多·卡塔尼奥、洛伦索·皮内洛、卢卡·巴蒂斯塔·阿多尔诺、佛朗哥·里尔多（Franco Leardo）、哈科波·和赫罗尼莫·格里马尔迪、赫罗尼莫·布里尼奥莱（Gerónimo Brignole）、赫罗尼莫·马尔迪、尼科洛·格里马尔迪（Niccolo Grimaldi）、梅尔乔·格里马尔迪和加斯帕尔·因佩里亚莱（Gaspar Imperiale）。此外，还有锡耶纳人赫罗尼莫·邦塞尼（Geronimo Buonseni）和布尔戈斯人阿隆索·德·布里奥内斯（Alonso de Briones）和弗朗西斯科·德卢戈（奥特 [16:38]，155—156 页）。

49. 见伊丽丝·奥里戈（Iris Origo），《普拉托商人》（*The Merchant of Prato*），伦敦 1957 年版，85，91 页。

50. 从事羽纱生意之人的名单见奥特 [16:38]，160 页。

51. 见欧文·伦纳德 [3:34]，96 页及全书各处。

52. 纳瓦格罗，见加西亚·梅卡达尔 [2:57]，1，851 页。

53. 安德烈·博弗雷将军（General André Beaufre），*Le drame de 1940*，巴黎 1970 年版，48 页。

54. 马特尔 [1:2]，4，121 页写道："¡Oh! con qué afrentas y bofetadas atormenta nuestros tiempos la Fortuna!"

55. 《福尔图娜》是 5 号挂毯，可见于 *Catálogo de Tapices del Patrimonio Nacional*，马德里 1986 年版，40 页。

图书在版编目（CIP）数据

黄金之河：西班牙帝国的崛起，从哥伦布到麦哲伦 / (英)
休·托马斯著；李崇华，梁辰译. — 上海：上海教育出版社，
2024.6
（西班牙黄金帝国三部曲）
ISBN 978-7-5720-2508-2

Ⅰ.①黄… Ⅱ.①休… ②李… ③梁… Ⅲ.①西班牙－历史
Ⅳ.①K551

中国国家版本馆CIP数据核字(2024)第106345号

审图号：GS（2022）5601号

上海市版权局著作权合同登记号：图字09-2021-0749号

责任编辑　林凡凡
封面设计　别境Lab

黄金之河：西班牙帝国的崛起，从哥伦布到麦哲伦
Huangjin zhi He: Xibanya Diguo de Jueqi, cong Gelunbu dao Maizhelun

[英] 休·托马斯　著　李崇华　梁辰　译

出版发行　上海教育出版社有限公司
官　　网　www.seph.com.cn
地　　址　上海市闵行区号景路159弄C座
邮　　编　201101
印　　刷　上海盛通时代印刷有限公司
开　　本　890×1240　1/32　印张27　插页4
字　　数　601千字
版　　次　2024年6月第1版
印　　次　2024年6月第1次印刷
书　　号　ISBN 978-7-5720-2508-2/K·0026
定　　价　198.00元

如发现质量问题，读者可向本社调换　电话：021-64373213

Bela groya
S. Julian
P. de S. Ioan
J. de Fogo
J. de S. Barbora
J. de Ayes
J. de Orques
J. de Frelins
C. de Bonavista
B. de S. Eiria
Ilha dos Bacalha-os
B. da Conceicam
S. Ioan
C. de Spera
J. de Spera
Farilhon
Arenhosa
C. Raso
A. Roca

J. de S. Paulo
S. Lourenço
Ilha Roxa
P. da Cruz
C. de Pena
C. de S. Maria
Colmet

S. Cruz
indan

Fagunda al: de
Jan Alvarez

51
50
49
48
47
46
45
44
43
42
41
40

J: de Gar